介護報酬
クイックマスター
2018

入退院支援の推進と医療・介護の連携強化

公益社団法人京都府介護支援専門員会 編集

中央法規

はじめに

　2018年度（平成30年度）の改定は、6年に一度の診療報酬と介護報酬の同時改定です。また、団塊の世代がすべて75歳以上の高齢者となる2025年に向けた道筋を示した同時改定ともいえます。今回の改定では、医療機能の分化・強化や、医療と介護の役割分担と切れ目のない連携を着実に進めるため、診療報酬では「入退院支援」が、介護報酬でも「医療と介護のつなぎ目」をより一層評価した改定となりました。

　本書はタイトルのとおり、2018年度（平成30年度）改定の介護報酬単位と、算定上の取扱いを即座に理解できるようにする機能に重点を絞っています。また、介護報酬改定の内容をより理解しやすくするために、新設・変更のあった単位については、単位を新設等と記載しています。さらに、各項目の巻頭に「改正点のポイント」を取りまとめています。なお、改定前後の報酬対比については、今回新設された項目と従来の報酬との比較をしています。

　記載内容についても、併算定ができない項目や主な算定対象者、給付費明細書作成時の留意点など「重要と思われるもの」を優先的に取り込んでいます。また、人員基準や施設基準については一部を除き原則省略しており、本書に掲載されていない項目もありますので、請求にあたっては、厚生労働省の告示・通知等でご確認いただきますようお願いいたします。

　本書の主な構成は、全体を従来の「居宅サービス」「施設サービス」「地域密着型サービス」「居宅介護支援」の4分類に加え、関連する共通項目を設けることで、厚生労働省の告示・通知の内容を「わかりやすく」表現するとともに、関連する内容を可能な限りまとめて記載するなど、「使いやすさ」に重点を置いています。また訪問看護・訪問リハビリテーションなど、予防と介護サービスの報酬および加算が同額なものについては、例）訪問看護（介護予防）として1項目にまとめています。

　誌面の都合上、総合事業の訪問型・通所型サービスおよび今回の介護報酬改定で基準等が設定された「共生型サービス」並びに介護医療院が新設され、新設後1年間に限定した「移行定着支援加算」が評価されたため「介護療養型医療施設」「介護療養型老人保健施設」については、省略（簡略化）しましたのでご了承ください。

2018年11月
　　編著者を代表して　公益社団法人　京都府介護支援専門員会　顧問　宮坂佳紀

本書の推薦

　わたしは三方 (さんぽう) よし研究会という多職種連携の会を10年以上前から立ち上げており、その名は全国的にも知られていると自負している。

　この研究会発足と時を同じくして本書の著者の一人である松本善則氏との交流が始まった。氏は亀岡市篠地域包括支援センターのセンター長を務めるかたわら多職種の顔の見える関係づくりを目指して、京都府全域において積極的に活動している。

　わたしは、氏は京都府の介護支援専門員のキーパーソンであり、オピニオンリーダーであると考えている。

　また、もう一人の宮坂佳紀氏は医療・介護を跨ぐ保険制度のエキスパートであり、業界全体をコンサルテーションしている影のリーダーと称されている。

　その彼らが書いた本書には、その経験から得られた知見が随所にちりばめられている。

　要約すると、介護報酬の解説本でありながら、介護、医療連携のために必要な診療報酬についてしっかり、しかもやさしく書いてあり、介護連携のための医療職 (関係者) の入門書としてぜひ読むべき本であろう。しかし、内容は堅実であり、彼らの目指したい方向性もしっかり謳ってある。したがって医療連携を目指す介護職 (関係者) には必携のバイブルといっても過言ではないであろう。

　松本氏が良く飛ばすジョークになぞらえ、梅に鶯、松に鶴、牡丹に唐獅子、医療の宮ちゃんに介護の松ちゃん。京都のダブル「よしのり」が放つ渾身の自信作！といえる。

日本医師会赤ひげ大賞 (第2回) 受賞
三方よし研究会　小串 (小鳥) 輝男

はじめに
本書の推薦
目次
本書の構成

第1部　2018年度介護報酬改定のポイント ……………………………… 9

第2部　診療報酬と介護報酬の関連性および相違点のポイント …… 31

第3部　各サービスの改定の主なポイント ……………………………… 45

(1) 全サービス共通事項
　　共通　サービス提供体制強化加算 ……………………………………… 46
　　共通　介護職員処遇改善加算 …………………………………………… 49
　　共通　生活機能向上連携加算 …………………………………………… 58
　　共通　地域区分 …………………………………………………………… 62
　　共通　区分支給限度基準額と基準額に含まれない費用、
　　　　　適用されないサービス ……………………………………………… 66

(2) 指定居宅サービス
　　共通　訪問・通所系サービス共通項目 ………………………………… 68
　　1 訪問介護 ………………………………………………………………… 75
　　2 訪問入浴介護（介護予防） …………………………………………… 93
　　3 訪問看護（介護予防） ………………………………………………… 95
　　4 訪問リハビリテーション（介護予防） ……………………………… 116
　　5 居宅療養管理指導（介護予防） ……………………………………… 127
　　6 通所介護 ………………………………………………………………… 140
　　7-1 通所リハビリテーション …………………………………………… 156
　　7-2 介護予防通所リハビリテーション ………………………………… 184
　　8 短期入所生活介護（介護予防） ……………………………………… 195

共通　介護老人保健施設（短期・長期入所）共通項目……………………210
　9 短期入所療養介護（介護予防）……………………………………………235
　　9-イ　介護老人保健施設（基本型・在宅強化型・療養型・特別介護老人保健施設）………235
　　9-ロ　療養病床を有する病院………………………………………………240
　　9-ハ　診療所…………………………………………………………………246
　　9-ニ　老人性認知症疾患療養病棟を有する病院…………………………249
　　共通　介護老人保健施設（基本型・在宅強化型・療養型・
　　　　　特別介護老人保健施設）・加算等……………………………………253
　　共通　介護医療院（短期・長期入所）共通項目…………………………258
　　9-ホ　介護医療院……………………………………………………………280
　10 特定施設入居者生活介護（介護予防）……………………………………287
　11 福祉用具貸与（介護予防）・特定福祉用具販売…………………………299

(3) 指定施設サービス

　　共通　介護保険施設サービス（長期入所）共通項目……………………305
　1 介護老人福祉施設……………………………………………………………324
　2-1 介護老人保健施設（基本型・療養型・特別介護老人保健施設・在宅強化型）……343
　2-2 介護老人保健施設・加算等………………………………………………346
　3 介護療養施設サービス………………………………………………………349
　　3-イ　療養病床を有する病院………………………………………………349
　　3-ロ　療養病床を有する診療所……………………………………………353
　　3-ハ　老人性認知症疾患療養病棟を有する病院…………………………355
　4 介護医療院……………………………………………………………………360

(4) 指定地域密着型サービス

　　共通　地域密着型サービス共通項目………………………………………368
　1 定期巡回・随時対応型訪問介護看護………………………………………369
　2 夜間対応型訪問介護…………………………………………………………379

3 地域密着型通所介護……………………………………………………385
　　　　3-イ 小規模型通所介護…………………………………………………385
　　　　3-ロ 療養通所介護………………………………………………………398
　　4 認知症対応型通所介護（介護予防）……………………………………401
　　5 小規模多機能型居宅介護（介護予防）…………………………………411
　　6 認知症対応型共同生活介護（介護予防）………………………………421
　　7 地域密着型特定施設入居者生活介護……………………………………435
　　8 地域密着型介護老人福祉施設入所者生活介護…………………………444
　　9 看護小規模多機能型居宅介護（複合型サービス）……………………460

(5) 指定居宅介護支援
　　1 居宅介護支援（介護予防支援）…………………………………………473

編集・執筆者

本書の構成

本書の各項目は以下の6要素で構成しています。
(項目によってはすべての記載がない場合もあります)

1 訪問介護

改正点のポイント

報酬の増・減額の主な項目や新設された項目、基本報酬に包括された項目、算定の取り合いや運営基準の改正点などについて記載しています。

改正点のポイント

- 身体介護で3〜11単位引上げ、生活援助で2単位引下げというメリハリのある改定となった。
- 身体介護として行われる「自立生活支援のための見守り的援助」が明確化された。例:「利用者と一緒に手助けや声かけおよび見守りしながら行う掃除、整理整頓」等。

報酬早見表

改定前・改定後の介護報酬単位数とその格差などを「一覧表」で掲載。算定項目ごとに算定単位や算定上の基本的な留意事項を付記しています。

算定項目			算定	改定後	改定前	格差	要件
イ 身体介護	(1)20分未満		1回	165	165	±0	
	(2)20分以上30分未満			248	245	3	
	(3)30分以上1時間未満			394	388	6	
	(4)1時間以上1時間半未満			575	564	11	
	(4)1時間以上1時間半超(30分毎)			+83	+80	3	
	(2)〜(4)に引き続き生活援助を行った場合	生活援助 20分以上45分未満		+1×66	+1×67	−1	
		生活援助 45分以上70分未満		+2×66	+2×67	−2	
		生活援助 70分以上		+3×66	+3×67	−3	198単位を限度
ロ 生活援助	(1)20分以上45分未満			181	183	−2	
	(2)45分以上			223	225	−2	

加算算定のポイント

各項目の共通事項として、加算単位数や算定する際にポイントとなる内容をピックアップして掲載しています。

算定項目		算定	改定後	改定前	格差	要件
2人の訪問介護員等の場合		1回	×200%	×200%	±0	
夜間または早朝の場合			+25%	+25%	±0	
深夜の場合			+50%	+50%	±0	
特定事業所加算	特定事業所加算(Ⅰ)		+20%	+20%	±0	
	特定事業所加算(Ⅱ)		+10%	+10%	±0	
	特定事業所加算(Ⅲ)		+10%	+10%	±0	
	特定事業所加算(Ⅳ)		+5%	+5%	±0	
特別地域訪問介護加算(訪問・通所系サービス共通ページ参照)			+15%	+15%	±0	
中山間地域等における小規模事業所加算(訪問・通所系サービス共通項目ページ参照)			+10%	+10%	±0	

●本書で使用する略号等について

指定基準・運営基準:「指定居宅介護支援等の事業の人員及び運営に関する基準」(平成11年3月31日厚生省令第38号等)

入所者等:入所者および家族

要介護等認定者:要介護・要支援認定者

事 業 所:各項目の名称を省略。例えば「指定居宅介護支援事業所」はその項目では事業所と記述

一 連:一連につき算定

医療機関:病院または診療所

ココに注目 減算等について

算定項目		算定	改定後	改定前	格差
介護職員初任者研修課程を修了したサービス提供責任者を配置している場合		1回	×70%	×70%	±0
共生型訪問介護を行う場合	指定居宅介護事業所で障害者居宅介護従業者基礎研修課程修了者等により行われる場合		×70%	—	新設
	指定居宅介護事業所で重度訪問介護従業者養成研修修了者により行われる場合		×93%	—	新設
	指定重度訪問介護事業所が行う場合		×93%	—	新設
事業所と同一建物等利用者20人以上にサービスを行う場合	事業所と同一建物の利用者またはこれ以外の同一建物の利用者20人以上にサービスを行う場合		×90%	×90%	±0
	事業所と同一建物の利用者50人以上にサービスを行う場合		×85%	—	新設

※同一建物等利用者減算は区分支給限度基準額管理対象外。

ココに注目 減算等について

各項目中で、算定上ミスの起こりやすいポイントや特に減算などについて留意すべき内容をピックアップして解説しています。

コラム 留意事項等について

1. 同一時間帯に通所サービスと訪問サービスを利用した場合

訪問サービスの単位数は算定不可。例えば、利用者が通所サービスを受けている時間帯に本人不在の居宅を訪問して掃除等を行うことは、生活援助として行う場合、本人の安否確認・健康チェック等も併せて行うべきものであるため、訪問介護(生活援助中心の場合)の単位数は算定不可。

コラム 留意事項等について

算定上のちょっとした「疑問」や通知などにある「文言」を取り上げて解説し、算定上の考え方や理解度のアップを促します。

プラスα Q&Aなどから

1. サービス提供責任者配置の緩和

(1)以下の要件をすべて満たす場合には、利用者50人につき1人に緩和される。
　①常勤のサービス提供責任者を3人以上配置。
　②サービス提供責任者の業務に主として従事する者を1人以上配置。
　③サービス提供責任者が行う業務が効率的に行われている場合。
(2)「サービス提供責任者の業務に主として従事する者」とは、サービス提供責任者である者が当該事業所の訪問介護員として行ったサービス提供時間(事業所における待機時間や移動時間を除く)が、1カ月あたり30時間以内である者。

2. 訪問介護と新総合事業を一体的に実施する場合の人員等の基準上の取扱い

事業者が、訪問介護および介護予防・日常生活支援総合事業における第1号訪問事業を、同一事業所で一体的に実施する場合の人員、設備および運営の基準は、市町村の定め

プラスα Q&Aなどから

過去の厚生労働省の疑義解釈や今回の通知などから、忘れてはならない介護報酬の取扱いに関する内容を掲載しています。

医　　師：保険医または担当医師
看護職員：看護師(准看護師を含む)
理学療法士等(注　機能訓練指導員での理学療法士等も含む)：理学療法士、作業療法士、言語聴覚士
同時算定不可：同時に算定できないもの
併算定不可：主たるもの一方の報酬のみ算定する
届 出 要：算定にあたって人員基準、運営基準、設備基準等の一定の条件が必要で、各都道府県または市町村に届出が必要なもの

●**本書における加算、減算表での介護予防欄**[※1]**の記述について**

　介護報酬は算定構造上、基本報酬(本体報酬)や加算に番号や記号(アルファベットやカタカナ、ローマ数字など)が振られています。同種のサービスに介護予防サービスがある場合も、それぞれに基本報酬から加算項目順に、イロハ……や(1)(2)(3)……の順に振られていきますが、これらの番号や記号は介護サービスと介護予防サービス全て共通ではなく、それぞれでの適用の有無によって同種の基本報酬や加算に振られた番号や記号が、介護サービスと介護予防サービスで同一とならない項目があります。本書では双方のサービスでの適用の有無対比のために表をひとつにしている関係上、介護サービスでの加算や減算に介護予防サービスが適用されるのかや、適用された場合、番号や記号がどう変更されるのかを明記するために介護予防欄[※1]を設け、「○」や変更後の番号または記号を記しています。

　たとえば小規模多機能型居宅介護を例にとると、介護予防サービスがあり、算定構造ではそれぞれの基本報酬から加算項目に対して、イロハ……順にカタカナが振られています。基本報酬は、イ小規模多機能型居宅介護費とロ短期利用居宅介護費、イ介護予防小規模多機能型居宅介護費とロ介護予防短期利用居宅介護費のいずれも2種類あり、共通した「イ」「ロ」の記号が振られています。

　続いて、小規模多機能型居宅介護費、介護予防小規模多機能型居宅介護費の加算は、算定構造上、いずれも「ハ」から始まりますが、ハ初期加算は、介護サービス、介護予防サービス共通ですので、表中では「○」を記しています。[※2]

　次の認知症加算は、介護サービスには適用があり「ニ」が振られていますが、介護予防サービスには適用がないことから、表は空欄で表記しています。[※3]

　その次の若年性認知症利用者受入加算は介護サービスでは「ホ」が振られますが、介護予防サービスでは認知症加算の算定項目がなかったため、認知症加算で使われなかった「ニ」が振られています。介護予防小規模多機能型居宅介護サービスの若年性認知症利用者受入加算は「ニ」として算定可能という意味で、表中では介護予防欄に「ニ」と記しています。[※4]

	算定項目		算定	改定後	改定前	格差	要件	介護予防[※1]
	中山間地域等に居住する者へのサービス提供加算		1月	+5%	+5%	±0	イ	○
ハ	初期加算		1日	+30	+30	±0	イ	○[※2]
ニ	認知症加算	認知症加算(Ⅰ)	1月	+800	+800	±0	イ	[※3]
		認知症加算(Ⅱ)		+500	+500	±0	イ	[※3]
ホ	若年性認知症利用者受入加算			+800	−	新設	イ	ニ[※4] +450

　本書の内容は、2018年(平成30年)10月1日までに厚生労働省のホームページ「平成30年度介護報酬改定」および「平成30年度診療報酬改定」で公表された情報を元に作成しています。
　請求にあたっては、厚生労働省から公表される最新の法令・通知をご確認下さい。

第1部

2018年度介護報酬改定のポイント

　第1部は、2018年度介護報酬改定の主な改正点のポイントを列挙しています。紹介するサービスは居宅介護支援、訪問・通所系、居住系サービス、介護保険施設サービスのうち事業所数や施設数が多いものを取り上げました。

　今回の介護報酬改定率は0.54％増となっています。一方、通所介護および通所リハビリテーションのサービス提供時間区分の見直しや大規模型の適正化、訪問介護の生活援助の引下げ、訪問看護の要支援の引下げ、訪問系サービスの同一建物利用者50名以上要件の追加、居宅療養管理指導の単一建物訪問人数に応じた算定要件の見直しなどによるメリハリ評価などでマイナス0.5％程度の適正化も実施されています。この適正化も織り込んでトータルで0.54％増となっています。

1. 居宅介護支援

基本報酬は以下のとおりそれぞれ引上げられた。一方介護予防支援は据え置かれた。

(1) 基本報酬(( )内は改定前の単位)

①居宅介護支援費(Ⅰ)(40件未満)
　1) 要介護1または要介護2　　　　　　　1,053単位(1,042単位)
　2) 要介護3、要介護4または要介護5　　　1,368単位(1,353単位)

②居宅介護支援費(Ⅱ)(40～60件未満)
　1) 要介護1または要介護2　　　　　　　527単位(521単位)
　2) 要介護3、要介護4または要介護5　　　684単位(677単位)

③居宅介護支援費(Ⅲ)(60件以上)
　1) 要介護1または要介護2　　　　　　　316単位(313単位)
　2) 要介護3、要介護4または要介護5　　　410単位(406単位)

(2) 介護予防支援費

①介護予防支援費(1月につき)

②初回加算

③介護予防小規模多機能型居宅介護事業所連携加算

(3) 特定事業所集中減算の基準(200単位/月)

対象サービスが以下の( )内のサービスに見直された。(訪問介護、通所介護、福祉用具貸与、地域密着型通所介護)。集中率80%は改定なし。

(4) 特定事業所加算(Ⅳ)(125単位)((Ⅳ)が新設)

①特定事業所加算(Ⅰ)～(Ⅲ)

　算定要件に「他の法人が運営する居宅介護支援事業所と共同で事例検討会、研修会等を実施していること」が追加。

②特定事業所加算(Ⅱ)～(Ⅲ)

　算定要件に「地域包括支援センター等が実施する事例検討会等への参加」が追加。(Ⅰ)は従前からの要件。

　※報酬は据え置き

③(Ⅳ)の算定要件(2019年度より算定可)

　1) 前々年度の3月から前年度の2月までの間において退院・退所加算(Ⅰ)イ、(Ⅰ)ロ、(Ⅱ)イ、(Ⅱ)ロまたは(Ⅲ)の算定に係る病院、診療所、地域密着型介護老人福祉施設又は介護保険施設との連携の回数(退院・退所加算(Ⅰ)から(Ⅲ))の合計が35回以上である。

　2) 前々年度の3月から前年度の2月までの間においてターミナルケアマネジメント加算(新設)を5回以上算定している。

　3) 特定事業所加算(Ⅰ)、(Ⅱ)または(Ⅲ)を算定している。

(5) 入院時情報連携加算の算定要件見直し

①入院時情報連携加算(Ⅰ)200単位(利用者が病院または診療所に入院してから3日以

内に、病院または診療所の職員に対し利用者情報を提供している）
②入院時情報連携加算（Ⅱ）100単位（利用者が病院または診療所に入院してから4日以上7日以内に、病院または診療所の職員に対して利用者情報を提供している）

※病院などに訪問または文書で情報提供した場合に算定可。（Ⅰ）（Ⅱ）の同時算定不可。

(6) 退院・退所加算が細分化され引上げ

①退院・退所加算（Ⅰ）イ　450単位
②退院・退所加算（Ⅰ）ロ　600単位
③退院・退所加算（Ⅱ）イ　600単位
④退院・退所加算（Ⅱ）ロ　750単位
⑤退院・退所加算（Ⅲ）　　900単位

（算定要件）
　医療機関や介護保険施設等を退院・退所し、居宅サービス等を利用する場合において、退院・退所にあたって医療機関等の職員と面談を行い、利用者に関する必要な情報を得た上でケアプランを作成し、居宅サービス等の利用に関する調整を行った場合に算定する。

　ただし、「連携3回」を算定できるのは、そのうち1回以上について、入院中の担当医等との会議（退院時カンファレンス等）に参加して、退院・退所後の在宅での療養上必要な説明を行った上でケアプランを作成し、居宅サービス等の利用に関する調整を行った場合に限る。

※ 入院または入所期間中につき1回を限度。また、初回加算との同時算定不可。

退院・退所加算（（　）内は改定前の報酬）

回数	カンファレンス参加	
	なし	あり
連携1回	(Ⅰ)イ・450単位（300単位）	(Ⅰ)ロ・600単位（300単位）
連携2回	(Ⅱ)イ・600単位（600単位）	(Ⅱ)ロ・750単位（600単位）
連携3回	×	(Ⅲ)・900単位（900単位）

(7) ターミナルケアマネジメント加算（新設）（400単位/月）

①施設基準
　ターミナルケアマネジメントを受けることに同意した利用者について、24時間連絡できる体制を確保しており、かつ、必要に応じて居宅介護支援を行うことができる体制を整備している。

②対象利用者
　末期の悪性腫瘍利用者が在宅で死亡した場合（在宅訪問後、24時間以内に在宅以外で死亡した場合を含む）

③算定要件
1) 24時間連絡がとれる体制を確保し、かつ、必要に応じて、居宅介護支援を行うこ

とができる体制を整備。
2) 利用者またはその家族の同意を得た上で、死亡日及び死亡日前14日以内に2日以上居宅を訪問し、主治の医師等の助言を得つつ、利用者の状態やサービス変更の必要性等の把握、利用者への支援を実施。
3) 訪問により把握した利用者の心身の状況等の情報を記録し、主治の医師等およびケアプランに位置付けた居宅サービス事業者へ提供する。

2. 訪問介護

(1) 身体介護と生活援助のメリハリ改定

身体介護(1)20分未満は165単位で据え置き、身体介護(2) 20分以上30分未満は248単位(3単位引上げ)、身体介護(3) 30分以上1時間未満が394単位(6単位引上げ)、身体介護(4)1時間以上575単位(11単位引上げ)、その後30分増すごとに83単位(3単位引上げ)となった。

生活援助(1)20分以上45分未満が181単位(2単位引下げ)、生活援助(2)45分以上が223単位(2単位引下げ)となった。

身体介護に引き続き生活援助を行った場合の報酬は「生活援助 20分以上45分 未満」が66単位(1単位引下げ)で、最大「生活援助70分以上」で198単位(3単位引下げ)が上限。

通院等乗降介助は98単位(1単位引上げ)となった。

(2) 同一建物減算

訪問入浴介護、訪問看護、訪問リハビリテーション、夜間対応型訪問介護も同様。
20名以上で10％、50名以上で15％減算となった。

(3) 生活機能向上連携加算の見直し

生活機能向上連携加算(Ⅰ)100単位/月と(Ⅱ)200単位/月に区分し、(Ⅰ)が新設。

(4)「自立生活支援のための見守り的援助」の明確化

利用者と一緒に手助けしながら行う掃除(安全確認の声かけ、疲労の確認を含む)その他利用者の自立支援に資するものとして身体介護に該当するもの。

(5) 生活援助中心型の担い手の拡大

2018年度に新設された「生活援助従事者研修課程」の科目や時間数は、介護の基本的な知識や医療との連携に関する制度の概要、老化や認知症の知識など59時間の研修を行う。

3. 訪問看護

(1) 基本報酬

以下のとおり要介護は引上げ、要支援は引下げとなった。なお、理学療法士等の訪問は要介護、要支援とも引下げられた。

①訪問看護ステーションの場合

	＜改定前＞	＜改定後＞	
	（共通）	（訪問看護）	（介護予防訪問看護）
◆20分未満	310単位	311単位	300単位
◆30分未満	463単位	467単位	448単位
◆30分以上1時間未満	814単位	816単位	787単位
◆1時間以上1時間30分未満	1,117単位	1,118単位	1,080単位
◆理学療法士、作業療法士または言語聴覚士の場合	302単位	296単位	286単位

（※1日3回以上の場合は90/100）

②病院または診療所の場合

	＜改定前＞	＜改定後＞	
	（共通）	（訪問看護）	（介護予防訪問看護）
◆20分未満	262単位	263単位	253単位
◆30分未満	392単位	396単位	379単位
◆30分以上1時間未満	567単位	569単位	548単位
◆1時間以上1時間30分未満	835単位	836単位	807単位

(2)理学療法士等の訪問の取り扱い(介護予防も同様)

①理学療法士等が訪問看護を提供している利用者は、利用者の状況や実施した看護(看護業務の一環としてのリハビリテーションを含む)の情報を看護職員と理学療法士等が共有するとともに、訪問看護計画書および訪問看護報告書について、看護職員と理学療法士等が連携し作成する。

②訪問看護計画書および訪問看護報告書の作成にあたり、訪問看護サービスの利用開始時や利用者の状態の変化等に合わせた定期的な看護職員による訪問(初回および3カ月ごと)により、利用者の状態について適切に評価を行うとともに、理学療法士等による訪問看護はその訪問が看護業務の一環としてのリハビリテーションを中心としたものである場合に、看護職員の代わりにさせる訪問であること等を看護師が利用者等に説明し、同意を得る。

(3)緊急時訪問看護加算の引上げと見直し(介護予防も同様)

	＜改定前＞		＜改定後＞
訪問看護ステーション	540単位/月	⇒	574単位/月
病院または診療所	290単位/月	⇒	315単位/月

※1カ月以内の2回目以降の緊急時訪問は、早朝・夜間、深夜の訪問看護の加算を算定する。(改定前は一部の対象者(特別管理加算算定者)に限り算定可)

(4) 複数名による訪問看護に係る加算の実施者の見直し(介護予防も同様)

<改定前>	<改定後>
○2人の看護師等が同時に訪問看護を行う場合 ◆30分未満の場合：254単位 ◆30分以上の場合：402単位	○2人の看護師等が同時に訪問看護を行う場合 複数名訪問加算(Ⅰ)(変更なし) ○看護師等と看護補助者が同時に訪問看護を行う場合 複数名訪問加算(Ⅱ)(新設) ◆30分未満の場合：201単位 ◆30分以上の場合：317単位

(5) 看護体制強化加算の見直し

①加算を2区分にし(Ⅰ)を新設

<改定前>	<改定後>
看護体制強化加算　300単位/月 ⇒	看護体制強化加算(Ⅰ) 600単位/月(新設) 看護体制強化加算(Ⅱ) 300単位/月

※介護予防訪問看護は、ターミナルケア加算の算定者数の要件がないため、加算名は「看護体制強化加算」となっている。

②算定要件等

1) 看護体制強化加算(Ⅰ)(Ⅱ)共通
   a 「緊急時訪問看護加算の算定者割合50％以上」の要件および「特別管理加算の算定者割合30％以上」の要件の実績期間を3カ月間から6カ月間へと変更。
   b 医療機関と連携のもと、看護職員の出向や研修派遣などの相互人材交流を通じて在宅療養支援能力の向上を支援し、地域の訪問看護人材の確保・育成に寄与する取り組みを実施していることが望ましい。

2) 看護体制強化加算(Ⅰ)(新設)
   ターミナルケア加算の算定者5名以上(12カ月間)

3) 看護体制強化加算(Ⅱ)(変更なし)
   ターミナルケア加算の算定者1名以上(12カ月間)

4) 利用者によって看護体制強化加算(Ⅰ)または(Ⅱ)を選択的に算定することができない。

4. 訪問リハビリテーション

(1) 基本報酬引下げと算定要件の見直し

①1回(20分以上)302単位から290単位に引下げ。
②事業所医師がリハビリテーション計画作成に係る診療を行っていない場合の減算(1回20単位)(新設)

訪問リハビリテーション事業所の医師による診療を行わずに利用者に対して、訪問リハビリテーションを行った場合の減算基準は次のとおり。

1) 次に掲げる基準のいずれにも適合する。
 a 訪問リハビリテーション事業所の利用者が、当該事業所とは別の医療機関の医師による計画的な医学的管理を受けている場合であって、当該事業所の医師が、計画的な医学的管理を行っている医師から、当該利用者に関する情報の提供を受けている。
 b 当該計画的な医学的管理を行っている医師が適切な研修の修了等をしている。
 c 当該情報の提供を受けた訪問リハビリテーション事業所の医師が、当該情報を踏まえ、訪問リハビリテーション計画を作成する。

2) 1)の規定に関わらず、2018年4月1日から2019年3月31日までの間に、1)aおよびcに掲げる基準に適合する場合は、同期間に限り、20単位減算して算定可。

(2) リハビリテーションマネジメント加算が2区分から4区分に細分化され算定要件が見直しされた。(介護予防は対象外)
(3) 介護予防訪問リハビリテーションにリハビリテーションマネジメント加算(230単位/月)(新設)
(4) 社会参加支援加算の要件が明確化された。(介護予防は対象外)(17単位/日・据え置き)
(5) 介護予防訪問リハビリテーションに事業所評価加算(120単位/月)(新設)

5. 居宅療養管理指導

(1) 基本報酬の見直し(同一建物居住者から単一建物居住者へ見直し)

医療保険と介護保険との整合性の観点から、単一建物に居住する人数に応じて、次のように見直しが行われた。なお、「単一建物居住者」とは「利用者が居住する建築物に居住する者のうち、居宅療養管理指導事業所の医師等が、同一月に訪問診療、往診または居宅療養管理指導を行う場合の利用者」をいう。

 ◆ 単一建物居住者が1人
 ◆ 単一建物居住者が2〜9人
 ◆ 単一建物居住者が10人以上

①医師が行う場合のみ抜粋

(1) 居宅療養管理指導費(Ⅰ)(Ⅱ以外の場合に算定)

	<改定前>	<改定後>
同一建物居住者以外	503単位 ⇒	単一建物居住者が1人 507単位
同一建物居住者	452単位	単一建物居住者が2〜9人 483単位
		単一建物居住者が10人以上 442単位

(2) 居宅療養管理指導費(Ⅱ)(在宅時医学総合管理料等を算定する場合)

	<改定前>	<改定後>
同一建物居住者以外	292単位 ⇒	単一建物居住者が1人 294単位

同一建物居住者	262単位	単一建物居住者が2〜9人 284単位
		単一建物居住者が10人以上 260単位

6. 福祉用具貸与

(1) 貸与価格の上限設定等
① 2018年10月から全国平均貸与価格の公表や貸与価格の上限設定が実施された。
② 離島などの住民が利用する場合などは、交通費に相当する額を別途加算。
③ 上限を超えた価格で貸与しようとする場合は、保険給付の対象外の取扱い。
　1) 2019年度以降、新商品についても、3カ月に1度の頻度で同様の取扱いとなる。
　2) 公表された全国平均貸与価格や設定された貸与価格の上限は、2019年度以降も、概ね1年に1度の頻度で見直しされる。
　3) 全国平均貸与価格の公表や貸与価格の上限設定を行うに当たっては、月平均100件以上の貸与件数がある商品について適用。

(2) 機能や価格帯の異なる複数商品の掲示等
① 利用者が適切な福祉用具を選択する観点から、運営基準が改正され、福祉用具専門相談員に対して、以下の事項が義務づけられた。
　1) 貸与しようとする商品の特徴や貸与価格に加え、商品の全国平均貸与価格を利用者に説明する。
　2) 機能や価格帯の異なる複数の商品を利用者に提示する。
　3) 利用者に交付する福祉用具貸与計画書を介護支援専門員にも交付する。

7. 通所介護・地域密着型通所介護

(1) 基本報酬のサービス提供時間区分、規模ごとの基本報酬の見直し
① 基本報酬が2時間区分から1時間区分に見直し。7時間以上9時間未満の報酬が次のとおり改定された。
　1) 大規模型（Ⅰ）（Ⅱ）事業所は7時間以上8時間未満、8時間以上9時間未満共に引下げ。
　2) 通常規模型事業所は7時間以上8時間未満は引下げ、8時間以上9時間未満は据え置き。
　3) 地域密着型通所介護は7時間以上8時間未満は据え置き、8時間以上9時間未満は引上げ。

(2) 生活機能向上連携加算（200単位/月）（個別機能訓練加算を算定している場合は100単位/月）（新設）
　なお、個別機能訓練加算（Ⅰ）（Ⅱ）は据え置き。

(3) ＡＤＬ維持等加算（新設）
　ＡＤＬ維持等加算（Ⅰ）3単位/月、ＡＤＬ維持等加算（Ⅱ）6単位/月が新設された。

(4) 栄養改善加算の管理栄養士の配置要件が緩和(通所リハビリテーションも同様)

①低栄養状態にある利用者またはそのおそれのある利用者に低栄養状態の改善等を目的として、個別的に実施される栄養食事相談等の栄養管理で、利用者の心身の状態の維持または向上に資すると認められるもの(栄養改善サービス)を行った場合、3カ月以内に限り1月に2回を限度として1回につき150単位を算定。

②栄養改善サービスの開始から3カ月ごとの利用者の栄養状態の評価の結果、低栄養状態が改善せず、栄養改善サービスを引き続き行うことが必要と認められる場合は、引き続き算定可能。

③事業所の職員として、または外部(他の介護事業所、医療機関、栄養ケア・ステーション)との連携により管理栄養士を1名以上配置している。

(5) 栄養スクリーニング加算(5単位/回・6月に1回限度)(通所リハビリテーションも同様)(新設)

サービス利用者に対し、利用開始時及び利用中6カ月ごとに栄養状態について確認を行い、利用者の栄養状態に関する情報(医師・歯科医師・管理栄養士等への相談提言を含む)を介護支援専門員に文書で共有した場合に算定する。

(6) 一定の実務経験を有するはり師、きゅう師が機能訓練指導員として追加(介護福祉施設の機能訓練加算なども同様)

一定の実務経験を有するはり師、きゅう師とは、理学療法士、作業療法士、言語聴覚士、看護職員、柔道整復師またはあん摩マッサージ指圧師の資格を有する機能訓練指導員を配置した事業所で6カ月以上勤務し、機能訓練指導に従事した経験を有する者。

8. 通所リハビリテーション

(1) 基本報酬の見直しと加算の新設

①通所介護の改定に併せて4時間以上6時間未満、6時間以上8時間未満のサービス提供時間区分を1時間ごとに見直し。

3時間未満で据置、3時間以上~4時間未満で要介護1から3は据置、要介護4、5は引上げ、4時間以上5時間未満で引下げ、5時間以上6時間未満で引上げ、6時間以上7時間未満、7時間以上8時間未満で引下げ。

②リハビリテーション提供体制加算(新設)

1) 算定要件(介護予防は対象外)

  a リハビリテーションマネジメント加算(Ⅰ)から(Ⅳ)までのいずれかを算定している。

  b 通所リハビリテーション事業所において、常時、事業所に配置されている理学療法士、作業療法士または言語聴覚士の合計数が、事業所の利用者の数が25またはその端数を増すごとに1以上。

2) 加算報酬

  3時間以上4時間未満 12単位/日

4時間以上5時間未満　16単位/日
　　　5時間以上6時間未満　20単位/日
　　　6時間以上7時間未満　24単位/日
　　　7時間以上　　　　　　28単位/日
　③介護予防通所リハビリテーションも次のとおり引下げ。

	＜改定前＞	＜改定後＞
要支援1	1,812単位/月 ⇒	1,712単位/月
要支援2	3,715単位/月 ⇒	3,615単位/月

(2) リハビリテーションマネジメント加算が2区分から4区分に細分化され算定要件も見直し
(3) 介護予防にリハビリテーションマネジメント加算（330単位/月）（新設）
(4) 社会参加支援加算の要件の明確化等（介護予防は対象外）（12単位/日・据置）
(5) 介護予防通所リハビリテーションに生活行為向上リハビリテーション実施加算（新設）
(6) 栄養改善加算の管理栄養士の配置の緩和（通所介護と同様のため略）
(7) 栄養スクリーニング加算（5単位/回・6カ月に1回限度）の新設（通所介護と同様のため略）
(8) 医療と介護におけるリハビリテーション計画の様式の見直し等（介護予防も同様）
(9) 短時間通所リハビリテーション実施時の面積要件等の緩和（介護予防は対象外）

9. 短期入所生活介護

(1) 基本報酬　従来型個室と多床室との間の報酬の格差が適正化された
　①単独型、併設型とも従来型個室およびユニット型は引上げ。（介護予防を含む）
　②単独型、併設型とも多床室の要介護は引下げ。要支援1、2の報酬は引上げ。（介護予防は対象外）
(2) 要介護3以上の利用者を70％以上受け入れた場合の看護体制加算（Ⅲ）（Ⅳ）（新設）
(3) 夜勤職員配置加算（介護予防は対象外）
　①特養併設型における夜勤職員の配置基準の緩和
　　1) 利用者の処遇に支障がなく、以下の要件を満たす場合には、夜勤職員の兼務が認められた。
　　　a 短期入所生活介護事業所と特別養護老人ホームが併設されている。
　　　b 夜勤職員1人あたりの短期入所生活介護事業所（ユニット型以外）と特養（ユニット型）の利用者数の合計が20人以内である。
　　　※逆の場合（短期入所生活介護事業所（ユニット型）と特養（ユニット型以外））も同様。
　②併設型の基準見直し
　　　利用者数25以下の併設事業所は、併設本体施設で必要な夜勤介護職員または看護職員に加えて、1以上などに見直しされた。

③(Ⅲ)(Ⅳ)が新設され4区分となった。

　※介護老人福祉施設なども同様の見直し。

(4) 生活機能向上連携加算(200単位/月)(介護予防短期入所生活介護含む)(新設)

個別機能訓練加算を算定している場合は100単位/月

(5) 認知症専門ケア加算(介護予防短期入所生活介護を含む)(新設)

認知症専門ケア加算(Ⅰ)　3単位/日

認知症専門ケア加算(Ⅱ)　4単位/日

(6) 療養食加算の算定見直し

1日単位(23単位)の算定から、1日3回を限度とし1回(8単位)単位で算定する。

(7) 機能訓練指導員にはり師、きゅう師が追加(介護予防短期入所生活介護含む)

※通所介護、介護老人福祉施設等と同様に「6月以上機能訓練指導員としての勤務経験が必要」となる。

(8) ユニット型準個室について、実態を踏まえ、その名称を「ユニット型個室的多床室」に変更

10. 短期入所療養介護

(1) 基本報酬の区分変更と在宅復帰・在宅療養支援加算による見直し(介護予防短期入所療養介護を含む)

①現行の在宅強化型と従来型の2区分から在宅強化型、基本型、その他(新設)と在宅復帰・在宅療養支援機能加算(Ⅰ)(Ⅱ)の新設評価により5区分で評価。その他は改定前の従来型より引下げ。他の区分は引上げ。

②介護療養型老人保健施設が提供する短期入所療養介護は「療養型」および「療養強化型」の報酬を「療養型」に一元化した。また、「療養強化型」で評価されていた一定の医療処置および重度者要件は、療養体制維持特別加算を(Ⅰ)27単位(据置)と(Ⅱ)57単位(新設)で評価した。

(2) 介護医療院の短期入所生活介護(新設)

Ⅰ型療養床(従前の介護療養型医療施設)とⅡ型療養型(老人保健施設相当)が新設。

従前の介護療養型医療施設の報酬より25単位引上げ。ただし、療養室等の療養環境の基準(1床8㎡以上の広さや廊下幅)を満たさない場合には25単位を減算。

(3) 認知症専門ケア加算(新設)

①認知症専門ケア加算(Ⅰ)　3単位/日

②認知症専門ケア加算(Ⅱ)　4単位/日

(4) 療養食加算の算定見直し(短期入所生活介護と同様)

(5) ユニット型準個室について、実態を踏まえ、その名称を「ユニット型個室的多床室」に変更

11. 特定施設入居者生活介護・地域密着型特定施設入居者生活介護

(1) 外部サービス利用型を除き、基本報酬が引上げられた

(2) 退院・退所時連携加算（30単位/日）（介護予防特定施設入居者生活介護除く）（新設）

　①入居日から30日間に限る。

　②医療提供施設（病院、診療所、介護老人保健施設、介護医療院）を退院・退所して特定施設に入居する利用者を受け入れることが算定要件。

　③30日を超える病院、診療所への入院または介護老人保健施設、介護医療院への入所後に当該指定特定施設に再び入居した場合も、算定可。

(3) 入居継続支援加算（36単位/日）（介護予防特定施設入居者生活介護除く）（新設）

　①介護福祉士の数が、常勤換算方法で利用者の数が6またはその端数を増すごとに1以上。

　②たんの吸引等を必要とする者の占める割合が利用者の15％以上。

(4) 生活機能向上連携加算（200単位/月）（介護予防特定施設入居者生活介護含む）（新設）

(5) 若年性認知症入居者受入加算（120単位/日）（介護予防特定施設入居者生活介護含む）（新設）

　受け入れた若年性認知症入居者ごとに個別の担当者を定めている。

(6) 口腔衛生管理体制加算（30単位/月）（介護予防特定施設入居者生活介護含む）（新設）

　※（介護予防）認知症対応型共同生活介護にも新設。

(7) 栄養スクリーニング加算（5単位/回・6カ月に1回限度）（介護予防特定施設入居者生活介護含む）（新設）（通所介護等と同様）

(8) 身体拘束廃止未実施減算（10％/日）（介護予防特定施設入居者生活介護含む）（短期入所除く）（見直し）

　身体的拘束等の適正化を図るため、以下の措置を講じなければならないことに見直し。

　①身体的拘束等を行う場合には、その態様及び時間、その際の入所者の心身の状況並びに緊急やむを得ない理由を記録する。

　②身体的拘束等の適正化のための対策を検討する委員会を3カ月に1回以上開催するとともに、その結果について、介護職員その他従業者に周知徹底を図る。（※）

　③身体的拘束等の適正化のための指針を整備する。

　④介護職員その他の従業者に対し、身体的拘束等の適正化のための研修を定期的（年2回以上）に実施する。

　※地域密着型特定施設入居者生活介護は、運営推進会議を活用することができる。

(9) 短期利用特定施設入居者生活介護の利用者数の上限の見直し（介護予防特定施設入居者生活介護除く）

　「定員の10％まで」から「1または定員の10％まで」に変更された。

(10) 機能訓練指導員に「はり師、きゅう師」が追加（介護予防特定施設入居者生活介護含む）

　※通所介護等と同様に「6カ月以上機能訓練指導員としての勤務経験が必要」となる。

12. 小規模多機能型居宅介護

(1) 基本報酬は据え置き
(2) 生活機能向上連携加算（Ⅰ）100単位/月、（Ⅱ）200単位/月（介護予防小規模多機能型居宅介護含む）（新設）
(3) 若年性認知症利用者受入加算（800単位/月、450単位/月（介護予防））（新設）
(4) 栄養スクリーニング加算（5単位/回・6カ月に1回限度）（介護予防小規模多機能型居宅介護含む）（新設）（通所介護等と同様）

13. 認知症対応型共同生活介護

(1) 基本報酬は据え置き
(2) 医療連携体制加算の区分が3区分になった（介護予防認知症対応型共同生活介護除く）
　①医療連携体制加算（Ⅰ）39単位/日（据え置き）
　②医療連携体制加算（Ⅱ）49単位/日（新設）
　③医療連携体制加算（Ⅲ）59単位/日（新設）
　※（Ⅰ）から（Ⅲ）のいずれかを算定
(3) 医療連携体制加算（Ⅱ）施設基準
　①事業所の看護職員を常勤換算方法で1名以上配置。
　②事業所の看護職員または病院、診療所、訪問看護ステーションの看護師との連携により、24時間連絡できる体制を確保。ただし、①の配置看護職員が准看護師のみの場合は、病院、診療所、訪問看護ステーションの看護師により、24時間連絡できる体制を確保。
　③前12カ月間に、次のいずれかに該当する状態の利用者が1人以上。
　　1) 喀痰吸引を実施している状態
　　2) 経鼻胃管や胃瘻等の経腸栄養が行われている状態
　④重度化対応指針を定め、入居の際に、利用者またはその家族等に対し、指針の内容を説明し、同意を得ている。
(4) 医療連携体制加算（Ⅲ）施設基準
　①事業所の看護師を常勤換算方法で1名以上配置。
　②事業所の看護師または病院、診療所、訪問看護ステーションの看護師との連携により、24時間連絡できる体制を確保。
　③重度化対応指針を定め、入居の際に、利用者またはその家族等に対し、指針の内容を説明し、同意を得ている。
　④前12カ月間に、次のいずれかに該当する状態の利用者が1人以上。
　　1) 喀痰吸引を実施している状態
　　2) 経鼻胃管や胃瘻等の経腸栄養が行われている状態
(5) 短期利用認知症対応型共同生活介護の算定要件の見直し（介護予防認知症対応型共同生活介護含む）

①利用者の状況や利用者の家族等の事情により、介護支援専門員が、緊急に短期利用認知症対応型共同生活介護を受けることが必要と認めた者に対し、居宅サービス計画において位置付けられていない短期利用認知症対応型共同生活介護を提供する場合である。

②当該利用者および他の利用者の処遇に支障がない場合であって、個室において短期利用認知症対応型共同生活介護を行うことができる。

③緊急時の特例的な取扱いのため、短期利用認知症対応型共同生活介護を行った日から起算して7日を限度とする。また、当該入居期間中においても職員の配置数は人員基準上満たすべき員数を上回っている。

④利用定員を超えて受け入れることができる利用者数は、事業所ごとに1人までの受入を認め、定員超過利用による減算の対象とはならない。

⑤定員の範囲内で、空いている居室等を利用する。

(6) 身体拘束廃止未実施減算(10％/日)(介護予防特定施設入居者生活介護含む)(短期入所除く)(新設)(特定施設入居者生活介護と同様)

(7) 入退院支援の評価の新設と初期加算の見直し(介護予防特定施設入居者生活介護含む)

①医療機関に入院した場合(246単位/日・1カ月に6日限度)の評価の新設

1)利用者が、医療機関に入院する必要が生じた場合で、入院後3カ月以内に退院することが明らかに見込まれるときは、利用者および家族の希望等を勘案し、必要に応じて適切な便宜を供与するとともに、やむを得ない事情がある場合を除き、退院後再び当該認知症対応型共同生活介護事業所に円滑に入居することができる体制を確保している。

2)入院の初日および最終日は、算定不可。

②初期加算

1)算定要件に「30日を超える医療機関への入院後に認知症対応型共同生活事業所に再入居した場合も、算定可」が追加された。

(8) 口腔衛生管理体制加算(30単位/月)(介護予防認知症対応型共同生活介護含む)(新設)

(9) 栄養スクリーニング加算(5単位/回・6カ月に1回限度)(介護予防認知症対応型共同生活介護含む)(新設)(通所介護等と同様)

(10) 生活機能向上連携加算(200単位/月)(介護予防認知症対応型共同生活居宅介護含む)(新設)

14. 介護老人福祉施設・地域密着型介護老人福祉施設入所者生活介護

(1) 基本報酬の見直し

①個室、多床室とも引上げ。

②小規模介護福祉施設等の基本報酬の見直し。

1)小規模介護福祉施設(定員30名)で2018年度以降に新設される施設は、通常の介護福祉施設と同様の報酬を算定。

2）既存の小規模介護福祉施設および経過的地域密着型介護老人福祉施設入所者生活介護（2005年度以前に開設した定員26〜29名の施設）と他の類型の介護福祉施設の報酬の均衡を図る観点から、別に厚生労働大臣が定める期日以降、通常の介護福祉施設の基本報酬と統合される。

③小規模介護福祉施設、経過的地域密着型介護老人福祉施設入所者生活介護の基本報酬引下げ

※小規模介護福祉施設サービス費は、経過的小規模介護福祉施設サービス費に改称された。

④旧措置入所者の基本報酬は2018年度から、介護福祉施設等の基本報酬に統合。その結果、従来型個室の場合、要介護1、要介護2は引下げ、要介護3は引上げ、要介護4は引下げ、要介護5は引上げとなった。

(2) 身体拘束廃止未実施減算（10%/日）（特定施設入居者生活介護と同様）（新設）

(3) 夜勤職員配置加算の見直しと区分（Ⅲ）（Ⅳ）（新設）

(4) 生活機能向上連携加算（200単位/月）（新設）

(5) 看取り介護加算（Ⅱ）（新設）

①（Ⅰ）と併算定不可。当該福祉施設内で死亡した場合に限り算定可。

1）死亡日以前4日以上30日以下　　144単位/日
2）死亡日の前日および前々日　　　780単位/日
3）死亡日　　　　　　　　　　1,580単位/日

(6) 配置医師緊急時対応加算（新設）

配置医師が施設の求めに応じ、施設を訪問して入所者に対し診療を行い、かつ、診療を行った理由を記録した場合に加算。ただし、看護体制加算（Ⅱ）を算定していない場合は算定不可。

①早朝・夜間の場合　650単位/回

早朝（午前6時から午前8時まで）、夜間（午後6時から午後10時まで）

②深夜の場合　1,300単位/回

深夜（午後10時から午前6時まで）

(7) 排せつ支援加算（100単位/月）（介護保険施設共通）（新設）

①排せつに介護を要する入所者（要介護認定調査の「排尿」または「排便」が「一部介助」または「全介助」である場合等）で、適切な対応を行うことにより、要介護状態の軽減もしくは悪化の防止が見込まれる（要介護認定調査の「排尿」または「排便」の項目が「全介助」から「一部介助」以上に、または「一部介助」から「見守り等」以上に改善すると見込まれる）と医師または医師と連携した看護師が判断（看護師が判断する場合は、利用者の背景疾患の状況を勘案する必要がある場合等は医師へ相談を要し、判断の内容を支援開始前に医師への報告を要する）して、施設の医師、看護師、介護支援専門員その他の職種が共同したうえで、排せつに介護を要する原因を分析し、それに基づいた支援計画を作成。

②計画に基づく支援を継続して実施した場合は、支援開始月から起算して6カ月以内の期間に限り、1カ月につき加算。ただし、同一入所期間中には再算定不可。

(8) 褥瘡マネジメント加算(10単位/月・3カ月に1回限度)(介護老人保健施設も同様)(新設)

①継続的に入所者ごとの褥瘡管理をした場合、3カ月に1回を限度として、所定単位数を加算。

②施設基準

1) 入所者ごとに褥瘡の発生と関連のあるリスクについて、施設入所時に評価するとともに、少なくとも3カ月に1回、評価を行い、その評価結果を厚生労働省に報告する。

2) 1)の評価の結果、褥瘡が発生するリスクがあるとされた入所者ごとに、医師、看護師、介護職員、介護支援専門員その他の職種が共同して、褥瘡管理に関する褥瘡ケア計画を作成する。

3) 入所者ごとの褥瘡ケア計画に従い褥瘡管理を実施するとともに、その管理の内容や入所者の状態について定期的に記録する。

4) 1)の評価に基づき、少なくとも3カ月に1回、入所者ごとに褥瘡ケア計画を見直しする。

(9) 外泊時に在宅サービスを利用したときの費用(560単位/日)(新設)

①入所者に対して居宅への外泊を認め、入所者が、施設により提供される在宅サービスを利用した場合は、1カ月に6日を限度として所定単位数に代えて1日につき算定する。

②外泊の初日および最終日は算定不可。外泊時費用と併算定不可。

(10) 入所障害者数が入所者総数の50%以上を評価する障害者生活支援体制加算(Ⅱ)(新設)

(11) 口腔衛生管理加算の算定要件見直しと報酬引下げ(介護保険施設共通)

＜改定前＞	＜改定後＞
110単位/月	⇒ 90単位/月

算定要件等

①歯科医師の指示を受けた歯科衛生士が、入所者に対し、口腔ケアを月2回以上(改定前は月4回以上)行った場合。

②歯科衛生士が、口腔ケアについて、介護職員に対し具体的な技術的助言および指導を行った場合。(新設)

③歯科衛生士が、口腔に関する介護職員からの相談等に必要に応じ対応した場合。(新設)

(12) 栄養マネジメント加算の要件緩和(報酬据え置き)

常勤の管理栄養士1名以上の配置要件について、同一敷地内の介護保険施設(1施設に限る)との栄養ケア・マネジメントの兼務の場合にも算定が認められた。

(13)低栄養リスク改善加算(300単位/月)(新設)(介護保険施設共通)

算定要件等は次のとおり。
①栄養マネジメント加算を算定している。
②経口移行加算または経口維持加算と併算定不可。
③対象は低栄養リスクが「高」の入所者。
④新規入所時または再入所時のみ算定可能。
⑤月1回以上、多職種の者が共同して入所者の栄養管理をするための会議を行い、低栄養状態を改善するための特別な栄養管理の方法等を示した計画(栄養ケア計画と一体のものとして作成)を作成する。(作成した栄養ケア計画は月1回以上見直す)
⑥計画について、特別な管理の対象となる入所者または家族に説明し、その同意を得る。
⑦作成した計画に基づき、管理栄養士等は対象となる入所者に対し食事の観察を週5回以上行い、入所者ごとの栄養状態、嗜好等を踏まえた食事の調整等を行う。
⑧入所者または家族の求めに応じ、栄養管理の進捗の説明や栄養食事相談等を適宜行う。
⑨入所者または家族の同意を得られた月から起算して6カ月以内の期間に限定。6カ月を超えた場合は、原則として算定しない。

(14)再入所時栄養連携加算(400単位/回)(新設)(介護保険施設共通)

算定要件
①入所時より経口により食事摂取していた者が医療機関に入院し、施設入所時とは大きく異なる栄養管理が必要となった場合(経管栄養または嚥下調整食の新規導入)であって、施設の管理栄養士が医療機関での栄養指導またはカンファレンスに同席し、再入所後の栄養管理について医療機関の管理栄養士と相談の上、栄養ケア計画を作成し、当該施設へ再入所した場合に、1回に限り算定。
②栄養マネジメント加算を算定している。

(15)身体拘束廃止未実施減算の見直し(介護保険施設共通)

①5単位/日から10%/日減算となり、算定要件が以下に見直しされた。
②算定要件については、身体的拘束等の適正化を図るため、以下の措置を講じなければならない。
 1)身体的拘束等を行う場合には、その態様および時間、その際の入所者の心身の状況並びに緊急やむを得ない理由を記録する。
 2)身体的拘束等の適正化のための対策を検討する委員会を3カ月に1回以上開催するとともに、その結果について、介護職員その他従業者に周知徹底を図る。(※)
 3)身体的拘束等の適正化のための指針を整備する。
 4)介護職員その他の従業者に対し、身体的拘束等の適正化のための研修を定期的に実施する。

(※)地域密着型介護老人福祉施設入所者生活介護は、運営推進会議を活用することができる。

(16) 療養食加算の算定見直し(介護保険施設共通)
　1日単位(18単位)の算定から、1日3回を限度とし1回(6単位)で算定。

(17) 機能訓練指導員にはり師、きゅう師が追加
　※通所介護と同様に「6カ月以上機能訓練指導員としての勤務経験が必要」となる。

(18) ユニット型準個室について、実態を踏まえ、名称を「ユニット型個室的多床室」に変更

15. 介護老人保健施設

(1) 基本報酬の区分変更と在宅復帰・在宅療養支援機能加算(新設)
　現行の在宅強化型と従来型の2区分から在宅強化型、基本型、その他型と在宅復帰・在宅療養支援加算(Ⅰ)(Ⅱ)の新設評価により5区分で評価。その他型は改定前の従来型より引下げ。他の区分は引上げ。

(2) 所定疾患施設療養費が見直しされ、2つに区分された。なお、(Ⅰ)(Ⅱ)は併算定不可

＜改定前＞	＜改定後＞
所定疾患施設療養費305単位/日 ⇒	所定疾患施設療養費(Ⅰ) 235単位/日
	所定疾患施設療養費(Ⅱ) 475単位/日(新設)

(3) かかりつけ医連携薬剤調整加算(125単位/回・1人1回限度)(新設)
　算定要件は、次の基準①から③に適合する入所者に対し、入所者に処方する内服薬の減少について退所時または退所後1カ月以内に入所者の主治の医師に報告し、その内容を診療録に記載した場合、退所時に加算する。

　①6種類以上の内服薬が処方されており、処方の内容を施設の医師と入所者の主治の医師が共同し、総合的に評価および調整し、入所者に処方する内服薬を減少させることについて施設の医師と主治の医師が合意している者。

　②合意された内容に基づき、施設の医師が、入所者に処方する内服薬について、入所時に処方されていた内服薬の種類に比べ1種類以上減少させた者。

　③退所時において処方されている内服薬の種類が、入所時に比べ1種類以上減少している者。

(4) 排せつ支援加算(100単位/月)(新設)(介護保険施設共通)

(5) 褥瘡マネジメント加算(10単位/月・3カ月に1回限度)(新設)(介護老人福祉施設と同様)

(6) 外泊時に在宅サービスを利用したときの費用(800単位/日)(新設)(報酬以外の算定要件は介護老人福祉施設と同様)

(7) 口腔衛生管理加算の算定要件見直しと報酬引下げ(介護老人福祉施設と同様)

(8) 栄養マネジメント加算の要件緩和(報酬据え置き)(介護老人福祉施設と同様)

(9) 低栄養リスク改善加算(300単位/月)(新設)(介護老人福祉施設と同様)

(10) 再入所時栄養連携加算(400単位/回)(新設)(介護老人福祉施設と同様)

(11) 身体拘束廃止未実施減算の見直し(介護老人福祉施設と同様)
(12) 療養食加算の算定見直し(介護老人福祉施設と同様)
(13) ユニット型準個室について、実態を踏まえ、名称を「ユニット型個室的多床室」に変更

16. 介護医療院(新設)
(1) 介護医療院の基本報酬等
①基本報酬の施設基準等
1) Ⅰ型介護医療院サービス費(Ⅰ)の医療処置または重度者要件は次のとおり。
　a 入所者等のうち、重篤な身体疾患を有する者および身体合併症を有する認知症高齢者の占める割合が50％(※1)以上。
　b 入所者等のうち、喀痰吸引、経管栄養またはインスリン注射が実施された者の占める割合が50％(※2)以上。
　c 入所者等のうち、次のいずれにも適合する者の占める割合が10％(※3)以上。
　　イ 医師が一般に認められている医学的知見に基づき回復の見込みがないと診断した者。
　　ロ 入所者等またはその家族等の同意を得て、入所者等のターミナルケアに係る計画が作成されている。
　　ハ 医師、看護職員、介護職員等が共同して、入所者等の状態または家族等の求め等に応じ随時、入所者等またはその家族等への説明を行い、同意を得てターミナルケアが行われている。
　d 生活機能を維持改善するリハビリテーションを行っている。
　e 地域に貢献する活動を行っている。
　(※1) Ⅰ型介護医療院サービス費(Ⅱ)(Ⅲ)では、50％
　(※2) Ⅰ型介護医療院サービス費(Ⅱ)(Ⅲ)では、30％
　(※3) Ⅰ型介護医療院サービス費(Ⅱ)(Ⅲ)では、5％
2) Ⅱ型介護医療院サービス費の医療処置または重度者要件
　a 下記のいずれかを満たすことが要件である。
　　イ 著しい精神症状、周辺症状もしくは重篤な身体疾患が見られ専門医療を必要とする認知症高齢者の占める割合が20％以上。
　　ロ 著しい精神症状、周辺症状もしくは重篤な身体疾患または日常生活に支障を来すような症状、行動もしくは意志疎通の困難さが頻繁に見られ、専門医療を必要とする認知症高齢者の占める割合が25％以上。
　　ハ 喀痰吸引もしくは経管栄養が実施された者の占める割合が15％以上。
　b ターミナルケアを行う体制がある。
3) 基本報酬と加算および減算
　　新設された介護医療院の報酬から療養環境減算(Ⅰ) 25単位/日などを除くと、

介護療養型医療施設と同額。また介護医療院に転換した場合に、1年間に限り算定できる「移行定着支援加算(93単位/日)」が新設された。
a 移行定着支援加算の算定要件
 イ 介護療養型医療施設、医療療養病床または介護療養型老人保健施設から転換した介護医療院である。
 ロ 転換を行って介護医療院を開設した等の旨を地域の住民に周知するとともに、介護医療院の入所者やその家族等への説明に取り組んでいる。
 ハ 入所者およびその家族等と地域住民等との交流が可能となるよう、地域の行事や活動等に積極的に関与している。
b 療養環境減算(1日につき)
 イ 療養環境減算(Ⅰ) 25単位、療養環境減算(Ⅱ) 25単位
 ロ 療養環境減算(Ⅰ)に係る施設基準
  介護医療院の療養室に隣接する廊下の幅が、内法による測定で、1.8m未満。(両側に療養室がある廊下の場合は、内法による測定で、2.7m未満)
 ハ 療養環境減算(Ⅱ)に係る施設基準
  介護医療院の療養室に係る床面積の合計を入所定員で除した数が8㎡未満。

(2) その他

　介護療養型医療施設に評価されていた加算は、介護医療院でも新設された。主な加算は「認知症専門ケア加算」「若年性認知症患者受入加算」「認知症行動・心理症状緊急対応加算」「栄養マネジメント加算」などである。

　また、他の介護保険施設で新設された「排せつ支援加算(100単位/月)」「低栄養リスク改善加算(300単位/月)」「再入所時栄養連携加算(400単位/回)」も新設され、併せて「口腔衛生管理加算」「身体拘束廃止未実施減算」や「ユニットケア体制未整備減算」「外泊時費用の取り扱い」「他医療機関受診の取り扱い」「介護医療院が居宅サービスを提供する場合」「初期加算」「退所時指導等加算」「療養食加算」なども他の介護保険施設と同様の取り扱いとなっている。

(3) 特別診療費(特定診療費から改称)

　①感染対策指導管理(1日につき)5単位から6単位に引上げ。
　②褥瘡対策指導管理(1日につき)5単位から6単位に引上げ。
　※介護療養型医療施設の特定診療費と同様。その他はすべて特定診療費と同じ取扱い。

（編著者注）

　新設された介護医療院の報酬から療養環境減算（Ⅰ）25単位などを除くと、介護療養型医療施設と同額であり、かつ介護医療院に転換した場合に1年間算定できる「移行定着支援加算93単位/日」が新設されたため、介護療養型医療施設の改定ポイントは省略させていただきました。併せて本文での介護療養型医療施設や療養機能強化型介護老人保健施設、訪問介護や通所介護などに新設された共生型サービスについての記載も省略しています。

　第1部に記載していない「訪問入浴介護」「定期巡回・随時対応型訪問介護看護」「夜間対応型訪問介護」「療養通所介護」「看護小規模多機能型居宅介護」などについては第3部のそれぞれの改定のポイントを参照してください。

第2部

診療報酬と介護報酬の関連性および相違点のポイント

　第2部では、『「医療保険と介護保険の給付調整に関する留意事項及び医療保険と介護保険の相互に関連する事項等について」の一部改正について（通知）』（保医発0330第2号　平成30年3月30日）および『「特別養護老人ホーム等における療養の給付の取扱いについて」の一部改正（通知）』（保医発0330第3号　平成30年3月30日）をもとに、介護関係者として知っておきたいポイントをとりまとめています。

1. 在宅サービスについて

　診療報酬と介護報酬には、訪問看護などそれぞれ共通項目がある。原則、要介護・要支援認定（要介護等認定）を受けた利用者（要介護被保険者等）は、訪問看護、訪問リハビリテーション、訪問薬剤管理指導、訪問栄養管理指導など診療報酬と介護報酬それぞれで評価されている項目の場合は、原則介護保険が優先となる。

　また、同一医療機関における医療保険と介護保険の同一日算定可否の取扱いは、以下の表のとおりである。

表　同一医療機関における医療保険と介護保険の同一日算定の可否の取扱い

		医療保険						介護保険				
		往診料	在宅患者訪問診療料	在宅患者訪問看護・指導料	在宅患者訪問リハビリテーション指導管理料	在宅患者訪問薬剤管理指導料	在宅患者訪問栄養食事指導料	居宅療養管理指導費（医師によるもの）	居宅療養管理指導費（薬剤師によるもの）	居宅療養管理指導費（管理栄養士によるもの）	訪問看護費	訪問リハビリテーション費
医療保険	往診料	—	●	●	●	●	●	○	○	○	○	○
	在宅患者訪問診療料	●	—	×	×	×	×	○	○	○	○	○
	在宅患者訪問看護・指導料	●	×	—	×	×	×	▲	▲	▲	※	▲
	在宅患者訪問リハビリテーション指導管理料	●	×	×	—	×	×	※	※	※	※	※
	在宅患者訪問薬剤管理指導料	●	×	×	×	—	×	※	※	※	※	※
	在宅患者訪問栄養食事指導料	●	×	×	×	×	—	※	※	※	※	※
介護保険	居宅療養管理指導費（医師によるもの）	○	○	▲	※	※	※	—	○	○	○	○
	居宅療養管理指導費（薬剤師によるもの）	○	○	▲	※	※	※	○	—	○	○	○
	居宅療養管理指導費（管理栄養士によるもの）	○	○	▲	※	※	※	○	○	—	○	○
	訪問看護費	○	○	※	※	※	※	○	○	○	—	○
	訪問リハビリテーション費	○	○	▲	※	※	※	○	○	○	○	—

○　算定可
×　算定不可（いずれかのみ算定）
●　訪問診療等実施後、患者病状急変による往診は算定可
※　介護保険優先で算定
▲　要介護等認定の患者でも医療保険対象の場合

2. 月の途中で要介護被保険者等となる場合等の留意事項

　要介護被保険者等となった日から、同一の障害または疾病等についての給付は、介護保険が優先され、医療保険から介護保険へ変更される。この際、1カ月あたりの算定回数に制限がある場合（医療保険における訪問歯科衛生指導と介護保険における歯科衛生士が行う居宅療養管理指導の場合の月4回など）は、同一医療機関で、医療保険と介護保険か

らのサービス回数を合算した回数により、制限回数を計算して算定する。

3. 訪問看護における留意事項
(1)訪問看護指示書の取扱い
　医療保険、介護保険適用にかかわらず訪問看護ステーションからの訪問看護サービスを実施する場合は、医師(主治医)による「訪問看護指示書」の交付が必要となる。医療機関が実施する訪問看護サービスの場合でも、主治医の指示が必要となる。同一医療機関の医師の指示による訪問看護サービスの場合は、医師が診療録に訪問看護の指示を記載する。他医療機関の訪問看護サービスを指示する場合は、主治医から訪問看護サービスを提供する医療機関の医師宛てに「診療情報提供書」を交付する。

①訪問看護ステーションの看護師などに訪問看護指示を行う場合(訪問看護指示書)
　　医療保険・介護保険適用であっても、訪問看護ステーション宛ての訪問看護指示書の交付がなければ訪問看護サービスを提供することはできない。また訪問看護指示書を交付した場合、同一法人間など「特別の関係」にある訪問看護ステーションに交付した場合であっても、医療保険で「訪問看護指示料」を算定できる。ただし、1人の患者(利用者)に対して複数の訪問看護ステーションを活用する場合、それぞれの訪問看護指示書は必要となるが、訪問看護指示料の算定は、月1回限りとなる。

②急性増悪などの理由で特別訪問看護指示書を交付する場合
　　訪問看護利用者が、急性感染症等の急性増悪期、末期の悪性腫瘍以外の終末期または退院直後(1カ月以内)で「週4日以上の頻回の訪問看護の必要がある」と認めた場合に交付できる。
　　「訪問看護指示書」と「特別訪問看護指示書」は、同一の主治医から交付され、1人につき月1回交付できる。ただし「①気管カニューレを使用している状態、②真皮を越える褥瘡の状態(NPUAP分類Ⅲ度またはⅣ度)」にある場合は、月2回まで交付できる。

③在宅患者訪問点滴注射指示書を交付する場合
　　在宅での療養を行っている通院困難な患者に対し、週3日以上点滴が必要となった場合に、医療機関が在宅患者訪問点滴注射指示書を交付した場合、医療保険で算定可。この場合、医療機関は在宅患者訪問点滴注射管理指導料を算定する。

④退院・退所時の訪問看護指示書の場合
　　介護老人保健施設または介護医療院からの退所時に訪問看護指示書が交付され、訪問看護サービスを提供する場合がある。病院退院時は医療保険で訪問看護指示料を算定する。なお、介護老人保健施設、介護医療院の退所時の訪問看護指示料は、介護老人保健施設、介護医療院において介護保険(訪問看護指示加算)で算定する。

⑤外泊中の訪問看護サービスについて(要介護被保険者等でも医療保険適用)
　　要介護被保険者等であっても、入院期間中の外泊時(1泊2日以上)における訪問看護ステーションからの訪問看護は、医療保険適用となる(訪問看護指示書が必要)。

訪問看護後に、状態の変化で退院できなくなった場合も算定できる。(医療機関での訪問看護は算定不可)

　厚生労働大臣が定める疾病等の利用者は、1回の入院中に2回算定できる。入退院を繰り返している場合、短期間の入院でも、入院ごとに算定できる。

(2)医療保険適用または介護保険適用の選択

　①要介護など申請の有無と疾患関連(どの保険で訪問看護サービスを受けることができるのか)については次ページの表参照。

　　医療保険の訪問看護療養費は、要介護被保険者等患者には原則として算定できないが、以下の場合に限り医療保険による訪問看護療養費が算定できる。

　　1)特別訪問看護指示書による訪問看護を行う場合。
　　2)特掲診療料の施設基準等別表第7に掲げる名称の疾病等の利用者に対する訪問看護を行う場合。
　　3)精神科訪問看護基本療養費が算定される訪問看護を行う場合(認知症でない患者に訪問看護を行う場合に限る)。
　　4)入院中(外泊日を含む)に退院に向けた訪問看護を行う場合。

　　※退院支援指導加算が算定できるのは、「退院後行う初回の訪問看護が特別訪問看護指示書による訪問看護である場合」または「別に規定する疾病等の利用者に対する訪問看護である場合」に限る。

　　※訪問看護情報提供療養費1が算定できるのは、「同一月に介護保険による訪問看護を受けていない場合」に限る。

　　ただし、1)から4)の場合でも、介護保険の訪問看護等において緊急時訪問看護加算または緊急時介護予防訪問看護加算の算定月には、医療保険の24時間対応体制加算は算定不可。介護保険における特別管理加算の算定月は、医療保険の特別管理加算は算定不可。

　　また、介護保険のターミナルケア加算を算定した場合は、医療保険における在宅ターミナルケア加算(医療機関からの訪問看護)や訪問看護ターミナルケア療養費(訪問看護ステーションからの訪問看護)は算定不可。

　　患者・利用者の年齢、介護保険被保険者か否か、厚生労働大臣が定める疾患の有無、精神科訪問看護指示書交付の有無などによって、利用できる保険種別を判断する。ただし、介護保険適用者でも、急性増悪などの理由で特別訪問看護指示書が交付された場合、指示期間内は「医療保険」の適用となる。

　②指定難病医療費受給者証を交付されている患者・利用者などへの訪問看護と適用保険
　　指定難病医療費受給者証を持っている患者・利用者でも、厚生労働大臣が定める疾患(特掲診療料の施設基準等別表第7に掲げる名称の疾病)に該当していなければ、要介護被保険者等については「介護保険優先」の取扱いとなる。

　　なお、パーキンソン病の診断を受けたが、指定難病医療費支給認定の申請をしてい

3. 訪問看護における留意事項

訪問看護における医療と介護の関連表

要介護など申請の有無と疾患関連表（どの保険で訪問看護サービスを受けることができるのか）

サービス利用時点の年齢	40歳未満				40歳以上65歳未満						65歳以上			
介護保険の特定疾病※1の有無と要介護認定の有無	（介護保険対象外）				介護保険の特定疾病に該当				介護保険の特定疾病に該当せず		介護保険の特定疾病に該当		介護保険の特定疾病に該当せず	
					要介護認定あり		要介護認定なし				要介護認定あり	要介護認定なし	要介護認定あり	要介護認定なし
厚生労働大臣が定める疾患※2か否か	該当	非該当			該当	非該当	該当	非該当	該当	非該当				
利用できる保険種別とサービス	医療保険（原則週3日）	医療保険 ・週4日以上利用可 ・1日複数回利用可 ・厚生労働大臣が定める状態※3の場合は2カ所の訪問看護・週7日訪問看護計画がある場合は3箇所の訪問看護・STも利用可			介護保険	医療保険 ・週4日以上利用可 ・1日複数回利用可 ・厚生労働大臣が定める状態※3の場合は2カ所の訪問看護・週7日訪問看護計画がある場合は3箇所の訪問看護・STも利用可	介護保険	医療保険（原則週3日）	医療保険 ・週4日以上利用可 ・1日複数回利用可 ・厚生労働大臣が定める状態※3の場合は2カ所の訪問看護・週7日訪問看護計画がある場合は3箇所の訪問看護・STも利用可		介護保険	医療保険 ・週4日以上利用可 ・1日複数回利用可 ・厚生労働大臣が定める状態※3の場合は2カ所の訪問看護・週7日訪問看護計画がある場合は3箇所の訪問看護・STも利用可		医療保険 ・週4日以上利用可 ・1日複数回利用可 ・厚生労働大臣が定める状態※3の場合は2カ所の訪問看護・週7日訪問看護計画がある場合は3箇所の訪問看護・STも利用可
主治医から（特例の状態）急性増悪時に特別指示書が交付された場合	医療保険で週4日以上（原則）14日間限り）月1回限り	同左				医療保険で週4日以上（原則）14日間限り）月1回限り		同左			医療保険で週4日以上（原則）14日間限り）月1回限り		同左	
主治医から（特例の状態）急性増悪時に特別指示書が交付された場合	医療保険で週1回の指示で週4日以上（原則14日間限り）（①気管カニューレを使用している状態、②褥瘡の状態にある場合は、月2回まで）	同左				医療保険で週1回の指示で週4日以上（原則14日間限り）（①気管カニューレを使用している状態、②褥瘡の状態にある場合は、月2回まで）		同左			医療保険で週1回の指示で週4日以上（原則14日間限り）（①気管カニューレを使用している状態、②褥瘡の状態にある場合は、月2回まで）		同左	
精神科訪問看護指示書交付の場合	介護保険適用。（医療保険の訪問看護サービスは算定不可。）医療保険の精神科訪問看護（精神科在宅患者支援管理料算定患者を除く）は算定不可。ただし認知症が主病の患者（精神科在宅患者支援管理料算定患者を除く）は算定不可。													

※1 特定疾病（40歳以上65歳未満の2号被保険者が介護保険申請可能な疾病）
1. 末期のがん（医師が一般に認められている医学的知見に基づき回復の見込みがない状態に至ったと判断したものに限る）、2. 関節リウマチ、3. 筋萎縮性側索硬化症、4. 後縦靭帯骨化症、5. 骨折を伴う骨粗鬆症、6. 初老期における認知症、7. 進行性核上性麻痺・大脳皮質基底核変性症およびパーキンソン病、8. 脊髄小脳変性症、9. 脊柱管狭窄症、10. 早老症、11. 多系統萎縮症、12. 糖尿病性神経障害、糖尿病性腎症および糖尿病性網膜症、13. 脳血管疾患、14. 閉塞性動脈硬化症、15. 慢性閉塞性肺疾患、16. 両側の膝関節または股関節に著しい変形を伴う変形性関節症

※2 厚生労働大臣が定める疾患
1. 末期の悪性腫瘍、2. 多発性硬化症、3. 重症筋無力症、4. スモン、5. 筋萎縮性側索硬化症、6. 脊髄小脳変性症、7. ハンチントン病、8. 進行性筋ジストロフィー症、9. パーキンソン病関連疾患（進行性核上性麻痺、大脳皮質基底核変性症およびパーキンソン病（ホーエン・ヤールの重症度分類がステージ3以上であって、生活機能障害度がⅡ度またはⅢ度のものに限る））、10. 多系統萎縮症（線条体黒質変性症、オリーブ橋小脳萎縮症およびシャイ・ドレーガー症候群）、11. プリオン病、12. 亜急性硬化性全脳炎、13. ライソゾーム病、14. 副腎白質ジストロフィー、15. 脊髄性筋萎縮症、16. 球脊髄性筋萎縮症、17. 慢性炎症性脱髄性多発神経炎、18. 後天性免疫不全症候群、19. 頚髄損傷、20. 人工呼吸器を使用している状態

※3 週4日以上（月14日間限り）、月2回訪問看護が認められている条件：週7日の訪問看護を利用している状態もしくは留置カテーテルを使用している状態にある者。2. 在宅自己腹膜灌流指導管理、在宅血液透析指導管理、在宅酸素療法指導管理、在宅中心静脈栄養法指導管理、在宅成分栄養経管栄養法指導管理、在宅自己導尿指導管理、在宅人工呼吸指導管理、在宅持続陽圧呼吸療法指導管理、在宅自己疼痛管理指導管理または在宅肺高血圧症患者指導管理料算定料を算定している者。3. 人工肛門または人工膀胱を設置している状態にある者。4. 真皮を越える褥瘡の状態にある者。5. 在宅患者訪問点滴注射管理指導料を算定している者

ない、または受給者証を持っていない患者・利用者でも、医師が訪問看護指示書にて「パーキンソン病（ホーエン・ヤールの重症度分類がステージⅢ以上または、生活機能障害度Ⅱ～Ⅲ度の記載があることが必要）」と診断した場合は、要介護被保険者等でも「医療保険」の適用となる。

③介護保険申請中の患者・利用者の取扱い
　1）介護保険申請中の訪問看護は、認定された場合、申請日に遡及して「介護保険」の適用になる。
　2）介護保険申請中に急性増悪などの理由で「特別訪問看護指示書」が交付された期間は「医療保険」の適用となる。

4. 在宅患者訪問診療料などに関する留意事項

(1) 特定施設、地域密着型特定施設、介護予防特定施設（外部サービス利用型指定介護予防特定施設入居者生活介護を受けている患者の場合を除く）は在宅がん医療総合診療料が算定不可。
(2) 要介護被保険者等は在宅患者連携指導料が算定不可。
(3) 特別養護老人ホーム入居者は、「特別養護老人ホーム等における療養の給付の取扱いについて」に定める場合を除き、在宅患者訪問診療料が算定不可。
(4) 介護保険の看護・介護職員連携強化加算算定月は、医療保険の看護・介護職員連携強化加算が算定不可。
(5) 在宅患者緊急時等共同指導料の留意事項
　　介護保険における居宅療養管理指導費または介護予防居宅療養管理指導費の算定日は、調剤報酬の在宅患者緊急時等共同指導料は算定不可。
(6) 在宅患者訪問点滴注射管理指導料の留意事項
　　（看護）小規模多機能型居宅介護事業所の通所サービス中に実施される点滴注射は該当せず、算定不可。

5. リハビリテーションに関する留意事項

(1) 訪問リハビリテーションに関する留意事項

　医療保険の在宅患者訪問リハビリテーション指導管理料は、要介護被保険者等には、原則算定できないが、入院外の患者で、急性増悪等により一時的に頻回の訪問リハビリテーションの指導管理を行う必要がある場合は、6カ月に1回、14日間に限り算定可。

　訪問リハビリテーション費は「通院が困難な利用者」に対して給付するとされているが、通院によるリハビリテーションのみでは、家屋内における日常生活動作（activities of daily living：ADL）の自立が困難である場合の家屋状況の確認を含めた訪問リハビリテーションの提供など、ケアマネジメントの結果、必要と判断された場合は訪問リハビリテーション費を算定可。「通院が困難な利用者」の趣旨は、通院により、同様のサービスが担保されるのであれば、通院サービスを優先すべきということである。

※例えば通所リハビリテーション利用者でも、家屋内におけるADLに実際場面（自宅）にてアプローチが必要であると、主治医や介護支援専門員が判断した利用者であれば算定可。

(2) 医療保険における疾患別リハビリテーションなどの留意事項

①要介護被保険者等である患者に対して行うリハビリテーションは、同一の疾患等について、医療保険における心大血管疾患リハビリテーション料、脳血管疾患等リハビリテーション料、廃用症候群リハビリテーション料、運動器リハビリテーション料または呼吸器リハビリテーション料を算定するリハビリテーション（以下、医療保険における疾患別リハビリテーション）を行った後、介護保険における訪問リハビリテーションもしくは通所リハビリテーションまたは介護予防訪問リハビリテーションもしくは介護予防通所リハビリテーション（以下、介護保険におけるリハビリテーション）の利用開始日を含む月の翌月以降は、当該リハビリテーションにかかる疾患等について、手術、急性増悪等により医療保険における疾患別リハビリテーション料を算定する患者に該当することとなった場合を除き、医療保険における疾患別リハビリテーション料は算定不可。

②ただし、医療保険における疾患別リハビリテーションを実施する施設とは別の施設で介護保険におけるリハビリテーションを提供することになった場合は、一定期間、医療保険における疾患別リハビリテーションと介護保険のリハビリテーションを併用して行うことで円滑な移行が期待できることから、介護保険におけるリハビリテーションの利用開始日を含む月の翌々月まで、併用が可能。併用する場合には、診療録および診療報酬明細書に「介護保険におけるリハビリテーションの利用開始日」を記載することにより、同一の疾患等について介護保険におけるリハビリテーションを行った日以外の日に、医療保険における疾患別リハビリテーション料を算定可。なおこの場合、当該利用開始日の翌月及び翌々月に算定できる疾患別リハビリテーション料は1カ月に7単位まで。

③なお、目標設定等支援・管理料（編注：診療報酬）を算定してから3カ月以内に、当該支援によって紹介された事業所において介護保険におけるリハビリテーションを体験する目的で、同一の疾患について医療保険におけるリハビリテーションを行った日以外に、1カ月間に5日を超えない範囲で介護保険におけるリハビリテーションを行った場合は、診療録および診療報酬明細書に「介護保険におけるリハビリテーションの利用開始日」を記載する必要はなく、医療保険における疾患別リハビリテーションから介護保険におけるリハビリテーションへ移行したものとはみなさない（編注：併算定可能）。

④同一疾患に対する医療保険によるリハビリテーションと介護保険によるリハビリテーション（通所リハビリテーション、訪問リハビリテーション、いずれも介護予防を含む）の併用は認められていない。（併用可能期間の2カ月間を除く）

なお、訪問看護ステーションからの理学療法士等による訪問は、訪問看護扱いな

ので医療保険による疾患別リハビリテーションと併用可。

6. 重度認知症患者デイ・ケア料等に関する留意事項

(1) 医療保険における重度認知症患者デイ・ケア料、精神科ショート・ケア、精神科デイ・ケア、精神科ナイト・ケアまたは精神科デイ・ナイト・ケア(以下、重度認知症患者デイ・ケア料等)の算定患者に対しては、重度認知症患者デイ・ケア料等を、同一の環境において反復継続して行うことが望ましいため、患者が要介護被保険者等である場合でも、重度認知症患者デイ・ケア料等を行っている期間内は、介護保険における認知症対応型通所介護費および通所リハビリテーション費が算定不可。

　ただし、要介護被保険者等の患者で、特定施設入居者生活介護または地域密着型特定施設入居者生活介護の受給者およびグループホーム(認知症対応型共同生活介護または介護予防認知症対応型共同生活介護)の入所者以外のものに対して行う重度認知症患者デイ・ケア等は、介護保険における認知症対応型通所介護または通所リハビリテーションを行った日以外の日に限り、医療保険における重度認知症患者デイ・ケア料等が算定可。

(2) グループホーム入所者は、医療保険における重度認知症患者デイ・ケア料は算定できない。ただし、認知症高齢者で日常生活自立度判定基準がランクMの該当患者は、算定可。

7. 人工腎臓等に関する留意事項

　介護老人保健施設、介護医療院の入所者に、人工腎臓の「1」から「3」を算定する場合(慢性維持透析濾過加算を含む)の取扱いは、介護老人保健施設などの入所者以外の場合と同様であり、透析液(灌流液)、血液凝固阻止剤、生理食塩水、エリスロポエチン製剤およびダルベポエチン製剤の費用は人工腎臓の所定点数に含まれており、別に算定不可。なお、生理食塩水には、回路の洗浄・充填、血圧低下時の補液、回収に使用されるもの等が含まれ、同様の目的で使用される電解質補液、ブドウ糖液等についても別に算定不可。

8. 介護老人福祉施設、短期入所生活介護事業所入所者に関する嘱託医等の医療保険の取扱い

　介護老人福祉施設(施設)等には、「嘱託医」という形で医師の非常勤勤務が義務付けられており、慢性疾患等の投薬等については嘱託医が施設内医務室で実施し、その報酬は一部の施設内医療機関を除き、嘱託医の医療機関で請求することになっている。また、嘱託医の専門以外の診療が必要となった場合、施設入所者が嘱託医以外の医療機関に通院するケースが想定される。しかしながら、長期・短期入所にかかわらず、「嘱託医」または「嘱託医以外の医師」では医療保険で算定できない診療報酬点数がある。ここでは、施設入所者に対して「嘱託医」と「嘱託医以外の医師」が算定できない点数の留意点について記載する(参考通知　「「特別養護老人ホーム等における療養の給付の取扱いについて」

の一部改正について(保医発0330第3号、平成30年3月30日)」)。
(1) 施設入所中患者に対して算定できない診療報酬項目について

　介護老人福祉施設(施設)の利用者の静養室は「居宅」とみなされている。また、施設には嘱託医の配置が義務付けられ、嘱託医は「契約医師」という形でその施設と契約を締結している。その契約料に(2)に記載した診療行為の費用が含まれていると理解されている。施設においては、嘱託医が行う基本的な健康管理について、施設の特徴から、基本の介護給付費の中でその費用が見込まれている。すなわち、介護保険の施設サービス費に「嘱託医へ支払う契約料」が盛り込まれているため、当該施設における医療行為については、診療報酬は算定できない。

　したがって、勤務時間以外の時間で緊急を要する往診の場合以外(往診にかかる診察料を含む)は、診察料、医学管理料、在宅療養指導管理料等を嘱託医が算定することはできないとされている(各種加算および使用薬剤、材料等は別途算定可)。また、入所者の通院等により診察を行う嘱託医以外の保険医であっても、利用者は看護職員等を配置している施設に入所中とみなされ、訪問診療、訪問看護等の在宅医療にかかる点数(短期入所利用日以外の日を除く。ただし、短期入所前30日以内に訪問診療を実施している場合などの例外あり)や情報提供料の一部が算定不可となっている。なお、訪問看護指示料等の1カ月当たり点数は、入所前後の実施にかかるもののみ算定できるが、その場合は診療報酬明細書に注記することが必要となる。

①配置医師および配置医師以外の医師が当該施設入所者に対して診察を行った場合は、診療報酬明細書の欄外上部に(施)または㊙と表示する。また、施設入所者に対して、往診して通院・在宅精神療法または認知療法・認知行動療法にかかる精神療法を行った場合には、当該精神療法が必要な理由をカルテに記載する。

②嘱託医が勤務していない日に予め嘱託医が指示をしたリハビリテーションや処置を施設の職員が実施しても算定不可。ただし、嘱託医の指示に基づき、嘱託医の診療日以外の日に、施設の看護師等が患者に対し点滴又は処置等を実施した場合の、使用薬剤費用、使用特定保険医療材料の費用は、算定できる。また、同様に当該看護師等が検査のための検体採取等を実施した場合には、検体検査実施料を算定できる。なお、嘱託医の診療日以外の点滴または処置等を実施する場合に必要となる衛生材料等については、指示を行った医療機関が当該施設に提供する。これらの場合には、当該薬剤等が使用された日および検体採取が実施された日を診療報酬明細書の摘要欄に記載する。

③嘱託医以外の医師は、養護老人ホーム、特別養護老人ホーム、短期入所生活介護事業所、介護予防短期入所生活介護事業所(以下、特別養護老人ホーム等)で診療する場合、患者の傷病が嘱託医の専門外にわたるものであり、入所者またはその家族等の求め等を踏まえ、入所者の状態に応じた医学的判断による嘱託医の求めがある場合に限り、診療報酬の初・再診料、往診料、検査、処置等を算定できる。入所者またはその家族等の求めや入所者の状態に応じた医学的判断による嘱託医

の求めが明らかではない場合であっても、緊急の場合で、特別養護老人ホーム等の管理者の求めに応じて行った診療についても同様に算定可。

緊急の場合など、嘱託医以外の医師が施設に赴いた場合で、同時に数名の入所者を診察した場合は、1人目は往診料＋診察料、2人目以降は診察料のみで往診料は、算定不可。

(2) 特別養護老人ホーム入所者などへの診療報酬項目の算定の可否など一覧表

項目(特別養護老人ホーム入所者に関連する項目を抜粋)	嘱託医	嘱託医以外の医師	備　考
初診料	×	○	
再診料(加算含む) 外来診療料	×	○	・以下の往診料が算定できる場合は算定可。
往診料	×	○	・緊急の場合、嘱託医の専門外の場合を除き算定不可。 ・在宅療養支援診療所ならびに当該診療所連携医療機関医師および連携訪問看護ステーションが実施する末期がん患者の場合は算定可。
往診料の加算(緊急加算等、在宅療養実績加算等)	×	○	・在宅療養支援診療所ならびに当該診療所連携医療機関医師および連携訪問看護ステーションが実施する末期がん患者の場合は算定可。
(同一建物居住者)在宅患者訪問診療料(Ⅰ)(Ⅱ)(死亡診断加算、看取り加算、ターミナルケア加算など)	×	○	・短期入所生活介護または介護予防短期入所生活介護利用患者で、当該患者のサービス利用前30日以内に患家を訪問し、在宅患者訪問診療料(Ⅰ)、(Ⅱ)、在宅時医学総合管理料、施設入居時等医学総合管理料、在宅がん医療総合診療料を算定した医療機関の医師(配置医師を除く)が診察した場合に限り、当該患者のサービス利用開始後30日までの間、在宅患者訪問診療料を算定可。 ・末期がん患者の場合は期間に関わらず要件をみたしていれば算定可。 ・患者を当該特別養護老人ホーム(看取り介護加算の施設基準に適合しているものに限る)において看取った場合(在宅療養支援診療所、在宅療養支援病院または特別養護老人ホームの協力医療機関の医師により、死亡日から遡って30日間に行われたものに限る)。 ・看取り加算については特別養護老人ホームが看取り介護加算(Ⅱ)を算定せず、末期がん患者などを看取った場合に算定可。
特定疾患療養管理料	×	○	
(認知症)地域包括診療料	×	○	
生活習慣病管理料	×	○	
ウイルス疾患指導料1、2	○	○	・1は1回限り(初診日でも算定可)。
特定薬剤治療管理料	○	○	・血中濃度測定を実施した場合。
悪性腫瘍特異物質治療管理料	○	○	・腫瘍マーカー検査を実施した場合。
てんかん指導料	○	○	・小児科(小児外科含む)、神経科、神経内科、精神科、脳神経外科、心療内科のみ算定可。
難病外来指導管理料	○	○	・処方料、処方箋料の特定疾患処方管理加算と同一月算定不可。

8. 介護老人福祉施設、短期入所生活介護事業所入所者に関する嘱託医等の医療保険の取扱い

項目(特別養護老人ホーム入所者に関連する項目を抜粋)	嘱託医	嘱託医以外の医師	備考
皮膚科特定疾患指導管理料	○	○	・皮膚科、皮膚泌尿器科、皮膚科と泌尿器科、皮膚科と形成外科、皮膚科とアレルギー科のみ算定可。
心身医学療法	○	○	・当該日の外来管理加算は算定不可。
精神科訪問看護・指導料	×	×	
在宅療養指導管理料	×	×	
退院前指導管理料	×	×	
在宅自己注射指導管理料	×	○	・血糖自己測定加算等は別途算定可。
在宅自己腹膜灌流指導管理料	×	○	・紫外線殺菌器加算等は別途算定可。
在宅血液透析指導管理料	×	○	・透析液供給装置加算は別途算定可。
在宅酸素療法指導管理料	×	○	・酸素ボンベ加算等は別途算定可。
在宅中心静脈栄養法指導管理料	×	○	・輸液セット加算等は別途算定可。
在宅成分栄養経管栄養法指導管理料	×	○	・栄養管セット加算等は別途算定可。
在宅半固形栄養経管栄養法指導管理料	×	○	・在宅経管栄養法用栄養管セット加算は別途算定可。
在宅自己導尿指導管理料	×	○	・特殊カテーテル加算は別途算定可。
在宅人工呼吸指導管理料	×	○	・人工呼吸器加算は別途算定可。
在宅持続陽圧呼吸法指導管理料	×	○	・在宅持続陽圧呼吸療法治療器加算等は別途算定可。
在宅悪性腫瘍等患者指導管理料	×	○	・携帯型ディスポーザブル注入ポンプ加算は別途算定可。
在宅悪性腫瘍患者共同指導料	×	○	
在宅寝たきり患者処置指導管理料	×	○	
在宅自己疼痛管理指導管理料	×	○	・疼痛等管理用送信器加算は別途算定可。
在宅振戦等刺激装置治療指導管理料	×	○	・同上
在宅迷走神経電気刺激治療指導管理料	×	○	・同上
在宅仙骨神経刺激療法指導管理料	×	○	
在宅肺高血圧症患者指導管理料	×	○	・携帯型精密輸液ポンプ加算等は別途算定可。
在宅気管切開患者指導管理料	×	○	・人工鼻使用加算は別途算定可。
在宅難治性皮膚疾患処置指導管理料	×	○	
在宅植込型補助人工心臓(非拍動流型)指導管理料	×	○	

8. 介護老人福祉施設、短期入所生活介護事業所入所者に関する嘱託医等の医療保険の取扱い

項目(特別養護老人ホーム入所者に関連する項目を抜粋)	嘱託医	嘱託医以外の医師	備考
在宅時医学総合管理料 特定施設入居時等医学総合管理料	×	○	・短期入所生活介護または介護予防短期入所生活介護利用患者で、当該患者のサービス利用前30日以内に患家を訪問し、在宅患者訪問診療料(Ⅰ)、(Ⅱ)、在宅時医学総合管理料、施設入居時等医学総合管理料、在宅がん医療総合診療料を算定した医療機関の医師(配置医師を除く)が診察した場合に限り、当該患者のサービス利用開始後30日までの間、在宅患者訪問診療料を算定可。 ・末期がん患者の場合は期間に関わらず要件をみたしておれば算定可。 ・在宅療養支援診療所ならびに当該診療所連携医療機関医師が実施する末期がん患者の場合は要件を満たしておれば算定可。 ・患者を特別養護老人ホーム(看取り介護加算の施設基準に適合しているものに限る)において看取った場合(在宅療養支援診療所、在宅療養支援病院または特別養護老人ホームの協力医療機関の医師により、死亡日から遡って30日間に行われたものに限る)。
在宅がん医療総合診療料	×	○	・在宅療養支援診療所ならびに当該診療所連携医療機関医師が実施する末期がん患者の場合は要件を満たしておれば算定可。 ・看取り加算については特別養護老人ホームが看取り介護加算(Ⅱ)を算定せず、末期がん患者などを看取った場合に算定可。
在宅患者訪問点滴注射管理指導料	×	×	・末期がん患者を除く。
(同一建物居住者)在宅患者訪問看護・指導料	×	×	・末期がん患者を除く。 ・短期入所生活介護または介護予防短期入所生活介護利用者で、末期の悪性腫瘍患者は、当該患者のサービス利用前30日以内に患家を訪問し、在宅患者訪問看護・指導料または同一建物居住者訪問看護・指導料を算定した保険医療機関の看護師等が訪問看護・指導を実施した場合に限り、算定可。
在宅訪問リハビリテーション指導管理料	×	×	
在宅患者訪問薬剤管理指導料	×	×	・末期がん患者を除く。
在宅患者緊急時等共同指導料	×	×	・末期がん患者を除く。
在宅患者訪問栄養食事指導料	×	×	
在宅患者連携指導料	×	×	
在宅患者緊急時等カンファレンス料	×	×	・末期がん患者を除く。
在宅患者訪問褥瘡管理指導料	×	×	
在宅患者共同診療料2および3	×	×	

項目(特別養護老人ホーム入所者に関連する項目を抜粋)	嘱託医	嘱託医以外の医師	備考
精神科訪問看護・指導料	×	×	・認知症患者以外の患者を除く。 ・短期入所生活介護または介護予防短期入所生活介護利用者で、認知症患者以外の患者は、当該患者のサービス利用前30日以内に患家を訪問し、精神科訪問看護・指導料を算定した医療機関の看護師等が訪問看護・指導を実施した場合に限り、利用開始後30日までの間、算定可。
精神科訪問看護指示料	×	×	・認知症患者以外の患者を除く。
精神科在宅患者支援管理料1(ハを算定する場合に限る)	×	×	・末期がん患者を除く。
外来栄養食事指導料	×	×	
集団栄養食事指導料	×	×	
診療情報提供料(Ⅰ)	×	×	・市町村向け、居宅介護支援事業所向け、地域包括支援センター向けは算定不可。 ・医療機関間の訪問リハビリテーションおよび訪問看護にかかる場合は算定不可。 ・精神障害患者で、次の施設入所患者または介護老人保健施設(当該医療機関と同一の敷地内にある介護老人保健施設その他これに準ずる介護老人保健施設に限る)。 　グループホーム、障害者支援施設、自立訓練(生活訓練)事業所、就労移行支援事業所、就労継続支援事業所 ・地域連携診療計画加算 ※上記以外の医療機関向けなどの診療情報提供料(Ⅰ)は算定可。
診療情報提供料(Ⅱ)	×	○	
退院時共同指導料(Ⅰ)	×	×	
訪問看護指示料	×	×	・入所前後の指示料は算定可。
介護職員等喀痰吸引等指示料	×	×	

9. 療養病床における医療保険と介護保険の留意事項

(1)介護保険適用病床における医療保険請求の留意事項

①介護保険適用病床に入院している要介護被保険者である患者が、急性増悪等により密度の高い医療行為が必要となった場合は、当該患者を医療保険適用病床に転床させて療養を行うことが原則。しかし、患者の状態、当該病院または診療所の病床の空き状況等により、患者を転床させず、当該介護保険適用病床において緊急に医療行為を行う必要のあることが想定され、このような場合は、当該病床において療養の給付または医療が行われることは可能。ただし、緊急に行われた医療給付は、医療保険で算定する。この場合は外来診療報酬明細書で請求する。

②介護保険から給付される部分に相当する療養サービスは、医療保険と併算定不可。

③介護保険適用病床の入院患者に対し歯科療養を行った場合は、医療保険で算定する。

(2) 医療保険の診療項目と介護保険の特定診療費、特別療養費および特別診療費の算定上の留意事項

①同一施設内の医療保険適用病床から介護保険適用病床へ転床した場合、転床月は、特定診療費の初期入院診療管理は算定不可。ただし、医療保険適用病床と介護保険適用病床における入院期間が通算して6カ月以内の場合で、介護保険適用病床に転床した患者の病状の変化等により、診療方針に重要な変更があり、入院診療計画を見直す必要が生じた場合は、算定できる。

②同一施設内の医療保険適用病床から、介護医療院や、介護療養型老人保健施設へ入所、または当該医療機関と一体的に運営されるサテライト型小規模介護療養型老人保健施設に入所した場合、特別療養費または特別診療費の初期入所診療加算は算定不可。ただし、施設の入所期間および施設入所前の医療保険適用病床における入所期間が通算して6カ月以内の場合で、入所者の病状の変化等により、診療方針に重要な変更があり、診療計画を見直す必要が生じた場合は、算定できる。

③医療保険適用病床から介護保険適用病床に転床または介護医療院や介護療養型老人保健施設に入所、転床または入所した週に、医療保険の薬剤管理指導料を算定している場合は、特定診療費、特別療養費または特別診療費の薬剤管理指導は算定不可。また、介護保険適用病床から医療保険適用病床に転床または介護医療院や、介護療養型老人保健施設から医療保険適用病床に入院した場合にも同様。

④特定診療費または特別診療費として定められた理学療法、作業療法、言語聴覚療法、集団コミュニケーション療法および精神科作業療法並びに特別療養費として定められた言語聴覚療法および精神科作業療法を行う施設は、医療保険の疾患別リハビリテーションおよび精神科作業療法を行う施設と同一の場合およびこれらと共用する場合も認められる。ただし、共用する場合は、施設基準および人員配置基準等について、特定診療費、特別療養費または特別診療費および医療保険のそれぞれにおいて定められた施設基準の両方を同時に満たす必要がある。

(3) 介護医療院入所中患者の他医療機関への受診の留意事項

①介護医療院入所中患者が、当該入所の原因となった傷病以外の傷病に罹患し、当該施設以外での診療の必要が生じた場合は、他医療機関へ転医または対診を求めることが原則。

②施設サービス費を算定している患者に対し、施設サービス費に含まれる診療を他医療機関で行った場合、他医療機関において当該費用は算定不可。

第3部

各サービスの改定の主なポイント
（訪問・通所・施設・地域密着・居宅介護支援）

第3部の各項目は次の6要素で構成しています。（項目によってはすべての記載がない場合があります）

改正点のポイント

報酬の増・減単位の主な項目や新設項目、基本報酬に包括された項目、算定の留意点や運営基準の改正点などについて記載しています。

報酬早見表

改定前・改定後の介護報酬単位数とその格差などを「一覧表」で掲載しています。また、算定項目ごとに算定単位や算定上の基本的な留意事項を付記しています。

算定のポイント

各項目の共通事項として、算定の際にポイントとなる内容をピックアップして掲載しています。（加算を中心に解説している場合は、「加算算定のポイント」として掲載）

ココに注目　減算等について

各項目中で、算定上ミスの起こりやすいポイントや特に減算などについて、留意すべき内容をピックアップして解説しています。

コラム　留意事項等について

算定上のちょっとした「疑問」や通知などにもある「文言」を取り上げて解説し、算定上の考え方や理解度のアップを促します。

プラスα　Q&A などから

過去の厚生労働省の疑義解釈や今回の通知などから、忘れてはならない介護報酬の取扱いに関する内容を掲載しています。

(1) 全サービス共通事項

共通 ｜ サービス提供体制強化加算

加算算定のポイント

サービス	要　件	単　位
訪問入浴介護 （介護予防サービスも同じ）	研修等を実施しており、かつ、次のいずれかに該当。 ①事業所の介護職員総数のうち、介護福祉士の占める割合が40％以上、または介護福祉士＋実務者研修修了者＋介護職員基礎研修修了者の占める割合が60％。 ②事業所の介護職員総数のうち、介護福祉士の占める割合が30％以上、または介護福祉士＋実務者研修修了者＋介護職員基礎研修修了者の占める割合が50％。	①：36単位/回 ②：24単位/回
夜間対応型訪問介護		①：18単位/回 ②：12単位/回 （包括型） ①：126単位/人・月 ②：84単位/人・月
訪問看護 （介護予防サービスも同じ）	研修等を実施しており、かつ、事業所の看護師等の総数のうち勤続年数3年以上の者の占める割合が30％以上。	6単位/回 ※定期巡回・随時対応訪問介護事業所と連携する場合（50単位/月）
訪問リハビリテーション （介護予防サービスも同じ）	サービス提供にあたる理学療法士、作業療法士、言語聴覚士のうち、勤続年数3年以上の者がいる。	6単位/回
通所介護 通所リハビリテーション 認知症対応型通所介護 （介護予防通所リハビリテーションは、要支援区分に応じて1カ月単位で算定する）	次のいずれかに該当。 ①事業所の介護職員の総数のうち、介護福祉士の占める割合が50％以上 ②同、介護福祉士の占める割合が40％以上 ③当該サービスを直接提供する職員の総数のうち、勤続年数3年以上の者の占める割合が30％以上	①：18単位/回 ②：12単位/回 ③：6単位/回 ※ 介護予防通所リハビリテーション <table><tr><th></th><th>要支援1</th><th>要支援2</th></tr><tr><td>①</td><td>72単位</td><td>144単位</td></tr><tr><td>②</td><td>48単位</td><td>96単位</td></tr><tr><td>③</td><td>24単位</td><td>48単位</td></tr></table>（/人・月）
療養通所介護	事業所の介護職員総数のうち勤続年数3年以上の者の占める割合が30％以上。	6単位/回
小規模多機能型居宅介護 看護小規模多機能型居宅介護	研修等を実施しており、かつ、次のいずれかに該当。 ①事業所の従業者（看護職員を除く）の総数のうち、介護福祉士の占める割合が50％以上。 ②同、介護福祉士の占める割合が40％以上。 ③事業所の従業者の総数のうち、常勤職員の占める割合が60％以上。 ④同、勤続年数3年以上の者の占める割合が30％以上。	①：640単位/人・月 ②：500単位/人・月 ③・④：350単位/人・月

サービス	要件	単位
定期巡回・随時対応型訪問介護看護	研修等を実施しており、かつ、次のいずれかに該当。 事業所の従業者の総数のうち、 ①事業所の訪問介護員等の総数のうち、介護福祉士の占める割合が40％以上、または介護福祉士＋実務者研修修了者＋介護職員基礎研修修了者の占める割合が60％。 ②同、介護福祉士の占める割合が30％以上、または介護福祉士＋実務者研修修了者＋介護職員基礎研修修了者の占める割合が50％。 ③事業所の従業者総数のうち、常勤職員の占める割合が60％以上。 ④同、勤続年数3年以上の者の占める割合が30％以上。	①：640単位/人・月 ②：500単位/人・月 ③・④：350単位/人・月
認知症対応型共同生活介護 地域密着型介護老人福祉施設入居者生活介護 介護老人福祉施設 介護老人保健施設 介護療養型医療施設 介護医療院 短期入所生活介護 短期入所療養介護 特定施設入居者生活介護 地域密着型特定施設入居者生活介護	次のいずれかに該当。 ①事業所の介護職員の総数のうち、介護福祉士の占める割合が60％。 ②同、介護福祉士の占める割合が50％。 ③事業所の看護・介護職員の総数のうち、常勤職員の占める割合が75％以上。 ④直接サービスにあたる職員の総数のうち、勤続年数3年以上の者の占める割合が30％以上。	①：18単位/人・日 ②：12単位/人・日 ③・④：6単位/人・日

注1 訪問介護および居宅介護支援は、特定事業所加算において、要件を定めているため、サービス提供体制強化加算の評価がない。
注2 表中複数の単位設定がされているものは、いずれか1つのみを算定する。
注3 介護福祉士の要件は「介護職員の総数に占める介護福祉士の割合」、常勤職員の要件は「看護・介護職員の総数に占める常勤職員の割合」、勤続年数の要件は「利用者にサービスを直接提供する職員の総数に占める3年以上勤続職員の割合」である。

プラスα　Q&Aなどから

1. サービス提供体制強化加算

　サービス提供体制強化加算（Ⅰ）イとサービス提供体制強化加算（Ⅰ）ロを同時に取得することはできない。また、実地指導等によって、サービス提供体制強化加算（Ⅰ）イの算定要件を満たさないことが判明した場合、都道府県知事等は、支給された加算の一部または全部を返還させることが可能となっている。なお、サービス提供体制強化加算（Ⅰ）イの算定要件を満たしていないが、サービス提供体制強化加算（Ⅰ）ロの算定要件を満たしている場合には、後者の加算を取得するための届出が可能であり、サービス提供体制強化加算（Ⅰ）イの返還等と併せて、後者の加算を取得するための届出を行うことが可能である。

　　※介護保険最新情報vol. 471（27.4.30）　平成27年度介護報酬改定に関するQ&A
　　　Vol.2　Q64

(1) 全サービス共通事項

2. 常勤要件について

(1) 各加算の算定要件で「常勤」の有資格者の配置が求められている場合、育児休業、介護休業等育児又は家族介護を行う労働者の福祉に関する法律(平成3年法律第76号。「育児・介護休業法」)の所定労働時間の短縮措置の対象者について常勤の従業者が勤務すべき時間数を30時間としているときは、当該対象者については30時間勤務することで「常勤」として取り扱ってよい。

　　※介護保険最新情報vol.454(27.4.1)　平成27年度介護報酬改定に関するQ&A　Q1

(2) 常勤換算方法については、従前どおり「当該事業所の従業者の勤務延時間数を当該事業所において常勤の従業者が勤務すべき時間数(32時間を下回る場合は32時間を基本とする)で除することにより、当該事業所の従業者の員数を常勤の従業者の員数に換算する方法」であり、その計算に当たっては、育児・介護休業法の所定労働時間の短縮措置の対象者の有無は問題にはならない。

　　※介護保険最新情報vol.454(27.4.1)　平成27年度介護報酬改定に関するQ&A　Q2

(3) 労働基準法第41条第2号に定める管理監督者については、労働時間等に関する規定が適用除外されていることから、「管理者」が労働基準法第41条第2号に定める管理監督者に該当する場合は、所定労働時間の短縮措置を講じなくてもよい。なお、労働基準法第41条第2号に定める管理監督者については、同法の解釈として、労働条件の決定その他労務管理について経営者と一体的な立場にある者の意であり、名称にとらわれず、実態に即して判断すべきであるとされている。このため、職場で「管理職」として取り扱われている者であっても、同号の管理監督者に当たらない場合には、所定労働時間の短縮措置を講じなければならない。また、同号の管理監督者であっても、育児・介護休業法第23条第1項の措置とは別に、同項の所定労働時間の短縮措置に準じた制度を導入することは可能であり、こうした者の仕事と子育ての両立を図る観点からは、むしろ望ましいものである。

　　※介護保険最新情報vol.454(27.4.1)　平成27年度介護報酬改定に関するQ&A　Q3

3. 療養病床等から介護医療院へ転換した場合について

療養病床等から転換した介護医療院においてサービス提供体制強化加算を算定するにあたって、転換前の療養病床等と転換後の介護医療院の職員に変更がないなど、療養病床等と介護医療院が実質的に継続して運営していると認められる場合には、勤続年数を通算することができる。

　　※介護保険最新情報vol.675(30.8.6)　平成30年度介護報酬改定に関するQ&A(Vol.6)　Q8

共通　介護職員処遇改善加算

改正点のポイント

- 介護職員処遇改善加算(Ⅳ)と(Ⅴ)は、別に厚生労働大臣が定める期日(※)までの間に限り算定することになった。

  ※2018年度予算案に盛り込まれた「介護職員処遇改善加算の取得促進支援事業」により、加算の新規の取得や、より上位の区分の取得に向けて、事業所への専門的な相談員(社会保険労務士など)の派遣をし、個別の助言・指導等の支援が行われるとともに、本事業の実施状況等を踏まえ、上位の加算取得に努めることとされた。

  (Ⅰ)から(Ⅲ)の加算は2021年3月31日まで継続される。

- 介護医療院が新設され、加算対象サービスに加わった。

1. サービス別加算率

介護職員処遇改善加算＝所定単位数(各種加算減算を含む)×加算率×単価(地域差)
介護職員処遇改善加算は区分支給限度基準額より除外

サービス区分	加算Ⅰ	加算Ⅱ	加算Ⅲ	加算Ⅳ	加算Ⅴ
訪問介護	13.7%	10.0%	5.5%	加算Ⅲにより算出した単位(1単位未満の端数四捨五入)×0.9	加算Ⅲにより算出した単位(1単位未満の端数四捨五入)×0.8
(介護予防)訪問入浴介護	5.8%	4.2%	2.3%		
夜間対応型訪問介護	13.7%	10.0%	5.5%		
定期巡回・随時対応型訪問介護看護	13.7%	10.0%	5.5%		
居宅介護支援(介護予防支援)	0.0%	0.0%	0.0%	0.0%	0.0%
(介護予防)訪問看護	0.0%	0.0%	0.0%	0.0%	0.0%
(介護予防)訪問リハビリテーション	0.0%	0.0%	0.0%	0.0%	0.0%
(介護予防)居宅療養管理指導	0.0%	0.0%	0.0%	0.0%	0.0%
(介護予防)福祉用具貸与	0.0%	0.0%	0.0%	0.0%	0.0%
(介護予防)通所リハビリテーション	4.7%	3.4%	1.9%	加算Ⅲにより算出した単位(1単位未満の端数四捨五入)×0.9	加算Ⅲにより算出した単位(1単位未満の端数四捨五入)×0.8
(介護予防)認知症対応型通所介護	10.4%	7.6%	4.2%		
(介護予防)小規模多機能型居宅介護	10.2%	7.4%	4.1%		
通所介護、地域密着型通所介護	5.9%	4.3%	2.3%		
(介護予防)短期入所生活介護	8.3%	6.0%	3.3%		
(介護予防)短期入所療養介護(老健)	3.9%	2.9%	1.6%		
(介護予防)短期入所療養介護(病院等、介護医療院含む)	2.6%	1.9%	1.0%		
(介護予防)特定施設入居者生活介護	8.2%	6.0%	3.3%		
(介護予防)認知症対応型共同生活介護	11.1%	8.1%	4.5%		
(地域密着型)介護老人福祉施設	8.3%	6.0%	3.3%		
介護老人保健施設	3.9%	2.9%	1.6%		
介護療養型医療施設および介護医療院	2.6%	1.9%	1.0%		

(1) 全サービス共通事項

地域密着型特定施設入居者生活介護	8.2%	6.0%	3.3%	加算Ⅱにより算出した単位(1単位未満の端数四捨五入)×0.9	加算Ⅱにより算出した単位(1単位未満の端数四捨五入)×0.8
地域密着型介護老人福祉施設入所者生活介護	8.3%	6.0%	3.3%		
複合型サービス	10.2%	7.4%	4.1%		

※ 使い切ることが設定目的となっている
※ キャリアパス要件等の適合状況に関する区分は以下の通り、
Ⅰ：キャリアパス要件(ⅠおよびⅡおよびⅢ)および職場環境等要件のすべてを満たす(平成27年4月以降実施する取組)対象事業者
Ⅱ：キャリアパス要件(ⅠおよびⅡ)および職場環境等要件のすべてを満たす(平成27年4月以降実施する取組)対象事業者
Ⅲ：キャリアパス要件(ⅠまたはⅡ)および職場環境等要件を満たす対象事業者
Ⅳ：キャリアパス要件(ⅠまたはⅡ)または職場環境等要件のいずれかを満たす対象事業者
Ⅴ：キャリアパス要件(Ⅰ、Ⅱ)、職場環境等要件のいずれも満たしていない対象事業者

2. 算定要件

算定要件/区分	介護職員処遇改善加算				
	Ⅰ	Ⅱ	Ⅲ	Ⅳ	Ⅴ
①介護職員の賃金(退職手当を除く)の改善(「賃金改善」)に要する費用の見込額が介護職員処遇改善加算の算定見込額を上回る賃金改善計画を策定し、計画に基づき適切な措置を講じる			○		
②①の賃金改善計画、計画に係る実施期間および実施方法その他の介護職員の処遇改善の計画等を記載した介護職員処遇改善計画書を作成し、全ての介護職員に周知し、都道府県知事などに届出			○		
③介護職員処遇改善加算の算定額に相当する賃金改善を実施			○		
④事業年度ごとに介護職員の処遇改善に関する実績を都道府県知事などに報告			○		
⑤算定日月前12月間において、労働基準法、労働者災害補償保険法、最低賃金法、労働安全衛生法、雇用保険法その他の労働関連令に違反し、罰金以上の刑に処せられていない			○		
⑥労働保険料を適正に納付			○		

算定要件/区分	介護職員処遇改善加算				
	Ⅰ	Ⅱ	Ⅲ	Ⅳ	Ⅴ
⑦以下の基準のいずれにも適合 (一) 介護職員の任用の際における職責または職務内容等の要件(介護職員の賃金に関するものを含む)を規定 (二) (一)の要件について書面をもって作成し、全ての介護職員に周知 (三) 介護職員資質向上支援計画を策定し、計画に係る研修の実施または研修の機会を確保 (四) (三)について、全ての介護職員に周知 (五) 介護職員の経験もしくは資格等に応じて昇給する仕組みまたは一定の基準に基づき定期に昇給する仕組を設定 (六) (五)について書面をもって作成し、全ての介護職員に周知	○	(一)〜(四)のいずれにも			
⑧平成27年4月以降実施する介護職員の処遇改善の内容(賃金改善に関するものを除く)の届出および介護職員の処遇改善に要した費用を全ての職員に周知	○	○			
⑨以下の全てに適合。 a 介護職員の任用の際における職責または職務内容等の要件(介護職員の賃金に関するものを含む。)を規定 b aの要件について書面で作成し、全ての介護職員に周知			⑨または⑩のいずれか	⑨〜⑪のいずれか	
⑩以下の全てに適合。 a 介護職員の資質向上支援計画を策定し、計画に係る研修の実施または研修の機会を確保 b aについて、全ての介護職員に周知					
⑪平成20年10月から改定前月までに実施した介護職員の処遇改善の内容(賃金改善に関するものを除く)および介護職員の処遇改善に要した費用を全ての職員に周知			○		

3. キャリアパス要件

(1) キャリアパス要件Ⅰ

次のイ、ロ及びハの全てに適合する。

　イ　介護職員の任用の際における職位、職責または職務内容等に応じた任用等の要件(介護職員の賃金に関するものを含む。)を定めている。

　ロ　イに掲げる職位、職責または職務内容等に応じた賃金体系(一時金等の臨時的に支払われるものを除く。)について定めている。

　ハ　イおよびロの内容について就業規則等の明確な根拠規定を書面で整備し、全ての介護職員に周知している。

(2) キャリアパス要件Ⅱ

次のイおよびロの全てに適合する。

(1) 全サービス共通事項

　　イ　介護職員の職務内容等を踏まえ、介護職員と意見を交換しながら、資質向上の目標および一または二に掲げる事項に関する具体的な計画を策定し、当該計画に係る研修の実施または研修の機会を確保している。
　　　一　資質向上のための計画に沿って、研修機会の提供または技術指導等を実施（OJT、OFF-JT等）するとともに、介護職員の能力評価を行う。
　　　二　資格取得のための支援（研修受講のための勤務シフトの調整、休暇の付与、費用（交通費、受講料等）の援助等）を実施する。
　　ロ　イについて、全ての介護職員に周知している。

(3) キャリアパス要件Ⅲ

次のイおよびロの全てに適合する。
　　イ　介護職員について、経験もしくは資格等に応じて昇給する仕組みまたは一定の基準に基づき定期に昇給を判定する仕組みを設けていること。具体的には、次の一から三までのいずれかに該当する仕組みである。
　　　一　経験に応じて昇給する仕組み
　　　　「勤続年数」や「経験年数」などに応じて昇給する仕組みである。
　　　二　資格等に応じて昇給する仕組み
　　　　「介護福祉士」や「実務者研修修了者」などの取得に応じて昇給する仕組みであること。ただし、介護福祉士資格を有して当該事業所や法人で就業する者についても昇給が図られる仕組みであることを要する。
　　　三　一定の基準に基づき定期に昇給を判定する仕組み
　　　　「実技試験」や「人事評価」などの結果に基づき昇給する仕組みであること。ただし、客観的な評価基準や昇給条件が明文化されていることを要する。
　　ロ　イの内容について、就業規則等の明確な根拠規定を書面で整備し、全ての介護職員に周知している。
　　　※処遇改善加算（Ⅰ）および（Ⅱ）の職場環境要件（平成27年4月から届出を要する日の属する月の前月までに実施した処遇改善（賃金改善を除く）の内容を全ての介護職員に周知している。）
　　　※処遇改善加算（Ⅲ）および（Ⅳ）の職場環境等要件（平成20年10月から届出を要する日の属する月の前月までに実施した処遇改善（賃金改善を除く）の内容を全ての介護職員に周知している。

4. 職場環境等要件

項　目	取組み
資質の向上	・働きながら介護福祉士取得を目指す者に対する実務者研修受講支援や、より専門性の高い介護技術を取得しようとする者に対する喀痰吸引、認知症ケア、サービス提供責任者研修、中堅職員に対するマネジメント研修の受講支援(研修受講時の他の介護職員の負担を軽減するための代替職員確保を含む) ・研修の受講やキャリア段位制度と人事考課との連動 ・小規模事業者の共同による採用・人事ローテーション・研修のための制度構築 ・キャリアパス要件に該当する事項(キャリアパス要件を満たしていない介護事業者に限る) ・その他
職場環境・処遇の改善	・新人介護職員の早期離職防止のためのエルダー・メンター(新人指導担当者)制度等導入 ・雇用管理改善のための管理者の労働・安全衛生法規、休暇・休職制度に係る研修受講等による雇用管理改善対策の充実 ・ICT活用(ケア内容や申し送り事項の共有(事業所内に加えタブレット端末を活用し訪問先でアクセスを可能にすること等を含む)による介護職員の事務負担軽減、個々の利用者へのサービス履歴・訪問介護員の出勤情報管理によるサービス提供責任者のシフト管理に係る事務負担軽減、利用者情報蓄積による利用者個々の特性に応じたサービス提供等)による業務省力化 ・介護職員の腰痛対策を含む負担軽減のための介護ロボットやリフト等の介護機器等導入 ・子育てとの両立を目指す者のための育児休業制度等の充実、事業所内保育施設の整備 ・ミーティング等による職場内コミュニケーションの円滑化による個々の介護職員の気づきを踏まえた勤務環境やケア内容の改善 ・事故・トラブルへの対応マニュアル等の作成による責任の所在の明確化 ・健康診断・こころの健康等の健康管理面の強化、職員休憩室・分煙スペース等の整備 ・その他
その他	・介護サービス情報公表制度の活用による経営・人材育成理念の見える化 ・中途採用者(他産業からの転職者、主婦層、中高年齢者等)に特化した人事制度の確立(勤務シフトの配慮、短時間正規職員制度の導入等) ・障害を有する者でも働きやすい職場環境構築や勤務シフト配慮 ・地域の児童・生徒や住民との交流による地域包括ケアの一員としてのモチベーション向上 ・非正規職員から正規職員への転換 ・職員の増員による業務負担の軽減

5. 複数の介護サービス事業所等を有する介護サービス事業者等の特例

　介護職員処遇改善計画書は、法人が複数の介護サービス事業所等を有する場合や介護サービス事業所等ごとの届出が実態に鑑み適当でない場合は、当該介護サービス事業者等が一括して作成することができる。また、同一の就業規則等により運営されている場合に、地域ごとや介護サービスごとに作成することができる。都道府県等(当該介護サービス事業所等の指定権者が都道府県知事である場合は都道府県とし、市町村長である場合は、市町村(特別区を含む)とする。以下同じ。)の圏域を越えて所在する複数の介護サービス事業所等を有する介護サービス事業者等(法人である場合に限る)についても同様とする。この場合、別紙様式2の添付書類1～3を以下のとおり作成し、別紙様式2に併せて介護職員処遇改善計画書として都道府県知事等に届け出なければならない。

(1) 別紙様式2添付書類1：都道府県等の圏域内の、介護職員処遇改善計画書に記載された計画の対象となる介護サービス事業所等の一覧表(指定権者ごとに作成)。

(2)別紙様式2添付書類2：各都道府県内の指定権者（当該都道府県を含む。）の一覧表（都道府県ごとに作成）。

(3)別紙様式2添付書類3：当該介護職員処遇改善計画書に記載された計画の対象となる介護サービス事業者等にかかる都道府県の一覧表。

 プラスα　Q&Aなどから

1. 外国人の技能実習制度における介護職種の技能実習生の取扱いについて

　外国人の介護職種の技能実習生の待遇については、「日本人が従事する場合の報酬の額と同等以上であること」とされていることに鑑み、介護職種の技能実習生が介護業務に従事している場合、EPAによる介護福祉士候補者と同様に、介護職員処遇改善加算の対象となる。

　　※介護保険最新情報vol.629（30.3.23）　平成30年度介護報酬改定に関するQ＆A（Vol.1）　Q142

2. 介護職員処遇改善加算

(1)介護職員処遇改善加算の算定要件は、賃金改善に要する額が介護職員処遇改善加算による収入を上回ることであり、事業所（法人）全体での賃金改善が要件を満たしていれば、一部の介護職員を対象としないことは可能である。ただし、この場合を含め、事業者は、賃金改善の対象者、支払いの時期、要件、賃金改善額等について、計画書等に明記し、職員に周知する。また、介護職員から加算に係る賃金改善に関する照会があった場合は、当該職員についての賃金改善の内容について書面を用いるなど分かりやすく説明する。

　　※介護保険最新情報vol.471（27.4.30）　平成27年度介護報酬改定に関するQ＆A（Vol.2）　Q40

(2)介護予防訪問介護と介護予防通所介護については、介護職員処遇改善加算の対象サービスとなっているが、総合事業へ移行した場合、保険給付としての同加算は取得できない取扱いとなる。

　　※介護保険最新情報vol.471（27.4.30）　平成27年度介護報酬改定に関するQ＆A（Vol.2）　Q41

(3)介護職員処遇改善加算を取得した介護サービス事業者等は、介護職員処遇改善加算の算定額に相当する賃金改善の実施と併せて、キャリアパス要件や職場環境等要件を満たす必要があり、次に要する費用については、算定要件における賃金改善の実施に要する費用に含まれない。

　①法人で受講を認めた研修に関する参加費や教材費等について、あらかじめ介護職員の賃金に上乗せして支給する。

　②研修に関する交通費について、あらかじめ介護職員に賃金に上乗せして支給する。

③介護職員の健康診断費用や、外部から講師を招いて研修を実施する際の費用を法人が肩代わりし、当該費用を介護職員の賃金改善とする。

　　当該取組に要する費用以外であって、処遇改善加算の算定額に相当する賃金改善を行うための具体的な方法については、労使で適切に話し合った上で決定する。

　　※介護保険最新情報vol. 471（27.4.30）　平成27年度介護報酬改定に関するQ＆A（Vol.2）　Q42

(4)職場環境等要件について、「資質の向上」、「労働環境・処遇の改善」、「その他」といったカテゴリー別に例示が挙げられているが、これはあくまでも例示を分類したものであり、例示全体を参考とし、選択したキャリアパスに関する要件と明らかに重複する事項でないものを1つ以上実施する。

　　※介護保険最新情報vol. 471（27.4.30）　平成27年度介護報酬改定に関するQ＆A（Vol.2）　Q45

(5)介護職員であれば派遣労働者であっても、処遇改善加算の対象とすることは可能であり、賃金改善を行う方法等について派遣元と相談した上で、介護職員処遇改善計画書や介護職員処遇改善実績報告書について、対象とする派遣労働者を含めて作成する。

　　※介護保険最新情報vol. 471（27.4.30）　平成27年度介護報酬改定に関するQ＆A（Vol.2）　Q49

(6)介護職員処遇改善加算を算定しようとする事業所が前年度も加算を算定している場合、介護職員処遇改善計画書は毎年度提出する必要があるが、既に提出された計画書添付書類は、その内容に変更（加算取得に影響のない軽微な変更を含む）がない場合は、その提出を省略させることができる。

　　※介護保険最新情報vol. 471（27.4.30）　平成27年度介護報酬改定に関するQ＆A（Vol.2）　Q51

(7)事業の継続を図るために特別事情届出書を提出した場合を除き、賃金水準を低下させてはならないため、業績連動型の賞与や手当が減額された結果、賃金改善実施期間の賃金が引き下げられた場合、特別事情届出書の提出が必要である。

　　※介護保険最新情報vol. 471（27.4.30）　平成27年度介護報酬改定に関するQ＆A（Vol.2）　Q59

(8)特別事情届出書による取扱いについては、事業の継続を図るために認められた例外的な取扱いであることから、事業の継続が可能にもかかわらず経営の効率化を図るといった理由で、介護職員の賃金水準を引き下げることはできない。また、特別事情届出書による取扱いの可否については、介護報酬改定のみをもって一律に判断されるものではなく、法人の経営が悪化していること等の次の内容が適切に把握可能となっている必要がある。

　①介護職員処遇改善加算を取得している介護サービス事業所等の法人の収支（介護事業による収支に限る）について、サービス利用者数の大幅な減少等により経営が悪化し、一定期間にわたって収支が赤字である、資金繰りに支障が生じる等の状況にあること

　　　　　を示す内容
　　　　②介護職員の賃金水準の引下げの内容
　　　　③当該法人の経営および介護職員の賃金水準の改善の見込み
　　　　④介護職員の賃金水準を引き下げることについて、適切に労使の合意を得ていること等の必要な手続きを行った旨
　　　※介護保険最新情報vol．471（27.4.30）　平成27年度介護報酬改定に関するQ＆A（Vol.2）　Q60
（9）特別事情届出書を届け出ることにより、事業の継続を図るために、介護職員の賃金水準（加算による賃金改善分を除く）を引き下げた上で賃金改善を行うことが可能であるが、介護職員の賃金水準を引き下げた後、その要因である特別な状況が改善した場合には、可能な限り速やかに介護職員の賃金水準を引下げ前の水準に戻す必要があることから、本取扱いについては、あくまでも一時的な対応といった位置付けになる。したがって、介護職員処遇改善加算を取得するに当たってあらかじめ特別事情届出書を提出するものではなく、特別な事情により介護職員処遇改善計画書に規定した賃金改善を実施することが困難と判明した、またはその蓋然性が高いと見込まれた時点で、当該届出書を提出する。
　　　※介護保険最新情報vol．471（27.4.30）　平成27年度介護報酬改定に関するQ＆A（Vol.2）　Q61
（10）サービス提供体制強化加算の新区分の取得に当たって、職員の割合については、これまでと同様に、1年以上の運営実績がある場合、常勤換算方法により算出した前年度の平均（3カ月分を除く）をもって、運営実績が6カ月に満たない事業所（新たに事業を開始した事業所または事業を再開した事業所）の場合は、4カ月目以降に、前3カ月分の実績をもって取得可能となる。なお、これまでと同様に、運営実績が6カ月に満たない場合の届出にあっては、届出を行った月以降においても、毎月所定の割合を維持しなければならず、その割合については毎月記録する必要がある。
　　　※介護保険最新情報vol．471（27.4.30）　平成27年度介護報酬改定に関するQ＆A（Vol.2）　Q63
（11）人員配置が手厚い場合の介護サービス利用料（上乗せ介護サービス費用）については、介護職員・看護職員の人数が量的に基準を上回っている部分について、利用者に対して、別途の費用負担を求めることとしている。一方で、サービス体制強化加算は、介護職員における介護福祉士の割合など質的に高いサービス提供体制を整えている特定施設を評価するものであるため、両者は異なる趣旨によるものである。したがって、上乗せ介護サービス利用料を利用者から受領しつつ、サービス提供体制強化加算の算定を受けることは可能である。
　　　※介護保険最新情報vol．471（27.4.30）　平成27年度介護報酬改定に関するQ＆A（Vol.2）　Q65

(12)最低賃金の計算について

　　介護職員処遇改善加算により得た加算額を、最低賃金額と比較する賃金に含むか否かについては、当該加算額が、臨時に支払われる賃金や賞与等として支払われておらず、予定し得る通常の賃金として、毎月労働者に支払われているような場合には、最低賃金額と比較する賃金に含めることとなるが、当該加算の目的等を踏まえ、最低賃金を満たした上で、賃金の引上げを行うことが望ましい。

　※介護保険最新情報vol.675(30.8.6)　平成30年度介護報酬改定に関するQ＆A
　　（Vol.6）　Q7

共通 生活機能向上連携加算

 改正点のポイント

- 訪問介護の生活機能向上連携加算の算定要件が見直された。
- 通所介護などにも訪問介護と同様の加算が新設された。

新設・見直しされた生活機能向上連携加算(★予防含む)と留意点など

要件など／サービス項目	訪問介護(※1)	通所介護、地域密着型通所介護、認知症対応型通所介護(★)	短期入所生活介護(★)	介護老人福祉施設、特定施設入居者生活介護(★)、地域密着型特定施設入居者生活介護	定期巡回・随時対応型訪問介護看護、小規模多機能型居宅介護(★)	認知症対応型共同生活介護(★)
生活機能向上連携加算(1カ月につき)	(Ⅰ)事業所と連携(※4) 100単位 (Ⅱ)利用者宅訪問 200単位	個別機能訓練加算算定あり 100単位 個別機能訓練加算算定なし 200単位	個別機能訓練加算算定あり 100単位 個別機能訓練加算算定なし 200単位	個別機能訓練加算算定あり 100単位 個別機能訓練加算算定なし 200単位	(Ⅰ)事業所と連携(※4) 100単位 (Ⅱ)利用者宅訪問 200単位	200単位
生活機能向上連携加算の算定期間	(Ⅰ)初回月(変更毎) (Ⅱ)初回月以降3カ月間	算定要件を満たせば初回月以降3カ月間			(Ⅰ)初回月(変更毎) (Ⅱ)初回月以降3カ月間	初回月以降3カ月間
サービス事業所側の担当職員	サービス提供責任者	機能訓練指導員、看護職員、介護職員、生活相談員その他職種の者(機能訓練指導員等)			定期巡回は計画作成責任者。小規模多機能は介護支援専門員	計画作成担当者
連携先理学療法士等の要件	訪問リハビリテーション・通所リハビリテーションの理学療法士・作業療法士・言語聴覚士／リハビリテーションを実施している医療提供施設(診療報酬の疾患別リハビリテーション届出医療施設、介護老人保健施設、介護療養型医療施設、介護医療院)(※2)(許可病床数200床未満病院(※3))の理学療法士・作業療法士・言語聴覚士・医師(理学療法士等)					

共通 ｜ 生活機能向上連携加算

要件など／サービス項目	訪問介護(※1)	通所介護、地域密着型通所介護、認知症対応型通所介護(★)	短期入所生活介護(★)	介護老人福祉施設、特定施設入居者生活介護(★)、地域密着型特定施設入居者生活介護	定期巡回・随時対応型訪問介護看護、小規模多機能型居宅介護(★)	認知症対応型共同生活介護(★)
算定要件	(I)サービス提供責任者が理学療法士等の助言(アセスメント・カンファレンス)を受ける体制を構築し、助言に基づき生活機能向上を目的とした訪問介護計画を作成(変更)し、計画に基づいたサービス実施 (II)サービス提供責任者が理学療法士等と同行訪問等により身体状況等の評価(生活機能アセスメント)を共同して行い、生活機能向上を目的とした訪問介護計画を作成し理学療法士等と連携してサービスを実施	①機能訓練指導員等が理学療法士等と共同(理学療法士等が事業所または施設を訪問)してアセスメント(利用者の心身の状況を勘案し、自立した日常生活を営むことができるように支援するうえで解決すべき課題を把握することをいう)し、身体状況等の評価を行い、個別機能訓練計画を作成 ②個別機能訓練計画に基づき、身体機能または生活機能向上を目的とする機能訓練の項目を準備し、機能訓練指導員等が、心身の状況に応じた機能訓練を適切に提供 ③機能訓練指導員等が理学療法士等と連携し、個別機能訓練計画の進捗状況等を3カ月ごとに1回以上評価し、利用者または家族に対し機能訓練内容と個別機能訓練計画の進捗状況等を説明し、必要に応じて訓練内の見直し等を実施		(I)定期巡回・随時対応型訪問介護看護は計画作成責任者(小規模多機能型居宅介護は介護支援専門員)が理学療法士等の助言(アセスメント・カンファレンス)を受ける体制を構築し、助言に基づき生活機能向上を目的とした定期巡回・随時対応型訪問介護看護計画(小規模多機能型居宅介護は小規模多機能型居宅介護計画)を作成(変更)し、計画に基づいたサービス実施 (II)定期巡回・随時対応型訪問介護看護は計画作成責任者(小規模多機能型居宅介護は介護支援専門員)が理学療法士等と同行訪問等により身体状況等の評価(生活機能アセスメント)を共同して行い、生活機能向上を目的とした定期巡回・随時対応型訪問介護看護計画(小規模多機能型居宅介護は小規模多機能型居宅介護計画)を作成し理学療法士等と連携してサービスを実施	計画作成担当者が理学療法士等と共同(理学療法士等が施設を訪問)して利用者の身体の状況等の評価を行い、生活機能の向上を目的とした認知症対応型共同生活介護計画を作成した場合で理学療法士等と連携し、計画に基づくサービスを実施
助言内容と作成(変更)が必要な計画等	アセスメント・カンファレンスを受けたうえで訪問介護計画を作成	個別機能訓練計画の進捗状況を定期的に評価し、必要に応じて計画・訓練内容等の見直し		アセスメント・カンファレンスを受けたうえで定期巡回・随時対応型訪問介護看護計画(小規模は小規模多機能型居宅介護計画)	身体状況等の評価(生活機能アセスメント)を協働して実施し、認知症対応型共同生活介護計画を作成

※1 算定要件の見直しがあった。
※2 医療提供施設(医療法第1条の2第2項に規定する医療提供施設とは「病院、診療所、介護老人保健施設、介護医療院、調剤を実施する薬局その他の医療を提供する施設」をいう)。
※3 または当該病院を中心とした半径4km以内に診療所が存在しない病院を含む。
※4 連携先の理学療法士等は、通所リハビリテーション等のサービス提供の場(通所リハビリテーション事業所が開催するリハビリテーション会議)等において、またはICTを活用した動画等により、利用者の状態を把握したうえで、助言を行うことを定期的に行う。

(1) 全サービス共通事項

 プラスα　Q&Aなどから

(1) ICTを活用した動画やテレビ電話を用いる場合においては、「理学療法士等がADLおよびIADLに関する利用者の状況について適切に把握することができるよう、理学療法士等とサービス提供責任者で事前に方法等を調整するものとする」とされているが、具体的な方法は、利用者のADL（寝返り、起き上がり、移乗、歩行、着衣、入浴、排せつ等）およびIADL（調理、掃除、買物、金銭管理、服薬状況等）に関する利用者の状況およびその改善可能性の評価（「生活機能アセスメント」という）を行った上で、訪問介護計画には、生活機能アセスメントの結果のほか、次に掲げるその他の日々の暮らしの中で必要な機能の向上に資する内容を記載しなければならないことから、外部の理学療法士等は、生活機能アセスメントに留意した助言を行うことが求められる。
 ① 利用者が日々の暮らしの中で可能な限り自立して行おうとする行為の内容。
 ② 生活機能アセスメントの結果に基づき、①の内容について定めた3カ月を目途とする達成目標。
 ③ ②の目標を達成するために経過的に達成すべき各月の目標。
 ④ ②および③の目標を達成するために訪問介護員等が行う介助等の内容。

(2) ICTを活用した動画やテレビ電話を用いる場合については、具体的には次のような方法が考えられる。
 ① 訪問介護事業所のサービス提供責任者と外部の理学療法士等が、リアルタイムでのコミュニケーション（ビデオ通話）が可能な情報通信機器を用いて、外部の理学療法士等が利用者のADL及びIADLの状況を把握する。なお、通信時間等の調整を行い、当該利用者の自宅（生活の場・介護現場）にてビデオ通話を行う。
 ② 訪問介護事業所のサービス提供責任者と外部の理学療法士等が、あらかじめ、動画によって利用者のADLおよびIADLの状況について適切に把握することができるよう、動画の撮影方法および撮影内容を調整した上で、訪問介護事業所のサービス提供責任者が利用者宅で動画撮影を行い、当該動画データを外部の理学療法士等に提供することにより、外部の理学療法士等が利用者のADLおよびIADLの状況を把握すること。なお、当該利用者のADLおよびIADLの動画内容は、当該利用者の自宅（生活の場・介護現場）の環境状況、動作の一連の動き等がわかるように撮影すること。また、実施に当たっては、利用者の同意を得るとともに、個人情報の適切な取扱いに留意することが必要である。SNS（Social Networking Service）の利用については、セキュリティが十分に確保されていないサービスもあることから、一般社団法人保健医療福祉情報安全管理適合性評価協会（HISPRO）が公表している「医療情報連携において、SNSを利用する際に気を付けるべき事項」を参考に、適切な対策を講じることが適当である。なお、外部の理学療法士等が、医療機関の電子カルテなどを含む医療情報システムと共通のネットワーク上の端末を利用して行う場合には、厚生労働省「医療情報システムの安全管理に関するガイドライン（第5版）」（平成29年5月）に対応してい

ることが必要である。
※介護保険最新情報vol. 657(30.5.29) 平成30年度介護報酬改定に関するQ&A（Vol.4） Q1

共通　地域区分

 改正点のポイント

1. サービス区分、地域区分別1単位あたり単価表（単位は円）

人件費率 70%	1級地 +20%	2級地 +16%	3級地 +15%	4級地 +12%	5級地 +10%	6級地 +6%	7級地 +3%	その他 +0%
訪問介護	11.40	11.12	11.05	10.84	10.70	10.42	10.21	10.00
訪問入浴介護（介護予防）	11.40	11.12	11.05	10.84	10.70	10.42	10.21	10.00
訪問看護（介護予防）	11.40	11.12	11.05	10.84	10.70	10.42	10.21	10.00
定期巡回・随時対応型訪問介護看護	11.40	11.12	11.05	10.84	10.70	10.42	10.21	10.00
居宅介護支援（介護予防支援）	11.40	11.12	11.05	10.84	10.70	10.42	10.21	10.00
夜間対応型訪問介護	11.40	11.12	11.05	10.84	10.70	10.42	10.21	10.00

人件費率 55%	1級地 +20%	2級地 +16%	3級地 +15%	4級地 +12%	5級地 +10%	6級地 +6%	7級地 +3%	その他 +0%
訪問リハビリテーション（介護予防）	11.10	10.88	10.83	10.66	10.55	10.33	10.17	10.00
通所リハビリテーション（介護予防）	11.10	10.88	10.83	10.66	10.55	10.33	10.17	10.00
短期入所生活介護（介護予防）	11.10	10.88	10.83	10.66	10.55	10.33	10.17	10.00
認知症対応型通所介護（介護予防）	11.10	10.88	10.83	10.66	10.55	10.33	10.17	10.00
小規模多機能型居宅介護（介護予防）	11.10	10.88	10.83	10.66	10.55	10.33	10.17	10.00
看護小規模多機能型居宅介護	11.10	10.88	10.83	10.66	10.55	10.33	10.17	10.00

人件費率 45%	1級地 +20%	2級地 +16%	3級地 +15%	4級地 +12%	5級地 +10%	6級地 +6%	7級地 +3%	その他 +0%
通所介護	10.90	10.72	10.68	10.54	10.45	10.27	10.14	10.00
短期入所療養介護（介護予防）	10.90	10.72	10.68	10.54	10.45	10.27	10.14	10.00
特定施設入居者生活介護（介護予防）	10.90	10.72	10.68	10.54	10.45	10.27	10.14	10.00
認知症対応型共同生活介護（介護予防）	10.90	10.72	10.68	10.54	10.45	10.27	10.14	10.00
地域密着型特定施設入居者生活介護（介護予防）	10.90	10.72	10.68	10.54	10.45	10.27	10.14	10.00
地域密着型介護老人福祉施設入所者生活介護	10.90	10.72	10.68	10.54	10.45	10.27	10.14	10.00
介護老人福祉施設	10.90	10.72	10.68	10.54	10.45	10.27	10.14	10.00
介護老人保健施設	10.90	10.72	10.68	10.54	10.45	10.27	10.14	10.00

	1級地	2級地	3級地	4級地	5級地	6級地	7級地	その他
介護療養施設	10.90	10.72	10.68	10.54	10.45	10.27	10.14	10.00
介護医療院	10.90	10.72	10.68	10.54	10.45	10.27	10.14	10.00
人件費率　その他	**1級地**	**2級地**	**3級地**	**4級地**	**5級地**	**6級地**	**7級地**	**その他**
居宅療養管理指導 (介護予防)	10.00	10.00	10.00	10.00	10.00	10.00	10.00	10.00
福祉用具貸与 (介護予防)	10.00	10.00	10.00	10.00	10.00	10.00	10.00	10.00

2. 全国地域区分一覧

地域区分	都道府県	地　　　　域
一級地	東京都	特別区
二級地	東京都	町田市、狛江市、多摩市
	神奈川県	横浜市、川崎市
	大阪府	大阪市
三級地	埼玉県	さいたま市
	千葉県	千葉市
	東京都	八王子市、武蔵野市、三鷹市、青梅市、府中市、調布市、小金井市、小平市、日野市、国分寺市、国立市、稲城市、西東京市
	神奈川県	鎌倉市
	愛知県	名古屋市
	大阪府	守口市、大東市、門真市、四條畷市
	兵庫県	西宮市、芦屋市、宝塚市
四級地	茨城県	牛久市
	埼玉県	朝霞市
	千葉県	船橋市、成田市、習志野市、浦安市
	東京都	立川市、昭島市、東村山市、東大和市、清瀬市
	神奈川県	相模原市、藤沢市、逗子市、厚木市
	大阪府	豊中市、池田市、吹田市、高槻市、寝屋川市、箕面市
	兵庫県	神戸市
五級地	茨城県	水戸市、日立市、龍ヶ崎市、取手市、つくば市、守谷市
	埼玉県	志木市、和光市、新座市、ふじみ野市
	千葉県	市川市、松戸市、佐倉市、市原市、八千代市、四街道市、印西市
	東京都	東久留米市、あきる野市、西多摩郡日の出町
	神奈川県	横須賀市、平塚市、小田原市、茅ヶ崎市、大和市、伊勢原市、海老名市、座間市、綾瀬市、高座郡寒川町、愛甲郡愛川町
	愛知県	刈谷市、豊田市
	滋賀県	大津市、草津市
	京都府	京都市
	大阪府	堺市、枚方市、茨木市、八尾市、松原市、摂津市、高石市、東大阪市、交野市
	兵庫県	尼崎市、伊丹市、川西市、三田市
	広島県	広島市、安芸郡府中町
	福岡県	福岡市
六級地	宮城県	仙台市
	茨城県	土浦市、古河市、北相馬郡利根町

(1) 全サービス共通事項

地域区分	都道府県	地域
六級地	栃木県	宇都宮市、下野市、下都賀郡野木町
	群馬県	高崎市
	埼玉県	川越市、川口市、行田市、所沢市、加須市、東松山市、春日部市、狭山市、羽生市、鴻巣市、上尾市、草加市、越谷市、蕨市、戸田市、入間市、桶川市、久喜市、北本市、八潮市、富士見市、三郷市、蓮田市、坂戸市、幸手市、鶴ヶ島市、吉川市、白岡市、北足立郡伊奈町、入間郡三芳町、南埼玉郡宮代町、北葛飾郡杉戸町、北葛飾郡松伏町
	千葉県	野田市、茂原市、柏市、流山市、我孫子市、鎌ケ谷市、袖ヶ浦市、白井市、印旛郡酒々井町、印旛郡栄町
	東京都	福生市、武蔵村山市、羽村市、西多摩郡奥多摩町
	神奈川県	三浦市、秦野市、三浦郡葉山町、中郡大磯町、中郡二宮町、愛甲郡清川村
	岐阜県	岐阜市
	静岡県	静岡市
	愛知県	岡崎市、春日井市、津島市、碧南市、安城市、西尾市、稲沢市、知立市、豊明市、日進市、愛西市、北名古屋市、弥富市、みよし市、あま市、長久手市、愛知郡東郷町、海部郡大治町、海部郡蟹江町
	三重県	津市、四日市市、桑名市、鈴鹿市、亀山市
	滋賀県	彦根市、守山市、栗東市、甲賀市
	京都府	宇治市、亀岡市、向日市、長岡京市、八幡市、京田辺市、木津川市、相楽郡精華町
	大阪府	岸和田市、泉大津市、貝塚市、泉佐野市、富田林市、河内長野市、和泉市、柏原市、羽曳野市、藤井寺市、泉南市、大阪狭山市、阪南市、三島郡島本町、豊能郡豊能町、豊能郡能勢町、泉北郡忠岡町、泉南郡熊取町、泉南郡田尻町、泉南郡岬町、南河内郡太子町、南河内郡河南町、南河内郡千早赤阪村
	兵庫県	明石市、川辺郡猪名川町
	奈良県	奈良市、大和高田市、大和郡山市、生駒市
	和歌山県	和歌山市、橋本市
	福岡県	春日市、大野城市、太宰府市、福津市、糸島市、筑紫郡那珂川町、糟屋郡粕屋町
七級地	北海道	札幌市
	茨城県	結城市、下妻市、常総市、笠間市、ひたちなか市、那珂市、筑西市、坂東市、稲敷市、つくばみらい市、東茨城郡大洗町、稲敷郡阿見町、稲敷郡河内町、結城郡八千代町、猿島郡五霞町、猿島郡境町
	栃木県	栃木市、鹿沼市、日光市、小山市、真岡市、大田原市、さくら市、下都賀郡壬生町
	群馬県	前橋市、伊勢崎市、太田市、渋川市、佐波郡玉村町
	埼玉県	熊谷市、飯能市、深谷市、日高市、入間郡毛呂山町、入間郡越生町、比企郡滑川町、比企郡川島町、比企郡吉見町、比企郡鳩山町、大里郡寄居町
	千葉県	木更津市、東金市、君津市、富津市、八街市、山武市、大網白里市、長生郡長柄町、長生郡長南町
	東京都	西多摩郡瑞穂町、西多摩郡檜原村
	神奈川県	足柄下郡箱根町
	新潟県	新潟市
	富山県	富山市
	石川県	金沢市、河北郡内灘町
	福井県	福井市

地域区分	都道府県	地域
七級地	山梨県	甲府市
	長野県	長野市、松本市、塩尻市
	岐阜県	大垣市、多治見市、各務原市、可児市
	静岡県	浜松市、沼津市、三島市、富士宮市、島田市、富士市、磐田市、焼津市、掛川市、藤枝市、御殿場市、袋井市、裾野市、田方郡函南町、駿東郡清水町、駿東郡長泉町、駿東郡小山町、榛原郡川根本町、周智郡森町
	愛知県	豊橋市、一宮市、瀬戸市、半田市、豊川市、蒲郡市、犬山市、常滑市、江南市、小牧市、新城市、東海市、大府市、知多市、尾張旭市、高浜市、岩倉市、田原市、清須市、西春日井郡豊山町、丹羽郡大口町、丹羽郡扶桑町、海部郡飛島村、知多郡阿久比町、知多郡東浦町、額田郡幸田町、北設楽郡設楽町、北設楽郡東栄町、北設楽郡豊根村
	三重県	名張市、いなべ市、伊賀市、桑名郡木曽岬町、員弁郡東員町、三重郡菰野町、三重郡朝日町、三重郡川越町
	滋賀県	長浜市、野洲市、湖南市、東近江市
	京都府	城陽市、乙訓郡大山崎町、久世郡久御山町
	兵庫県	姫路市、加古川市、三木市、高砂市、加古郡稲美町、加古郡播磨町
	奈良県	天理市、橿原市、桜井市、御所市、香芝市、葛城市、宇陀市、山辺郡山添村、生駒郡平群町、生駒郡三郷町、生駒郡斑鳩町、生駒郡安堵町、磯城郡川西町、磯城郡三宅町、磯城郡田原本町、宇陀郡曽爾村、高市郡明日香村、北葛城郡上牧町、北葛城郡王寺町、北葛城郡広陵町、北葛城郡河合町
	岡山県	岡山市
	広島県	東広島市、廿日市市、安芸郡海田町、安芸郡坂町
	山口県	周南市
	徳島県	徳島市
	香川県	高松市
	福岡県	北九州市、飯塚市、筑紫野市、古賀市
	長崎県	長崎市
その他	全ての都道府県	その他の地域

 プラスα　Q&Aなどから

介護給付費算定に係る体制状況一覧については、その内容に変更がある場合は届出が必要になるが、地域区分については該当する地域に所在する事業所全てが変更になるもののため、指定権者において対応可能であれば届出は必要ない。

※介護保険最新情報vol.454（27.4.1）　平成27年度介護報酬改定に関するQ&A　Q4

共通 区分支給限度基準額と基準額に含まれない費用、適用されないサービス

算定のポイント

限度額 (単位：円)(注2)	限度額が適用される サービスの種類	限度額に含まれない費用
要支援1： 50,030 要支援2： 104,730 要介護1： 166,920 要介護2： 196,160 要介護3： 269,310 要介護4： 308,060 要介護5： 360,650	①訪問介護★	**事業所と同一建物の利用者またはこれ以外の同一建物の利用者20人以上にサービスを行う場合**／特別地域加算／中山間地域等の小規模事業所加算／中山間地域等提供加算／介護職員処遇改善加算
	②訪問入浴介護★	**事業所と同一建物の利用者またはこれ以外の同一建物の利用者20人以上にサービスを行う場合**／特別地域加算／中山間地域等の小規模事業所加算／中山間地域等提供加算／サービス提供体制強化加算／介護職員処遇改善加算
	③訪問看護★	**事業所と同一建物の利用者またはこれ以外の同一建物の利用者20人以上にサービスを行う場合**／特別地域加算／中山間地域等の小規模事業所加算／中山間地域等提供加算／緊急時訪問看護加算／特別管理加算／ターミナルケア加算／サービス提供体制強化加算
	④訪問リハビリテーション★	**事業所と同一建物の利用者またはこれ以外の同一建物の利用者20人以上にサービスを行う場合**／**特別地域加算**／**中山間地域等の小規模事業所加算**／中山間地域等提供加算／サービス提供体制強化加算
	⑤通所介護	中山間地域等提供加算／サービス提供体制強化加算／介護職員処遇改善加算
	⑥通所リハビリテーション	中山間地域等提供加算／サービス提供体制強化加算／介護職員処遇改善加算
	⑦福祉用具貸与	特別地域加算／中山間地域等の小規模事業所加算／中山間地域等提供加算
	⑧短期入所生活介護	サービス提供体制強化加算／介護職員処遇改善加算
	⑨短期入所療養介護	介護老人保健施設の緊急時施設療養費と特別療養費／介護療養型医療施設の特定診療費／**介護医療院の特別診療費と緊急時施設診療費**／サービス提供体制強化加算／介護職員処遇改善加算
	⑩特定施設入居者生活介護※(注1)	介護職員処遇改善加算
	⑪定期巡回・随時対応型訪問介護看護★	**事業所と同一建物の利用者にサービスを行う場合**／特別地域加算／中山間地域等の小規模事業所加算／中山間地域等提供加算／緊急時訪問看護加算／特別管理加算／ターミナルケア加算／総合マネジメント体制強化加算／サービス提供体制強化加算／介護職員処遇改善加算

限度額 (単位：円)(注2)	限度額が適用される サービスの種類	限度額に含まれない費用
要支援1： 50,030 要支援2： 104,730 要介護1： 166,920 要介護2： 196,160 要介護3： 269,310 要介護4： 308,060 要介護5： 360,650	⑫夜間対応型訪問介護★	**事業所と同一建物の利用者またはこれ以外の同一建物の利用者20人以上にサービスを行う場合**／サービス提供体制強化加算／介護職員処遇改善加算
	⑬認知症対応型通所介護	サービス提供体制強化加算／介護職員処遇改善加算
	⑭小規模多機能型居宅介護	中山間地域等提供加算／訪問体制強化加算／総合マネジメント体制強化加算／サービス提供体制強化加算／介護職員処遇改善加算
	⑮認知症対応型共同生活介護※	介護職員処遇改善加算
	⑯地域密着型特定施設入居者生活介護※	介護職員処遇改善加算
	⑰看護小規模多機能型居宅介護	**中山間地域等提供加算**／緊急時訪問看護加算／特別管理加算／ターミナルケア加算／看護体制強化加算／**訪問体制強化加算**／総合マネジメント体制強化加算／サービス提供体制強化加算／介護職員処遇改善加算
	⑱地域密着型通所介護（療養通所介護）	中山間地域等提供加算／サービス提供体制強化加算／介護職員処遇改善加算
限度額が適用されないサービス	①居宅療養管理指導、②特定施設入居者生活介護(外部サービス利用型を除く)(短期利用を除く)、③認知症対応型共同生活介護(短期利用を除く)、④地域密着型特定施設入居者生活介護(短期利用を除く)、⑤地域密着型介護老人福祉施設入所者生活介護	

注1 外部サービス利用型特定施設入居者生活介護には、要支援・要介護度に応じた限度単位数が別に設定されている。基本部分も含めて各サービスの区分支給限度額を限度となる。
注2 額は介護報酬の1単位を10円として計算する。
※ 短期利用に限る。
★ 同一建物減算は減算前の単位で区分支給限度基準額を管理する。
太字は2018年度介護報酬改定で新設。

(2) 指定居宅サービス

共通｜訪問・通所系サービス共通項目

 改正点のポイント

- 同一建物等利用者減算方式が見直しされた。
- 居宅療養管理指導が同一建物減算から単一建物減算方式に見直しされた。
- 居宅療養管理指導、訪問リハビリテーションにも特別地域加算などが新設された。ただし、1カ月の利用者数等、詳細な算定要件がある。

1. 集合住宅（同一敷地内建物等）に居住する利用者減算について

(1) 同一敷地内建物、隣接する敷地内建物、同一の建物（同一敷地内建物等）が有料老人ホーム等（養護老人ホーム、軽費老人ホーム、有料老人ホーム、サービス付き高齢者向け住宅）に加えて一般のアパート、マンション等も対象となった。

① 事業所と同一敷地内または隣接する建物に居住する利用者を訪問する場合、②に該当する場合を除いて、当該利用者に対する報酬を10％減算。

② 事業所と同一敷地内または隣接する建物に居住する利用者の人数が1カ月(暦月)あたり50人以上の場合、当該利用者に対する報酬を15％削減。（新設）

※同一建物利用者20人以上にサービスを行う場合の減算は、対象単位数の合計に減算の割合を乗じて、減算の単位数を算定する。

③ ①以外の同一建物に居住する利用者を訪問する場合は、当該建物に居住する利用者が1カ月(暦月)あたり20名以上の場合全員に10％減算。

④ 利用者数は1月間の平均を用いる。平均は当該月の1日ごとの利用者の合計を当該月の日数で除して得た値。小数点以下は切り捨て。

⑤ 同一敷地内建物等に対する減算は、利用者が減算対象となる建物に入居した日から退去日までの間に受けたサービスについてのみ減算対象。

　また、月の定額報酬であるサービスのうち、介護予防訪問介護費、夜間対応型訪問介護費（Ⅱ）および定期巡回・随時対応型訪問介護看護については、利用者が減算対象となる建物に居住する日がある月のサービスに係る報酬（日割り計算が行われる場合は日割り後の額）について減算対象。なお、夜間対応型訪問介護費（Ⅰ）の基本夜間対応型訪問介護費は減算対象外。また、（介護予防）小規模多機能型居宅介護費および看護小規模多機能型居宅介護費については利用者の居所に応じた基本報酬を算定する。

⑥ 訪問介護、訪問入浴介護、夜間対応型訪問介護、訪問看護および訪問リハビリテーションは、区分支給限度基準額を計算する際に、減算前の単位数を用いることになった。

(2)「同一敷地内建物等」とは、当該訪問介護事業所などと構造上または外形上、一体的な

建築物および同一敷地内ならびに隣接する敷地(当該訪問介護事業所などと建築物が道路等を挟んで設置している場合を含む)にある建築物のうち効率的なサービス提供が可能なものを指す。具体的には、一体的な建築物として、当該建物の1階部分に指定訪問介護事業所などがある場合や当該建物と渡り廊下でつながっている場合など、同一の敷地内もしくは隣接する敷地内の建物として、同一敷地内にある別棟の建築物や幅員の狭い道路を挟んで隣接する場合などが該当する。

なお、同一の建物は、当該建築物の管理、運営法人が当該訪問介護事業所などの訪問介護事業者などと異なる場合であっても該当する。

(3)同一敷地内建物等に該当しないものの例
①同一敷地であっても、広大な敷地に複数の建物が点在する場合。
②隣接する敷地であっても、道路や河川などに敷地が隔てられており、横断するために迂回しなければならない場合。

(4)居宅療養管理指導については、同一建物減算から単一建物減算方式に変更となり、単一建物1人、2~9人、10人以上の3段階の減算方式になった。

	減算の内容	算定要件	備 考
訪問介護 訪問入浴介護 訪問看護 訪問リハビリテーション 夜間対応型訪問介護	10%減算	(1)事業所と同一敷地内または隣接する敷地内に所在する建物に居住する者((2)の場合を除く) (3)上記以外の範囲に所在する同一建物に居住する者(当該建物に居住する利用者の人数が1カ月あたり20人以上の場合)	
	15%減算	(2)事業所と同一敷地内または隣接する敷地内に所在する建物に居住する者(当該建物に居住する利用者の人数が1カ月あたり50人以上の場合)	
定期巡回・随時対応型訪問介護看護	600単位/月減算	・事業所と同一敷地内または隣接する敷地内に所在する建物に居住する者	
	900単位/月減算	・事業所と同一敷地内または隣接する敷地内に所在する建物に居住する者(当該建物に居住する利用者の人数が1月あたり50人以上の場合)	
居宅療養管理指導	医師の訪問で居宅療養管理指導費(Ⅰ)の場合 ・単一建物居住者が1人 507単位 ・単一建物居住者が2~9人 483単位 ・単一建物居住者が10人以上 442単位	・単一建物居住者。具体的には以下の複数利用者が減算 ①養護老人ホーム、軽費老人ホーム、有料老人ホーム、サービス付き高齢者向け住宅、マンションなどの集合住宅等に入居・入所している複数の利用者 ②小規模多機能型居宅介護(宿泊サービス)、認知症対応型共同生活介護、看護小規模多機能型居宅介護(宿泊サービス)などのサービスを受けている複数の利用者	・訪問した建物内において、当該訪問月に診療した人数(単一建物居住者の人数)に応じて算定する。 ・1つの患家に同居する同一世帯の患者が2人以上いる場合は、患者ごとに「単一建物1人の場合」で算定する。

(2) 指定居宅サービス

	減算の内容	算定要件	備考
			・建物の戸数の10%以下の場合または建物の戸数が20戸未満で、事業所が居宅療養管理指導を行う利用者が2人以下の場合には、それぞれ「単一建物1人の場合」で算定する。 ・グループホーム(3ユニット以下)はそれぞれのユニットで単一建物居住者として取扱う。
通所介護 通所リハビリテーション 認知症対応型通所介護	①94単位/日減算	①事業所と同一建物に居住する者または事業所と同一建物から事業所に通う者 ※ 事業所と構造上または外形上、一体的な建築物を指すものであり、具体的には、当該建物の1階部分に事業所がある場合や、当該建物と渡り廊下等で繋がっている場合が該当し、同一敷地内にある別棟の建物や道路を挟んで隣接する場合は該当しない。同一建物については、当該建築物の管理、運営法人が介護事業者と異なる場合であっても該当する。	・やむを得ず送迎が必要と認められる利用者の送迎は減算しない
	②47単位/片道 減算	②事業所が送迎を行っていない者	
小規模多機能型居宅介護 看護小規模多機能型居宅介護	別報酬体系	事業所と同一建物(養護老人ホーム、軽費老人ホーム、有料老人ホーム、サービス付き高齢者向け住宅、に限る)に居住する者	・利用者の居所(事業所と同一建物に居住するか否か)に応じた基本報酬が設定。

2. 通所系サービス(通所介護、地域密着型通所介護、通所リハビリテーション、認知症対応型通所介護)

(1) 通所系サービスで事業所が送迎を実施しない場合〔(利用者が自ら通う場合、家族が送迎を行う場合等)片道47単位減算(療養通所介護も同様。通所計画上送迎が往復か片道かを位置づけて減算)〕。

　傷病により一時的に送迎が必要であると認められる利用者、その他やむを得ない事情によって送迎が必要と認められる利用者に対し、送迎を行った場合は、例外的に同一建物減算の対象とはならない。具体的には、傷病により一時的に歩行困難となった者または歩行困難な要介護者であって、かつ、「エレベーターがない」または「エレベーターが故障している」といった建物の構造上の要因によって自力での通所が困難である者に対し、2人以上の従業者が、当該利用者の居住する場所と通所介護事業所の間の往復の移動を介助した場合に限られる。

　この場合、2人以上の従業者による移動介助を必要とする理由や移動介助の方法および期間について、介護支援専門員とサービス担当者会議等で慎重に検討し、その内容および結果について通所介護計画に記載する必要がある。また、移動介助者および移動介

助時の利用者の様子等について、記録しなければならない。

(2) 送迎時における居宅内介助等の所要時間

送迎時に実施した居宅内介助等(電気の消灯・点灯、着替え、ベッドへの移乗、窓の施錠等)を所要時間に含めることができる。算定要件は、以下のとおり。

1) 居宅サービス計画と個別通所サービス計画に位置づけたうえで実施するものとし、所要時間に含めることができる時間は1日30分以内。
2) 居宅内介助等を行う者は、介護福祉士・介護職員初任者研修修了者等(通所介護、地域密着型通所介護)、理学療法士・作業療法士・言語聴覚士・看護職員・介護職員等(通所リハビリテーション)、介護福祉士・介護職員初任者研修修了者等(認知症対応型通所介護)。

(3) 延長加算の取り扱い

「日常生活上の世話」を行った後に引き続き「(地域密着型)通所介護または通所リハビリテーション」を実施した場合、または「(地域密着型)通所介護または通所リハビリテーション」を実施した後に引き続き「日常生活上の世話」を行った場合に(ただし(地域密着型)通所介護は所要時間8時間以上9時間未満であること、通所リハビリテーションは同7時間以上8時間未満であること)、「日常生活上の世話」の所要時間と「(地域密着型)通所介護または通所リハビリテーション」の所要時間を通算した時間が「9時間以上」となった場合は、次に掲げる区分に応じ、次に掲げる単位数を所定単位数に加算できる。

区　分	(地域密着型)通所介護	通所リハビリテーション
8時間以上9時間未満	−	50単位
9時間以上10時間未満	50単位	100単位
10時間以上11時間未満	100単位	150単位
11時間以上12時間未満	150単位	200単位
12時間以上13時間未満	200単位	250単位
13時間以上14時間未満	250単位	300単位

3. 定員超過と人員欠如の場合等

(1) 定員超過は、翌月から減算となる状態が解消されるに至った月まで、利用者全員の報酬額を減算。
(2) 1割以上の人員欠如は、翌月から減算となる状態が解消されるに至った月まで、利用者全員の報酬額を減算。
(3) 1割以内の人員欠如は、翌々月から減算となる状態が解消されるに至った月まで、利用者全員の報酬額を減算。

※(1)～(3)は施設サービスなどの取扱いも同様

4. 介護老人保健施設、介護療養型医療施設、介護医療院、短期入所療養介護の入所・退所・退院日における医療系サービスの取り扱い

退所日は、医療系サービスである訪問看護(厚生労働大臣が定める場合を除く)、訪問リ

(2) 指定居宅サービス

ハビリテーション、居宅療養管理指導および通所リハビリテーションを算定できない。訪問介護等の福祉系サービスは算定できるが、施設系サービスや短期入所サービスでも機能訓練やリハビリテーションを行えることから、退所日に通所介護サービスを機械的に組み込むといった居宅サービス計画は適正でない。

また、入所当日でも当該入所前に利用する訪問系サービスおよび通所系サービスは別に算定できる。ただし、入所前に通所介護または通所リハビリテーションを機械的に組み込むといった居宅サービス計画は適正でない。

5. 外泊中等の取扱い

病院入院患者、施設入所者の外泊時または試行的退所時に、居宅サービスは算定不可。

6. 特別地域加算、中山間地域等における小規模事業所加算、中山間地域等に居住する者へのサービス提供加算

地理的特性等から一定人数以上の利用者の確保が困難で、事業規模を拡大すること等を通してサービス提供の効率化を図ることが困難な地域もある。そのため、当該地域（厚生労働大臣の定める地域）で事業を実施する事業所向けに、サービス費用の15%を加算する「特別地域加算」が、介護保険創設時から設けられている。

その後、特別地域加算対象地域以外の地域にも、移動にかかるコスト高、利用者数の確保難、職員確保難等で事業参入や事業継続が困難な地域が存在していることに鑑み、2009年から「中山間地域等における小規模事業所加算（10%）」および「中山間地域等に居住する者へのサービス提供加算（5%）」という2つの加算が導入された。

対象となるのは訪問系サービス主体であるが、今回の改定で、一部、算定可となるサービスも拡大された。

(1) 特別地域加算

厚生労働大臣が定める地域（離島振興法で指定された離島振興対策実施地域、奄美群島振興開発特別措置法で規定された奄美群島、山村振興法で指定された振興山村、小笠原諸島振興開発特別措置法で規定された小笠原諸島、沖縄振興特別措置法で規定された離島、豪雪地帯対策特別措置法で指定された豪雪地帯、辺地法に規定する辺地、過疎地域自立促進特別措置法で規定された過疎地域のうち厚生労働大臣が別に定める地域）で、以下の事業を実施する事業所において算定可。

> 訪問介護、訪問入浴介護、訪問看護、訪問リハビリテーション（※）、居宅療養管理指導（※）、福祉用具貸与、居宅介護支援（居宅介護支援を除き介護予防も対象）、定期巡回・随時対応型訪問介護看護
> ※今回の改定で訪問リハビリテーション、居宅療養管理指導も対象になった。

ただし、特別地域加算は、厚生労働大臣が定める地域に所在する事業者がサービス提供

を行った場合に算定されるものであり、他地域に所在する事業者が、厚生労働大臣が定める地域においてサービス提供を行った場合には算定することができないので、注意が必要。

(2)中山間地域等における小規模事業所加算

特別地域の対象地域を除く豪雪地帯、過疎地域等の中山間地域等(豪雪地帯対策特別措置法、辺地法、半島振興法、特定農山村法、過疎地域自立促進特別措置法に定める地域)において、(1)と同様の事業を実施する小規模事業所において算定可。

「小規模事業所」の規模にかかる基準

サービス種別	居宅サービス	介護予防サービス
訪問介護	1月当たり延訪問回数が200回以下	1月当たり実利用者数が5人以下
訪問入浴介護	1月当たり延訪問回数が20回以下	1月当たり延訪問回数が5回以下
訪問看護	1月当たり延訪問回数が100回以下	1月当たり延訪問回数が5回以下
福祉用具貸与	1月当たり実利用者数が15人以下	1月当たり実利用者数が5人以下
居宅介護支援	1月当たり実利用者数が20人以下	ー
居宅療養管理指導	1月当たり延訪問回数が50回以下	1月当たり延訪問回数が5回以下
訪問リハビリテーション	1月当たり延訪問回数が30回以下	1月当たり延訪問回数が10回以下

(3)中山間地域等に居住する者へのサービス提供加算

(1)または(2)の地域に居住する利用者に対して以下のサービスを提供した事業者が算定できる。

> 訪問介護、訪問入浴介護、訪問看護、訪問リハビリテーション、居宅療養管理指導(※)、福祉用具貸与、居宅介護支援(居宅介護支援を除き介護予防も対象)、定期巡回・随時対応型訪問介護看護、<u>通所介護、通所リハビリテーション、小規模多機能型居宅介護、看護小規模多機能型居宅介護、地域密着型通所介護</u>
> ＊下線は、「(3)中山間地域等に居住する者へのサービス提供加算」のみを算定できるサービス。(※)の「居宅療養管理指導」は、今回改定で対象に追加された。

なお、(1)(2)を算定する事業者が、「通常のサービス実施地域を越えて別の中山間地域等に居住する利用者にサービスを提供する場合」については、(3)との併算定が可。

また、月の途中で、利用者の居住地が変わり、加算の要件を満たすように(または満たさなく)なった場合、該当する期間のサービス提供分のみが加算の対象となる。

 プラスα　Q&Aなどから

1. 栄養スクリーニング加算

栄養スクリーニング加算は当該事業所以外で既に栄養スクリーニング加算を算定している場合にあっては算定しないこととされているが、当該事業所以外で算定してから6カ月を空ければ算定は可能だが、算定事業者の決定については、「平成30年度介護報酬改定に

(2) 指定居宅サービス

関するQ&A(Vol. 1)」(平成30年3月23日)の通所系・居住系サービスにおける栄養スクリーニング加算に係る問30を参照。

　※介護保険最新情報vol. 675(30.8.6)　平成30年度介護報酬改定に関するQ&A(Vol. 6)　Q3(地域密着型通所介護、小規模多機能型居宅介護、介護予防小規模多機能型居宅介護共通)

1 訪問介護

 改正点のポイント

- 身体介護で3～11単位引上げ、生活援助で2単位引下げというメリハリのある改定となった。
- 身体介護として行われる「自立生活支援のための見守り的援助」が明確化された。例：「利用者と一緒に手助けや声かけおよび見守りしながら行う掃除、整理整頓」等
- 生活援助中心型のサービス従事者向けに対応した「生活援助従事者研修課程」(研修時間は59時間)が創設された。新研修修了者は常勤換算方法で0.5を乗じて算出する。
- 生活機能向上連携加算の算定要件が見直しされた。(全サービス共通事項ページ参照)
- 同一建物等利用者減算方式が見直しされた。(訪問・通所系サービス共通項目ページ参照)
- サービス提供責任者のうち、初任者研修課程修了者および旧2級課程修了者は任用要件から廃止された。ただし、現従事者は1年間(2019年(平成31年)3月31日までの間)の経過措置を設けられた。また、初任者研修課程修了者または旧2級課程修了者であるサービス提供責任者を配置している場合の減算も、2018年(平成30年)度は現従事者に限定し、2019年(平成31年)度以降は廃止される。
- 利用者の口腔問題や服薬状況等に係る気付きを、サービス提供責任者から居宅介護支援事業所等のサービス関係者に情報共有することが、サービス提供責任者の責務として運営基準に明記された。
- サービス提供責任者は、提供時間を記録するとともに、著しくケアプラン上の標準時間と乖離している場合(時間区分を下回る状態(例えば、身体介護中心型において、標準的な時間は45分、実績は20分の場合)が1カ月以上継続する等、常態化している場合等)は介護支援専門員に連絡し、介護支援専門員は必要に応じたケアプランの見直しをすることが運営基準に明記された。
- 居宅介護支援事業所の介護支援専門員(セルフケアプランの場合には当該被保険者)に対して、自身の事業所のサービス利用にかかる不当な働きかけを行ってはならない旨が運営基準に明記された。
- 障害者福祉制度における居宅介護、重度訪問介護指定を受けた事業所であれば、基本的に共生型訪問介護の指定を受けるものとして、基準が設けられた。

(2) 指定居宅サービス

 報酬早見表

	算定項目		算定	改定後	改定前	格差	要件
イ 身体介護	(1) 20分未満		1回	165	165	±0	
	(2) 20分以上30分未満			248	245	3	
	(3) 30分以上1時間未満			394	388	6	
	(4) 1時間以上1時間半未満			575	564	11	
	(4) 1時間以上1時間半超(30分毎)			+83	+80	3	
	(2)～(4)に引き続き生活援助を行った場合	生活援助 20分以上45分未満		+1×66	+1×67	−1	
		生活援助 45分以上70分未満		+2×66	+2×67	−2	
		生活援助 70分以上		+3×66	+3×67	−3	198単位を限度
ロ 生活援助	(1) 20分以上45分未満			181	183	−2	
	(2) 45分以上			223	225	−2	
ハ	通院等乗降介助			98	97	1	

1. 身体介護

(1)「身体介護」とは、利用者の身体に直接接触して行う介助ならびにこれを行うために必要な準備および後始末、および利用者のADL・IADL・QOLや意欲の向上のために利用者と共に行う自立支援・重度化防止のための介助および専門的な援助を行うものであり、1人の利用者に対して訪問介護員等が1対1で行うものをいう。

(2)「指定居宅サービスに要する費用の額の算定に関する基準」(平成12年3月1日付厚生省老人保健福祉局企画課長通知)における身体介護(抜粋)

```
1−0 サービス準備・記録等
サービス準備は、身体介護サービスを提供する際の事前準備等として行う行為であり、状況に応じて以下のようなサービスを行う。
1−0−1 健康チェック
利用者の安否確認、顔色・発汗・体温等の健康状態のチェック
1−0−2 環境整備
換気、室温・日あたりの調整、ベッドまわりの簡単な整頓等
1−0−3 相談援助、情報収集・提供
1−0−4 サービス提供後の記録等
1−1 排泄・食事介助
1−1−1 排泄介助
1−1−1−1 トイレ利用
○トイレまでの安全確認→声かけ・説明→トイレへの移動(見守りを含む)→脱衣→排便・排尿→後始末→着衣→利用者の清潔介助→居室への移動→ヘルパー自身の清潔動作
○(場合により)失禁・失敗への対応(汚れた衣服の処理、陰部・臀部の清潔介助、便器等の簡単な清掃を含む)
1−1−1−2 ポータブルトイレ利用
```

○安全確認→声かけ・説明→環境整備(防水シートを敷く、衝立を立てる、ポータブルトイレを適切な位置に置くなど)→ 立位をとり脱衣(失禁の確認)→ポータブルトイレへの移乗→排便・排尿→後始末→立位をとり着衣→利用者の清潔介助→元の場所に戻り、安楽な姿勢の確保→ポータブルトイレの後始末→ヘルパー自身の清潔動作
○(場合により)失禁・失敗への対応(汚れた衣服の処理、陰部・臀部の清潔介助)

1−1−1−3 おむつ交換
○声かけ・説明→物品準備(湯・タオル・ティッシュペーパー等)→新しいおむつの準備→脱衣(おむつを開く→尿パットをとる)→陰部・臀部洗浄(皮膚の状態などの観察、パッティング、乾燥)→おむつの装着→おむつの具合の確認→着衣→汚れたおむつの後始末→使用物品の後始末→ヘルパー自身の清潔動作
○(場合により)おむつから漏れて汚れたリネン等の交換
○(必要に応じ)水分補給

1−1−2 食事介助
○声かけ・説明(覚醒確認)→安全確認(誤飲兆候の観察)→ヘルパー自身の清潔動作→準備(利用者の手洗い、排泄、エプロン・タオル・おしぼりなどの物品準備)→食事場所の環境整備→食事姿勢の確保(ベッド上での座位保持を含む)→配膳→メニュー・材料の説明→摂食介助(おかずをきざむ・つぶす、吸い口で水分を補給するなどを含む)→服薬介助→安楽な姿勢の確保→気分の確認→食べこぼしの処理→後始末(エプロン・タオルなどの後始末、下膳、残滓の処理、食器洗い)→ヘルパー自身の清潔動作

1−1−3 特段の専門的配慮をもって行う調理
○嚥下困難者のための流動食等の調理

1−2 清拭・入浴、身体整容
1−2−1 清拭(全身清拭)
○ヘルパー自身の身支度→物品準備(湯・タオル・着替えなど)→声かけ・説明→顔・首の清拭→上半身脱衣→上半身の皮膚等の観察→上肢の清拭→胸・腹の清拭→背の清拭→上半身着衣→下半身脱衣→下肢の皮膚等の観察→下肢の清拭→陰部・臀部の清拭→下肢着衣→身体状況の点検・確認→水分補給→使用物品の後始末→汚れた衣服の処理→ヘルパー自身の清潔動作

1−2−2 部分浴
1−2−2−1 手浴及び足浴
○ヘルパー自身の身支度→物品準備(湯・タオルなど)→声かけ・説明→適切な体位の確保→脱衣→皮膚等の観察→手浴・足浴→体を拭く・乾かす→着衣→安楽な姿勢の確保→水分補給→身体状況の点検・確認→使用物品の後始末→ヘルパー自身の清潔動作

1−2−2−2 洗髪
○ヘルパー自身の身支度→物品準備(湯・タオルなど)→声かけ・説明→適切な体位の確保→洗髪→髪を拭く・乾かす→安楽な姿勢の確保→水分補給→身体状況の点検・確認→使用物品の後始末→ヘルパー自身の清潔動作

1−2−3 全身浴
○安全確認(浴室での安全)→声かけ・説明→浴槽の清掃→湯はり→物品準備(タオル・着替えなど)→ヘルパー自身の身支度→排泄の確認→脱衣室の温度確認→脱衣→皮膚等の観察→浴室への移動→湯温の確認→入湯→洗体・すすぎ→洗髪・すすぎ→入湯→体を拭く→着衣→身体状況の点検・確認→髪の乾燥、整髪→浴室から居室への移動→水分補給→汚れた衣服の処理→浴槽の簡単な後始末→使用物品の後始末→ヘルパー自身の身支度・清潔動作

1−2−4 洗面等
○洗面所までの安全確認→声かけ・説明→洗面所への移動→座位確保→物品準備(歯ブラシ、歯磨き粉、ガーゼなど)→洗面用具準備→洗面(タオルで顔を拭く、歯磨き見守り・介助、うがい見守り・介助)→居室への移動(見守りを含む)→使用物品の後始末→ヘルパー自身の清潔動作

1−2−5 身体整容(日常的な行為としての身体整容)
○声かけ・説明→鏡台等への移動(見守りを含む)→座位確保→物品の準備→整容(手足の爪きり、耳そうじ、髭の手入れ、髪の手入れ、簡単な化粧)→使用物品の後始末→ヘルパー自身の清潔動作

1−2−6 更衣介助
○声かけ・説明→着替えの準備(寝間着・下着・外出着・靴下等)→上半身脱衣→上半身着衣→下半身脱衣→下半身着衣→靴下を脱がせる→靴下を履かせる→着替えた衣類を洗濯物置き場に運ぶ→スリッパや靴を履かせる

1−3 体位変換、移動・移乗介助、外出介助
1−3−1 体位変換

(2) 指定居宅サービス

○声かけ、説明→体位変換(仰臥位から側臥位、側臥位から仰臥位)→良肢位の確保(腰・肩をひく等)→安楽な姿勢の保持(座布団・パットなどあて物をする等)→確認(安楽なのか、めまいはないのかなど)
1-3-2 移乗・移動介助
1-3-2-1 移乗
○車いすの準備→声かけ・説明→ブレーキ・タイヤ等の確認→ベッドサイドで端座位の保持→立位→車いすに座らせる→座位の確保(後ろにひく、ずれを防ぐためあて物をするなど)→フットレストを下げて片方ずつ足を乗せる→気分の確認
○その他の補装具(歩行器、杖)の準備→声かけ・説明→移乗→気分の確認
1-3-2-2 移動
○安全移動のための通路の確保(廊下・居室内等)→声かけ・説明→移動(車いすを押す、歩行器に手をかける、手を引くなど)→気分の確認
1-3-3 通院・外出介助
○声かけ・説明→目的地(病院等)に行くための準備→バス等の交通機関への乗降→気分の確認→受診等の手続き
○(場合により)院内の移動等の介助
1-4 起床及び就寝介助
1-4-1 起床・就寝介助
1-4-1-1 起床介助
○声かけ・説明(覚醒確認)→ベッドサイドでの端座位の確保→ベッドサイドでの起きあがり→ベッドからの移動(両手を引いて介助)→気分の確認
○(場合により)布団をたたみ押入に入れる
1-4-1-2 就寝介助
○声かけ・説明→準備(シーツのしわをのばし食べかすやほこりをはらう、布団やベッド上のものを片づける等)→ベッドへの移動(両手を引いて介助)→ベッドサイドでの端座位の確保→ベッド上での仰臥位又は側臥位の確保→リネンの快適さの確認(掛け物を気温によって調整する等)→気分の確認
○(場合により)布団を敷く
1-5 服薬介助
○水の準備→配剤された薬をテーブルの上に出し、確認(飲み忘れないようにする)→本人が薬を飲むのを手伝う→後片づけ、確認

(3) 訪問介護の自立支援の機能を高める観点から、身体介護と生活援助の内容を規定している通知(老振発0330第2号(平成30年3月30日発出)(訪問介護におけるサービス行為ごとの区分等について)の一部改正)について、身体介護として行われる「自立生活支援・重度化防止のための見守り的援助」が改正(※太字部分が見直し追加)された。

具体的には、利用者と一緒に手助けをしながら行う掃除(安全確認の声掛け、疲労の確認を含む)その他利用者の自立支援に資するものとして身体介護に該当することが明確にされた。

(参考)自立生活支援・重度化防止のための見守り的援助(自立支援、ADL・IADL・QOL向上の観点から安全を確保しつつ常時介助できる状態で行う見守り等)(平成12年3月17日厚生労働省老健局老人福祉計画課長通知)(いわゆる「老計10号」)

○ベッド上からポータブルトイレ等(いす)へ利用者が移乗する際に、転倒等の防止のため付き添い、必要に応じて介助を行う。
○認知症等の高齢者がリハビリパンツやパット交換を見守り・声かけを行うことにより、一人で出来るだけ交換し後始末が出来るように支援する。
○認知症等の高齢者に対して、ヘルパーが声かけと誘導で食事・水分摂取を支援する。

- ○入浴、更衣等の見守り（必要に応じて行う介助、転倒予防のための声かけ、気分の確認などを含む）
- ○移動時、転倒しないように側について歩く（介護は必要時だけで、事故がないように常に見守る）
- ○ベッドの出入り時など自立を促すための声かけ（声かけや見守り中心で必要な時だけ介助）
- ○**本人が自ら適切な服薬ができるよう、服薬時において、直接介助は行わずに、側で見守り、服薬を促す。**
- ○**利用者と一緒に手助けや声かけおよび見守りをしながら行う掃除、整理整頓**（安全確認の声かけ、疲労の確認を含む）
- ○**ゴミの分別が分からない利用者と一緒に分別をしてゴミ出しのルールを理解してもらう又は思い出してもらうよう援助**
- ○認知症の高齢者の方と**一緒に**冷蔵庫のなかの整理等を行うことにより、生活歴の喚起を促す。
- ○洗濯物を**一緒に**干したりたたんだりすることにより自立支援を促すとともに、転倒予防等のための見守り・声かけを行う。
- ○**利用者と一緒に手助けや声かけおよび見守りをしながら行うベッドでのシーツ交換、布団カバーの交換等**
- ○**利用者と一緒に手助けや声かけおよび見守りをしながら行う衣類の整理・被服の補修**
- ○利用者と一緒に手助け**や声かけおよび見守りを**しながら行う調理、**配膳**、**後片付け**（安全確認の声かけ、疲労の確認を含む）
- ○車いす**等**での移動介助を行って店に行き、本人が自ら品物を選べるよう援助
- ○**上記のほか、安全を確保しつつ常時介助できる状態で行うもの等であって、利用者と訪問介護員等がともに日常生活に関する動作を行うことが、ADL・IADL・QOL向上の観点から、利用者の自立支援・重度化防止に資するものとしてケアプランに位置付けられたもの**

(4) 20分未満の身体介護の内容は、利用者の生活にとって定期的に必要となる排泄介助、体位交換、起床就寝介助、服薬介助等の短時間サービスを想定しており、単なる本人の安否確認や健康チェック、声かけ等のサービス提供の場合は算定不可。

(5) 高齢者向けの集合住宅等において、単に事業所の効率の向上のみを理由として、利用者の意向等を踏まえずに、本来20分以上の区分で提供すべき内容の身体介護を複数回に分け提供するといった取扱いは不適切。

(6) 身体介護を、特別な事情により複数の利用者に対して同時に行う場合は、全体の所要時間を1回の利用者数で除した結果の利用者1人あたりの所要時間に応じた単位数をそれぞれの利用者について算定。

　この計算の結果、利用者1人あたりの所要時間が20分未満となる場合は、サービス提供の時間帯にかかわらず、算定不可。例えば、1人の訪問介護員等が3人の利用者に

(2) 指定居宅サービス

対して食事介助および自立生活支援のための見守り的援助を30分にわたり同時に行った場合は、利用者1人あたりの所要時間が10分(＝30分÷3人)であるが、20分未満の身体介護中心型を、それぞれの利用者に算定することはできない。

なお、「特別な事情」の具体的内容は特に規定されておらず、利用者個々人の身体状況や生活実態等に応じて判断する。

(7) 身体介護(20分未満)の取扱いは次のとおり。

①身体介護(20分未満)の算定について
1) すべての訪問介護事業所において算定可。 2) 前回提供した訪問介護からおおむね2時間以上の間隔を空けることが必要。
②頻回の訪問(前回提供した訪問介護からおおむね2時間以上の間隔を空けないもの)は、以下のすべての要件を満たす場合に算定可
<利用対象者> 1) 要介護1〜2であって日常生活自立度がⅡ、Ⅲ、ⅣまたはMの者。または要介護3〜5であって寝たきり度がランクB以上の者。 2) 当該利用者に係るサービス担当者会議が3カ月に1回以上開催されており、同会議で「1週間のうち5日以上、頻回の訪問を含む20分未満の身体介護が必要」と認められた者。 <体制要件> 1) 常時、利用者または家族等からの連絡に対応できる体制。 2) 次のいずれかに該当 　ア　定期巡回・随時対応サービスの指定を受けている。 　イ　定期巡回・随時対応サービスの指定を受けていないが、実施の意思があり、実施に関する計画を策定している(要介護3〜5の利用者に限る)。 ○頻回の訪問を含む20分未満の身体介護算定利用者の1カ月あたりの訪問介護費は、定期巡回・随時対応型訪問介護看護費(Ⅰ)(訪問看護サービスを行わない場合)。

①20分未満の身体介護に引き続き、生活援助を行う計画を作成することはできない。

②排泄介助の提供時に失禁によりシーツ交換やベッド周辺の清掃が必要となった場合等は、介護支援専門員とサービス提供責任者が連携を図り、介護支援専門員が認める(事後の判断を含む)範囲においてサービス内容の変更を行い、変更後のサービス内容に応じた所要時間に基づき、所要時間20分以上の身体介護または生活援助として算定する。

(8) 自らの事業またはその一環として、痰の吸引等(口腔内の喀痰吸引、鼻腔内の喀痰吸引、気管カニューレ内の喀痰吸引、胃ろうまたは腸ろうによる経管栄養、経鼻経管栄養)の業務は「身体介護」として取り扱う。

2. 生活援助

(1) 「生活援助」とは、身体介護以外の訪問介護で、掃除、洗濯、調理などの日常の援助をいう。ただし、商品の販売や農作業等の生業の援助的な行為、直接本人の援助に該当しない行為、日常生活の援助に該当しない行為などは、生活援助の内容に含まれない。

(2) 生活援助中心型の45分以上の具体的な内容とは、訪問介護計画などで決められた時間が、45分以上であっても、さらに加算されることはなく、定額報酬となる。ただし、必要なサービス量の上限を付したわけではなく、居宅サービス計画や訪問介護計画に

基づく必要な量のサービスを提供することが必要。
(参考)「訪問介護におけるサービス行為ごとの区分等について」(平成12年3月17日厚生労働省老健局老人福祉計画課長通知)(いわゆる「老計10号」)における生活援助について(抜粋)

> 2-0 サービス準備等
> 　サービス準備は、生活援助サービスを提供する際の事前準備等として行う行為であり、状況に応じて以下のようなサービスを行うものである。
> 2-0-1 健康チェック
> 　○利用者の安否確認、顔色等のチェック
> 2-0-2 環境整備
> 　○換気、室温・日あたりの調整等
> 2-0-3 相談援助、情報収集・提供
> 2-0-4 サービスの提供後の記録等
> 2-1 掃除
> 　○居室内やトイレ、卓上等の清掃　○ゴミ出し　○準備・後片づけ
> 2-2 洗濯
> 　○洗濯機または手洗いによる洗濯　○洗濯物の乾燥(物干し)　○洗濯物の取り入れと収納　○アイロンがけ
> 2-3 ベッドメイク
> 　○利用者不在のベッドでのシーツ交換、布団カバーの交換等
> 2-4 衣類の整理・被服の補修
> 　○衣類の整理(夏・冬物等の入れ替え等)　○被服の補修(ボタン付け、破れの補修等)
> 2-5 一般的な調理、配下膳
> 　○配膳、後片づけのみ　○一般的な調理
> 2-6 買い物・薬の受け取り
> 　○日常品等の買い物(内容の確認、品物・釣り銭の確認を含む)　○薬の受け取り

3. 通院等乗降介助

(1)「通院等乗降介助」とは、要介護者に対して、通院等のため、事業所の訪問介護員等が、自らの運転する車両への乗車または降車の介助を行うとともに、乗車前・降車後の屋内外における移動等の介助または通院先もしくは外出先での受診等の手続き、移動等の介助を行った場合に、1回につき算定。なお、事業所が行う訪問介護と一体となった要介護者の輸送は、「道路運送法」(昭和26年法律第183号)の許可が必要。

(2)要介護4、5に対し、通院等のための乗車・降車の介助の前後に連続して所要時間(20～30分程度以上)を要しかつ手間のかかる身体介護を行う場合は、その所要時間に応

(2) 指定居宅サービス

じた「身体介護中心型」の単位数を算定できるが、この場合は「通院等乗降介助」の所定単位数を併算定不可。

4. 利用者の居宅以外のサービスなど

　訪問介護は介護保険法の定義上、「要介護者の居宅において行われるもの」とされており、要介護者の居宅以外で行われるものは算定できない（訪問入浴介護、訪問看護、訪問リハビリテーションも同じ）。

　例えば、訪問介護の通院・外出介助は、利用者の居宅から乗降場までの移動、バス等の公共交通機関への乗降、（必要に応じて）移送中の気分の確認、院内の移動等の介助などは要介護者等の居宅以外で行われるが、これは居宅において行われる目的地（病院等）に行くための準備を含む一連のサービス行為と見なされるからである。居宅以外で行われるバス等の公共交通機関への乗降、院内の移動等の介助などのサービス行為だけをもってして訪問介護として算定することはできない。

5. 所要時間

　現に要した時間ではなく、訪問介護計画に位置づけられた内容の訪問介護を行う標準的な時間とされており、利用者の心身の状況等を踏まえつつ設定する。

　訪問介護の所要時間は実際に訪問介護サービスを行った時間に限るため、例えば、交通機関の都合その他訪問介護サービスの必要以外の事由によって、利用者の居宅に滞在した場合、滞在時間は所要時間に算入しない。

　なお、身体介護サービスまたは生活援助サービスを提供する際の事前準備等として、居宅において行われるサービス準備・記録等（健康チェック、環境整備など）は訪問介護の所要時間に含まれる。

　また、例えば、訪問介護計画上、全身浴を位置づけていたが、当日の利用者の状態変化により、清拭を提供した場合や訪問介護計画上、全身浴を位置づけていたが、全身浴に加えて排泄介助を行った場合等は、介護支援専門員とサービス提供責任者が連携を図り、介護支援専門員が必要と認める（事後に必要であったと判断した場合を含む）範囲で、所要時間の変更は可能。この場合、訪問介護計画および居宅サービス計画は必要な変更を行う。

　訪問介護事業者は、訪問介護員等に、訪問介護を実際に行った時間を記録させなければならない。これによって把握された時間が、「訪問介護の所要時間」に比べ著しく短時間となる状態が続く場合には、訪問介護事業者はサービス提供責任者に、介護支援専門員と調整のうえで訪問介護計画の見直しを行わせる。具体的には、介護報酬の算定に当たっての時間区分を下回る状態（例えば、身体介護中心型において、標準的な時間は45分、実績は20分というようなケース）が1カ月以上継続する等、常態化している場合等が該当する。

加算算定のポイント

算定項目		算定	改定後	改定前	格差	要件
2人の訪問介護員等の場合		1回	×200%	×200%	±0	
夜間または早朝の場合			+25%	+25%	±0	
深夜の場合			+50%	+50%	±0	
特定事業所加算	特定事業所加算(Ⅰ)		+20%	+20%	±0	
	特定事業所加算(Ⅱ)		+10%	+10%	±0	
	特定事業所加算(Ⅲ)		+10%	+10%	±0	
	特定事業所加算(Ⅳ)		+5%	+5%	±0	
特別地域訪問介護加算（訪問・通所系サービス共通項目ページ参照）			+15%	+15%	±0	
中山間地域等における小規模事業所加算（訪問・通所系サービス共通項目ページ参照）			+10%	+10%	±0	
中山間地域等に居住する者へのサービス提供加算（訪問・通所系サービス共通項目ページ参照）			+5%	+5%	±0	
緊急時訪問介護加算			+100	+100	±0	イのみ
ニ　初回加算			+200	+200	±0	
ホ　生活機能向上連携加算(全サービス共通事項ページ参照)	生活機能向上連携加算(Ⅰ)	1月	+100	−	新設	
	生活機能向上連携加算(Ⅱ)		+200	+200	±0	

※ 特別地域加算、中山間地域等の小規模事業所加算、中山間地域等提供加算は区分支給限度基準額管理対象外。

1. 2人の訪問介護員等のサービス提供

同時に2人の訪問介護員等が1人の利用者に対しサービスを行うことについて、利用者またはその家族等の同意を得ている場合で、次のいずれかに該当する場合は、所定単位数の100分の200に相当する単位数を算定することができる。（ただし、訪問介護計画への位置づけが必要）

(1)利用者の身体的理由により1人の訪問介護員等による介護が困難と認められる場合。
　（例）体重が重い利用者に入浴介助等の重介護を内容とする訪問介護を提供する場合等。
(2)暴力行為、著しい迷惑行為、器物破損行為等が認められる場合。
(3)その他、利用者の状況等から判断して、(1)または(2)に準ずると認められる場合。
　（例）エレベーターのない建物の2階以上の居室から歩行困難な利用者を外出させる場合等
　※単に安全確保のため、深夜の時間帯に2人の訪問介護員等によるサービス提供を行った場合は、利用者側の希望により利用者や家族の同意を得て行った場合を除き、算定不可。

2. 夜間、早朝、深夜加算

(1)居宅サービス計画上または訪問介護計画上、サービス開始時刻が加算対象となる時間帯にある場合に算定。
(2)利用時間が長時間にわたり、加算対象時間帯のサービス提供時間が全体の提供時間に

(2) 指定居宅サービス

占める割合がごくわずかな場合は算定不可。

3. 特定事業所加算と体制要件と利用者要件

職員の割合および利用実人員の割合の計算は、次の取扱いとなる。

(1) 前年度の実績が6カ月に満たない事業所(新たに事業を開始し、または再開した事業所を含む。)は、前年度の実績による加算の届出はできない。

(2) 前3カ月の実績により届出を行った事業所は、届出月以降においても、直近3月間の職員または利用者の割合につき、毎月継続的に所定の割合を維持しなければならない。なお、その割合は、毎月ごとに記録し、所定の割合を下回った場合は、直ちに取り下げの届出を提出しなければならない。

算定要件		加算区分	加算Ⅰ 20%	加算Ⅱ 10%	加算Ⅲ 10%	加算Ⅳ 5%
体制要件	(1)	訪問介護員等またはサービス提供責任者(全員)に個別研修計画(個別具体的な研修の目標、内容、研修期間、実施時期等)が策定され、研修を実施または予定	○	○	○	○
	(2)	次の基準に従ってサービス提供を実施	○	○	○	○
		①利用者情報等の伝達・技術指導のための会議を定期的(おおむね月1回以上)に開催	○	○	○	○
		②サービス提供責任者からの情報等の伝達、担当の訪問介護員からの適宜報告※1	○	○	○	○
	(3)	訪問介護員全員に健康診断等※2を定期的に実施	○	○	○	○
	(4)	緊急時等の対応方法を利用者に明示※3	○	○	○	○
人材要件	(5)	訪問介護員のうち、介護福祉士30%以上または介護福祉士、実務者研修修了者、旧介護職員基礎研修課程修了者および旧訪問介護員1級課程修了者の総数が50%以上※4	○	いずれか	―	―
	(6)	すべてのサービス提供責任者が3年以上の実務経験を有する介護福祉士または5年以上の実務経験を有する実務者研修修了者、旧介護職員基礎研修課程修了者、旧訪問介護員1級課程修了者※5	○		―	―
	(7)	常勤のサービス提供責任者を利用者40人に1名以上配置(利用者数が80人未満の事業所に限定)	―	―	―	○
重度対応要件	(8)	前年度または前3カ月の利用者総数のうち、要介護4・5、認知症(日常生活自立度Ⅲ以上)の利用者ならびに痰の吸引等の行為が必要な者が20%以上※6	○	―	○	―
	(9)	前年度または前3カ月の利用者総数のうち、要介護3・4・5、認知症(日常生活自立度Ⅲ以上)の利用者ならびに口腔内の喀痰吸引、鼻腔内の喀痰吸引、気管カニューレ内部の喀痰吸引、胃ろうまたは腸ろうによる経管栄養、経鼻経管栄養を必要とする者の占める割合60%以上※6	―	―	―	○

※1 文書等による指示およびサービス提供後の報告
「当該利用者に関する情報やサービス提供に当たっての留意事項」とは、少なくとも、次の事項について、その変化の動向を含め、記載しなければならない。
・利用者のADLや意欲
・利用者の主な訴えやサービス提供時の特段の要望
・家族を含む環境
・前回のサービス提供時の状況
・その他サービス提供に当たって必要な事項

なお、「前回のサービス提供時の状況」を除く事項は、変更があった場合に記載することで足りる。1日のうち、同一の訪問介護員等が同一利用者に複数回訪問する場合で、利用者の体調の急変等、特段の事情がないときは、利用者に係る文書等の指示およびサービス提供後の報告を省略しても差し支えない。また、サービス提供責任者が事業所に不在時のサービス提供文書等による指示およびサービス提供後の報告は、サービス提供責任者が事前に一括指示を行い、適宜事後に報告を受けることでも差し支えない。この場合、前回のサービス提供時の状況等は、訪問介護員等の間での引き継ぎを行う等、適切な対応を図るとともに、利用者の体調の急変等の際の対応のためサービス提供責任者との連絡体制を適切に確保する。

「文書等の確実な方法」とは、直接面接しながら文書を手交する方法のほか、FAX、メール等によることでも可能。また、訪問介護員等から適宜受けるサービス提供終了後の報告内容について、サービス提供責任者は、文書(電磁的記録を含む)にて記録を保存しなければならない。

※2 訪問介護事業所が実施する健康診断は労働安全衛生法と同等の定期健康診断である。事業者は少なくとも1年に1回、事業所負担で実施した場合に加算対象となる。なお、従業者が事業所指定医師等により行われる健康診断受診を希望せず、他の医師等の健康診断を受診し、結果を証明する書面を提出した場合は、健康診断を受診したものとして取り扱って差し支えない。

※3 「明示」は、事業所の緊急時等の対応方針、緊急時の連絡先および対応可能時間等を記載した文書を利用者に交付し、説明を行う。なお、交付文書は、重要事項説明書等に当該内容を明記することで足りる。

※4 介護福祉士、実務者研修修了者、介護職員基礎研修課程修了者および1級課程修了者の割合は、前年度(3月を除く。)または届出日の属する月の前3カ月の1カ月当たりの実績の平均について、常勤換算方法により算出した数を用いて算出する。ただし、「生活援助従事者研修修了者」については、0.5を乗じて算出する。

なお、介護福祉士または実務者研修修了者、介護職員基礎研修課程修了者もしくは1級課程修了者とは、各月の前月の末日時点で資格を取得しているまたは研修の課程を修了した者をいう。

また、看護師等の資格者は、1級課程修了者に含めて差し支えない。(以下同じ)

※5 サービス提供責任者要件

「実務経験」は、サービス提供責任者としての従事期間ではなく、在宅や施設を問わず介護に関する業務に従事した期間をいうものであり、資格取得または研修修了前の従事期間も含める。

なお、サービス提供責任者を2人配置することとされている事業所は、常勤のサービス提供責任者を1人配置し、非常勤のサービス提供責任者を常勤換算方法で必要とされる員数配置することで基準を満たすことになるが、本要件を満たすためには、常勤のサービス提供責任者を2人以上配置しなければならない。また、常勤のサービス提供責任者が2人以下の訪問介護事業所で、基準により配置することとされている常勤のサービス提供責任者の数(サービス提供責任者の配置について、常勤換算方法を採用する事業所を除く。)を上回る数の常勤のサービス提供責任者を1人以上配置しなければならない。

※6 重度要介護者等対応要件

要介護3、4、5である者、日常生活に支障を来すおそれのある症状もしくは行動が認められることから介護を必要とする認知症である者ならびに社会福祉士及び介護福祉士法施行規則第1条各号に掲げる行為を必要とする者の割合には、前年度(3月を除く)または届出日の属する月の前3カ月の1カ月当たりの実績の平均について、利用実人員または訪問回数を用いて算定する。なお、「日常生活に支障を来すおそれのある症状もしくは行動が認められることから介護を必要とする認知症である者」とは、日常生活自立度のランクⅢ、ⅣまたはMに該当する利用者を、「社会福祉士及び介護福祉士法施行規則第1条各号に掲げる行為を必要とする者」とは、たんの吸引等(口腔内の喀痰吸引、鼻腔内の喀痰吸引、気管カニューレ内の喀痰吸引、胃ろうまたは腸ろうによる経管栄養または経鼻経管栄養)の行為を必要とする利用者を指すものとする。また、本要件に係る割合の計算において、たんの吸引等の行為を必要とする者を算入できる事業所は、社会福祉士および介護福祉士法の規定に基づく、自らの事業又はその一環としてたんの吸引等の業務を行うための登録を受けているものに限られる。

4. 特別地域訪問介護加算など

離島、中山間地、過疎地などにおける「厚生労働大臣の定める地域」で事業を実施する事業者について、要件に該当すれば算定できる加算がある。(訪問・通所系サービス共通項目ページ参照)

5. 緊急時訪問介護加算

利用者またはその家族等からの要請に基づき、サービス提供責任者が居宅介護支援事業所の介護支援専門員と連携し、介護支援専門員が必要と認めた場合、事業所の訪問介護員等が利用者の居宅サービス計画上、計画的に訪問するとなっていない訪問介護を緊急に行った場合に算定可。(あらかじめ居宅サービス計画に位置付けられたサービス提供の日

時以外の時間帯に提供されたものであって、利用者またはその家族等から要請を受けてから24時間以内に行われた身体介護中心の訪問介護であること）

6. 初回加算

　新規に訪問介護計画を作成した利用者に対する初回訪問介護実施時またはそれと同月の訪問介護実施時に、①サービス提供責任者が自ら訪問介護を行う場合、または、②他の訪問介護員等が訪問介護を行う際にサービス提供責任者が同行訪問した場合に、算定可。

　初回加算は過去2カ月に当該事業所から訪問介護の提供を受けていない場合に算定できるが、この「2カ月」とは暦月（月の初日から月の末日まで）による。例えば、4月15日に訪問介護を行った場合、初回加算が算定できるのは、同年の2月1日以降に当該事業所から訪問介護の提供を受けていない場合となる。

7. 生活機能向上連携加算算定要件見直しのポイント

(1)「生活機能向上連携加算（加算（Ⅱ））」は、訪問リハビリテーション事業所、通所リハビリテーション事業所またはリハビリテーションを実施している医療提供施設（診療報酬の疾患別リハビリテーション料届出医療機関（200床未満の病院）等）の医師、理学療法士、作業療法士、言語聴覚士（以下「理学療法士等」）が、訪問リハビリテーションや通所リハビリテーション等の一環として利用者の居宅を訪問する際にサービス提供責任者が同行したり、居宅訪問後に共同でカンファレンスを実施するなどによって、ADLやIADLの現状およびその改善可能性の評価（生活機能アセスメント）を共同して行い、かつ、生活機能の向上を目的とした訪問介護計画を作成し、連携して訪問介護計画に基づく訪問介護を行ったときに算定可。

(2)加算（Ⅰ）は、理学療法士等が利用者宅を訪問せずにADLおよびIADLに関する利用者の状況について適切に把握したうえでサービス提供責任者に助言を行い、それに基づいてサービス提供責任者が訪問介護計画を作成し、訪問介護計画に基づく指定訪問介護を行ったときに算定可。理学療法士等は、通所リハビリテーション等のサービス提供の場において、またはICTを活用した動画等により利用者の状態を把握（ICTを活用した動画やテレビ電話を用いる場合は、理学療法士等がADLおよびIADLに関する利用者の状況について適切に把握することができるよう、理学療法士等とサービス提供責任者で事前に方法等を調整する）した上で助言を行うことを定期的に行う。

(3)加算（Ⅱ）は計画に基づく初回の訪問介護が行われた日の属する月以降3カ月間、算定可。その後は再度訪問介護計画を見直し、加算（Ⅰ）を行えば再算定可。

(4)「生活機能の向上を目的とした訪問介護計画」とは、利用者の日常生活において介助等を必要とする行為について、単に訪問介護員等が介助等を行うのみならず、利用者本人が、日々の暮らしの中で当該行為を可能な限り自立して行うことができるよう、能力および改善可能性に応じた具体的目標を定めたうえで、訪問介護員等が提供する内容を定めたもの。

(5)加算(Ⅰ)は、訪問介護計画に基づき訪問介護を提供した初回月に限り、算定可。なお、理学療法士等の助言に基づき訪問介護計画を見直した場合は、本加算を算定することは可能であるが、利用者の急性増悪等により訪問介護計画を見直した場合を除き、この訪問介護計画に基づき訪問介護を提供した翌月および翌々月は本加算を算定不可。なお、計画作成から3カ月経過後、目標の達成度合いにつき、利用者及びの理学療法士等に報告する。なお、再度理学療法士等の助言に基づき訪問介護計画を見直した場合に、本加算の算定が可能となる。

(6)訪問介護計画には、生活機能アセスメントの結果のほか、以下のような他の日々の暮らしの中で必要な機能の向上に資する内容を記載する。

　①利用者が日々の暮らしの中で可能な限り自立して行おうとする行為の内容。
　②生活機能アセスメントの結果に基づき、①の内容について定めた3カ月をめどとする達成目標。
　③②の目標を達成するために経過的に達成すべき各月の目標。
　④②および③の目標を達成するために訪問介護員等が行う介助等の内容。

②および③の達成目標は、利用者の意向および利用者を担当する介護支援専門員の意見も踏まえ策定するとともに、利用者自身がその達成度合いを客観視でき、利用者の意欲の向上につながるよう、例えば目標に係る生活行為の回数や生活行為のために必要となる基本的な動作(立位または座位の保持等)の時間数といった数値を用いる等、可能な限り具体的かつ客観的な指標を用いて設定する。

ココに注目　減算等について

算定項目		算定	改定後	改定前	格差
介護職員初任者研修課程を修了したサービス提供責任者を配置している場合		1回	×70%	×70%	±0
共生型訪問介護を行う場合	指定居宅介護事業所で障害者居宅介護従業者基礎研修課程修了者等により行われる場合		×70%	−	新設
	指定居宅介護事業所で重度訪問介護従業者養成研修修了者により行われる場合		×93%	−	新設
	指定重度訪問介護事業所が行う場合		×93%	−	新設
事業所と同一建物等利用者20人以上にサービスを行う場合	事業所と同一建物の利用者またはこれ以外の同一建物の利用者20人以上にサービスを行う場合		×90%	×90%	±0
	事業所と同一建物の利用者50人以上にサービスを行う場合		×85%	−	新設

※同一建物等利用者減算は区分支給限度基準額管理対象外。

(2) 指定居宅サービス

 コラム　留意事項等について

1. 同一時間帯に通所サービスと訪問サービスを利用した場合

訪問サービスの単位数は算定不可。例えば、利用者が通所サービスを受けている時間帯に本人不在の居宅を訪問して掃除等を行うことは、生活援助として行う場合、本人の安否確認・健康チェック等も併せて行うべきものであるため、訪問介護(生活援助中心の場合)の単位数は算定不可。

2. 同一時間帯に複数種類の訪問サービスを利用した場合

同一時間帯に1つの訪問サービスを利用することが原則。ただし、訪問介護と訪問看護、または訪問介護と訪問リハビリテーションを、同一利用者が同一時間帯に利用する場合、利用者の心身の状況や介護の内容に応じて、介護のために必要があると認められる場合に限り、それぞれの所定単位数を算定可。例えば、家庭の浴槽で全身入浴の介助をする場合に、適切なアセスメントを通じて、利用者の心身の状況や介護の内容から同一時間帯に訪問看護を利用することが必要であると判断され、30分以上1時間未満の訪問介護(身体介護中心の場合)と訪問看護(訪問看護ステーションの場合)を同一時間帯に利用した場合、訪問介護については394単位、訪問看護については816単位がそれぞれ算定可。

3. 複数の要介護者がいる世帯の場合

同一時間帯に訪問サービスをするとき、それぞれに標準的な所要時間を見込んで居宅サービス計画上に位置づける。例えば、要介護高齢者夫婦のみの世帯に100分間訪問し、夫に50分の訪問介護(身体介護中心の場合)、妻に50分の訪問介護(身体介護中心の場合)を提供した場合、夫、妻それぞれ394単位ずつ算定可。ただし、生活援助については、要介護者間で適宜所要時間を振り分ける。

4. 身体介護と生活援助が混在する場合

全体としていずれかの型の単位数を算定するのではなく、「身体介護」に該当する行為がどの程度含まれるかが基準となる。具体的には、居宅サービス計画や訪問介護計画の作成にあたって、適切なアセスメントにより、あらかじめ具体的なサービス内容を「身体介護」と「生活援助」に区分して、それに要する標準的な時間に基づき「身体介護」と「生活援助」を組み合わせて算定する。なお、1回の訪問介護の全体時間のうち「身体介護」および「生活援助」の所要時間に基づき判断するため、実際のサービスの提供は、身体介護の後に引き続き生活援助を行う場合に限らず、例えば、生活援助の後に引き続き身体介護を行ってもよい。

(例)寝たきりの利用者の体位変換を行いながら、ベッドを整え、体を支えながら水差しで水分補給を行い、安楽な姿勢をとってもらった後、居室の掃除を行う場合。

［具体的な取扱い］「身体介護」に該当する行為がどの程度含まれるかを基準に以下のいずれかの組み合わせで算定。
(1)身体介護中心型20分以上30分未満(248単位)＋生活援助加算45分(132単位)
(2)身体介護中心型30分以上1時間未満(394単位)＋生活援助加算20分(66単位)
なお、20分未満の身体介護に引き続き生活援助を行う場合は、引き続き行われる生活援助の単位数の加算を算定不可。(緊急時訪問介護加算の算定時を除く)

5. 1日に訪問介護を複数回算定する場合

単に1回の長時間の訪問介護を複数回に区分して行うことは不適切。したがって、前回提供した訪問介護からおおむね2時間未満の間隔で訪問介護が行われた場合、それぞれの所要時間を合算する。

なお、この取扱いは、所要時間が訪問介護費の算定要件を満たす訪問介護(定期巡回随時対応型訪問介護看護届出、または届出予定の事業所で20分未満の身体介護中心型を算定する場合および緊急時訪問介護加算を算定する場合を除く)に限り適用される。

6. おおむね2時間未満の間隔

(1)サービス計画上のサービス終了時から次のサービス開始時をいう。「通院等のための乗車または降車の介助」の単位を算定する場合は不適用。
(2)同一事業者によるサービス提供だけでなく、複数の事業者によるサービス提供にも適用。
(3)複数の事業者の場合、訪問介護費の分配は事業所相互の合議に委ねられる。

7. 1人の利用者に複数の訪問介護員等が交代してサービス提供する場合

1回の訪問介護としてその合計所要時間に応じた単位数を算定する。訪問介護員等ごとに複数回の訪問介護として算定不可。複数の事業者からの複数の訪問介護員等が交代して訪問介護を行う場合にも適用。なお、複数の事業者間の訪問介護費の分配は事業所相互の合議に委ねられる。

8. 生活援助中心型の担い手の拡大

訪問介護事業所における更なる人材確保の必要性を踏まえ、介護福祉士等は身体介護を中心に担うこととし、生活援助中心型は人材の裾野を広げて担い手を確保するという方向性が2018年度改定で明確に打ち出された。具体的には、「生活援助中心型のサービスに必要な知識に対応した研修を修了した者」が担うものとされ、従前の訪問介護員の要件である130時間以上の研修とは別途の「生活援助中心型のサービスに従事する者に必要な知識等に対応した研修課程(生活援助従事者研修課程(仮称))」が新たに創設され、59時間の新研修時間となった。また訪問介護事業所ごとに訪問介護員を常勤換算方法で2.5以上置くこととされているが、新研修受講者もこれに含められる。ただし、0.5とカウントする。

(2) 指定居宅サービス

9. サービス提供責任者の役割や任用要件等の明確化

(1) サービス提供責任者のうち、初任者研修課程修了者および旧2級課程修了者は任用要件から廃止された。ただし、現に従事している者には、1年間の経過措置が設けられた。なお、経過措置期間中に十分な機会を与え、介護福祉士の資格取得等をさせなければならない。また、初任者研修課程修了者または旧2級課程修了者であるサービス提供責任者を配置している場合に係る減算も、2018年度は現に従事している者に限定し、2019年度以降は廃止される。

(2) 訪問介護の現場での利用者の口腔に関する問題や服薬状況等に係る気付きを、サービス提供責任者から居宅介護支援事業所等のサービス関係者に情報共有することが、サービス提供責任者の責務とされた。

(3) 訪問介護の所要時間は、実際の提供時間ではなく、標準的な時間を基準としてケアプランを作成する。一方で標準時間と実際の提供時間が著しく乖離している場合には、実際の提供時間に応じた時間にケアプランを見直すべきであることから、サービス提供責任者は、提供時間を記録すると共に、著しくケアプラン上の標準時間と乖離している場合(時間区分を下回る状態(例えば、身体介護中心型において、標準的な時間は45分、実績は20分の場合)が1カ月以上継続する等、常態化している場合等)には介護支援専門員へ連絡し、介護支援専門員は必要に応じたケアプランの見直しをする。

(4) 訪問介護事業者は、居宅介護支援事業所の介護支援専門員(セルフケアプランの場合には当該被保険者)に対して、自身の事業所のサービス利用への不当な働きかけを行ってはならないことが明確化された。

10. 共生型訪問介護

(1) 共生型訪問介護の基準
共生型訪問介護は、障害福祉制度における居宅介護、重度訪問介護の指定を受けた事業所であれば、基本的に共生型訪問介護の指定を受けられるものとして基準が設定された。

(2) 共生型訪問介護の報酬
報酬は以下の基本的な考え方を踏まえて設定された。また訪問介護事業所の加算は、各加算の算定要件を満たした場合に算定できる。

(報酬設定の基本的な考え方)
①本来的な介護保険事業所の基準を満たしていないため、本来報酬単価と区分。
②障害者が高齢者(65歳)に達して介護保険に切り替わる際に事業所の報酬が大きく減ることは、65歳問題への対応という制度趣旨に照らして適切でないことから、概ね障害福祉制度における報酬の水準が担保。

プラスα　Q&Aなどから

1. サービス提供責任者配置の緩和
(1) 以下の要件をすべて満たす場合には、利用者50人につき1人に緩和される。
　①常勤のサービス提供責任者を3人以上配置。
　②サービス提供責任者の業務に主として従事する者を1人以上配置。
　③サービス提供責任者が行う業務が効率的に行われている場合。
(2)「サービス提供責任者の業務に主として従事する者」とは、サービス提供責任者である者が当該事業所の訪問介護員として行ったサービス提供時間（事業所における待機時間や移動時間を除く）が、1カ月あたり30時間以内である者。

2. 訪問介護と新総合事業を一体的に実施する場合の人員等の基準上の取扱い
　事業者が、訪問介護および介護予防・日常生活支援総合事業における第1号訪問事業を、同一事業所で一体的に実施する場合の人員、設備および運営の基準は、市町村の定める当該第一号訪問事業の人員に関する基準を満たすことをもって、訪問介護の基準も満たしているものとみなされる。

　　※指定居宅サービス等の事業の人員、設備および運営に関する基準　第5条第6項.

3. 特定事業所加算
(1) 加算の算定要件は、常に満たしている必要がある。
(2) 要件に該当しないことが判明すれば、その時点で廃止を届け出て、翌月分から算定しない。

　　※介護制度改革information vol. 80（18.3.27）　平成18年4月改定関係Q&A（vol. 2）について　Q28

(3) 加算を取得すれば、利用者自己負担も増加するが、加算を取得したうえで、負担軽減のため、特定の利用者に対して加算を行わないという取扱いをすることは、利用者間に加算の適否の差を付けることになり、利用者間の不合理な負担の差を是正することにつながりかねないと考えられるため認められない。したがって、加算を取得するか、あるいは利用者の負担を考慮して取得しないのどちらかを、あらかじめ各事業者が十分検討のうえ、選択する必要がある。

　　※介護制度改革information vol. 80（18.3.27）　平成18年4月改定関係Q&A（vol. 2）について　Q29

(4) 重度対応要件のうち「利用実人員」の総数の要介護4または5の者の数の割合が20％以上とは、実際の利用回数（訪問回数）を勘案して計算する。また、基準は特定の月に20％を下回ったとしても、3月の平均が20％を超えていれば差し支えない。

　　※介護保険最新情報vol. 267（24.3.16）　平成24年度介護報酬改定に関するQ&Aについて　Q15

(2) 指定居宅サービス

(5)重度要介護者等対応要件に、「痰の吸引等の行為を必要とする利用者」が含まれているが、痰の吸引等の業務を行うための登録を受けた事業所以外も、要介護4以上または認知症高齢者の日常生活自立度Ⅲ以上の割合が20％以上であれば、重度要介護者等対応要件を満たす(登録事業所に限り、痰の吸引等の行為を必要とする利用者を重度要介護者等対応要件に関する割合の計算にあたり算入できる)。なお、「痰の吸引等の行為を必要とする利用者」とは、行為を登録事業所の訪問介護員等が行うことにつき医師の指示を受けている者をいう。

※介護保険最新情報vol. 267(24.3.16) 平成24年度介護報酬改定に関するQ&Aについて Q14

4. 同居家族へのサービス提供

同居家族に対するサービス提供は禁止されているが、ここでいう同居家族とは、要介護者と同一の居宅に居住していることをいうものであり、別居の家族によるサービス提供を禁止するものではない。

しかし、別居家族によるサービス提供は、「家族介護との区別がつきにくい」「外部の目が届きにくくなる」などの理由から、サービスの質の低下につながることが懸念されることから、別居家族によるサービス提供を行う場合、その必要性を判断し、事前に保険者である市町村と協議を行っておく必要がある。

必要性があると認められる場合(一例)

(1)過疎地や離島で別居家族以外の訪問介護員等の確保が困難である。

(2)認知症の症状を有する利用者で、当分の間、別居家族が対応する必要がある。

　このようなやむを得ない理由が想定され、このような場合は、別居家族によるサービス提供は可能である。なお、この取扱いは、不適切なサービス提供に制限を設けようとするものであり、別居家族によるサービス提供を一切禁止するものではない。

※指定居宅サービス等の事業の人員、設備および運営に関する基準　第25条.

2 訪問入浴介護（介護予防）

改正点のポイント

- 介護サービスが16単位、介護予防サービスが11単位引上げられた。
- 同一建物等利用者減算方式が見直しされた。（訪問・通所系サービス共通項目ページ参照）

報酬早見表

算定項目			算定	改定後	改定前	格差	要件
イ 訪問入浴介護費	介護	看護職員1人および介護職員2人	1回	1,250	1,234	16	
	介護予防	看護職員1人および介護職員1人		845	834	11	

1. 主治医の意見が必要な場合

利用者の身体の状況が安定していること等から、入浴により利用者の身体の状況等に支障を生ずるおそれがないと認められる場合においては、主治の医師の意見を確認した上で、看護職員に代えて介護職員を充てることができる。

2. 利用者の居宅以外のサービスなど

利用者が短期入所生活介護、短期入所療養介護、特定施設入居者生活介護、（看護）小規模多機能型居宅介護、認知症対応型共同生活介護、地域密着型特定施設入居者生活介護、地域密着型介護老人福祉施設入所者生活介護を受けている間は算定不可。ただし、特定施設入居者生活介護または認知症対応型共同生活介護の提供に必要がある場合は、当該事業所の費用負担により、その利用者に対してサービスを利用させることは差し支えない。

加算算定のポイント

算定項目	算定	改定後	改定前	格差	介護予防※
特別地域訪問入浴介護加算	1回	+15%	+15%	±0	○
中山間地域等における小規模事業所加算		+10%	+10%	±0	○
中山間地域等に居住する者へのサービス提供加算		+5%	+5%	±0	○
□ サービス提供体制強化加算(I)イ(全サービス共通事項ページ参照)		+36	+36	±0	○
サービス提供体制強化加算(I)ロ(全サービス共通事項ページ参照)		+24	+24	±0	○

※ 特別地域加算、中山間地域等の小規模事業所加算、中山間地域等提供加算、サービス提供体制強化加算は区分支給限度基準額管理対象外。

(2) 指定居宅サービス

3. 特別地域訪問入浴介護加算など

離島、中山間地、過疎地などにおける「厚生労働大臣の定める地域」で事業を実施する事業者について、要件に該当すれば算定できる加算がある(訪問・通所系サービス共通項目ページ参照)。

 ココに注目　減算等について

算定項目		算定	改定後	改定前	格差	介護予防
介護職員3人の場合	介護のみ	1回	×95%	×95%	±0	
介護職員2人の場合	介護予防のみ		×95%	×95%	±0	○
清拭または部分浴の場合			×70%	×70%	±0	○
事業所と同一建物等利用者20人以上にサービスを行う場合	事業所と同一建物の利用者またはこれ以外の同一建物の利用者20人以上にサービスを行う場合		×90%	×90%	±0	○
	事業所と同一建物の利用者50人以上にサービスを行う場合		×85%	×90%	−5%	○

※ 同一建物等利用者減算は区分支給限度基準額管理対象外。

(1) 居宅サービスとしての訪問入浴介護は、看護職員(看護師、准看護師)1人と介護職員2人で実施。介護予防サービスとしての訪問入浴介護は、看護職員(看護師、准看護師)1人と介護職員1人で実施。

(2) 入浴により利用者の身体の状況等に支障を生ずるおそれがないと認められる場合は、主治医の意見を確認したうえで、看護職員を介護職員に替えて実施することが可能(居宅サービスとしての訪問入浴介護では介護職員3人体制、介護予防サービスとしての訪問入浴介護では介護職員2人体制)。ただし、この場合の介護報酬は、95%で算定。

(3) 看護職員資格を持つものを(1)、(2)でいう介護職員として申請することは可能。しかし、あくまでも介護職員としての登録であるので、3人中ほかに看護職員がいない場合は前記(2)の取扱いとなる。

(4) 訪問時の利用者の心身の状況等から全身入浴が困難な場合で、利用者の希望により清拭または部分浴(洗髪、陰部、足部等の洗浄)を実施した場合は70%で算定。

(5) 居宅サービス計画に位置づけられていても、入浴を見合わせた場合は算定不可。

3 訪問看護（介護予防）

改正点のポイント

- 要介護者の基本報酬は引上げられたが、要支援者の基本報酬の引下げがありメリハリのある改定となった。また、緊急時訪問看護加算が引上げられた。
- 訪問看護ステーションからの理学療法士等の訪問の算定要件が大きく見直しされた。併せて理学療法士等の場合の報酬が引下げられた。
- 看護体制強化加算の算定者割合の算出期間が3カ月間から6カ月間に見直しされた（予防サービス含む）。また、ターミナルケア加算の算定者数が多い場合について新区分が設けられた（予防サービス除く）。
- 複数名による訪問看護加算の実施者に看護補助者が追加された。
- 同一建物等利用者減算方式が見直しされた。（訪問・通所系サービス共通項目ページ参照）
- 24時間対応体制のある事業所の緊急時訪問について、2回目以降の緊急時訪問が算定可能であったが、この対象者（特別管理加算算定者）の見直しがあり、特別管理加算算定者以外でも早朝・夜間、深夜の加算が算定可能となった。

報酬早見表

（1回につき）

訪問看護

算定項目		算定	改定後	改定前	格差	要件
イ 訪問看護ステーションの場合	(1) 20分未満	1回	311	310	1	注
	(2) 30分未満		467	463	4	
	(3) 30分以上1時間未満		816	814	2	
	(4) 1時間以上1時間30分未満		1,118	1,117	1	
	(5) 理学療法士、作業療法士または言語聴覚士の場合		296	302	−6	
	1日に2回を超えて実施する場合		×90%	×90%	±0	
ロ 病院または診療所の場合	(1) 20分未満		263	262	1	注
	(2) 30分未満		396	392	4	
	(3) 30分以上1時間未満		569	567	2	
	(4) 1時間以上1時間30分未満		836	835	1	
ハ 定期巡回・随時対応訪問介護看護事業所と連携する場合（1月）		1月	2,935	2,935	±0	
	要介護状態区分5の場合		+800	+800	±0	

注：週に1回以上、20分以上の保健師または看護師による訪問を行った場合算定可能。

(2) 指定居宅サービス

介護予防訪問看護

算定項目		算 定	改定後	改定前	格 差	要 件
イ 訪問看護ステーションの場合	(1) 20分未満	1回	300	310	−10	注
	(2) 30分未満		448	463	−15	
	(3) 30分以上1時間未満		787	814	−27	
	(4) 1時間以上1時間30分未満		1,080	1,117	−37	
	(5) 理学療法士、作業療法士または言語聴覚士の場合		286	302	−16	
	1日に2回を超えて実施する場合		×90%	×90%	±0	
ロ 病院または診療所の場合	(1) 20分未満		253	262	−9	注
	(2) 30分未満		379	392	−13	
	(3) 30分以上1時間未満		548	567	−19	
	(4) 1時間以上1時間30分未満		807	835	−28	

注：週に1回以上、20分以上の保健師または看護師による訪問を行った場合算定可能。

1. 医療保険との関係

　厚生労働大臣が定める疾患（特掲診療料の施設基準等別表第7に掲げる名称の疾病）に該当していなければ、要介護被保険者等については「介護保険優先」の取扱いとなる。ただし、次の場合、医療保険で算定し、介護保険は算定しない。

(1) 急性増悪等により一時的に頻回の訪問看護が必要な状態と主治医（介護老人保健施設、介護医療院の医師を除く）が判断し、特別指示（訪問看護ステーションは「特別訪問看護指示書」の交付）があった場合〔月に1回（気管カニューレを使用している状態、または真皮を越える褥瘡の状態にある者は2回まで可能）、連続する14日間が限度〕。

　①定期巡回・随時対応型訪問介護看護事業所と連携して訪問看護を行う場合は、指示日数に応じて、97単位/日を所定単位数から減算。

　②医療機関による訪問看護の場合は、頻回の訪問看護が必要な理由、期間等を、診療録に記載しなければならない。

(2) 末期の悪性腫瘍、その他厚生労働大臣が定める疾病等

　　末期の悪性腫瘍、多発性硬化症、重症筋無力症、スモン、筋萎縮性側索硬化症、脊髄小脳変性症、ハンチントン病、進行性筋ジストロフィー症、パーキンソン病関連疾患〔進行性核上性麻痺、大脳皮質基底核変性症、パーキンソン病（ホーエン-ヤールの重症度分類がステージⅢ以上かつ生活機能障害度がⅡ度またはⅢ度のものに限る）〕、多系統萎縮症（線条体黒質変性症、オリーブ橋小脳萎縮症、シャイ・ドレーガー症候群）、プリオン病、亜急性硬化性全脳炎、ライソゾーム病、副腎白質ジストロフィー、脊髄性筋萎縮症、球脊髄性筋萎縮症、慢性炎症性脱髄性多発神経炎、後天性免疫不全症候群、頸髄損傷の患者、人工呼吸器を装着している状態。

　※精神疾患とそれ以外の疾患とを併せて訪問看護を受ける利用者は、精神障害を有する者に対する医療保険の訪問看護（精神科訪問看護・指導料または精神科訪問看護基本療養費）（精神科訪問看護）を算定する。同利用者が、介護保険で訪問看護費を算定す

る場合、主として精神疾患（認知症を除く）に対する訪問看護が行われる利用者でないことから、医療保険の精神科訪問看護は算定不可。すなわち、同一日に医療保険と介護保険との併算定不可。

　なお、月の途中で利用者の状態が変化したことにより、医療保険の精神科訪問看護から介護保険の訪問看護に変更することは可能であるが、こうした事情によらず恣意的に医療保険と介護保険の訪問看護を変更することはできないものであり、例えば数日単位で医療保険と介護保険の訪問看護を交互に利用するといったことは認められない。〔厚生労働省保険局医療課、事務連絡疑義解釈資料の送付について（その4）、平成28年6月14日〕

2. 20分未満の訪問看護の算定

　短時間かつ頻回な医療処置等が必要な利用者に対し、日中等の訪問看護における十分な観察、必要な助言・指導が行われることを前提として算定。したがって、居宅サービス計画または訪問看護計画において20分未満の訪問看護のみが設定されることは適切ではなく、20分以上の訪問看護を週1回以上含む設定とする。緊急時訪問看護加算届出をしている場合に限り算定可。

3. 准看護師以外の看護師等の訪問看護の算定

(1) 居宅サービス計画上、准看護師が訪問するとされている場合、事業所の都合により准看護師以外の看護師等が訪問しても、所定単位の90％で算定。また、居宅サービス計画上、准看護師以外の看護師等が訪問する場合でも、結果として准看護師が訪問すれば、所定単位数の90％で算定。

(2) 居宅サービス計画上、准看護師が訪問することとされている場合に、事業所の事情により准看護師ではなく理学療法士、作業療法士または言語聴覚士（理学療法士等）が訪問する場合は、理学療法士等の場合の所定単位数を算定。また、居宅サービス計画上、理学療法士等が訪問することとされている場合に、事業所の事情により理学療法士等ではなく准看護師が訪問する場合は、理学療法士等の場合の所定単位数を算定。例えば、居宅サービス計画上、准看護師による30分以上1時間未満の訪問看護を計画していたが、事業所の事情により准看護師の代わりに理学療法士等が30分の訪問看護を行った場合は、理学療法士等の場合の1回の単位数を算定。

4. 複数回の訪問看護

　単に長時間の訪問看護を複数回に区分して行うことは適切ではないため、次のような取扱いとする。

(1) 前回の訪問看護からおおむね2時間未満の間隔で訪問看護を行う場合（20分未満の訪問看護費を算定する場合および利用者の状態の変化等により緊急の訪問看護を行う場合を除く）は、それぞれの所要時間を合算。

(2) 指定居宅サービス

(2) 70分の訪問を行った後、2時間以内に40分の訪問を実施した場合は、1時間以上1時間半未満の報酬を算定。
(3) 1人の看護職員が訪問看護を行った後に、続いて別の看護職員が訪問看護を行った場合は、所要時間を合算。なお、訪問看護の提供時間を合算した場合に、准看護師による訪問看護が含まれる場合は、准看護師による訪問看護費を算定。
(4) 1人の看護職員または理学療法士等が訪問看護実施後に、続いて他の職種の看護職員または理学療法士等が訪問看護を実施した場合(看護職員が訪問看護を行った後に続いて別の理学療法士等が訪問看護を行う場合など)は職種ごとに算定可。
(5) 1人の利用者に対して、連続して訪問看護を提供する必要性は、適切なケアマネジメントに基づき判断する。

5. 訪問看護ステーションからの理学療法士等の訪問の見直し(予防も同様)

(1) 訪問看護ステーションからの理学療法士、作業療法士または言語聴覚士(理学療法士等)による訪問看護は、その訪問が看護業務の一環としてのリハビリテーションを中心としたものである場合に、看護職員の代わりに訪問させるという位置づけのものであるが、看護職員と理学療法士等の連携が十分でない場合があることを踏まえ、算定要件が以下のように見直された。
　①理学療法士等が訪問看護を提供している利用者は、利用者の状況や実施した看護(看護業務の一環としてのリハビリテーションを含む)の情報を看護職員と理学療法士等が共有するとともに、訪問看護計画書および訪問看護報告書を看護職員と理学療法士等が連携して作成しなければならない。
　②訪問看護計画書および訪問看護報告書の作成にあたっては、看護職員が訪問看護サービスの利用開始時や利用者の状態の変化等に合わせて定期的に訪問し、利用者の状態を適切に評価しなければならない。また、利用者等に対して、理学療法士等による訪問の趣旨について、「看護業務の一環としてのリハビリテーションを中心としたもの」であって、看護職員の代わりに訪問するものである旨を説明し、同意を得なければならない。
(2) 理学療法士等が訪問看護を提供している利用者は、毎回の訪問時において記録した訪問看護記録書等を用い、適切に事業所の看護職員および理学療法士等間で利用者の状況、実施した内容を共有するとともに、計画書と報告書は、看護師と理学療法士等が連携し作成する。また、主治医に提出する計画書および報告書は理学療法士等が実施した内容も一体的に含む。
(3) 複数の訪問看護事業所から訪問看護を受けている利用者について、計画書および報告書の作成には複数の訪問看護事業所間において十分な連携を図ったうえで作成する。
(4) ①②の訪問看護サービスの利用開始時とは、利用者が過去2カ月間(暦月)において訪問看護事業所から訪問看護(医療保険の訪問看護を含む)の提供を受けていない場合であって、新たに計画書を作成する場合をいう。また、利用者の状態の変化等に合わせ

た定期的な訪問とは、主治医からの訪問看護指示書の内容が変化する場合や利用者の心身状態や家族等の環境の変化等の際に訪問することをいう。

6. 定期巡回・随時対応型訪問介護看護事業所と連携する場合の算定方法

(1) 算定内容
　定期巡回・随時対応型訪問介護看護事業所と連携して訪問看護を行い、かつ、連携する定期巡回・随時対応型訪問介護看護事業所の名称、住所その他必要な事項を届け出た訪問看護事業所が、訪問看護を行った場合に、1カ月につき算定可。緊急時訪問看護加算の届出が必要。

(2) 准看護師が訪問看護を行った場合
　所定単位数の98％の単位数を算定。

(3) 要介護5利用者に実施した場合
　800単位/月を所定単位数に加算。

(4) 1カ所の訪問看護事業所が訪問看護費を算定している場合
　1人の利用者に対し、1カ所の事業所が訪問看護費を算定している場合は、別の訪問看護事業所は、算定不可。

(5) 日割り計算により算定する場合
①月途中から利用した場合または月途中で利用を終了した場合は、利用期間（利用開始日から月末日までまたは当該月の初日から利用終了日）に対応した単位数を算定。（日割り計算）なお、利用開始日とは、利用者と事業者の利用契約締結日ではなく、実際に利用者が定期巡回・随時対応型訪問介護看護を利用した日。ただし、定期巡回・随時対応型訪問介護看護の介護サービスのみ利用していた者が、新たに訪問看護サービスを利用開始した場合は開始した日をいう。

②月途中から短期入所生活介護、短期入所療養介護を利用している場合、その期間について日割り計算により算定。

③月途中で要介護5から他の要介護度に変更となった場合、および他の要介護度から要介護5に変更になった場合は日割り計算により算定。

④月途中で末期の悪性腫瘍または別に厚生労働大臣が定める疾病等（医療保険適用）となった場合は、その状態にある期間を日割り計算により算定。

(2) 指定居宅サービス

加算算定のポイント

算定項目			算定	改定後	改定前	格差	介護予防
長時間訪問看護加算(1時間30分以上)			1回	+300	+300	±0	○
夜間または早朝の場合				+25%	+25%	±0	○
深夜の場合				+50%	+50%	±0	○
特別地域訪問看護加算				+15%	+15%	±0	○
中山間地域等における小規模事業所加算(訪問・通所系サービス共通項目ページ参照)				+10%	+10%	±0	○
中山間地域等に居住する者へのサービス提供加算(訪問・通所系サービス共通項目ページ参照)				+5%	+5%	±0	○
緊急時(介護予防)訪問看護加算	訪問看護ステーション			+574	+540	34	○
	病院または診療所			+315	+290	25	○
	定期巡回・随時対応訪問介護看護事業所と連携する場合	訪問看護ステーション		+574	+540	34	
		病院または診療所		+315	+290	25	
複数名訪問加算(I)	複数の看護師等による場合(30分未満)			+254	+254	±0	○
	複数の看護師等による場合(30分以上)			+402	+402	±0	○
複数名訪問加算(II)	看護師等と看護補助者による場合(30分未満)			+201	−	新設	○
	看護師等と看護補助者による場合(30分以上)			+317	−	新設	○
特別管理加算	特別管理加算(I)		1月	+500	+500	±0	○
	特別管理加算(II)			+250	+250	±0	○
ターミナルケア加算			1回	+2,000	+2,000	±0	
ニ 初回加算			1月	+300	+300	±0	ハ
ホ 退院時共同指導加算			1回	+600	+600	±0	ニ
ヘ 看護・介護職員連携強化加算			1月	+250	+250	±0	
ト 看護体制強化加算(1月)	看護体制強化加算(I)		1月	+600	−	新設	
	看護体制強化加算(II)			+300	+300	±0	ホ
チ サービス提供体制強化加算(全サービス共通事項ページ参照)	イロ算定の場合		1回	+6	+6	±0	ヘ
	ハ算定の場合		1月	+50	+50	±0	

※ 特別地域加算、中山間地域等小規模事業所加算、中山間地域等サービス提供加算、緊急時訪問看護加算、特別管理加算、サービス提供体制強化加算、ターミナルケア加算は、区分支給限度額管理対象外。

1. 長時間訪問看護加算

(1) 特別な管理を必要とする利用者(厚生労働大臣が定める状態※および特別管理加算算定対象者)に対して、1時間以上1時間30分未満の訪問看護を行った後に引き続き訪問看護を行う場合で、通算した時間が1時間30分以上となるときに算定可。

※医科診療報酬点数表の在宅悪性腫瘍患者指導管理、在宅気管切開患者指導管理を受けている状態

① 気管カニューレ、留置カテーテルを使用している状態

② 医科診療報酬点数表の在宅自己腹膜灌流指導管理、在宅血液透析指導管理、在宅酸素療法指導管理、在宅中心静脈栄養法指導管理、在宅成分栄養経管栄養法指導管理、在宅自己導尿指導管理、在宅持続陽圧呼吸療法指導管理、在宅自己疼痛管理指導管理、在宅肺高血圧症患者指導管理を受けている状態

③ 人工肛門または人工膀胱を設置している状態

④ 真皮を越える褥瘡の状態

⑤ 点滴注射を週3日以上行う必要があると認められる状態

(2) 看護師が行う場合も准看護師が行う場合も、同じ単位数を算定可。

2. 早朝・夜間、深夜加算

(1) 居宅サービス計画上または訪問看護計画上、訪問看護のサービス開始時刻が加算対象時間帯の場合に算定。なお、利用時間が長時間にわたり、加算対象時間帯のサービス提供時間が全体のサービス提供時間に占める割合がごくわずかな場合は、算定不可。なお、20分未満の訪問看護の場合も、同様の取扱い。

(2) 本加算については1カ月以内に2回目以降の緊急時訪問があった場合、緊急時訪問看護加算とは別に算定可。

3. 複数名訪問加算

(1) 次のいずれかに該当して、同時に複数の看護師等により訪問看護を行うこと(または看護師等が看護補助者と同時に訪問看護を行うこと)について、利用者またはその家族等の同意を得て実施した場合に算定できる。

① 利用者の身体的理由により1人の看護師等による訪問看護が困難と認められる場合。

② 暴力行為、著しい迷惑行為、器物破損行為等が認められる場合。

③ その他利用者の状況等から判断して、①または②に準ずると認められる場合。

(2)「1人の看護師等による訪問看護が困難」とは、例えば「体重が重い利用者を1人が支持しながら、必要な処置を行う場合」などを指す。

　これらの事情がなく、単に複数名で同時に訪問看護を行ったことのみをもって算定することはできない。

(3) 複数名訪問加算(Ⅰ)において訪問を行うのは、両名とも看護師等であることとし、複数名訪問加算(Ⅱ)において訪問を行うのは、訪問看護を行う1人が看護師等であり、

(2) 指定居宅サービス

同時に訪問する1人が看護補助者であることを要する。
(4) 複数名訪問加算（Ⅱ）における看護補助者とは、訪問看護を担当する看護師の指導の下に、療養生活上の世話（食事、清潔、排泄、入浴、移動等）のほか、居室内の環境整備、看護用品および消耗品の整理整頓等といった看護業務の補助を行う者のことを想定しており、資格は問わない。秘密保持や医療安全等の観点から、訪問看護事業所に雇用されている必要があるが、指定基準の人員に含まれないことから、従事者の変更届の提出は要しない。なお、看護職員は看護補助者として計上できない。

4. 特別地域訪問看護加算など

離島、中山間地、過疎地などにおける「厚生労働大臣の定める地域」で事業を実施する事業者について、要件に該当すれば算定できる加算がある。（訪問・通所系サービス共通項目ページ参照）

5. 緊急時訪問看護加算（医療保険の24時間対応体制加算と同一月併算定不可）

利用者またはその家族等から電話等により看護に関する意見を求められた場合に、常時対応できる体制にあることを届出た訪問看護事業所が、利用者の同意を得て、利用者またはその家族等に対して24時間連絡体制にあって、かつ、計画的に訪問するとなっていない緊急時訪問を必要に応じて行う場合に算定可。または訪問看護を担当する医療機関が、利用者の同意を得て、計画的に訪問するとなっていない緊急時訪問を必要に応じて行う場合に算定。

6. 特別管理加算（Ⅰ）、（Ⅱ）

特別な管理を必要とする利用者に対して、訪問看護事業所が、訪問看護の実施に関する計画的な管理を行った場合に算定。（Ⅰ）と（Ⅱ）は併算定不可。

(1) 特別管理加算（Ⅰ）対象者
医科診療報酬点数表の在宅悪性腫瘍患者指導管理、在宅気管切開患者指導管理を受けている状態、気管カニューレ、留置カテーテルを使用している状態。

(2) 特別管理加算（Ⅱ）対象者
① 医科診療報酬点数表の在宅自己腹膜灌流指導管理、在宅血液透析指導管理、在宅酸素療法指導管理、在宅中心静脈栄養法指導管理、在宅成分栄養経管栄養法指導管理、在宅自己導尿指導管理、在宅持続陽圧呼吸療法指導管理、在宅自己疼痛管理指導管理、在宅肺高血圧症患者指導管理を受けている状態。
② 人工肛門または人工膀胱を設置している状態。
③ 真皮を越える褥瘡の状態［NPUAP（National Pressure Ulcer of Advisory Panel）分類ステージⅢ度、Ⅳ度またはDESIGN®分類（日本褥瘡学会）D3、D4、D5に該当する状態］。算定の際は、定期的（週に1回以上）に褥瘡の状態の観察・アセスメント・評価（褥瘡の深さ、滲出液、大きさ、炎症・感染、肉芽組織、壊死組織、ポケット）を

行い、褥瘡の発生部位および実施したケア(利用者の家族等に行う指導を含む)について訪問看護記録書に記録する。

④点滴注射を週3日以上行う必要があると認められる状態。(主治医が点滴注射を週3日以上行うことが必要である旨の指示を訪問看護事業所に対して行った場合で、かつ、事業所の看護職員が週3日以上点滴注射を実施している状態)算定する場合は、点滴注射が終了した場合その他必要が認められる場合に、主治医に対して速やかに状態報告するとともに、訪問看護記録書に点滴注射の実施内容を記録する。

7. ターミナルケア加算

(1) 在宅で死亡した利用者に、厚生労働大臣が定める基準に適合しているとして届出た訪問看護事業所が、その死亡日および死亡日前14日以内に2日以上ターミナルケアを行った場合(ターミナルケアを行った後、24時間以内に在宅以外で死亡した場合を含む)に算定可。

(2) ターミナルケアを最後に行った日の属する月と、死亡月が異なる場合は、死亡月に算定。

(3) 加算を介護保険で請求した場合は、同月に定期巡回・随時対応型訪問介護看護および看護小規模多機能型居宅介護を利用した場合の、各サービスにおけるターミナルケア加算ならびに同月に医療保険における訪問看護を利用した場合の訪問看護ターミナルケア療養費および訪問看護・指導料における在宅ターミナルケア加算は、併算定不可。

(4) ターミナルケアの提供には、看取りを含めたターミナルケアの各プロセスにおいて利用者および家族の意向を把握し、それに基づくアセスメントおよび対応を実施し、経過を記録する。その際、厚生労働省「人生の最終段階における医療・ケアの決定プロセスに関するガイドライン」等の内容を踏まえ、利用者本人およびその家族等と話し合いを行い利用者本人の意思決定を基本に、他の医療および介護関係者との連携の上、対応する。

(5) ターミナルケアの実施には、他の医療および介護関係者と十分な連携を図るように努める。

8. 初回加算

(1) 新規に訪問看護計画を作成した利用者に対して、初回もしくは初回の訪問看護実施月に訪問看護を行った場合に算定。

(2) 利用者が過去2カ月間において、当該事業所から訪問看護(医療保険の訪問看護を含む)の提供を受けていない場合で新たに訪問看護計画書を作成した場合に算定。

9. 退院時共同指導加算

(1) 病院、診療所または介護老人保健施設、介護医療院に入院(所)中の者が退院(所)にあたり、訪問看護ステーションの看護師等(准看護師を除く)が、退院時共同指導を行っ

(2) 指定居宅サービス

た後、退院(所)後に初回の訪問看護を行った場合に、退院(所)につき1回(特別な管理を必要とする利用者(前述参照)に複数日に退院時共同指導を行った場合には2回)に限り、算定可。
(2)退院時共同指導後、退院(所)後の初回訪問看護実施日に算定。なお、加算算定月の前月に退院時共同指導を行っている場合も算定可。
(3)退院時共同指導加算を2回算定できる利用者((1)の特別な管理を必要とする利用者)に対しては、複数の訪問看護ステーション、定期巡回・随時対応型訪問介護看護事業所、看護小規模多機能型居宅介護事業所が退院時共同指導を行って、1回ずつ算定することも可能。
(4)退院時共同指導加算を介護保険で請求した場合は、同月に定期巡回・随時対応型訪問介護看護および看護小規模多機能型居宅介護を利用した場合の各サービスにおける退院時共同指導加算ならびに同月に医療保険における訪問看護を利用した場合、併算定不可。((3)の場合を除く)

10. 看護・介護職員連携強化加算

(1)訪問看護事業所が「社会福祉士及び介護福祉士法」附則第20条第1項の登録を受けた訪問介護事業所と連携し、訪問介護員等が利用者に対し特定行為業務を円滑に行うための支援を行った場合に算定可。
　具体的には、訪問看護事業所の看護職員が、訪問介護事業所の訪問介護員等に対し、痰の吸引等の業務が円滑に行われるよう、計画書や報告書の作成および緊急時等の対応についての助言を行うとともに、当該訪問介護員等に同行し、利用者の居宅で業務の実施状況について確認した場合、または利用者に対する安全なサービス提供体制整備や連携体制確保のための会議に出席した場合が該当。
(2)訪問介護員等と同行訪問実施日または会議出席日の属する月の初日の訪問看護実施日に加算。
(3)事業所の看護職員が、訪問介護員等と同行し、痰の吸引等の実施状況を確認する際、通常の訪問看護の提供以上に時間を要した場合でも、ケアプラン上に位置づけられた訪問看護費を算定。
(4)この加算は、訪問介護員等の痰の吸引等の技術不足を補うために同行訪問を実施することを目的としたものではないため、訪問介護員等の痰の吸引等に係る基礎的な技術取得や研修目的で、事業所の看護職員が同行訪問を実施した場合は、加算および訪問看護費は算定不可。

11. 看護体制強化加算

(1)看護体制強化加算(Ⅰ)(Ⅱ)共通
　①「緊急時訪問看護加算の算定者割合50%以上」の要件および「特別管理加算の算定者割合30%以上」の要件の算出期間は6カ月間。

②医療機関との連携のもと、看護職員の出向や研修派遣などの相互人材交流を通じて在宅療養支援能力の向上を支援し、地域の訪問看護人材の確保・育成に寄与する取り組みを実施していることが望ましい。

(2)看護体制強化加算(Ⅰ)

　ターミナルケア加算の算定者5名以上。(12カ月間)(新設)

(3)看護体制強化加算(Ⅱ)

　ターミナルケア加算の算定者1名以上。(12カ月間)(変更なし)

(4)訪問看護事業所の利用者によって看護体制強化加算(Ⅰ)または(Ⅱ)を選択的に算定することはできない。当該訪問看護事業所において、いずれか一方のみを届出する。

(5)届出後は直近6カ月間の割合を継続しその結果を記録する。

ココに注目　減算等について

算定項目		算　定	改定後	改定前	格　差	介護予防
准看護師の場合	訪問看護ステーション	1回	×90%	×90%	±0	○
	病院または診療所		×90%	×90%	±0	○
	定期巡回・随時対応型訪問介護看護事業所と連携する場合		×98%	×98%	±0	
事業所と同一建物等利用者20人以上にサービスを行う場合	事業所と同一建物の利用者またはこれ以外の同一建物の利用者20人以上にサービスを行う場合		×90%	×90%	±0	○
	事業所と同一建物の利用者50人以上にサービスを行う場合		×85%	×90%	−5%	○
定期巡回・随時対応型訪問介護看護事業所と連携する場合	医療保険の訪問看護が必要であるものとして主治医が発行する訪問看護指示の文書の訪問看護指示期間の日数につき減算(1日につき)	1月	−97	−97	±0	

※同一建物等利用者減算は区分支給限度基準額管理対象外。

コラム　留意事項等について

1. 複数サービスの利用

(1)短期入所や居住系サービスを受けている期間の算定関係

　利用者が、短期入所生活介護、短期入所療養介護、特定施設入居者生活介護、定期巡回・随時対応型訪問介護看護(一体型に限る)、認知症対応型共同生活介護、地域密着型特定施設入居者生活介護、地域密着型介護老人福祉施設入所者生活介護、看護小規模多機能型居宅介護サービスを受けている間は、算定不可。

　ただし、特定施設入居者生活介護、認知症対応型共同生活介護の必要がある場合に、当

(2) 指定居宅サービス

該事業者の費用負担により、その利用者が利用することは差し支えない。

(2) 施設入所(院)日および退所(院)日等における取扱い

　介護老人保健施設および介護療養型医療施設、介護医療院を退所(院)日または短期入所療養介護のサービス終了日〔退所(院)日〕は、特別な管理を必要とする利用者(厚生労働大臣が定める状態．前述参照)に限り、算定可。

　一方、入所(院)日に関しては、当日でも入所(院)前に利用する場合であれば、算定可。

　施設入所(院)者が「外泊」「試行的退所」で居宅に戻っている間、算定不可。

(3) 同一時間帯に複数の訪問サービスを利用した場合

　利用者は、同一時間帯に1つの訪問サービスを利用することが原則。ただし、訪問介護と訪問看護を同一利用者が同一時間帯に利用する場合は、利用者の心身の状況や介護の内容に応じて、同一時間帯に利用することが介護のために必要があると認められる場合に限り、それぞれのサービスについて、それぞれの所定単位数を算定可。例えば、家庭の浴槽で全身入浴の介助をする場合に、適切なアセスメント(利用者について、その有する能力、すでに提供を受けている居宅サービス等のその置かれている環境等の評価を通じて、利用者が現に抱える問題点を明らかにし、利用者が自立した日常生活を営むことができるように支援するうえで解決すべき課題を把握することをいう)を通じて、利用者の心身の状況や介護の内容から同一時間帯に訪問看護を利用することが必要であると判断され、30分以上1時間未満の訪問介護(身体介護中心の場合)と訪問看護(訪問看護ステーションの場合)を同一時間帯に利用した場合、それぞれ算定可。

(4) 複数の要介護者がいる世帯において同一時間帯に訪問サービスを利用した場合

　それぞれに標準的な所要時間を見込んで、居宅サービス計画上に位置づける。

(5) その他

　①(介護予防)訪問看護費は、要介護者等の居宅以外で行われるものは算定不可。

　②訪問看護費は「通院が困難な利用者」に対して給付することとされているが、通院の可否にかかわらず、療養生活を送る上での居宅での支援が不可欠な者に対して、ケアマネジメントの結果、訪問看護の提供が必要と判断された場合は訪問看護費を算定できる。「通院が困難な利用者」の趣旨は、通院により、同様のサービスが担保されるのであれば、通院サービスを優先すべきということである。

　③(介護予防)訪問看護費は、(介護予防)訪問看護ステーションが、主治の医師の判断に基づいて交付された訪問看護指示書の有効期間内に実施した場合に算定。なお、(介護予防)訪問看護の指示書料は介護老人保健施設、介護医療院からの退所もしくは介護療養型医療施設からの退院時に係るものを除き、医療保険で請求する。

　④緊急時(介護予防)訪問看護加算は、1人の利用者に対し、1カ所の事業所に限り算定可。

　⑤特別管理加算は、月の1回目の介護保険の実施日に加算。なお、加算を介護保険で請求した場合、医療保険の特別管理加算は算定不可。〔緊急時(介護予防)訪問看護加算と医療保険の24時間連携体制加算との算定も同様〕

プラスα　Q&Aなどから

1. 看護体制強化加算

(1) 留意事項通知における「前6カ月間において、当該事業所が提供する訪問看護を2回以上利用した者または当該事業所で当該加算を2回以上算定した者であっても、1として数えること」とは、例えば、1〜6月にかけて継続して利用している利用者Aは1人、1月に利用が終了した利用者Bも1人と数える。具体的には下表を参照のこと。

例)特別管理加算を算定した実利用者の割合の算出方法

【サービス提供状況】7月に看護体制強化加算を算定

	1月	2月	3月	4月	5月	6月
利用者A	○	○	○	○	○	○
利用者B	◎(Ⅰ)					
利用者C			○	入院等	入院等	◎(Ⅱ)

【算出方法】

【サービス提供状況】

7月に看護体制強化加算を算定

① 前6カ月間の実利用者の総数＝3

② ①のうち特別管理加算（Ⅰ）（Ⅱ）を算定した実利用者数＝2

　→ ①に占める②の割合＝2/3≧30%…算定要件を満たす

※介護保険最新情報vol.629(30.3.23)　平成30年度介護報酬改定に関するQ＆A（Vol.1）　Q10

(2) 7月に算定を開始する場合の届出の内容および期日について

看護体制強化加算の算定には「算定日が属する月の前6月間」において特別管理加算及び緊急時訪問看護加算を算定した実利用者の割合を算出する必要がある。

仮に、7月に算定を開始する場合は、6月15日以前に届出を提出する必要があるため、6月分は見込みとして1月・2月・3月・4月・5月・6月の6月間の割合を算出する。

なお、6月分を見込みとして届出を提出した後に、加算が算定されなくなる状況が生じた場合には、速やかにその旨を届出する。

1月	実績で割合を算出する
2月	実績で割合を算出する
3月	実績で割合を算出する
4月	実績で割合を算出する
5月	実績で割合を算出する
6月	15日以前に届出が必要。届出日以降分は見込みで割合を算出する
7月	算定月

※介護保険最新情報vol.629(30.3.23)　平成30年度介護報酬改定に関するQ＆A（Vol.1）　Q11

(3) 平成30年3月時点で看護体制強化加算を届出しているが、平成30年4月以降も看護体制強化加算を算定する場合については、実利用者の割合の算出方法が変更になったことから、新たな算出方法で計算したうえで改めて届出が必要。なお、3月分を見込みとして届出を提出した後に、新たに加算が算定されなくなる状況が生じた場合には、速やかにその旨を届出する。
　　※介護保険最新情報vol. 629（30.3.23）　平成30年度介護報酬改定に関するQ＆A（Vol. 1）　Q12

(4) 平成30年4月から算定する場合には、平成29年10月からの実績を用いることになる。
　　※介護保険最新情報vol. 629（30.3.23）　平成30年度介護報酬改定に関するQ＆A（Vol. 1）　Q13

(5) 1つの訪問看護事業所で看護体制強化加算（Ⅰ）および（Ⅱ）を同時に届出することはできないが、例えば、加算（Ⅱ）を届出している事業所が、加算（Ⅰ）を新たに取る場合には、変更届けの提出が必要。
　　※介護保険最新情報vol. 629（30.3.23）　平成30年度介護報酬改定に関するQ＆A（Vol. 1）　Q14

2. 20分未満の訪問看護

(1) 20分未満の訪問看護は、訪問看護を24時間行うことができる体制を整えている事業所として、緊急時訪問看護加算の届出をしている場合に算定できる。なお、届出が要件とはなっているが、算定している必要はない。

(2) 看護行為は、気管内吸引、導尿や経管栄養等の医療処置の実施等が該当。単に状態確認や健康管理等のサービス提供の場合は算定不可。また、高齢者向けの集合住宅等において、単に事業所の効率の向上のみを理由として、利用者の状態等を踏まえずに本来20分以上の区分で提供すべき内容の訪問看護を複数回に分け提供するといった取扱いは不適切。
　　※介護保険最新情報vol. 267（24.3.16）　平成24年度介護報酬改定に関するQ＆Aについて　Q18、Q19

3. 複数回の訪問看護

(1) 訪問看護終了後2時間以上経過していなくとも、20分未満の訪問看護と計画外で緊急に訪問看護を実施した場合は合算しない。また、おおむね2時間としているが、例えば計画上は、2時間後に訪問をする予定で、点滴注射等が早めに終了した等の理由により、若干時間に変動があった場合等は計画どおりの報酬を算定可。

4. 理学療法士等の訪問

(1) 病院、老人保健施設等が地域に存在しないこと等により訪問リハビリテーションを適切に提供できず、その代替として訪問看護ステーションからの理学療法士等の訪問が

過半を占めることもあるため、理学療法士等の訪問が保健師または看護師による訪問回数を上回るような設定もありえる。

　　※介護保険最新情報 vol.69(21.3.23)　平成21年4月改定関係Q&A(vol.1)について　Q38

(2) 理学療法士等による訪問看護は、20分以上を1回として、1度の訪問で複数回の実施が可能。例えば、一度で40分以上の訪問看護を行った場合は2回分の報酬を算定可。

　　※介護保険最新情報vol.267(24.3.16)　平成24年度介護報酬改定に関するQ&Aについて　Q22

(3) 1日に3回以上行う場合は、連続して行った場合に限らず、1日の各訪問看護費の90％で算定。

　　(例) 1日に3回以上の場合の訪問看護費　1回単位数×(90％)×3回

　　※介護保険最新情報vol.267(24.3.16)　平成24年度介護報酬改定に関するQ&Aについて　Q24

(4) 複数の事業所の理学療法士等が1人の利用者に対して訪問看護を合計して1日に3回以上行った場合は、それぞれ90％で算定。

　　※介護保険最新情報vol.284(24.4.25)　平成24年度介護報酬改定に関するQ&A(vol.3)について　Q1

(5) 理学療法士等による訪問看護計画について

　　留意事項通知では、「計画書及び報告書の作成にあたっては、訪問看護サービスの利用開始時及び利用者の状態の変化等に合わせ、定期的な看護職員による訪問により利用者の状態の適切な評価を行うこと。」とされたが、ここでいう看護職員による訪問については、訪問看護サービスの「利用開始時」については、利用者の心身の状態等を評価する観点から、初回の訪問は理学療法士等の所属する訪問看護事業所の看護職員が行うことが原則。

　　また、「定期的な看護職員による訪問」については、訪問看護指示書の有効期間が6カ月以内であることを踏まえ、少なくともおおむね3カ月に1回程度は当該事業所の看護職員による訪問により、利用者の状態の適切な評価を行うものとする。なお、当該事業所の看護職員による訪問については、必ずしもケアプランに位置づけ訪問看護費の算定までを求められるものではないが、訪問看護費を算定しない場合には、訪問日、訪問内容等を記録することが必要。

　　※介護保険最新情報vol.629(30.3.23)　平成30年度介護報酬改定に関するQ&A(Vol.1)　Q19

5. 定期巡回・随時対応型訪問介護看護事業所と連携する場合

(1) 1カ月間に1回でも准看護師が訪問看護を行った場合は98％で算定。

　　※介護保険最新情報vol.267(24.3.16)　平成24年度介護報酬改定に関するQ&Aについて　Q25

(2) 定期巡回・随時対応型訪問介護看護事業所と連携した場合の報酬を算定する場合、同一建物に居住する利用者に対する減算は適用外。
　　※介護保険最新情報vol.267(24.3.16)　平成24年度介護報酬改定に関するQ&Aについて　Q26

6. 複数名訪問看護
(1) 1人目の看護師の訪問の時間によらず、2人目の看護師が必要な時間をもって算定。
　　※介護保険最新情報 vol.69(21.3.23)　平成21年4月改定関係Q&A(vol.1)　Q39
(2) 理学療法士等が看護師等と一緒に利用者宅を訪問しサービスを提供した場合は、イ(5)理学療法士、作業療法士、言語聴覚士の場合とイ(1)～(4)の看護師が訪問した場合の単価を合算するのではなく、主に訪問看護を提供するいずれかの職種に係る報酬を算定。また、この場合、同時に複数名の看護師が訪問看護を行った場合の複数名訪問加算は算定可。
(3) 訪問看護ステーションの理学療法士、作業療法士または言語聴覚士が看護職員と一緒に利用者宅を訪問しサービスを提供した場合、基本サービス費は、主に訪問看護を提供するいずれかの職種に係る報酬を算定。また、訪問看護ステーションの理学療法士、作業療法士または言語聴覚士と看護職員が一緒に訪問看護を行った場合、複数名訪問加算の要件を満たす場合、複数名訪問加算（Ⅰ）の算定可能。なお、訪問看護ステーションの理学療法士、作業療法士または言語聴覚士が主に訪問看護を行っている場合であっても、訪問看護の提供回数ではなく、複数名での訪問看護の提供時間に応じて加算を算定可。
　　※介護保険最新情報vol.629(30.3.23)　平成30年度介護報酬改定に関するQ&A(Vol.1)　Q15
(4) 複数名訪問加算（Ⅱ）の看護補助者については、留意事項通知において「資格は問わないが、秘密保持や安全等の観点から、訪問看護事業所に雇用されている必要がある」と明記されているが、この看護補助者は、看護師等の指導の下に、看護業務の補助を行う者としており、例えば事務職員等であっても差し支えない。また、当該看護補助者については、指定基準の人員に含まれないことから、従事者の変更届の提出は要しないものであるが、秘密保持や安全等の観点から、事業所において必要な研修等を行うことが重要である。
　　※介護保険最新情報vol.629(30.3.23)　平成30年度介護報酬改定に関するQ&A(Vol.1)　Q16

7. 長時間訪問看護
(1) 1時間30分を超過する部分は、訪問看護ステーションが定めた利用料を徴収可。
　　※15.5.30事務連絡　介護報酬に係るQ&A　Q11
(2) 1時間30分を超える部分について、保険給付や利用者負担とは別に、訪問看護ステー

ションで定めた利用料を徴収できることとなっているが、長時間訪問看護加算を算定する場合は、当該利用料を徴収不可。

　　※介護保険最新情報vol. 79(21.4.17)　平成21年4月改定関係Q&A(vol. 2)について　Q 16

(3)長時間訪問看護加算は、ケアプラン上1時間30分以上の訪問が位置づけられていなければ算定不可。

　　※介護保険最新情報vol. 79(21.4.17)　平成21年4月改定関係Q&A(vol. 2)について　Q 15

8. 緊急時訪問看護加算

(1)利用者が緊急時対応だけの訪問看護を希望した場合、緊急時訪問看護加算のみ居宅サービス計画に組み込むことはできない。加算のみの算定は不可。

　　※介護保険最新情報vol. 71(12.4.28)　介護報酬等に係るQ&A vol. 2　Ⅰ(1)③Q9

(2)連絡相談を担当する者は、原則として、訪問看護ステーションの保健師、看護師とし、勤務体制等を明確にするとされているが、病院または診療所の場合に限り、医師が対応してもよい。

　　※15.5.30事務連絡　介護報酬に係るQ&A　Q7

9. 特別管理加算

(1)「留置カテーテルを使用している状態」は、流動食を経鼻的に注入している者についても算定可。

　　※15.5.30事務連絡　介護報酬に係るQ&A　Q4

(2)経皮経肝胆管ドレナージチューブなど留置されているドレーンチューブは、留置カテーテルと同様に計画的な管理を行っている場合は算定可。処置等のため短時間、一時的に挿入されたドレーンチューブは算定不可。

　　※介護保険最新情報vol. 267(24.3.16)　平成24年度介護報酬改定に関するQ&Aについて　Q 28

(3)ドレーンチューブを使用している状態、経管栄養や中心静脈栄養の状態にある利用者は留置カテーテルを使用している状態にある者であるため、特別管理加算(Ⅰ)を算定可。

　　※介護保険最新情報vol. 284(24.4.25)　平成24年度介護報酬改定に関するQ&A(vol. 3)について　Q 3、Q 4

(4)留置カテーテルからの排液の性状、量などの観察、薬剤の注入、水分バランスの計測等計画的な管理を行っている場合は算定できるが、単に留置カテーテルが挿入されているだけでは算定不可。

(5)輸液用のポート等が挿入されている場合でも、一度もポートを用いた薬剤の注入を行っていない場合は、計画的な管理が十分に行われていないため算定不可。

※介護保険最新情報vol. 267(24.3.16) 平成24年度介護報酬改定に関するQ&Aについて Q29

(6)「点滴注射を週3日以上行う必要があると認められる状態」として、算定する場合、週や月をまたがって週3日の要件を満たす場合は、点滴注射を7日間の医師の指示期間に3日以上実施していれば算定可。

　例えば4月28日(土曜日)から5月4日(金曜日)までの7日間点滴を実施する指示が出た場合(指示期間)は、算定要件を満たす3日目の点滴を実施した4月に特別管理加算を算定する。加算は医師の指示期間につき1回算定できるが、月をまたいだ場合でも、4月、5月それぞれ3回以上点滴を実施しても両月で特別管理加算を算定不可。なお、5月中に再度点滴注射の指示があり要件を満たす場合は、5月も算定可。

※介護保険最新情報vol. 273(24.3.30) 平成24年度介護報酬改定に関するQ&A(vol. 2)について Q3

(7)特別管理加算の算定には、緊急時訪問看護加算の算定は要件ではないが、特別管理加算の対象者またはその家族等から電話等により看護に関する意見を求められた場合に、常時対応できる体制その他必要な体制を整備していることが望ましい。

※15.5.30事務連絡　介護報酬に係るQ&A　Q6

(8)特別管理加算は、特別な管理を必要とする利用者に対して計画的な管理を行った場合に算定できることとされており、訪問看護ステーションの理学療法士等によるリハビリテーションを中心とした訪問看護のみを利用する利用者については、そうした計画的な管理が行われているとは想定されないため、一般的には、加算算定不可。

※15.5.30事務連絡　介護報酬に係るQ&A　Q7

10. ターミナルケア加算

(1)死亡日および死亡日前14日前に介護保険、医療保険でそれぞれ1回、合計2回ターミナルケアを実施した場合にターミナルケア加算は算定可。最後に実施した保険種別において算定する。

※介護保険最新情報vol. 267(24.3.16) 平成24年度介護報酬改定に関するQ&Aについて Q35

(2)ターミナルケアを実施中に医療機関に搬送し、24時間以内に死亡が確認された場合にも算定可。

※介護保険最新情報vol. 79(21.4.17) 平成21年4月改定関係Q&A(vol. 2) Q17

11. 初回加算

(1)すでに別の事業所から訪問看護を受けている利用者であっても、新たに訪問看護計画書を作成して訪問看護を開始することで、初回加算を算定可。

※介護保険最新情報vol. 267(24.3.16) 平成24年度介護報酬改定に関するQ&Aについて Q36

(2) 同一月に、2カ所の事業所を新たに利用する場合、それぞれの事業所で算定可。

　※介護保険最新情報vol. 267（24.3.16）　平成24年度介護報酬改定に関するQ＆Aについて　Q37

12. 退院時共同指導加算

(1) 退院時共同指導を実施した2カ月後に、退院後初回の訪問看護を行った場合は、算定不可。退院後初回の訪問看護を行った月の同一月もしくは前月に退院時共同指導を実施した場合に算定可。

　※介護保険最新情報vol. 267（24.3.16）　平成24年度介護報酬改定に関するQ＆Aについて　Q39

(2) 1カ所の訪問看護ステーションのみで算定。ただし、特別管理加算を算定している状態の利用者（1回の入院につき2回算定可能な利用者）について、2カ所の訪問看護ステーションがそれぞれ別の日に退院時共同指導を行った場合は、2カ所の訪問看護ステーションでそれぞれ1回ずつ退院時共同指導加算算定可。

　※介護保険最新情報vol. 267（24.3.16）　平成24年度介護報酬改定に関するQ＆Aについて　Q40

(3) 利用者が1カ月の間に入退院を繰り返した場合、1カ月に複数回の算定可。ただし、下記の(例2)の場合のように退院時共同指導を2回行った場合でも退院後一度も訪問看護を実施せず再入院した場合は、退院時共同指導加算は1回のみの算定となる。

　（例1）退院時共同指導加算は2回算定可。
　　　入院⇒退院時共同指導⇒退院⇒訪問看護の提供⇒再入院⇒退院時共同指導⇒訪問看護の実施

　（例2）退院時共同指導加算は1回算定可。
　　　入院⇒退院時共同指導⇒退院⇒再入院⇒退院時共同指導⇒訪問看護の実施

　※介護保険最新情報vol. 267（24.3.16）　平成24年度介護報酬改定に関するQ＆Aについて　Q41

13. 看護・介護職員連携強化加算

(1) 訪問看護費が算定されない月は算定不可。

(2) 理学療法士等のみの同行訪問や会議に出席した場合では算定不可。

(3) 利用者の居宅を訪問し、介護職員の痰の吸引等の実施状況を確認した場合、時間に応じた訪問看護費は算定可。ただし、手技の指導が必要な場合に指導目的で同行訪問を行った場合は、訪問看護費は算定不可。

(4) 緊急時訪問看護加算の届出は看護・介護職員連携強化加算の要件であるが、同加算の算定は不必要。

　※介護保険最新情報vol. 267（24.3.16）　平成24年度介護報酬改定に関するQ＆Aについて　Q42、44、45、46

(2) 指定居宅サービス

14. その他の留意点

(1) 特別地域加算(15％)と中山間地域等居住者へのサービス提供加算(5％)、中山間地域等の小規模事業所加算(10％)と中山間地域等居住者へのサービス提供加算(5％)は、特別地域加算対象地域または、中山間地域等の小規模事業所加算対象地域事業所が通常のサービス実施地域を越えて別の中山間地域等居住者にサービス提供する場合には、併算定可。

※介護保険最新情報 vol. 69. 平成21年4月改定関係Q&A(vol. 1)について　Q11

(2) 医療保険の訪問看護は、週3日の回数制限や2カ所以上のステーションから訪問看護を受けられない等の制限があるが、介護保険の訪問看護は、週あたりの訪問回数に特段の制限はなく、また、2カ所のステーションから訪問看護の提供を受けることもできる。

※12.3.31事務連絡　介護報酬に係るQ&Aについて

(3) 医療保険の訪問診療算定日に、介護保険による訪問看護を行った場合、介護保険による訪問看護が別の時間帯に別のサービスとして行われる場合に限り、それぞれ算定可。

※12.4.28事務連絡　介護報酬等に係るQ&A vol. 2　Ⅰ(1)①Q3

(4) 訪問看護ステーションと「特別な関係」にある医療機関において、医療機関が居宅療養管理指導費(介護保険)算定日と同一日に訪問看護ステーションの訪問看護費(介護保険)の算定は、別の時間帯に別のサービスとして行われた場合であれば可能。

※12.4.28事務連絡　介護報酬等に係るQ&A vol. 2　Ⅰ(1)③Q1

(5) 認知症対応型共同生活介護の利用者が急性増悪等により訪問看護が必要となり、医師の訪問看護指示書および特別訪問看護指示書の交付を受けて、訪問看護ステーションから訪問看護を行った場合は、指示日から14日間を上限として、医療保険において訪問看護療養費を算定可。医療機関においては在宅患者訪問看護・指導料を算定可。特定施設入居者生活介護の利用者についても同様の取扱い。

※15.5.30事務連絡　介護報酬に係るQ&A　訪問看護Q12

15. 出張所(いわゆる「サテライト」)設置の要件

(1) 利用申し込みの調整、訪問看護の提供状況の把握、職員に対する技術指導等が一体的に行われている。

(2) 職員の勤務体制、勤務内容等が一元的に管理されている。必要な場合に随時、主たる事業所や他の出張所との間で相互支援が行われる体制(例えば、主たる事業所から急遽代替え要員を派遣できるような体制)にある。

(3) 苦情処理や損害賠償等に際して、一体的な対応ができる体制にある。

(4) 事業の目的や運営方針、営業日や営業時間、利用料等を定める同一の運営規程が定められている。

(5) 人事、給与、福利厚生等の勤務条件等による職員管理が一元的に行われている。

※28.3.25事務連絡　訪問看護事業所の出張所(いわゆる「サテライト」)の設置について

4 訪問リハビリテーション（介護予防）

 改正点のポイント

- 基本報酬が12単位引下げられた。
- リハビリテーションマネジメント加算（Ⅰ）（Ⅱ）から（Ⅰ）（Ⅱ）（Ⅲ）（Ⅳ）に細分化され、算定要件などが大きく見直しされた。また加算（Ⅰ）（Ⅱ）とも引上げられた。
- 事業所医師がリハビリテーション計画の作成にかかる診療を行わなかった場合等に、20単位/回減算が新設された。
- 社会参加支援加算（翌年度より算定可）の算定要件が明確化された。
- 同一建物等利用者減算方式が見直しされた。（訪問・通所系サービス共通項目ページ参照）
- 介護予防にも、リハビリテーションマネジメント加算、事業所評価加算が新設された。
- 介護予防の訪問介護連携加算が廃止された。
- 「特別地域加算」「中山間地域等における小規模事業所加算」が新設された。（訪問・通所系サービス共通ページ参照）
- 事業所には、専任の常勤医師の配置が必要であると運営基準に明記された。
- 新たに介護医療院が提供する報酬が設定された。

 報酬早見表

算定項目		算定	改定後	改定前	格差	介護予防
イ 訪問リハビリテーション費	病院または診療所の場合	1回	290	302	−12	○
	介護老人保健施設の場合		290	302	−12	○
	介護医療院の場合		290	−	新設	○

1. 算定上の留意点

(1) 利用者またはその家族等利用者の看護に当たる者に対して1回当たり20分以上指導を行った場合に、1週に6回を限度として算定可。

(2) 主治医（介護老人保健施設、介護医療院の医師を除く）が、利用者の急性増悪等により一時的に頻回の訪問リハビリテーションを行う必要がある旨の特別の指示を行った場合は、6カ月に1回、指示日から14日間に限って、医療保険の給付対象となるため、介護保険の訪問リハビリテーション費は算定不可。

(3) 短期入所生活介護、短期入所療養介護、特定施設入所者生活介護、認知症対応型共同

生活介護、地域密着型特定施設入居者生活介護、地域密着型介護老人福祉施設入所者生活介護を受けている間は、算定不可。
(4)特定施設入居者生活介護、認知症対応型共同生活介護の提供に必要がある場合、当該事業者の費用負担により、その利用者が利用することは差し支えない。
(5)介護老人保健施設、介護医療院の退所(院)日または短期入所療養介護のサービス終了〔退所(院)〕日は、算定不可。一方、入所(院)日に関しては、当日でも入所(院)前に利用する場合であれば算定可。
(6)複数の要介護者がいる世帯において、同一時間帯に訪問サービスを利用した場合、それぞれに標準的な所要時間を見込んで居宅サービス計画上に位置づける。
(7)指示を行う医師の診療日(介護老人保健施設、介護医療院の医師は、入所者の退所時あるいはその直近に行った診療日)から3カ月以内に行われた場合に算定。例外として、訪問リハビリテーション事業所の医師がやむを得ず診療できない場合に、別の医療機関の医師から情報提供を受け、当該情報提供を踏まえてリハビリテーション計画を作成のうえ実施した場合は、情報提供を行った別の医療機関の医師による情報提供の基礎となる診療日から3カ月以内に行われた場合に算定。この場合、少なくとも3カ月に1回は、訪問リハビリテーション事業所の医師は、当該情報提供を行った別の医療機関の医師に対して訪問リハビリテーション計画等について情報提供を行う。
(8)居宅から一連のサービス行為として買い物やバスなどの公共交通機関への乗降などの行為に関するサービス提供にあたっては、リハビリテーション計画にその目的、頻度等を記録する。
(9)利用者が(介護予防)訪問リハビリテーション事業所である医療機関受診日、または訪問診療もしくは往診を受けた日に、訪問リハビリテーション計画を作成する際の医師の診療を行った場合は、当該診療等と時間を別にして行われていることを記録上明確にする。
(10)事業所の医師の診療に基づき、訪問リハビリテーション計画を作成し、実施することが原則であるが、医療保険の脳血管疾患等リハビリテーション料、廃用症候群リハビリテーション料または運動器リハビリテーション料を算定すべきリハビリテーションを受けていた患者が、介護保険の訪問リハビリテーションへ移行する際に、リハビリテーション計画書により、医療機関から事業所が情報提供を受け、事業所の医師が利用者を診療するとともに、リハビリテーション計画書に記載された内容について確認し、訪問リハビリテーションの提供を開始しても差し支えないと判断した場合は、例外として、訪問リハビリテーション費の算定を開始してもよい。
　なお、この場合でも、算定開始の日が属する月から起算して3カ月以内に、事業所の医師の診療に基づいて、次回の訪問リハビリテーション計画を作成する。
(11)事業所が介護老人保健施設または介護医療院である場合で、医師の指示を受けた理学療法士、作業療法士または言語聴覚士(理学療法士等)が、利用者の居宅を訪問して訪問リハビリテーションを行った場合は、訪問する理学療法士等の当該訪問の時間

(2) 指定居宅サービス

は、介護老人保健施設または介護医療院の人員基準の算定に含めない。なお、介護老人保健施設または介護医療院による訪問リハビリテーションの実施には、介護老人保健施設または介護医療院において、施設サービスに支障のないよう留意する。

(12) 訪問リハビリテーション費は「通院が困難な利用者」に対して給付することとされているが、通所リハビリテーションのみでは、家屋内におけるADLの自立が困難である場合の家屋状況の確認を含めた訪問リハビリテーションの提供など、ケアマネジメントの結果、必要と判断された場合は訪問リハビリテーション費を算定可。「通院が困難な利用者」の趣旨は、通院により、同様のサービスが担保されるのであれば、通所系サービスを優先すべきということ。

加算算定のポイント

算定項目		算定	改定後	改定前	格差	要件	介護予防
特別地域訪問リハビリテーション加算		1回	+15%	−	新設		○
中山間地域等における小規模事業所加算		1回	+10%	−			○
中山間地域等に居住する者へのサービス提供加算		1回	+5%	+5%	±0		○
短期集中リハビリテーション実施加算 (退院(所)日または認定日から3カ月以内)		1日	+200	+200	±0		○
リハビリテーションマネジメント加算	リハビリテーションマネジメント加算(Ⅰ)	1月	+230	+60	170		○ (新設)
	リハビリテーションマネジメント加算(Ⅱ)		+280	+150	130		
	リハビリテーションマネジメント加算(Ⅲ)		+320	−	新設		
	リハビリテーションマネジメント加算(Ⅳ)		+420	−		3月に1回限度	
ロ 社会参加支援加算		1日	+17	+17	±0		
ロ 事業所評価加算		1月	+120	−	新設		介護予防のみ
ハ サービス提供体制強化加算		1回	+6	+6	±0		

※ 特別地域加算、中山間地域等の小規模事業所加算、中山間地域等提供加算、サービス提供体制強化加算は区分支給限度基準額管理対象外。

1. 特別地域加算等

今回の改定で、訪問リハビリテーションにも「特別地域加算」と「中山間地域等における小規模事業所加算」が設けられた。詳細は訪問・通所系サービス共通項目ページを参照。

2. 短期集中リハビリテーション実施加算

(1) 本加算の算定は、リハビリテーションマネジメント加算の算定が前提となっていることから、加算の趣旨を踏まえたリハビリテーションを実施するよう留意する。

(2) 利用者の状態に応じて、基本的動作能力(起居、歩行、発話等を行う能力)および応用

的動作能力(運搬、トイレ、掃除、洗濯、コミュニケーション等を行うに当たり基本的動作を組み合わせて行う能力)を向上させ、身体機能が回復するための集中的なリハビリテーションを実施した場合に算定可。「集中的なリハビリテーション」とは、退院(所)日または認定日から起算して3カ月以内の期間に、1週につきおおむね2日以上、1日当たり20分以上実施することを指す。リハビリテーションマネジメント加算を算定していることが要件。

3. リハビリテーションマネジメント加算の算定要件一覧

算定要件／項目		加算(Ⅰ)(予防)	加算(Ⅱ)(見直し)	加算(Ⅲ)(新設)	加算(Ⅳ)(新設)
報酬(1月)((Ⅳ)は3月に1回)		230単位(引上げ)	280単位(引上げ)	320単位	420単位
算定要件	評価と見直し	リハビリテーション計画の進捗状況を定期的に評価し、必要に応じて計画を見直す			
	情報の伝達	理学療法士(PT)、作業療法士(OT)または言語聴覚士(ST)が、介護支援専門員を通じて、居宅サービスの従事者に対し、日常生活上の留意点、介護の工夫等の情報を伝達			
	医師の詳細な指示	事業所医師が、事業所のPT、OTまたはSTに対し、リハビリテーションの目的、開始前または実施中の留意事項、やむを得ず中止する際の基準、リハビリテーションにおける利用者に対する負荷等のうちいずれか1以上の指示を行う			
	医師による指示内容の明確な記録	指示を行った医師またはPT、OTまたはSTが医師の指示内容を明確にわかるように記録			
	リハビリテーション会議※		リハビリテーション会議を開催し、リハビリテーションに関する専門的な見地から利用者の状況等に関する情報を構成員と共有し、会議の内容を記録		
	リハビリテーション計画の説明と同意		計画作成に関与したPT、OTまたはSTが利用者または家族に説明し、利用者の同意を得るとともに、説明した内容等を医師へ報告	医師が利用者またはその家族に対して説明し、利用者の同意を得る	
	会議の開催と計画の見直し	医師が3カ月以上の継続利用が必要と判断する場合には、リハビリテーション計画書の備考欄に継続利用が必要な理由、予防の場合は、その他の介護予防サービスへの移行の見通しを記載(会議開催は不要)	3カ月に1回以上、リハビリテーション会議を開催し、利用者の状態の変化に応じ、訪問リハビリテーション計画を見直す		
	介護支援専門員への情報提供		PT、OTまたはSTが介護支援専門員に対し、リハビリテーションに関する専門的な見地から、利用者の有する能力、自立のために必要な支援方法及び日常生活上の留意点に関する情報提供を行う		

(2) 指定居宅サービス

算定要件／項目		加算(Ⅰ)(予防)	加算(Ⅱ)(見直し)	加算(Ⅲ)(新設)	加算(Ⅳ)(新設)
算定要件	右記の①②のいずれかに適合		①PT、OTまたはSTが居宅を訪問し、ケアプランに記載されているサービス従業者に対し、専門的な見地から、介護の工夫に関する指導及び日常生活上の留意点に関する助言を行う		
			②PT、OTまたはSTが居宅を訪問し家族に対し、専門的な見地から、介護の工夫に関する指導および日常生活上の留意点に関する助言を行う		
	算定要件を記録		基準(算定要件)に適合することを確認し、記録		
	データの提出(VISIT)				計画書等の内容に関するデータを、厚生労働省に提出

※リハビリテーション会議構成員である医師の会議への出席は、テレビ電話等を使用してもよい。
※リハビリテーションマネジメント加算の細分化(Ⅰ)のみ予防に新設。予防の場合は(Ⅰ)のみのため(Ⅰ)がつかない。

4. 社会参加支援加算

(1) 社会参加に資する取組とは

　通所リハビリテーション、介護予防通所リハビリテーション、通所介護、地域密着型通所介護、認知症対応型通所介護、小規模多機能型居宅介護、看護小規模多機能型居宅介護、介護予防認知症対応型通所介護、介護予防小規模多機能型居宅介護、介護予防・日常生活支援総合事業における通所事業や一般介護予防事業、居宅における家庭での役割を担うことならびに就労が対象。

　入院、介護保険施設への入所、認知症対応型共同生活介護、地域密着型特定施設入居者生活介護、地域密着型介護老人福祉施設、訪問リハビリテーションは、社会参加に資する取組の対象外。

(2) 算定要件

　効果的なサービスの提供を評価する観点から、評価対象期間(各年1月1日から12月31日までの期間)、利用者の社会参加に資する取組等への移行割合が一定以上となった場合等に、評価対象期間の翌年度に加算。

　①算定方法

　　以下の両方の条件を満たしていること。

　　1) 社会参加等への移行状況

$$\frac{社会参加に資する取組等を実施した者}{評価対象期間中にサービス提供を終了した者} > 5\%$$

　　2) リハビリテーションの利用状況

$$\frac{12月}{平均利用延月数} > 25\%$$

　　※平均利用延月数の考え方

$$\frac{評価対象期間の利用者延月数}{評価対象期間の(新規利用者数+新規終了者数) \div 2}$$

　② 社会参加の継続の有無の評価

　　評価対象期間中にリハビリテーションの提供を終了した日から起算して14日以降44

日以内に、事業所の従業者が、リハビリテーション提供終了者の居宅を訪問し、リハビリテーション計画書の社会参加支援評価の欄を活用しながら、リハビリテーションの終了時と比較して、ADLとIADL評価する。ADLとIADLが維持または改善していることをもって、「3カ月以上継続する見込みである」とする。

なお、日程調整または利用者が転居するなど、居宅に訪問しADLとIADLの状況を確認することができなかった場合は、担当介護支援専門員に居宅サービス計画の提供を依頼し、社会参加に資する取組の実施を確認するとともに、電話等の手段を用いて、ADLとIADLの情報を確認する。

③訪問し、状況を確認した結果、状態の悪化またはその恐れがある場合や参加が維持されていなかった場合は、利用者および家族に適切な助言を行うとともに速やかに医師、また、必要に応じて介護支援専門員に情報を提供し、その対応を検討することが望ましい。

5. 介護予防事業所評価加算（新設）

アウトカム評価として、すでに介護予防通所リハビリテーションに設けられている事業所評価加算が、介護予防訪問リハビリテーションにも新設された。算定要件は以下の通り。

(1) 定員利用・人員基準に適合しているものとして都道府県知事に届出てリハビリテーションマネジメント加算を算定している。
(2) 利用実人員数が10名以上。
(3) 利用実人員数の60％以上にリハビリテーションマネジメント加算を算定している。
(4) （要支援状態区分の維持者数＋改善者数×2）÷（評価対象期間内（前年の1月〜12月）に、更新・変更認定を受けた者の数）≧0.7を満たす。（サービスを3カ月以上利用した者の要支援状態の維持・改善率）

ココに注目　減算等について

	算定項目	算定	改定前	改定後	格差	要件	介護予防
事業所と同一建物等利用者20人以上にサービスを行う場合	事業所と同一建物の利用者またはこれ以外の同一建物の利用者20人以上にサービスを行う場合	1回	×90%	×90%	±0		○
	事業所と同一建物の利用者50人以上にサービスを行う場合		×85%	×90%	−5%		○
事業所の医師がリハビリテーション計画の作成に係る診療を行わなかった場合			−20	−	新設		○

※ 同一建物等利用者減算は区分支給限度基準額管理の対象外。

(2) 指定居宅サービス

1. 事業所医師がリハビリテーション計画作成にかかる診察を行っていない場合の減算（新設）

次に掲げる基準のいずれにも適合する場合に、1回につき20単位減算。

(1) 訪問リハビリテーション事業所の利用者が、当該事業所とは別の医療機関の医師による計画的な医学的管理を受けている場合で、当該事業所の医師が、計画的な医学的管理を行っている医師から、利用者に関する情報の提供を受けている。

(2) 計画的な医学的管理を行っている医師が適切な研修を修了等している。

(3) 情報の提供を受けた訪問リハビリテーション事業所の医師が、情報を踏まえ、訪問リハビリテーション計画を作成する。

この規定に関わらず、2018年4月1日から2019年3月31日までの間に、(1)および(3)に掲げる基準に適合する場合は、減算して請求する。

(4) 「当該利用者に関する情報の提供」とは、別の医療機関の計画的に医学的管理を行っている医師から指定訪問リハビリテーション事業所の医師が、本人の希望、家族の希望、健康状態・経過、心身機能・構造、活動（基本動作、移動能力、認知機能等）、活動（ADL）、リハビリテーションの目標、リハビリテーション実施上の留意点等について、訪問事業所の医師が十分に記載できる情報の提供を受けていることをいう。

(5) 「適切な研修」には、日本医師会の「日医かかりつけ医機能研修制度」の応用研修の単位を取得した場合が含まれる。なお、応用研修のすべての単位を取得している必要はなく、応用研修のうち、「応用研修会」の項目である、「フレイル予防・高齢者総合的機能評価（CGA）・老年症候群」「栄養管理」「リハビリテーション」「摂食嚥下障害」のいずれか1単位以上を取得した上で、事業所の医師に情報提供を行う日が属する月から前36カ月の間に合計6単位以上（前述の単位を含む。）を取得していればよい。

 プラスα　Q&Aなどから

1. リハビリテーションマネジメント加算

(1) リハビリテーション計画書

医療保険から介護保険のリハビリテーションに移行する者の情報提供には「リハビリテーションマネジメント加算等に関する基本的な考え方並びにリハビリテーション計画書等の事務処理手順及び様式例の提示について」（平成30年3月22日老老発0322第2号）ではBarthel Index が用いられているが、情報提供をする医師と情報提供を受ける医師との間で合意している場合には、FIM（Functional Independence Measure）を用いる場合に限り変更を認める。なお、様式の変更は、情報提供をする医師と情報提供を受ける医師との間で事前の合意があることが必要である。

※介護保険最新情報vol. 629（30.3.23）　平成30年度介護報酬改定に関するQ＆A（Vol. 1）　Q50

(2) 医師の指示

　毎回のリハビリテーションは、医師の指示の下、行われるものであり、指示は利用者の状態等を踏まえて適時適切に行われることが必要であるが、必ずしも、リハビリテーションの提供日ごとに、逐一、医師が理学療法士等に指示する形のみを求めるものではない。例えば、医師が状態の変動の範囲が予想できると判断した利用者について、適当な期間にわたり、リハビリテーションの指示を事前に出しておき、リハビリテーションを提供した理学療法士等の記録等に基づいて、必要に応じて適宜指示を修正する等の運用でも差し支えない。

　　※介護保険最新情報vol.629(30.3.23)　平成30年度介護報酬改定に関するQ&A（Vol.1）Q52

(3) 医療機関において訪問リハビリテーションを行う場合の取扱い（通所リハビリテーション共通）

　医療機関において、脳血管疾患等リハビリテーション、運動器リハビリテーションまたは呼吸器リハビリテーション（疾患別リハビリテーション）と1時間以上2時間未満の通所リハビリテーションまたは訪問リハビリテーションを同時に行う場合、理学療法士等は同日に疾患別リハビリテーション、通所リハビリテーション、訪問リハビリテーションを提供するためには、次の4つの条件を満たす必要がある。

　①訪問リハビリテーションの20分のリハビリテーションに従事した時間を、疾患別リハビリテーションの1単位とみなし、理学療法士等1人あたり1日18単位を標準、1日24単位を上限とし、週108単位以内である。

　②1時間以上2時間未満の通所リハビリテーションの20分の個別リハビリテーションに従事した時間を、疾患別リハビリテーションの1単位とみなし、理学療法士等1人あたり1日18単位を標準、1日24単位を上限とし、週108単位以内である。

　③疾患別リハビリテーション1単位を訪問リハビリテーションまたは通所リハビリテーションの20分としてみなし、理学療法士等1人当たり1日合計8時間以内、週36時間以内である。

　④理学療法士等の疾患別リハビリテーション、通所リハビリテーションおよび訪問リハビリテーションにおけるリハビリテーションに従事する状況が、勤務簿等に記載されている。

　《参考》「介護サービス関係Q&A」1211（平成24年3月16日発出【64】85）

　※介護保険最新情報vol.629(30.3.23)　平成30年度介護報酬改定に関するQ&A（Vol.1）Q58

(4) 事業所の医師が診療せずにリハビリテーションを提供した場合の減算

　別の医療機関の医師から計画的な医学的管理を受けている者に対し、訪問リハビリテーション事業所等の医師が、自らは診療を行わず、別の医療機関の医師から情報提供を受けてリハビリテーションを計画、指示してリハビリテーションを実施する場合において、別の医療機関の医師から提供された情報からは、環境因子や社会参加の状況等、リハビリ

(2) 指定居宅サービス

テーションの計画、指示に必要な情報が得られない場合、訪問リハビリテーション等を開始する前に、例えば訪問リハビリテーション事業所等の理学療法士、作業療法士または言語聴覚士に利用者を訪問させ、その状態についての評価を報告させる等の手段によって、必要な情報を適宜入手した上で医師および理学療法士、作業療法士または言語聴覚士が共同してリハビリテーションを計画し、事業所医師の指示に基づいてリハビリテーションを行う必要がある。

　　※介護保険最新情報vol. 629(30.3.23)　平成30年度介護報酬改定に関するQ＆A（Vol. 1）　Q59

(5) 事業所の医師が診療せずにリハビリテーションを提供した場合の減算除外研修

「適切な研修の修了等」には、日本医師会の「日医かかりつけ医機能研修制度」の応用研修の単位を取得した場合が含まれる。

なお、応用研修のすべての単位を取得している必要はなく、応用研修のうち、「応用研修会」の項目である、「フレイル予防・高齢者総合的機能評価（CGA）・老年症候群」「栄養管理」「リハビリテーション」「摂食嚥下障害」のいずれか1単位以上を取得した上で、事業所の医師に情報提供を行う日が属する月から前36月の間に合計6単位以上（前述の単位を含む。）を取得していればよい。

　　※介護保険最新情報vol. 629(30.3.23)　平成30年度介護報酬改定に関するQ＆A（Vol. 1）　Q60

(6) 人員基準

①訪問リハビリテーションの人員基準において常勤医師の配置が必要であるが、常勤医師が1名の診療所や介護老人保健施設において訪問リハビリテーションを実施する場合、当該医師の他にもう1名の常勤医師を雇用する必要はない。

　　※介護保険最新情報vol. 629(30.3.23)　平成30年度介護報酬改定に関するQ＆A（Vol. 1）　Q61

②訪問リハビリテーション事業所の常勤医師が、理学療法士等が利用者宅を訪問してリハビリテーションを提供している時間や、カンファレンス等の時間に、医療保険における診療を行っても居宅等サービスの運営基準の人員に関する基準を満たしていると考えてよい。

　　※介護保険最新情報vol. 629(30.3.23)　平成30年度介護報酬改定に関するQ＆A（Vol. 1）　Q62

(7) 設備に関する基準

「指定居宅サービス等及び指定介護予防サービス等に関する基準について」（平成11年9月17日老企第25号）において、脳血管疾患等リハビリテーション料、廃用症候群リハビリテーション料、運動器リハビリテーション料または呼吸器リハビリテーション料を算定すべきリハビリテーションを受けている患者と、介護保険の通所リハビリテーションまたは介護予防通所リハビリテーションの利用者に対するサービス提供に支障が生じない場合に限り、同一のスペースにおいて行うことも差し支えないとされ、その場合には、医療保

険のリハビリテーションの患者数に関わらず、常時、3m^{2}に通所リハビリテーションの利用者数を乗じた面積以上を満たせばよいとされている。

　例えば医療機関の45m^{2}の訓練室を通所リハビリテーションと共用する場合、45m^{2}を3m^{2}で除した数、すなわち15人以下の利用者数に通所リハビリテーションを提供できると考えてよい。

　　※介護保険最新情報vol. 629(30.3.23)　平成30年度介護報酬改定に関するQ&A
　　　(Vol. 1)　Q66

(8) テレビ電話等情報通信機器の使用

　リハビリテーションマネジメント加算におけるリハビリテーション会議の構成員である医師の参加については、テレビ電話等情報通信機器を使用しても差し支えないとされている。テレビ電話等情報通信機器を使用する際の留意点は、利用者に関する情報の共有や、リハビリテーション計画の内容について利用者等に説明を行うためのリハビリテーション会議への医師の参加にテレビ電話等情報通信機器を用いる場合、事業者はその旨を利用者にあらかじめ説明しておく。また、保険医療機関の電子カルテなどを含む医療情報システムと共通のネットワーク上の端末においてカンファレンスを実施する場合には、厚生労働省「医療情報システムの安全管理に関するガイドライン(第5版)」(平成29年5月)に対応していること。

≪参考≫「医療情報システムの安全管理に関するガイドライン(第5版)」(平成29年5月)(抄)
1　はじめに
　(略)
　また、平成29年5月に、改正個人情報保護法が全面施行されることとなり、これに伴って個人情報保護委員会が「個人情報の保護に関する法律についてのガイドライン(通則編)」(平成28年個人情報保護委員会告示第6号。以下「通則ガイドライン」という。)を公表した。この通則ガイドラインを踏まえ、医療・介護分野における個人情報の取扱いに係る具体的な留意点や事例等が「医療・介護関係事業者における個人情報の適切な取扱いのためのガイダンス」(個人情報保護委員会、厚生労働省；平成29年4月14日)において示された。同ガイダンスでは、医療情報システムの導入及びそれに伴う外部保存を行う場合の取扱いにおいては本ガイドラインによることとされている。(本ガイドラインの6章、8章、付則1及び付則2が該当)

　本ガイドラインは、病院、一般診療所、歯科診療所、助産所、薬局、訪問看護ステーション、介護事業者、医療情報連携ネットワーク運営事業者等(以下「医療機関等」という。)における電子的な医療情報の取扱いに係る責任者を対象とし、理解のしやすさを考慮して、現状で選択可能な技術にも具体的に言及した。従って、本ガイドラインは技術的な記載の陳腐化を避けるために定期的に内容を見直す予定である。本ガイドラインを利用する場合は最新の版であることに十分留意されたい。

　　※介護保険最新情報vol. 675(30.8.6)　平成30年度介護報酬改定に関するQ&A(Vol.
　　　6)　Q1(通所リハビリテーション共通)

(2) 指定居宅サービス

2. 認知症短期集中リハビリテーション実施加算

　認知症短期集中リハビリテーション実施加算の要件である「認知症に対するリハビリテーションに関わる専門的な研修を終了した医師」の研修とは、認知症に対するリハビリテーションに関する知識・技術を習得することを目的とし、認知症の診断、治療および認知症に対するリハビリテーションの効果的な実践方法に関する一貫したプログラムを含む研修である必要がある。

　例えば、全国老人保健施設協会が主催する「認知症短期集中リハビリテーション研修」、日本リハビリテーション病院・施設協会が主催する「認知症短期集中リハビリテーション研修会」、全国デイ・ケア協会が主催する「通所リハ認知症研修会」が該当すると考えられる。また、認知症診療に習熟し、かかりつけ医への助言、連携の推進等、地域の認知症医療体制構築を担う医師の養成を目的として、都道府県等が実施する「認知症サポート医養成研修」修了者も本加算の要件を満たすものと考えられる。

　《参考》 ※介護保険最新情報vol.629（30.3.23）　平成30年度介護報酬改定に関する
　　　　Q&A（Vol.1）　Q67

3. 短期集中リハビリテーション実施加算

(1)退院(所)後に認定された場合の起算点は認定日、退院(所)前に認定された場合は、退院(所)日が起算点となる。

　※介護制度改革information vol.78（18.3.22）　平成18年4月改定関係Q&A（vol.1）
　　について　Q6

(2)正当な理由なく、算定要件に適合しない場合は、算定不可。算定要件に適合しない場合でも、①やむを得ない理由によるもの（利用者の体調悪化等）、②総合的なアセスメントの結果、必ずしも当該目安を超えていない場合でも、それが適切なマネジメントに基づくもので、利用者の同意を得ているもの（一時的な意欲減退に伴う回数調整等）であれば、リハビリテーションを行った実施日の算定は認められる。なお、その場合は通所リハビリテーション計画の備考欄等に、当該理由等を記載する必要がある。

　※介護保険最新情報vol.471（27.4.30）　「平成27年度介護報酬改定に関するQ&A
　　（vol.2）」の送付について　Q17

5 居宅療養管理指導（介護予防）

 改正点のポイント

- 同一日に同じ建物に居住する者（同一建物居住者）の取り扱いから、訪問した建物内において、訪問月に診療した人数（単一建物居住者の人数）により報酬が見直された。報酬は1人、2〜9人以下は改定前より引上げ。10人以上は改定前より引下げられた。
- 看護職員による居宅療養管理指導が2018（平成30）年9月30日をもって廃止された。（報酬等は省略）
- 「特別地域加算」、「中山間地域等における小規模事業所加算」および「中山間地域等に居住する者へのサービス提供加算」が新設された。（訪問・通所系サービス共通ページ参照）
- 「中山間地域等に居住する者へのサービス提供加算」の新設にあたり、他の訪問系サービスと同様に、通常の事業の実施地域を運営基準に基づく運営規程に定めることになった。

 報酬早見表

算定項目			算定	改定後	改定前	格差	介護予防
イ　医師が行う場合（月2回限度）	(1)居宅療養管理指導費(Ⅰ)（(2)以外）	(一)単一建物居住者1人に対して行う場合	1回	507	503	4	○
		(二)単一建物居住者2人以上9人以下に対して行う場合		483	452	31	
		(三)単一建物居住者10人以上に対して行う場合		442	452	−10	
	(2)居宅療養管理指導費(Ⅱ)（在宅時医学総合管理料または特定施設入居時等医学総合管理料を算定する場合）	(一)単一建物居住者1人に対して行う場合		294	292	2	
		(二)単一建物居住者2人以上9人以下に対して行う場合		284	262	22	
		(三)単一建物居住者10人以上に対して行う場合		260	262	−2	
ロ　歯科医師が行う場合（月2回限度）	(1)単一建物居住者1人に対して行う場合			507	503	4	○
	(2)単一建物居住者2人以上9人以下に対して行う場合			483	452	31	
	(3)単一建物居住者10人以上に対して行う場合			442	452	−10	
ハ　薬剤師が行う場合	(1)病院または診療所の薬剤師の場合（月2回限度）	(一)単一建物居住者1人に対して行う場合		558	553	5	○

(2) 指定居宅サービス

算定項目			算定	改定後	改定前	格差	介護予防
ハ 薬剤師が行う場合		(二)単一建物居住者2人以上9人以下に対して行う場合	1回	414	387	27	
		(三)単一建物居住者10人以上に対して行う場合		378	387	−9	
	(2)薬局の薬剤師の場合（月4回限度）注	(一)単一建物居住者1人に対して行う場合		507	503	4	○
		(二)単一建物居住者2人以上9人以下に対して行う場合		376	352	24	
		(三)単一建物居住者10人以上に対して行う場合		344	352	−8	
ニ 管理栄養士が行う場合（月2回限度）	(1)単一建物居住者1人に対して行う場合			537	533	4	○
	(2)単一建物居住者2人以上9人以下に対して行う場合			483	452	31	
	(3)単一建物居住者10人以上に対して行う場合			442	452	−10	
ホ 歯科衛生士等が行う場合（月4回限度）	(1)単一建物居住者1人に対して行う場合			355	352	3	○
	(2)単一建物居住者2人以上9人以下に対して行う場合			323	302	21	
	(3)単一建物居住者10人以上に対して行う場合			295	302	−7	

注 がん末期患者および中心静脈栄養患者には、週2回月8回限度

算定のポイント

算定項目	算定	改定後	改定前	格差	介護予防
特別地域居宅療養管理指導加算	1回	+15%	−	新設	○
中山間地域等における小規模事業所加算		+10%	−	新設	○
中山間地域等に居住する者へのサービス提供加算		+5%	−	新設	○
特別な薬剤の場合 (1)(2)に加算		+100	+100	±0	○

1. 特別地域加算等

今回の改定で、「特別地域加算」と「中山間地域等における小規模事業所加算」「中山間地域等に居住する者へのサービス提供加算」が新設された。加算の詳細は訪問・通所系サービス共通項目ページを参照。

2. 新設された特別地域等加算の留意点

医科診療報酬点数表 往診料の注4（※）、在宅患者訪問診療料の注9（※）または歯科診療報酬点数表 歯科訪問診療料の注9（※）を算定している場合は、加算対象外。

(※)医療機関から患家の距離が16km以上の地域等の加算

3. 医師または歯科医師が行う場合

(1)計画的かつ継続的な医学的管理または歯科医学的管理に基づき、介護支援専門員に対するケアプランの作成等に必要な情報提供ならびに利用者もしくはその家族等に対する介護サービス利用上の留意点、介護方法等についての指導および助言を行った場合に算定可。介護支援専門員への情報提供がない場合は算定不可。

(2)利用者が他の介護サービスを利用している場合は、必要に応じて利用者または家族の同意を得たうえで、介護サービス事業者等に介護サービスを提供するうえでの情報提供および助言を行う。

(3)居宅療養管理指導以外のサービスを利用していない利用者や、自らケアプランを作成している利用者など、介護支援専門員によるケアプランの作成が行われていない利用者に対しても算定可。

4. 薬剤師が行う場合

(1)医師または歯科医師の指示に基づき、薬剤師が薬学的管理指導計画を策定し、医療機関の薬剤師が行う場合は、医師・歯科医師の指示に基づき、利用者の居宅を訪問して、薬歴管理、服薬指導、薬剤服用状況および薬剤保管状況の確認等の薬学的管理指導を行い、提供した居宅療養管理指導の内容について、利用者またはその家族等に対して積極的に文書等にて提供するよう努め、速やかに記録(薬局薬剤師は、薬剤服用歴の記録、医療機関の薬剤師は、薬剤管理指導記録)を作成するとともに、医師・歯科医師に報告したうえで、介護支援専門員に対するケアプランの作成等に必要な情報提供を行う。情報提供がない場合は算定不可。ただし、介護支援専門員によるケアプランの作成が行われていない場合の取扱いは、医師が行う場合の算定と同様。併せて、利用者の服薬状況や薬剤の保管状況に問題がある場合等、その改善のため訪問介護員等の援助が必要と判断される場合は、関連事業者等に対して情報提供および必要な助言を行う。薬局薬剤師は、居宅療養管理指導の指示を行った医師または歯科医師に対し訪問結果について、必要な情報提供を文書で行う。

(2)算定は、月2回(薬局の薬剤師は4回)が限度。ただし、薬局の薬剤師は、がん末期患者および中心静脈栄養を受けている者に対して実施する場合に限って、週2回、かつ、月8回を限度として算定可。

(3)薬局薬剤師が居宅療養管理指導費を月2回以上算定する場合(がん末期患者および中心静脈栄養を受けている者に対するものを除く)は、算定日の間隔は6日以上。医療機関の薬剤師が居宅療養管理指導を2回算定する場合も、算定日の間隔は6日以上。

(4)麻薬管理指導加算は、疼痛緩和のために別に厚生労働大臣が定める特別な薬剤(「麻薬および向精神薬取締法」に規定する麻薬)の投薬が行われている利用者に対して、薬剤の使用に関する必要な薬学管理指導を行った場合に加算。麻薬の投薬が行われている

(2) 指定居宅サービス

利用者に対して、定期的に、投与される麻薬の服用状況、残薬の状況および保管状況について確認し、残薬の適切な取扱い方法も含めた保管取扱い上の注意事項等に関して必要な指導を行うとともに、麻薬による鎮痛効果や副作用の有無の確認が必要。なお、薬局薬剤師は、処方せん発行医に対して必要な情報提供を行うことが要件。

(5) 医師・歯科医師からの指示は、医師・歯科医師による居宅療養管理指導の情報提供でも問題ない。この場合の情報提供は、医師・歯科医師と薬局薬剤師がサービス担当者会議に参加し、医師・歯科医師から薬局薬剤師が行う居宅療養管理指導の必要性を提案する方法や、サービス担当者会議に参加が困難な場合や開催されない場合には、文書(メールやFAXでも可)により薬局薬剤師に対して情報提供を行う方法が考えられる。

(6) 他の医療機関または薬局の薬剤師が居宅療養管理指導を行っている場合は、併算定不可。

(7) 居宅療養管理指導を行っている薬局(以下、在宅基幹薬局)が連携する他の薬局(以下、サポート薬局)と薬学的管理指導計画の内容を共有していることおよび緊急その他やむを得ない事由がある場合は、在宅基幹薬局の薬剤師に代わって利用者またはその家族等に指導を行うことについて、あらかじめ利用者またはその家族の同意を得ている場合で、在宅基幹薬局に代わってサポート薬局が指導を行った場合は、居宅療養管理指導費を算定可。この場合、居宅療養管理指導費の算定は在宅基幹薬局が行う。

5. 管理栄養士が行う場合

(1) 栄養ケア計画を作成して患者または家族等に対して交付し、栄養管理に係る情報提供および栄養相談または助言を30分以上行った場合に算定。

(2) 別に厚生労働大臣が定める特別食〔疾病治療の直接手段として、医師の発行する食事せんに基づき提供された適切な栄養量および内容を有する腎臓病食、肝臓病食、糖尿病食、胃潰瘍食、貧血食、膵臓病食、脂質異常症食、痛風食、嚥下困難者のための流動食、経管栄養のための濃厚流動食および特別な場合の検査食(単なる流動食および軟食を除く)〕を必要とする利用者または低栄養状態にあると医師が判断した者に対して、医師、歯科医師、管理栄養士、看護師、薬剤師その他の職種の者が共同して、利用者ごとの摂食・嚥下機能および食形態にも配慮した栄養ケア計画を作成。

(3) 管理栄養士は常勤である必要はなく、要件に適合した指導が行われていれば算定可。

6. 歯科衛生士等が行う場合

(1) 訪問診療の結果等に基づき作成した管理指導計画にしたがって、1人の利用者に対して歯科衛生士等が1対1で20分以上行った場合に算定可。

(2) 指示した歯科医師の訪問診療日から起算して3カ月以内に行われた場合に算定。

(3) 居宅療養管理指導を行った時間とは、実際に指導を行った時間をいうものであり、指導のための準備や利用者の移動に要した時間等は含まない。

ココに注目　減算等について

1. 単一建物居住者(2人以上)とは
　利用者が居住する建築物に居住する者のうち、同一月の利用者数を「単一建物居住者の人数」という。単一建物居住者の人数は、同一月における以下の利用者の人数をいう。
(1)養護老人ホーム、軽費老人ホーム、有料老人ホーム、サービス付き高齢者向け住宅、マンションなどの集合住宅等に入居または入所している利用者。
(2)小規模多機能型居宅介護(宿泊サービスに限る)、認知症対応型共同生活介護、複合型サービス(宿泊サービスに限る)、介護予防小規模多機能型居宅介護(宿泊サービスに限る)、介護予防認知症対応型共同生活介護などのサービスを受けている利用者。

2. 単一建物居住者に対して行う場合(同一月の訪問)
(1)以下のような場合は、「単一建物居住者(2人以上)」の居宅療養管理指導費を算定。
　①利用者の都合等により、「単一建物居住者」複数人に対して行う場合でも、2回に分けて居宅療養管理指導を行わなければならない場合。
　②同じマンションに、同一月に同じ居宅療養管理指導事業所の別の医師がそれぞれ別の利用者に居宅療養管理指導を行った場合。
(2)1つの居宅に対象となる同居する同一世帯の利用者が2人以上いる場合の居宅療養管理指導費は、利用者ごとに「単一建物居住者が1人の場合」を算定する。
(3)居宅療養管理指導を行う利用者数が、建築物の戸数の10％以下の場合または建築物の戸数が20戸未満であって、事業所が居宅療養管理指導を行う利用者が2人以下の場合には、それぞれ「単一建物居住者が1人の場合」を算定する。
(4)以下の場合は、別の建物となる。
　①同一敷地内または隣接地に棟が異なる建物が集まったマンション群や公団住宅等の場合。
　②外観上明らかに別建物であるが渡り廊下のみでつながっている場合。
(5)住民票の住所と実際の居住場所が異なる場合は、実際の居住場所で判断する。

 コラム　留意事項等について

1. 医師が行う場合の留意点
(1)医師が同月に医療保険の「在宅時医学総合管理料」または「施設入居時等医学総合管理料」を算定している場合は居宅療養管理指導費(Ⅱ)を算定する。
(2)介護支援専門員に情報提供すべき事項は以下のとおり。
　①基本情報(医療機関名、住所、連絡先、医師・歯科医師氏名、利用者の氏名、性別、住所、連絡先等)

(2) 指定居宅サービス

②利用者の病状、経過等

③介護サービスを利用するうえでの留意点、介護方法等

④利用者の日常生活上の留意事項

※前記に係る情報提供については、診療報酬点数表の診療情報提供料の様式を活用してもよい。

(3) 医師、歯科医師の居宅療養管理指導は、介護支援専門員への情報提供が必要。月に複数回居宅療養管理指導を行う場合でも、毎回情報提供を行わなければ算定不可。なお、医学的観点から、利用者の状態に変化がなければ、変化がないことを情報提供することや、利用者や家族に対して往診時等に行った指導・助言の内容を情報提供することでよい。

(4) 医療保険の訪問診療算定日に、医療機関の薬剤師・管理栄養士の居宅療養管理指導は算定不可。ただし、医療機関の薬剤師・管理栄養士の居宅療養管理指導を行った後、患者の病状の急変等により、往診を行った場合は算定可。

(5) 医師・歯科医師の居宅療養管理指導は、1日の訪問診療または往診の場合、月1回のみでも算定可。訪問診療または往診が3日以上ある場合は、主たる管理指導を行った2回の訪問診療または往診日に算定する。

2. 薬剤師が行う場合の留意点

(1) 特別な薬剤(麻薬)の場合の取り扱い

　麻薬の投薬が行われている利用者に対して、定期的に、投与されている麻薬の服用状況、残薬の状況および保管状況について確認し、残薬の適切な取扱方法も含めた保管取扱い上の注意事項等に関し必要な指導を行うとともに、麻薬による鎮痛効果や副作用の有無の確認を行った場合に算定。

①薬局薬剤師が行う場合

1) 処方せん発行医に対して必要な情報提供を行うことが必要。

2) 薬剤服用歴の記録に、記載すべき事項に加えて、少なくとも次のaからdまでについて記載する。

　　a　訪問に際して実施した麻薬に係る薬学的管理指導の内容。(麻薬の保管管理状況、服薬状況、残薬の状況、麻薬注射剤の併用薬剤、疼痛緩和の状況、麻薬の継続または増量投与による副作用の有無などの確認等)

　　b　訪問に際して行った患者および家族への指導の要点。(麻薬の服薬指導、残薬の適切な取扱方法も含めた保管管理の指導等)

　　c　処方医に対して提供した訪問結果に関する情報(麻薬の服薬状況、疼痛緩和および副作用の状況、服薬指導の内容等に関する事項を含む)の要点。

　　d　利用者または家族から返納された麻薬の廃棄に関する事項。(都道府県知事に届出た麻薬廃棄届の写しを薬剤服用歴の記録に添付することで差し支えない)

②医療機関の薬剤師が行う場合

薬剤管理指導記録に、記載すべき事項に加えて、少なくとも次の1)から4)までについて記載する。
- 1) 麻薬に係る薬剤的管理指導の内容。(麻薬の保管管理状況、服薬状況、残薬の状況、疼痛緩和の状況、副作用の有無の確認等)
- 2) 麻薬の利用者および家族への指導・相談事項。(麻薬の服薬指導、残薬の適切な取扱方法も含めた保管管理の指導等)
- 3) 利用者または家族から返納された麻薬の廃棄に関する事項。
- 4) その他の麻薬に係る事項。

(2) 薬局薬剤師が行う場合

薬剤服用歴の記録には、少なくとも次の①から⑫までについて記載する。記録は、サービスの提供の完結日から5年間保存する。

①利用者の基礎情報として、利用者の氏名、生年月日、性別、介護保険の被保険者証の番号、住所、必要に応じて緊急時の連絡先等の利用者についての記録。

②処方および調剤内容として、処方した医療機関名、処方医氏名、処方日、処方内容、調剤日、処方内容に関する照会の内容等。

③利用者の体質、アレルギー歴、副作用歴、薬学的管理に必要な利用者の生活像等。

④疾患に関する情報として、既往歴、合併症の情報、他科受診において加療中の疾患。

⑤併用薬等(要指導医薬品、一般用医薬品、医薬部外品およびいわゆる健康食品を含む)の情報および服用薬と相互作用が認められる飲食物の摂取状況等。

⑥副作用が疑われる症状の有無。(利用者の服薬中の体調の変化を含む)および利用者またはその家族等からの相談事項の要点)

⑦服薬指導の要点。

⑧訪問の実施日、訪問した薬剤師の氏名。

⑨処方医から提供された情報の要点。

⑩訪問に際して実施した薬学的管理の内容。(薬剤の保管状況、服薬状況、残薬の状況、投薬後の併用薬剤、投薬後の併診、副作用、重複服用、相互作用等に関する確認、実施した服薬支援措置等)

⑪処方医に対して提供した訪問結果に関する情報の要点。

⑫処方医以外の医療関係職種との間で情報を共有している場合には、医療関係職種から提供された情報の要点および医療関係職種に提供した訪問結果に関する情報の要点。

(3) 医療機関の薬剤師が行う場合

薬剤管理指導記録に、少なくとも次の①〜⑥までについて記載する。記録は最後の記入の日から最低5年間保存する。

①利用者の氏名、生年月日、性別、住所、診療録の番号。

②利用者の投薬歴、副作用歴、アレルギー歴。

③薬学的管理指導の内容。(医薬品の保管状況、服薬状況、残薬の状況、重複投薬、配合禁忌等に関する確認および実施した服薬支援措置を含む)

④利用者への指導及び利用者からの相談の要点。
⑤訪問指導等の実施日、訪問指導を行った薬剤師の氏名。
⑥その他の事項。

(4) 医療保険との関連(薬局薬剤師の場合)

同一月に、居宅療養管理指導費が算定されている場合、次の①〜④までについて調剤報酬は算定不可。
①薬剤服用歴管理指導料(※)
②長期投薬情報提供料
③外来服薬支援料
④服薬情報等提供料

※薬剤服薬歴管理指導料は、患者の薬学的管理指導計画の疾病と別の疾病または負傷に係る臨時の投薬が行われた場合には算定可。

3. 管理栄養士が行う場合の留意点

(1) 以下の①から⑨に掲げるプロセスを経ながら実施する。

①利用者の低栄養状態のリスクを、把握する。(以下、栄養スクリーニング)
②栄養スクリーニングを踏まえ、利用者の解決すべき課題を把握する。(以下、栄養アセスメント)
③栄養アセスメントを踏まえ、医師、歯科医師、看護師、薬剤師その他の職種の者と共同して、利用者ごとに摂食・嚥下機能および食形態にも配慮された栄養補給に関する事項(栄養補給量、補給方法等)、栄養食事相談に関する事項(食事に関する内容、利用者または家族が主体的に取り組むことができる具体的な内容および相談の実施方法等)、解決すべき事項に対し関連職種が共同して取り組むべき事項等を記載した栄養ケア計画を作成。また、作成した栄養ケア計画は、利用者またはその家族に説明し、その同意を得る。
④栄養ケア計画に基づき、利用者に栄養管理に必要な情報提供および栄養食事相談または助言するとともに、栄養ケア計画に実施上の問題(栄養補給方法の変更の必要性、関連職種が共同して取り組むべき事項の見直しの必要性等)があれば直ちに計画を修正する。
⑤他のサービス等において食生活に関する配慮等が必要な場合は、指導の指示を行った医師を通じ、介護支援専門員に対して情報提供を行う。
⑥利用者の栄養状態に応じて、定期的に、利用者の生活機能の状況を検討し、栄養状態のモニタリングを行い、指導指示を行った医師に報告する。なお、低栄養状態のモニタリングは、利用者個々の身体状況等を勘案し必要に応じて体重を測定するなど、体格指数(body mass index：BMI)や体重減少率等から利用者の栄養状態の把握を行う。
⑦おおむね3カ月をめどとして、低栄養状態のリスクについて、栄養スクリーニングを

実施し、医師の指示のもとに関連職種と共同して計画の見直しを行う。
　⑧利用者ごとに栄養ケアの提供内容の要点を記録する。交付した栄養ケア計画は栄養ケア提供記録に添付する等により保存する。
　⑨利用者ごとの栄養ケア計画に従い、利用者の状態を定期的に記録する場合は、記録とは別に居宅療養管理指導費の算定のため、利用者の状態を定期的に記録する必要はない。
(2)心臓疾患等の患者に対する減塩食、十二指腸潰瘍の患者に対する潰瘍食、侵襲の大きな消化管手術後の患者に対する潰瘍食、クローン病および潰瘍性大腸炎等により腸管の機能が低下している患者に対する低残渣食ならびに高度肥満症(肥満度が＋40％以上またはBMIが30以上)の患者に対する治療食を含む。なお、高血圧の患者に対する減塩食(食塩相当量の総量が6.0g未満のものに限る)および嚥下困難者(そのために摂食不良となった者も含む)のための流動食は、短期入所生活介護費、短期入所療養介護費、介護老人福祉施設、介護老人保健施設、介護療養型医療施設、介護医療院および地域密着型介護老人福祉施設の療養食加算の場合と異なり、居宅療養管理指導の対象となる特別食に含まれる。

4. 歯科衛生士等が行う場合の留意点

(1)以下の①から⑥に掲げるプロセスを経ながら実施する。
　①利用者の口腔機能(口腔衛生、摂食・嚥下機能等)のリスクを、把握する。(以下、口腔機能スクリーニング)
　②口腔機能スクリーニングを踏まえ、利用者の解決すべき課題を把握する。(以下、口腔機能アセスメント)
　③口腔機能アセスメントを踏まえ、歯科医師、歯科衛生士その他の職種の者が共同して、利用者ごとに口腔衛生状態に関する事項(口腔内の清掃、有床義歯の清掃等)、摂食・嚥下機能に関する事項(摂食・嚥下機能の維持・向上に必要な実地指導、歯科保健のための食生活指導等)、解決すべき課題に対し関連職種が共同して取り組むべき事項等を記載し、利用者の疾病の状況および療養上必要な実地指導内容や訪問頻度等の具体的な計画を含めた管理指導計画を作成する。また、管理指導計画は、利用者またはその家族に説明し、その同意を得る。管理指導計画に基づき、利用者に療養上必要な実地指導を実施するとともに、管理指導計画に実施上の問題(口腔清掃方法の変更の必要性、関連職種が共同して取り組むべき事項の見直しの必要性等)があれば直ちに計画を修正する。
　④利用者の口腔機能に応じて、定期的に、利用者の生活機能の状況を検討し、口腔機能のモニタリングを行い、指示を行った歯科医師に対する報告を行う。なお、口腔機能のモニタリングは、口腔衛生の評価、反復唾液嚥下テスト等から利用者の口腔機能の把握を行う。
　⑤おおむね3カ月をめどとして、口腔機能のリスクについて、口腔機能スクリーニング

(2) 指定居宅サービス

を実施し、指示を行った歯科医師に報告し、歯科医師による指示に基づき、必要に応じて管理指導計画の見直しを行う。なお管理指導計画の見直しにあたっては、歯科医師その他の職種と共同して行う。
⑥管理指導計画に従い、利用者の状態を定期的に記録する場合は、記録とは別に居宅療養管理指導費の算定のため、利用者の状態を定期的に記録する必要はない。

 プラスα　Q&Aなどから

1. 単一建物居住者
(1)単一建物居住者の人数が変更になった場合の算定について

居宅療養管理指導の利用者の転居や死亡等によって、月の途中で単一建物居住者の人数が変更になった場合の居宅療養管理指導費の算定は、居宅療養管理指導の利用者が死亡する等の事情により、月の途中で単一建物居住者の人数が減少する場合、当月に居宅療養管理指導を実施する当初の予定の人数に応じた区分で算定する。

また、居宅療養管理指導の利用者が転居してきた等の事情により、月の途中で単一建物居住者の人数が増加する場合は、

①当月に居宅療養管理指導を実施する予定の利用者は、当初の予定人数に応じた区分により、

②当月に転居してきた居宅療養管理指導の利用者は、当該転居してきた利用者を含めた、転居時点における居宅療養管理指導の全利用者数に応じた区分により、それぞれ算定する。

なお、転居や死亡等の事由については診療録等に記載する。

例えば、同一の建築物の10名に居宅療養管理指導を行う予定としており、1名が月の途中で退去した場合は、当該建築物の9名の利用者について、「単一建物居住者10名以上に対して行う場合」の区分で算定する。また、同一の建築物の9名に居宅療養管理指導を行う予定としており、1名が月の途中で転入した場合は、当初の9名の利用者については、「単一建物居住者2人以上9人以下に対して行う場合」の区分で算定し、転入した1名については、「単一建物居住者10名以上に対して行う場合」の区分で算定する。

※介護保険最新情報vol. 657（30.5.29）　平成30年度介護報酬改定に関するQ＆A（Vol. 4）　Q4

(2)単一建物居住者の人数の考え方について

同一の建築物において、認知症対応型共同生活介護事業所と集合住宅が併存する場合の居宅療養管理指導費の算定は、同一の建築物において、ユニット数が3以下の認知症対応型共同生活介護事業所と集合住宅が併存する場合、次のとおり、認知症対応型共同生活介護事業所とそれ以外で区別し、居宅療養管理指導費を算定する。

①認知症対応型共同生活介護事業所は、それぞれのユニットにおいて、居宅療養管理指

導費を算定する人数を、単一建物居住者の人数とみなす。

　　ただし、1つのユニットで1つの同一世帯の利用者のみに居宅療養管理指導を実施する場合には、利用者ごとに「単一建物居住者が1人の場合」の区分で算定する。

②認知症対応型共同生活介護事業所以外は、認知症対応型共同生活介護事業所で居宅療養管理指導を実施する人数を含め、当該建築物で居宅療養管理指導を実施する人数を単一建物居住者の人数とする。

　　ただし、1つの同一世帯の利用者のみに居宅療養管理指導を実施する場合は、利用者ごとに「単一建物居者が1人の場合」の区分で算定する。

　　また、「利用者数が、建築物の戸数の10％以下の場合」または「建築物の戸数が20戸未満であって、居宅療養管理指導を行う利用者が2人以下の場合」については、利用者ごとに「単一建物居住者1人に対して行う場合」の区分で算定する。

　※介護保険最新情報vol.657（30.5.29）　平成30年度介護報酬改定に関するQ＆A（Vol.4）　Q5

(3) 単一建物居住者の人数の考え方について

　同一の集合住宅に、複数の「同居する同一世帯に居宅療養管理指導費の利用者が2人以上いる世帯」がある場合、また、同一の集合住宅に、「同居する同一世帯に居宅療養管理指導費の利用者が2人以上いる世帯」とそれ以外の利用者がいる場合、居宅療養管理指導を実施する予定の合計数に応じた区分により算定する。

　例えば、同一の集合住宅に、居宅療養管理指導費を利用する「同居する夫婦の世帯」が2世帯ある場合の区分は、「単一建物居住者2人以上9人以下に対して行う場合」の区分により算定する。また、同一の集合住宅に、居宅療養管理指導費を利用する「同居する夫婦の世帯」が1世帯と居宅療養管理指導費を利用する者が「1人の世帯」が8世帯ある場合の区分は、「単一建物居住者10人以上に対して行う場合」の区分により算定する。

　※介護保険最新情報vol.657（30.5.29）　平成30年度介護報酬改定に関するQ＆A（Vol.4）　Q6

(4) 「単一建物居住者」複数人に対して行う場合

　次のような場合は、いずれの利用者に対しても「単一建物居住者」複数人に対して行う場合の居宅療養管理指導を算定する。

①利用者の都合等により、単一建物居住者複数人に対して行う場合であっても、2回に分けて居宅療養管理指導を行わなければならない場合

②同じマンションに、同一月に同じ居宅療養管理指導事業所の別の医師がそれぞれ別の利用者に居宅療養管理指導を行った場合

　※介護保険最新情報vol.629（30.3.23）　平成30年度介護報酬改定に関するQ＆A（Vol.1）　Q4

③同一月に、同一の集合住宅等に居住する2人の利用者に対し、居宅療養管理指導事業所の医師が訪問し、居宅療養管理指導を行う際に、1人が要介護者で、もう1人が要支援者である場合、要介護者は単一建物居住者2人以上9人以下に対して行う場合の

(2) 指定居宅サービス

居宅療養管理指導費を、要支援者は単一建物居住者2人以上9人以下に対して行う場合の介護予防居宅療養管理指導費を算定する。なお、他の職種についても同様の取扱いとなる。

※介護保険最新情報vol.629(30.3.23) 平成30年度介護報酬改定に関するQ&A (Vol.1) Q4、5

(5) 単一建物居住者 訪問診療との関係

医師の居宅療養管理指導において、同じ建築物に居住する2人に対して、同一月中に2人に訪問診療を行う場合であって、1人は当該月に訪問診療のみを行い、もう1人は当該月に訪問診療と居宅療養管理指導を行う場合に、居宅療養管理指導については、単一建物居住者1人に対して行う場合の単位数を算定する。なお、歯科医師による居宅療養管理指導についても同様の取扱いとなる。

※介護保険最新情報vol.649(30.4.13) 平成30年度介護報酬改定に関するQ&A (Vol.3) Q1

2. 月途中からの介護保険への移行

同一医療機関において、月途中から給付が医療保険から介護保険に変更した場合、1カ月あたりの算定回数については、両方の回数を合算する。

※介護保険最新情報vol.267(24.3.16) 平成24年度介護報酬改定に関するQ&Aについて Q53

3. 同一医療機関で月2回までの算定の場合の留意点

1人の医師および1人の歯科医師のみが、1人の利用者について月に2回まで算定可。複数の医師、複数の歯科医師による算定は原則としてできないが、主治の医師または歯科医師がやむを得ない事情により訪問できない場合で、同一医療機関の医師・歯科医師が代わりに訪問して指導を行った場合も算定可。

※15.5.30事務連絡 介護報酬に係るQ&A Q1

4. 薬剤師によるサポート薬局との連携

(1) すでに在宅基幹薬局として居宅療養管理指導を実施している薬局が、サポート薬局となることはできる。ただし、同一の利用者において、在宅基幹薬局とサポート薬局との位置づけが頻繁に変わることは認められない。

※介護保険最新情報vol.273(24.3.30) 平成24年度介護報酬改定に関するQ&A (vol.2)について Q6

(2) サポート薬局として1つの薬局が、複数の在宅基幹薬局と連携することは可能。サポート薬局として在宅業務に支障がない範囲で対応する必要がある。

※介護保険最新情報vol.273(24.3.30) 平成24年度介護報酬改定に関するQ&A (vol.2)について Q7

(3)サポート薬局が在宅基幹薬局に代わり医療用麻薬使用者の居宅療養管理指導を実施する場合は、在宅基幹薬局およびサポート薬局とも麻薬小売業の免許を取得していなければならない。

　※介護保険最新情報 vol.273(24.3.30)　平成24年度介護報酬改定に関するQ&A
　　(vol.2)について　Q8

6 通所介護

 改正点のポイント

- 基本報酬のサービス提供時間区分が、2時間ごとから1時間ごとに見直しされた。
- 通常規模型の1時間区分(3時間以上4時間未満、5時間以上6時間未満、7時間以上8時間未満)の基本報酬が引下げられた。
- 大規模型(Ⅰ)(Ⅱ)の基本報酬はすべてマイナス改定となった。
- 生活機能向上連携加算(200単位/月、個別機能訓練加算を算定している場合100単位/月)が新設された。(全サービス共通事項ページ参照)
- 自立支援・重度化防止の観点から、一定期間内に当該事業所を利用した者のうち、ADL(日常生活動作)の維持または改善の度合いが、一定の水準を超えた場合を評価する心身機能に係るアウトカム評価(ADL維持等加算(Ⅰ)3単位/月、ADL維持等加算(Ⅱ)6単位/月)が新設された。
- 介護職員等でも実施可能な栄養スクリーニングを行い、介護支援専門員に栄養状態に係る情報を文書で共有した場合を評価する栄養スクリーニング加算(5単位/回・6カ月に1回限度)が新設された。
- 栄養改善加算の管理栄養士の配置基準が見直しされ、外部との連携により管理栄養士を配置していることでも算定可能となった。
- 通所介護事業所と訪問介護事業所が併設されている場合に、利用者へのサービス提供に支障がない場合は、
  ①基準上両方のサービスに規定がある事務室については、共用が可能
  ②基準上規定がない玄関、廊下、階段などの設備についても、共用が可能
  であることが通知改定により明確化された。
- 機能訓練指導員に理学療法士等を配置した事業所で6カ月以上勤務し、機能訓練指導に従事した経験を有する「はり師、きゅう師」が追加された。
- 共生型通所介護については、障害福祉制度の生活介護、自立訓練、児童発達支援、放課後等デイサービスの指定事業所であれば、基本的に共生型通所介護の指定を受けられるものとして、基準が設定された。併せて生活相談員配置等加算が新設された。

報酬早見表

（1日につき）

	算定項目		算　定	改定後	改定前	格　差
イ 通常規模型通所介護費	(1)3時間以上4時間未満	要介護1	1日	362	380	−18
		要介護2		415	436	−21
		要介護3		470	493	−23
		要介護4		522	548	−26
		要介護5		576	605	−29
	(2)4時間以上5時間未満	要介護1		380	380	±0
		要介護2		436	436	±0
		要介護3		493	493	±0
		要介護4		548	548	±0
		要介護5		605	605	±0
	(3)5時間以上6時間未満	要介護1		558	572	−14
		要介護2		660	676	−16
		要介護3		761	780	−19
		要介護4		863	884	−21
		要介護5		964	988	−24
	(4)6時間以上7時間未満	要介護1		572	572	±0
		要介護2		676	676	±0
		要介護3		780	780	±0
		要介護4		884	884	±0
		要介護5		988	988	±0
	(5)7時間以上8時間未満	要介護1		645	656	−11
		要介護2		761	775	−14
		要介護3		883	898	−15
		要介護4		1,003	1,021	−18
		要介護5		1,124	1,144	−20
	(6)8時間以上9時間未満	要介護1		656	656	±0
		要介護2		775	775	±0
		要介護3		898	898	±0
		要介護4		1,021	1,021	±0
		要介護5		1,144	1,144	±0
ロ 大規模型通所介護費（Ⅰ）	(1)3時間以上4時間未満	要介護1		350	374	−24
		要介護2		401	429	−28
		要介護3		453	485	−32
		要介護4		504	539	−35
		要介護5		556	595	−39
	(2)4時間以上5時間未満	要介護1		368	374	−6
		要介護2		422	429	−7
		要介護3		477	485	−8
		要介護4		530	539	−9
		要介護5		585	595	−10

(2) 指定居宅サービス

	算定項目		算定	改定後	改定前	格差
ロ 大規模型通所介護費（Ⅰ）	(3)5時間以上6時間未満	要介護1	1日	533	562	−29
		要介護2		631	665	−34
		要介護3		728	767	−39
		要介護4		824	869	−45
		要介護5		921	971	−50
	(4)6時間以上7時間未満	要介護1		552	562	−10
		要介護2		654	665	−11
		要介護3		754	767	−13
		要介護4		854	869	−15
		要介護5		954	971	−17
	(5)7時間以上8時間未満	要介護1		617	645	−28
		要介護2		729	762	−33
		要介護3		844	883	−39
		要介護4		960	1,004	−44
		要介護5		1,076	1,125	−49
	(6)8時間以上9時間未満	要介護1		634	645	−11
		要介護2		749	762	−13
		要介護3		868	883	−15
		要介護4		987	1,004	−17
		要介護5		1,106	1,125	−19
ハ 大規模型通所介護費（Ⅱ）	(1)3時間以上4時間未満	要介護1		338	364	−26
		要介護2		387	417	−30
		要介護3		438	472	−34
		要介護4		486	524	−38
		要介護5		537	579	−42
	(2)4時間以上5時間未満	要介護1		354	364	−10
		要介護2		406	417	−11
		要介護3		459	472	−13
		要介護4		510	524	−14
		要介護5		563	579	−16
	(3)5時間以上6時間未満	要介護1		514	547	−33
		要介護2		608	647	−39
		要介護3		702	746	−44
		要介護4		796	846	−50
		要介護5		890	946	−56
	(4)6時間以上7時間未満	要介護1		532	547	−15
		要介護2		629	647	−18
		要介護3		725	746	−21
		要介護4		823	846	−23
		要介護5		920	946	−26

算定項目			算定	改定後	改定前	格差
ハ 大規模型通所介護費（Ⅱ）	(5)7時間以上8時間未満	要介護1	1日	595	628	−33
		要介護2		703	742	−39
		要介護3		814	859	−45
		要介護4		926	977	−51
		要介護5		1,038	1,095	−57
	(6)8時間以上9時間未満	要介護1		611	628	−17
		要介護2		722	742	−20
		要介護3		835	859	−24
		要介護4		950	977	−27
		要介護5		1,065	1,095	−30

※ 同一時間のサービス提供を行った場合、改定前に計算された単位で対比。

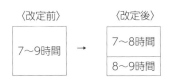

例
・7時間30分のサービス提供の場合
　改定前は7時間以上9時間未満の単位　　改定後は7時間以上8時間未満の単位
・8時間30分のサービス提供の場合
　改定前は7時間以上9時間未満の単位　　改定後は8時間以上9時間未満の単位

1. 所要時間による区分

　現に要した時間ではなく、通所介護計画に位置づけられた内容の通所介護を行うための標準的な時間である。送迎に要する時間は、送迎時の居宅内介護（30分以内）を除き含まれない。

2. 所要時間の留意点

　当初の通所介護計画に位置付けられた時間よりも大きく短縮した場合は、当初の通所介護計画を変更し、再作成されるべきであり、変更後の所要時間に応じた所定単位数を算定。

3. 送迎時における居宅内介助等

　送迎時に実施した居宅内介助等（電気の消灯・点灯、着替え、ベッドへの移乗、窓の施錠等）は、次のいずれの要件も満たす場合、1日30分以内を限度として、通所介護を行うのに要する時間に含めることができる。
①居宅サービス計画と個別サービス計画に位置づけたうえで実施する場合。
②居宅内介助等を行う者が、介護福祉士、実務者研修修了者、旧介護職員基礎研修課程修了者、旧ホームヘルパー1級研修課程修了者、介護職員初任者研修修了者（旧ホームヘルパー2級研修課程修了者を含む）、看護職員、機能訓練指導員、事業所における勤続年数と同一法人経営の他の介護事業所、医療機関、社会福祉施設等においてサービスを利用者に直接提供する職員としての勤続年数の合計が3年以上の介護職員である場合。

(2) 指定居宅サービス

4. 規模別報酬の留意点

前年度の1カ月あたりの平均利用延人員数に応じ、翌年度の事業所規模などの3種類に区別される。

(1) 通常規模の事業所。(前年度の平均利用延人員数が750人以下)
(2) 大規模の事業所(Ⅰ)。(前年度の平均利用延人員数が750人超900人以下)
(3) 大規模の事業所(Ⅱ)。(前年度の平均利用延人員数が900人超)

① 利用延人員数は、各月(暦月)ごとに算出のうえ、利用延人員数を合算し、通所サービス費を算定している月数で割って算出する。正月等特別な期間を除いて毎日事業を実施した月については、当該月の利用延人員数に7分の6を乗じる。(小数点第3位を四捨五入)

② 同一事業所で2単位以上の通所介護を行っている場合は、全ての単位の利用者数の合計を基に計算する。3時間以上4時間未満、4時間以上5時間未満の利用者は1/2を乗じた数、5時間以上6時間未満、6時間以上7時間未満の利用者は3/4を乗じた数で計算する。

③ 新規に要介護認定を申請中の者で暫定ケアプランによりサービス提供を受けている場合は、計算に含めない。

④ 災害その他のやむを得ない理由による定員超過利用は、定員超過利用が開始した月(災害等が生じた時期が月末であって、定員超過利用が翌月まで継続することがやむを得ないと認められる場合は翌月も含む)の翌月から所定単位数の減算を行うことはせず、やむを得ない理由がないにもかかわらず、その翌月まで定員を超過した状態が継続している場合に、災害等が生じた翌々月から所定単位数の減算を行う。また、この場合、やむを得ない理由により受け入れた利用者は、その利用者を明確に区分したうえで、平均利用延人員数に含めない。

加算算定のポイント

算定項目		算定	改定後	改定前	格差	要件
8時間以上9時間未満の通所介護の前後に日常生活上の世話を行う場合	9時間以上10時間未満	1日	+50	+50	±0	
	10時間以上11時間未満		+100	+100	±0	
	11時間以上12時間未満		+150	+150	±0	
	12時間以上13時間未満		+200	+200	±0	
	13時間以上14時間未満		+250	+250	±0	
生活相談員配置等加算			+13	−	新設	
中山間地域等に居住する者へのサービス提供加算		1日	+5%	+5%	±0	
入浴介助を行った場合			+50	+50	±0	
個別機能訓練加算	個別機能訓練加算(Ⅰ)		+46	+46	±0	
	個別機能訓練加算(Ⅱ)		+56	+56	±0	

算定項目		算定	改定後	改定前	格差	要件
ADL維持等加算	ADL維持等加算(Ⅰ)	1月	+3	−	新設	
	ADL維持等加算(Ⅱ)		+6	−	新設	
若年性認知症利用者受入加算		1日	+60	+60	±0	
中重度者ケア体制加算			+45	+45	±0	
生活機能向上連携加算	個別機能訓練加算を算定していない場合	1月	+200	−	新設	
	個別機能訓練加算を算定している場合		+100	−	新設	
認知症加算		1日	+60	+60	±0	
栄養改善加算		1回	+150	+150	±0	月2回限度
口腔機能向上加算			+150	+150	±0	月2回限度
栄養スクリーニング加算			+5	−	新設	6月に1回限度
ニ サービス提供体制強化加算	(1)サービス提供体制強化加算(Ⅰ)イ		+18	+18	±0	
	(2)サービス提供体制強化加算(Ⅰ)ロ		+12	+12	±0	
	(3)サービス提供体制強化加算(Ⅱ)		+6	+6	±0	

※ 中山間地域等提供加算、サービス提供体制強化加算は区分支給限度基準額管理対象外。

1. 延長加算

8時間以上9時間未満の通所介護の前後に連続して延長サービスを行う場合に、5時間を限度に算定。泊まりサービス該当者は対象外。

2. 若年性認知症利用者受入加算

(1)受け入れた若年性認知症利用者ごとに個別に担当者を定め、担当者を中心に、利用者の特性やニーズに応じたサービス提供を行う場合に算定可。
(2)若年性認知症の判断は、精神科医師もしくは神経内科医師または認知症に対するリハビリテーションに関する専門的研修修了医師の判定結果を徴するか、「要介護認定等の実施について」の主治医意見書によることが望ましい。
(3)65歳の誕生日の前々日まで算定可。

3. 認知症加算

(1)指定基準に規定する介護職員または看護職員の員数に加え、介護職員または看護職員を常勤換算方法で2以上確保。(延長加算の職員勤務時間数は除外。小数点第2位以下切り捨て)
(2)前年度(3月除く)または算定月前3カ月間の利用者の総数(利用者実人数または利用延人員数)のうち、認知症高齢者の日常生活自立度Ⅲ以上の利用者の占める割合が20%以上。
(3)通所介護を行う時間帯を通じて、専ら通所介護の提供にあたる認知症介護指導者養成研修、認知症介護実践リーダー研修、認知症介護実践者研修等修了者を1名以上配置。
(4)認知症高齢者の日常生活自立度Ⅲ以上利用者のみ算定対象。若年性認知症利用者受入加算と併算定不可。中重度ケア体制加算と併算定可。

(5)認知症の症状の緩和に資するケアを計画的に実施するプログラムを作成する。
(6)届出後は直近3カ月間などの割合を継続しその結果を記録する。

4. 中重度者ケア体制加算
(1)指定基準に規定する介護職員または看護職員の員数に加え、介護職員または看護職員を常勤換算方法で2以上確保(延長加算の職員勤務時間数は除外。小数点第2位以下切り捨て)。
(2)前年度(3月除く)または算定月前3カ月間の利用者の総数(利用者実人数または利用延人員数)のうち、要介護3以上利用者割合が30%以上。
(3)通所介護を行う時間帯を通じて、専ら通所介護の提供にあたる看護職員を1以上配置。
(4)利用者全員が算定可。認知症加算と併算定可。
(5)社会性の維持を図り在宅生活の継続に資するケアを計画的に実施するプログラムを作成する。
(6)届出後は直近3カ月間などの割合を継続しその結果を記録する。

5. 生活機能向上連携加算(Ⅰ)(Ⅱ)(新設)
(1)訪問リハビリテーションもしくは通所リハビリテーションを実施している事業所またはリハビリテーションを実施している医療提供施設(診療報酬の疾患別リハビリテーション料の届出を行っている200床未満の医療機関等)の理学療法士、作業療法士、言語聴覚士、医師(外部の理学療法士等)が、通所介護事業所を訪問し、通所介護事業所の機能訓練指導員(※)、看護職員、介護職員、生活相談員その他の職種の者と共同でアセスメントを行い、個別機能訓練計画を作成したうえで、個別機能訓練計画に基づき、利用者の身体機能または生活機能向上を目的とする機能訓練の項目を準備し、機能訓練指導員等が利用者の心身の状況に応じた機能訓練を適切に提供した場合に算定可。

(※「機能訓練指導員」とは、「日常生活を営むのに必要な機能の減退を防止するための訓練を行う能力を有する者」のことであり、具体的には理学療法士、作業療法士、言語聴覚士、看護職員、柔道整復師、あん摩マッサージ指圧師、はり師またはきゅう師の資格を有する者(はり師およびきゅう師については、理学療法士、作業療法士、言語聴覚士、看護職員、柔道整復師またはあん摩マッサージ指圧師の資格を有する機能訓練指導員を配置した事業所で6カ月以上機能訓練指導に従事した経験を有する者に限る)を指す。(以下、福祉等サービスの機能訓練指導員も同様)

(2)機能訓練指導員等が外部の理学療法士等と連携し、個別機能訓練計画の進捗状況等を3カ月ごとに1回以上評価し、利用者またはその家族に対して機能訓練の内容と個別機能訓練計画の進捗状況等を説明し、必要に応じて訓練内容の見直し等を行っている。

6．ADL維持等加算（Ⅰ）（Ⅱ）（新設）
(1)算定期間
以下の要件を満たす事業所の利用者全員（5時間未満の利用者を含む）に、評価期間（前々年度の1月から12月までの1年間）終了後の4月から3月までの1年間算定可。
(2)算定要件
評価期間に連続して6カ月以上利用（毎月1回以上利用）した期間（複数ある場合には最初の月が最も早いもの）（以下、評価対象利用期間）のある、要介護者の集団について、①〜⑤をすべて満たす。

①利用者総数が20人以上。（5時間以上の通所介護費の算定回数が5時間未満の通所介護費の算定回数を上回る者に限る）

②利用者総数のうち、評価対象利用期間の最初の月の時点で、要介護度が3、4、5の利用者の割合が15％以上。

③利用者総数のうち、評価対象利用期間の最初の月の時点で、初回の要介護・要支援（初回の要支援認定後、評価対象利用開始日までの間に要介護認定を受ける場合）認定月から起算して12カ月以内の者の割合が15％以下。

④利用者総数のうち、評価対象利用期間の最初の月と、最初の月から起算して6カ月目に、事業所の機能訓練指導員がBarthel Index（※1）を用いてADLを測定しており、その結果がそれぞれの月（初回と6カ月目の月）に提出されている者の割合が90％以上。

⑤④の要件を満たす者のうちADL利得（※2）が上位85％（端数切り上げ）の者について、各々のADL利得が0より大きければ「1」、0より小さければ「－1」、0ならば「0」として合計したものが、「0以上」。

※1　ADLの評価にあたり、食事、車椅子からベッドへの移動、整容、トイレ動作、入浴、歩行、階段昇降、着替え、排便コントロール、排尿コントロールの計10項目を5点刻みで点数化し、その合計点を100点満点として評価する手法。

※2　最初の月のBarthel Indexを用いたADL評価を「事前ADL」、6カ月目のBarthel Indexを用いたADL評価を「事後ADL」、事後ADLから事前ADLを控除したものを「ADL利得」という。

上記の要件などを満たした事業所において、評価期間の終了後もADL値（Barthel Index）を測定、厚生労働省へ報告（介護給付費明細書に記入。ADLを測定した最初の月と6カ月目に例えば「75」と記入する）した場合に算定できる。（（Ⅰ）（Ⅱ）は各月でいずれか一方のみ算定可）

(2) 指定居宅サービス

項目	点数	内容(判定)	得点
(事例)バーセルインデックス(Barthel Index)によるADL評価項目			
(評価日　年　月　日)(初回)(2回目)　(評価者・機能訓練指導員　　　　　　　　　)			
(　　　)内は判定基準の解釈			
1 食事	10	自立、自助具などの装着可、標準的時間内に食べ終える(適当な時間内で自己にて食べ物をとって食べることが可能。自助具を用いる場合は自己にて装着可能)	
	5	部分介助(たとえば、おかずを切って細かくしてもらう)	
	0	全介助	
2 車椅子からベッドへの移動	15	以下の動作が全て自己にて可能(車椅子で安全にベッドに近づく、ブレーキをかける、フットレストを上げる、ベッドに安全に移動する、横になる、起き上がりベッドに腰かける、必要であれば車椅子の位置を変える、車椅子に移動する)	
	10	軽度の部分介助または監視を要する(上記の動作のいずれかにわずかな介助が必要)	
	5	座ることは可能であるがほぼ全介助(一人で起き上がり腰かけることは可能であるが、移動にはかなりの介助が必要)	
	0	全介助または不可能	
3 整容	5	手洗い、洗顔、整容、歯磨き、髭剃り(道具の準備も含む)、化粧が可能	
	0	部分介助または不可能	
4 トイレ動作	10	自立(トイレへの出入り、衣服の着脱、トイレットペーパーの使用が自己にて可能。必要であれば手すりを利用しても良い。ポータブルトイレや尿器を使用する場合は、その洗浄などもできる)	
	5	部分介助、体を支える、衣服、後始末に介助を要する(バランスが悪いために介助が必要。衣服の着脱やトイレットペーパーの使用に介助が必要)	
	0	全介助または不可能	
5 入浴	5	自立(浴槽に入る、シャワーを使う、体を洗うといった動作が自己にて可能)	
	0	部分介助または不可能	
6 歩行	15	監視や介助なしで45m以上歩ける。義肢・装具や杖・松葉杖・歩行器(車輪付きは除く)を使用しても良いが、装具使用の場合は継手のロック操作が可能	
	10	監視やわずかな介助があれば45m以上歩ける	
	5	歩けないが車椅子駆動は自立し、角を曲がること、方向転換、テーブル・ベッド・トイレなどへ移動ができ、45m以上操作可能	
	0	全介助	

7 階段昇降	10	監視や介助なしで安全に昇段・降段ができる。手すり、松葉杖や杖を利用しても良い	
	5	介助または監視を要する	
	0	全介助や不能	
8 着替え	10	全ての衣類や靴の着脱、さらに装具やコルセットを使用している場合はその着脱も行うことができる	
	5	上記について介助を要するが、作業の半分以上は自分で行え、適当な時間内に終わることができる	
	0	失禁状態	
9 排便コントロール	10	失禁がなく排便コントロールが可能。脊髄損傷者などは坐薬や浣腸を使っても良い	
	5	坐薬や浣腸の使用に介助が必要、または時に失禁がある	
	0	上記以外	
10 排尿コントロール	10	失禁がなく排尿コントロールが可能。脊髄損傷者などは収尿器の着脱や清掃管理ができていること	
	5	時に失禁がある。尿器を持ってきてもらうまで、またはトイレに行くまで間に合わない。収尿器の着脱や管理に介助が必要	
	0	全介助	
合計得点			○○/100

(3) 届出と算定期間

①2018年度の算定要件

2018年度は、2017年1月から12月までの評価対象期間に、基準を満たすことを示す書類を保存している事業所で届出すれば算定可。

②2019年度以降に加算を算定する要件

加算要件を満たす事業所が、2019年度以降に加算算定を希望する場合は、加算を算定しようとする年度の初日の属する年の前年の12月15日までに、「介護給付費算定に係る体制等状況一覧表」の「ADL維持等加算(申出)の有無」の届出(届出を行った翌年度以降に再度算定を希望する場合は、「ADL維持等加算(申出)の有無」の届出は不要であり、届出を行った翌年度以降に算定を希望しなくなった場合は、「ADL維持加算(申出)の有無」を「なし」として届出ることが必要となる)を行うとともに、加算を算定しようとする年度の初日の属する年の3月15日までに、「介護給付費算定に係る体制等状況一覧表」の「ADL維持等加算」ならびに「ADL維持等加算に係る届出書」の1から4までおよび5(3)から5(5)までの届出が必要。

7. 栄養改善加算(管理栄養士の配置要件が緩和)

(1) 低栄養状態にある利用者またはそのおそれのある利用者に低栄養状態の改善等を目的として、個別的に実施される栄養食事相談等の栄養管理で、利用者の心身の状態の維

(2) 指定居宅サービス

持または向上に資すると認められるもの(栄養改善サービス)を行った場合、3カ月以内に限り1月に2回を限度として算定可。管理栄養士による居宅療養管理指導と併算定不可。
(2) 栄養改善サービスの開始から3カ月ごとの利用者の栄養状態の評価の結果、低栄養状態が改善せず、栄養改善サービスを引き続き行うことが必要と認められる場合は、引き続き算定可。
(3) 当該事業所の職員として、または外部(他の介護事業所、医療機関、栄養ケア・ステーション(公益社団法人日本栄養士会または都道府県栄養士会が設置・運営する「栄養士会栄養ケア・ステーション」に限る))との連携により管理栄養士を1名以上配置している。
(4) 算定要件など留意点
　①栄養改善サービスの提供は、利用者ごとに行われるケアマネジメントの一環として行われることに留意する。
　②サービス利用開始時に、利用者の低栄養状態のリスクを把握する。
　③管理栄養士を中心に、担当する介護スタッフや看護職員らが共同で、利用者の摂食・嚥下機能および食形態に配慮しながら、栄養改善に向けて解決すべき課題と取り組むべき項目を記載した栄養ケア計画を作成する。計画内容は利用者またはその家族に説明し、同意を得る。
　　なお、通所介護計画の中に栄養ケア計画に相当する内容を記載する場合、その記載をもって栄養ケア計画の作成に代えることができる。
　④管理栄養士は、栄養ケア計画に基づいた栄養改善サービスを利用者ごとに提供する。実施経過中に問題があれば直ちに栄養ケア計画を修正する。
　⑤定期的に利用者の生活機能の状況を検討し、およそ3カ月ごとに行う体重測定等により利用者の栄養状態の評価を行い、その結果を利用者の担当介護支援専門員や主治医に情報提供する。
　⑥サービス提供記録において、栄養ケア計画に従い管理栄養士が利用者の栄養状態を定期的に記録する場合、この記録とは別に栄養改善加算を算定するために利用者の栄養状態を定期的に記録する必要はない。
(5) 算定対象者は、次の①から⑤のいずれかの該当者。
　①BMIが18.5未満の者。
　②1～6カ月間で3％以上の体重の減少が認められる者または6カ月間で2～3kg以上の体重減少があった者。
　③血清アルブミン値が3.5g/dl以下の者。
　④食事摂取量が不良(75％以下)の者。
　⑤その他低栄養状態にあるまたはそのおそれがあると認められる者。

8. 栄養スクリーニング加算（新設）

(1) 利用者に対し、利用開始時および利用中6カ月ごとに栄養状態について確認を行い、当該利用者の栄養状態に係る情報（医師・歯科医師・管理栄養士等への相談提言を含む）を介護支援専門員に文書で提供した場合に算定可。
(2) 算定対象となる利用者は、栄養改善加算の(5)の①〜⑤の該当者。
(3) 当該利用者について、事業所以外で既に栄養スクリーニング加算を算定している場合は算定不可。複数の事業所で加算を算定しようとする場合は、サービス利用者が利用している各種サービスの栄養状態との関連性、実施時間の実績、栄養改善サービスの提供実績、栄養スクリーニングの実施可能性等を踏まえ、サービス担当者会議で検討し、介護支援専門員が判断・決定する。また利用者が栄養改善加算の栄養改善サービスを受けている間および栄養改善サービスが終了した日の属する月は算定不可。
(4) スクリーニングの結果、必要があれば栄養改善加算を併算定可。

9. 口腔機能向上加算

(1) 利用者の口腔機能を利用開始時に把握し、言語聴覚士、歯科衛生士、看護職員、介護職員、生活相談員その他の職種の者が共同して利用者ごとの口腔機能改善管理指導計画を作成し、当該計画に従って言語聴覚士、歯科衛生士または看護職員等が、口腔機能向上サービス（口腔の清掃またはその指導、摂食・嚥下機能に関する訓練またはその指導）を個別に提供し、利用者の口腔機能を定期的に記録した場合に、算定可。
(2) 必要に応じて、介護支援専門員を通して主治医または主治の歯科医師への情報提供を行うこと、または受診勧奨などの適切な措置を講じること。
(3) 利用者ごとの口腔機能改善管理指導計画の進捗状況を定期的に評価する。
(4) 言語聴覚士、歯科衛生士または看護職員が1名以上配置され、人員欠如がない。
(5) 算定できる利用者は次の①〜③のいずれかに該当する者。
　①認定調査票の「嚥下・食事摂取・口腔清潔」の3項目のいずれかの項目が「1」（できるや自立）以外の該当者。
　②基本チェックリストNo.13〜15の3項目のうち2項目以上が「1」に該当する者等。
　　13　半年前に比べて固いものが食べにくくなった
　　14　お茶や汁物などでむせることがある
　　15　口の渇きが気になる
　③その他口腔機能の低下している者またはそのおそれのある者。
　　なお、利用者が歯科医療を受診していて、次のいずれかに該当する場合は算定不可。
　1) 医療保険の「摂食機能療法」を算定している場合。
　2) 医療保険の「摂食機能療法」を算定しておらず、かつ、介護保険の口腔機能向上サービスとして「摂食・嚥下機能に関する訓練の指導もしくは実施」を行っていない場合。

(2) 指定居宅サービス

ココに注目　減算等について

算定項目		算定	改定後	改定前	格差
定員超過の場合		1日	×70%	×70%	±0
看護・介護職員の員数が基準に満たない場合			×70%	×70%	±0
2時間以上3時間未満			(2)×70%	(1)×70%	±0
事業所と同一建物に居住する者または同一建物から利用する者に通所介護を行う場合			−94	−94	±0
共生型通所介護を行う場合	指定生活介護事業所が行う場合		×93%	−	新設
	指定自立訓練事業所が行う場合		×95%	−	新設
	指定児童発達支援事業所が行う場合		×90%	−	新設
	指定放課後等デイサービス事業所が行う場合		×90%	−	新設
事業所が送迎を行わない場合		片道	−47	−47	±0

※ 定員超過などの減算は訪問・通所系サービス共通項目ページ参照。

コラム　個別機能訓練加算について

個別機能訓練加算（Ⅰ）と（Ⅱ）のポイント整理

項　目	個別機能訓練加算（Ⅰ）	個別機能訓練加算（Ⅱ）
報酬(1日につき)	46単位	56単位
共　通	○理学療法士等が個別機能訓練計画に基づき、計画的に行った機能訓練について算定。	
	○個別機能訓練計画の作成および実施において利用者の自立の支援と日常生活の充実に資するよう複数の種類の機能訓練の項目を準備し、その項目の選択にあたっては、利用者の生活意欲が増進されるよう利用者を援助し、心身の状況に応じた機能訓練を適切に実施。	○個別機能訓練計画に基づき、利用者の生活機能向上を目的とする機能訓練の項目を準備し、理学療法士等が、利用者の心身の状況に応じた機能訓練を適切に提供。
	○機能訓練指導員等が居宅を訪問して利用者の居宅での生活状況(起居動作、ADL、IADL等の状況)を確認し、多職種共同で個別機能訓練計画を作成したうえで実施。その後3カ月ごとに1回以上、利用者の居宅を訪問し、利用者の居宅での生活状況を確認して、利用者またはその家族に対して個別機能訓練計画の内容(評価を含む)や進捗状況等を説明し、記録するとともに、訓練内容の見直し等を行う。	
	○個別機能訓練に関する記録(実施時間、訓練内容、担当者等)は、利用者ごとに保管され、個別機能訓練従事者により閲覧が可能であるようにする。	
	※個別機能訓練加算(Ⅰ)と個別機能訓練加算(Ⅱ)で別途に機能訓練指導員が配置されていれば、同一日に同一の利用者に対して併算定可。	
機能訓練指導員	理学療法士、作業療法士、言語聴覚士、看護職員、柔道整復師またはあん摩マッサージ指圧師、はり師、きゅう師(この表で理学療法士等)。 ※はり師、きゅう師については、理学療法士、作業療法士、言語聴覚士、看護職員、柔道整復師またはあん摩マッサージ指圧師の資格を有する機能訓練指導員を配置した事業所で、6カ月以上機能訓練指導に従事した経験を有する者に限る。	
機能訓練指導員の配置	常勤・専従1名以上配置。 (時間帯を通じて配置)	専従1名以上配置。 (配置時間の定めはない)

項　目	個別機能訓練加算（Ⅰ）	個別機能訓練加算（Ⅱ）
配置例と留意点	1週間のうち、月曜日から金曜日は常勤の理学療法士等が配置され、それ以外の曜日に非常勤の理学療法士等だけが配置されている場合は、非常勤の理学療法士等だけが配置されている曜日は、加算対象とはならない（加算（Ⅱ）の要件に該当している場合は、その算定対象となる）。	1週間のうち特定の曜日だけ理学療法士等を配置している場合は、その曜日において理学療法士等から直接訓練の提供を受けた利用者のみが加算の算定対象となる。
	理学療法士等が配置される曜日はあらかじめ定められ、利用者や居宅介護支援事業者に周知されている必要がある。	
機能訓練項目	身体機能向上を目的とする複数種類の機能訓練項目（座る・立つ、歩く等ができるようになるといった身体機能の向上に関する目標設定）。	生活機能向上を目的とする機能訓練項目（1人でお風呂に入る等といった生活機能の維持・向上に関する目標設定が必要）。
訓練の対象者	人数制限なし。	5人程度以下の小集団または個別。
訓練の実施者	制限なし（必ずしも機能訓練指導員が直接実施する必要はなく、機能訓練指導員の管理の下に別の従事者が実施した場合でも算定可）。	機能訓練指導員が直接実施。
実施回数	実施回数の定めはない。	おおむね週1回以上実施。
実施時間	実施時間の定めはない。	個別機能訓練計画に定めた訓練内容の実施に必要な1回あたりの訓練時間を考慮し適切に設定する。

 プラスα　Q&Aなどから

1. 共生型通所介護

(1) 2018年度改定で「共生型サービス」が新設された。これは、介護保険または障害福祉のいずれかの居宅サービス（デイサービス、ホームヘルプサービス、ショートステイ）の指定事業所が、もう一方の制度における居宅サービスの指定も受けやすくするために、「居宅サービスの指定の特例」として新設されたものである。従前通り「訪問介護」、「通所介護」、「短期入所生活介護」として、事業所の申請に基づき自治体が指定する。

(2) 障害者施設が日中に提供する共生型サービスについて

　　指定障害福祉事業所のうち指定障害者支援施設が昼間に行う日中活動系サービスについても、共生型通所介護および共生型地域密着型通所介護の対象となる。

(3) 機能訓練指導員が行う共生型生活介護における自立訓練（機能訓練）

　　通所介護事業所が共生型生活介護の指定を受けた場合、通所介護の機能訓練指導員は、配置基準上は1以上とされており、共生型生活介護における自立訓練（機能訓練）を兼務することは可能。

　　共生型サービスは、高齢者と障害児者が同一の事業所でサービスを受けやすくするために、介護保険と障害福祉両方の制度に位置づけられたものであり、対象者を区分せずに、一体的に実施することができる。このため、機能訓練指導員が共生型生活介護における自立訓練（機能訓練）を行う場合は、利用者である高齢者と障害児者の合計数により利用定員を定めることとしており、その利用定員の範囲内において、両事業

(2) 指定居宅サービス

を一体的に実施し、機能訓練を行うものであることから、専従要件に該当する。
　※介護保険最新情報vol.657(30.5.29)　平成30年度介護報酬改定に関するQ&A（Vol.4）Q2, 3

2. 個別機能訓練加算

(1) 通所介護の看護職員が機能訓練指導員を兼務した場合でも、個別の機能訓練実施計画を策定すれば、個別機能訓練加算を算定できる。個別機能訓練加算(Ⅱ)を算定するには、専従で1名以上の機能訓練指導員を配置しなければならないが、通所介護事業所の看護職員については、サービス提供時間帯を通じて専従することまでは求められていないことから、当該看護師が本来業務に支障のない範囲で、看護業務とは別の時間帯に機能訓練指導員に専従し、要件を満たせば、個別機能訓練加算(Ⅱ)を算定することは可能である。また、当該看護職員が併せて介護予防通所介護の選択的サービスの算定に必要となる機能訓練指導員を兼務することも可能である。
　※介護保険最新情報vol.267(24.3.16)　平成24年度介護報酬改定に関するQ&Aについて　Q72

(2) 個別機能訓練加算は、体制加算ではなく、個別の計画作成等のプロセスを評価するものであるため、原則としてすべての利用者について計画作成してその同意を得るように努めることが望ましい。
　※介護制度改革information vol.78(18.3.22)　平成18年4月改定関係Q&A(vol.1)について　Q49

(3) 通所介護の個別機能訓練加算について、利用者の居宅を訪問し、利用者の在宅生活の状況を確認したうえで、多職種共同で個別機能訓練計画を作成し機能訓練を実施することとなるが、利用者の居宅を訪問する要件については、利用者の居宅における生活状況を確認し、個別機能訓練計画に反映させることを目的としている。このため、利用者やその家族等との間の信頼関係、協働関係の構築が重要であり、通所介護事業所の従業者は、居宅訪問の趣旨を利用者およびその家族等に対して十分に説明し、趣旨を理解してもらう必要がある。
　※介護保険最新情報vol.454(27.4.1)　平成27年度介護報酬改定に関するQ&Aの送付について　Q42

3. ADL維持等加算

(1) 平成30年度のADL維持等加算の算定の可否を判断する場合、平成29年1月から12月が評価対象期間となるが、この時期に、加算を算定しようとする指定通所介護事業所が指定介護予防通所介護事業所と一体的に運営されていた場合、指定居宅サービス基準第16条の2イ(1)の「利用者」には、当該指定介護予防通所介護事業所の利用者は含まれない。本加算は、指定通所介護及び指定地域密着型通所介護が対象である。なお、指定居宅サービス基準第16条の2イ(3)に「要支援認定」とあるのは、「利用者」に

要支援者を含むとの意味ではなく、初回の要支援認定の後、評価対象利用開始月までの間に要介護認定を受ける場合を想定したものとなっている。

　※介護保険最新情報vol. 629(30.3.23)　平成30年度介護報酬改定に関するQ＆A（Vol. 1）　Q37

(2) 平成31年度からADL維持等加算を算定する場合、申し出た年においては、申出の日の属する月から同年12月までの期間を評価対象期間とするため、評価対象利用開始月から起算して6カ月を確保するためには、平成30年7月までに申出を行う必要がある。

　※介護保険最新情報vol. 657(30.5.29)　平成30年度介護報酬改定に関するQ＆A（Vol. 4）　Q7

4. 栄養改善加算

　通所サービスの利用者のうち、栄養改善加算を算定した者に対して、低栄養状態を改善する等の観点で管理栄養士による居宅療養管理指導を行った場合、栄養管理の内容が重複するものと考えられるため、栄養改善加算を算定した者に対しては、管理栄養士による居宅療養管理指導を算定することができない。（地域密着型通所介護、通所リハビリテーション、認知症対応型通所介護共通）

　※介護保険最新情報vol. 662(30.7.4)　平成30年度介護報酬改定に関するQ＆A（Vol. 5）　Q1

5. その他

(1) **サービス提供時間帯における併設医療機関での受診**

　サービスの提供時間帯における併設医療機関での受診は、緊急やむを得ない場合を除いて認められない。また、サービス開始前または終了後の受診は可能であるが、一律に機械的に通所サービスの前後に組み入れることは適切ではなく、当日の利用者の心身状況等により行われるべきものである。

　※15.5.30事務連絡　介護報酬に係るQ&A　Q11

(2) **生活機能向上連携加算**

　通所介護事業所（通所介護サービス共通）は、生活機能向上連携加算に係る業務について指定訪問リハビリテーション事業所または指定通所リハビリテーション事業所もしくは医療提供施設と委託契約を締結し、業務に必要な費用を指定訪問リハビリテーション事業所等に支払うことになるが、委託料についてはそれぞれの合議により適切に設定する必要がある。

　※介護保険最新情報vol. 629(30.3.23)　平成30年度介護報酬改定に関するQ＆A（Vol. 1）　Q109

7-1 通所リハビリテーション

 改正点のポイント

- 基本報酬の4時間以上8時間未満までのサービス提供時間区分が2時間ごとから1時間ごとに見直しされた。
- 基本報酬は、3時間未満で据置、3時間以上〜4時間未満で要介護1から3は据置、要介護4、5は引上げ、4時間以上5時間未満で引下げ、5時間以上6時間未満で引上げ、6時間以上7時間未満、7時間以上8時間未満で引下げとなった。
- 利用者25対1以上の理学療法士等を配置し、リハビリテーションマネジメント加算を算定している事業所に、リハビリテーション提供体制加算が新設された。
- リハビリテーションマネジメント加算が4項目に区分され、加算報酬や算定要件などが見直しされた。
- 社会参加支援加算(翌年度より算定可)の算定要件が明確化された。
- 介護職員等でも実施可能な栄養スクリーニングを行い、介護支援専門員に栄養状態に係る情報を文書で共有した場合を評価する栄養スクリーニング加算(5単位/回・6カ月に1回限度)が新設された。
- 栄養改善加算の管理栄養士の配置基準が見直しされ、外部との連携により管理栄養士を配置していることでも算定可能となった。
- 医療保険と介護保険のそれぞれのリハビリテーション計画書の共通する事項について、互換性を持った様式として見直し運用されることになった。
- 短時間リハビリテーション実施時の面積要件等が緩和された。
- あらたに介護医療院が提供する報酬が設定された。

 報酬早見表

(1日につき)

算定項目				算定	改定後	改定前	格差
イ 通常規模型通所リハビリテーション費	病院または診療所の場合	(1)1時間以上2時間未満	要介護1	1日	329	329	±0
			要介護2		358	358	±0
			要介護3		388	388	±0
			要介護4		417	417	±0
			要介護5		448	448	±0
		(2)2時間以上3時間未満	要介護1		343	343	±0
			要介護2		398	398	±0
			要介護3		455	455	±0
			要介護4		510	510	±0
			要介護5		566	566	±0

算定項目			算定	改定後	改定前	格差
イ 通常規模型通所リハビリテーション費		(3) 3時間以上4時間未満 要介護1	1日	444	444	±0
		要介護2		520	520	±0
		要介護3		596	596	±0
		要介護4		693	673	20
		要介護5		789	749	40
		(4) 4時間以上5時間未満 要介護1		508	559	−51
		要介護2		595	666	−71
		要介護3		681	772	−91
		要介護4		791	878	−87
		要介護5		900	984	−84
		(5) 5時間以上6時間未満 要介護1		576	559	17
		要介護2		688	666	22
		要介護3		799	772	27
		要介護4		930	878	52
		要介護5		1,060	984	76
		(6) 6時間以上7時間未満 要介護1		667	726	−59
		要介護2		797	875	−78
		要介護3		924	1,022	−98
		要介護4		1,076	1,173	−97
		要介護5		1,225	1,321	−96
		(7) 7時間以上8時間未満 要介護1		712	726	−14
		要介護2		849	875	−26
		要介護3		988	1,022	−34
		要介護4		1,151	1,173	−22
		要介護5		1,310	1,321	−11
	介護老人保健施設の場合	(1) 1時間以上2時間未満 要介護1		329	329	±0
		要介護2		358	358	±0
		要介護3		388	388	±0
		要介護4		417	417	±0
		要介護5		448	448	±0
		(2) 2時間以上3時間未満 要介護1		343	343	±0
		要介護2		398	398	±0
		要介護3		455	455	±0
		要介護4		510	510	±0
		要介護5		566	566	±0
		(3) 3時間以上4時間未満 要介護1		444	444	±0
		要介護2		520	520	±0
		要介護3		596	596	±0
		要介護4		693	673	20
		要介護5		789	749	40

(2) 指定居宅サービス

		算定項目		算　定	改定後	改定前	格　差
イ 通常規模型通所リハビリテーション費		(4)4時間以上5時間未満	要介護1		508	559	−51
			要介護2		595	666	−71
			要介護3		681	772	−91
			要介護4		791	878	−87
			要介護5		900	984	−84
		(5)5時間以上6時間未満	要介護1		576	559	17
			要介護2		688	666	22
			要介護3		799	772	27
			要介護4		930	878	52
			要介護5		1,060	984	76
		(6)6時間以上7時間未満	要介護1		667	726	−59
			要介護2		797	875	−78
			要介護3		924	1,022	−98
			要介護4		1,076	1,173	−97
			要介護5		1,225	1,321	−96
		(7)7時間以上8時間未満	要介護1		712	726	−14
			要介護2		849	875	−26
			要介護3		988	1,022	−34
			要介護4		1,151	1,173	−22
			要介護5		1,310	1,321	−11
イ 通常規模型通所リハビリテーション費	介護医療院の場合	(1)1時間以上2時間未満	要介護1	1日	329	−	新設
			要介護2		358	−	新設
			要介護3		388	−	新設
			要介護4		417	−	新設
			要介護5		448	−	新設
		(2)2時間以上3時間未満	要介護1		343	−	新設
			要介護2		398	−	新設
			要介護3		455	−	新設
			要介護4		510	−	新設
			要介護5		566	−	新設
		(3)3時間以上4時間未満	要介護1		444	−	新設
			要介護2		520	−	新設
			要介護3		596	−	新設
			要介護4		693	−	新設
			要介護5		789	−	新設
		(4)4時間以上5時間未満	要介護1		508	−	新設
			要介護2		595	−	新設
			要介護3		681	−	新設
			要介護4		791	−	新設
			要介護5		900	−	新設

		算定項目		算定	改定後	改定前	格差
イ 通常規模型通所リハビリテーション費		(5)5時間以上6時間未満	要介護1	1日	576	—	新設
			要介護2		688	—	新設
			要介護3		799	—	新設
			要介護4		930	—	新設
			要介護5		1,060	—	新設
		(6)6時間以上7時間未満	要介護1		667	—	新設
			要介護2		797	—	新設
			要介護3		924	—	新設
			要介護4		1,076	—	新設
			要介護5		1,225	—	新設
		(7)7時間以上8時間未満	要介護1		712	—	新設
			要介護2		849	—	新設
			要介護3		988	—	新設
			要介護4		1,151	—	新設
			要介護5		1,310	—	新設
ロ 大規模型通所リハビリテーション費（Ⅰ）	病院または診療所の場合	(1)1時間以上2時間未満	要介護1	1日	323	323	±0
			要介護2		354	354	±0
			要介護3		382	382	±0
			要介護4		411	411	±0
			要介護5		441	441	±0
		(2)2時間以上3時間未満	要介護1		337	337	±0
			要介護2		392	392	±0
			要介護3		448	448	±0
			要介護4		502	502	±0
			要介護5		558	558	±0
		(3)3時間以上4時間未満	要介護1		437	437	±0
			要介護2		512	512	±0
			要介護3		587	587	±0
			要介護4		682	662	20
			要介護5		777	737	40
		(4)4時間以上5時間未満	要介護1		498	551	−53
			要介護2		583	655	−72
			要介護3		667	759	−92
			要介護4		774	864	−90
			要介護5		882	969	−87
		(5)5時間以上6時間未満	要介護1		556	551	5
			要介護2		665	655	10
			要介護3		772	759	13
			要介護4		899	864	35
			要介護5		1,024	969	55

(2) 指定居宅サービス

		算定項目		算定	改定後	改定前	格差
ロ 大規模型通所リハビリテーション費(Ⅰ)		(6)6時間以上7時間未満	要介護1	1日	650	714	−64
			要介護2		777	861	−84
			要介護3		902	1,007	−105
			要介護4		1,049	1,152	−103
			要介護5		1,195	1,299	−104
		(7)7時間以上8時間未満	要介護1		688	714	−26
			要介護2		820	861	−41
			要介護3		955	1,007	−52
			要介護4		1,111	1,152	−41
			要介護5		1,267	1,299	−32
	介護老人保健施設の場合	(1)1時間以上2時間未満	要介護1		323	323	±0
			要介護2		354	354	±0
			要介護3		382	382	±0
			要介護4		411	411	±0
			要介護5		441	441	±0
		(2)2時間以上3時間未満	要介護1		337	337	±0
			要介護2		392	392	±0
			要介護3		448	448	±0
			要介護4		502	502	±0
			要介護5		558	558	±0
		(3)3時間以上4時間未満	要介護1		437	437	±0
			要介護2		512	512	±0
			要介護3		587	587	±0
			要介護4		682	662	20
			要介護5		777	737	40
		(4)4時間以上5時間未満	要介護1		498	551	−53
			要介護2		583	655	−72
			要介護3		667	759	−92
			要介護4		774	864	−90
			要介護5		882	969	−87
		(5)5時間以上6時間未満	要介護1		556	551	5
			要介護2		665	655	10
			要介護3		772	759	13
			要介護4		899	864	35
			要介護5		1,024	969	55
		(6)6時間以上7時間未満	要介護1		650	714	−64
			要介護2		777	861	−84
			要介護3		902	1,007	−105
			要介護4		1,049	1,152	−103
			要介護5		1,195	1,299	−104

7-1 通所リハビリテーション

算定項目			算定	改定後	改定前	格差
ロ 大規模型通所リハビリテーション費（Ⅰ）		(7)7時間以上8時間未満	要介護1		688	714	-26
			要介護2		820	861	-41
			要介護3		955	1,007	-52
			要介護4		1,111	1,152	-41
			要介護5		1,267	1,299	-32
	介護医療院の場合	(1)1時間以上2時間未満	要介護1	1日	323	—	新設
			要介護2		354	—	新設
			要介護3		382	—	新設
			要介護4		411	—	新設
			要介護5		441	—	新設
		(2)2時間以上3時間未満	要介護1		337	—	新設
			要介護2		392	—	新設
			要介護3		448	—	新設
			要介護4		502	—	新設
			要介護5		558	—	新設
		(3)3時間以上4時間未満	要介護1		437	—	新設
			要介護2		512	—	新設
			要介護3		587	—	新設
			要介護4		682	—	新設
			要介護5		777	—	新設
		(4)4時間以上5時間未満	要介護1		498	—	新設
			要介護2		583	—	新設
			要介護3		667	—	新設
			要介護4		774	—	新設
			要介護5		882	—	新設
		(5)5時間以上6時間未満	要介護1		556	—	新設
			要介護2		665	—	新設
			要介護3		772	—	新設
			要介護4		899	—	新設
			要介護5		1,024	—	新設
		(6)6時間以上7時間未満	要介護1		650	—	新設
			要介護2		777	—	新設
			要介護3		902	—	新設
			要介護4		1,049	—	新設
			要介護5		1,195	—	新設
		(7)7時間以上8時間未満	要介護1		688	—	新設
			要介護2		820	—	新設
			要介護3		955	—	新設
			要介護4		1,111	—	新設
			要介護5		1,267	—	新設

(2) 指定居宅サービス

	算定項目			算定	改定後	改定前	格差
ハ 大規模型通所リハビリテーション費（Ⅱ）	病院または診療所の場合	(1)1時間以上2時間未満	要介護1	1日	316	316	±0
			要介護2		346	346	±0
			要介護3		373	373	±0
			要介護4		402	402	±0
			要介護5		430	430	±0
		(2)2時間以上3時間未満	要介護1		330	330	±0
			要介護2		384	384	±0
			要介護3		437	437	±0
			要介護4		491	491	±0
			要介護5		544	544	±0
		(3)3時間以上4時間未満	要介護1		426	426	±0
			要介護2		500	500	±0
			要介護3		573	573	±0
			要介護4		666	646	20
			要介護5		759	719	40
		(4)4時間以上5時間未満	要介護1		480	536	−56
			要介護2		563	638	−75
			要介護3		645	741	−96
			要介護4		749	842	−93
			要介護5		853	944	−91
		(5)5時間以上6時間未満	要介護1		537	536	1
			要介護2		643	638	5
			要介護3		746	741	5
			要介護4		870	842	28
			要介護5		991	944	47
		(6)6時間以上7時間未満	要介護1		626	697	−71
			要介護2		750	839	−89
			要介護3		870	982	−112
			要介護4		1,014	1,124	−110
			要介護5		1,155	1,266	−111
		(7)7時間以上8時間未満	要介護1		664	697	−33
			要介護2		793	839	−46
			要介護3		922	982	−60
			要介護4		1,075	1,124	−49
			要介護5		1,225	1,266	−41
	介護老人保健施設の場合	(1)1時間以上2時間未満	要介護1		316	316	±0
			要介護2		346	346	±0
			要介護3		373	373	±0
			要介護4		402	402	±0
			要介護5		430	430	±0

		算定項目		算定	改定後	改定前	格差
ハ 大規模型通所リハビリテーション費(Ⅱ)		(2) 2時間以上3時間未満	要介護1	1日	330	330	±0
			要介護2		384	384	±0
			要介護3		437	437	±0
			要介護4		491	491	±0
			要介護5		544	544	±0
		(3) 3時間以上4時間未満	要介護1		426	426	±0
			要介護2		500	500	±0
			要介護3		573	573	±0
			要介護4		666	646	20
			要介護5		759	719	40
		(4) 4時間以上5時間未満	要介護1		480	536	−56
			要介護2		563	638	−75
			要介護3		645	741	−96
			要介護4		749	842	−93
			要介護5		853	944	−91
		(5) 5時間以上6時間未満	要介護1		537	536	1
			要介護2		643	638	5
			要介護3		746	741	5
			要介護4		870	842	28
			要介護5		991	944	47
		(6) 6時間以上7時間未満	要介護1		626	697	−71
			要介護2		750	839	−89
			要介護3		870	982	−112
			要介護4		1,014	1,124	−110
			要介護5		1,155	1,266	−111
		(7) 7時間以上8時間未満	要介護1		664	697	−33
			要介護2		793	839	−46
			要介護3		922	982	−60
			要介護4		1,075	1,124	−49
			要介護5		1,225	1,266	−41
	介護医療院の場合	(1) 1時間以上2時間未満	要介護1		316	−	新設
			要介護2		346	−	新設
			要介護3		373	−	新設
			要介護4		402	−	新設
			要介護5		430	−	新設
		(2) 2時間以上3時間未満	要介護1		330	−	新設
			要介護2		384	−	新設
			要介護3		437	−	新設
			要介護4		491	−	新設
			要介護5		544	−	新設

(2) 指定居宅サービス

算定項目			算定	改定後	改定前	格差
ハ 大規模型通所リハビリテーション費(Ⅱ)	(3) 3時間以上4時間未満	要介護1	1日	426	—	新設
		要介護2		500	—	新設
		要介護3		573	—	新設
		要介護4		666	—	新設
		要介護5		759	—	新設
	(4) 4時間以上5時間未満	要介護1		480	—	新設
		要介護2		563	—	新設
		要介護3		645	—	新設
		要介護4		749	—	新設
		要介護5		853	—	新設
	(5) 5時間以上6時間未満	要介護1		537	—	新設
		要介護2		643	—	新設
		要介護3		746	—	新設
		要介護4		870	—	新設
		要介護5		991	—	新設
	(6) 6時間以上7時間未満	要介護1		626	—	新設
		要介護2		750	—	新設
		要介護3		870	—	新設
		要介護4		1,014	—	新設
		要介護5		1,155	—	新設
	(7) 7時間以上8時間未満	要介護1		664	—	新設
		要介護2		793	—	新設
		要介護3		922	—	新設
		要介護4		1,075	—	新設
		要介護5		1,225	—	新設

※ 同一時間のサービス提供を行った場合、改定前に計算された単位で対比。

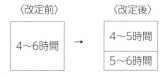

例
・5時間30分のサービス提供の場合
　改定前は4時間以上6時間未満の単位　　改定後は5時間以上6時間未満の単位
・7時間30分のサービス提供の場合
　改定前は6時間以上8時間未満の単位　　改定後は7時間以上8時間未満の単位

1. 所要時間による区分

　現に要した時間ではなく、通所リハビリテーション計画に位置づけられた内容の通所リハビリテーションを行うための標準的な時間である。送迎に要する時間は、送迎時の居宅内介護(30分以内)を除き含まれない。

2. 所要時間の留意点

当初の計画に位置づけられた時間よりも大きく短縮した場合は、当初の通所リハビリテーション計画を変更し、再作成されるべきであり、変更後の所要時間に応じた所定単位数を算定。

3. 送迎時における居宅内介助等

送迎時に実施した居宅内介助等(電気の消灯・点灯、着替え、ベッドへの移乗、窓の施錠等)は、次のいずれの要件も満たす場合、1日30分以内を限度として、通所リハビリテーションを行うのに要する時間に含めることができる。

①居宅サービス計画と個別サービス計画に位置づけたうえで実施する場合。
②居宅内介助等を行う者が、理学療法士、作業療法士、言語聴覚士、看護職員、介護福祉士、実務者研修修了者、旧介護職員基礎研修課程修了者、旧ホームヘルパー1級研修課程修了者、介護職員初任者研修修了者(旧ホームヘルパー2級研修課程修了者を含む)、事業所における勤続年数と同一法人経営の他の介護事業所、医療機関、社会福祉施設等においてサービスを利用者に直接提供する職員としての勤続年数合計3年以上の介護職員である場合。

4. 規模別報酬の留意点

前年度の1月あたりの平均利用延人員数に応じ、翌年度の事業所規模などの3種類に区別される。

(1)通常規模の事業所。(前年度の平均利用延人員数が750人以下)
(2)大規模の事業所(Ⅰ)。(前年度の平均利用延人員数が750人超900人以下)
(3)大規模の事業所(Ⅱ)。(前年度の平均利用延人員数が900人超)

①利用延人員数は、各月(暦月)ごとに算出のうえ、利用延人員数を合算し、通所サービス費を算定している月数で割って算出する。正月等特別な期間を除いて毎日事業を実施した月については、当該月の利用延人員数に7分の6を乗じる。(小数点第3位を四捨五入)
②同一事業所で2単位以上の通所リハビリテーションを行っている場合は、全ての単位の利用者数の合計を基に計算する。1時間以上2時間未満の利用者は1/4を乗じた数、2時間以上4時間未満の利用者は1/2を乗じた数、4時間以上5時間未満、5時間以上6時間未満の利用者は3/4を乗じた数で計算する。
③新規に要介護認定を申請中の者が暫定ケアプランによりサービス提供を受けている場合は、計算に含めない。
④災害その他のやむを得ない理由による定員超過利用は、定員超過利用が開始した月(災害等が生じた時期が月末であって、定員超過利用が翌月まで継続することがやむを得ないと認められる場合は翌月も含む)の翌月から所定単位数の減算を行うことはせず、やむを得ない理由がないにもかかわらず、その翌月まで定員を超過した状態が

(2) 指定居宅サービス

継続している場合に、災害等が生じた翌々月から所定単位数の減算を行う。また、この場合、やむを得ない理由により受け入れた利用者は、その利用者を明確に区分したうえで、平均利用延人員数に含めない。

5. その他

通所リハビリテーション前後の医療機関受診(医療保険給付)は可能であるが、「重度認知症患者デイ・ケア」または「精神科デイ・ケア」は、同一環境において反復継続して行うことが求められるので、患者が要介護者等でも、重度認知症患者デイ・ケア等を行っている期間内は、介護保険の通所リハビリテーションは算定不可。

加算算定のポイント

算定項目		算定	改定後	改定前	格差	要件
7時間以上8時間未満の通所リハビリテーション	8時間以上9時間 未満	1日	+50	+50	±0	
	9時間以上10時間 未満		+100	+100	±0	
	10時間以上11時間 未満		+150	+150	±0	
	11時間以上12時間 未満		+200	+200	±0	
	12時間以上13時間 未満		+250	+250	±0	
	13時間以上14時間 未満		+300	+300	±0	
リハビリテーション提供体制加算	3時間以上4時間未満		+12	—	新設	
	4時間以上5時間未満		+16	—	新設	
	5時間以上6時間未満		+20	—	新設	
	6時間以上7時間未満		+24	—	新設	
	7時間以上		+28	—	新設	
理学療法士等体制強化加算			+30	+30	±0	
中山間地域等に居住する者へのサービス提供加算			+5%	+5%	±0	
入浴介助を行った場合			+50	+50	±0	
リハビリテーションマネジメント加算(Ⅰ)		1月	+330	+230	100	
リハビリテーションマネジメント加算(Ⅱ)	同意書日の属する日から6月内		+850	+1,020	−170	
	同意書日の属する日から6月超		+530	+700	−170	
リハビリテーションマネジメント加算(Ⅲ)	同意書日の属する日から6月内		+1,120	—	新設	
	同意書日の属する日から6月超		+800	—	新設	
リハビリテーションマネジメント加算(Ⅳ)	同意書日の属する日から6月内		+1,220	—	新設	3月に1回限度
	同意書日の属する日から6月超		+900	—	新設	
短期集中個別リハビリテーション実施加算		1日	+110	+110	±0	
認知症短期集中リハビリテーション実施加算(Ⅰ)			+240	+240	±0	週2日限度
認知症短期集中リハビリテーション実施加算(Ⅱ)		1月	+1,920	+1,920	±0	
生活行為向上リハビリテーション実施加算	利用開始日の属する日から3月以内	1月	+2,000	+2,000	±0	
	利用開始日の属する日から3月超6月以内		+1,000	+1,000	±0	

算定項目			算定	改定後	改定前	格差	要件
重度療養管理加算			1日	+100	+100	±0	
中重度者ケア体制加算				+20	+20	±0	
若年性認知症利用者受入加算				+60	+60	±0	
栄養改善加算			1回	+150	+150	±0	月2回限度
栄養スクリーニング加算				+5	-	新設	6月に1回限度
口腔機能向上加算				+150	+150	±0	月2回限度
ニ 社会参加支援加算			1日	+12	+12	±0	
ホ サービス提供体制強化加算(全サービス共通事項ページ参照)	(1)サービス提供体制強化加算(Ⅰ)イ		1回	+18	+18	±0	
	(2)サービス提供体制強化加算(Ⅰ)ロ			+12	+12	±0	
	(3)サービス提供体制強化加算(Ⅱ)			+6	+6	±0	

※ 中山間地域等提供加算、サービス提供体制強化加算は区分支給限度基準額管理の対象外。

1. 延長加算

7時間以上8時間未満サービスの前後に連続して延長サービスを行う場合に6時間を限度に算定。泊まりサービス該当者は対象外。

2. リハビリテーション提供体制加算(新設)

(1) 常時、事業所に配置されている理学療法士、作業療法士または言語聴覚士の合計数が、サービス提供時間帯を通じて、利用者数(予防サービスを一体的に運営している事業者は予防利用者も含む)の25またはその端数を増すごとに1以上。

(2) リハビリテーションマネジメント加算(Ⅰ)から(Ⅳ)までのいずれかを算定していることが要件。

3. 理学療法士等体制強化加算

(1) 常勤専従の理学療法士、作業療法士または言語聴覚士を2名以上配置。

(2) 1時間以上2時間未満の短時間リハビリテーションについてのみ算定可。

4. 若年性認知症利用者受入加算

(1) 受け入れた若年性認知症利用者ごとに個別に担当者を定め、その者を中心に、利用者の特性やニーズに応じたサービス提供を行う。

(2) 若年性認知症の判断は、精神科医師もしくは神経内科医師または認知症に対するリハビリテーションに関する専門的研修修了医師の判定結果を徴するか、「要介護認定等の実施について」の主治医意見書によることが望ましい。

(3) 65歳の誕生日の前々日まで算定可。

(2) 指定居宅サービス

5. 短期集中個別リハビリテーション実施加算

(1) 退院(所)後に認定が行われた場合の起算点は、認定日となる。逆の場合は、退院(所)日が起算点となる。
(2) リハビリテーションマネジメント加算(Ⅰ)から(Ⅳ)までのいずれかを算定していることが算定要件。
(3) 1週間におおむね2日以上、1日あたり40分以上の個別にリハビリテーションを実施。
(4) 利用者の状態に応じて、基本的動作能力および応用的動作能力を向上させ、身体機能の回復を目的とした、集中的なリハビリテーションを個別に実施。

6. リハビリテーションマネジメント加算の算定要件

算定要件／項目		加算(Ⅰ)(見直し)	加算(Ⅱ)(新設)	加算(Ⅲ)(見直し)(旧(Ⅱ))	加算(Ⅳ)(新設)
報酬(1月)((Ⅳ)は3月に1回)		330単位(引上げ)	6月以内850単位	6月以内1120単位(引上げ)	6月以内1220単位
			6月超530単位	6月超800単位(引上げ)	6月超900単位
算定要件	評価と見直し	リハビリテーション計画の進捗状況を定期的に評価し、必要に応じて計画を見直す。			
	情報の伝達	理学療法士(PT)、作業療法士(OT)または言語聴覚士(ST)が、介護支援専門員を通じて、居宅サービスの従事者に対し、日常生活上の留意点、介護の工夫等の情報を伝達。			
	利用者宅への訪問等	新規にリハビリテーション計画を作成した利用者に、医師または医師の指示を受けたPT、OTまたはSTが、計画に従い、リハビリテーション開始日から起算して1カ月以内に、利用者の居宅を訪問し、診療、運動機能検査、作業能力検査等を実施。			
	医師の詳細な指示	事業所医師が、事業所のPT、OTまたはSTに対し、利用者に対するリハビリテーションの目的、開始前または実施中の留意事項、やむを得ず中止する際の基準、リハビリテーションにおける利用者に対する負荷等のうちいずれか1以上の指示を行う。			
	医師指示内容の明確な記録	指示を行った医師またはPT、OTまたはSTが医師指示内容を明確にわかるように記録。			
	リハビリテーション会議※		リハビリテーション会議を開催し、リハビリテーションに関する専門的な見地から利用者の状況等に関する情報を構成員と共有し、会議の内容を記録。		

算定要件／項目		加算(Ⅰ)(見直し)	加算(Ⅱ)(新設)	加算(Ⅲ)(見直し)(旧(Ⅱ))	加算(Ⅳ)(新設)
算定要件	リハビリテーション計画の説明と同意		計画作成に関与したPT、OTまたはSTが利用者または家族に説明し、利用者の同意を得るとともに、説明した内容等を医師へ報告。	医師が利用者またはその家族に対して説明し、利用者の同意を得る。	
	会議の開催と計画の見直し		6カ月以内は1月に1回以上、6カ月超は3月に1回以上、リハビリテーション会議を開催し、利用者の状態の変化に応じ、通所リハビリテーション計画を見直す。		
	介護支援専門員への情報提供		PT、OTまたはST介護支援専門員に対し、リハビリテーションに関する専門的な見地から、利用者の有する能力、自立のために必要な支援方法および日常生活上の留意点に関する情報提供を行う。		
	右記の①②のいずれかに適合		①PT、OTまたはSTがケアプランに記載されているサービス従業者と居宅を訪問し、専門的な見地から、介護の工夫に関する指導および日常生活上の留意点に関する助言を行う。		
			②PT、OTまたはSTが居宅を訪問し家族に対し、専門的な見地から、介護の工夫に関する指導および日常生活上の留意点に関する助言を行う。		
	算定要件を記録		基準(算定要件)に適合することを確認し、記録。		
	データの提出(VISIT)				計画書等の内容に関するデータを、厚生労働省に提出。

※リハビリテーション会議構成員である医師の会議への出席は、テレビ電話等を使用してもよい。

(1) リハビリテーションマネジメント加算(Ⅱ)(1)、(Ⅲ)(1)またはリハビリテーションマネジメント加算(Ⅳ)(1)を取得後は、リハビリテーションマネジメント加算(Ⅱ)(2)、リハビリテーションマネジメント加算(Ⅲ)(2)またはリハビリテーションマネジメント加算(Ⅳ)(2)を算定。ただし、算定期間以降でも、リハビリテーション会議を開催し、利用者の急性増悪等により引き続き月に1回以上、会議を開催し、利用者の状態の変化に応じ、計画を見直していく必要性が高いことを利用者または家族ならびに構成員が合意した場合、リハビリテーションマネジメント加算(Ⅱ)(1)、リハビリテーションマネジメント加算(Ⅲ)(1)またはリハビリテーションマネジメント加算(Ⅳ)(1)を再算定可。

(2) リハビリテーションマネジメント加算(Ⅱ)、(Ⅲ)又は(Ⅳ)の算定は、計画の利用者の同意を得た日の月から起算して6カ月間を超えた場合で、通所リハビリテーションサービスを終了後に、病院等への入院または他の居宅サービス等の利用を経て、同一の通所リハビリテーション事業所を再度利用した場合は、リハビリテーションマネジメント加算(Ⅱ)(1)、(Ⅲ)(1)または(Ⅳ)(1)を再算定することはできず、リハビリ

テーションマネジメント加算（Ⅱ）(2)、(Ⅲ)(2)または(Ⅳ)(2)を算定する。

　　ただし、疾病が再発するなどにより入院が必要になった状態または医師が集中的な医学的管理を含めた支援が必要と判断した等の状態の変化に伴う、やむを得ない理由がある場合であって、利用者または家族が合意した場合は、この限りでない。

(3) 通所リハビリテーション事業所の医師が、利用者に対して3カ月以上の通所リハビリテーションの継続利用が必要と判断する場合には、リハビリテーション計画書の特記事項欄に通所リハビリテーションの継続利用が必要な理由、その他居宅サービスの併用と移行の見通しを記載する。

(4) リハビリテーション会議の構成員である医師の会議への出席は、テレビ電話等情報通信機器を使用してもよい。なお、テレビ電話等情報通信機器を使用する場合、会議の議事に支障のないよう留意する。

(5) リハビリテーション会議の開催頻度について、通所リハビリテーション事業所、介護予防通所リハビリテーション事業所並びに当該事業所指定を受けている医療機関において、算定開始の月の前月から起算して前24カ月以内に介護保険または医療保険のリハビリテーションに係る報酬の請求が併せて6カ月以上ある利用者は、算定当初から3カ月に1回の頻度でよい。

(6) リハビリテーションマネジメント加算（Ⅱ）は、利用者の状態の悪化等の理由から通所リハビリテーションのサービスの利用がない月も、理学療法士、作業療法士または言語聴覚士が利用者の居宅を訪問し、利用者やその家族、介護支援専門員にリハビリテーションおよび廃用症候群を予防する専門的な見地から、介護の工夫に関する指導および日常生活上の留意点等について助言を行った場合は算定可。その場合、助言を行った内容の要点を診療記録に記載する。

7. 生活行為向上リハビリテーション実施加算

(1) 算定期間と併算定不可項目

　　3カ月以内と3カ月超6カ月以内に区分。短期集中個別リハビリテーション実施加算、認知症短期集中リハビリテーション実施加算（Ⅰ）（Ⅱ）と併算定不可。

(2) 生活行為の内容の充実を図るための専門的な知識もしくは経験を有する作業療法士または生活行為の内容の充実を図るための研修を修了した理学療法士もしくは言語聴覚士を配置。

(3) 生活行為の内容の充実を図るための目標および当該目標を踏まえたリハビリテーションの実施頻度、実施場所および実施時間等が記載されたリハビリテーション実施計画をあらかじめ定めて、リハビリテーションを提供する。

(4) 計画で定めた通所リハビリテーションの実施期間中に指定通所リハビリテーションの提供を終了した日前1カ月以内に、リハビリテーション会議を開催し、リハビリテーションの目標の達成状況を報告する。

(5) リハビリテーションマネジメント加算（Ⅱ）、（Ⅲ）または（Ⅳ）を算定している。

(6) 提供終了日前1カ月以内に、リハビリテーション会議を開催し、目標の達成状況および実施結果を報告。
(7)「生活行為」とは、個人の活動として行う排泄、入浴、調理、買物、趣味活動等の行為をいう。
(8) 加齢や廃用症候群等により生活機能の一つである活動をするための機能が低下した利用者に対して、当該機能を回復させ、生活行為の内容の充実を図るための目標と当該目標を踏まえた6カ月間の生活行為向上リハビリテーションの内容を生活行為向上リハビリテーション実施計画にあらかじめ定めた上で、計画的に実施する。
(9) 生活行為向上リハビリテーション実施計画の作成や、リハビリテーション会議におけるリハビリテーションの目標の達成状況報告は、(2)で定める理学療法士等が行う。
(10) 生活行為向上リハビリテーション実施計画の作成には、加算の趣旨および減算について説明した上で、計画の同意を得る。
(11) リハビリテーションマネジメント加算（Ⅱ）、（Ⅲ）または（Ⅳ）の算定が前提となっていることから、加算の趣旨を踏まえ、家庭での役割を担うことや地域の行事等に関与すること等を可能とすることを見据えた目標や実施内容を設定する。
(12) 生活行為向上リハビリテーション実施計画に従ったリハビリテーションの評価に当たっては、利用者の居宅を訪問し、利用者の居宅における応用的動作能力や社会適応能力について評価を行い、その結果を利用者とその家族に伝達する。なお、利用者の居宅を訪問した際、リハビリテーションを実施することはできない。
(13) 生活行為のニーズの把握
　　利用者がどのような生活行為をしてみたい、興味があると思っているのかを把握する。把握に当たっては、利用者の生活の意欲を高めるためにも、こういうことをしてみたいという生活行為の目標を認識できるよう働きかけることも重要である。
(14) 実施計画作成後、計画実施期間の達成1カ月前には、リハビリテーション会議を開催し、様式例に支援の結果を記入し、本人および家族、構成員に支援の経過および結果を報告する。また、リハビリテーション会議にサービスの提供終了後に利用するサービス等の担当者にも参加を依頼し、サービスの提供終了後も継続して実施するとよい事柄について申し送ることが望ましい。
(15) 生活行為向上リハビリテーションを行うために必要な家事用設備、各種日常生活活動訓練用具などが備えられていることが望ましい。
(16) 要介護認定等の更新または区分の変更により、要介護状態区分から要支援状態区分または要支援状態区分から要介護状態区分となった利用者に対して、生活行為向上リハビリテーションの提供を継続する場合は、算定月数を通算する。
　　なお、作成した生活行為向上リハビリテーション実施計画を活用することは差し支えないが、利用者の心身の状況等を鑑み、適時適切に計画は見直す。

(2) 指定居宅サービス

8. 栄養改善加算（管理栄養士の配置要件が緩和）

(1) 低栄養状態にある利用者またはそのおそれのある利用者に低栄養状態の改善等を目的として、個別的に実施される栄養食事相談等の栄養管理で、利用者の心身の状態の維持または向上に資すると認められるもの（栄養改善サービス）を行った場合、3カ月以内に限り1カ月に2回を限度として算定可。管理栄養士による居宅療養管理指導と併算定不可。

(2) 栄養改善サービスの開始から3カ月ごとの利用者の栄養状態の評価の結果、低栄養状態が改善せず、栄養改善サービスを引き続き行うことが必要と認められる場合は引き続き算定可。

(3) 当該事業所の職員として、または外部（他の介護事業所、医療機関、栄養ケア・ステーション（公益社団法人日本栄養士会または都道府県栄養士会が設置・運営する「栄養士会栄養ケア・ステーション」に限る））との連携により管理栄養士を1名以上配置している。

(4) 算定要件など留意点
　①栄養改善サービスの提供は、利用者ごとに行われるケアマネジメントの一環として行われることに留意する。
　②サービス利用開始時に、利用者の低栄養状態のリスクを把握する。
　③管理栄養士を中心に、担当する介護スタッフや看護職員らが共同で、利用者の摂食・嚥下機能および食形態に配慮しながら、栄養改善に向けて解決すべき課題と取り組むべき項目を記載した栄養ケア計画を作成する。計画内容は利用者またはその家族に説明し、同意を得る。
　　なお、通所リハビリテーション計画の中に栄養ケア計画に相当する内容を記載する場合、その記載をもって栄養ケア計画の作成に代えることができる。
　④管理栄養士は、栄養ケア計画に基づいた栄養改善サービスを利用者ごとに提供する。実施経過中に問題があれば直ちに栄養ケア計画を修正する。
　⑤定期的に利用者の生活機能の状況を検討し、およそ3カ月ごとに行う体重測定等により利用者の栄養状態の評価を行い、その結果を利用者の担当介護支援専門員や主治医に情報提供する。
　⑥サービス提供記録において、栄養ケア計画に従い管理栄養士が利用者の栄養状態を定期的に記録する場合、この記録とは別に栄養改善加算を算定するために利用者の栄養状態を定期的に記録する必要はない。

(5) 算定できる利用者は、次の①～⑤のいずれかに該当する者。
　①BMIが18.5未満の者。
　②1～6カ月間で3%以上の体重の減少が認められる者または6カ月間で2～3kg以上の体重減少があった者。
　③血清アルブミン値が3.5g/dl以下の者。
　④食事摂取量が不良（75%以下）の者。
　⑤その他低栄養状態にあるまたはそのおそれがあると認められる者。

9. 栄養スクリーニング加算(新設)
(1)利用者に対し、利用開始時および利用中6カ月ごとに栄養状態について確認を行い、当該利用者の栄養状態に係る情報(医師・歯科医師・管理栄養士等への相談提言を含む)を介護支援専門員に文書で提供した場合に算定可。
(2)算定対象となる利用者は、栄養改善加算の(5)の①~⑤に該当者。
(3)当該利用者について、当該事業所以外で既に栄養スクリーニング加算を算定している場合は算定不可。複数の事業所で加算を算定しようとする場合は、サービス利用者が利用している各種サービスの栄養状態との関連性、実施時間の実績、栄養改善サービスの提供実績、栄養スクリーニングの実施可能性等を踏まえ、サービス担当者会議で検討し、介護支援専門員が判断・決定する。また利用者が栄養改善加算の算定に係る栄養改善サービスを受けている間および栄養改善サービスが終了した日の属する月は算定不可。
(4)スクリーニングの結果、必要があれば栄養改善加算も併算定可。

10. 口腔機能向上加算
(1)利用者の口腔機能を利用開始時に把握し、言語聴覚士、歯科衛生士、看護職員、介護職員、生活相談員その他の職種の者が共同して利用者ごとの口腔機能改善管理指導計画を作成し、当該計画にしたがって言語聴覚士、歯科衛生士または看護職員等が、口腔機能向上サービス(口腔の清掃またはその指導、摂食・嚥下機能に関する訓練またはその指導)を個別に提供し、利用者の口腔機能を定期的に記録した場合に算定可。
(2)必要に応じて、介護支援専門員を通して主治医または主治の歯科医師への情報提供を行うこと、または受診勧奨などの適切な措置を講じる。
(3)利用者ごとの口腔機能改善管理指導計画の進捗状況を定期的に評価する。
(4)言語聴覚士、歯科衛生士または看護職員が1名以上配置され、人員欠如がない。
(5)算定できる利用者は、次の①~③のいずれかに該当する者。
　①認定調査票の「嚥下・食事摂取・口腔清潔」の3項目のいずれかの項目が「1」(できるや自立)以外に該当する者。
　②基本チェックリストNo.13~15の3項目のうち2項目以上が「1」に該当する者等。
　　13　半年前に比べて固いものが食べにくくなった
　　14　お茶や汁物などでむせることがある
　　15　口の渇きが気になる
　③その他口腔機能の低下している者またはそのおそれのある者。
　　なお、利用者が歯科医療を受診していて、次のいずれかに該当する場合は算定不可。
　　1)医療保険の「摂食機能療法」を算定している場合。
　　2)医療保険の「摂食機能療法」を算定しておらず、かつ、介護保険の口腔機能向上サービスとして「摂食・嚥下機能に関する訓練の指導もしくは実施」を行っていな

い場合。

11. 重度療養管理加算
(1) 対象者は要介護3〜5の利用者。(所要時間1時間以上2時間未満利用者以外)
(2) ①〜⑨のいずれかに該当する状態の利用者に対して算定可。

①常時頻回の喀痰吸引の実施

　1日あたり8回(夜間を含め約3時間に1回程度)以上実施している日が20日を超える場合。

②呼吸障害等により人工呼吸器の使用

　1週間以上人工呼吸または間欠的陽圧呼吸を行っている。

③中心静脈注射の実施

　中心静脈注射により薬剤の投与をされている利用者または中心静脈栄養以外に栄養維持が困難な利用者。

④人工腎臓を実施しており、かつ、重篤な合併症を有する状態

　人工腎臓を各週2日以上実施しているもので、かつ、次のいずれかの合併症をもつ利用者。

　1) 透析中に頻回の検査、処置を必要とするインスリン注射を行っている糖尿病
　2) 常時低血圧(収縮期血圧が90mmHg以下)
　3) 透析アミロイド症で手根管症候群や運動機能障害を呈するもの
　4) 出血性消化器病変を有するもの
　5) 骨折を伴う二次性副甲状腺機能亢進症
　6) うっ血性心不全(NYHA Ⅲ度以上)

⑤重篤な心機能障害、呼吸障害等により常時モニター測定の実施

　持続性心室性頻拍や心室細動等の重症不整脈発作を繰り返す状態、収縮期血圧90mmHg以下が持続する状態、または、酸素吸入を行っても動脈血酸素飽和度90%以下の状態で常時、心電図、血圧、動脈血酸素飽和度のいずれかを含むモニタリングを行っている。

⑥膀胱または直腸の機能障害の程度が身体障害者障害程度等級表の4級以上に該当し、かつ、ストーマの処置を実施。利用者に対して、皮膚の炎症等に対するケアを行った場合。

⑦経鼻胃管や胃ろう等の経腸栄養が行われている状態

　経口摂取が困難で経腸栄養以外に栄養維持が困難な利用者に対して、経腸栄養を行った場合。

⑧褥瘡に対する治療の実施

　褥瘡の分類で第Ⅲ度以上に該当し、かつ、褥瘡に対して必要な処置を行った場合に限る。

　第Ⅰ度:皮膚の発赤が持続している部分があり、圧迫を取り除いても消失しない(皮

　　　　膚の損傷はない)
　　第Ⅱ度：皮膚層の部分的喪失(びらん、水疱、浅いくぼみとして現れるもの)
　　第Ⅲ度：皮膚層がなくなり潰瘍が皮下組織にまで及ぶ。深いくぼみとして現れ、隣接
　　　　　　組織まで及んでいることもあれば、及んでいないこともある
　　第Ⅳ度：皮膚層と皮下組織が失われ、筋肉や骨が露出している
　⑨気管切開が行われている状態
　　　気管切開が行われている利用者に、気管切開の医学的管理を行った場合。

12. 中重度者ケア体制加算
(1) 指定基準に定められた員数に加え、看護職員または介護職員を常勤換算方法で1以上確保(延長加算の職員勤務時間数は除外。小数点第2位以下切り捨て)。
(2) 前年度(3月除く)または算定日月の前3カ月間の利用者総数(利用者実人数または利用延べ人員数。要支援者を除く)のうち、要介護3以上利用者割合が30％以上。
(3) 時間帯を通じて、専ら通所リハビリテーションの提供にあたる看護職員を1以上配置。
(4) 届出後は直近3月間の割合を継続し、その結果を記録する。

13. 認知症短期集中リハビリテーション実施加算
(1) 認知症短期集中リハビリテーション実施加算(Ⅰ)の算定要件
　退院(所)日または通所開始日から3カ月以内算定可。認知症短期集中リハビリテーション実施加算(Ⅱ)と生活行為向上リハビリテーション実施加算、短期集中個別リハビリテーション実施加算と併算定不可。
　①1週間に2日を限度として個別にリハビリテーションを実施。
　②リハビリテーションマネジメント加算(Ⅰ)から(Ⅳ)までのいずれかを算定。
　③個別または集団によるリハビリテーションを月8回以上の実施が望ましいが、月に4回以上リハビリテーション実施でも算定可。

(2) 認知症短期集中リハビリテーション実施加算(Ⅱ)の算定の算定要件
　退院(所)日または通所開始日から3カ月以内算定可。認知症短期集中リハビリテーション実施加算(Ⅰ)と生活行為向上リハビリテーション実施加算、短期集中個別リハビリテーション実施加算と併算定不可。
　①1カ月に4回以上リハビリテーションを実施。
　②リハビリテーションの実施頻度、実施場所及び実施時間等が記載された計画を作成し、生活機能の向上に資するリハビリテーションを実施。
　③リハビリテーションマネジメント加算(Ⅱ)、(Ⅲ)または(Ⅳ)を算定。
　④利用者の認知症の状態に対し、支援内容や利用回数が妥当かどうかを確認し、適切に提供することが必要であることから1月に1回はモニタリングを行い、計画を見直し、医師から利用者またはその家族に対して説明をし、同意を得ることが望ましい。
　⑤興味・関心シートを活用し、利用者がしている、してみたい、興味がある生活行為を

(2) 指定居宅サービス

把握し、見当識や記憶などの認知機能や実際の生活環境を評価し、アセスメント後に、当該生活行為で確実に自立できる行為を目標とする。

⑥目標を達成するために何を目的に、どんな実施内容をどのようにするのか(たとえば、個別でまたは集団で)をできる限り分かりやすく記載。

⑦訓練内容について、その実施内容において望ましい提供頻度、時間を記載。通所頻度は、月4回以上実施することとしているが、利用者の見当識を考慮し、月8回以上の通所リハビリテーションの提供が望ましいものであり、その提供内容を記載。

⑧目標の内容によっては、訓練した内容が実際の生活場面でできるようになったかどうかを評価、確認するために、利用者の居宅において応用的動作能力や社会適応能力について評価を行い、その結果を利用者とその家族に伝達。その際はその実施時期、および何をするのかをリハビリテーション計画書に記載。家族に指導する際に特に留意することがあった場合に記載。

⑨居宅で評価する際は、利用者が実際に生活する場面で、失敗をしないで取り組めるよう、実施方法や環境にあらかじめ配慮し、実施。

⑩リハビリテーションの内容を選定する際は、役割の創出や達成体験、利用者が得意とすることをプログラムとして提供するなど自己効力感を高める働きかけに留意する。

⑪認知症短期集中リハビリテーション(Ⅱ)の提供後、引き続きリハビリテーションの提供を継続することができる。なお、この場合でも参加に向けた取組を促す。

14. 社会参加支援加算
(1)社会参加に資する取組とは

通所介護、地域密着型通所介護、認知症対応型通所介護、小規模多機能型居宅介護、看護小規模多機能型居宅介護、介護予防認知症対応型通所介護、介護予防小規模多機能型居宅介護、介護予防・日常生活支援総合事業における通所事業や一般介護予防事業、居宅における家庭での役割を担うこと並びに就労が対象。

入院、介護保険施設への入所、認知症対応型共同生活介護、地域密着型特定施設入居者生活介護、地域密着型介護老人福祉施設、訪問リハビリテーションは、社会参加に資する取組の対象外。

(2)算定要件

効果的なサービスの提供を評価する観点から、評価対象期間(各年1月1日から12月31日までの期間)、利用者の社会参加に資する取組等への移行割合が一定以上となった場合等に、評価対象期間の翌年度に加算。

①算定方法

以下の両方の条件を満たしていること。

1)社会参加等への移行状況

$$\frac{社会参加に資する取組等を実施した者}{評価対象期間中にサービス提供を終了した者} > 5\%$$

2)リハビリテーションの利用状況

$$\frac{12月}{平均利用延月数} > 25\%$$

※平均利用延月数の考え方

$$\frac{評価対象期間の利用者延月数}{評価対象期間の(新規利用者数＋新規終了者数)\div 2}$$

②社会参加の継続の有無の評価

　評価対象期間中にリハビリテーションの提供を終了した日から起算して14日以降44日以内に、事業所の従業者が、リハビリテーション提供終了者の居宅を訪問し、リハビリテーション計画書の社会参加支援評価の欄を活用しながら、リハビリテーションの終了時と比較して、ADLとIADL評価をすること。ADLとIADLが維持または改善していることをもって、「3カ月以上継続する見込みである」とする。

　また、日程調整または利用者が転居するなど、居宅に訪問しADLとIADLの状況を確認することができなかった場合は、担当介護支援専門員に居宅サービス計画の提供を依頼し、社会参加に資する取組の実施を確認するとともに、電話等の手段を用いて、ADLとIADLの情報を確認する。

③訪問し、状況を確認した結果、状態の悪化またはその恐れがある場合や参加が維持されていなかった場合は、利用者および家族に適切な助言を行うとともに速やかに医師、また、必要に応じて介護支援専門員に情報を提供し、その対応を検討することが望ましい。

ココに注目　減算等について

算定項目	算定	改定後	改定前	格差	要件
医師、理学療法士・作業療法士・言語聴覚士、看護・介護職員の員数が基準に満たない場合	1日	×70%	×70%	±0	
定員超過の場合		×70%	×70%	±0	
生活行為向上リハビリテーションの実施後にリハビリテーションを継続した場合の減算		×85%	×85%	±0	減算対象月から6月内
事業所と同一建物に居住する者または同一建物から利用する者に通所リハビリテーションを行う場合		−94	−94	±0	
事業所が送迎を行わない場合	片道	−47	−47	±0	

※ 定員超過などの減算は訪問・通所系サービス共通項目ページ参照。

1. 生活行為向上リハビリテーションの実施後にリハビリテーションを継続した場合の減算

　リハビリテーション計画書で定めた実施期間中に、通所リハビリテーションの提供終了月の翌月から6カ月以内の期間に限り、同一の利用者に対して、通所リハビリテーション

(2) 指定居宅サービス

を行った場合は、1日につき所定単位数の15%を減算。

 プラスα　Q&Aなどから

1. リハビリテーション提供体制加算

リハビリテーション提供体制加算の算定要件は、「通所リハビリテーション事業所において、常時、当該事業所に配置されている理学療法士、作業療法士または言語聴覚士の合計数が、事業所の利用者の数が25またはその端数を増すごとに1以上であること」とされているが、ケアプランにおいて位置付けられた通所リハビリテーションのサービス提供時間帯を通じて、理学療法士等の合計数が利用者の数に対して25:1いればよい。

　※介護保険最新情報vol. 649（30.4.13）　平成30年度介護報酬改定に関するQ&A（Vol. 3）　Q2

2. リハビリテーションマネジメント加算

(1)リハビリテーション会議に欠席した構成員がいる場合、照会は不要だが、会議を欠席した居宅サービス等の担当者等には、速やかに情報の共有を図る必要がある。

(2)介護支援専門員が開催する「サービス担当者会議」に参加し、リハビリテーション会議同等の構成員の参加とリハビリテーション計画に関する検討が行われた場合、サービス担当者会議からの一連の流れで、リハビリテーション会議と同様の構成員によって、リハビリテーションに関する専門的な見地から利用者の状況等に関する情報を共有した場合は、リハビリテーション会議を行ったとして差し支えない。

(3)リハビリテーション会議への参加は、利用者およびその家族を基本としつつ、医師、理学療法士、作業療法士、言語聴覚士、介護支援専門員、居宅サービス計画に位置づけた居宅サービス等の担当者その他の関係者が構成員となって実施される必要がある。

(4)リハビリテーションマネジメント加算（Ⅱ）～（Ⅳ）の算定要件について、利用者またはその家族に対しては、原則面接により直接説明することが望ましいが、遠方に住む等のやむを得ない理由で直接説明できない場合は、電話等による説明でもよい。ただし、利用者に対する同意については、書面等で直接行う。

(5)リハビリテーションマネジメント加算（Ⅱ）～（Ⅳ）の訪問頻度については、利用者の状態等に応じて、通所リハビリテーション計画に基づき適時適切に実施する。

(6)訪問時間は、通所リハビリテーション、病院、診療所および介護老人保健施設、介護医療院の人員基準の算定に含めない。

(7)一事業者が、利用者の状態に応じて利用者ごとにリハビリテーションマネジメント加算（Ⅰ）～（Ⅳ）を取得することは可能である。

　※介護保険最新情報vol. 454（27.4.1）　平成27年度介護報酬改定に関するQ&Aの送付について　Q81～88

※平成30年度介護報酬改定における各サービス毎の改定事項について　6.訪問リハビリテーション②リハビリテーション会議への参加方法の見直し等

(8) 利用初日の1カ月前から利用前日に利用者の居宅を訪問した場合で、訪問日から利用開始日までの間に利用者の状態と居宅の状況に変化がなければ、通所リハビリテーションのリハビリテーションマネジメント加算（Ⅰ）の算定要件、介護予防通所リハビリテーションのリハビリテーションマネジメント加算の算定要件である利用者の居宅への訪問を行ったこととしてよい。

　　※介護保険最新情報vol.657（30.5.29）　平成30年度介護報酬改定に関するQ＆A（Vol.4）　Q8

(9) 通所リハビリテーションのリハビリテーションマネジメント加算（Ⅱ）、（Ⅲ）および（Ⅳ）では、リハビリテーション会議の開催頻度について、リハビリテーション計画の同意を得た日の属する月から起算して6カ月以内の場合には月に1回以上の開催が求められているが、平成30年度介護報酬改定において、「算定開始の月の前月から起算して前24月以内に介護保険または医療保険のリハビリテーションに係る報酬の請求が併せて6月以上ある利用者については、算定当初から3月に1回の頻度でよいこととする」とされている。平成29年度に既にリハビリテーションマネジメント加算（Ⅱ）を算定しており、かつ、上記の要件に該当している利用者における平成30年4月以降のリハビリテーション会議の開催頻度についても、3カ月に1回としても差し支えない。

　　≪参考≫介護報酬通知（平12老企36号）第2の8・⑽・⑧

　　　⑧リハビリテーション会議の開催頻度について、通所リハビリテーションを実施する通所リハビリテーション事業所もしくは介護予防通所リハビリテーションを実施する介護予防通所リハビリテーション事業所ならびに事業所の指定を受けている保険医療機関において、算定開始の月の前月から起算して前24カ月以内に介護保険または医療保険のリハビリテーションに係る報酬の請求が併せて6カ月以上ある利用者については、算定当初から3カ月に1回の頻度でよいこととする。

　　※介護保険最新情報vol.633（30.3.28）　平成30年度介護報酬改定に関するQ＆A（Vol.2）　Q1

(10) 報酬告示または予防報酬告示の留意事項通知に、医療保険から介護保険のリハビリテーションに移行する者の情報提供に当たっては「リハビリテーションマネジメント加算等に関する基本的な考え方並びにリハビリテーション計画書等の事務処理手順及び様式例の提示について」（平成30年3月22日老老発0322第2号）の別紙様式2－1を用いることとされている。別紙様式2－1はBarthel Indexが用いられているが、情報提供をする医師と情報提供を受ける医師との間で合意している場合には、Barthel Indexの代替としてFIMを用いる場合に限り変更が認められる。なお、様式の変更に当たっては、情報提供をする医師と情報提供を受ける医師との間で事前の合意があることが必要である。

　　※介護保険最新情報vol.629（30.3.23）　平成30年度介護報酬改定に関するQ＆A

(2) 指定居宅サービス

　　　　（Vol.1）Q50
（11）医療保険から介護保険のリハビリテーションに移行する者の情報提供について、「リハビリテーションマネジメント加算等に関する基本的な考え方並びにリハビリテーション計画書等の事務処理手順及び様式例の提示について」（平成30年3月22日老老発0322第2号）の別紙様式2－1をもって、医療機関から介護保険のリハビリテーション事業所が情報提供を受け、当該事業所の医師が利用者を診療するとともに、別紙様式2－1に記載された内容について確認し、リハビリテーションの提供を開始しても差し支えないと判断した場合には、例外として、別紙様式2－1をリハビリテーション計画書と見なしてリハビリテーションの算定を開始してもよいとされている。

①医療保険から介護保険のリハビリテーションへ移行する者が、当該医療機関を介護保険のリハビリテーション事業所として利用し続ける場合であっても同様の取扱いをしてよいとされている。また、その場合、医療機関側で当該の者を診療し、様式2－1を記載して情報提供を行った医師と、介護保険のリハビリテーション事業所側で情報提供を受ける医師が同一であれば、情報提供を受けたリハビリテーション事業所の医師の診療を省略して差し支えない。また、医師が同一の場合であっては、医師の診療について省略して差し支えないが、その場合には省略した旨を理由とともに記録する。

②医療保険から介護保険のリハビリテーションへ移行する者が、医療機関から情報提供を受ける介護保険のリハビリテーション事業所において、訪問リハビリテーションと通所リハビリテーションの両方を受ける場合、リハビリテーション会議の開催等を通じて、利用者の病状、心身の状況、希望およびその置かれている環境に関する情報を構成員と共有し、訪問リハビリテーションおよび通所リハビリテーションの目標および当該目標を踏まえたリハビリテーション提供内容について整合が取れたものとなっていることが確認できれば、別紙様式2－1による情報提供の内容を訪問リハビリテーションおよび通所リハビリテーションの共通のリハビリテーション計画とみなして、双方で使用して差し支えない。

　　※介護保険最新情報vol.629（30.3.23）　平成30年度介護報酬改定に関するQ＆A
　　　（Vol.1）Q51
（12）リハビリテーションマネジメント加算（Ⅲ）および（Ⅳ）の算定要件では、医師がリハビリテーション計画の内容について利用者またはその家族へ説明することとされている。平成30年度介護報酬改定において、リハビリテーション会議の構成員である医師の参加については、テレビ電話等情報通信機器を使用しても差し支えないとされているが、リハビリテーション計画の内容について利用者またはその家族へテレビ電話等情報通信機器を介して説明した場合、リハビリテーション会議の中でリハビリテーション計画の内容について利用者またはその家族へ説明する場合に限り算定要件を満たす。

　　※介護保険最新情報vol.629（30.3.23）　平成30年度介護報酬改定に関するQ＆A

(Vol. 1) Q53
(13) リハビリテーションマネジメント加算におけるリハビリテーション会議の構成員である医師の参加は、テレビ電話等情報通信機器を使用しても差し支えないとされているが、テレビ電話等情報通信機器の使用について、基本的には音声通話のみであるが、議事のなかで必要になった時に、リハビリテーション会議を実施している場の動画や画像を送る方法は含まない。テレビ電話等情報通信機器の使用については、リハビリテーション会議の議事を円滑にする観点から、常時、医師とその他の構成員が動画を共有している必要がある。

※介護保険最新情報vol. 629(30.3.23) 平成30年度介護報酬改定に関するQ&A(Vol. 1) Q54

3. 認知症短期集中リハビリテーション実施加算

(1) 月4回以上のリハビリテーションの実施がない月は、認知症短期集中リハビリテーション実施加算を算定できない。退院(所)日や通所開始日が月途中の場合であっても、月4回以上の実施がなければ算定できない。

(2) 通所リハビリテーションの認知症短期集中リハビリテーション実施加算の起算日にかかる「通所開始日」とは通所リハビリテーションの提供を開始した日のことをいう。

(3) 認知症短期集中リハビリテーション実施加算(Ⅰ)を算定している利用者で、利用者宅に訪問して指導したほうが状態に合っていると判断された場合、または集団での訓練のほうが状態に合っていると判断された場合、退院(所)日または通所開始日から起算して3カ月以内であれば、認知症短期集中リハビリテーション実施加算(Ⅱ)に移行できる。ただし、認知症短期集中リハビリテーション(Ⅱ)は月包括払いの報酬であるため、月単位での変更となることに留意する。

※介護保険最新情報vol. 454(27.4.1) 平成27年度介護報酬改定に関するQ&Aの送付について Q 99～101

4. 生活行為向上リハビリテーション実施加算

(1) 生活行為向上リハビリテーション実施加算の取得が可能となる期間中に、入院等のためにリハビリテーションの提供が中断し、その後、再び同一事業所でリハビリテーション利用を開始した利用者について、改めて生活行為向上リハビリテーション実施加算を算定できるかどうかについては、「入院等により、活動するための機能が低下し、医師が、生活行為の内容の充実を図るためのリハビリテーションの必要性を認めた場合」に限って、再度利用を開始した日から起算して新たに6カ月以内に限り、算定可。

(2) 生活行為向上リハビリテーション実施加算に係る減算について対象事業所となるのは、当該加算を取得した事業所に限られる。

(3) 生活行為の内容の充実を図るための専門的な知識や経験とは、例えば、日本作業療法

(2) 指定居宅サービス

　　士協会が実施する生活行為向上マネジメント研修を受講した際に得られる知識や経験が該当する。
(4) 生活行為の内容の充実を図るための研修とは、
　①生活行為の考え方とみるべきポイント
　②生活行為に関するニーズの把握方法
　③リハビリテーション実施計画の立案方法
　④計画立案の演習等のプログラム
　から構成され、生活行為向上リハビリテーションを実施するうえで必要な講義や演習で構成されているものである。例えば、全国デイ・ケア協会、全国老人保健施設協会、日本慢性期医療協会、日本リハビリテーション病院・施設協会が実施する「生活行為向上リハビリテーションに関する研修会」が該当すると考えられる。
(5) 短期集中個別リハビリテーション実施加算と認知症短期集中リハビリテーション実施加算（Ⅰ）・（Ⅱ）を3カ月実施した後に、生活行為の内容の向上を目標としたリハビリテーションが必要であると判断された場合、利用者の同意を得て、生活行為向上リハビリテーション加算の3カ月超6カ月以内に移行することができる。ただし、生活行為向上リハビリテーションの提供を終了後、同一の利用者に対して、引き続き通所リハビリテーションを提供することは差し支えないが、6カ月以内の期間に限り、減算されることを説明した上で、通所リハビリテーション計画の同意を得るよう配慮する。
　※介護保険最新情報vol. 454（27.4.1）　平成27年度介護報酬改定に関するQ&Aの送付について　Q102〜105
　※介護保険最新情報vol. 471（27.4.30）　平成27年度介護報酬改定に関するQ&Aの送付について　Q14

5. 短時間リハビリテーション実施時の面積要件等の緩和

(1) 2018年度介護報酬改正において、医療保険の脳血管疾患等・廃用症候群・運動器リハビリテーションから介護保険のリハビリテーションへの移行が円滑に行われるようにという趣旨で、医療保険と介護保険のリハビリテーションを同一のスペースで行う場合の面積・人員・器具の共用に関する要件が緩和された（以下は緩和後の要件）。
　※介護予防通所リハビリテーションは非該当。
　①面積要件
　　　常時、介護保険の利用者数×3m^{2}以上を満たしていること。
　②人員要件
　　　同じ訓練室で実施する場合には、医療保険のリハビリテーションに従事することができる。
　③器具の共有
　　　サービス提供の時間にかかわらず、医療保険・介護保険のサービスの提供に支障が生じない場合は、必要な器具の共用が認められる。

※面積要件・人員要件の見直しは、1時間以上2時間未満の通所リハビリテーションに限定。

※介護給付費分科会「平成30年度介護報酬改定における各サービス毎の改定事項について」(30.1.26)　11．通所リハビリテーション⑨短時間リハビリテーション実施時の面積要件等の緩和

6．その他

(1) 通所サービスにおいて栄養改善加算を算定している者に対しての管理栄養士による居宅療養管理指導

　　管理栄養士による居宅療養管理指導は通院または通所が困難な者が対象となるため、栄養改善加算の算定者等、通所サービス利用者に対して当該指導を行うことは想定されない。

※介護保険最新情報vol.629(30.3.23)　平成30年度介護報酬改定に関するQ&A (Vol.1)　Q34

(2) 医師の指示

　　毎回のリハビリテーションは、医師の指示の下、行われるものであり、指示は利用者の状態等を踏まえて適時適切に行われることが必要であるが、必ずしも、リハビリテーションの提供の日の度に、逐一、医師が理学療法士等に指示する形のみを求めるものではない。例えば、医師が状態の変動の範囲が予想できると判断した利用者について、適当な期間にわたり、リハビリテーションの指示を事前に出しておき、リハビリテーションを提供した理学療法士等の記録等に基づいて、必要に応じて適宜指示を修正する等の運用でも差し支えない。

※介護保険最新情報vol.629(30.3.23)　平成30年度介護報酬改定に関するQ&A (Vol.1)　Q52

(3) 社会参加支援加算

　　社会参加支援加算における就労について、利用者が障害福祉サービスにおける就労移行支援や就労継続支援(A型、B型)の利用に至った場合を含めてよい。

※介護保険最新情報vol.629(30.3.23)　平成30年度介護報酬改定に関するQ&A (Vol.1)　Q57

7-2 介護予防通所リハビリテーション

改正点のポイント

- 基本報酬が100単位引下げられた。
- リハビリテーションマネジメント加算(330単位/月)が新設された。
- 生活行為向上リハビリテーション実施加算(3月以内900単位/月)(3カ月超6カ月以内450単位/月)が新設された。
- 介護職員等でも実施可能な栄養スクリーニングを行い、介護支援専門員に栄養状態に係る情報を文書で共有した場合を評価する栄養スクリーニング加算(5単位/回・6月に1回限度)が新設された。
- 栄養改善加算の管理栄養士の配置基準が見直しされ、外部との連携により管理栄養士を配置していることでも算定可能となった。
- 医療保険と介護保険のそれぞれのリハビリテーション計画書の共通する事項について互換性を持った様式として見直し運用されることになった。
- あらたに介護医療院が提供する報酬が設定された。

報酬早見表

算定項目			算 定	改定後	改定前	格 差
イ 介護予防通所リハビリテーション費	病院または診療所の場合	要支援1	1月	1,712	1,812	−100
		要支援2		3,615	3,715	−100
	介護老人保健施設の場合	要支援1		1,712	1,812	−100
		要支援2		3,615	3,715	−100
	介護医療院の場合	要支援1		1,712	−	新設
		要支援2		3,615	−	新設

加算算定のポイント

算定項目			算定	改定後	改定前	格差	要件
中山間地域等に居住する者へのサービス提供加算				+5%	+5%	±0	
リハビリテーションマネジメント加算				+330	−	新設	
生活行為向上リハビリテーション実施加算	利用開始日の属する月から3月以内			+900	−	新設	
	利用開始日の属する月から3月超6月以内		1月	+450	−	新設	
若年性認知症利用者受入加算				+240	+240	±0	
ロ 運動器機能向上加算				+225	+225	±0	
ハ 栄養改善加算				+150	+150	±0	
ニ 栄養スクリーニング加算			1回	+5	−	新設	6月に1回限度
ホ 口腔機能向上加算				+150	+150	±0	
ヘ 選択的サービス複数実施加算	(1)選択的サービス複数実施加算(Ⅰ)	運動器機能向上および栄養改善		+480	+480	±0	
		運動器機能向上および口腔機能向上		+480	+480	±0	
		栄養改善および口腔機能向上		+480	+480	±0	
	(2)選択的サービス複数実施加算(Ⅱ)	運動器機能向上、栄養改善およびおよび口腔機能向上	1月	+700	+700	±0	
ト 事業所評価加算				+120	+120	±0	
チ サービス提供体制強化加算（全サービス共通事項ページ参照）	(1)サービス提供体制強化加算(Ⅰ)イ	要支援1		+72	+72	±0	
		要支援2		+144	+144	±0	
	(2)サービス提供体制強化加算(Ⅰ)ロ	要支援1		+48	+48	±0	
		要支援2		+96	+96	±0	
	(3)サービス提供体制強化加算(Ⅱ)	要支援1		+24	+24	±0	
		要支援2		+48	+48	±0	

※ 中山間地域等提供加算、サービス提供体制強化加算は区分支給限度基準額管理対象外。

1. リハビリテーションマネジメント加算（新設）

(1) 事業所の医師が、介護予防通所リハビリテーションの実施に当たり、事業所の理学療法士、作業療法士または言語聴覚士に対し、利用者に対するリハビリテーションの目的に加えて、リハビリテーション開始前または実施中の留意事項、やむを得ずリハビリテーションを中止する際の基準、リハビリテーションにおける利用者に対する負荷等のうち、いずれか1以上の指示を行うこと。

(2) おおむね3カ月ごとにリハビリテーション計画を更新する。

(3) 3カ月以上利用する場合は、リハビリテーション計画書の特記事項欄に継続利用が必

要な理由、その他の介護予防サービスの併用と移行の見通しを記載する。
(4)医師または医師の指示を受けた理学療法士等が、開始日から1カ月以内に居宅を訪問して診療、運動機能検査、作業能力検査等を行う。
(5)その他リハビリテーションマネジメントの取扱いは、通所リハビリテーションを参照。

2. 生活行為向上リハビリテーション実施加算(新設)
(1)生活行為の内容の充実を図るための専門的な知識もしくは経験を有する作業療法士または研修を修了した理学療法士・言語聴覚士を配置。
(2)生活行為の内容の充実を図るための目標、実施頻度、実施場所等が記載された生活行為向上リハビリテーション実施計画を定めて、リハビリテーションを提供している。
(3)リハビリテーションの終了前1月以内にリハビリテーション会議を開催し、目標の達成状況及び実施結果を報告している。
(4)リハビリテーションマネジメント加算を算定している。
(5)事業所評価加算と併算定不可。
(6)その他の取扱いは、通所リハビリテーションを参照。

3. 若年性認知症利用者受入加算
(1)受け入れた若年性認知症利用者ごとに個別に担当者を定め、担当者を中心に、利用者の特性やニーズに応じたサービス提供を行う。
(2)若年性認知症の判断は、精神科医師もしくは神経内科医師または認知症に対するリハビリテーションに関する専門的な研修を修了した医師の判定結果を徴するか、「要介護認定等の実施について」の主治医意見書によることが望ましい。
(3)65歳の誕生日の前々日まで算定可。

4. 運動器機能向上加算
(1)利用者の運動器機能向上を目的とし、個別に運動器機能向上サービスを行った場合に算定可。
(2)理学療法士、作業療法士または言語聴覚士(理学療法士等)を1名以上配置。
(3)運動器機能向上計画を作成し、利用者に説明して同意を得たうえで、計画に従ったサービスを実施。利用者の運動器の機能を定期的に記録する。
(4)利用者ごとに医師または看護職員等の医療従事者による運動器機能向上サービスの実施のリスク評価、体力測定等を実施し、サービスの提供に際して考慮すべきリスク、利用者のニーズおよび運動器の機能の状況を、利用開始時に把握する。
(5)利用者に係る長期目標および短期目標を踏まえ、医師、理学療法士等、看護職員、介護職員、生活相談員その他の職種の者が共同して、利用者ごとに、実施する運動の種類、実施期間、実施頻度、1回当たりの実施時間、実施形態等を記載した運動器機能向上計画を作成する。その際、実施期間は、運動の種類によって異なるものの、おお

むね3カ月間程度とする。

また、作成した運動器機能向上計画は、運動器機能向上サービスの提供による効果、リスク、緊急時の対応等と併せて、当該運動器機能向上計画の対象となる利用者に分かりやすい形で説明し、その同意を得る。なお、運動器機能向上計画に相当する内容をリハビリテーション計画書の中にそれぞれ記載する場合は、その記載をもって運動器機能向上計画の作成に代えることができる。

(6) おおむね3カ月ごとに評価を行い、効果が期待できる場合は継続してサービス提供可。
(7) 医師または医師の指示を受けた理学療法士等、看護職員が利用者の運動器の機能を定期的に記録する場合は、当該記録とは別に運動器機能向上加算の算定のために利用者の運動器の機能を定期的に記録する必要はない。

5. 栄養改善加算

(1) 低栄養状態にある利用者またはそのおそれのある利用者に低栄養状態の改善等を目的として、個別的に実施される栄養食事相談等の栄養管理で、利用者の心身の状態の維持または向上に資すると認められるもの(栄養改善サービス)を行った場合に算定可。管理栄養士による居宅療養管理指導と併算定不可。
(2) 栄養改善サービスの開始から3カ月ごとの利用者の栄養状態の評価の結果、低栄養状態が改善せず、栄養改善サービスを引き続き行うことが必要と認められる場合は引き続き算定可。
(3) 当該事業所の職員として、または外部(他の介護事業所、医療機関、栄養ケア・ステーション(公益社団法人日本栄養士会または都道府県栄養士会が設置・運営する「栄養士会栄養ケア・ステーション」に限る))との連携により管理栄養士を1名以上配置している。
(4) 算定要件など留意点
  ①栄養改善サービスの提供は、利用者ごとに行われるケアマネジメントの一環として行われることに留意する。
  ②サービス利用開始時に、利用者の低栄養状態のリスクを把握する。
  ③管理栄養士を中心に、担当する介護スタッフや看護職員らが共同で、利用者の摂食・嚥下機能および食形態に配慮しながら、栄養改善に向けて解決すべき課題と取り組むべき項目を記載した栄養ケア計画を作成する。計画内容は利用者またはその家族に説明し、同意を得る。

  なお、介護予防通所リハビリテーション計画の中に栄養ケア計画に相当する内容を記載する場合、その記載をもって栄養ケア計画の作成に代えることができる。
  ④管理栄養士は、栄養ケア計画に基づいた栄養改善サービスを利用者ごとに提供する。実施経過中に問題があれば直ちに栄養ケア計画を修正する。
  ⑤定期的に利用者の生活機能の状況を検討し、およそ3カ月ごとに行う体重測定等により利用者の栄養状態の評価を行い、その結果を利用者の担当介護支援専門員や主治医

(2) 指定居宅サービス

　　　に情報提供する。
　　⑥サービス提供の記録において、栄養ケア計画に従い管理栄養士が利用者の栄養状態を定期的に記録する場合、この記録とは別に栄養改善加算を算定するために利用者の栄養状態を定期的に記録する必要はない。
(5)栄養改善加算を算定できる利用者は、次の①から⑤のいずれかに該当する者。
　①BMIが18.5未満の者。
　②1～6カ月間で3％以上の体重の減少が認められる者または6カ月間で2～3kg以上の体重減少があった者。
　③血清アルブミン値が3.5g/dl以下の者。
　④食事摂取量が不良(75％以下)の者。
　⑤その他低栄養状態にあるまたはそのおそれがあると認められる者。
(6)栄養ケア計画に定める栄養改善サービスをおおむね3カ月実施した時点で栄養状態の改善状況について評価を行い、その結果を当該要支援者の介護予防支援事業者等に報告するとともに、栄養状態に係る課題が解決されサービスを継続する必要性が認められない場合は、サービスを終了する。

6. 栄養スクリーニング加算(新設)

(1)サービス利用者に対し、利用開始時及び利用中6カ月ごとに栄養状態について確認を行い、当該利用者の栄養状態に係る情報(医師・歯科医師・管理栄養士等への相談提言を含む)を介護支援専門員に文書で提供した場合に算定可。
(2)算定対象者は、栄養改善加算の(5)の①～⑤の該当者。
(3)当該利用者について、当該事業所以外で既に栄養スクリーニング加算を算定している場合は算定不可。複数の事業所で加算を算定しようとする場合は、サービス利用者が利用している各種サービスの栄養状態との関連性、実施時間の実績、栄養改善サービスの提供実績、栄養スクリーニングの実施可能性等を踏まえ、サービス担当者会議で検討し、介護支援専門員が判断・決定する。また利用者が栄養改善加算の算定に係る栄養改善サービスを受けている間および栄養改善サービスが終了月は、算定不可。
(4)スクリーニングの結果、必要があれば栄養改善加算も算定可。

7. 口腔機能向上加算

(1)利用者の口腔機能を利用開始時に把握し、言語聴覚士、歯科衛生士、看護職員、介護職員、生活相談員その他の職種の者が共同して利用者ごとの口腔機能改善管理指導計画を作成し、当該計画にしたがって言語聴覚士、歯科衛生士または看護職員等が口腔機能向上サービス(口腔の清掃またはその指導、摂食・嚥下機能に関する訓練またはその指導)を個別に提供し、利用者の口腔機能を定期的に記録した場合に、算定可。
(2)必要に応じて、介護支援専門員を通して主治医または主治の歯科医師への情報提供を行うこと、または受診勧奨などの適切な措置を講じる。

(3)利用者ごとの口腔機能改善管理指導計画の進捗状況を定期的に評価する。
(4)言語聴覚士、歯科衛生士または看護職員が1名以上配置され、人員欠如がない。
(5)算定できる利用者は次の①~③のいずれかに該当する者。
　①認定調査票の「嚥下・食事摂取・口腔清潔」の3項目のいずれかの項目が「1」(できるや自立)以外に該当する者。
　②基本チェックリストNo.13~15の3項目のうち2項目以上が「1」に該当する者等。
　　13　半年前に比べて固いものが食べにくくなった
　　14　お茶や汁物などでむせることがある
　　15　口の渇きが気になる
　③その他口腔機能の低下している者またはそのおそれのある者。
　　　なお、利用者が歯科医療を受診していて、次のいずれかに該当する場合は算定不可。
　　1)医療保険の「摂食機能療法」を算定している場合。
　　2)医療保険の「摂食機能療法」を算定しておらず、かつ、介護保険の口腔機能向上サービスとして「摂食・嚥下機能に関する訓練の指導もしくは実施」を行っていない場合。

8. 選択的サービス複数実施加算

(1)利用者に対し、選択的サービス(運動器機能向上サービス、栄養改善サービスまたは口腔機能向上サービス)のうち複数のサービスを、所定の回数実施した場合に算定可。ただし、同月中に運動器機能向上加算、栄養改善加算、口腔機能向上加算を算定している場合は、算定不可。
(2)選択的サービス複数実施加算(Ⅰ)
　①選択的サービスのうち、2種類のサービスを実施。
　②選択的サービスのうち、いずれかのサービスを1カ月に2回以上実施。
　③いずれかの選択サービスを週1回実施。
(3)選択的サービス複数実施加算(Ⅱ)
　①選択的サービスのうち、3種類のサービスを実施。
　②選択的サービスのうちいずれかのサービスを1カ月に2回以上実施。
　③いずれかの選択サービスを週1回実施。

9. 事業所評価加算

　選択的サービス(運動器機能向上サービス、栄養改善サービスまたは口腔機能向上サービス)を行う事業所において、利用者の要支援状態の維持、改善の割合が一定以上となった場合に、翌年度に算定できる加算。算定要件は以下の通り。
①評価対象期間における事業所の利用実人員数が10人以上である。
②選択的サービス(運動器機能向上サービス、栄養改善サービス、口腔機能向上サービス)

(2) 指定居宅サービス

の実施率が60％以上である。
③評価基準値が、0.7以上である。
※評価基準値＝(要支援度の維持者数＋(改善者数×2))／(評価対象期間内に運動器機能向上サービス、栄養改善サービスまたは口腔機能向上サービスを3カ月以上利用し、その後に更新・変更認定を受けた者の数)

 ココに注目　減算等について

算定項目		算定	改定後	改定前	格差	要件
同一建物に居住する者または同一建物から利用する者に介護予防通所リハビリテーションを行う場合	要支援1	1月	−376	−376	±0	
	要支援2		−752	−752	±0	
医師、理学療法士・作業療法士・言語聴覚士、看護・介護職員の員数が基準に満たない場合			×70％	×70％	±0	
定員超過の場合			×70％	×70％	±0	
生活行為向上リハビリテーションの実施後にリハビリテーションを継続した場合の減算			×85％	−	新設	減算対象月から6月以内
日割計算の場合		1日	÷30.4	÷30.4	±0	

※ 定員超過などの減算は訪問・通所系サービス共通項目ページ参照。

1. 生活行為向上リハビリテーションの実施後にリハビリテーションを継続した場合の減算（新設）

リハビリテーション実施計画書で定めた実施期間中に通所リハビリテーションの提供を終了日の属する月の翌月から6カ月以内の期間に限り、同一の利用者に対して、通所リハビリテーションを行った場合は、1日につき所定単位数の15％を減算。

2. 日割り計算（介護予防特定施設入居者生活介護における外部サービス利用型を含む）

(1)月途中からのサービス開始、月途中のサービス終了の場合であっても、原則としてそれぞれ計画に位置づけられた単位数（月額報酬）を算定し、日割り計算は行わない。
　　ただし、次の場合は、例外として日割り計算（※）を行う。
　1月途中に、
　①要介護から要支援に変更となった場合。
　②要支援から要介護に変更となった場合。
　③同一保険者管内での転居等（利用者の都合により）事業所を変更した場合。
　④月途中からの契約開始、契約解除があった場合。
　（※契約期間の日数での日割り。（当該サービスを利用した月途中から介護予防小規模多機能型居宅介護、介護予防特定施設入居者生活介護、介護予防認知症対応型共同生

活介護を利用した場合。または月途中まで介護予防小規模多機能型居宅介護、介護予防特定施設入居者生活介護、介護予防認知症対応型共同生活介護を利用し、その後、月内より当該サービスを利用した場合を含む）

⑤月内に介護予防短期入所生活介護または介護予防短期入所療養介護を利用した場合（短期入所サービス利用日数以外の日数で日割り）については、日割り計算となる。

(2) 月途中で要支援度が変更となった場合、日割り計算により、それぞれの単価を算定する。なお、加算（月額）部分に対する日割り計算は行わない。

コラム　留意事項等について

(1) 介護報酬は包括化されていることから、事業者が、個々の利用者の希望、心身の状態等を踏まえ、利用者に対してわかりやすく説明し、その同意が得られれば、提供回数、提供時間について自由に設定を行うことが可能。

(2) 介護予防通所系サービスを受けるに当たっての、利用回数、利用時間の限度や標準利用回数について、国はQ＆Aを通じて「事業者と利用者の契約により、適切な利用回数、利用時間の設定が行われるものと考えており、国において一律に上限や標準利用回数を定めることは考えていない」としているが、同時に、「現行の利用実態や介護予防に関する研究班マニュアル等を踏まえると、要支援1については週1回程度、要支援2については週2回程度の利用が想定されることも、一つの参考となるのではないかと考える」とも記している。

(3) また、介護予防通所介護（※）と介護予防通所リハビリテーションを、それぞれ週1回ずつ利用する等同時に利用することが可能かどうかを尋ねた問いには、「地域包括支援センターが、利用者のニーズを踏まえ、適切にマネジメントを行って、計画に位置づけることから、基本的には、介護予防通所介護（※）と介護予防通所リハビリテーションのいずれか一方が選択されることとなり、両者が同時に提供されることは想定していない」としている。
（※現在の日常生活支援総合事業をいう。）

プラスα　Q＆Aなどから

1．選択的サービス

　選択的サービスは、それぞれ算定要件を満たしていれば、月何回利用しているのかにかかわらず、利用のあったサービスの加算（運動器機能向上加算、栄養改善加算、口腔機能向上加算）を算定できる。

　　※介護制度改革information vol. 78（18.3.22）　平成18年4月改定関係Q＆A（vol. 1）
　　　について　Q22

(2) 指定居宅サービス

2. 栄養改善加算

(1) 栄養改善マニュアルでは1クール＝「6カ月」とされているが、一方で、栄養改善加算は「3カ月」ごとに継続の確認を行うこととなっている。低栄養状態の改善に向けた取組は、食生活を改善しその効果を得るうえで一定の期間が必要であることから栄養改善マニュアルにおいては6カ月を1クールとして示されているものである。栄養改善加算は、対象者の栄養状態の改善や食生活上の問題点が無理なく改善できる計画を策定のうえ、3カ月ごとに低栄養状態のスクリーニングを行って結果を地域包括支援センターに報告し、当該地域包括支援センターにおいて、低栄養状態の改善に向けた取組が継続して必要と判断された場合に、継続して支援に取り組むものである。

※介護制度改革information vol.78（18.3.22）　平成18年4月改定関係Q＆A（vol.1）について　Q34

(2) サービス開始からおおむね3カ月後の評価において、解決すべき課題が解決されていない場合で、当該サービスを継続する必要性が認められる場合は、3カ月以降も算定可。

(3) なお、サービスを継続する場合で、アセスメント、計画作成、評価の手順に従って、実施する必要があるが、課題解決に向けて効果が得られるよう、実施方法および実施内容を見直す必要がある。（口腔機能向上加算も同様）

※介護保険最新情報vol.267（24.3.16）　平成24年度介護報酬改定に関するQ＆Aについて　Q131

3. 口腔機能向上加算

歯科医療にかかり、当該歯科医療機関において歯科診療報酬点数表の「摂食機能療法」が算定されている利用者については、通所リハビリテーション事業所で口腔機能向上加算を算定することができない。事業所は、そうした取扱いを利用者または家族に説明したうえで、利用者がどのような内容の歯科医療を受けているか、利用者本人または家族等との情報交換に努める必要がある。

※介護保険最新情報vol.79（21.4.17）　平成21年4月改定関係Q＆A（vol.2）について　Q1

4. 運動器機能向上加算

(1) 運動器機能向上加算を算定するための前提となる人員配置は、理学療法士、作業療法士または言語聴覚士を1名以上とされている。実施には、利用者ごとの運動器機能向上計画に従い、医師または医師の指示を受けた理学療法士、作業療法士または言語聴覚士もしくは看護職員が運動器機能向上サービスを行う。看護職員は、提供時間帯を通じて専従することまでは求められていないことから、本来の業務である健康管理や必要に応じて行う利用者の観察、静養といったサービス提供にとって支障がない範囲内で、運動器機能向上サービス、口腔機能向上サービスの提供を行うことができる。

ただし、都道府県等においては、看護職員1名で、基本サービスのほか、それぞれの加算の要件を満たすような業務をなし得るのかどうかについて、業務の実態を十分に確認することが必要である。
(2) 個別にサービス提供することが必要であり、集団的な提供のみでは算定できない。なお、加算の算定にあたっては、個別の提供を必須とするが、加えて集団的なサービス提供を行うことを妨げるものではない。
(3) 介護予防通所リハビリテーションは、リハビリテーションとしての運動器機能向上サービスを提供するとしており、より効果的なリハビリテーションを提供する観点から、リハビリテーションの専門職種である理学療法士、作業療法士または言語聴覚士の配置を算定要件上求めているところであり、看護職員のみの配置では算定不可。なお、サービス提供には、医師または医師の指示を受けた3職種もしくは看護職員が実施することは可能である。

※介護制度改革information vol. 78(18.3.22)．平成18年4月改定関係Q＆A(vol. 1)について　Q 25

5. 選択的サービス複数実施加算
利用者に対し、選択的サービスを週1回以上、かつ、いずれかの選択的サービスは月2回以上行うこととされているが、同一日内に複数の選択的サービスを行っても算定可。

6. その他
(1) 送迎の実施について
介護予防通所リハビリテーションにおいて、利用者の居宅から指定介護予防通所リハビリテーション事業所との間の送迎を実施することが望ましいが、利用者の居宅から指定介護予防通所リハビリテーション事業所との間の送迎を実施しない場合、利用者の状態を把握し、利用者の同意が得られれば、送迎を実施しない場合であっても基本報酬を算定して差し支えない。

※介護保険最新情報vol. 657(30.5.29)　平成30年度介護報酬改定に関するQ＆A（Vol. 4)　Q9

(2) リハビリテーションマネジメント加算
介護予防通所リハビリテーション費におけるリハビリテーションマネジメント加算の算定要件に、「新規に介護予防通所リハビリテーション計画を作成した利用者に対して、指定介護予防通所リハビリテーション事業所の医師または医師の指示を受けた理学療法士、作業療法士または言語聴覚士が、計画に従い、介護予防通所リハビリテーションの実施を開始した日から起算して1月以内に、利用者の居宅を訪問し、診療、運動機能検査、作業能力検査等を行っていること」とあるが、平成30年3月31日以前から介護予防通所リハビリテーションを利用している利用者について、平成30年4月以降にリハビリテーションマネジメント加算を算定する場合、平成30年3月31日以前に利用者の居宅を訪問して評

(2) 指定居宅サービス

価を行った記録があれば、平成30年4月以降に改めて居宅を訪問する必要はないが、利用者の状態や居宅の状況に変化がある場合は、必要に応じて利用者の居宅を訪問することが望ましい。平成30年3月31日以前に利用者の居宅を訪問して評価を行った記録がなければ、平成30年4月以降に次回のリハビリテーション計画を見直す機会を利用するなどして居宅を訪問されたい。

　　※介護保険最新情報vol.649（30.4.13）　平成30年度介護報酬改定に関するQ＆A（Vol.3）　Q3

8 短期入所生活介護（介護予防）

 改正点のポイント

- 個室の基本報酬が引き上げられ、多床室の要介護者の基本報酬が引下げられた。
- 要介護3以上の利用者を70％以上（要支援除く）受け入れた場合に評価される看護体制加算（Ⅲ）（Ⅳ）が新設された。ただし、看護体制加算（Ⅰ）（Ⅱ）の体制が必要となる（介護予防は含まない）。
- 夜勤職員配置加算について、夜勤勤務帯を通じて看護職員を配置している場合などの加算が引上げられた（介護予防は含まない）。
- 生活機能向上連携加算（200単位/月、個別機能訓練加算を算定している場合100単位/月）が新設された。（全サービス共通事項ページ参照）
- 認知症専門ケア加算（1日3〜4単位加算）が新設された。
- 療養食加算の算定が1日単位から1回単位に見直しされた。
- 特養併設型における夜勤職員の配置基準が緩和された。

  利用者の処遇に支障がなく、以下の要件を満たす場合、短期入所生活介護事業所（ユニット型以外）と特養（ユニット型）が併設している場合の夜勤職員の兼務が認められた［逆の場合（短期入所生活介護事業所（ユニット型）と特養（ユニット型以外））も同様］。

  - ◆ 短期入所生活介護事業所と特別養護老人ホームが併設されている。
  - ◆ 職員1人あたりの短期入所生活介護事業所（ユニット型以外）と特養（ユニット型）の利用者数の合計が20人以内である。

- 機能訓練指導員に一定の実務経験を有するはり師、きゅう師が追加された。
- ユニット型準個室の名称がユニット型個室的多床室に改称された。

(2) 指定居宅サービス

 報酬早見表

■ 介護　1日につき

算定項目			算　定	改定後	改定前	格　差
イ 短期入所生活介護費	(1)単独型短期入所生活介護費	(一)単独型短期入所生活介護費(I)<従来型個室> 要介護1	1日	625	620	5
		要介護2		693	687	6
		要介護3		763	755	8
		要介護4		831	822	9
		要介護5		897	887	10
		(二)単独型短期入所生活介護費(II)<多床室> 要介護1		625	640	−15
		要介護2		693	707	−14
		要介護3		763	775	−12
		要介護4		831	842	−11
		要介護5		897	907	−10
	(2)併設型短期入所生活介護費	(一)併設型短期入所生活介護費(I)<従来型個室> 要介護1		584	579	5
		要介護2		652	646	6
		要介護3		722	714	8
		要介護4		790	781	9
		要介護5		856	846	10
		(二)併設型短期入所生活介護費(II)<多床室> 要介護1		584	599	−15
		要介護2		652	666	−14
		要介護3		722	734	−12
		要介護4		790	801	−11
		要介護5		856	866	−10
ロ ユニット型短期入所生活介護費	(1)単独型ユニット型短期入所生活介護費	(一)単独型ユニット型短期入所生活介護費(I)<ユニット型個室> 要介護1		723	718	5
		要介護2		790	784	6
		要介護3		863	855	8
		要介護4		930	921	9
		要介護5		997	987	10
		(二)単独型ユニット型短期入所生活介護費(II)<ユニット型個室的多床室> 要介護1		723	718	5
		要介護2		790	784	6
		要介護3		863	855	8
		要介護4		930	921	9
		要介護5		997	987	10
	(2)併設型ユニット型短期入所生活介護費	(一)併設型ユニット型短期入所生活介護費(I)<ユニット型個室> 要介護1		682	677	5
		要介護2		749	743	6
		要介護3		822	814	8
		要介護4		889	880	9
		要介護5		956	946	10
		(二)併設型ユニット型短期入所生活介護費(II)<ユニット型個室的多床室> 要介護1		682	677	5
		要介護2		749	743	6
		要介護3		822	814	8
		要介護4		889	880	9
		要介護5		956	946	10

■ 介護予防

	算定項目			改定後	改定前	格差
イ 介護予防短期入所生活介護費	(1)単独型介護予防短期入所生活介護費	(一)単独型介護予防短期入所生活介護費(I)<従来型個室>	要支援1	465	461	4
			要支援2	577	572	5
		(二)単独型介護予防短期入所生活介護費(Ⅱ)<多床室>	要支援1	465	460	5
			要支援2	577	573	4
	(2)併設型介護予防短期入所生活介護費	(一)併設型介護予防短期入所生活介護費(I)<従来型個室>	要支援1	437	433	4
			要支援2	543	538	5
		(二)併設型介護予防短期入所生活介護費(Ⅱ)<多床室>	要支援1	437	438	−1
			要支援2	543	539	4
ロ ユニット型介護予防短期入所生活介護費	(1)単独型ユニット型介護予防短期入所生活介護費	(一)単独型ユニット型介護予防短期入所生活介護費(I)<ユニット型個室>	要支援1	543	539	4
			要支援2	660	655	5
		(二)単独型ユニット型介護予防短期入所生活介護費(Ⅱ)<ユニット型個室的多床室>	要支援1	543	539	4
			要支援2	660	655	5
	(2)併設型ユニット型介護予防短期入所生活介護費	(一)併設型ユニット型介護予防短期入所生活介護費(I)<ユニット型個室>	要支援1	512	508	4
			要支援2	636	631	5
		(二)併設型ユニット型介護予防短期入所生活介護費(Ⅱ)<ユニット型個室的多床室>	要支援1	512	508	4
			要支援2	636	631	5

■入所日数の数え方

共通　介護保険施設サービス(長期入所)共通項目　「その他介護保険施設共通のポイント　1.入所日数の数え方」を参照。

加算算定のポイント

算定項目		算定	改定後	改定前	格差	要件	介護予防
生活相談員配置等加算		1日	+13	−	新設	イ(2)	○
生活機能向上連携加算	個別機能訓練加算を算定していない場合	1月	+200	−	新設		○
	個別機能訓練加算を算定している場合		+100	−	新設		○
機能訓練体制加算		1日	+12	+12	±0		○
個別機能訓練加算			+56	+56	±0		○

(2) 指定居宅サービス

算定項目			算定	改定後	改定前	格差	要件	介護予防
看護体制加算	(1)看護体制加算(Ⅰ)		1日	+4	+4	±0		
	(2)看護体制加算(Ⅱ)			+8	+8	±0		
	(3)看護体制加算(Ⅲ)イ	利用定員29人以下		+12	−	新設		
	(4)看護体制加算(Ⅲ)ロ	利用定員30人以上50人以下		+6	−	新設		
	(5)看護体制加算(Ⅳ)イ	利用定員29人以下		+23	−	新設		
	(6)看護体制加算(Ⅳ)ロ	利用定員30人以上50人以下		+13	−	新設		
医療連携強化加算				+58	+58	±0		
夜勤職員配置加算	夜勤職員配置加算(Ⅰ)(Ⅱ)			+13	+13	±0	イ	
	夜勤職員配置加算(Ⅰ)(Ⅱ)			+18	+18	±0	ロ	
	夜勤職員配置加算(Ⅲ)(Ⅳ)			+15	−	新設	イ	
	夜勤職員配置加算(Ⅲ)(Ⅳ)			+20	−	新設	ロ	
認知症行動・心理症状緊急対応加算				+200	+200	±0	7日間限度	○
若年性認知症利用者受入加算				+120	+120	±0		○
送迎を行う場合			片道	+184	+184	±0		○
緊急短期入所受入加算			1日	+90	+90	±0	7日間限度	
ハ 療養食加算			1回	+8	−	要件変更	1日に3回を限度	○
ニ 在宅中重度者受入加算	(1)看護体制加算(Ⅰ)または(Ⅲ)を算定している場合			+421	+421	±0		
	(2)看護体制加算(Ⅱ)または(Ⅳ)を算定している場合			+417	+417	±0		
	(3)(1)(2)いずれの看護体制加算も算定している場合			+413	+413	±0		
	(4)看護体制加算を算定していない場合			+425	+425	±0		
ホ 認知症専門ケア加算	(1)認知症専門ケア加算(Ⅰ)		1日	+3	−	新設		ニ
	(2)認知症専門ケア加算(Ⅱ)			+4	−	新設		
ヘ サービス提供体制強化加算(全サービス共通事項ページ参照)	(1)サービス提供体制強化加算(Ⅰ)イ			+18	+18	±0		ホ
	(2)サービス提供体制強化加算(Ⅰ)ロ			+12	+12	±0		
	(3)サービス提供体制強化加算(Ⅱ)			+6	+6	±0		
	(4)サービス提供体制強化加算(Ⅲ)			+6	+6	±0		

※ サービス提供体制強化加算は区分支給限度基準額管理対象外。

1. 生活機能向上連携加算（新設）

(1) 訪問リハビリテーションもしくは通所リハビリテーションを実施している事業所またはリハビリテーションを実施している医療提供施設（診療報酬の疾患別リハビリテーション料の届出を行っている200床未満の医療機関等）の理学療法士、作業療法士、言語聴覚士、医師（理学療法士等）が、事業所を訪問し、事業所の機能訓練指導員、看護職員、介護職員、生活相談員その他の職種の者と共同で、アセスメントを行い、個別機能訓練計画を作成したうえで、個別機能訓練計画に基づき、利用者の身体機能または生活機能向上を目的とする機能訓練の項目を準備し、機能訓練指導員等が利用者の心身の状況に応じた機能訓練を適切に提供した場合に算定可。

(2) 機能訓練指導員等が外部の理学療法士等と連携し、個別機能訓練計画の進捗状況等を3カ月ごとに1回以上評価し、利用者またはその家族に対して機能訓練の内容と個別機能訓練計画の進捗状況等を説明し、必要に応じて訓練内容の見直し等を行っている。

2. 機能訓練体制加算

専ら機能訓練指導員の職務に従事する常勤の理学療法士、作業療法士、言語聴覚士、看護職員、柔道整復師、あん摩マッサージ指圧師、はり師またはきゅう師（※）（「理学療法士等」）を1名以上配置している場合に算定できる。ただし、利用者数が100を超える事業所では、機能訓練指導員の職務に専従する常勤の理学療法士等を1名以上、かつ、常勤換算方法で利用者数を100で除した数以上配置すること。

（※はり師およびきゅう師については、理学療法士、作業療法士、言語聴覚士、看護職員、柔道整復師またはあん摩マッサージ指圧師の資格を有する機能訓練指導員を配置した事業所で6カ月以上機能訓練指導に従事した経験を有する者に限る。）

3. 個別機能訓練加算

(1) 事業所が利用者の居宅を訪問して個別の機能訓練計画を作成したうえで、専従配置された機能訓練指導員が、ADL・IADLの維持・向上を目的として実施する個別の機能訓練を直接実施する場合に算定可。

(2) 算定要件は次のとおり。
  ① 専従の機能訓練指導員の職務に従事する理学療法士、作業療法士または言語聴覚士等を1名以上配置。
  ② 機能訓練指導員、看護職員、介護職員、生活相談員等が共同して、利用者の生活機能向上に資する個別機能訓練計画を作成。
  ③ 個別機能訓練計画に基づき、利用者の生活機能向上を目的とする機能訓練の項目を準備し、理学療法士、作業療法士または言語聴覚士等が、利用者の心身の状況に応じた機能訓練を適切に提供。
  ④ 機能訓練指導員等が利用者の居宅を訪問したうえで、個別機能訓練計画を作成し、計画的な利用者には、その後3カ月ごとに1回以上、利用者の居宅を訪問したうえで、

(2) 指定居宅サービス

利用者またはその家族に対して、機能訓練の内容と個別機能訓練計画の進捗状況等を説明し、訓練内容の見直し等を行っている。
⑤実施上の留意事項は以下のとおり。
1) 実施には、適切なアセスメントを経て利用者のADLおよびIADLの状況を把握し、日常生活における生活機能の維持・向上に関する目標を設定のうえ、当該目標を達成するための訓練を実施する。目標は、利用者または家族の意向および利用者の担当介護支援専門員の意見も踏まえ策定し、利用者の意欲の向上につながるよう、段階的な目標を設定するなど可能な限り具体的かつ分かりやすい目標とする。
2) 類似の目標を持ち、同様の訓練内容が設定された5人程度以下の小集団(個別対応含む)に対して機能訓練指導員が直接行うこととし、必要に応じて事業所内外の設備等を用いた実践的かつ反復的な訓練とする。
3) 実施時間は、個別機能訓練計画に定めた訓練内容の実施に必要な1回あたりの訓練時間を考慮し適切に設定する。生活機能の維持・向上のための訓練を効果的に実施するためには、計画的・継続的に行う必要があることから、おおむね週1回以上実施することを目安とする。

4. 看護体制加算(介護予防は対象外)(Ⅲ)(Ⅳ)の新設

それぞれ、以下の要件をすべて満たす場合に算定可。
(1) 看護体制加算(Ⅰ)
　①常勤の看護師を1名以上配置。
　②定員超過・人員基準欠如に非該当。
(2) 看護体制加算(Ⅱ)
　①看護職員の数が次に掲げる基準に適合している。
　　1) 常勤換算方法で、利用者の数が25またはその端数を増すごとに1以上。
　　2) 空床利用型の場合は、介護老人福祉施設の入所者数と空床利用の指定短期入所生活介護の利用者数を合算した数が25またはその端数を増すごとに1以上、かつ、当該合算した数を介護老人福祉施設の「入所者の数」とした場合に必要となる看護職員数に1を加えた数以上の看護職員を配置。
　②当該事業所の看護職員により、または病院、診療所、訪問看護ステーションの看護職員との連携により、24時間連絡できる体制を確保している。
(3)-1　看護体制強化加算(Ⅲ)イ(新設)
　①看護体制要件:(1)を満たしている。
　②中重度者受入要件:利用者総数のうち要介護3以上の者が70%以上。
　③定員要件:利用定員が29人以下。
(3)-2　看護体制強化加算(Ⅲ)ロ(新設)
　①看護体制要件:(1)を満たしている。
　②中重度者受入要件:利用者総数のうち要介護3以上の者が70%以上。

③定員要件：利用定員が30人以上50人以下。
(4)-1　看護体制強化加算(Ⅳ)イ(新設)
　　　①看護体制要件：(2)を満たしている。
　　　②中重度者受入要件：利用者総数のうち要介護3以上の者が70％以上。
　　　③定員要件：利用定員が29人以下。
(4)-2　看護体制強化加算(Ⅳ)ロ(新設)
　　　①看護体制要件：(2)を満たしている。
　　　②中重度者受入要件：利用者総数のうち要介護3以上の者が70％以上。
　　　③定員要件：利用定員が30人以上50人以下。
(5)併設事業所の算定には、本体施設における看護職員の配置とは別に、必要な看護職員の配置を行う必要がある。空床利用型の場合は、看護体制加算の算定は本体施設である特別養護老人ホームと一体的に行う。
(6)(3)(4)の要件の「利用者総数」は、算定日が属する年度の前年度または算定日が属する月の前3カ月間の利用者の総数であり、利用実人員数または利用延人員数を用いて算定する。ただし、要支援者に関しては人員数には含めない。
(7)(3)(4)の要件の「定員要件」は、併設事業所は「短期入所生活介護のみの定員」に着目して判断し、空床利用型は、「本体の介護老人福祉施設の定員」で判断する。
(8)看護体制加算(Ⅰ)と(Ⅱ)は併算定可能であり、同様に(Ⅲ)と(Ⅳ)も併算定可。一方、(Ⅰ)と(Ⅲ)は併算定不可。(Ⅱ)と(Ⅳ)も併算定不可。

5. 夜勤職員配置加算（介護予防は対象外）
　それぞれ、次の要件をすべて満たす場合に算定可。
(1)夜勤職員配置加算(Ⅰ)
　①短期入所生活介護費を算定している。
　②夜勤を行う介護職員または看護職員の数が、「厚生労働大臣が定める夜勤を行う職員の勤務条件に関する基準」に規定された人員数に、1を加えた数以上。
　　ただし、次に掲げる要件のいずれにも適合している場合は、同基準に規定された数に0.9を加えた数以上。
　　1)利用者の動向を検知できる見守り機器を、当該事業所の利用者の数の100分の15以上の数設置している。
　　2)見守り機器を安全かつ有効に活用するための委員会を設置し、必要な検討等が行われている。委員会は3カ月に1回以上開催する。
(2)夜勤職員配置加算(Ⅱ)
　①ユニット型短期入所生活介護費を算定している。
　②(1)②の要件を満たしている。
(3)夜勤職員配置加算(Ⅲ)(新設)
　①(1)の要件のいずれにも該当している。

②夜勤時間帯を通じて、看護職員を配置している、または喀痰吸引等の実施が可能な介護職員を配置している。(後者の場合、事業所単位で登録喀痰吸引等事業者または登録特定行為事業者として都道府県に登録していることが必要)
(4)夜勤職員配置加算(Ⅳ)(新設)
　①(2)の要件のいずれにも該当している。
　②(3)②の要件を満たしている。

6. 認知症専門ケア加算

(1)認知症専門ケア加算(Ⅰ)を算定するには、次のいずれにも適合。
　①利用者総数のうち、日常生活自立度のランクⅢ以上の占める割合が2分の1以上。
　②認知症介護の専門的研修修了者を、対象者の数が20人未満の場合は「1以上」、対象者の数が20人以上の場合は「1に、対象者の数が19を超えて10またはその端数を増すごとに1を加えて得た数以上」を配置し、チームとして専門的な認知症ケアを実施。
　③従業者に対して、認知症ケアに関する留意事項の伝達または技術的指導に係る会議を定期的に開催。
(2)認知症専門ケア加算(Ⅱ)を算定するには、次のいずれにも適合。
　①上記(Ⅰ)の基準のいずれにも適合。
　②認知症介護の指導の専門的研修修了者を1名以上配置し、施設全体の認知症ケアの指導等を実施。
　③介護職員、看護職員等ごとの認知症ケアに関する研修計画を作成し、計画に従い、研修を実施または実施を予定している。
　※併設型および空床利用型における認知症専門ケア加算の算定は、本体施設である介護老人福祉施設と一体的に行うものとする。併設型は「本体施設の対象者数と併設事業所の対象者数を合算した数」、空床利用型は「本体施設の対象者数と当該短期入所生活介護の対象者数を合算した数」で算定する。

7. 認知症行動・心理症状緊急対応加算

　医師が「認知症の行動・心理症状が認められるため、在宅での生活が困難であり、緊急に短期入所生活介護を利用することが適当である」と判断した者について、介護支援専門員と受け入れ事業所の職員とで連携し、本人またはその家族の同意のうえ、短期入所生活介護の利用を開始した場合に、算定可。(入居日から起算して7日を限度)
(1)「認知症の行動・心理症状」とは、認知症による認知機能の障害に伴う、妄想・幻覚・興奮・暴言等の症状を指す。
(2)医療機関における対応が必要であると判断される場合は、速やかに適当な医療機関の紹介、情報提供を行うことにより、適切な医療が受けられるように取り計らう必要がある。
(3)次に掲げる者が、直接、短期入所生活介護の利用を開始した場合には、算定不可。

①病院または診療所に入院中の者。

②介護保険施設または地域密着型介護老人福祉施設に入院中または入所中の者。

③認知症対応型共同生活介護、地域密着型特定施設入居者生活介護、特定施設入居者生活介護、短期入所生活介護、短期入所療養介護、短期利用認知症対応型共同生活介護、短期利用特定施設入居者生活介護および地域密着型短期利用特定施設入居者生活介護を利用中の者。

(4)判断を行った医師は、診療録等に症状、判断の内容等を記録する。事業所側も、判断を行った医師名、日付および利用開始に当たっての留意事項等を介護サービス計画書に記録する。

(5)「7日を限度として算定すること」とあるのは、本加算が「認知症の行動・心理症状」が認められる利用者を受け入れる際の初期の手間を評価したものであるためであり、利用開始後8日目以降の短期入所生活介護の利用の継続を妨げるものではないことに留意する。

(6)本加算は、予定外で緊急入所した場合の受け入れの手間を評価するものであるため、「入所予定日当日に、予定していた事業所に認知症行動・心理症状で入所した」という場合には算定対象とはならない。

8. 若年性認知症利用者受入加算

(1)受け入れた若年性認知症利用者ごとに個別に担当者を定め、その者を中心に、利用者の特性やニーズに応じたサービス提供を行う場合に算定可。

(2)若年性認知症の判断は、精神科医師もしくは神経内科医師または認知症に対するリハビリテーションに関する専門的研修修了医師の判定結果を徴するか、「要介護認定等の実施について」の主治医意見書によることが望ましい。

(3)65歳の誕生日の前々日まで算定可。

9. 送迎加算

利用者の心身の状態、家族等の事情等からみて送迎を行うことが必要と認められる利用者に、その居宅と事業所との間の送迎を行う場合、片道につき算定可。

10. 在宅中重度者受入加算

(1)利用者が利用していた訪問看護事業所に当該利用者の健康上の管理等を行わせた場合に、看護体制加算の項目に応じて算定可。この場合の健康上の管理等に関する医師の指示は、短期入所生活介護事業所の配置医師が行う。

(2)加算業務について訪問看護事業所と委託契約を締結し、利用者の健康上の管理等の実施に必要な費用を訪問看護事業所に支払う。

(3)事業所は、利用者に関する必要な情報を主治医、訪問看護事業所、サービス担当者会議、居宅介護支援事業所等を通じてあらかじめ入手し、適切なサービスを行うよう努

めなければならない。
(4)健康上の管理等の実施上必要となる衛生材料、医薬品等の費用は事業所が負担する。なお、医薬品等が、医療保険の算定対象となる場合は、適正な診療報酬を請求する。

11. 緊急短期入所受入加算

(1)利用者の状態や家族等の事情により、介護支援専門員が、緊急に短期入所生活介護を受けることが必要と認めた者に対し、居宅サービス計画に位置づけられていない短期入所生活介護を緊急に行った場合に算定可。緊急時における短期入所であれば、静養室での受け入れでも算定可。

(2)緊急利用した者に関する利用の理由、期間、緊急受入れ後の対応などの事項を記録しておく。また、緊急利用者にかかる変更前後の居宅サービス計画を保存するなどして、適正な緊急利用に努める。

(3)既に緊急利用者を受け入れているために、緊急の利用を希望している者を受け入れることが困難な場合は、利用希望者に対し、別の事業所を紹介するなど適切な対応を行う。

(4)算定対象期間は原則として7日以内とし、その間に緊急受入れ後に適切な介護を受けられるための方策について、居宅介護支援事業所の介護支援専門員と密接な連携を行い、相談する。ただし、利用者の介護を行う家族等の疾病が当初の予想を超えて長期間に及んだことにより在宅への復帰が困難となったこと等やむを得ない事情により、7日以内に適切な方策が立てられない場合には、その状況を記録した上で14日を限度に引き続き加算を算定可。その場合でも、利用者負担軽減に配慮する観点から、機械的に加算算定を継続するのではなく、随時、適切なアセスメントによる代替手段の確保等について、十分に検討する。

12. 医療連携強化加算

(1)以下の要件を満たした場合に算定できる。
　①(事業所要件)以下のいずれにも適合する。
　　1)看護体制加算(Ⅱ)または(Ⅳ)を算定している。
　　2)急変の予測や早期発見等のため、看護職員による定期的な巡視(おおむね1日3回以上の頻度でバイタルサインや状態変化の有無の確認)を行っている。ただし、巡視頻度は利用者の状態に併せて適宜増加させるべきものである。
　　3)主治の医師と連絡が取れない等の場合に備えて、あらかじめ協力医療機関を定め、緊急やむを得ない場合の対応に係る取り決めを行っている。取り決めの内容は、提供開始時に利用者に説明し、主治医との連携方法や搬送方法も含め、急変が生じた場合の対応について同意を得ておかなければならない。当該同意は、文書で記録する。
　　4)急変時の医療提供の方針について、利用者から合意を得ている。

②以下のいずれかの状態に該当する。

1) 喀痰吸引を実施している状態。

2) 呼吸障害等により人工呼吸器を1週間以上使用している状態。

3) 中心静脈注射を実施している状態。

4) 人工腎臓を当該月に実施している状態。

5) 重篤な心機能障害、呼吸障害等により常時モニター測定を実施している状態。(重症不整脈発作を繰り返す状態、収縮期血圧90mmHg以下が持続、または酸素吸入を行っても動脈血酸素飽和度90%以下で常時、心電図、血圧、動脈血酸素飽和度のいずれかを含むモニタリング実施)

6) 人工膀胱または人工肛門の処置を実施している状態。(皮膚の炎症等ケア実施時)

7) 経鼻胃管や胃ろう等の経腸栄養が行われている状態。

8) 褥瘡(褥瘡分類第Ⅱ度以上)に対する治療を実施している状態。

9) 気管切開が行われている状態。(気管切開ケア実施時)

ココに注目　減算等について

算定項目	算定	改定後	改定前	格差	要件	介護予防
夜勤職員基準に定める員数を満たさない場合	1日	×97%	×97%	±0		○
介護・看護職員の員数が基準に満たない場合		×70%	×70%	±0		○
定員超過の場合		×70%	×70%	±0		○
ユニットケア体制未整備減算		×97%	×97%	±0		○
共生型短期入所生活介護を行う場合		×92%	－	新設	指定短期入所事業所が行う場合イ(2)のみ	○
長期利用者に対して短期入所生活介護を提供する場合		－30	－30	±0		

※ (夜勤体制に関する減算)人員欠如および定員超過などの減算方法は訪問・通所系サービス共通項目ページを参照。以下に該当すれば翌月から減算。
　①夜勤時間帯(午後10時から翌日の午前5時までの時間を含めた連続する16時間をいい、施設ごとに設定する)において夜勤を行う職員数が夜勤職員基準に定める員数に満たない事態が2日以上連続して発生した場合。
　②夜勤時間帯において夜勤を行う職員数が、夜勤職員基準に定める員数に満たない事態が4日以上発生した場合。

1. 長期間の利用者減算

(1) 連続して30日を超えて同一の事業所に入所(自費利用などを挟み実質連続30日を超える利用者)している利用者に対して、短期入所生活介護を行った場合、30日超過日より所定単位数から1日につき減算。長期利用の有無は居宅サービス計画で確認する。

(2) 利用者が連続して30日を超えて短期入所生活介護を受けている場合、30日を超える日以降に受けた短期入所生活介護費は算定不可。

①保険給付は連続30日まで。(退所の翌日入所した場合は、連続して入所しているもの

(参考)31日目にも自宅へ帰るなどの物理的な退所の事実がなく、自費利用等によって施設に留まる場合の取扱い

	暦日	1	2	3	4	5	6	7	8	9	10	11	12	13	14	15	16	17	18	19	20	21	22	23	24	25	26	27	28	29	30	31	32	33	34	35	36	37	38	39
注17・18解釈①	連続利用(17)	1	2	3	4	5	6	7	8	9	10	11	12	13	14	15	16	17	18	19	20	21	22	23	24	25	26	27	28	29	30	31	32	33	34	35	36	37	38	39
	A事業所	通常算定																														算定不可 自費利用で滞在	31日目が注釈18にある「設備及び備品を利用した指定短期入所生活介護以外のサービス」に該当し減算							

31日目は自宅に戻り、32日目に再入所する場合。

	暦日	1	2	3	4	5	6	7	8	9	10	11	12	13	14	15	16	17	18	19	20	21	22	23	24	25	26	27	28	29	30	31	32	33	34	35	36	37	38	39
注17・18解釈②	連続利用(17)	1	2	3	4	5	6	7	8	9	10	11	12	13	14	15	16	17	18	19	20	21	22	23	24	25	26	27	28	29	退所	リセット	1	2	3	4	5	6	7	8
	A事業所	通常算定																														利用なし(自宅等)	31日目が注釈18にある「設備及び備品を利用した指定短期入所生活介護以外のサービス」に該当せず 通常算定							

31日目を自費利用で施設に留まった場合⇒32日目以降は減算
30日目に退所、32日目(翌々日)に再入所⇒カウントはリセットされ通常算定

利用開始から31日目は算定不可(※)

	暦日	1	2	3	4	5	6	7	8	9	10	11	12	13	14	15	16	17	18	19	20	21	22	23	24	25	26	27	28	29	30	31	32	33	34	35	36	37	38	39
A事業所	連続利用(17)	1	2	3	4	5	6	7	8	9	10	11	12	13	14	15	16										28	29	30	リセット	1	2	3	4	5	6	7	8	9	10
	事業所利用日(18)	1	2	3	4	5	6	7	8	9	10	11	12	13	14	15	16										1	2	3	4	5	6	7	8	9	10	11	12	13	14
	算定	通常算定																									通常算定			算定不可、自費利用で滞在	通常算定									
B事業所	連続利用(17)																17	18	19	20	21	22	23	24	25	26	27													
	事業所利用(18)																1	2	3	4	5	6	7	8	9	10	11													
	算定																通常算定																							

	暦日	40	41	42	43	44	45	46	47	48	49	50	51	52	53	54	55	56	57	58	59	60	61	62	63	64	65	66	67	68	69	70	71	72	73	74	75	76	77	78
A事業所	連続利用(17)	11	12	13	14	15	16	17	18	19	20	21	22	23	24	25	26	27	28	29	30	リセット	1	2	3	4	5	6	7	8	9	10	11	12	13	14	15	16	17	18
	事業所利用日(18)	15	16	17	18	19	20	21	22	23	24	25	26	27	28	29	30	31	32	33	34	35	36	37	38	39	40	41	42	43	44	45	46	47	48	49	50	51	52	53
	算定	通常算定																減算				算定不可	減算																	

このまま利用(滞在)が続いた場合
連続利用(17):31日目は算定不可(暦日60日目)・事業所利用(18):31日目以降減算(暦日56日目以降)

(※)指定居宅サービスに要する費用の額の算定に関する基準　平成27年

として扱う。事業所を移っても保険給付が連続していれば一連の利用と考え、通算30日までしか連続の給付は行わない）

②30日のカウントは暦日ではなく給付日数（回数）で行う。（A事業所を退所、同日にB事業所に入所した場合、その日は2日とカウントする）

③保険給付が途絶すればカウントはリセットされる。事業所に滞在していても自費利用で保険給付が途絶すればリセットされる。

コラム　留意事項等について

短期入所サービスは、運営基準に「サービスの内容およびその利用期間等について利用申込者の同意を得なければならない」とされており、あらかじめ利用期間（退所日）を定めて入所するという前提がある。したがって、あらかじめ退所日を決めて入所する場合、そのサービスは短期入所サービスであり、このようなサービス利用を「施設入所」と見なすことは、認められないものとして取り扱われている。

プラスα　Q&Aなどから

1. 本体施設と職員を兼務している場合の取扱い

(1) 併設型で、職員が本体施設と兼務している場合の算定は、勤務実態、利用者数、ベッド数等に基づき按分するなどの方法により、当該職員の常勤換算数を短期入所生活介護と本体施設とでそれぞれに割り振ったうえで、それぞれの加算等の要件に照らして、算定の可否を判断するという取扱いとなっている。（その際、勤務実態と著しく乖離した処理を行うことは認められない）

(2) 一方、空床利用型の場合は、短期入所生活介護に係る業務を本体施設における業務と分離して考えることは困難であるため、特に按分を行わず、本体施設に勤務する職員として数えて、算定の可否を判断するという取扱いとなっている。

　このように異なる取扱いとなっているため、空床利用型と併設型で加算算定の有無や算定する加算の種類が異なる場合も生じうる。

(3) 介護老人福祉施設の介護報酬には「サービス提供体制強化加算」と「日常生活継続支援加算」という類似する加算があるが、介護老人福祉施設として両者を併算定することはできない。しかし、併設型や空床利用型の短期入所生活介護で「サービス提供体制強化加算」を算定し、本体施設たる介護老人福祉施設で「日常生活継続支援加算」を算定することは可能。この場合は、たとえ空床利用型であっても、本体施設とは別途、体制の届出が必要となる。

※介護保険最新情報vol. 69（21.3.23）　平成21年4月改定関係Q&A（vol. 1）についてQ73～75等

(2) 指定居宅サービス

2. 認知症専門ケア加算について

認知症専門ケア加算の算定要件について、認知症高齢者の日常生活自立度Ⅲ以上の割合が1/2以上であることが求められている。算定方法については次の通り。

(1) 算定日が属する月の前3カ月間の利用者数の平均で算定する。
(2) 具体的な計算方法は、看護体制加算(Ⅲ)・(Ⅳ)の要介護3以上の割合の計算と同様に行うが、本加算は要支援者に関しても利用者数に含めることに留意する。

　　※介護保険最新情報vol.629(30.3.23)　平成30年度介護報酬改定に関するQ&A
　　　(Vol.1)　Q41

3. 看護体制加算(Ⅲ)・(Ⅳ)について

(1) 看護体制加算(Ⅲ)・(Ⅳ)の算定要件について、前年度または算定日が属する月の前3カ月間の利用者の総数のうち、要介護3以上の利用者の占める割合が70%以上であることが必要。
(2) 看護体制加算(Ⅲ)・(Ⅳ)の算定要件である要介護3以上の割合は、利用実人員数または利用延人員数を用いて算定する。例えば、次の例の場合の前3カ月の平均は次のように計算する。(前年度の平均計算についても同様に行う)

	要介護度	利用実績(単位：日)		
		1月	2月	3月
利用者①	要支援2	7	4	7
利用者②	要介護1	7	6	8
利用者③	要介護2	6	6	7
利用者④	要介護3	12	13	13
利用者⑤	要介護3	8	8	8
利用者⑥	要介護3	10	11	12
利用者⑦	要介護3	8	7	7
利用者⑧	要介護4	11	13	13
利用者⑨	要介護4	13	13	14
利用者⑩	要介護5	8	8	7
要介護3以上合計		70	73	74
合計(要支援者除く)		83	85	89

①利用実人員数による計算(要支援者を除く)
　1) 利用者の総数＝9人(1月)＋9人(2月)＋9人(3月)＝27人
　2) 要介護3以上の数＝7人(1月)＋7人(2月)＋7人(3月)＝21人
　　したがって、割合は21人÷27人≒77.7%（小数点第二位以下切り捨て）≧70%
②利用延人員数による計算(要支援者を除く)
　1) 利用者の総数＝83人(1月)＋85人(2月)＋89人(3月)＝257人
　2) 要介護3以上の数＝70人(1月)＋73人(2月)＋74人(3月)＝217人
　　したがって、割合は217人÷257人≒84.4%（小数点第二位以下切り捨て）≧70%

上記の例は、利用実人員数、利用延人員数ともに要件を満たす場合であるが、①または②のいずれかで要件を満たせば、加算は算定可能である。

3）なお、利用実人員数による計算を行う場合、月途中で要介護状態区分が変更になった場合は月末の要介護状態区分を用いて計算する。

※介護保険最新情報vol.629（30.3.23）　平成30年度介護報酬改定に関するQ&A（Vol.1）　Q42

4．その他

(1) 宿泊を伴わない1日だけの短期入所生活介護も、緊急の場合であって、他の居宅サービスを利用できない場合に限り、例外的に認められる。なお、宿泊を伴わない場合でも、当該利用者について専用のベッドが確保され、適切にサービスを提供しなければならない。

※15.5.30事務連絡　介護報酬に係るQ&A　Q3

(2) 短期入所について区分限度を超えて全額利用者負担となった利用者についても、翌月まで入所を継続して入所日数が30日を超えた場合は「連続利用」とみなされる。当該利用者についても、30日を超えて報酬を算定することはできない。

※介護保険最新情報vol.116（13.8.29）　訪問通所サービス及び短期入所サービスの支給限度額の一本化に係るQ&A及び関連帳票の記載例について　Ⅱ－Q6

共通 介護老人保健施設（短期・長期入所）共通項目

 改正点のポイント

〈共通〉
- 改定前の在宅強化型と従来型の2区分から在宅強化型、基本型、その他型（新設）と在宅復帰・在宅療養支援機能加算（Ⅰ）（Ⅱ）の新設評価により5区分で評価された。その他型は改定前の従来型より引下げ。他の区分は引上げ。
- 介護療養型老人保健施設の報酬（「療養型」および「療養強化型」の報酬）が「療養型」に一元化された。「療養強化型」で評価されていた一定の医療処置および重度者要件は、療養体制維持特別加算で評価され、加算の算定期限が撤廃された。
- ユニット型準個室の名称がユニット型個室的多床室に改称された。
- 療養食加算の算定が1日単位から1回単位に見直しされた。

〈長期のみ〉
- 退所前訪問指導加算、退所後訪問指導加算、退所時指導加算は、基本報酬に包括化された。ただし、退所時指導加算のうち試行的な退所に係るものは、「試行的退所時指導加算」として出来高算定可能となっている。
- 多剤投薬されている入所者の処方方針を、介護老人保健施設の医師とかかりつけ医が事前に合意し、その処方方針に従って減薬する取組みについて、かかりつけ医と介護老人保健施設の医師が入所者の情報を共有した場合、かかりつけ医連携薬剤調整加算（1回125単位）が新設された。
- 所定疾患施設療養費について、介護老人保健施設で行うことができない専門的な検査が必要な場合に医療機関と連携すること等でも算定可能となった。
- 専門的な診断等のために医療機関に1週間以内の短期間入院を行う入所者でも、制度上は退所として扱われるが、介護老人保健施設で行われる医療として必要なものであることから、在宅復帰率等の算定除外対象となった。
- 排泄障害等のため、排泄に介護を要する入所者に対し、多職種が協働して支援計画を作成し、計画に基づき支援した場合の加算（排せつ支援加算）が新設された。（介護保険施設サービス(長期入所)共通項目ページ参照）
- 入所者の褥瘡発生を予防するため、褥瘡の発生と関連の強い項目について、定期的な評価を実施し、その結果に基づき計画的に管理する加算（褥瘡マネジメント加算）が新設された。（介護保険施設サービス(長期入所)共通項目ページ参照）
- 外泊時に在宅サービスを利用したときの費用の取り扱いが新設された。
- 口腔衛生管理加算の要件が見直しされた。（介護保険施設サービス(長期入所)共通項目

ページ参照)
- ●低栄養リスク改善対応加算が新設された。(介護保険施設サービス(長期入所)共通項目ページ参照)
- ●入院医療機関管理栄養士との連携を評価した再入所時栄養連携加算が新設された。(介護保険施設サービス(長期入所)共通項目ページ参照)
- ●介護療養型老人保健施設から介護医療院への転換後の1年間に限り、移行定着支援加算が新設された。
- ●身体拘束廃止未実施減算について、運営基準と減算幅が見直しされた。(介護保険施設サービス(長期入所)共通項目ページ参照)

〈短期のみ〉
- ●短期入所にも認知症専門ケア加算(Ⅰ)(Ⅱ)が新設された。

〈その他型〉
- ●その他型では、以下の新設加算など15項目が算定不可。
  - ①再入所時栄養連携加算
  - ②入所前後訪問指導加算(Ⅰ)(Ⅱ)
  - ③退所時等支援等加算
  - ④低栄養リスク改善加算
  - ⑤経口移行加算
  - ⑥経口維持加算
  - ⑦口腔衛生管理体制加算
  - ⑧口腔衛生管理加算
  - ⑨かかりつけ医連携薬剤調整加算
  - ⑩所定疾患施設療養費(Ⅰ)(Ⅱ)
  - ⑪地域連携診療計画情報提供加算
  - ⑫褥瘡マネジメント加算
  - ⑬排せつ支援加算
  - ⑭短期集中リハビリテーション実施加算
  - ⑮認知症短期集中リハビリテーション実施加算

(2) 指定居宅サービス

算定のポイント

1. 超強化型、基本型、その他型の在宅復帰・在宅療養支援に対する評価

区分／要件	介護老人保健施設の基本報酬5区分				その他型（左記以外）
	在宅強化型		基本型		
	超強化型 在宅復帰・在宅療養支援機能加算(Ⅱ)		加算型 在宅復帰・在宅療養支援機能加算(Ⅰ)		
在宅復帰・在宅療養支援等指標（最高値：90）	70以上	60以上	40以上	20以上	左記要件を満たさない。
退所時指導等（要件） a: 退所時指導 　入所者の退所時に、入所者および家族等に対し、退所後の療養上の指導を実施。 b: 退所後の状況確認 　入所者の退所後30日以内（要介護4と5は14日以内）に、その居宅を訪問または居宅介護支援事業者から情報提供を受けることにより、在宅生活が1月以上（要介護4と5は14日間）継続する見込みであることを確認し、記録している。	要件あり				
リハビリテーションマネジメント（要件） 　入所者の心身の諸機能の維持回復を図り、日常生活の自立を助けるため、理学療法、作業療法その他必要なリハビリテーションを計画的に行い、適宜その評価を行っている。	要件あり				
地域貢献活動（要件）※1 　地域住民への健康教室、認知症カフェ等、地域住民相互および地域住民と当該施設入所者等との交流に資するなど地域の高齢者に活動と参加の場を提供するものであるよう努める。	要件あり		要件なし		
充実したリハビリテーション（要件）※2 　少なくとも週3回程度以上のリハビリテーションを実施。	要件あり		要件なし		

※1「地域貢献活動」とは
　(a) 地域住民またはその自発的な活動等との連携および協力を行う等の地域との交流に努めなければならないと定めているが、自らの創意工夫によって更に地域に貢献する活動を行う。
　(b) 地域住民への介護予防を含む健康教室、認知症カフェ等、地域住民相互および地域住民と当該介護老人保健施設の入所者等との交流に資するなど地域の高齢者に活動と参加の場を提供するものであるよう努める。
　(c) 2018年度に限り、2019年度中に活動を実施する場合を含むが、施設地域の実情に合わせた検討を行い、可能な限り早期から実施することが望ましい。また、既に基準に適合する活動を実施している施設は、さらに創意工夫を行うよう努めることが望ましい。

※2「充実したリハビリテーション」とは、理学療法士、作業療法士または言語聴覚士が個別リハビリテーション20分以上を週3回行うこと。また、個別リハビリテーションを実施するにあたり、短期集中リハビリテーション実施加算、認知症短期集中リハビリテーション実施加算の算定要件に当てはまる場合は、これらの加算を算定可。

2. 在宅復帰・在宅療養支援等の指標

区分	在宅復帰在宅療養支援の機能要件等	要件比率などと得点		
A	前6月間の在宅復帰率(入所期間1月間超の退所者)の占める割合	50%超	50%以下30%超	30%以下
		20	10	0
B	ベッド回転率(30.4÷平均在所日数)	10%以上	10%未満5%以上	5%未満
		20	10	0
C	前3カ月間の入所前後訪問指導実施割合(入所期間が1カ月超と見込まれる者の入所予定日前30日以内または入所後7日以内に退所後生活することが見込まれる居宅を訪問し、退所を目的とした施設サービス計画の策定および診療方針の決定を行った者(退所後にその居宅ではなく、他の社会福祉施設等に入所する場合は同意を得て、当該社会福祉施設等を訪問し、退所を目的とした施設サービス計画の策定および診療方針の決定を行った場合を含む))	30%以上	30%未満10%以上	10%未満
		10	5	0
D	前3カ月間の退所前後訪問指導実施割合(入所期間1カ月超と見込まれる者の退所前30日以内または退所後30日以内に当該者が退所後生活することが見込まれる居宅を訪問し、当該者およびその家族等に対して退所後の療養上の指導を行った者(退所後にその居宅ではなく、他の社会福祉施設等に入所する場合で、同意を得て、当該社会福祉施設等を訪問し、連絡調整、情報提供等を行った場合を含む))	30%以上	30%未満10%以上	10%未満
		10	5	0
E	訪問リハビリテーション、通所リハビリテーション、短期入所療養介護の実施(併設する病院、診療所、介護老人保健施設および介護医療院を含む)数	すべて実施 / 5	2種類実施 / 3	1種類実施 / 2	未実施 / 0
F	理学療法士、作業療法士または言語聴覚士(常勤換算)数/入所者数×100	5人以上	5人未満3人以上	3人未満
		5	3	0
G	支援相談員(常勤換算)数/入所数×100	3人以上	3人未満2人以上	2人未満
		5	3	0
H	前3カ月の要介護4、5の比率	50%以上	50%未満35%以上	35%未満
		5	3	0
I	前3カ月の喀痰吸引実施者比率	10%以上	10%未満5%以上	5%未満
		5	3	0
J	前3カ月の経管栄養実施者比率	10%以上	10%未満5%以上	5%未満
		5	3	0

合計20以上で「基本型」の算定基準に該当
　　40以上で「基本型」に加算される在宅復帰・在宅療養支援機能加算(I)の算定基準に該当
　　60以上で「在宅強化型」の算定基準に該当
　　70以上で「在宅強化型」に加算される在宅復帰・在宅療養支援機能加算(II)の算定基準に該当

(2) 指定居宅サービス

3. 在宅復帰・在宅療養支援等指標の留意点

区分	在宅復帰在宅療養支援の機能要件	算定上の留意点
A	前6カ月間の在宅復帰率（入所期間1カ月間超の退所者）の占める割合	居宅は病院、診療所、介護保険施設を除く。以下の式で計算。 (a) (i)の数÷((ii)の数−(iii)の数) 　(i) 前6カ月間の居宅への退所者で、施設入所期間が1カ月間超の者の延数 　(ii) 前6カ月間の退所者の延数 　(iii) 前6カ月間の死亡者の総数 (b) (a)で、施設退所後、直ちに病院、診療所に入院し、1週間以内に退院後、直ちに再度当該施設に入所した場合は、当該入院期間を入所期間とみなす。 (c) 退所後直ちに短期入所生活介護、短期入所療養介護（ショートステイ）、（看護）小規模多機能型居宅介護の宿泊サービス等利用者は「居宅退所者」対象外。 (d) (a)の分母((ii)の数−(iii)の数)が「0」の場合、算定日月の前6カ月間の退所者のうち、居宅で介護を受けることとなった者の占める割合は「0」。 (e) 「居宅で介護を受けるもの」には、老健施設退所後に居宅サービスを利用することは問題ないが、退所当日からショートステイや（看護）小規模多機能型居宅介護の宿泊サービスを連日利用する場合などは、「居宅で介護を受けることになったもの」に含まない。
B	ベッド回転率（30.4÷平均在所日数）	ベッド回転率に、短期入所療養介護利用者は除外。平均在所日数は、直近3カ月間の数値により、以下の式で計算。 (a) (i)の数÷(ii)の数 　(i) 当該施設の直近3カ月間の延入所者数 　(ii) (3カ月間の新規入所者の延数＋3カ月間の新規退所者数)÷2 (b) (a)の入所者は、毎日24時現在入所中の者をいい、施設入所日のうちに退所又は死亡者を含む。 (c) (a)の新規入所者数は、3カ月間に新たに施設に入所した者（「新規入所者」）の数をいう。3カ月以前から施設に入所していた者は、新規入所者数に算入しない。 　また、施設退所後、施設に再入所した者は、新規入所者として取り扱うが、施設を退所後、直ちに病院、診療所に入院し、1週間以内に退院後、直ちに再度当該施設に入所した場合は、新規入所者数には算入しない。 (d) (a)の新規退所者数は、3カ月間の施設退所者数をいう。施設で死亡した者および医療機関へ退所した者は、新規退所者に含む。ただし、当該施設を退所後、直ちに病院、診療所に入院し、1週間以内に退院後、直ちに再度当該施設に入所した者は、新規退所者数には算入しない。
C	前3カ月間の入所前後訪問指導実施割合（入所期間1カ月超と見込まれる者の入所予定日前30日以内または入所後7日以内に退所後生活することが見込まれる居宅を訪問）	退所を目的とした施設サービス計画の策定および診療方針の決定を行った者の占める割合は、以下の式で計算。 (a) (i)に掲げる数÷(ii)に掲げる数 　(i) 算定日月の前3カ月間の新規入所者のうち、入所期間が1カ月以上と見込まれる入所者で、入所予定日前30日以内または入所後7日以内に退所後生活することが見込まれる居宅を訪問し、退所を目的とした施設サービス計画の策定及び診療方針の決定を行った者の延数 　(ii) 算定日月の前3カ月間の新規入所者の延数 (b) (a)の居宅には、病院、診療所、介護保険施設を除く。(a)の(i)は、退所後に自宅ではなく、他の社会福祉施設等に入所する場合で、当該者の同意を得て、当該社会福祉施設等（居宅のうち自宅を除くもの）を訪問し、退所を目的とした施設サービス計画の策定および診療方針の決定を行った者を含む。 (c) 施設退所後、直ちに病院、診療所に入院し、1週間以内に退院後、直ちに再度当該施設に入所した者は、新規入所者数に算入しない。

区分	在宅復帰在宅療養支援の機能要件	算定上の留意点
C	前3カ月間の入所前後訪問指導実施割合（入所期間1カ月超と見込まれる者の入所予定日前30日以内または入所後7日以内に退所後生活することが見込まれる居宅を訪問）	(d) 退所後生活することが見込まれる居宅を訪問し、退所を目的とした施設サービス計画の策定および診療方針の決定を行うとは、医師、看護職員、支援相談員、理学療法士、作業療法士、言語聴覚士、栄養士、介護支援専門員等が協力して、退所後生活することが見込まれる居宅を訪問し、必要な情報を収集するとともに、入所者が退所後生活する居宅の状況に合わせ、入所者の意向を踏まえ、入浴や排泄等の生活機能について、入所中に到達すべき改善目標を定めるとともに目標に到達するために必要な事項について入所者およびその家族等に指導を行い、それらを踏まえ退所を目的とした施設サービス計画の策定および診療方針の決定を行う。指導日および指導内容の要点は診療録等に記載。 (e) (a)の分母（(ii)の数）が「0」の場合、入所期間が1月超と見込まれる者の入所予定日前30日以内または入所後7日以内に退所後生活することが見込まれる居宅を訪問し、退所を目的とした施設サービス計画の策定及び診療方針の決定を行った者の占める割合は「0」とする。
D	前3カ月間の退所前後訪問指導実施割合（入所期間1カ月超と見込まれる者の退所日前30日以内または退所後30日以内に退所後生活することが見込まれる居宅を訪問）	退所後の療養上の指導を行った者の占める割合は、以下の式で計算。 (a) (i)の数÷(ii)の数 　(i) 算定月前3カ月間の新規退所者のうち、入所期間が1カ月以上の退所者で、退所前30日以内または退所後30日以内に当該者が退所後生活することが見込まれる居宅を訪問し、当該者およびその家族等に対して退所後の療養上の指導を行った者の延数 　(ii) 算定月前3カ月間における居宅への新規退所者の延数 (b) (a)の居宅は、病院、診療所、介護保険施設を除く。(a)には、退所後に当該者の自宅ではなく、他の社会福祉施設等に入所する場合で、当該者の同意を得て、当該社会福祉施設等（居宅のうち自宅を除くもの）を訪問し、退所を目的とした施設サービス計画の策定および診療方針の決定を行った者を含む。 (c) (a)で、当該施設を退所後、直ちに病院、診療所に入院し、1週間以内に退院後、直ちに再度当該施設に入所した者は、当該入院期間は入所期間とみなす。 (d) (a)の退所後の療養上の指導とは、医師、看護職員、支援相談員、理学療法士、作業療法士、言語聴覚士、栄養士、介護支援専門員等が協力して、退所後生活することが見込まれる居宅を訪問し、①食事、入浴、健康管理等居宅療養に関する内容、②退所する者の運動機能および日常生活動作能力の維持および向上を目的として行う体位変換、起座または離床訓練、起立訓練、食事訓練、排泄訓練の内容、③家屋の改善の内容および④退所する者の介助方法の内容について必要な情報を収集するとともに、必要な事項について入所者およびその家族等に指導を行うことをいう。また、指導日及び指導内容の要点を診療録等に記載する。 　なお、同一入所者について、当該退所後の療養上の指導のための訪問と退所を目的とした施設サービス計画の策定及び診療方針を決定するための訪問を同一日に行った場合は、(a)の(i)に掲げる数には含めない。 (e) (a)の分母（(ii)に掲げる数）が「0」の場合、退所者のうち、入所期間が1カ月超と見込まれる者の退所前30日以内または退所後30日以内に退所後生活することが見込まれる居宅を訪問し、当該者およびその家族等に対して退所後の療養上の指導を行った者の占める割合は「0」とする。
E	訪問リハビリテーション、通所リハビリテーション、短期入所療養介護の実施（併設する病院、診療所、介護老人保健施設及び介護医療院を含む）数	算定月の前3カ月間に提供実績のある訪問リハビリテーション、通所リハビリテーションおよび短期入所療養介護の種類数を用いる。 　ただし、当該施設と同一敷地内または隣接、近接する敷地の病院、診療所、介護老人保健施設、介護医療院で、相互に職員の兼務や施設の共用等が行われている場合、算定月の前3カ月間に提供実績のある訪問リハビリテーション、通所リハビリテーションおよび短期入所療養介護の種類数を含むことができる。

(2) 指定居宅サービス

区分	在宅復帰在宅療養支援の機能要件	算定上の留意点
F	理学療法士、作業療法士または言語聴覚士(常勤換算)数／入所者数×100	(a) (i)の数÷(ii)の数÷(iii)の数×(iv)の数×100 　(i)算定月の前3カ月間の理学療法士等が従事する勤務延時間数 　(ii)理学療法士等が3カ月間に勤務すべき時間(3カ月間中の1週間に勤務すべき時間数が32時間を下回る場合は32時間) 　(iii)算定月の前3カ月間の延入所者数 　(iv)算定月の前3カ月間の日数 (b) (a)の入所者は、毎日24時現在の入所中の者をいい、入所してその日のうちに退所、死亡者を含む。 (c) (a)の理学療法士等は、入所者に対して主としてリハビリテーションを提供する業務に従事している理学療法士等をいう。 (d) (a)の(ii)の、当該3カ月間に勤務すべき時間数の算出には、常勤換算方法で用いる勤務すべき時間数を用いる。例えば、1週間単位で勤務すべき時間数を規定している場合は、1週間に勤務すべき時間数を「7」で除した数に3カ月間の日数を乗じた数を用いる。1週間に勤務すべき時間数が32時間を下回る場合は32時間を基本。
G	支援相談員(常勤換算)数／入所者数×100	(a) (i)の数÷(ii)の数÷(iii)の数×(iv)の数×100 　(i)算定月前3カ月間に支援相談員が従事する勤務延時間数 　(ii)支援相談員が3カ月間に勤務すべき時間(3カ月間中の1週間に勤務すべき時間数が32時間を下回る場合は32時間を基本) 　(iii)算定月前3カ月間の延入所者数 　(iv)算定月前3カ月間の延日数 (b) (a)の入所者は、毎日24時現在の入所中の者をいい、入所してその日のうちに退所、死亡者を含む。 (c) (a)の支援相談員は、保健医療および社会福祉に関する相当な学識経験を有し、主として次に掲げる入所者に対する各種支援および相談の業務を行う職員をいう。 ①入所者および家族の処遇上の相談、②レクリエーション等の計画、指導、③市町村との連携、④ボランティアの指導
H	前3カ月の要介護4、5の比率	(a) (i)の数÷(ii)の数 　(i)算定月の前3カ月間の要介護4、5の入所者延数 　(ii)直近3カ月間の入所者延日数
I	前3カ月の喀痰吸引実施者比率	現に喀痰吸引実施者および過去1年間に喀痰吸引実施者(入所期間1年以上の入所者は、当該入所期間中(入所時を含む)に喀痰吸引実施者)で、口腔衛生管理加算または口腔衛生管理体制加算算定者の直近3カ月間の延入所者数(入所延べ日数)を当該施設の直近3カ月間の延入所者数(入所延べ日数)で除した割合。 (a) (i)の数÷(ii)の数 　(i)直近3カ月間の入所者ごとの喀痰吸引実施延入所者数 　(ii)直近3カ月間の延入所者数
J	前3カ月の経管栄養実施者比率	過去1年間に経管栄養実施者(入所期間1年以上の入所者で、入所期間中(入所時を含む)に経管栄養実施者)で、経口維持加算または栄養マネジメント加算算定者は、経管栄養実施者として取り扱う。 　経管栄養実施者の占める割合は、以下の式で計算。 (a) (i)の数÷(ii)の数 　(i)直近3カ月間の入所者ごとの経管栄養実施延入所者数 　(ii)直近3カ月間の延入所者数
共通の留意事項		
(1)適用すべき所定単位数の算定区分は、月の末日に、それぞれの算定区分の施設基準を満たさない場合、施設基準を満たさなくなった月の翌々月に変更届出を行い、当該月から、変更後の項目で算定する。ただし、翌月末日に施設基準を満たしている場合を除く。 (2)算定根拠等の関係書類を整備する。		

(3) 在宅復帰・在宅療養支援等評価指標（指標）等の3カ月や6カ月の考え方
- (I)は、届出受理日の月の翌月（届出受理日が月の初日の場合は当該月）から算定を開始する、「算定日月の前6カ月間」または「算定日月の前3カ月間」とは、算定開始月の前月を含む前6カ月間または前3カ月間のことをいう。
- 算定開始月の前月末の状況を届け出ることが困難な場合は、算定を開始月の前々月末までの状況に基づき前月に届出しても差し支えない。
- 在宅復帰・在宅療養支援機能加算および介護療養型老人保健施設の基本施設サービス費も同様の取扱い。
 （参考）2018年6月から算定を開始する場合
- 算定月の前6カ月間…2017年12月から2018年5月まで
 （算定を開始月の前月末の状況を届け出ることが困難な場合は、2017年11月から2018年4月まで）
- 算定月の前3カ月間…2018年3月から5月まで

(4) 入所者の入所中に、基本施設サービス費の種類が変更となった場合でも、入所者の入所日は、基本施設サービス費が変わる前の入所日。なお、短期集中リハビリテーション実施加算等の起算日も同様の取扱い。

(5) その他
- 指標算出数が報酬上の区分変更を必要としない範囲の変化等、軽微な変更であれば毎月の届出は不要。
- 例えば、指標が「24から36」に変化した場合は、区分変更が生じない範囲での変化となる。一方、在宅復帰・在宅療養支援機能加算(I)算定施設について、指標が「42から38」に変化した場合は、区分の変更が生じる範囲での変化となる。
- 要件を満たさなくなった場合、その翌月は、その要件を満たすものとなるよう必要な対応を行うこととし、それでも満たさない場合は、満たさなくなった翌々月に届出を行い、届出を行った月から該当する基本施設サービス費および加算を算定。なお、満たさなくなった翌月末に、要件を満たした場合は翌々月の届出は不要。
- 在宅強化型から基本型のサービス費を算定する場合に、施設の取組状況において、在宅復帰・在宅療養支援機能加算(I)の算定要件を満たせば、変更月より在宅復帰・在宅療養支援機能加算(I)を算定できる。
- 算定要件を満たさなくなった場合の取扱いは、2018年度介護報酬改定前のサービス費(I)(i)または(iii)（改定前の従来型）は、改定後のサービス費(I)(i)または(iii)（改定後の基本型）と、改定前の在宅復帰・在宅療養支援機能加算は、改定後の在宅復帰・在宅療養支援機能加算(I)と、改定前の(I)(ii)または(iv)（改定前の在宅強化型）は、改定後のサービス費(I)(ii)または(iv)（改定後の在宅強化型）とみなして取り扱う。

4. 緊急時施設療養費：緊急時治療管理

入所者の病状が重篤となり救命救急医療が必要となる場合で応急的な治療管理としての投薬、注射、検査、処置等を行ったときに算定できる。算定は以下による。

(1) 同一入所者1カ月に1回、連続する3日を限度として算定。（例えば1カ月間に連続しない1日を3回算定は不可）
(2) 緊急時治療管理と特定治療は併算定不可。
(3) 対象入所者は、以下の状態の者。
　1) 意識障害または昏睡。
　2) 急性呼吸不全または慢性呼吸不全の急性増悪。
　3) 急性心不全（心筋梗塞を含む）。
　4) ショック。
　5) 重篤な代謝障害（肝不全、腎不全、重症糖尿病等）。
　6) その他薬物中毒等で重篤なもの。

(2) 指定居宅サービス

5. 特定治療

(1) 介護老人保健施設入所者に対する診療報酬

施設入所者共同指導料について、患者1人につき1回限り600点が算定可。(特別の関係である病院・老健施設間でも算定可)

①併設医療機関以外の病院で、介護老人保健施設に入所中の患者の退所後の療養を担当するものが、当該介護老人保健施設の医師の求めに応じて、患者に対して、療養上必要な指導を共同して行った場合に、患者1人につき1回に限り算定可。

②介護老人保健施設に入所中の患者の退所後の療養を担当する病院の医師(「担当医」)が、介護老人保健施設に赴き、介護老人保健施設の医師と共同して、退所後の療養上必要な指導を行った場合に、1入所につき1回に限り算定可。

③退所して家庭に復帰する予定の患者が算定対象。

④特別養護老人ホーム等医師または看護師等が配置されている施設に入所(予定)患者は算定対象外。

⑤初診料、再診料、外来診療料、退院時共同指導料、往診料および在宅患者訪問診療料は併算定不可。

⑥担当医は診療録に指導要点を記入する。

(2) 施設入所者が他医療機関を受診する際の医療機関側における診療報酬算定

介護老人保健施設の入所者が医師の診察を必要とする際は、通常、併設(協力)医療機関で診察を行う。しかし、「施設内の医師の専門外である」等の理由で、施設入所者が他医療機関に通院し、受診を行う場合がある。この場合、併設医療機関と併設外医療機関では医療保険で算定できる項目が異なっている。また、投薬料、注射料については、一部の薬剤を除いて算定できない項目があるなど、多くの制限がある。なお、投薬、注射にかかる薬剤料は、厚生労働大臣が定める場合を除き介護老人保健施設のサービス費に包括。他医療機関等で薬剤を給付した場合の費用は、介護老人保健施設と当該医療機関との合意のうえで調整処理する必要がある。

(参考) 施設入所者に対して診察を行った際の診療報酬算定表(併設医療機関とその他医療機関との比較等)

大項目	小項目	併設医療機関	その他の医療機関	備考
基本診療料	初診料	×	○	
	再診料	×	○	
	外来診療料	×	○	
医学管理等	退院時共同指導料1	×	○	
	診療情報提供料(Ⅰ)	×	○	診療情報提供料(Ⅰ)の注4(精神障害者施設向け)および注15(療養情報提供加算)に限る。
	診療情報提供料(Ⅱ)	×	○	
	その他	×	×	
在宅医療	往診料	×	○	緊急やむを得ない場合に限定。
	その他	×	×	(3)表「①在宅医療」参照。

共通　介護老人保健施設（短期・長期入所）共通項目

大項目	小項目	併設医療機関	その他の医療機関	備考
在宅療養指導管理料	材料加算	○	○	材料として加算が認められているものに限る。
	特定保険医療材料料	○	○	
	施設入所者自己腹膜灌流薬剤料	○	○	
	施設入所者材料費	○	○	
	その他の薬剤料	×	×	
検査	厚生労働大臣が定めるもの	×	×	(3)表「③検査」参照。
	その他	○	○	
画像診断		○	○	
投薬	厚生労働大臣が定めるもの	○	○	(3)表「②投薬」参照。(3)表「⑧別に算定可能な内服薬、外用薬」参照。
	その他	×	×	(3)表「②投薬」参照。
注射	厚生労働大臣が定めるもの	○	○	エリスロポエチン製剤、ダルベポエチン製剤（人工腎臓または腹膜灌流を受けている患者で腎性貧血状態にあるものに）を投与した場合。その他の注射薬は(3)表「⑧別に算定可能な注射薬」参照。
	その他	×	×	
リハビリテーション	厚生労働大臣が定めるもの	×	×	(3)表「④リハビリテーション」参照。
	その他	○	○	
精神科専門療法		×	×	
処置	厚生労働大臣が定めるもの	×	×	(3)表「⑤処置」参照。
	その他	○	○	
手術	厚生労働大臣が定めるもの	×	×	(3)表「⑥手術」参照。
	その他	○	○	
麻酔	厚生労働大臣が定めるもの	×	×	
	その他	○	○	(3)表「⑦麻酔」参照。
放射線治療		○	○	
病理診断		○	○	

※　○=算定可、×=算定不可。
※　×印には薬剤料、特定保険医療材料料も含む。

(3) 介護老人保健施設入所者に対する算定上の留意点

項　目	施設入所者に対して算定する際の留意事項
①在宅医療	在宅酸素療法指導管理料など在宅療養指導管理材料加算項目である材料、算定可能とされている膀胱留置型カテーテルなどの特定保険医療材料料は、算定可
②投薬	診療した他医療機関では、入所者に院外処方せんを交付することも不可。ただし、在宅療養指導管理材料加算としての材料等に限っては、院外処方せんで交付算定可。その他の取扱いは、①と同様。
③検査	【算定不可項目】 1) 検体検査(血液ガス分析および当該検査に係る生化学的検査(I)判断料、動脈血採血で、医療機関の医師が療養病床から転換した介護老人保健施設に赴いて行うものを除く) 2) 心電図検査・負荷心電図検査(心電図検査の注に規定する加算であって、医療機関の医師が療養病床から転換した介護老人保健施設に赴いて行う診療に係るものを除く) 3) 負荷試験等のうち、肝および腎クリアランステスト、内分泌負荷検査、糖負荷試験
④リハビリテーション	【算定不可項目】 脳血管疾患等リハビリテーション料、廃用症候群リハビリテーション料、運動器リハビリテーション料、摂食機能療法、視能訓練
⑤処置	【算定不可項目】 創傷処置(6,000cm^{2}以上(褥瘡に係るものを除く)を除く)、手術後の創傷処置、ドレーン法(ドレナージ)、腰椎穿刺、胸腔穿刺(洗浄、注入および排液を含む)(医療機関の医師が療養病床から転換した介護老人保健施設に赴いて行うものを除く)、腹腔穿刺(洗浄、注入および排液を含む)(医療機関の医師が療養病床から転換した介護老人保健施設に赴いて行うものを除く)、喀痰吸引、高位浣腸、高圧浣腸、洗腸、摘便、酸素吸入、酸素テント、間欠的陽圧吸入法、肛門拡張法(徒手またはブジーによるもの)、非還納性ヘルニア徒手整復法(医療機関の医師が療養病床から転換した介護老人保健施設に赴いて行うものを除く)、痔核嵌頓整復法(脱肛を含む。)、救命のための気管内挿管、人工呼吸、非開胸的心マッサージ、気管内洗浄、胃洗浄、膀胱洗浄(薬液注入を含む)、留置カテーテル設置、嵌頓包茎整復法(陰茎絞扼等)、整形外科的処置(鋼線等による直達牽引を除く)、鼻腔栄養、滋養浣腸
⑥手術	【算定不可項目】 創傷処置(長径5cm以上で筋肉、臓器に達するものおよび医療機関の医師が療養病床から転換した介護老人保健施設に赴いて行うものを除く)、皮膚切開術(長径20cm未満のものに限る)、デブリードマン(100cm^{2}未満のものに限る)、爪甲除去術、ひょう疽手術、外耳道異物除去術(複雑なものを除く)、咽頭異物摘出術(医療機関の医師が療養病床から転換した介護老人保健施設に赴いて行うもので、複雑なものを除く)、顎関節脱臼非観血的整復術(医療機関の医師が療養病床から転換した介護老人保健施設に赴いて行うものを除く)、血管露出術
⑦麻酔	【算定不可項目】 静脈麻酔、硬膜外ブロックにおける麻酔剤の持続的注入

項目	施設入所者に対して算定する際の留意事項
⑧別に算定可能な内服薬、外用薬、注射薬	1) 算定可能な内服薬、外用薬の費用 ◆抗悪性腫瘍剤(悪性新生物に罹患している患者に対して投与された場合に限る。) ◆疼痛コントロールのための医療用麻薬 ◆抗ウイルス剤(B型肝炎またはC型肝炎の効能もしくは効果を有するものおよび後天性免疫不全症候群またはHuman Immunodeficiency Virus(HIV)感染症の効能もしくは効果を有するものに限る) 2) 算定可能な注射および注射薬の費用 【算定可能な注射(加算)】 ◆外来化学療法加算 ◆静脈内注射(医師が療養病床から転換した介護老人保健施設に赴いて行うもの)(※) ◆動脈注射(※) ◆抗悪性腫瘍剤局所持続注入(※) ◆肝動脈塞栓を伴う抗悪性腫瘍剤肝動脈内注入(※) ◆点滴注射(医師が療養病床から転換した介護老人保健施設に赴いて行うもの)(※) ◆中心静脈注射(※) ◆植込型カテーテルによる中心静脈注射(※) ※外来化学療法加算を算定するものに限る。 【算定可能な注射薬】 ◆エリスロポエチン(人工腎臓または腹膜灌流を受けている患者のうち腎性貧血状態にあるものに投与された場合に限る) ◆ダルベポエチン(人工腎臓または腹膜灌流を受けている患者のうち腎性貧血状態にあるものに投与された場合に限る) ◆抗悪性腫瘍剤(外来化学療法加算を算定する注射に係るものに限る) ◆疼痛コントロールのための医療用麻薬 ◆インターフェロン製剤(B型肝炎またはC型肝炎の効能または効果を有するものに限る) ◆抗ウイルス剤(B型肝炎またはC型肝炎の効能または効果を有するものおよび後天性免疫不全症候群またはHIV感染症の効能または効果を有するものに限る) ◆血友病の治療に係る血液凝固因子製剤および血液凝固因子抗体迂回活性複合体

注)③~⑦については、それぞれ「算定不可項目」として掲げたものに最も近似するものとして医科点数表により点数の算定される特殊な検査、リハビリテーション、処置、手術、麻酔についても、同様に算定不可。

6. 所定疾患施設療養費(Ⅰ)(235単位/日)(Ⅱ)(475単位/日)に区分(Ⅱ)が新設

　肺炎等により治療を必要とする状態となった入所者に対し、治療管理として投薬、検査、注射、処置等が行われた場合に、1回に連続する7日を限度とし、月1回に限り算定可。なお、「所定疾患施設療養費(Ⅱ)」は、介護老人保健施設で行うことができない専門的な検査を要する場合などで、他医療機関との連携も含めて診療に当たることを踏まえて、診断プロセスの手間に応じた評価となるように、2018年度改定において新設された項目。算定は、(Ⅰ)(Ⅱ)ともに以下(1)~(6)による。(8)~(10)は(Ⅱ)のみの要件。(7)は共通の留意事項。

(1) 1月に連続しない1日を7回算定不可(例えば4月28日~30日までの3日間に引き続き、5月1日~4日までの4日間に算定した後、5月中に再度算定不可)。

(2) 緊急時施設療養費と併算定不可。

(3) 対象者は以下の状態の入所者。

　①肺炎

　②尿路感染症

③帯状疱疹(抗ウイルス剤の点滴注射を必要とする場合に限る)
(4)診断名、診断日、実施した投薬、検査、注射、処置の内容等を診療録に記載。
(5)介護給付費明細書に、診断、行った検査、治療内容等を記入。
(6)加算の算定開始後は、治療の実施状況について公表する。公表内容は、介護サービス情報の公表制度を活用する等により、前年度の加算の算定状況を報告する。
(7)専門的な検査実施のための1週間以内の短期入院は、在宅復帰率の退所患者から除外する。
(8)診断名および診断に至った根拠、診断を行った日、実施した投薬、検査、注射、処置の内容等を診療録に記載しておく。近隣の医療機関と連携した場合であっても、同様に、医療機関で行われた検査、処置等の実施内容について情報提供を受け、当該内容を診療録に記載しておく。
(9)抗菌薬の使用に際して、薬剤耐性菌にも配慮するとともに、肺炎、尿路感染症および帯状疱疹の検査・診断・治療に関するガイドライン等を参考にする。
(10)当該介護老人保健施設の医師が感染症対策に関する研修を受講していることが必要。(ただし、感染症対策に関する十分な経験を有する医師については、感染症対策に関する研修を受講した者とみなされる)

7. 外泊する入所者に居宅サービスを提供した場合の評価(長期入所)

入所者が外泊した場合に、当該施設より1カ月に6日を限度として所定単位数に代えて1日につき800単位を算定可。ただし、外泊の初日及び最終日は算定不可。外泊時費用と併算定不可。

各種加算算定のポイント

(1)短期集中リハビリテーション実施加算(長期入所)

入所者に対して、医師または医師の指示を受けた理学療法士、作業療法士、言語聴覚士が、入所日から3カ月以内の期間に集中的にリハビリテーションを行った場合に、算定可。

①集中的なリハビリテーションとは、20分以上の個別リハビリテーションを、1週につきおおむね3日以上実施する場合をいう。
②入所者が過去3カ月間の間に、介護老人保健施設に入所したことがない場合に限り算定可。ただし、以下の1)および2)の場合は算定可。
 1)入所者が過去3カ月間の間に、介護老人保健施設に入所したことがあり、4週間以上の入院後に介護老人保健施設に再入所した場合で、短期集中リハビリテーションの必要性が認められる患者。
 2)入所者が過去3カ月間の間に、介護老人保健施設に入所したことがあり、4週間未満の入院後に介護老人保健施設に再入所した場合で、以下に定める状態である患者。

  a 脳梗塞、脳出血、くも膜下出血、脳外傷、脳炎、急性脳症(低酸素脳症等)、髄膜炎等を急性発症した患者
  b 上・下肢の複合損傷(骨、筋・腱・靭帯、神経、血管のうち3種類以上の複合損傷)、脊椎損傷による四肢麻痺(一肢以上)、体幹・上・下肢の外傷・骨折、切断・離断(義肢)、運動器の悪性腫瘍等を急性発症した運動器疾患またはその手術後の患者

③利用者の体調不良等のやむを得ない理由で、定められた実施回数・時間等の算定要件に適合しなかった場合でも、それが適切なマネジメントに基づくもので、利用者の同意を得ているものであれば算定要件に適合するかたちでリハビリテーションを行った実施日の算定は認められる。(一時的な意欲減退に伴う回数調整等も認められる)ただし、その場合は、リハビリテーション実施計画書の備考欄等に、当該理由等を記載する必要がある。

④短期入所療養介護を利用していた者が、連続して当該老健施設に入所した場合の、短期集中リハビリテーション実施加算の起算日は、リハビリテーションを必要とする状態の原因となった疾患等に変更がなければ、「直前の短期入所療養介護の入所日」となる。(初期加算の算定に準じる)

(2)認知症短期集中リハビリテーション実施加算(長期入所)

 精神科医師もしくは神経内科医師または認知症に対するリハビリテーションに関する専門的な研修を修了した医師により「認知症であって、生活機能の改善が見込まれる」と判断された入所者に対して、「在宅復帰に向けた生活機能の改善」を目的として、リハビリテーション実施計画に基づいて医師または医師の指示を受けた理学療法士、作業療法士、言語聴覚士が記憶の訓練、日常生活活動の訓練等を組み合わせたプログラムを実施した場合に、入所日から3カ月以内の期間に限り、1週に3日を限度として、算定可。

①記憶の訓練、日常生活活動の訓練等を組み合わせたプログラムは、週3日の実施を標準とする。同プログラムは、認知症に対して効果の期待できるものである必要がある。

②医師は精神科医師または神経内科医師を除き、認知症に対するリハビリテーションに関する研修修了者。なお、認知症に対するリハビリテーションに関する研修は、認知症の概念、認知症の診断、および記憶の訓練、日常生活活動の訓練等の効果的なリハビリテーションのプログラム等から構成されており、認知症に対するリハビリテーションを実施するためにふさわしいと認められる内容である。

③1人の医師または医師の指示を受けた理学療法士等が1人の利用者に対して行った場合にのみ算定可。

④利用者に対して個別に20分以上リハビリテーションを実施した場合に算定可であり、時間が20分に満たない場合は、介護保健施設サービス費に含まれる。

⑤対象となる利用者はMMSE(Mini Mental State Examination)またはHDS-R(改訂 長谷川式簡易知能評価スケール)においておおむね5点〜25点に相当する患者。

⑥記録(実施時間、訓練内容、訓練評価、担当者等)は入所者ごとに保管する。

⑦短期集中リハビリテーション実施加算と併算定可。
⑧入所者が過去3カ月の間に、当該加算を算定していない場合に限り算定可。
　(例1) A老健にて3カ月入所し、認知症短期集中リハビリテーションを実施した後、B老健に入所した場合
　　→B老健では算定不可。
　(例2) A老健にて3カ月入所し、認知症短期集中リハビリテーションを実施した後、退所し、B通所リハビリテーション事業所の利用を開始した場合
　　→B通所リハ事業所がA老健と同一法人でなければ算定可(同一法人の場合は算定不可)。
　(例3) A老健にて認知症短期集中リハビリテーションを実施している間に、入院等のために中断があり、退院後再びA老健に戻って認知症短期集中リハビリテーションを再開する場合
　　→前回入所した日から起算して3カ月以内に限り、算定可。
　(例4) A老健にて認知症短期集中リハビリテーションを実施している間に、入院等のために中断があり、退院後、C老健に入所して認知症短期集中リハビリテーションを再開する場合
　　→当該利用者が過去3カ月の間に、認知症短期集中リハビリテーションを算定していない場合に限り、算定可。

(3) 認知症ケア加算

　日常生活に支障を来すおそれのある症状または行動が認められる認知症の入所者に対して、介護保健施設サービスを行った場合に、算定可。ただし、加算の対象となる入所者と、他の利用者とで、区別してケアが提供される必要がある。算定は以下による。
①対象入所者は、認知症高齢者の日常生活自立度のランクⅢ、ⅣまたはMに該当し、認知症専門棟において認知症に対応した処遇を受けることが適当であると医師が認めた者をいう。
②他の入所者と区別して認知症の入所者に対する介護保健施設サービスを行うのに適当な次の1)~5)の基準に適合する施設および設備を有している。
　1) 専ら認知症の入所者を入所させるための施設。(原則として、同一の建物または階において、他の短期入所療養介護の利用者に利用させ、または介護老人保健施設の入所者を入所させるものでないもの)
　2) 1)の施設の入所定員は40人を標準とする。
　3) 1)の施設に入所定員の1割以上の数の個室を設けている。
　4) 1)の施設に療養室以外の生活の場として入所定員1人当たりの面積が$2m^2$以上のデイルームを設けている。
　5) 1)の施設に、認知症の人の介護方法に関する知識および技術を家族等向けに提供できる施設を設けている。(ただし30平方メートル以上の面積を有するもの)
③従業者が一人ひとりの入居者について個性、心身の状況、生活歴などを具体的に把握し

たうえで、その日常生活上の活動を適切に援助するためにはいわゆる「馴染みの関係」が求められる。以上のことから認知症専門棟における介護職員等の配置は、次の配置を行うことが標準となる。

1）日中は利用者10人に対し常時1人以上の介護職員または看護職員を配置。
2）夜間および深夜については、20人に1人以上の看護職員または介護職員を夜間および深夜の勤務に従事する職員として配置。

④ユニット型介護老人保健施設サービス費を算定している場合、認知症ケア加算は算定不可。

(4) 若年性認知症入所者受入加算

①受け入れた若年性認知症入所（利用）者ごとに個別に担当者を定め、その者を中心に、利用者の特性やニーズに応じたサービス提供を行う場合に算定可。
②若年性認知症の判断は、精神科医師もしくは神経内科医師または認知症に対するリハビリテーションに関する専門的研修修了医師の判定結果を徴するか、「要介護認定等の実施について」の主治医意見書によることが望ましい。
③65歳の誕生日の前々日まで算定可。

(5) ターミナルケア加算（長期入所のみ）

ターミナルケア加算は、①医師が、一般に認められている医学的知見に基づき回復の見込みがないと診断した入所者について、②入所者またはその家族等（入所者等）の同意を得て、入所者のターミナルケア計画を作成し、③医師、看護職員、介護職員、介護支援専門員等が協働して、随時、本人またはその家族等に対して十分な説明を行い、同意を得て、ターミナルケアを実施した場合に算定可。算定の留意点は以下のとおり。

1）上記の基準に適合するターミナルケアを受けた入所者が死亡した場合、死亡日を含めて30日が算定の上限となる。
2）死亡前に他の医療機関等に移った場合または自宅等に戻った場合は、施設においてターミナルケアを直接行っていない退所日翌日から死亡日までの間は、算定不可。したがって、退所日翌日から死亡日までの期間が30日以上の場合は、算定不可。
※従来型老健については、死亡前に他医療機関に入院した場合でも、死亡日を含めて30日を上限に、当該施設でターミナルケアを行った日数については算定可。一方、介護療養型老健については、入所者の居宅または当該施設で死亡した場合のみ算定可であり、他医療機関で死亡した場合にあっては退所日以前も含め算定不可。
3）退所月と死亡月が異なる場合でも算定可であるが、ターミナルケア加算は死亡月にまとめて算定するため、入所者側は、施設に入所していない月も自己負担を請求されることになる。したがって、入所者が退所する際、退所翌月に亡くなった場合に、前月分のターミナルケア加算に係る一部負担の請求を行う場合があることを説明し、文書にて同意を得る。
4）施設退所後も、継続して入所者の家族指導等を行うことが必要であり、入所者の死亡についても入所者の家族等との継続的な関わりの中で確認できるように努める。

(2) 指定居宅サービス

5) 外泊または退所当日におけるターミナルケア加算の算定可否は、当該日に所定単位数を算定するかどうかによる。したがって、入所者が外泊した場合（外泊加算を算定した場合を除く）は、当該外泊期間が死亡日以前30日の範囲内であれば、当該外泊期間を除いた期間について、ターミナルケア加算が算定可。

6) 本人またはその家族に対する随時の説明に係る同意は、口頭で同意を得た場合は、その説明日時、内容等を記録し同意を得た旨を記載する。

7) 本人が十分に判断をできる状態になく、かつ、家族の来所が見込めないような場合も、医師、看護職員、介護職員等が入所者の状態等に応じて随時、入所者に対するターミナルケアについて相談し、協働してターミナルケアを行っていると認められる場合には、ターミナルケア加算を算定可。この場合には、適切なターミナルケアが行われていることが担保されるよう、職員間の相談日時、内容等を記録するとともに、本人の状態や、家族と連絡を取ったにもかかわらず来所がなかった旨を記載する。なお、家族が入所者の看取りについてともに考えることは極めて重要であり、施設としては、一度連絡を取ったにもかかわらず来所がなかったとしても、定期的に連絡を取り続け、可能な限り家族の意思を確認しながらターミナルケアを進めていくことが重要である。

8) 本人またはその家族が個室でのターミナルケアを希望する場合には、その意向に沿えるよう考慮すべきである。なお、個室に移行した場合の入所者については、多床室による算定対象として取り扱う。

(6) 入所前後訪問指導加算（長期入所のみ）

入所期間が1カ月を超えると見込まれる者の入所予定日前30日以内または入所後7日以内に、当該者が退所後生活する居宅を訪問し、退所を目的とした施設サービス計画の策定および診療方針の決定を行った場合に、入所中1回を限度として、「入所前後訪問指導加算（Ⅰ）」を算定可。退所後に居宅以外の社会福祉施設等に入所する入所者については、当該入所者の同意のうえでその社会福祉施設等を訪問し、同様に退所を目的とした施設サービス計画の策定及び診療方針の決定を行った場合に、算定可。

施設サービス計画の策定等にあたって、医師、看護職員、支援相談員、理学療法士、作業療法士または言語聴覚士、栄養士、介護支援専門員等が会議を行い、「生活機能の具体的な改善目標」および「退所後の生活に係る支援計画」を協働して定めると、「入所前後訪問指導加算（Ⅱ）」を算定可。ただし、（Ⅰ）と（Ⅱ）は併算定不可。

算定は、具体的には以下による。

(1) 入所前後訪問指導は、医師、看護職員、支援相談員、理学療法士、作業療法士または言語聴覚士、栄養士、介護支援専門員等が協力して行う。

(2) 入所前後訪問指導は、入所者およびその家族等のいずれにも行う。

(3) 入所前後訪問指導加算（Ⅱ）の算定要件となっている「生活機能の具体的な改善目標」と「退所後の生活に係る支援計画」は、具体的には以下の通り。

①生活機能の具体的な改善目標

入所予定者が退所後生活する居宅の状況に合わせ、また入所予定者およびその家族等の意向を踏まえ、入浴や排泄等の生活機能について、入所中に到達すべき具体的な改善目標を定める。
　②退所後の生活に係る支援計画
　　　入所予定者の生活を総合的に支援するため、入所予定者およびその家族等の意向を踏まえた施設および在宅の双方にわたる切れ目のない支援計画を作成する。当該支援計画には、反復的な入所や併設サービスの利用、インフォーマルサービスの活用等を広く含み得るものである。当該支援計画の策定には、終末期の過ごし方および看取りについても話し合いを持つように努め、入所予定者およびその家族等が希望する場合は、その具体的な内容を支援計画に含む。
(4)入所前後訪問指導を行った場合は、指導日および指導内容の要点を診療録等に記載する。
(5)入所前に居宅を訪問した場合は入所日に算定し、入所後に訪問した場合は訪問日に算定する。
(6)入所前後訪問指導加算は、次の場合には算定不可。
　①病院または診療所のみを訪問し、居宅を訪問しない場合
　②他の介護保険施設のみを訪問し、居宅を訪問しない場合
　③予定の変更に伴い、入所しなかった場合

(7)試行的退所時指導加算(長期入所のみ)(名称の見直し)

　入所期間が1カ月を超える入所者が退所し、その居宅において療養を継続する場合に、入所者の退所時に、入所者およびその家族等に対して、退所後の療養上の指導を行った場合に、入所者1人につき1回を限度として算定可。
①試行的退所時指導は、医師、看護職員、支援相談員、理学療法士または作業療法士、栄養士、介護支援専門員等が協力して行う。
②試行的退所時指導は、入所者およびその家族等のいずれにも行う。
③試行的退所時指導を行った場合は、指導日および指導内容の要点を診療録等に記載する。
④試行的退所時指導の内容は以下の通り。
　1)食事、入浴、健康管理等在宅療養に関する指導。
　2)退所する者の運動機能および日常生活動作能力の維持および向上を目的として行う。
　　体位変換、起座または離床訓練、起立訓練、食事訓練、排泄訓練の指導。
　3)家屋の改善の指導。
　4)退所する者の介助方法の指導。
⑤その他留意点
　1)その病状および身体の状況に照らし、医師、薬剤師(配置されている場合に限る)、看護・介護職員、支援相談員、介護支援専門員等により、退所して、その居宅において療養を継続する可能性があるかどうか検討する。

2）入所者または家族に対し、趣旨を十分説明し、同意を得たうえで実施。
3）試行的退所中の入所者の状況の把握を行っている場合は、外泊時加算を併算定可。
4）入所者の試行的退所期間中は、当該入所者の同意があり外泊時加算を算定していない場合は、そのベッドを短期入所療養介護に活用することが可能。
5）試行的退所期間中は、居宅サービス、地域密着型サービス、介護予防サービス等の利用はできない。
6）試行的退所期間が終了してもその居宅に退所できない場合は、介護老人保健施設で療養を続けることとなるが、居宅において療養が続けられない理由等を分析したうえで、その問題解決に向けたリハビリテーション等を行うため、施設サービス計画の変更を行うとともに適切な支援を行う。

⑥次の場合は算定不可。
　1）退所して病院または診療所へ入院する場合。
　2）退所して他の介護保険施設へ入院または入所する場合。
　3）死亡退所。

(8) 退所時情報提供加算（長期入所のみ）

①入所期間が1カ月を超える入所者が退所し、その居宅において療養を継続する場合に、入所者の退所後の主治の医師に対して、入所者の同意を得て、入所者の診療状況を示す文書を添えて入所者の紹介を行った場合に、算定可。退所後に居宅以外の社会福祉施設等に入所する入所者は、当該入所者の同意のうえでその社会福祉施設等を訪問し、同様に退所を目的とした施設サービス計画の策定および診療方針の決定を行った場合に算定可。

②退所後の主治の医師に対して入所者を紹介する場合は、事前に主治の医師と調整し、文書に必要な事項を記載のうえ、入所者または主治の医師に交付する。（主治の医師はこの文書の写しを診療録に添付する）文書には、入所者の諸検査の結果、日常生活動作能力、心理状態などの心身機能の状態、薬歴、退所後の治療計画等を示す書類を添付する。

(9) 退所前連携加算（長期入所のみ）

①次の場合は算定不可。
　1）退所して病院または診療所へ入院する場合。
　2）退所して他の介護保険施設へ入院または入所する場合。
　3）死亡退所。

②入所期間が1カ月を超える入所者の退所に先立って、居宅介護支援事業者の介護支援専門員と連携し、退所後の居宅における居宅サービスの利用上必要な調整を行った場合に、入所者1人につき1回に限り退所日に加算。

③連携日および連携の内容の要点を診療録等に記録。

④医師、看護職員、支援相談員、理学療法士または作業療法士、栄養士、介護支援専門員等が協力して行う。

(10) 訪問看護指示加算（長期入所のみ）

入所者の退所にあたり、介護老人保健施設の医師が診療に基づいて「退所後に訪問看護の利用が必要」と認めた場合に、当該入所者の選定する訪問看護ステーションまたは定期巡回・随時対応型訪問介護看護事業所もしくは看護小規模多機能型居宅介護サービス事業所に対して、入所者の同意を得て、訪問看護指示書を交付すると、入所者1人につき1回を限度に算定可。

(1) 訪問看護指示書は、診療に基づき速やかに作成・交付する。
(2) 訪問看護指示書は、特に退所する者の求めに応じて、退所する者またはその家族等を介して訪問看護ステーション等に交付しても差し支えない。
(3) 交付した訪問看護指示書の写しを診療録等に添付する。
(4) 訪問看護の指示を行った介護老人保健施設は、訪問看護ステーション、定期巡回・随時対応型訪問介護看護事業所または複合型サービス事業所からの訪問看護の対象者についての相談等に懇切丁寧に応じる。
(5) 訪問看護指示書は、指示期間の記載がない場合は、その指示期間は1カ月とみなされる。

(11) 認知症専門ケア加算（長期入所）（短期入所にも新設）

①認知症専門ケア加算（Ⅰ）を算定するには、次のいずれにも適合する。
　1) 入所者総数のうち、日常生活自立度のランクⅢ以上の占める割合が2分の1以上。
　2) 認知症介護の専門的研修修了者を、対象者の数が20人未満の場合は「1以上」、対象者の数が20人以上の場合は「1に、対象者の数が19を超えて10またはその端数を増すごとに1を加えて得た数以上」を配置し、チームとして専門的な認知症ケアを実施。
　3) 従業者に対して、認知症ケアに関する留意事項の伝達または技術的指導の会議を定期的に開催。

②認知症専門ケア加算（Ⅱ）を算定するには、次のいずれにも適合する。
　1) 上記（Ⅰ）の基準のいずれにも適合。
　2) 認知症介護の指導の専門的研修修了者を1名以上配置し、施設全体の認知症ケアの指導等を実施。
　3) 介護職員、看護職員等ごとの認知症ケアに関する研修計画を作成し、計画に従い、研修を実施または実施を予定している。

(12) 認知症行動・心理症状緊急対応加算（長期入所のみ）

医師が「認知症の行動・心理症状が認められるため、在宅での生活が困難であり、緊急に介護老人保健施設への入所が必要である」と判断した者について、介護支援専門員と受け入れ施設の職員とで連携し、当該本人またはその家族の同意のうえ、当該施設に入所した場合に、算定可。（入所日から起算して7日を限度）

(1)「認知症の行動・心理症状」とは、認知症による認知機能の障害に伴う、妄想・幻覚・興奮・暴言等の症状を指す。
(2) 医療機関における対応が必要であると判断される場合にあっては、速やかに適当な医

(2) 指定居宅サービス

療機関の紹介、情報提供を行うことにより、適切な医療が受けられるように取り計らう。
(3) 利用者の在宅での療養が継続されることを評価するものであるため、入所後、速やかに退所に向けた施設サービス計画を策定し、「認知症の行動・心理症状」が安定した際には速やかに在宅復帰が可能となるようにする。
(4) 次に掲げる者が、直接、当該施設へ入所した場合には、算定不可。
　①病院または診療所に入院中の者。
　②介護保険施設または地域密着型介護老人福祉施設に入院中または入所中の者。
　③短期入所生活介護、短期入所療養介護、特定施設入居者生活介護、短期利用特定施設入居者生活介護、認知症対応型共同生活介護、短期利用認知症対応型共同生活介護、地域密着型特定施設入居者生活介護および短期利用地域密着型特定施設入居者生活介護を利用中の者。
(5) 判断を行った医師は診療録等に症状、判断の内容等を記録する。また、施設も判断を行った医師名、日付および利用開始に当たっての留意事項等を介護サービス計画書に記録する。
(6) 個室等、認知症の行動・心理症状の増悪した者の療養に相応しい設備を整備する。
(7) 入所者が入所前1カ月の間に、当該介護老人保健施設に入所したことがない場合および過去1カ月の間に当該加算(他サービスを含む)を算定したことがない場合に限り、算定可。

(13) 認知症情報提供加算(長期入所のみ)

①過去に認知症の原因疾患に関する確定診断を受けておらず、認知症のおそれがあると医師が判断した入所者で、施設内での診断が困難であると判断された者に対し、入所者またはその家族の同意を得た上で、入所者の診療状況を示す文書を添えて、「認知症疾患医療センター」または「認知症の鑑別診断等に係る専門医療機関」(認知症の鑑別診断、専門医療相談、合併症対応、医療情報提供等を行うにつき必要な医師が配置され、十分な体制が整備されている医療機関)に紹介を行った場合に、入所者1人につき入所期間中に1回を限度として算定可。ただし、介護老人保健施設に併設する医療機関(認知症疾患医療センターおよびこれに類する医療機関を除く)に対する紹介を行った場合は算定不可。
②「認知症の原因疾患に関する確定診断」とは、脳血管疾患、アルツハイマー病等、認知症の原因疾患が特定されたことをいう。
③「認知症のおそれがある」とは、MMSE(Mini Mental State Examination)においておおむね23点以下、またはHDS-R(改訂 長谷川式簡易知能評価スケール)においておおむね20点以下といった 認知機能の低下を認め、これにより日常生活に支障が生じている状態をいう。
④「施設内での診断が困難」とは、介護老人保健施設の医師が、入所者の症状、施設の設備、医師の専門分野等の状況から、施設内での認知症の鑑別診断等が困難であると判断

した場合を指す。

⑤「診療状況を示す文書」とは、入所者の症状経過、介護老人保健施設内で行った検査結果、現在の処方等を示す文書をいう。

⑥「これに類する医療機関」とは、認知症疾患医療センターが一定程度整備されるまでの間に限り、以下のいずれの要件も満たす医療機関をいう。

1) 認知症疾患の鑑別診断等を主たる業務とした経験(10年以上)を有する医師がいる。
2) コンピューター断層撮影装置(CT)および磁気共鳴画像検査(MRI)の両方を有する、または認知症疾患医療センターの運営事業実施要綱に定める要件を満たしており、かつ認知症疾患医療センターに関する申請届出を都道府県もしくは政令指定都市にしているまたは明らかに申請の意思を示しかつ何らかの具体的な手続きを行っていると都道府県もしくは政令指定都市が認めるもの。
3) 併設の介護老人保健施設に認知症専門棟がある。

(14) 地域連携診療計画情報提供加算（長期入所のみ）

地域連携診療計画に基づく介護・療養の提供を評価する加算である。医科診療報酬では、急性期病院が患者の診療情報や退院後も含めた診療計画を、引き継ぎ先の連携医療機関、介護施設、介護サービス事業所に提供することを評価する加算がある。(地域連携診療計画加算)介護報酬における本加算は、それを受けて、診療計画に基づく介護・療養を遂行し、かつ、退院時の患者の状態や在宅復帰後の状況等について、診療計画を立てた急性期病院に対してフィードバックを行った場合に、入所者1人につき1回を限度として算定できる。

①地域連携診療計画は、医科診療報酬点数表の地域連携診療計画管理料を算定する医療機関(計画管理病院)において作成され、計画管理病院からの転院後または退院後の治療を担う複数の連携医療機関または介護サービス事業所との間で共有して活用されるものであり、病名、入院時の症状、予定されている診療内容、標準的な転院までの期間、転院後の診療内容、連携する医療機関を退院するまでの標準的な期間、退院に当たり予想される患者の状態に関する退院基準、その他必要な事項が記載されたものである。

計画管理病院において作成された地域連携診療計画は、あらかじめ当該施設および連携医療機関と共有されていなければならない。当該共有の内容や日付等必要事項は診療録等に記載が必要。

②医科診療報酬点数表の以下の疾患について、地域連携診療計画管理料および地域連携診療計画退院時指導料（Ⅰ）を算定して当該医療機関を退院した患者が、介護老人保健施設に入所した場合に限り算定する。

1) 大腿骨頸部骨折(大腿骨頸部骨折骨接合術、大腿骨頸部骨折人工骨頭置換術等を実施している場合に限る)。
2) 脳卒中(急性発症または急性増悪した脳梗塞、脳出血またはくも膜下出血の治療を実施している場合に限る)。

③当該入所者(患者)にかかる計画管理病院への情報提供は、入所者の同意を得たうえで、

退院日の属する月またはその翌月までに、文書で行う。

(15) 個別リハビリテーション実施加算 (短期入所のみ)

短期入所療養介護事業所の医師、看護職員、理学療法士、作業療法士、言語聴覚士等が共同して利用者ごとに個別リハビリテーション計画を作成し、計画に基づいて医師または医師の指示を受けた理学療法士、作業療法士、言語聴覚士が個別リハビリテーションを20分以上実施した場合に、算定可。

(16) 緊急短期入所受入加算 (短期入所のみ)

①介護を行う者が疾病にかかっていることその他やむを得ない理由により短期入所が必要となった場合で、かつ、居宅サービス計画において当該日に短期入所を利用することが計画されていない居宅要介護者に対して、担当する居宅介護支援事業所の介護支援専門員が、その必要性を認め緊急に短期入所療養介護が行われた場合に、利用開始日から7日を限度として、算定可。(緊急利用期間が月をまたいだ場合であっても、通算して7日を限度として算定可)

②やむを得ない事情により、介護支援専門員との事前の連携が図れない場合に、利用者または家族の同意のうえ、短期入所療養介護事業所により緊急に短期入所療養介護が行われた場合であって、事後に介護支援専門員によって、サービス提供が必要であったと判断された場合も、算定可。

③7日が限度となっているのは、緊急に居宅サービス計画の変更を必要とした利用者を受け入れる際の初期の手間を評価したものであるためであり、利用開始後8日目以降の短期入所療養介護の利用の継続を妨げるものではない。また、緊急に受け入れを行った事業所は、利用者が速やかに居宅における生活に復帰できるよう、居宅介護支援事業者と密接な連携を行い、相談する。

④緊急利用した者に関する利用の理由、期間、緊急受け入れ後の対応などの事項を記録。また、緊急利用者にかかる変更前後の居宅介護サービス計画を保存するなどして、適正な緊急利用に努める。

⑤認知症行動・心理症状緊急対応加算と併算定不可。

⑥緊急受け入れに対応するため、居宅介護支援事業所や近隣事業所との情報共有に努め、緊急的な利用ニーズの調整を行うための窓口を明確化する。また、空床の有効活用を図る観点から、情報公表システム、事業所のホームページまたは地域包括支援センターへの情報提供等により、空床情報を公表するよう努める。

⑦当初から居宅サービス計画に位置づけて予定どおり利用し、家族等の事情により急遽、緊急的に延長した場合は、本加算の対象外。

(17) 送迎加算 (短期入所のみ)

利用者の心身の状態、家族等の事情等からみて送迎を行うことが必要と認められる利用者に、利用者の居宅と短期入所療養介護事業所との間の送迎を行う場合、片道につき算定。

(18) かかりつけ医連携薬剤調整加算125単位/日 (新設) (長期入所のみ)

内服薬を6種類以上処方されている入所者について、複数の薬剤の投与により期待される効果と副作用の可能性等を総合的に評価して、処方の内容を介護老人保健施設の医師と当該入所者の主治の医師とで共同して総合的に評価・調整し、減薬する方針に双方合意したうえ、処方される内服薬が減少した場合に算定可。

(1) 合意された内容に基づき、介護老人保健施設の医師が、当該入所者の入所時に比べて内服薬を1種類以上減少させ、かつ、退所時に処方されている内服薬の種類が、入所時に比べて1種類以上継続して減少している場合に算定対象となる。

(2) 合意した内容や調整の要点を診療録に記載しておく。そのうえで、退所時もしくは退所後1カ月以内に、入所者の主治の医師に減薬の"実績"を報告し、その内容を診療録に記載した場合に、入所者1人につき1回を限度として、退所時に算定できる。

(3) 複数の医療機関から処方されている入所者の場合には、主治の医師と調整し、当該入所者に処方する内服薬の減少について、退所時または退所後1月以内に当該入所者の主治の医師に報告し、診療録に記載すること。

(4) 内服薬の種類数の計算に当たっては、錠剤、カプセル剤、散剤、顆粒剤及び液剤については、1銘柄ごとに1種類として計算する。入所時に入所者が処方されている内服薬のうち、頓服薬については内服薬の種類数から除外する。また、服用を開始して4週間以内の薬剤も、調整前の内服薬の種類数から除外する。

(19) 療養体制維持特別加算（Ⅰ）（Ⅱ）（2区分され（Ⅱ）が新設）（介護療養型老健のみ算定可）

① 加算（Ⅱ）は、入所者等のうち、喀痰吸引もしくは経管栄養が実施された者が20％以上および著しい精神症状、周辺症状もしくは重篤な身体疾患または日常生活に支障を来すような症状・行動や意志疎通の困難さが頻繁に見られ、専門医療を必要とする認知症高齢者の割合が50％以上。

② 「著しい精神症状、周辺症状もしくは重篤な身体疾患または日常生活に支障を来すような症状・行動や意志疎通の困難さが頻繁に見られ、専門医療を必要とする認知症高齢者」とあるのは、認知症高齢者の日常生活自立度のランクⅣまたはMに該当する者をいう。

③ 加算（Ⅰ）との併算定可。

(20) その他の再入所時栄養連携加算、栄養マネジメント加算、低栄養リスク改善加算、経口移行加算、経口維持加算、口腔衛生管理体制加算、口腔衛生管理加算、療養食加算、排せつ支援加算は介護保険施設サービス（長期入所）共通項目ページ参照

 プラスα　Q&Aなどから

1. 介護保健施設サービス費（Ⅰ）及び在宅復帰・在宅療養支援機能加算について

　介護保健施設サービス費（Ⅰ）および在宅復帰・在宅療養支援機能加算を算定する介護老人保健施設における在宅復帰在宅療養支援等評価指標等の要件について、在宅復帰・在宅

(2) 指定居宅サービス

療養支援等評価指標として算出される数が報酬上の評価における区分変更を必要としない範囲での変化等、軽微な変更であれば毎月の届出は不要である。

算定要件を満たさなくなった場合、その翌月は、その要件を満たすものとなるよう必要な対応を行うこととし、それでも満たさない場合には、満たさなくなった翌々月に届出を行い、当該届出を行った月から当該施設に該当する基本施設サービス費および加算を算定する。なお、満たさなくなった翌月末において、要件を満たした場合には翌々月の届出は不要である。

　　※介護保険最新情報vol.629(30.3.23)　平成30年度介護報酬改定に関するQ&A（Vol.1）Q101

2. 在宅強化型の介護老人保健施設

(1) 介護老人保健施設を退所してそのままショートステイを利用するようなケースは、介護保健施設サービス費の算定基準の一つである「在宅復帰率」にカウントすることはできない。そもそも、在宅復帰率の要件は「入所者が在宅において介護を受けること」を評価するものであるから、実際に在宅で介護を受けないことが見込まれる場合は、これに当てはまるものではない。

　　※介護保険最新情報vol.267(24.3.16)　平成24年度介護報酬改定に関するQ&Aについて　Q204をもとに作成

(2) 介護老人保健施設において、基本施設サービス費を種別変更した場合(例えば「基本型」→「在宅強化型」)、すでに入所している入所者の「入所日」は、種別変更にかかわらず、それぞれの入所者が入所した日であり、変更後の基本施設サービス費の算定を開始した日とはならない(種別変更によってリセットされることはない)。短期集中リハビリテーション実施加算等の起算日についても同様の取扱いとなる。

　　※介護保険最新情報vol.267(24.3.16)　平成24年度介護報酬改定に関するQ&Aについて　Q206をもとに作成

3. 短期集中リハビリテーション実施加算

短期集中リハビリテーション実施加算の算定の有無にかかわらず、過去3カ月の間に介護老人保健施設に入所したことがある場合には算定不可。

　　※介護保険最新情報vol.267(24.3.16)　平成24年度介護報酬改定に関するQ&Aについて　Q211

9-イ 短期入所療養介護(介護予防)
イ 介護老人保健施設(基本型・在宅強化型・療養型・特別介護老人保健施設)

 報酬早見表

■介護　1日につき

	算定項目			算定	改定後	改定前	格差
(1)介護老人保健施設短期入所療養介護費	(一)介護老人保健施設短期入所療養介護費(Ⅰ)	a 介護老人保健施設短期入所療養介護費(i)<従来型個室>【基本型】	要介護1	1日	753	750	3
			要介護2		798	795	3
			要介護3		859	856	3
			要介護4		911	908	3
			要介護5		962	959	3
		b 介護老人保健施設短期入所療養介護費(ii)<従来型個室>【在宅強化型】	要介護1		794	788	6
			要介護2		865	859	6
			要介護3		927	921	6
			要介護4		983	977	6
			要介護5		1,038	1,032	6
		c 介護老人保健施設短期入所療養介護費(iii)<多床室>【基本型】	要介護1		826	823	3
			要介護2		874	871	3
			要介護3		935	932	3
			要介護4		986	983	3
			要介護5		1,039	1,036	3
		d 介護老人保健施設短期入所療養介護費(iv)<多床室>【在宅強化型】	要介護1		873	867	6
			要介護2		947	941	6
			要介護3		1,009	1,003	6
			要介護4		1,065	1,059	6
			要介護5		1,120	1,114	6
	(二)介護老人保健施設短期入所療養介護費(Ⅱ)<療養型老健・看護職員を配置>	a 介護老人保健施設短期入所療養介護費(i)<従来型個室>【療養型】	要介護1		778	778	±0
			要介護2		859	859	±0
			要介護3		972	972	±0
			要介護4		1,048	1,048	±0
			要介護5		1,122	1,122	±0
		b 介護老人保健施設短期入所療養介護費(ii)<多床室>【療養型】	要介護1		855	855	±0
			要介護2		937	937	±0
			要介護3		1,051	1,051	±0
			要介護4		1,126	1,126	±0
			要介護5		1,200	1,200	±0

(2) 指定居宅サービス

	算定項目			算定	改定後	改定前	格差
(1)介護老人保健施設短期入所療養介護費	(三)介護老人保健施設短期入所療養介護費(Ⅲ)<療養型老健・看護オンコール体制>	a 介護老人保健施設短期入所療養介護費(i)<従来型個室>【療養型】	要介護1	1日	778	778	±0
			要介護2		853	853	±0
			要介護3		946	946	±0
			要介護4		1,021	1,021	±0
			要介護5		1,095	1,095	±0
		b 介護老人保健施設短期入所療養介護費(ii)<多床室>【療養型】	要介護1		855	855	±0
			要介護2		931	931	±0
			要介護3		1,024	1,024	±0
			要介護4		1,098	1,098	±0
			要介護5		1,173	1,173	±0
	(四)介護老人保健施設短期入所療養介護費(Ⅳ)<特別介護老人保健施設短期入所療養介護費>	a 介護老人保健施設短期入所療養介護費(i)<従来型個室>	要介護1		739	-	新設
			要介護2		783	-	新設
			要介護3		843	-	新設
			要介護4		894	-	新設
			要介護5		944	-	新設
		b 介護老人保健施設短期入所療養介護費(ii)<多床室>	要介護1		811	-	新設
			要介護2		858	-	新設
			要介護3		917	-	新設
			要介護4		967	-	新設
			要介護5		1,019	-	新設
(2)ユニット型介護老人保健施設短期入所療養介護費	(一)ユニット型介護老人保健施設短期入所療養介護費(Ⅰ)	a ユニット型介護老人保健施設短期入所療養介護費(i)<ユニット型個室>【基本型】	要介護1		832	829	3
			要介護2		877	874	3
			要介護3		939	936	3
			要介護4		992	989	3
			要介護5		1,043	1,040	3
		b ユニット型介護老人保健施設短期入所療養介護費(ii)<ユニット型個室>【在宅強化型】	要介護1		877	871	6
			要介護2		951	945	6
			要介護3		1,013	1,007	6
			要介護4		1,069	1,063	6
			要介護5		1,124	1,118	6
		c ユニット型介護老人保健施設短期入所療養介護費(iii)<ユニット型個室的多床室>【基本型】	要介護1		832	829	3
			要介護2		877	874	3
			要介護3		939	936	3
			要介護4		992	989	3
			要介護5		1,043	1,040	3
		d ユニット型介護老人保健施設短期入所療養介護費(iv)<ユニット型個室的多床室>【在宅強化型】	要介護1		877	871	6
			要介護2		951	945	6
			要介護3		1,013	1,007	6
			要介護4		1,069	1,063	6
			要介護5		1,124	1,118	6

算定項目			算定	改定後	改定前	格差
(2)ユニット型介護老人保健施設短期入所療養介護費	(二)ユニット型介護老人保健施設短期入所療養介護費(Ⅱ)＜療養型老健・看護職員を配置＞	a ユニット型介護老人保健施設短期入所療養介護費(i)＜ユニット型個室＞【療養型】 要介護1	1日	940	940	±0
		要介護2		1,021	1,021	±0
		要介護3		1,134	1,134	±0
		要介護4		1,210	1,210	±0
		要介護5		1,284	1,284	±0
		b ユニット型介護老人保健施設短期入所療養介護費(ii)＜ユニット型個室的多床室＞【療養型】 要介護1		940	940	±0
		要介護2		1,021	1,021	±0
		要介護3		1,134	1,134	±0
		要介護4		1,210	1,210	±0
		要介護5		1,284	1,284	±0
	(三)ユニット型介護老人保健施設短期入所療養介護費(Ⅲ)＜療養型老健・看護オンコール体制＞	a ユニット型介護老人保健施設短期入所療養介護費(i)＜ユニット型個室＞【療養型】 要介護1		940	940	±0
		要介護2		1,015	1,015	±0
		要介護3		1,108	1,108	±0
		要介護4		1,183	1,183	±0
		要介護5		1,257	1,257	±0
		b ユニット型介護老人保健施設短期入所療養介護費(ii)＜ユニット型個室的多床室＞【療養型】 要介護1		940	940	±0
		要介護2		1,015	1,015	±0
		要介護3		1,108	1,108	±0
		要介護4		1,183	1,183	±0
		要介護5		1,257	1,257	±0
	(四)ユニット型介護老人保健施設短期入所療養介護費(Ⅳ)＜ユニット型特別介護老人保健施設短期入所療養介護費＞	a ユニット型介護老人保健施設短期入所療養介護費(i)＜ユニット型個室＞ 要介護1		816	−	新設
		要介護2		861	−	新設
		要介護3		921	−	新設
		要介護4		973	−	新設
		要介護5		1,023	−	新設
		b ユニット型介護老人保健施設短期入所療養介護費(ii)＜ユニット型個室的多床室＞ 要介護1		816	−	新設
		要介護2		861	−	新設
		要介護3		921	−	新設
		要介護4		973	−	新設
		要介護5		1,023	−	新設
(3)特定介護老人保健施設短期入所療養介護費(日帰りショート)	(一)3時間以上4時間未満			654	654	±0
	(二)4時間以上6時間未満			905	905	±0
	(三)6時間以上8時間未満			1,257	1,257	±0

(2) 指定居宅サービス

■介護予防　1日につき

算定項目				算定	改定後	改定前	格差
(1) 介護老人保健施設介護予防短期入所療養介護費	(一)介護老人保健施設介護予防短期入所療養介護費(Ⅰ)	a 介護老人保健施設介護予防短期入所療養介護費(i)<従来型個室>【基本型】	要支援1		578	575	3
			要支援2		719	716	3
		b 介護老人保健施設介護予防短期入所療養介護費(ii)<従来型個室>【在宅強化型】	要支援1		619	613	6
			要支援2		759	753	6
		c 介護老人保健施設介護予防短期入所療養介護費(iii)<多床室>【基本型】	要支援1		611	608	3
			要支援2		765	762	3
		d 介護老人保健施設介護予防短期入所療養介護費(iv)<多床室>【在宅強化型】	要支援1		658	652	6
			要支援2		813	807	6
	(二)介護老人保健施設介護予防短期入所療養介護費(Ⅱ)<療養型老健・看護職員を配置>	a 介護老人保健施設介護予防短期入所療養介護費(i)<従来型個室>【療養型】	要支援1		582	582	±0
			要支援2		723	723	±0
		b 介護老人保健施設介護予防短期入所療養介護費(ii)<多床室>【療養型】	要支援1		619	619	±0
			要支援2		774	774	±0
	(三)介護老人保健施設介護予防短期入所療養介護費(Ⅲ)<療養型老健・看護オンコール体制>	a 介護老人保健施設介護予防短期入所療養介護費(i)<従来型個室>【療養型】	要支援1		582	582	±0
			要支援2		723	723	±0
		b 介護老人保健施設　介護予防短期入所療養介護費(ii)<多床室>【療養型】	要支援1		619	619	±0
			要支援2		774	774	±0
	(四)介護老人保健施設介護予防短期入所療養介護費(Ⅳ)<特別介護老人保健施設介護予防短期入所療養介護費>	a 介護老人保健施設介護予防短期入所療養介護費(i)<従来型個室>	要支援1	1日	566	－	新設
			要支援2		705	－	新設
		b 介護老人保健施設　介護予防短期入所療養介護費(ii)<多床室>	要支援1		599	－	新設
			要支援2		750	－	新設
(2) ユニット型介護老人保健施設介護予防短期入所療養介護費	(一)ユニット型介護老人保健施設介護予防短期入所療養介護費(Ⅰ)	a ユニット型介護老人保健施設介護予防短期入所療養介護費(i)<ユニット型個室>【基本型】	要支援1		621	618	3
			要支援2		778	775	3
		b ユニット型介護老人保健施設介護予防短期入所療養介護費(ii)<ユニット型個室>【在宅強化型】	要支援1		666	660	6
			要支援2		823	817	6
		c ユニット型介護老人保健施設介護予防短期入所療養介護費(iii)<ユニット型個室的多床室>【基本型】	要支援1		621	618	3
			要支援2		778	775	3
		d ユニット型介護老人保健施設介護予防短期入所療養介護費(iv)<ユニット型個室的多床室>【在宅強化型】	要支援1		666	660	6
			要支援2		823	817	6

9-イ 短期入所療養介護（介護予防） イ 介護老人保健施設（基本型・在宅強化型・療養型・特別介護老人保健施設）

	算定項目			算定	改定後	改定前	格差
(2)ユニット型介護老人保健施設介護予防短期入所療養介護費	(二)ユニット型介護老人保健施設介護予防短期入所療養介護費(Ⅱ) ＜療養型老健・看護職員を配置＞	a ユニット型介護老人保健施設介護予防短期入所療養介護費(i) ＜ユニット型個室＞【療養型】	要支援1	1日	649	649	±0
			要支援2		806	806	±0
		b ユニット型介護老人保健施設介護予防短期入所療養介護費(ii) ＜ユニット型個室的多床室＞【療養型】	要支援1		649	649	±0
			要支援2		806	806	±0
	(三)ユニット型介護老人保健施設介護予防短期入所療養介護費(Ⅲ) ＜療養型老健・看護オンコール体制＞	a ユニット型介護老人保健施設介護予防短期入所療養介護費(i) ＜ユニット型個室＞【療養型】	要支援1		649	649	±0
			要支援2		806	806	±0
		b ユニット型介護老人保健施設介護予防短期入所療養介護費(ii) ＜ユニット型個室的多床室＞【療養型】	要支援1		649	649	±0
			要支援2		806	806	±0
	(四)ユニット型介護老人保健施設介護予防短期入所療養介護費(Ⅳ) ＜ユニット型特別介護老人保健施設介護予防短期入所療養介護費＞	a ユニット型介護老人保健施設介護予防短期入所療養介護費(i) ＜ユニット型個室＞	要支援1		609	−	新設
			要支援2		762	−	新設
		b ユニット型介護老人保健施設介護予防短期入所療養介護費(ii) ＜ユニット型個室的多床室＞	要支援1		609	−	新設
			要支援2		762	−	新設

9-ロ 短期入所療養介護（介護予防）
ロ　療養病床を有する病院

 報酬早見表

■介護　1日につき

算定項目			算定	改定後	改定前	格差
(1)病院療養病床短期入所療養介護費	(一)病院療養病床短期入所療養介護費(I) （看護6:1　介護4:1）	a 病院療養病床短期入所療養介護費(i) ＜従来型個室＞ 要介護1	1日	691	691	±0
		要介護2		794	794	±0
		要介護3		1,017	1,017	±0
		要介護4		1,112	1,112	±0
		要介護5		1,197	1,197	±0
		b 病院療養病床短期入所療養介護費(ii) ＜療養機能強化型A＞ ＜従来型個室＞ 要介護1		719	719	±0
		要介護2		827	827	±0
		要介護3		1,060	1,060	±0
		要介護4		1,159	1,159	±0
		要介護5		1,248	1,248	±0
		c 病院療養病床短期入所療養介護費(iii) ＜療養機能強化型B＞ ＜従来型個室＞ 要介護1		709	709	±0
		要介護2		815	815	±0
		要介護3		1,045	1,045	±0
		要介護4		1,142	1,142	±0
		要介護5		1,230	1,230	±0
		d 病院療養病床短期入所療養介護費(iv) ＜多床室＞ 要介護1		795	795	±0
		要介護2		898	898	±0
		要介護3		1,121	1,121	±0
		要介護4		1,216	1,216	±0
		要介護5		1,301	1,301	±0
		e 病院療養病床短期入所療養介護費(v) ＜療養機能強化型A＞ ＜多床室＞ 要介護1		828	828	±0
		要介護2		936	936	±0
		要介護3		1,169	1,169	±0
		要介護4		1,268	1,268	±0
		要介護5		1,357	1,357	±0
		f 病院療養病床短期入所療養介護費(vi) ＜療養機能強化型B＞ ＜多床室＞ 要介護1		816	816	±0
		要介護2		923	923	±0
		要介護3		1,152	1,152	±0
		要介護4		1,249	1,249	±0
		要介護5		1,337	1,337	±0

9-ロ 短期入所療養介護（介護予防） ロ 療養病床を有する病院

算定項目			算定	改定後	改定前	格差
(1)病院療養病床短期入所療養介護費	(二)病院療養病床短期入所療養介護費(Ⅱ) (看護6:1　介護5:1)	a 病院療養病床短期入所療養介護費(i) <従来型個室>	要介護1	1日	636	636	±0
			要介護2		739	739	±0
			要介護3		891	891	±0
			要介護4		1,037	1,037	±0
			要介護5		1,077	1,077	±0
		b 病院療養病床短期入所療養介護費(ii) <療養機能強化型> <従来型個室>	要介護1		651	651	±0
			要介護2		757	757	±0
			要介護3		912	912	±0
			要介護4		1,062	1,062	±0
			要介護5		1,103	1,103	±0
		c 病院療養病床短期入所療養介護費(iii) <多床室>	要介護1		741	741	±0
			要介護2		844	844	±0
			要介護3		995	995	±0
			要介護4		1,142	1,142	±0
			要介護5		1,181	1,181	±0
		d 病院療養病床短期入所療養介護費(iv) <療養機能強化型> <多床室>	要介護1		759	759	±0
			要介護2		864	864	±0
			要介護3		1,019	1,019	±0
			要介護4		1,169	1,169	±0
			要介護5		1,209	1,209	±0
	(三)病院療養病床短期入所療養介護費(Ⅲ) (看護6:1　介護6:1)	a 病院療養病床短期入所療養介護費(i) <従来型個室>	要介護1		614	614	±0
			要介護2		720	720	±0
			要介護3		863	863	±0
			要介護4		1,012	1,012	±0
			要介護5		1,051	1,051	±0
		b 病院療養病床短期入所療養介護費(ii) <多床室>	要介護1		720	720	±0
			要介護2		825	825	±0
			要介護3		969	969	±0
			要介護4		1,118	1,118	±0
			要介護5		1,157	1,157	±0
(2)病院療養病床経過型短期入所療養介護費	(一)病院療養病床経過型短期入所療養介護費(I) (看護6:1　介護4:1)	a 病院療養病床経過型短期入所療養介護費(i) <従来型個室>	要介護1		700	700	±0
			要介護2		804	804	±0
			要介護3		947	947	±0
			要介護4		1,033	1,033	±0
			要介護5		1,120	1,120	±0
		b 病院療養病床経過型短期入所療養介護費(ii) <多床室>	要介護1		805	805	±0
			要介護2		910	910	±0
			要介護3		1,052	1,052	±0
			要介護4		1,139	1,139	±0
			要介護5		1,225	1,225	±0

(2) 指定居宅サービス

算定項目			算定	改定後	改定前	格差
(2)介護病院療養病床経過型短期入所療養介護費	(二)病院療養病床経過型短期入所療養介護費(Ⅱ) (看護8:1 介護4:1)	a 病院療養病床経過型短期入所療養介護費(i) <従来型個室>	要介護1		700	700	±0
			要介護2		804	804	±0
			要介護3		907	907	±0
			要介護4		994	994	±0
			要介護5		1,080	1,080	±0
		b 病院療養病床経過型短期入所療養介護費(ii) <多床室>	要介護1		805	805	±0
			要介護2		910	910	±0
			要介護3		1,012	1,012	±0
			要介護4		1,098	1,098	±0
			要介護5		1,186	1,186	±0
(3)ユニット型病院療養病床短期入所療養介護費	(一)ユニット型病院療養病床短期入所療養介護費(Ⅰ) <ユニット型個室>		要介護1	1日	817	817	±0
			要介護2		920	920	±0
			要介護3		1,143	1,143	±0
			要介護4		1,238	1,238	±0
			要介護5		1,323	1,323	±0
	(二)ユニット型病院療養病床短期入所療養介護費(Ⅱ) <療養機能強化型A> <ユニット型個室>		要介護1		845	845	±0
			要介護2		953	953	±0
			要介護3		1,186	1,186	±0
			要介護4		1,285	1,285	±0
			要介護5		1,374	1,374	±0
	(三)ユニット型病院療養病床短期入所療養介護費(Ⅲ) <療養機能強化型B> <ユニット型個室>		要介護1		835	835	±0
			要介護2		941	941	±0
			要介護3		1,171	1,171	±0
			要介護4		1,268	1,268	±0
			要介護5		1356,	1,356	±0
	(四)ユニット型病院療養病床短期入所療養介護費(Ⅳ) <ユニット型個室的多床室>		要介護1		817	817	±0
			要介護2		920	920	±0
			要介護3		1,143	1,143	±0
			要介護4		1,238	1,238	±0
			要介護5		1,323	1,323	±0
	(五)ユニット型病院療養病床短期入所療養介護費(Ⅴ) <療養機能強化型A> <ユニット型個室的多床室>		要介護1		845	845	±0
			要介護2		953	953	±0
			要介護3		1,186	1,186	±0
			要介護4		1,285	1,285	±0
			要介護5		1,374	1,374	±0
	(六)ユニット型病院療養病床短期入所療養介護費(Ⅵ) <療養機能強化型B> <ユニット型個室的多床室>		要介護1		835	835	±0
			要介護2		941	941	±0
			要介護3		1,171	1,171	±0
			要介護4		1,268	1,268	±0
			要介護5		1,356	1,356	±0

算定項目			算定	改定後	改定前	格差
(4)ユニット型病院療養病床経過型短期入所療養介護費	(一)ユニット型病院療養病床経過型短期入所療養介護費(I)<ユニット型個室>	要介護1	1日	817	817	±0
		要介護2		920	920	±0
		要介護3		1,056	1,056	±0
		要介護4		1,141	1,141	±0
		要介護5		1,226	1,226	±0
	(二)ユニット型病院療養病床経過型短期入所療養介護費(Ⅱ)<ユニット型個室的多床室>	要介護1		817	817	±0
		要介護2		920	920	±0
		要介護3		1,056	1,056	±0
		要介護4		1,141	1,141	±0
		要介護5		1,226	1,226	±0
(5)特定病院療養病床短期入所療養介護費(日帰りショート)	(一)3時間以上4時間未満			654	654	±0
	(二)4時間以上6時間未満			905	905	±0
	(三)6時間以上8時間未満			1,257	1,257	±0

■介護予防 1日につき(夜勤の勤務条件に関する基準を満たす場合)

算定項目			算定	改定後	改定前	格差
(1)病院療養病床介護予防短期入所療養介護費	(一)病院療養病床介護予防短期入所療養介護費(I)(看護6:1 介護4:1)	a 病院療養病床介護予防短期入所療養介護費(i)<従来型個室>	要支援1	1日	523	523	±0
			要支援2		657	657	±0
		b 病院療養病床介護予防短期入所療養介護費(ii)<療養機能強化型A><従来型個室>	要支援1		551	551	±0
			要支援2		685	685	±0
		c 病院療養病床介護予防短期入所療養介護費(iii)<療養機能強化型B><従来型個室>	要支援1		541	541	±0
			要支援2		675	675	±0
		d 病院療養病床介護予防短期入所療養介護費(iv)<多床室>	要支援1		579	579	±0
			要支援2		734	734	±0
		e 病院療養病床介護予防短期入所療養介護費(v)<療養機能強化型A><多床室>	要支援1		612	612	±0
			要支援2		767	767	±0
		f 病院療養病床介護予防短期入所療養介護費(vi)<療養機能強化型B><多床室>	要支援1		600	600	±0
			要支援2		755	755	±0
	(二)病院療養病床介護予防短期入所療養介護費(Ⅱ)(看護6:1 介護5:1)	a 病院療養病床介護予防短期入所療養介護費(i)<従来型個室>	要支援1		492	492	±0
			要支援2		617	617	±0
		b 病院療養病床介護予防短期入所療養介護費(ii)<療養機能強化型><従来型個室>	要支援1		507	507	±0
			要支援2		632	632	±0

(2) 指定居宅サービス

算定項目				算定	改定後	改定前	格差
(1)病院療養病床介護予防短期入所療養介護費		c 病院療養病床介護予防短期入所療養介護費(iii)<多床室>	要支援1	1日	550	550	±0
			要支援2		696	696	±0
		d 病院療養病床介護予防短期入所療養介護費(iv)<療養機能強化型><多床室>	要支援1		568	568	±0
			要支援2		714	714	±0
	(三)病院療養病床介護予防短期入所療養介護費(Ⅲ)(看護6:1 介護6:1)	a 病院療養病床介護予防短期入所療養介護費(i)<従来型個室>	要支援1		476	476	±0
			要支援2		594	594	±0
		b 病院療養病床介護予防短期入所療養介護費(ii)<多床室>	要支援1		534	534	±0
			要支援2		674	674	±0
(2)病院療養病床経過型介護予防短期入所療養介護費	(一)病院療養病床経過型介護予防短期入所療養介護費(Ⅰ)(看護6:1 介護4:1)	a 病院療養病床経過型介護予防短期入所療養介護費(i)<従来型個室>	要支援1		532	532	±0
			要支援2		666	666	±0
		b 病院療養病床経過型介護予防短期入所療養介護費(ii)<多床室>	要支援1		589	589	±0
			要支援2		744	744	±0
	(二)病院療養病床経過型介護予防短期入所療養介護費(Ⅱ)(看護8:1 介護4:1)	a 病院療養病床経過型介護予防短期入所療養介護費(i)<従来型個室>	要支援1		532	532	±0
			要支援2		666	666	±0
		b 病院療養病床経過型介護予防短期入所療養介護費(ii)<多床室>	要支援1		589	589	±0
			要支援2		744	744	±0
(3)ユニット型病院療養病床介護予防短期入所療養介護費	(一)ユニット型病院療養病床介護予防短期入所療養介護費(Ⅰ)<ユニット型個室>		要支援1		605	605	±0
			要支援2		762	762	±0
	(二)ユニット型病院療養病床介護予防短期入所療養介護費(Ⅱ)<療養機能強化型A> <ユニット型個室>		要支援1		633	633	±0
			要支援2		790	790	±0
	(三)ユニット型病院療養病床介護予防短期入所療養介護費(Ⅲ)<療養機能強化型B> <ユニット型個室>		要支援1		623	623	±0
			要支援2		780	780	±0
	(四)ユニット型病院療養病床介護予防短期入所療養介護費(Ⅳ)<ユニット型個室的多床室>		要支援1		605	605	±0
			要支援2		762	762	±0
	(五)ユニット型病院療養病床介護予防短期入所療養介護費(Ⅴ)<療養機能強化型A> <ユニット型個室的多床室>		要支援1		633	633	±0
			要支援2		790	790	±0
	(六)ユニット型病院療養病床介護予防短期入所療養介護費(Ⅵ)<療養機能強化型B> <ユニット型個室的多床室>		要支援1		623	623	±0
			要支援2		780	780	±0

9-ロ 短期入所療養介護（介護予防）ロ　療養病床を有する病院

	算定項目		算定	改定後	改定前	格差
(4)ユニット型病院療養病床経過型介護予防短期入所療養介護費	(一)ユニット型病院療養病床経過型介護予防短期入所療養介護費(I)<ユニット型個室>	要支援1	1日	605	605	±0
		要支援2		762	762	±0
	(二)ユニット型病院療養病床経過型介護予防短期入所療養介護費(Ⅱ)<ユニット型個室的多床室>	要支援1		605	605	±0
		要支援2		762	762	±0

9-ハ 短期入所療養介護(介護予防) ハ 診療所

 報酬早見表

■介護　1日につき

算定項目			算定	改定後	改定前	格差
(1)診療所短期入所療養介護費	(一)診療所短期入所療養介護費(I) (看護6:1 介護6:1)	a 診療所短期入所療養介護費(i) <従来型個室>	要介護1	1日	673	673	±0
			要介護2		722	722	±0
			要介護3		770	770	±0
			要介護4		818	818	±0
			要介護5		867	867	±0
		b 診療所短期入所療養介護費(ii) <療養機能強化型A> <従来型個室>	要介護1		700	700	±0
			要介護2		752	752	±0
			要介護3		802	802	±0
			要介護4		852	852	±0
			要介護5		903	903	±0
		c 診療所短期入所療養介護費(iii) <療養機能強化型B> <従来型個室>	要介護1		691	691	±0
			要介護2		741	741	±0
			要介護3		791	791	±0
			要介護4		840	840	±0
			要介護5		890	890	±0
		d 診療所短期入所療養介護費(iv) <多床室>	要介護1		777	777	±0
			要介護2		825	825	±0
			要介護3		875	875	±0
			要介護4		922	922	±0
			要介護5		971	971	±0
		e 診療所短期入所療養介護費(v) <療養機能強化型A> <多床室>	要介護1		809	809	±0
			要介護2		860	860	±0
			要介護3		911	911	±0
			要介護4		961	961	±0
			要介護5		1,012	1,012	±0
		f. 診療所短期入所療養介護費(vi) <療養機能強化型B> <多床室>	要介護1		798	798	±0
			要介護2		848	848	±0
			要介護3		898	898	±0
			要介護4		947	947	±0
			要介護5		998	998	±0

算定項目			算定	改定後	改定前	格差
(1)診療所短期入所療養介護費	(二)診療所短期入所療養介護費(Ⅱ) (看護・介護3:1)	a 診療所短期入所療養介護費(i) <従来型個室>	要介護1		596	596	±0
			要介護2		640	640	±0
			要介護3		683	683	±0
			要介護4		728	728	±0
			要介護5		771	771	±0
		b 診療所短期入所療養介護費(ii) <多床室>	要介護1		702	702	±0
			要介護2		745	745	±0
			要介護3		789	789	±0
			要介護4		832	832	±0
			要介護5		876	876	±0
(2)ユニット型診療所短期入所療養介護費	(一)ユニット型診療所短期入所療養介護費(Ⅰ) <ユニット型個室>		要介護1	1日	798	798	±0
			要介護2		847	847	±0
			要介護3		895	895	±0
			要介護4		943	943	±0
			要介護5		992	992	±0
	(二)ユニット型診療所短期入所療養介護費(Ⅱ) <療養機能強化型A> <ユニット型個室>		要介護1		825	825	±0
			要介護2		877	877	±0
			要介護3		927	927	±0
			要介護4		977	977	±0
			要介護5		1,028	1,028	±0
	(三)ユニット型診療所短期入所療養介護費(Ⅲ) <療養機能強化型B> <ユニット型個室>		要介護1		816	816	±0
			要介護2		866	866	±0
			要介護3		916	916	±0
			要介護4		965	965	±0
			要介護5		1,015	1,015	±0
	(四)ユニット型診療所短期入所療養介護費(Ⅳ) <ユニット型個室的多床室>		要介護1		798	798	±0
			要介護2		847	847	±0
			要介護3		895	895	±0
			要介護4		943	943	±0
			要介護5		992	992	±0
	(五)ユニット型診療所短期入所療養介護費(Ⅴ) <療養機能強化型A> <ユニット型個室的多床室>		要介護1		825	825	±0
			要介護2		877	877	±0
			要介護3		927	927	±0
			要介護4		977	977	±0
			要介護5		1,028	1,028	±0
	(六)ユニット型診療所短期入所療養介護費(Ⅵ) <療養機能強化型B> <ユニット型個室的多床室>		要介護1		816	816	±0
			要介護2		866	866	±0
			要介護3		916	916	±0
			要介護4		965	965	±0
			要介護5		1,015	1,015	±0
(3)特定診療所短期入所療養介護費(日帰りショート)	(一)3時間以上4時間未満				654	654	±0
	(二)4時間以上6時間未満				905	905	±0
	(三)6時間以上8時間未満				1,257	1,257	±0

(2) 指定居宅サービス

■介護予防　1日につき

算定項目			算定	改定後	改定前	格差
(1)診療所介護予防短期入所療養介護費	(一)診療所介護予防短期入所療養介護費(I) (看護6:1　介護6:1)	a 診療所介護予防短期入所療養介護費(i) <従来型個室> 要支援1	1日	507	507	±0
		要支援2		637	637	±0
		b 診療所介護予防短期入所療養介護費(ii)<療養機能強化型A><従来型個室> 要支援1		534	534	±0
		要支援2		664	664	±0
		c 診療所介護予防短期入所療養介護費(iii)<療養機能強化型B><従来型個室> 要支援1		525	525	±0
		要支援2		655	655	±0
		d 診療所介護予防短期入所療養介護費(iv)<多床室> 要支援1		564	564	±0
		要支援2		715	715	±0
		e 診療所介護予防短期入所療養介護費(v)<療養機能強化型A><多床室> 要支援1		596	596	±0
		要支援2		747	747	±0
		f. 診療所介護予防短期入所療養介護費(vi)<療養機能強化型B><多床室> 要支援1		585	585	±0
		要支援2		736	736	±0
	(二)診療所介護予防短期入所療養介護費(II) (看護・介護3:1)	a 診療所介護予防短期入所療養介護費(i)<従来型個室> 要支援1		451	451	±0
		要支援2		563	563	±0
		b 診療所介護予防短期入所療養介護費(ii)<多床室> 要支援1		514	514	±0
		要支援2		649	649	±0
(2)ユニット型診療所介護予防短期入所療養介護費	(一)ユニット型診療所介護予防短期入所療養介護費(I) <ユニット型個室>	要支援1		589	589	±0
		要支援2		742	742	±0
	(二)ユニット型診療所介護予防短期入所療養介護費(II) <療養機能強化型A>　<ユニット型個室>	要支援1		616	616	±0
		要支援2		769	769	±0
	(三)ユニット型診療所介護予防短期入所療養介護費(III) <療養機能強化型B>　<ユニット型個室>	要支援1		607	607	±0
		要支援2		760	760	±0
	(四)ユニット型診療所介護予防短期入所療養介護費(IV) <ユニット型個室的多床室>	要支援1		589	589	±0
		要支援2		742	742	±0
	(五)ユニット型診療所介護予防短期入所療養介護費(V) <療養機能強化型A>　<ユニット型個室的多床室>	要支援1		616	616	±0
		要支援2		769	769	±0
	(六)ユニット型診療所介護予防短期入所療養介護費(VI) <療養機能強化型B>　<ユニット型個室的多床室>	要支援1		607	607	±0
		要支援2		760	760	±0

9-ニ 短期入所療養介護（介護予防）
ニ　老人性認知症疾患療養病棟を有する病院

 報酬早見表

■介護　1日につき

算定項目					算定	改定後	改定前	格差
(1)認知症疾患型短期入所療養介護費	大学病院	(一)認知症疾患型短期入所療養介護費(I) (看護3:1　介護6:1)	a 認知症疾患型短期入所療養介護費(i) <従来型個室>	要介護1	1日	1,017	1,017	±0
				要介護2		1,081	1,081	±0
				要介護3		1,145	1,145	±0
				要介護4		1,209	1,209	±0
				要介護5		1,273	1,273	±0
			b 認知症疾患型短期入所療養介護費(ii) <多床室>	要介護1		1,122	1,122	±0
				要介護2		1,187	1,187	±0
				要介護3		1,250	1,250	±0
				要介護4		1,315	1,315	±0
				要介護5		1,378	1,378	±0
	一般病院	(二)認知症疾患型短期入所療養介護費(II) (看護4:1　介護4:1)	a 認知症疾患型短期入所療養介護費(i) <従来型個室>	要介護1		962	962	±0
				要介護2		1,029	1,029	±0
				要介護3		1,097	1,097	±0
				要介護4		1,164	1,164	±0
				要介護5		1,230	1,230	±0
			b 認知症疾患型短期入所療養介護費(ii) <多床室>	要介護1		1,068	1,068	±0
				要介護2		1,135	1,135	±0
				要介護3		1,201	1,201	±0
				要介護4		1,270	1,270	±0
				要介護5		1,336	1,336	±0
		(三)認知症疾患型短期入所療養介護費(III) (看護4:1　介護5:1)	a 認知症疾患型短期入所療養介護費(i) <従来型個室>	要介護1		934	934	±0
				要介護2		1,000	1,000	±0
				要介護3		1,065	1,065	±0
				要介護4		1,130	1,130	±0
				要介護5		1,195	1,195	±0
			b 認知症疾患型短期入所療養介護費(ii) <多床室>	要介護1		1,040	1,040	±0
				要介護2		1,105	1,105	±0
				要介護3		1,171	1,171	±0
				要介護4		1,236	1,236	±0
				要介護5		1,300	1,300	±0

(2) 指定居宅サービス

		算定項目			算定	改定後	改定前	格差
(1) 認知症疾患型短期入所療養介護費		(四) 認知症疾患型短期入所療養介護費 (Ⅳ) (看護4:1 介護6:1)	a 認知症疾患型短期入所療養介護費 (i) <従来型個室>	要介護1	1日	919	919	±0
				要介護2		983	983	±0
				要介護3		1,047	1,047	±0
				要介護4		1,111	1,111	±0
				要介護5		1,175	1,175	±0
			b 認知症疾患型短期入所療養介護費 (ii) <多床室>	要介護1		1,024	1,024	±0
				要介護2		1,089	1,089	±0
				要介護3		1,152	1,152	±0
				要介護4		1,217	1,217	±0
				要介護5		1,280	1,280	±0
		(五) 認知症疾患型短期入所療養介護費 (Ⅴ) 経過措置型	a 認知症疾患型短期入所療養介護費 (i) <従来型個室>	要介護1		860	860	±0
				要介護2		924	924	±0
				要介護3		988	988	±0
				要介護4		1,052	1,052	±0
				要介護5		1,116	1,116	±0
			b 認知症疾患型短期入所療養介護費 (ii) <多床室>	要介護1		966	966	±0
				要介護2		1,029	1,029	±0
				要介護3		1,094	1,094	±0
				要介護4		1,158	1,158	±0
				要介護5		1,221	1,221	±0
(2) 認知症疾患型経過型短期入所療養介護費		(一) 認知症疾患型経過型短期入所療養介護費 (Ⅰ) <従来型個室>		要介護1		767	767	±0
				要介護2		830	830	±0
				要介護3		895	895	±0
				要介護4		959	959	±0
				要介護5		1,023	1,023	±0
		(二) 認知症疾患型経過型短期入所療養介護費 (Ⅱ) <多床室>		要介護1		873	873	±0
				要介護2		936	936	±0
				要介護3		1,000	1,000	±0
				要介護4		1,065	1,065	±0
				要介護5		1,128	1,128	±0
(3) ユニット型認知症疾患型短期入所療養介護費	大学病院	(一) ユニット型認知症疾患型短期入所療養介護費 (Ⅰ)	a ユニット型認知症疾患型短期入所療養介護費 (i) <ユニット型個室>	要介護1		1,143	1,143	±0
				要介護2		1,207	1,207	±0
				要介護3		1,271	1,271	±0
				要介護4		1,335	1,335	±0
				要介護5		1,399	1,399	±0
			b ユニット型認知症疾患型短期入所療養介護費 (ii) <ユニット型個室的多床室>	要介護1		1,143	1,143	±0
				要介護2		1,207	1,207	±0
				要介護3		1,271	1,271	±0
				要介護4		1,335	1,335	±0
				要介護5		1,399	1,399	±0

算定項目				算定	改定後	改定前	格差
(3) ユニット型認知症疾患型短期入所療養介護費	一般病院	(二) ユニット型認知症疾患型短期入所療養介護費(Ⅱ)	a ユニット型認知症疾患型短期入所療養介護費(i)<ユニット型個室>	要介護1	1,088	1,088	±0
				要介護2	1,155	1,155	±0
				要介護3	1,223	1,223	±0
				要介護4	1,290	1,290	±0
				要介護5	1,356	1,356	±0
			b ユニット型認知症疾患型短期入所療養介護費(ii)<ユニット型個室的多床室>	要介護1	1,088	1,088	±0
				要介護2	1,155	1,155	±0
				要介護3	1,223	1,223	±0
				要介護4	1,290	1,290	±0
				要介護5	1,356	1,356	±0
(4) 特定認知症疾患型短期入所療養介護費(日帰りショート)		(一) 3時間以上4時間未満			654	654	±0
		(二) 4時間以上6時間未満			905	905	±0
		(三) 6時間以上8時間未満			1,257	1,257	±0

■介護予防 1日につき

算定項目				算定	改定後	改定前	格差
(1) 認知症疾患型介護予防短期入所療養介護費	大学病院	(一) 認知症疾患型介護予防短期入所療養介護費(Ⅰ)(看護3:1 介護6:1)	a 認知症疾患型介護予防短期入所療養介護費(i)<従来型個室>	要支援1	813	813	±0
				要支援2	974	974	±0
			b 認知症疾患型介護予防短期入所療養介護費(ii)<多床室>	要支援1	919	919	±0
				要支援2	1,074	1,074	±0
	一般病院	(二) 認知症疾患型介護予防短期入所療養介護費(Ⅱ)(看護4:1 介護4:1)	a 認知症疾患型介護予防短期入所療養介護費(i)<従来型個室>	要支援1	750	750	±0
				要支援2	919	919	±0
			b 認知症疾患型介護予防短期入所療養介護費(ii)<多床室>	要支援1	808	808	±0
				要支援2	998	998	±0
		(三) 認知症疾患型介護予防短期入所療養介護費(Ⅲ)(看護4:1 介護5:1)	a 認知症疾患型介護予防短期入所療養介護費(i)<従来型個室>	要支援1	728	728	±0
				要支援2	892	892	±0
			b 認知症疾患型介護予防短期入所療養介護費(ii)<多床室>	要支援1	786	786	±0
				要支援2	971	971	±0

(2) 指定居宅サービス

算定項目				算定	改定後	改定前	格差
(1)認知症疾患型介護予防短期入所療養介護費		(四)認知症疾患型介護予防短期入所療養介護費(Ⅳ)(看護4:1 介護6:1)	a 認知症疾患型介護予防短期入所療養介護費(i)<従来型個室>	要支援1	716	716	±0
				要支援2	876	876	±0
			b 認知症疾患型介護予防短期入所療養介護費(ii)<多床室>	要支援1	773	773	±0
				要支援2	955	955	±0
		(五)認知症疾患型介護予防短期入所療養介護費(Ⅴ)経過措置型	a 認知症疾患型介護予防短期入所療養介護費(i)<従来型個室>	要支援1	656	656	±0
				要支援2	817	817	±0
			b 認知症疾患型介護予防短期入所療養介護費(ii)<多床室>	要支援1	763	763	±0
				要支援2	918	918	±0
(2)認知症疾患型経過型介護予防短期入所療養介護費		(一)認知症疾患型経過型介護予防短期入所療養介護費(Ⅰ)<従来型個室>		要支援1	564	564	±0
				要支援2	725	725	±0
		(二)認知症疾患型経過型介護予防短期入所療養介護費(Ⅱ)<多床室>		要支援1	622	622	±0
				要支援2	804	804	±0
(3)ユニット型認知症疾患型介護予防短期入所療養介護費	大学病院	(一)ユニット型認知症疾患型介護予防短期入所療養介護費(Ⅰ)	a ユニット型認知症疾患型介護予防短期入所療養介護費(i)<ユニット型個室>	要支援1	939	939	±0
				要支援2	1,095	1,095	±0
			b ユニット型認知症疾患型介護予防短期入所療養介護費(ii)<ユニット型個室的多床室>	要支援1	939	939	±0
				要支援2	1,095	1,095	±0
	一般病院	(二)ユニット型認知症疾患型介護予防短期入所療養介護費(Ⅱ)	a ユニット型認知症疾患型介護予防短期入所療養介護費(i)<ユニット型個室>	要支援1	832	832	±0
				要支援2	1,024	1,024	±0
			b ユニット型認知症疾患型介護予防短期入所療養介護費(ii)<ユニット型個室的多床室>	要支援1	832	832	±0
				要支援2	1,024	1,024	±0

算定単位：1日

共通 介護老人保健施設（基本型・在宅強化型・療養型・特別介護老人保健施設）・加算等

算定のポイント

算定項目		算定	改定後	改定前	格差	要件	介護予防
夜勤職員配置加算		1日	+24	+24	±0		○
個別リハビリテーション実施加算			+240	+240	±0	(四)を除く	○
認知症ケア加算			+76	+76	±0		○
認知症行動・心理症状緊急対応加算			+200	+200	±0	7日間限度	○
緊急短期入所受入加算			+90	+90	±0	7日間限度	
若年性認知症利用者受入加算	(1)、(2)を算定している場合		+120	+120	±0		○
	(3)を算定している場合		+60	+60	±0		
重度療養管理加算	(1)(一)、(2)(一)を算定している場合		+120	+120	±0	(要介護4・5に限る)	
	(3)を算定している場合		+60	+60	±0		
在宅復帰・在宅療養支援機能加算(Ⅰ)			+34	—	新設	(一)算定の基本型	○
在宅復帰・在宅療養支援機能加算(Ⅱ)			+46	—	新設	(一)算定の在宅強化型	○
送迎を行う場合		片道	+184	+184	±0		○
特別療養費						別に厚生労働大臣が定める単位数	○
療養体制維持特別加算	(一)療養体制維持特別加算(Ⅰ)	1日	+27	+27	±0		○
	(二)療養体制維持特別加算(Ⅱ)		+57	—	新設		○
(4)療養食加算		1回	+8	—	要件変更	1日に3回を限度	(3)
(5)認知症専門ケア加算	(一)認知症専門ケア加算(Ⅰ)		+3	—	新設		(4)
	(二)認知症専門ケア加算(Ⅱ)		+4	—	新設		
(6)緊急時施設療養費	(一)緊急時治療管理 療養型老健以外	1日	+511	+511	±0	1月に1回3日限度	(5)
	療養型老健		+511	+511	±0		
	(二)特定治療					医科診療報酬点数表に定める点数	

(2) 指定居宅サービス

算定項目		算定	改定後	改定前	格差	要件	介護予防
(7) サービス提供体制強化加算（全サービス共通事項ページ参照）	(一) サービス提供体制強化加算(I) イ	1日	+18	+18	±0		(6)
	(二) サービス提供体制強化加算(I) ロ		+12	+12	±0		
	(三) サービス提供体制強化加算(II)		+6	+6	±0		
	(四) サービス提供体制強化加算(III)		+6	+6	±0		

※ 特別療養費、緊急時施設療養費、サービス提供体制強化加算は、区分支給限度基準額管理の対象外。

ココに注目　減算等について

算定項目	算定	改定後	改定前	格差	要件	介護予防
夜勤職員基準に定める員数を満たさない場合	1日	×97%	×97%	±0		○
定員超過の場合		×70%	×70%	±0		○
医師、看護・介護職員、PT・OTまたはSTの員数が基準に満たない場合		×70%	×70%	±0		○
ユニットケア体制未整備減算		×97%	×97%	±0	(2)	○

□　療養病床を有する病院

加算算定のポイント

算定項目		算定	改定後	改定前	格差	要件	介護予防
夜勤を行う職員の勤務条件に関する基準の区分による加算	夜間勤務等看護(I)	1日	+23	+23	±0		○
	夜間勤務等看護(II)		+14	+14	±0		○
	夜間勤務等看護(III)		+14	+14	±0		○
	夜間勤務等看護(IV)		+7	+7	±0		○
認知症行動・心理症状緊急対応加算			+200	+200	±0	7日間限度	○
緊急短期入所受入加算			+90	+90	±0	7日間限度	
若年性認知症利用者受入加算	(1)～(4)を算定している場合		+120	+120	±0		○
	(5)を算定している場合		+60	+60	±0		
送迎を行う場合		片道	+184	+184	±0		○
(6) 療養食加算		1回	+8	−	要件変更	1日に3回を限度	(5)

算定項目		算定	改定後	改定前	格差	要件	介護予防
(7) 認知症専門ケア加算	(一)認知症専門ケア加算(Ⅰ)	1日	+3	－	新設		(6)
	(二)認知症専門ケア加算(Ⅱ)		+4	－	新設		(6)
(8) 特定診療費						別に厚生労働大臣が定める点数	(7)
(9) サービス提供体制強化加算(全サービス共通事項ページ参照)	(一) サービス提供体制強化加算(Ⅰ) イ	1日	+18	+18	±0		(8)
	(二) サービス提供体制強化加算(Ⅰ) ロ		+12	+12	±0		(8)
	(三) サービス提供体制強化加算(Ⅱ)		+6	+6	±0		(8)
	(四) サービス提供体制強化加算(Ⅲ)		+6	+6	±0		(8)

※ 特定診療費、サービス提供体制強化加算は、区分支給限度基準額管理の対象外。

ココに注目　減算等について

算定項目	算定	改定後	改定前	格差	要件	介護予防
夜勤職員基準に定める員数を満たさない場合	1日	－25	－25	±0	(1)(三)、(2)(二)、(3)、(4)、(5)(介護予防なし)	○
定員超過の場合		×70%	×70%	±0		○
看護・介護職員の員数が基準に満たない場合		×70%	×70%	±0		○
看護師が基準に定められた看護職員の員数に20/100を乗じて得た数未満の場合		×90%	×90%	±0		○
僻地の医師確保計画を届出たもの以外で、医師の数が基準に定められた医師の員数に60/100を乗じて得た数未満である場合		×90%	×90%	±0		○
僻地の医師確保計画を届出たもので、医師の数が基準に定められた医師の員数に60/100を乗じて得た数未満である場合		－12	－12	±0		○
ユニットケア体制未整備減算		×97%	×97%	±0	(3)(4)	○
病院療養病床療養環境減算		－25	－25	±0	廊下幅が設備基準を満たさない場合	○
医師の配置について、医療法施行規則第49条の規定が適用されている場合		－12	－12	±0		○

(2) 指定居宅サービス

ハ 診療所

加算算定のポイント

算定項目		算定	改定後	改定前	格差	要件	介護予防
認知症行動・心理症状緊急対応加算		1日	+200	+200	±0	7日間限度	
緊急短期入所受入加算			+90	+90	±0	7日間限度	
若年性認知症利用者受入加算	(1)(2)を算定している場合		+120	+120	±0		○
	(3)を算定している場合		+60	+60	±0		
送迎を行う場合		片道	+184	+184	±0		○
(4) 療養食加算		1回	+8	—	要件変更	1日に3回を限度	(3)
(5) 認知症専門ケア加算	(一) 認知症専門ケア加算（Ⅰ）	1日	+3	—	新設		(4)
	(二) 認知症専門ケア加算（Ⅱ）		+4	—	新設		
(6) 特定診療費						別に厚生労働大臣が定める点数	(5)
(7) サービス提供体制強化加算（全サービス共通事項ページ参照）	(一) サービス提供体制強化加算（Ⅰ）イ	1日	+18	+18	±0		(6)
	(二) サービス提供体制強化加算（Ⅰ）ロ		+12	+12	±0		
	(三) サービス提供体制強化加算（Ⅱ）		+6	+6	±0		
	(四) サービス提供体制強化加算（Ⅲ）		+6	+6	±0		

※ 特定診療費とサービス提供体制強化加算は区分支給限度基準額管理の対象外。

ココに注目　減算等について

算定項目	算定	改定後	改定前	格差	要件	介護予防
定員超過の場合	1日	×70%	×70%	±0		○
診療所設備基準減算　廊下幅が設備基準を満たさない場合		−60	−60	±0		○
食堂を有しない場合		−25	—	新設		○
ユニットケア体制未整備減算		×97%	×97%	±0	(2)	○

二　老人性認知症疾患療養病棟を有する病院

加算算定のポイント

算定項目		算定	改定後	改定前	格差	要件	介護予防
緊急短期入所受入加算		1日	+90	+90	±0	7日間限度	
送迎を行う場合		片道	+184	+184	±0		○
(5) 療養食加算		1回	+8	−	要件変更	1日に3回を限度	(4)
(6) 特定診療費						別に厚生労働大臣が定める点数	(5)
(7) サービス提供体制強化加算（全サービス共通事項ページ参照）	(一) サービス提供体制強化加算(Ⅰ) イ	1日	+18	+18	±0		(6)
	(二) サービス提供体制強化加算(Ⅰ) ロ		+12	+12	±0		
	(三) サービス提供体制強化加算(Ⅱ)		+6	+6	±0		
	(四) サービス提供体制強化加算(Ⅲ)		+6	+6	±0		

※ 特定診療費とサービス提供体制強化加算は区分支給限度基準額管理の対象外。

ココに注目　減算等について

算定項目	算定	改定後	改定前	格差	要件	介護予防
定員超過の場合	1日	×70%	×70%	±0		○
看護・介護職員の員数が基準に満たない場合		×70%	×70%	±0		○
看護師が基準に定められた看護職員の員数に20/100を乗じて得た数未満の場合		×90%	×90%	±0	(1)(一)(四)(五)、(2)、(3)、(4)	○
僻地の医師確保計画を届出たもの以外で、医師の数が基準に定められた医師の員数に60/100を乗じて得た数未満である場合		×90%	×90%	±0		○
僻地の医師確保計画を届出たもので、医師の数が基準に定められた医師の員数に60/100を乗じて得た数未満である場合		−12	−12	±0		○
ユニットケア体制未整備減算		×97%	×97%	±0	(3)	○

共通 介護医療院(短期・長期入所)共通項目

 新設された介護医療院のポイント(介護療養型医療施設との格差など)

〈長期のみ〉
● 介護医療院への転換後の移行定着支援加算93単位/日が新設された。(転換後1年間に限り算定)
  算定要件
  ① 介護療養型医療施設、医療療養病床または介護療養型老人保健施設から転換した介護医療院である場合。
  ② 転換を行って介護医療院を開設した等の旨を地域の住民に周知するとともに、介護医療院の入所者やその家族等への説明に取り組んでいる。
  ③ 入所者およびその家族等と地域住民等との交流が可能となるよう、地域の行事や活動等に積極的に関与している。

〈短期・長期共通〉
● 今回の改定で介護療養型医療施設の基本報酬と介護医療院の基本報酬の格差が「25単位」となった。
● Ⅰ型は現行の介護療養病床(療養機能強化型)を参考とし、Ⅱ型では介護老人保健施設(療養機能強化型)の基準を参考としつつ、24時間の看護職員の配置が可能となることに考慮して設定された。
● 療養環境減算(1日につき)が新設された。
● 介護医療院の減算は
  ① 療養環境減算(Ⅰ)25単位、療養環境減算(Ⅱ)25単位と設定された。
  ② 療養環境減算(Ⅰ)の施設基準
    療養室に隣接する廊下幅が、内法による測定で、1.8m未満。(両側に療養室がある廊下の場合は、内法による測定で、2.7m未満)
  ③ 療養環境減算(Ⅱ)の施設基準
    療養室の床面積の合計を入所定員で除した数が8m^{2}未満。

〈その他〉
● 介護療養型医療施設の加算等その他の取扱いは、引き続き介護医療院も同様。なお、加算等の名称が変更された。
  (例)退院時指導等加算　→　退所時指導等加算
  　　特定診療費　→　特別診療費
● 介護医療院は、病院・診療所ではなくなるが、医療提供施設として緊急時の医療に対

応する必要があるため、介護老人保健施設の緊急時施設療養費と同様の取り扱いとなった。

算定のポイント

1. 介護医療院の基本報酬の留意点

項　目	I型介護医療院			項　目	II型介護医療院		
	サービス費I	サービス費II	サービス費III		サービス費I	サービス費II	サービス費III
看護・介護人員配置	看護6対1 介護4対1	看護6対1 介護4対1	看護6対1 介護5対1	看護・介護人員配置	看護6対1 介護4対1	看護6対1 介護5対1	看護6対1 介護6対1
I型適合基準(以下いずれも適合する)○は算定日前月3カ月間の率/入所等患者				II型適合基準(ア)～(ウ)のいずれかに適合する			
○重篤な身体疾患者(※1)および身体合併症を有する認知症高齢者率(※2)	50%以上	50%以上		○(ア)喀痰吸引もしくは経管栄養が実施された者の占める割合	15%以上		
○喀痰吸引、経管栄養(※3)、インスリン注射実施患者率(※4)		30%以上					
○①医師が一般に認められている医学的知見に基づき回復の見込みがないと診断した率	①～③いずれも10%以上	①～③いずれも5%以上		○重篤な身体疾患を有する者および身体合併症を有する認知症高齢者の占める割合	20%以上		
○②入所者または家族等の同意を得たターミナルケア計画作成率							
○③医師、看護職員、介護職員等が共同し、入所者の状態または家族の求め等に応じ随時、本人または家族への説明を行い、同意を得たターミナルケア実施率(※5)				○(ウ)著しい精神症状、周辺症状もしくは重篤な身体疾患または日常生活に支障を来すような症状・行動や意志疎通の困難さが頻繁に見られ専門医療を必要とする認知症高齢者の占める割合	25%以上		
生活機能を維持改善するリハビリテーション(※6)	実施している						
地域に貢献する活動(※7)	実施している			ターミナルケアを行う体制	ある		

※ 「算定日が属する月の前3カ月間」とは
(1) 算定を開始する月の前月を含む前3カ月間のことをいう。

(2)喀痰吸引、経管栄養、インスリン注射が実施された者などの合計の算出方法は、次のいずれかの方法で算出し、小数点第3位以下は切り上げる。入所者等とは、毎日24時現在当該施設に入所している者をいい、入所してその日のうちに退所または死亡した者を含む。
　①月の末日における該当者の割合により、算定月の前3カ月に割合の平均値が基準に適合。
　②算定月前3カ月に基準を満たす入所者等の入所延べ日数が全ての入所者等の入所延べ日数に占める割合により、算定月前3カ月に割合の平均値が基準に適合。
(3)算定を開始する月の前月末の状況を届出ることが困難である場合は、算定を開始する月の前々月末までの状況に基づき前月に届出を行う取扱いとしても差し支えない。
　「新規開設される介護医療院の、介護医療院サービス費算定要件における実績」とは、
　①新規に開設される介護医療院は、開設日が属する月を含む6カ月間に限り、Ⅰ型介護医療院サービス費(Ⅱ)(Ⅲ)、Ⅱ型介護医療院サービス費のうち人員配置区分に適合した基本施設サービス費を算定可。
　②開設日が属する月を含む6カ月間に満たない場合、算定要件における実績を算出するための期間を満たした上で、例えば、Ⅰ型介護医療院サービス費(Ⅰ)の算定要件を満たす場合には、届出の規定に従い、当該基本施設サービス費の届出を行うことができる。また、当該6カ月間を超えて、引き続きⅠ型介護医療院サービス費(Ⅱ)(Ⅲ)、Ⅱ型介護医療院サービス費のうち人員配置区分に適合した基本施設サービス費を算定する場合は、改めて体制を届出る必要がある。
　③ユニット型介護医療院サービス費も同様の取扱い。
　④療養病床等からの転換の場合は、転換前の実績を基に算定要件に適合するか否かを判断して差し支えない。

2. 介護医療院の対象者などの留意点

項目	留意点
※1 重篤な身体疾患を有する者	①NYHA分類Ⅲ以上の慢性心不全の状態。 　NYHA Ⅲ度：普通以下の身体活動で愁訴出現。通常の身体活動が高度に制限される。 　NYHA Ⅳ度：安静時にも呼吸困難を示す。
	②Hugh-Jones分類Ⅳ以上の呼吸困難の状態または連続する1週間以上人工呼吸器を必要としている状態。
	③各週2日以上の人工腎臓の実施が必要であり、かつ、次に掲げるいずれかの合併症を有する状態。なお、人工腎臓の実施については、他科受診によるものであっても差し支えない。 　1)常時低血圧(収縮期血圧が90mmHg以下)。 　2)透析アミロイド症で手根管症候群や運動機能障害を呈するもの。 　3)出血性消化器病変を有するもの。 　4)骨折を伴う二次性副甲状腺機能亢進症のもの。
	④Child-Pugh分類C以上の肝機能障害の状態。 Child-Pugh 分類(C：10〜15点) Child-Pugh 分類 | 項目／得点	1点	2点	3点
---	---	---	---
肝性脳症	なし	軽度(Ⅰ・Ⅱ)	昏睡(Ⅲ以上)
腹水	なし	軽度	中程度以上
血清アルブミン値	3.5g/dl超	2.8〜3.5g/dl	2.8g/dl未満
プロトロンビン時間	70%超	40〜70%	40%未満
血清総ビリルビン値	2.0mg/dl未満	2.0〜3.0mg/dl	3.0mg/dl超	
	⑤連続する3日以上、JCS100以上の意識障害が継続している状態。
	⑥単一の凝固因子活性が40%未満の凝固異常の状態。
	⑦現に経口により食事を摂取している者であって、著しい摂食機能障害を有し、造影撮影(医科診療報酬点数表中「造影剤使用撮影」)または内視鏡検査(医科診療報酬点数表中「喉頭ファイバースコピー」)により誤嚥が認められる(喉頭侵入が認められる場合を含む)状態等。

項　目	留意点
※2 身体合併症を有する認知症高齢者	①認知症であって、悪性腫瘍等と診断された者。
	②認知症であって、次に掲げるいずれかの疾病と診断された者。 　イ：パーキンソン病関連疾患（進行性核上性麻痺、大脳皮質基底核変性症、パーキンソン病） 　ロ：多系統萎縮症（線条体黒質変性症、オリーブ橋小脳萎縮症、シャイ・ドレーガー症候群） 　ハ：筋萎縮性側索硬化症 　ニ：脊髄小脳変性症　ホ：広汎脊柱管狭窄症 　ヘ：後縦靭帯骨化症　ト：黄色靭帯骨化症　チ：悪性関節リウマチ
	③認知症高齢者の日常生活自立度のランクⅢb、Ⅳ、Mに該当する者等。
※3 経管栄養、喀痰吸引の実施	①経鼻経管、胃ろう、腸ろうによる栄養の実施を指す。ただし、診療所型介護医療院は、経鼻経管、胃ろう、腸ろう、中心静脈栄養による栄養の実施を指す。また、過去1年間に経管栄養が実施されていた者であって、経口維持加算を算定者は、経管栄養が実施されている者として取り扱う。
	②「喀痰吸引」の実施とは、過去1年間に喀痰吸引の実施者（入所期間が1年以上である入所者は、当該入所期間中（入所時を含む。）に喀痰吸引が実施されていた者）で、口腔衛生管理加算または口腔衛生管理体制加算算定者は、喀痰吸引実施者として取り扱う。
	③同一者に、例えば、「喀痰吸引」と「経管栄養」の両方を実施している場合、2つの処置を実施しているため、喀痰吸引と経管栄養を実施しているそれぞれの人数に含める。
※4 インスリン注射の実施	自ら実施する者は除く
※5 ターミナルケアの割合	基準①から③までのすべてに適合する入所者の入所延べ日数が、全ての入所者等の入所延べ日数に占める割合が基準を満たすこと ①医師が一般に認められている医学的知見に基づき回復の見込みがないと診断した者であること。 ②入院患者等またはその家族等の同意を得て、入院患者等のターミナルケアに係る計画が作成されていること。 ③医師、看護師、介護職員等が共同して、入院患者等の状態又は家族の求め等に応じ随時、本人またはその家族への説明を行い、同意を得てターミナルケアが行われていること。
※6 生活機能を維持改善するリハビリテーション	可能な限りその入所者の居宅における生活への復帰を目指し、日常生活動作を維持改善するリハビリテーションを、医師の指示を受けた作業療法士を中心とする多職種の共同によって、療養生活の中で随時行うこと。具体的には、入所者等ごとに解決すべき日常生活動作上の課題の把握（アセスメント）を適切に行い、改善に係る目標を設定し、計画を作成した上で、当該目標を達成するために必要なリハビリテーションを、機能訓練室の内外を問わず、また時間にこだわらず療養生活の中で随時行い、入所者等の生活機能の維持改善に努めなければならない。
※7 地域に貢献する活動	地域住民への健康教室、認知症カフェ等、地域住民相互および地域住民と施設の入所者等との交流に資するなど地域の高齢者に活動と参加の場を提供するものであるよう努める。2018年度に限り、2019年度中に活動を実施する場合を含むが、各施設において地域の実情に合わせた検討を行い、可能な限り早期から実施することが望ましい。また、既に基準に適合する活動を実施している施設は、更に創意工夫を行うよう努めることが望ましい。

(2) 指定居宅サービス

3. 特別診療費について

ユニット型Ⅰ型、Ⅱ型のみ算定できる。

以下のうち、①感染対策指導管理と②褥瘡対策指導管理の報酬は、改定前の介護療養型医療施設の特定診療費より1単位上乗せとなっている。

基本部分		算定	単位
①感染対策指導管理	常時感染防止対策をとっている場合	1日	6
②褥瘡対策指導管理	褥瘡対策につき十分な体制が整備されている場合。寝たきり度ランクB以上が対象。	1日	6
③初期入所診療管理	医師、看護師等が共同して診療計画を策定する（長期入所のみ対象）	入所中1回。診療方針に重大な変更があれば2回限度	250
④重度療養管理（短期入所療養介護のみ対象）	計画的な医学管理の継続と必要な処置を行った場合（要介護4、5に限る）	1日	123
⑤特定施設管理	対象者は後天性免疫不全症候群の病原体感染者	1日	250
	個室加算		+300
	2人室加算		+150
⑥重症皮膚潰瘍管理指導	計画的な医学管理の継続と必要な処置を行った場合	1日	18
⑦薬剤管理指導	週1回に限り1カ月に4回を限度に算定	1回	350
	疼痛緩和加算　1回		+50
⑧医学情報提供(Ⅰ)(Ⅱ)	診療状況を示す文書を添えて患者紹介をした場合	短期・長期入所（病院から病院。診療所から診療所）(Ⅰ)	1回	220
		短期・長期入所（病院から診療所。診療所から病院）(Ⅱ)		290
⑨理学療法(1日3回（作業療法および言語聴覚療法と合わせて1日4回）限り)（個別に20分以上実施）	理学療法(Ⅰ)	1回	123
	理学療法(Ⅱ)		73
	(Ⅰ)(Ⅱ)を4月以降で月11回目以降		70/100
	常勤専従加算（理学療法士2名以上配置）(Ⅰ)のみに加算		+35
	リハビリテーション初回加算(Ⅰ)にのみ適用（短期入所のみ）（入所日、退所日、要介護認定日から初めて利用した場合（⑩と併算定不可）	1月	+480
	日常動作訓練および指導加算（短期入所のみ）月2回以上実施の場合（⑩と併算定不可）		+300
⑩作業療法(1日3回（理学療法および言語聴覚療法と合わせて1日4回）限り)（個別に20分以上実施）	作業療法	1回	123
	4月以降で月11回目以降		70/100
	常勤専従加算（作業療法士2名以上配置）		+35
	リハビリテーション初回加算(Ⅰ)にのみ適用（短期入所のみ）（入所日、退所日、要介護認定日から初めて利用した場合（⑨と併算定不可）	1月	+480
	日常動作訓練および指導加算（短期入所のみ）月2回以上実施の場合（⑨と併算定不可）		+300

基本部分		算定	単位
⑪言語聴覚療法（1日3回（理学療法および作業療法と合わせて1日4回）限り）（個別に20分以上実施）	言語聴覚療法	1回	203
	4月以降で月11回目以降		70/100
	常勤専従加算（言語聴覚士2名以上配置）		+35
⑫集団コミュニケーション療法（1日3回限り）（20分以上実施）	集団コミュニケーション療法	1回	50
⑬摂食機能療法（1月4回限り）（個別に30分以上実施）	摂食機能療法		208
⑭短期集中リハビリテーション（入所日から3カ月以内）（個別に20分以上実施）（1週におおむね3日以上実施）	短期集中リハビリテーション（⑨から⑬と併算定不可）（長期入所のみ対象）	1日	240
⑮認知症短期集中リハビリテーション（入所日から3カ月以内）。（週3日実施を標準。なお算定は週3日限度）	認知症短期集中リハビリテーション（長期入所のみ対象）		240
⑯精神科作業療法	精神科作業療法		220
⑰認知症老人入院精神療法	認知症老人入院精神療法	1週	330

4. 特別診療費の留意点

(1) 感染対策指導管理は、施設全体として常時感染対策をとっている場合に算定可。

　（※感染対策指導管理の基準）

　①メチシリン耐性黄色ブドウ球菌等の感染を防止するにつき十分な設備

　②メチシリン耐性黄色ブドウ球菌等の感染を防止するにつき十分な体制整備。

(2) 褥瘡対策指導管理は、「障害老人の日常生活自立度（寝たきり度）判定基準」にてランクB以上に該当する患者に対して、常時褥瘡対策（※）をとっている場合に算定可。

　（※褥瘡対策指導管理の基準）

　　褥瘡対策につき十分な体制整備。

(3) 初期入所診療管理は

　①入所者が過去3カ月間（ただし、「認知症高齢者の日常生活自立度判定基準」にてランクⅢ、ⅣまたはMに該当する者の場合は過去1カ月間）の間に、当該特別診療費を請求する介護医療院に入所したことがない場合に限り算定可。

　②診療管理は、同一施設内の医療機関から介護医療院に入所した者は、算定不可。

　③なお、入所前の病院等入院後6カ月以内に、患者の病状変化等により診療計画を見直さざるを得ない状況になり、同様に診療計画を作成し、文書を用いて患者に説明を行った場合は、1回に限り算定可。

　（※初期入所診療管理の基準）

(2) 指定居宅サービス

　　　1）医師、看護師等の共同により策定された診療計画。
　　　2）病名、症状、予定される検査の内容およびその日程並びに予定されるリハビリテーションの内容およびその日程その他入所に関し必要な事項が記載された総合的な診療計画。
　　　3）診療計画が入所日から起算して2週間以内に、入所者に対し文書により交付し説明。
(4) 重度療養管理は、要介護4、要介護5で(一定の期間や頻度で継続)計画的な医学的管理を継続して行い、かつ、療養上必要な処置を行った場合に算定可。
　　※(重度療養管理に係る状態(次のいずれかに該当する状態))
　　①常時頻回の喀痰吸引を実施している状態。
　　②呼吸障害等により人工呼吸器を使用している状態。
　　③中心静脈注射を実施しており、かつ、強心薬等の薬剤を投与している状態。
　　④人工腎臓を実施しており、かつ、重篤な合併症を有する状態。
　　⑤重篤な心機能障害、呼吸障害等により常時モニター測定を実施している状態。
　　⑥膀胱または直腸の機能障害の程度が身体障害者福祉法施行規則(昭和25年厚生省令第15号)別表第5号に掲げる身体障害者障害程度等級表の4級以上に該当し、かつ、ストーマの処置を実施している状態。
(5) 特定施設管理は、後天性免疫不全症候群の病原体に感染している者(CD4リンパ球の値にかかわらず、抗体反応が陽性)であれば算定可。個室などの単位は、入所者希望による特別な設備の整った個室に入室する場合を除く。
(6) 重症皮膚潰瘍管理指導は、
　　①重症な皮膚潰瘍(Sheaの分類Ⅲ度以上のものに限る)を有している者に、計画的な医学管理を継続して行い、かつ、療養上必要な指導を行った場合に算定可。
　　②指導を算定する場合は、入所者の皮膚潰瘍がSheaの分類のいずれに該当するか、治療内容等について診療録に記載。
　　③(2)の褥瘡対策に関する基準を満たしている。
(7) 薬剤管理指導は、
　　①施設の薬剤師が医師の同意を得て薬剤管理指導記録に基づき、直接服薬指導を行った場合に週1回に限り算定可。算定日の間隔は6日以上。(本人への指導が困難な場合はその家族等に行った場合でも算定可)
　　②薬剤師は、過去の投薬、注射および副作用発現状況等を入所者に面接・聴取し、当該施設および可能な限り他の医療提供施設における投薬および注射に関する基礎的事項を把握する。
　　③薬剤管理指導の算定日を請求明細書の摘要欄に記載。
　　④薬剤師が入所者ごとに作成する薬剤管理指導記録に、入所者の氏名、生年月日、性別、入所年月日、退所年月日、要介護度、診療録の番号、投薬・注射歴、副作用歴、アレルギー歴、薬学的管理の内容(重複投薬、配合禁忌等に関する確認等を含む)、利

用者等への指導および利用者等からの相談事項、薬剤管理指導等の実施日、記録の作成日及びその他の事項を記載し、最後の記入日から最低3年間保存。
⑤投薬された医薬品について、薬剤師が ア)医薬品緊急安全性情報 イ)医薬品等安全性情報を知ったときは、原則として主治医に対し情報を文書により提供。
⑥疼痛緩和加算は、特別な薬剤の投薬または注射が行われている利用者等に対して通常の薬剤指導に加えて、当該薬剤の服用に関して必要な指導を行った場合に算定。また、薬剤管理指導記録には、麻薬にかかる薬学的管理内容(麻薬の服薬状況、疼痛緩和状況等)、麻薬にかかる利用者等への指導および利用者等からの相談事項、その他麻薬に係る事項の記載が必要。
⑦指導および加算を算定した場合は必要に応じ、その要点を文書で医師に提供。
⑧投薬・注射の管理は、原則として、注射もその都度処方せんにより行うが、緊急やむを得ない場合にはこの限りではない。
(8)医学情報提供は、
①退所する利用者等の診療に基づき他の医療機関での入院治療の必要性を認め、利用者等の同意を得て当該機関に対して、診療状況を示す文書を添えて利用者等の紹介を行った場合に算定。
②事前に紹介先の機関と調整の上、定めた様式に必要事項を記載し、利用者等または紹介先機関に交付。
③提供される内容が、利用者等に対して交付された診断書等であり、利用者等より自費を徴収している場合または意見書等であり意見書の交付について診療報酬、公費で既に相応の評価が行われている場合は、医学情報提供に係る特別診療費は算定不可。
(9)摂食機能療法は、発達遅滞、顎切除および舌切除の手術または脳血管疾患等による後遺症により摂食機能に障害のある者に、個々の入所患者の状態像に応じた診療計画書に基づき、1回につき30分以上訓練を行った場合に1カ月に4回を限度として算定可。
(10)リハビリテーション
①理学療法、作業療法および言語聴覚療法は、利用者等1人につき1日合計4回に限り算定し、集団コミュニケーション療法は1日につき3回、摂食機能療法は、1日につき1回のみ算定。
②理学療法は、利用者等に対して個別に20分以上訓練を行った場合に算定。
③理学療養(Ⅰ)は、1人の理学療法士が1人の利用者等に対して重点的に個別的訓練を行うことが必要と認められる場合で、理学療法士と利用者等が1対1で行った場合にのみ算定。なお、利用者等の状態像や日常生活のパターンに合わせて、1日に行われる理学療法が複数回にわたる場合でも、そのうち2回分の合計が20分を超える場合は、1回として算定。
④理学療法(Ⅰ)は、医師は定期的な運動機能検査をもとに、理学療法の効果判定を行い、理学療法実施計画を作成する。ただし、理学療法実施計画はリハビリテーション実施計画に代えることができる。なお、理学療法を実施する場合は、開始時およびそ

(2) 指定居宅サービス

の後3カ月に1回以上利用者等に対して当該理学療法実施計画の内容を説明し、その内容の要点を診療録に記載。

⑤理学療法（Ⅱ）は、個別的訓練（機械・器具を用いた機能訓練、水中機能訓練、温熱療法、マッサージ等を組み合わせて行う個別的訓練を含む）を行う必要がある利用者等に行う場合で、従事者と利用者等が1対1で行った場合に算定。なお、利用者等の状態像や日常生活のパターンに合わせて、1日に行われる理学療法が複数回にわたる場合でも、そのうち2回分の合計が20分を超える場合は、1回として算定。

⑥作業療法は、1人の作業療法士が1人の利用者等に対して重点的に個別的訓練を行うことが必要と認められる場合で、作業療法士と利用者等が1対1で20分以上訓練を行った場合にのみ算定。

⑦作業療法は、医師は定期的な作業機能検査をもとに、作業療法の効果判定を行い、作業療法実施計画を作成する。ただし、作業療法実施計画はリハビリテーション実施計画に代えることができる。なお、作業療法を実施する場合は、開始時およびその後3カ月に1回以上、利用者等に対して当該作業療法実施計画の内容を説明し、その内容の要点を診療録に記載。

⑧初回加算は、以下の1）および2）に掲げるとおり実施した場合に算定。

　1）利用時に、医師、理学療法士、作業療法士、言語聴覚士その他の職種の者がリハビリテーションに関する解決すべき課題の把握とそれに基づく評価を行い、その後、多職種協働によりリハビリテーションカンファレンスを行ってリハビリテーション実施計画を作成。

　2）作成したリハビリテーション実施計画については、利用者またはその家族に説明し、その同意を得ている。

⑨日常動作訓練および指導加算は、理学療法士、作業療法士、看護職員等が利用者に対して、看護職員または介護職員と共同して、月2回以上の日常生活の自立に必要な起居、食事、整容、移動等の日常動作の訓練および指導（入所生活リハビリテーション管理指導）を行った場合に、1月に1回を限度として算定。入所生活リハビリテーション管理指導日は、理学療法および作業療法に係る実施回数に含まず、特別診療費の所定単位数は算定不可。

⑩言語聴覚療法は、利用者等に対して重点的に個別的訓練を行う必要があると認められる場合で、専用の言語療法室等において、言語聴覚士と利用者等が1対1で20分以上訓練を行った場合に算定。また、利用者等の状態像や日常生活パターンに合わせて、1日に行われる言語聴覚療法が複数回にわたる場合でも、そのうち2回分の合計が20分を超える場合は、1回として算定。

⑪言語聴覚療法は、医師は定期的な言語聴覚機能検査をもとに、言語聴覚療法の効果判定を行い、言語聴覚療法実施計画を作成する。ただし、言語聴覚療法実施計画をリハビリテーション実施計画に代えることができる。なお、言語聴覚療法を実施する場合は、開始時およびその後3カ月に1回以上利用者等に対して当該言語聴覚療法実施計

画の内容を説明し、その内容の要点を診療録に記載。
⑫集団コミュニケーション療法は、失語症、構音障害、難聴に伴う聴覚・言語機能の障害または人工内耳埋込術後等の言語聴覚機能に障害を持つ複数の利用者等に対し、集団で言語機能または聴覚機能に係る訓練を行った場合に算定。
⑬集団コミュニケーション療法は、医師の指導監督のもとで行われるものであり、医師または言語聴覚士の監視下で行われるものについて算定。
⑭集団コミュニケーション療法は、1人の言語聴覚士が複数の利用者等に対して訓練を行うことができる程度の症状の利用者等で、特に集団で行う言語聴覚療法である集団コミュニケーション療法が有効であると期待できる利用者等に対し、言語聴覚士が複数の利用者等に対して20分以上訓練を行った場合に算定する。また、同時に行う利用者等の数は、その提供時間内を担当する言語聴覚士により、適切な集団コミュニケーション療法が提供できる人数以内に留める必要があり、過度に利用者等の数を多くして、利用者等1人1人に対応できないということがないようにする。なお、利用者等の状態像や日常生活のパターンに合わせて、1日に行われる訓練が複数回にわたる場合でも、そのうち2回分の合計が20分を超える場合は、1回として算定。
⑮集団コミュニケーション療法は、医師は定期的な言語聴覚機能能力に係る検査をもとに、効果判定を行い、集団コミュニケーション療法実施計画を作成する。ただし、集団コミュニケーション療法実施計画はリハビリテーション実施計画に代えることができる。なお、集団コミュニケーション療法を実施する場合は、開始時その後3カ月に1回以上利用者等に対して当該集団コミュニケーション療法の実施計画の内容を説明し、その要点を診療録に記載する。
⑯摂食機能療法は、摂食機能障害を有する利用者等に対して、個々の利用者等の状態像に対応した診療計画書に基づき、医師または歯科医師もしくは医師または歯科医師の指示の下に言語聴覚士、看護師、准看護師、歯科衛生士、理学療法士または作業療法士が1回につき30分以上訓練指導を行った場合に限り算定。なお、「摂食機能障害を有するもの」とは、発達遅滞、顎切除および舌切除の手術または脳血管疾患等による後遺症により摂食機能に障害がある者のことをいう。
⑰医師または歯科医師の指示の下に言語聴覚士、看護師、准看護師または歯科衛生士が行う嚥下訓練は、摂食機能療法として算定可。
⑱短期集中リハビリテーションにおける集中的なリハビリテーションとは、1週につき概ね3日以上実施する場合をいう。
⑲短期集中リハビリテーションは、当該入所者が過去3カ月間に、介護医療院に入所したことがない場合に限り算定。ただし、入所者が過去3カ月間の間に、介護医療院に入所したことがあり、4週間以上の入院後に介護医療院に再入所した場合で、短期集中リハビリテーションの必要性が認められる者の場合および入所者が過去3カ月間の間に、介護医療院に入所したことがあり、4週間未満の入院後に介護医療院に再入所した場合であって、以下に定める状態である者の場合はこの限りでない。

(2) 指定居宅サービス

　　1)脳梗塞、脳出血、くも膜下出血、脳外傷、脳炎、急性脳症(低酸素脳症等)、髄膜炎等を急性発症した者
　　2)上・下肢の複合損傷(骨、筋・腱・靭帯、神経、血管のうち3種類以上の複合損傷)、脊椎損傷による四肢麻痺(1肢以上)、体幹・上・下肢の外傷・骨折、切断・離断(義肢)、運動器の悪性腫瘍等を急性発症した運動器疾患またはその手術後の者
　⑳認知症短期集中リハビリテーションは、認知症入所者の在宅復帰を目的として行うものであり、記憶の訓練、日常生活活動の訓練等を組み合わせたプログラムを週3日、実施することを標準とする。
　㉑認知症短期集中リハビリテーション(当該リハビリテーション)は、精神科医師もしくは神経内科医師または認知症に対するリハビリテーションに関する専門的な研修を修了した医師により、認知症の入所者で生活機能の改善が見込まれると判断された者に、在宅復帰に向けた生活機能の改善を目的として、リハビリテーション実施計画に基づき、医師または医師の指示を受けた理学療法士等が記憶の訓練、日常生活活動の訓練等を組み合わせたプログラムを実施した場合に算定。なお、記憶の訓練、日常生活活動の訓練等を組み合わせたプログラムは認知症に対して効果の期待できるものであること。
　㉒当該リハビリテーションは、1人の医師または理学療法士等が1人の利用者に対して行った場合にのみ算定。
　㉓当該リハビリテーション加算は、利用者に対して個別に20分以上当該リハビリテーションを実施した場合に算定。
　㉔当該リハビリテーションの対象入所者はMMSE(Mini Mental State Examination)またはHDR-R(改訂長谷川式簡易知能評価スケール)において概ね5点～25点に相当する者。
　㉕当該リハビリテーション記録(実施時間、訓練内容、訓練評価、担当者等)は利用者毎に保管。
　㉖理学療法等の短期集中リハビリテーション実施加算を算定している場合でも、別途当該リハビリテーションを実施した場合は算定可。
　㉗認知症短期集中リハビリテーションは、当該利用者が過去3カ月間の間に、当該加算を算定したことがない場合に限り算定。ただし、入所者が過去3カ月間の間に、当該リハビリテーション加算をしたことがあっても、脳血管疾患等の認知機能低下を来す中枢神経疾患を発症、その急性期に治療のために医療機関に入院し、治療終了後も入院の原因となった疾患の発症前と比し認知機能が悪化しており、認知症短期集中リハビリテーションの必要性が認められる場合に限り算定可。
(11)精神科作業療法とは、
　①精神障害者の社会生活機能の回復を目的として行うものであり、実施される作業内容の種類にかかわらず入所者1人あたり1日につき2時間を標準。

②1人の作業療法士は、1人以上の助手とともに当該療法を実施した場合に算定。この場合1日あたりの取扱い患者数は、おおむね25人を1単位として、1人の作業療法士の取扱い患者数は1日3単位75人以内を標準とする。
③療法を実施した場合その要点を個々の入所者の診療録に記載。
④療法に要する消耗材料および作業衣等の費用は、施設の負担。
(12)認知症老人入所精神療法とは、
①回想法またはR・O・法(リアリティー・オリエンテーション法)を用いて認知症入所者の情動の安定、残存認知機能の発掘と活用、覚醒性の向上等を図ることにより、認知症疾患の症状の発現及び進行に係る要因を除去する治療法をいう。
②入所者ごとに治療計画を作成し、治療を行うとともに定期的に評価を行う。
③精神科担当医師1人および1人の臨床心理技術者等1人の従事者による少なくとも合計2人が行った場合に算定。なお、この場合、精神科担当医師が、必ず1人以上従事。
④1回におおむね10人以内の入所者を対象として、1時間を標準として実施。
⑤実施に要した内容、要点および時刻について診療録等に記載。

5. 緊急時施設診療費:緊急時治療管理

入所者の病状が重篤となり救命救急医療が必要となる場合で応急的な治療管理としての投薬、注射、検査、処置等を行ったときに算定可。
(1)同一入所者1カ月に1回、連続する3日を限度として算定。(例えば1カ月間に連続しない1日を3回算定は不可)
(2)緊急時治療管理と特定治療は併算定不可。
(3)対象入所者は、以下の状態の者をいう。
　①意識障害または昏睡
　②急性呼吸不全または慢性呼吸不全の急性増悪
　③急性心不全(心筋梗塞を含む)
　④ショック
　⑤重篤な代謝障害(肝不全、腎不全、重症糖尿病等)
　⑥その他薬物中毒等で重篤なもの

6. 特定治療に関連して

(1)特定治療
　医科診療報酬点数に規定する医療機関等が行った場合に点数が算定されるリハビリテーション、処置、手術、麻酔または放射線治療(別に厚生労働大臣が定めるものを除く)を行った場合に、診療に係る医科診療報酬点数表に定める点数に10円を乗じて得た額を算定可。
(参考)別に厚生労働大臣が定めるもの。(次の項目は算定不可)
　①リハビリテーション

(2) 指定居宅サービス

脳血管疾患等リハビリテーション料(言語聴覚療法に係るものに限る)、摂食機能療法、視能訓練。

② 処置

1) 一般処置

創傷処置($6000cm^2$以上のもの(褥瘡に係るものを除く)を除く)、熱傷処置($6000cm^2$以上のものを除く)、重度褥瘡処置、長期療養患者褥瘡等処置、精神病棟等長期療養患者褥瘡等処置、爪甲除去(麻酔を要しないもの)、穿刺排膿後薬液注入、空洞切開術後ヨードホルムガーゼ処置、ドレーン法(ドレナージ)、頸椎、胸椎または腰椎穿刺、胸腔穿刺(洗浄、注入および排液を含む)、腹腔穿刺(人工気腹、洗浄、注入および排液を含む)、喀痰吸引、干渉低周波去痰器による喀痰排出、高位浣腸、高圧浣腸、洗腸、摘便、腰椎麻酔下直腸内異物除去、腸内ガス排気処置(開腹手術後)、酸素吸入、突発性難聴に対する酸素療法、酸素テント、間歇的陽圧吸入法、体外式陰圧人工呼吸器治療、肛門拡張法。(徒手またはブジーによるもの)、非還納性ヘルニア徒手整復法、痔核嵌頓整復法。(脱肛を含む)

2) 救急処置

救命のための気管内挿管、体表面ペーシング法または食道ペーシング法、人工呼吸、非開胸的心マッサージ、気管内挿入、胃洗浄。

3) 皮膚科処置

皮膚科軟膏処置、いぼ焼灼法、イオントフォレーゼ、臍肉芽腫切除術。

4) 泌尿器科処置

膀胱洗浄(薬液注入を含む)、後部尿道洗浄(ウルツマン)、留置カテーテル設置、嵌頓包茎整復法。(陰茎絞扼等)

5) 産婦人科処置

膣洗浄(熱性洗浄を含む)、子宮頸管内への薬物挿入法。

6) 眼科処置

眼処置、義眼処置、睫毛抜去、結膜異物除去。

7) 耳鼻咽喉科処置

鼻処置(鼻吸引、鼻洗浄、単純鼻出血および鼻前庭の処置を含む)、口腔、咽頭処置、関節喉頭鏡下喉頭処置(喉頭注入を含む)、鼻出血止血法(ガーゼタンポンまたはバルーンによるもの)、耳垢栓塞除去(複雑なもの)、ネブライザー、超音波ネブライザー。

8) 整形外科的処置(鋼線等による直達牽引を除く)

9) 栄養処置

鼻腔栄養、滋養浣腸。

10) 手術

創傷処理(長径5cm以上で筋肉、臓器に達するものを除く)、皮膚切開術(長径20cm未満のものに限る)、デブリードマン($100cm^2$未満のものに限る)、爪甲除

去術、瘭疽手術、風棘手術、外耳道異物除去術(極めて複雑なものを除く)、咽頭異物摘出術、顎関節脱臼非観血的整復術、血管露出術。

11)麻酔

静脈麻酔、筋肉注射による全身麻酔、注腸による麻酔、硬膜外ブロックにおける麻酔剤の持続的注入。

(2)介護医療院の入所者に対する診療報酬算定について

①介護医療院に入所中の患者の医療保険における医療機関への受診については、当該入院の原因となった傷病以外の傷病に罹患し、介護医療院以外での診療の必要が生じた場合は、他医療機関へ転医または対診を求めることを原則とする。

②介護医療院サービス費算定患者に対し、介護医療院サービス費に含まれる診療を他医療機関で行った場合は、他医療機関は費用を算定できない。

③他医療機関は、以下の1)～10)に規定する診療を行った場合、患者の入院している介護医療院から提供される患者に係る診療情報文書を診療録に添付し、診療報酬明細書に「介護医療院名」「受診した理由」「診療科」および「㊙㊄(受診日数：○日)」と記載する。

1)初・再診料
2)短期滞在手術等基本料1
3)検査
4)画像診断
5)精神科専門療法
6)処置
7)手術
8)麻酔
9)放射線治療
10)病理診断

(3)介護医療院に入所中の患者、短期入所療養介護または介護予防短期入所療養介護(介護医療院の療養床に限る)を受けている患者の診療報酬算定。(併設医療機関と併設医療機関以外の医療機関との比較)

介護医療院サービス費の他科受診時費用(362単位)を算定する日としない日の取り扱いは次のとおり。

※(「医療保険と介護保険の給付調整に関する留意事項及び医療保険と介護保険の相互に関連する事項等について」の一部改正について(別紙2)厚生労働省保険局医療課長通知(保医発0330第2号・平成30年3月30日付けを参照に編著者が一部改変)

(2) 指定居宅サービス

大項目	区分 / 小項目	介護医療院サービス費の他科受診時費用算定なしの日		介護医療院サービス費の他科受診時費用算定した日	
		併設医療機関	併設医療機関以外	併設医療機関	併設医療機関以外
	初・再診料	×	○	○	○
	入院料等	×		○※1	
医学管理等	ウイルス疾患指導料	○			
	特定薬剤治療管理料	○			
	悪性腫瘍特異物質治療管理料	○			
	てんかん指導料	○			
	難病外来指導管理料	○			
	皮膚科特定疾患指導管理料	○			
	外来栄養食事指導料	○※2			
	集団栄養食事指導料	○※2			
	心臓ペースメーカー指導管理料	○			
	高度難聴指導管理料	○			
	慢性維持透析患者外来医学管理料	○			
	喘息治療管理料	○			
	糖尿病合併症管理料	×		○	
	がん性疼痛緩和指導管理料	○			
	がん性疼痛緩和指導管理料	○			
	外来緩和ケア管理料	○			
	移植後患者指導管理料	○			
	植込型輸液ポンプ持続注入療法指導管理料	○			
	糖尿病透析予防指導管理料	×		○	
	地域連携夜間・休日診療料	×	○	×	○
	院内トリアージ実施料	×	○	×	○
	夜間休日救急搬送医学管理料	×	○	×	○
	外来放射線照射診療料	○			
	生活習慣病管理料	○※3			
	ニコチン依存症管理料	×		○	
	リンパ浮腫指導管理料(退院患者に限る)	○			
	がん治療連携計画策定料	○			
	がん治療連携指導料	○			
	がん治療連携管理料	○			
	認知症専門診断管理料	○			
	診療情報提供料(Ⅰ)				
医学管理等	注1(医療機関へ紹介する場合) 注6(認知症専門医療機関へ紹介する場合) 注7加算(退院患者の検査情報等を添付して別の医療機関、精神障害者施設、介護老人保健施設、介護医療院へ紹介する場合) 注9加算(認知症専門医療機関紹介加算) 注10加算(認知症専門医療機関連携加算) 注11加算(精神科医連携加算) 注12加算(肝炎インターフェロン治療連携加算) 注13加算(歯科医療機関連携加算) 注16加算(検査・画像情報提供加算)	○			

分類		項目				
医学管理等		電子的診療情報評価料	×	○	×	○
		診療情報連携共有料	×	○	×	○
		薬剤情報提供料	×		×	○
		傷病手当金意見書交付料	○			
		上記以外	×			
在宅医療		往診料	×	○	×	○
		在宅療養指導管理材料加算	○			
		上記以外	×			
検査			×		○	
画像診断			○※4		○	
投薬			○※5		○※6	
注射			○※7		○※6	
リハビリテーション			○※8			
精神科専門療法		精神科電気痙攣療法	×		○	
		通院・在宅精神療法	×		○	
		認知療法・認知行動療法	×		○	
		通院集団精神療法	×		×	○※9
		精神科作業療法	×		×	○
		精神科ショート・ケア（退院予定患者に対する50/100の算定を除く）	×		×	○
		精神科デイ・ケア（退院予定患者に対する早期加算除く）	×		×	○
		重度認知症患者デイ・ケア料	×		×	○
		上記以外	×			
処置			○※10		○	
手術			○			
麻酔			○			
放射線治療			○			
病理診断			○			
歯科診療報酬		薬剤総合評価調整管理料	×			
		退院時共同指導料1	×			
		在宅患者訪問薬剤管理指導料	×			
		在宅患者連携指導料	×			
		在宅患者緊急時等カンファレンス料	×			
		上記以外	○			
調剤報酬			×			
訪問看護療養費			×			

※1 短期滞在手術等基本料1に限る。
※2 栄養マネジメント加算を算定していない場合に限る。
※3 血糖自己測定指導加算に限る。
※4 単純撮影に係るものを除く。
※5 次に掲げる薬剤の薬剤料に限る。
　・抗悪性腫瘍剤（悪性新生物に罹患している患者に対して投与された場合に限る）
　・疼痛コントロールのための医療用麻薬
　・抗ウイルス剤（B型肝炎またはC型肝炎の効能もしくは効果を有するものおよび後天性免疫不全症候群又はHIV感染症の効能又は効果を有するものに限る）
※6 専門的な診療に特有な薬剤に係るものに限る。

(2) 指定居宅サービス

※7 次に掲げる薬剤の薬剤料に限る。
・エリスロポエチン(人工腎臓または腹膜灌流を受けている患者のうち腎性貧血状態にあるものに投与された場合に限る。)
・ダルベポエチン(人工腎臓または腹膜灌流を受けている患者のうち腎性貧血状態にあるものに投与された場合に限る。)
・疼痛コントロールのための医療用麻薬
・インターフェロン製剤(B型肝炎またはC型肝炎の効能又は効果を有するものに限る)
・抗ウイルス剤(B型肝炎またはC型肝炎の効能または効果を有するものおよび後天性免疫不全症候群またはHIV感染症の効能または効果を有するものに限る。)
・血友病の治療に係る血液凝固因子製剤及び血液凝固因子抗体迂回活性複合体
※8 視能訓練、難病患者リハビリテーション料に限る。
※9 同一日に、特別診療費を算定する場合を除く。
※10 創傷処置(手術日から起算して14日以内の患者に対するものを除く)、喀痰吸引、摘便、酸素吸入、酸素テント、皮膚科軟膏処置、膀胱洗浄、留置カテーテル設置、導尿、膣洗浄、眼処置、耳処置、耳管処置、鼻処置、口腔、咽頭処置、間接喉頭鏡下喉頭処置、ネブライザー、超音波ネブライザー、介達牽引、消炎鎮痛等処置、鼻腔栄養および長期療養患者褥瘡等処置を除く。

7. 外泊する入所者に居宅サービスを提供した場合

入所者が外泊した場合に、当該施設より1カ月に6日を限度として所定単位数に代えて1日につき800単位を算定可。ただし、外泊の初日および最終日は算定不可。外泊時費用と併算定不可。

8. 退所前訪問指導加算(長期入所のみ)

(1)入所期間が1カ月を超えると見込まれる入所者の、在宅療養に向けた最終調整を目的として、入所者が退所後生活する居宅を訪問し、入所者およびその家族等に対して退所後の療養上の指導を行った場合に、入所中1回(入所後早期に退所前訪問指導の必要があると認められる入所者は、2回)を限度として算定可。

(2)入所者が退所後にその居宅でなく、他の社会福祉施設等に入所する場合で、入所者の同意を得て、社会福祉施設等を訪問し、連絡調整、情報提供等を行ったときも、算定可。

(3)入所前後訪問指導加算算定月は、併算定不可。

(4)退所日に算定。

(5)次の場合には算定不可。
　①退所して病院または診療所へ入院する場合
　②退所して他の介護保険施設へ入院または入所する場合
　③死亡退所の場合

(6)医師、看護職員、支援相談員、理学療法士または作業療法士、栄養士、介護支援専門員等が協力して実施。

(7)入所者およびその家族等のいずれにも実施。

(8)指導日および指導内容の要点を診療録等に記載。

9. 退所後訪問指導加算(長期入所のみ)

(1)入所者の退所後30日以内に入所者の居宅を訪問して療養上の指導を行った場合に、1

回に限り算定可。
(2) 訪問日に算定。
(3) 医師、看護職員、支援相談員、理学療法士または作業療法士、栄養士、介護支援専門員等が協力して実施。
(4) 退所者およびその家族等のいずれにも実施。
(5) 指導日および指導内容の要点を診療録等に記載。

10. 退所時指導加算(長期入所のみ)

(1) 入所期間が1月を超える入所者が退所し、その居宅において療養を継続する場合に、入所者の退所時に、入所者およびその家族等に対して、退所後の療養上の指導を行った場合に、入所者1人につき1回を限度として算定可。
(2) 退所が見込まれる入所期間が1月を超える入所者をその居宅において試行的に退所させる場合、入所者の試行的な退所時に、入所者およびその家族等に対して、退所後の療養上の指導を行った場合、入所中最初に試行的な退所を行った月から3カ月の間に限り、1カ月に1回を限度として算定可。
(3) 指導の内容は、下記とする。
　①食事、入浴、健康管理等在宅療養に関する指導
　②退所する者の運動機能および日常生活動作能力の維持および向上を目的として行う体位変換、起座または離床訓練、起立訓練、食事訓練、排泄訓練の指導
　③家屋の改善の指導
　④退所する者の介助方法の指導
(4) 医師、看護職員、支援相談員、理学療法士、作業療法士、栄養士、介護支援専門員等が協力して実施。
(5) 退所者およびその家族等のいずれにも実施。
(6) 指導日および指導内容の要点を診療録等に記載。

11. 退所時情報提供加算(長期入所のみ)

(1) 入所期間が1カ月を超える入所者が退所し、その居宅において療養を継続する場合に、入所者の退所後の主治の医師に対して、入所者の同意を得て、入所者の診療状況を示す文書を添えて入所者の紹介を行った場合に、算定可。
(2) 文書は入所者または主治の医師に交付するとともに、交付した文書の写しを診療録に添付。また、当該文書に入所者の諸検査の結果、日常生活動作能力、心理状態などの心身機能の状態、薬歴、退所後の治療計画等を示す書類を添付。
(3) 入所者が退所後にその居宅でなく、他の社会福祉施設等に入所する場合で、入所者の同意を得て、社会福祉施設等に対して入所者の診療状況を示す文書を添えて、入所者の処遇に必要な情報を提供したときも、算定可。

12. 退所前連携加算(長期入所のみ)

(1) 入所期間が1カ月を超える入所者が退所し、その居宅において居宅サービスまたは地域密着型サービスを利用する場合において、入所者の退所に先立って入所者が利用を希望する居宅介護支援事業者に対して、入所者の同意を得て、入所者の診療状況を示す文書を添えて入所者の居宅サービスまたは地域密着型サービスに必要な情報を提供し、かつ、居宅介護支援事業者と連携して退所後の居宅サービスまたは地域密着型サービスの利用に関する調整を行った場合に、入所者一人につき1回を限度として算定できる。算定は以下による。
(2) 退所日に算定。
(3) 退所前連携を行った場合は、連携を行った日および連携の内容の要点を記録する。

13. 訪問看護指示加算(長期入所のみ)

(1) 入所者の退所時に、介護医療院の医師が、診療に基づき、訪問看護、定期巡回・随時対応型訪問介護看護または看護小規模多機能型居宅介護サービスの利用が必要であると認め、入所者の同意を得て、訪問看護指示書(指定定期巡回・随時対応型訪問介護看護事業所の場合は訪問看護サービスに係る指示書をいい、看護小規模多機能型居宅介護は看護サービスに係る指示書をいう)を交付した場合に、入所者1人につき1回を限度算定。
(2) 介護医療院から交付される訪問看護指示書に指示期間の記載がない場合は、その指示期間は1カ月であるものとみなす。
(3) 訪問看護指示書は、診療に基づき速やかに作成・交付する。
(4) 訪問看護指示書は、特に退所する者の求めに応じて、退所者またはその家族等を介して訪問看護ステーション、定期巡回・随時対応型訪問介護看護事業所または看護小規模多機能型居宅介護事業所に交付しても差し支えない。
(5) 交付した訪問看護指示書の写しを診療録等に添付。

14. 若年性認知症入所者受入加算

(1) 受け入れた若年性認知症入所者ごとに個別に担当者を定め、その者を中心に、入所者の特性やニーズに応じたサービス提供を行う場合に算定できる。
(2) 若年性認知症の判断は、精神科医師もしくは神経内科医師または認知症に対するリハビリテーションに関する専門的研修修了医師の判定結果を徴するか、「要介護認定等の実施について」の主治医意見書によることが望ましい。
(3) 65歳の誕生日の前々日まで算定可。

15. 認知症行動・心理症状緊急対応加算

医師が「認知症の行動・心理症状が認められるため、在宅での生活が困難であり、緊急に介護老人福祉施設への入所が必要である」と判断した者について、介護支援専門員と受

け入れ施設の職員とで連携し、当該本人またはその家族の同意のうえ、当該施設に入所した場合に、算定できる。(入居日から起算して7日を限度)

(1)「認知症の行動・心理症状」とは、認知症による認知機能の障害に伴う、妄想・幻覚・興奮・暴言等の症状を指すものである。
(2)医療機関における対応が必要であると判断される場合は、速やかに適当な医療機関の紹介、情報提供を行うことにより、適切な医療が受けられるように取り計らう必要がある。
(3)本加算は、当該利用者の在宅での療養が継続されることを評価するものであるため、入所後、速やかに退所に向けた施設サービス計画を策定し、「認知症の行動・心理症状」が安定した際には速やかに在宅復帰が可能となるようにすること。
(4)次に掲げる者が、直接、当該施設へ入所した場合には、算定できない。
　①病院または診療所に入院中の者
　②介護保険施設または地域密着型介護老人福祉施設に入院中または入所中の者
　③短期入所生活介護、短期入所療養介護、特定施設入居者生活介護、短期利用特定施設入居者生活介護、認知症対応型共同生活介護、短期利用認知症対応型共同生活介護、地域密着型特定施設入居者生活介護および短期利用地域密着型特定施設入居者生活介護を利用中の者
(5)判断を行った医師は診療録等に症状、判断の内容等を記録する。また、施設も判断を行った医師名、日付および利用開始に当たっての留意事項等を介護サービス計画書に記録する。
(6)個室等、認知症の行動・心理症状の増悪した者の療養に相応しい設備を整備する。
(7)当該入所者が入所前1カ月の間に、当該介護医療院に入所したことがない場合および過去1カ月の間に当該加算(他サービスを含む)を算定したことがない場合に限り、算定可。

16. 認知症専門ケア加算

(1)認知症専門ケア加算(Ⅰ)は、次のいずれにも適合する。
　①入所者総数のうち、日常生活自立度のランクⅢ以上の占める割合が50%以上。
　②認知症介護の専門的研修修了者を、対象者の数が20人未満の場合は「1以上」、対象者の数が20人以上の場合は「1に、対象者の数が19を超えて10またはその端数を増すごとに1を加えて得た数以上」を配置し、チームとして専門的な認知症ケアを実施。
　③従業者に対して、認知症ケアに関する留意事項の伝達または技術的指導の会議を定期的に開催。
(2)認知症専門ケア加算(Ⅱ)は、次のいずれにも適合する。
　①前記(Ⅰ)の基準のいずれにも適合。
　②認知症介護の指導の専門的研修修了者を1名以上配置し、施設全体の認知症ケアの指導等を実施。

(2) 指定居宅サービス

　　③介護職員、看護職員等ごとの認知症ケアに関する研修計画を作成し、計画に従い、研修を実施または実施を予定している。

17. 在宅復帰支援機能加算（長期入所のみ）
　退所後の在宅生活について本人・家族等の相談支援を行うとともに、居宅介護支援事業者や主治医との連絡調整を図るなど、在宅復帰支援を積極的に行い、かつ、一定割合以上の在宅復帰を実現している施設において、算定可。
(1)施設基準は以下の通り。
　　①算定日が属する月の前6カ月間において当該施設から退所した者（在宅・入所相互利用加算を算定しているものを除く。以下「退所者」）の総数のうち、当該期間内に退所し、在宅で介護を受けることとなった者（入所期間が1カ月間を超えていた退所者に限る）の占める割合が30％を超えている。
　　②退所者の退所後30日以内に、当該施設の従業者が当該退所者の居宅を訪問すること、または居宅介護支援事業者から情報提供を受けることにより、当該退所者の在宅での生活が1カ月以上継続する見込みであることを確認し、記録している。
(2)退所前連携加算と併算定可。
(3)本人家族に対する相談援助の内容は、「1　介護老人福祉施設」の「8.退所時相談援助加算」を参照。

18. 重度認知症疾患療養体制加算
　入所者の全てが認知症と確定診断されている。（入所後3カ月間に限り、認知症の確定診断を行うまでの間はMMSE（Mini Mental State Examination）において23点以下の者またはHDS-R（改訂長谷川式簡易知能評価スケール）において20点以下の者を含む。短期入所療養介護の利用者は、認知症と確定診断を受けた者に限る）なお、認知症の確定診断を行った結果、認知症でないことが明らかになった場合は、遅滞なく適切な措置を講じる。また、精神保健福祉士や看護職員が一定数以上配置されていることに加え、精神科病院との連携等の要件を満たすことが必要。施設基準の届出をした場合に、基準区分に従い、入所者の要介護状態区分に応じて算定。

19. 緊急短期入所受入加算（短期入所のみ）
(1)介護を行う者が疾病にかかっていることその他やむを得ない理由により短期入所が必要となった場合で、かつ、居宅サービス計画において当該日に短期入所を利用することが計画されていない居宅要介護者に対して、居宅サービス計画を担当する居宅介護支援事業所の介護支援専門員が、その必要性を認め緊急に短期入所療養介護が行われた場合に、利用開始日から7日を限度として、算定可。（緊急利用期間が月をまたいだ場合であっても、通算して7日を限度として算定可能）
(2)やむを得ない事情により、介護支援専門員との事前の連携が図れない場合に、利用者

または家族の同意のうえ、短期入所療養介護事業所により緊急に短期入所療養介護が行われた場合であって、事後に介護支援専門員によって、サービス提供が必要であったと判断された場合も、算定可。
(3) 7日を限度としているのは、緊急に居宅サービス計画の変更を必要とした利用者を受け入れる際の初期の手間を評価したものであるためであり、利用開始後8日目以降の短期入所療養介護の利用の継続を妨げるものではない。また、緊急に受け入れを行った事業所は、利用者が速やかに居宅における生活に復帰できるよう、居宅介護支援事業者と密接な連携を行い、相談する。
(4) 緊急利用した者に関する利用の理由、期間、緊急受け入れ後の対応などの事項を記録。また、緊急利用者にかかる変更前後の居宅介護サービス計画を保存するなどして、適正な緊急利用に努める。
(5) 認知症行動・心理症状緊急対応加算と併算定不可。
(6) 緊急受け入れに対応するため、居宅介護支援事業所や近隣事業所との情報共有に努め、緊急的な利用ニーズの調整を行うための窓口を明確化する。また、空床の有効活用を図る観点から、情報公表システム、事業所のホームページまたは地域包括支援センターへの情報提供等により、空床情報を公表するよう努める。
(7) 当初から居宅サービス計画に位置づけて予定どおり利用し、家族等の事情により急遽、緊急的に延長した場合は、本加算の対象とはならない。

20. 送迎加算（短期入所のみ）

利用者の心身の状態、家族等の事情等からみて送迎を行うことが必要と認められる利用者に、その居宅と短期入所療養介護事業所との間の送迎を行う場合、片道につき算定。

21. その他の再入所時栄養連携加算、栄養マネジメント加算、低栄養リスク改善加算、経口移行加算、経口維持加算、口腔衛生管理体制加算、口腔衛生管理加算、療養食加算、排せつ支援加算は介護保険施設サービス（長期入所）共通項目ページ参照

9-ホ 短期入所療養介護(介護予防)
ホ 介護医療院

 報酬早見表

■介護 1日につき

	算定項目			新設
(1) Ⅰ型介護医療院短期入所療養介護費	(一)Ⅰ型介護医療院短期入所療養介護費(Ⅰ)	a. Ⅰ型介護医療院短期入所療養介護費(i)<従来型個室>	要介護1	744
			要介護2	852
			要介護3	1,085
			要介護4	1,184
			要介護5	1,273
		b. Ⅰ型介護医療院短期入所療養介護費(ii)<多床室>	要介護1	853
			要介護2	961
			要介護3	1,194
			要介護4	1,293
			要介護5	1,382
	(二)Ⅰ型介護医療院短期入所療養介護費(Ⅱ)	a. Ⅰ型介護医療院短期入所療養介護費(i)<従来型個室>	要介護1	734
			要介護2	840
			要介護3	1,070
			要介護4	1,167
			要介護5	1,255
		b. Ⅰ型介護医療院短期入所療養介護費(ii)<多床室>	要介護1	841
			要介護2	948
			要介護3	1,177
			要介護4	1,274
			要介護5	1,362
	(三)Ⅰ型介護医療院短期入所療養介護費(Ⅲ)	a. Ⅰ型介護医療院短期入所療養介護費(i)<従来型個室>	要介護1	718
			要介護2	824
			要介護3	1,054
			要介護4	1,151
			要介護5	1,239
		b. Ⅰ型介護医療院短期入所療養介護費(ii)<多床室>	要介護1	825
			要介護2	932
			要介護3	1,161
			要介護4	1,258
			要介護5	1,346

	算定項目			新設
(2) Ⅱ型介護医療院短期入所療養介護費	(一)Ⅱ型介護医療院短期入所療養介護費(Ⅰ)	a. Ⅱ型介護医療院短期入所療養介護費(i)<従来型個室>	要介護1	699
			要介護2	793
			要介護3	997
			要介護4	1,084
			要介護5	1,162
		b. Ⅱ型介護医療院短期入所療養介護費(ii)<多床室>	要介護1	808
			要介護2	902
			要介護3	1,106
			要介護4	1,193
			要介護5	1,271
	(二)Ⅱ型介護医療院短期入所療養介護費(Ⅱ)	a. Ⅱ型介護医療院短期入所療養介護費(i)<従来型個室>	要介護1	683
			要介護2	777
			要介護3	981
			要介護4	1,068
			要介護5	1,146
		b. Ⅱ型介護医療院短期入所療養介護費(ii)<多床室>	要介護1	792
			要介護2	886
			要介護3	1,090
			要介護4	1,177
			要介護5	1,255
	(三)Ⅱ型介護医療院短期入所療養介護費(Ⅲ)	a. Ⅱ型介護医療院短期入所療養介護費(i)<従来型個室>	要介護1	672
			要介護2	766
			要介護3	970
			要介護4	1,057
			要介護5	1,135
		b. Ⅱ型介護医療院短期入所療養介護費(ii)<多床室>	要介護1	781
			要介護2	875
			要介護3	1,079
			要介護4	1,166
			要介護5	1,244
(3) 特別介護医療院短期入所療養介護費	(一)Ⅰ型特別介護医療院短期入所療養介護費	a. Ⅰ型特別介護医療院短期入所療養介護費(i)<従来型個室>	要介護1	685
			要介護2	785
			要介護3	1,004
			要介護4	1,096
			要介護5	1,180
		b. Ⅰ型特別介護医療院短期入所療養介護費(ii)<多床室>	要介護1	786
			要介護2	888
			要介護3	1,105
			要介護4	1,198
			要介護5	1,281

(2) 指定居宅サービス

算定項目				新設
(3) 特別介護医療院短期入所療養介護費	(二) Ⅱ型特別介護医療院短期入所療養介護費	a. Ⅱ型特別介護医療院短期入所療養介護費(i) <従来型個室>	要介護1	640
			要介護2	730
			要介護3	924
			要介護4	1,007
			要介護5	1,081
		b. Ⅱ型特別介護医療院短期入所療養介護費(ii) <多床室>	要介護1	744
			要介護2	834
			要介護3	1,028
			要介護4	1,110
			要介護5	1,184
(4) ユニット型Ⅰ型介護医療院短期入所療養介護費	(一) ユニット型Ⅰ型介護医療院短期入所療養介護費(Ⅰ)	a. ユニット型Ⅰ型介護医療院短期入所療養介護費(i) <ユニット型個室>	要介護1	870
			要介護2	978
			要介護3	1,211
			要介護4	1,310
			要介護5	1,399
		b. ユニット型Ⅰ型介護医療院短期入所療養介護費(ii) <ユニット型個室的多床室>	要介護1	870
			要介護2	978
			要介護3	1,211
			要介護4	1,310
			要介護5	1,399
	(二) ユニット型Ⅰ型介護医療院短期入所療養介護費(Ⅱ)	a. ユニット型Ⅰ型介護医療院短期入所療養介護費(i) <ユニット型個室>	要介護1	860
			要介護2	966
			要介護3	1,196
			要介護4	1,293
			要介護5	1,381
		b. ユニット型Ⅰ型介護医療院短期入所療養介護費(ii) <ユニット型個室的多床室>	要介護1	860
			要介護2	966
			要介護3	1,196
			要介護4	1,293
			要介護5	1,381
(5) ユニット型Ⅱ型介護医療院短期入所療養介護費	(一) ユニット型Ⅱ型介護医療院短期入所療養介護費(i) <ユニット型個室>		要介護1	869
			要介護2	969
			要介護3	1,185
			要介護4	1,277
			要介護5	1,360
	(二) ユニット型Ⅱ型介護医療院短期入所療養介護費(ii) <ユニット型個室的多床室>		要介護1	869
			要介護2	969
			要介護3	1,185
			要介護4	1,277
			要介護5	1,360

算定項目				新設
(6)ユニット型特別介護医療院短期入所療養介護費	(一)ユニット型Ⅰ型特別介護医療院短期入所療養介護費	a.ユニット型Ⅰ型特別介護医療院短期入所療養介護費(i)<ユニット型個室>	要介護1	820
			要介護2	920
			要介護3	1,139
			要介護4	1,231
			要介護5	1,314
		b.ユニット型Ⅰ型特別介護医療院短期入所療養介護費(ii)<ユニット型個室的多床室>	要介護1	820
			要介護2	920
			要介護3	1,139
			要介護4	1,231
			要介護5	1,314
	(二)ユニット型Ⅱ型特別介護医療院短期入所療養介護費	a.ユニット型Ⅱ型特別介護医療院短期入所療養介護費(i)<ユニット型個室>	要介護1	828
			要介護2	923
			要介護3	1,128
			要介護4	1,216
			要介護5	1,294
		b.ユニット型Ⅱ型特別介護医療院短期入所療養介護費(ii)<ユニット型個室的多床室>	要介護1	828
			要介護2	923
			要介護3	1,128
			要介護4	1,216
			要介護5	1,294
(7)特定介護医療院短期入所療養介護費	(一)3時間以上4時間未満			654
	(二)4時間以上6時間未満			905
	(三)6時間以上8時間未満			1,257

■介護予防 1日につき

算定項目				新設
(1)Ⅰ型介護医療院介護予防短期入所療養介護費	(一)Ⅰ型介護医療院介護予防短期入所療養介護費(Ⅰ)	a.Ⅰ型介護医療院介護予防短期入所療養介護費(i)<従来型個室>	要支援1	576
			要支援2	710
		b.Ⅰ型介護医療院介護予防短期入所療養介護費(ii)<多床室>	要支援1	637
			要支援2	792
	(二)Ⅰ型介護医療院介護予防短期入所療養介護費(Ⅱ)	a.Ⅰ型介護医療院介護予防短期入所療養介護費(i)<従来型個室>	要支援1	566
			要支援2	700
		b.Ⅰ型介護医療院介護予防短期入所療養介護費(ii)<多床室>	要支援1	625
			要支援2	780
	(三)Ⅰ型介護医療院介護予防短期入所療養介護費(Ⅲ)	a.Ⅰ型介護医療院介護予防短期入所療養介護費(i)<従来型個室>	要支援1	550
			要支援2	684
		b.Ⅰ型介護医療院介護予防短期入所療養介護費(ii)<多床室>	要支援1	609
			要支援2	764

(2) 指定居宅サービス

算定項目				新設
(2) Ⅱ型介護医療院介護予防短期入所療養介護費	(一)Ⅱ型介護医療院介護予防短期入所療養介護費(Ⅰ)	a. Ⅱ型介護医療院介護予防短期入所療養介護費(i)＜従来型個室＞	要支援1	549
			要支援2	672
		b. Ⅱ型介護医療院介護予防短期入所療養介護費(ii)＜多床室＞	要支援1	610
			要支援2	754
	(二)Ⅱ型介護医療院介護予防短期入所療養介護費(Ⅱ)	a. Ⅱ型介護医療院介護予防短期入所療養介護費(i)＜従来型個室＞	要支援1	533
			要支援2	656
		b. Ⅱ型介護医療院介護予防短期入所療養介護費(ii)＜多床室＞	要支援1	594
			要支援2	738
	(三)Ⅱ型介護医療院介護予防短期入所療養介護費(Ⅲ)	a. Ⅱ型介護医療院介護予防短期入所療養介護費(i)＜従来型個室＞	要支援1	522
			要支援2	645
		b. Ⅱ型介護医療院介護予防短期入所療養介護費(ii)＜多床室＞	要支援1	583
			要支援2	727
(3) 特別介護医療院介護予防短期入所療養介護費	(一)Ⅰ型特別介護医療院介護予防短期入所療養介護費	a. Ⅰ型特別介護医療院介護予防短期入所療養介護費(i)＜従来型個室＞	要支援1	523
			要支援2	650
		b. Ⅰ型特別介護医療院介護予防短期入所療養介護費(ii)＜多床室＞	要支援1	579
			要支援2	726
	(二)Ⅱ型特別介護医療院介護予防短期入所療養介護費	a. Ⅱ型特別介護医療院介護予防短期入所療養介護費(i)＜従来型個室＞	要支援1	498
			要支援2	615
		b. Ⅱ型特別介護医療院介護予防短期入所療養介護費(ii)＜多床室＞	要支援1	556
			要支援2	693
(4) ユニット型Ⅰ型介護医療院介護予防短期入所療養介護費	(一)ユニット型Ⅰ型介護医療院介護予防短期入所療養介護費(Ⅰ)	a. ユニット型Ⅰ型介護医療院介護予防短期入所療養介護費(i)＜ユニット型個室＞	要支援1	658
			要支援2	815
		b. ユニット型Ⅰ型介護医療院介護予防短期入所療養介護費(ii)＜ユニット型個室的多床室＞	要支援1	658
			要支援2	815
	(二)ユニット型Ⅰ型介護医療院介護予防短期入所療養介護費(Ⅱ)	a. ユニット型Ⅰ型介護医療院介護予防短期入所療養介護費(i)＜ユニット型個室＞	要支援1	648
			要支援2	805
		b. ユニット型Ⅰ型介護医療院介護予防短期入所療養介護費(ii)＜ユニット型個室的多床室＞	要支援1	648
			要支援2	805
(5) ユニット型Ⅱ型介護医療院介護予防短期入所療養介護費	(一)ユニット型Ⅱ型介護医療院介護予防短期入所療養介護費(i)＜ユニット型個室＞		要支援1	672
			要支援2	818
	(二)ユニット型Ⅱ型介護医療院介護予防短期入所療養介護費(ii)＜ユニット型個室的多床室＞		要支援1	672
			要支援2	818
(6) ユニット型特別介護医療院介護予防短期入所療養介護費	(一)ユニット型Ⅰ型特別介護医療院介護予防短期入所療養介護費	a. ユニット型Ⅰ型特別介護医療院介護予防短期入所療養介護費(i)＜ユニット型個室＞	要支援1	616
			要支援2	765
		b. ユニット型Ⅰ型特別介護医療院介護予防短期入所療養介護費(ii)＜ユニット型個室的多床室＞	要支援1	616
			要支援2	765

算定項目				新設
(6)ユニット型Ⅱ型特別介護医療院介護予防短期入所療養介護費	(二)ユニット型Ⅱ型特別介護医療院介護予防短期入所療養介護費	a. ユニット型Ⅱ型特別介護医療院介護予防短期入所療養介護費(i)＜ユニット型個室＞	要支援1	641
			要支援2	779
		b. ユニット型Ⅱ型特別介護医療院介護予防短期入所療養介護費(ii)＜ユニット型個室的多床室＞	要支援1	641
			要支援2	779

加算算定のポイント

算定項目			算定	新設	要件	介護予防
夜勤を行う職員の勤務条件に関する基準の区分による加算		夜間勤務等看護(Ⅰ)	1日	+23		○
		夜間勤務等看護(Ⅱ)		+14		○
		夜間勤務等看護(Ⅲ)		+14		○
		夜間勤務等看護(Ⅳ)		+7		○
認知症行動・心理症状緊急対応加算				+200	7日間限度	○
緊急短期入所受入加算				+90	7日間限度	
若年性認知症利用者受入加算	(1)～(6)を算定している場合			+120		○
	(7)を算定している場合			+60		
送迎を行う場合			片道	+184		○
(8)療養食加算			1回	+8	1日に3回を限度	(7)
(9)緊急時施設診療費	イ　緊急時治療管理		1日	+511	1月に1回3日限度	(8)
	ロ　特定治療				医科診療報酬点数表に定める点数	
(10)認知症専門ケア加算	(一)認知症専門ケア加算(Ⅰ)			+3		(9)
	(二)認知症専門ケア加算(Ⅱ)			+4		
(11)重度認知症疾患療養体制加算	(一)重度認知症疾患療養体制加算(Ⅰ)	要介護1・2	1日	+140		
		要介護3・4・5		+40		
	(二)重度認知症疾患療養体制加算(Ⅱ)	要介護1・2		+200		
		要介護3・4・5		+100		
(12)特別診療費					(3)及び(6)との併算不可 別に厚生労働大臣が定める単位数	(10)

(2) 指定居宅サービス

算定項目		算定	新設	要件	介護予防
(13)サービス提供体制強化加算(全サービス共通事項ページ参照)	(1)サービス提供体制強化加算(Ⅰ)イ	1日	+18		(11)
	(2)サービス提供体制強化加算(Ⅰ)ロ		+12		
	(3)サービス提供体制強化加算(Ⅱ)		+6		
	(4)サービス提供体制強化加算(Ⅲ)		+6		

※ 緊急時施設診療費、特別診療費、サービス提供体制強化加算は区分支給限度基準額管理対象外。

 ココに注目　減算等について

算定項目			算定	新設	要件	介護予防
夜勤職員基準に定める員数を満たさない場合			1日	−25		○
定員超過の場合				×70%		○
医師、薬剤師、看護職員、介護職員の員数が基準に満たない場合				×70%		○
看護師が基準に定められた看護職員の員数に20/100を乗じて得た数未満の場合				×90%	(1)(三)、(3)(一)、(4)(二)、(6)(一)	○
ユニットケア体制未整備減算				×97%	(4)(5)(6)	○
療養環境減算	療養環境減算(Ⅰ)	療養環境の基準(廊下幅)を満たさない場合		−25		○
	療養環境減算(Ⅱ)	療養環境の基準(療養室)を満たさない場合		−25		○

10 特定施設入居者生活介護（介護予防）

改正点のポイント

- 外部サービス利用型を除き、基本報酬が引上げられた。
- たんの吸引等が必要な入居者の占める割合が高い場合に算定できる入居継続支援加算（36単位/日）が新設された。
- 医療提供施設を退院・退所して特定施設に入居する利用者を受け入れた場合に算定できる退院・退所時連携加算（30単位/日）が新設された。
- 口腔衛生管理体制加算（30単位/月）が新設された。
- 介護職員等でも実施可能な栄養スクリーニングを行い、介護支援専門員に栄養状態に係る情報を文書で共有した場合を評価する栄養スクリーニング加算（5単位/回・6カ月に1回限度）が新設された。
- 若年性認知症入居者受入加算（120単位/日）が新設された。
- 生活機能向上連携加算（200単位/月、個別機能訓練加算を算定している場合100単位/月）が新設された。（全サービス共通事項ページ参照）
- 身体拘束等の適正化のため必要な措置が運営基準で定められた。併せて身体拘束廃止未実施減算が新設された。
- 機能訓練指導員に理学療法士等を配置した事業所で6カ月以上勤務し、機能訓練指導に従事した経験を有する「はり師、きゅう師」が追加された。
- 短期利用特定施設入居者生活介護の利用者数の上限が、1または定員の10％までに見直しされた。

報酬早見表

■ 介護（1日につき）

算定項目		算定	改定後	改定前	格差	身体拘束廃止未実施減算
イ　特定施設入居者生活介護費	要介護1	1日	534	533	1	−53
	要介護2		599	597	2	−60
	要介護3		668	666	2	−67
	要介護4		732	730	2	−73
	要介護5		800	798	2	−80
ロ　外部サービス利用型特定施設入居者生活介護費（基本部分）			82	82	±0	

(2) 指定居宅サービス

算定項目				算　定	改定後	改定前	格　差	身体拘束廃止未実施減算
ハ　短期利用特定施設入居者生活介護費			要介護1	1日	534	533	1	
			要介護2		599	597	2	
			要介護3		668	666	2	
			要介護4		732	730	2	
			要介護5		800	798	2	
委託先である指定居宅サービス事業者により居宅サービスが行われる場合	訪問介護	身体介護	(1)15分未満	1回	95	95	±0	
			(2)15分以上30分未満		191	191	±0	
			(3)30分以上45分未満		260	260	±0	
			(4)45分以上1時間未満		+1×86	+1×86	±0	
			(5)1時間以上1時間15分未満		+2×86	+2×86	±0	
			(6)1時間15分以上1時間30分未満		+3×86	+3×86	±0	
			(7)1時間30分以上15分毎		+36	+36	±0	
		生活援助	(1)15分未満		48	48	±0	
			(2)15分以上30分未満		95	95	±0	
			(3)30分以上45分未満		+1×48	+1×48	±0	
			(4)45分以上1時間未満		+2×48	+2×48	±0	
			(5)1時間以上1時間15分未満		217	217	±0	
			(6)1時間15分以上		260	260	±0	
		通院等乗降介助			86	86	±0	
	その他の訪問・通所系		基本部分単位数に対する割合		×90%	×90%	±0	
	福祉用具貸与			1品目	100%	100%	±0	

■ 介護予防（1日につき）

算定項目				算　定	改定後	改定前	格　差	身体拘束廃止未実施減算
イ　介護予防特定施設入居者生活介護費			要支援1	1日	180	179	1	−18
			要支援2		309	308	1	−31
ロ　外部サービス利用型介護予防特定施設入居者生活介護費(基本部分)					55	55	±0	
委託先である指定介護予防サービス事業者により介護予防サービスが行われる場合	訪問介護	(1)1週に1回程度の訪問介護		1月	1,051	×90%	−	
		(2)1週に2回程度の訪問介護			2,101		−	
		(3)(2)の回数の程度を超えるもの(要支援2のみ)			3,334		−	
	通所介護	(1)要支援1			1,482		−	
		(2)要支援2			3,039		−	
	その他の訪問・通所系		基本部分単位数に対する割合		×90%	×90%	±0	
	介護予防福祉用具貸与			1品目	100%	100%	±0	

※ 基本部分も含めて介護予防サービスの区分支給限度額を限度とする。訪問系・通所系サービス共に従前の指定サービスに加え、総合事業によるサービスを含む。

1. 短期利用特定施設入居者生活介護費(一部見直し)

次のいずれにも適合する場合に、短期入所を受け入れてサービスを提供すれば、算定可。

①当該事業者が、介護保険にかかる介護サービス事業や施設の運営において、3年以上の経験を有する。
②定員の範囲内で、空いている居室等を利用する。ただし、短期利用できる利用者の数は1または当該施設の入居定員の1割以下である。
③利用の開始に当たって、あらかじめ30日以内の利用期間を定めている。

2. 外部サービス利用型特定施設入居者生活介護費

特定施設の従業者が基本サービス部分(特定施設サービス計画の作成、利用者の安否の確認、利用者の生活相談等に相当する部分)を担い、当該計画に基づいて外部の居宅サービス事業者に委託して介護サービスを提供する場合に算定可。

基本サービス部分は定額報酬。外部委託による各サービス部分は厚生労働省告示の定めるところにより、各利用者に対して受託居宅サービス事業者が提供したサービスの実績に応じて算定される出来高報酬。ただし、要介護状態区分に応じた限度単位数が設けられている(下表)。

	改定後	改定前
要支援1	5,003単位	5,003単位
要支援2	10,473単位	10,473単位
要介護1	16,203単位	16,203単位
要介護2	18,149単位	18,149単位
要介護3	20,246単位	20,246単位
要介護4	22,192単位	22,192単位
要介護5	24,259単位	24,259単位

①外部サービス利用型特定施設入居者生活介護費は、基本サービス部分相当分も外部委託サービス部分も、一括して特定施設入居者生活介護事業者に支払われる。事業者が受託居宅サービス事業者に支払う委託料は、個々の委託契約に基づく。
②介護職員が居宅サービス基準に定める員数を満たさない場合の介護報酬の減算は、基本サービス部分についてのみ適用される。
③外部サービス利用型特定施設入居者生活介護事業者には、居宅サービス基準上、看護職員の配置は義務づけられていない。
④通常の居宅サービスの算定方法とは取扱いが大きく異なるので、留意する必要がある。

3. 外部利用型訪問介護

(1)15分ごとの算定。
(2)介護福祉士または介護職員初任者研修課程修了者によるサービス提供に限り、算定。

(2) 指定居宅サービス

※旧介護職員基礎研修課程修了者、旧1級課程修了者または旧2級課程修了者を含む。
(3) 訪問介護系サービスについては、①「指定訪問介護」によるもの、②「総合事業(「指定介護予防訪問介護」または「指定第一号訪問事業」)」によるものがある。②は介護予防特定施設入居者生活介護においてのみ外部利用可。

4. 外部利用型訪問入浴介護
(1) 看護職員1人および介護職員2人が、訪問入浴介護を行った場合に限り1回につき所定単位数の90％で算定。
(2) 訪問介護入浴介護費の基本報酬以外は算定不可。

5. 外部利用型訪問看護
(1) 保健師、看護師、理学療法士、作業療法士、言語聴覚士によるサービス提供に限り1回につき所定単位数の90％で算定。准看護師の場合は1回につき所定単位数の81％で算定。
(2) 所要時間20分未満は、訪問看護を24時間行うことができる体制を整えている訪問看護事業所で、居宅サービス計画または訪問看護計画書の中に20分以上の訪問看護が週1回以上含まれている場合に限り、算定。
(3) 訪問看護ステーションの理学療法士、作業療法士、言語聴覚士が1日に2回を超えて指定訪問看護を行った場合、1回につき所定単位数の81％で算定。

6. 外部利用型通所介護
(1) 通所介護、療養通所介護サービス事業者が、通所介護を行う場合は、所定単位数の90％で算定。
(2) 通所介護サービス事業者が、通所介護の所要時間2時間以上3時間未満の通所介護を行う場合は、所定単位数の63％で算定。
(3) 通所介護系サービスは、①「指定通所介護」によるもの、②「総合事業(「指定介護予防通所介護」または「指定第一号通所事業」)」によるものがある。②は介護予防特定施設入居者生活介護においてのみ外部利用可。

7. 外部利用型通所リハビリテーション
(1) 通所リハビリテーションサービス事業者が、通所リハビリテーションを行う場合は、所定単位数の90％で算定。
(2) 介護予防通所リハビリテーションの個別機能訓練加算は203単位/月、栄養改善加算は135単位/月、口腔機能向上加算は135単位/月を加算する。また選択的サービス複数実施加算(Ⅰ)432単位/月、同(Ⅱ)630単位/月を加算する。算定要件などは予防通所リハビリテーションと同様。

8. 外部利用型認知症対応型通所介護

(1) 認知症対応型通所介護サービス事業者が通所介護を行う場合は、所定単位数の90％で算定。
(2) サービス事業者が認知症対応型通所介護の所要時間2時間以上3時間未満を行う場合は、所定単位数の57％で算定。
(3) 介護予防認知症対応型通所介護の個別機能訓練加算は24単位/日、栄養改善加算は135単位/月、口腔機能向上加算は135単位/月を加算する。算定要件は認知症対応型通所介護と同様。

加算算定のポイント

算定項目		算定	改定後	改定前	格差	要件	介護予防
入居継続支援加算		1日	+36	−	新設	イ	
生活機能向上連携加算	個別機能訓練加算を算定していない場合	1月	+200	−	新設	イ	○
	個別機能訓練加算を算定している場合		+100	−	新設		○
個別機能訓練加算		1日	+12	+12	±0	イ、ハ	○
夜間看護体制加算			+10	+10	±0		
若年性認知症入居者受入加算			+120	−	新設		○
医療機関連携加算		1月	+80	+80	±0	イ	○
口腔衛生管理体制加算			+30	−	新設		○
栄養スクリーニング加算		1回	+5	−	新設	イ 6月に1回限度	○
障害者等支援加算			+20	+20	±0	ロ	○
ニ 退院・退所時連携加算			+30	−	新設	イ	
ホ 看取り介護加算	(1) 死亡日以前4日以上30日以下		+144	+144	±0	イ	
	(2) 死亡日以前2日または3日		+680	+680	±0		
	(3) 死亡日		+1,280	+1,280	±0		
ヘ 認知症専門ケア加算	(1) 認知症専門ケア加算(Ⅰ)	1日	+3	+3	±0	イ	ハ
	(2) 認知症専門ケア加算(Ⅱ)		+4	+4	±0		
ト サービス提供体制強化加算(全サービス共通事項ページ参照)	(1) サービス提供体制強化加算(Ⅰ)イ		+18	+18	±0		ニ
	(2) サービス提供体制強化加算(Ⅰ)ロ		+12	+12	±0		
	(3) サービス提供体制強化加算(Ⅱ)		+6	+6	±0		
	(4) サービス提供体制強化加算(Ⅲ)		+6	+6	±0		

(2) 指定居宅サービス

1. 入居継続支援加算（新設）
(1) 介護福祉士の数が、利用者の数が6またはその端数を増すごとに1以上。
(2) 喀痰吸引等を必要とする者の占める割合が利用者の15％以上。
(3) 喀痰行為を必要とする者の占める割合は、届出月前3月のそれぞれの末日時点の割合の平均について算出する。届出月以降も、毎月直近3月間の割合がそれぞれ所定の割合以上であることが必要。割合は、毎月記録し、所定割合を下回った場合は、直ちに取り下げの届出をする。
(4) 介護福祉士の員数は、届出月前3月間における員数の平均を、常勤換算方法を用いて算出した値。届出月以降も、毎月直近3月間の割合がそれぞれ所定の割合以上であることが必要。割合は、毎月記録し、所定割合を下回った場合は、直ちに取り下げの届出をする。
(5) サービス提供体制強化加算と併算定不可。

2. 生活機能向上連携加算（新設）
(1) 訪問リハビリテーションもしくは通所リハビリテーションを実施している事業所またはリハビリテーションを実施している医療提供施設（診療報酬における疾患別リハビリテーション料の届出を行っている200床未満の医療機関等）の理学療法士、作業療法士、言語聴覚士、医師（外部の理学療法士等）が、特定施設を訪問し、特定施設の機能訓練指導員、看護職員、介護職員、生活相談員その他の職種の者と共同で、アセスメントを行い、個別機能訓練計画を作成したうえで、当該個別機能訓練計画に基づき、利用者の身体機能または生活機能向上を目的とする機能訓練の項目を準備し、機能訓練指導員等が利用者の心身の状況に応じた機能訓練を適切に提供した場合に算定可。
(2) 機能訓練指導員等が外部の理学療法士等と連携し、個別機能訓練計画の進捗状況等を3カ月ごとに1回以上評価し、利用者またはその家族に対して機能訓練の内容と個別機能訓練計画の進捗状況等を説明し、必要に応じて訓練内容の見直し等を行っている場合に算定可。

3. 個別機能訓練加算
(1) 機能訓練指導員を1名以上配置しているものとして都道府県知事に届出た特定施設で、機能訓練指導員、看護職員、介護職員、生活相談員その他の職種の者が共同して、利用者ごとにその目標、実施方法等を内容とする個別機能訓練計画を作成し、これに基づいて行った個別機能訓練の効果、実施方法等について評価等を行った場合に算定可。
(2) 開始時およびその3カ月ごとに1回以上利用者に対して個別機能訓練計画の内容を説明し、記録する。
(3) 機能訓練指導員が不在の日でも算定可。

4. 夜間看護体制加算

24時間看護師等に連絡できる体制を確保していることを評価する加算。算定要件は以下の通り。

(1)常勤の看護師を1名以上配置し、看護に係る責任者を定めている。
(2)特定施設の看護職員により、または病院もしくは診療所もしくは訪問看護ステーションとの連携により、利用者に対して、24時間連絡できる体制(※)を確保し、かつ、必要に応じて健康上の管理等を行う体制を確保している。

(※「24時間連絡できる体制」とは、特定施設内で勤務することを要するものではなく、夜間においても特定施設から連絡でき、必要な場合には特定施設からの緊急の呼び出しに応じて出勤する体制をいう。具体的には以下の体制を整備する。)

①施設において、管理者を中心として、介護職員および看護職員による協議のうえ、夜間における連絡・対応体制(オンコール体制)に関する取り決め(指針やマニュアル等)の整備。
②管理者を中心として、介護職員および看護職員による協議のうえ、看護職員不在時の介護職員による利用者の観察項目の標準化。(どのようなことが観察されれば看護職員に連絡するか)
③特定施設内研修等を通じ、看護・介護職員に対して、上記の取り決めを周知。

(3)重度化した場合における対応に係る指針を定め、入居の際に、利用者またはその家族等に対して、指針の内容を説明し、同意を得ている。
(4)特定施設の看護職員とオンコール対応の看護職員が異なる場合は、電話やFAX等により利用者の状態に関する引き継ぎを行うとともに、オンコール体制終了時にも同様の引き継ぎを行う。

5. 若年性認知症入居者受入加算(新設)

(1)受け入れた65歳未満の若年性認知症利用者ごとに個別に担当者を定め、その者を中心に、利用者の特性やニーズに応じたサービス提供を行う場合に算定可。
(2)若年性認知症の判断は、精神科医師もしくは神経内科医師または認知症に対するリハビリテーションに関する専門的研修修了医師の判定結果を徴するか、「要介護認定等の実施について」の主治医意見書によることが望ましい。
(3)65歳の誕生日の前々日まで算定可。

6. 医療機関連携加算

看護職員が、利用者ごとに健康の状況を継続的に記録し、利用者の同意を得たうえで、協力医療機関または利用者の主治医に対して1カ月に1回以上、利用者の健康の状況に関する情報を提供した場合に算定できる。

(1)協力医療機関または利用者の主治医(以下、協力医療機関等)に情報提供した日(以下、情報提供日)前30日以内において、実施日が14日未満である場合は、算定不可。

(2) 協力医療機関等には、歯科医師を含む。

(3) あらかじめ、特定施設と協力医療機関等との間で情報提供の期間および利用者の健康の状況の著しい変化の有無等の提供する情報の内容についても定めておく。ただし、これら事前に定めた以外の事項であっても、必要に応じて協力医療機関等に情報提供することが妨げられるものではない。

(4) 看護職員は、前回の情報提供日から次回の情報提供日までの間において、利用者ごとに健康の状況について随時記録する。

(5) 協力医療機関等への情報提供は、面談によるほか、文書（FAXを含む）または電子メールにより行うことも可能であるが、協力医療機関等に情報を提供した場合は、協力医療機関の医師または利用者の主治医から、署名あるいはそれに代わる方法により受領の確認を得る。この場合、複数の利用者の情報を同時に提供した場合は、一括して受領の確認を得ても差し支えない。

7. 口腔衛生管理体制加算（新設）

利用者の口腔ケア・マネジメントに係る計画が作成されている特定施設で、「歯科医師」または「歯科医師の指示を受けた歯科衛生士」が、特定施設の介護職員に対して月1回以上、口腔ケアに係る技術的助言および指導を行った場合に、算定可。

(1)「口腔ケアに係る技術的助言および指導」とは、当該施設における入所者の口腔内状態の評価方法、適切な口腔ケアの手技、口腔ケアに必要な物品整備の留意点、口腔ケアに伴うリスク管理、その他当該施設において日常的な口腔ケアの実施にあたり必要と思われる事項のうち、いずれかに係る技術的助言および指導のこと。

(2)「利用者の口腔ケア・マネジメントに係る計画」は、歯科医師または歯科医師の指示を受けた歯科衛生士の技術的助言および指導に基づいて作成するものとし、以下の事項を記載する。

①当該施設において入所者の口腔ケアを推進するための課題。
②当該施設における目標。
③具体的方策。
④留意事項。
⑤当該施設と歯科医療機関との連携の状況。
⑥歯科医師からの指示内容の要点。（当該計画の作成にあたっての技術的助言・指導を歯科衛生士が行った場合に限る）
⑦その他必要と思われる事項

(3) 医療保険において歯科訪問診療料または訪問歯科衛生指導料が算定された日の属する月であっても口腔衛生管理体制加算を算定できるが、介護職員に対する口腔ケアに係る技術的助言および指導または入所者の口腔ケア・マネジメントに係る計画に関する技術的助言および指導を行うにあたっては、歯科訪問診療または訪問歯科衛生指導の実施時間以外の時間帯に行う。

8. 栄養スクリーニング加算（新設）
(1) サービス利用者に対し、利用開始時および利用中6カ月ごとに栄養状態について確認を行い、利用者の栄養状態に係る情報（医師・歯科医師・管理栄養士等への相談提言を含む）を介護支援専門員に文書で提供した場合に算定可。
(2) 算定対象となる利用者は、「6 通所介護」の栄養改善加算の(5)①～⑤に該当する者。
(3) 利用者について、事業所以外で既に栄養スクリーニング加算を算定している場合は算定不可。

9. 障害者等支援加算
　養護老人ホームである特定施設において、知的障害または精神障害を有する利用者に対して基本サービスを行った場合に算定できる。「知的障害または精神障害を有する者」とは、具体的には以下の障害等を有する者を指す。
(1) 療育手帳の交付を受けた者
(2) 精神障害者保健福祉手帳の交付を受けた者
(3) 医師により、(1)または(2)と同等の症状を有するものと診断された者

10. 退院・退所時連携加算（新設）
　医療提供施設（病院、診療所、介護老人保健施設または介護医療院）を退院・退所して特定施設に入居する利用者の受入れに際して、医療提供施設の職員と面談等を行い、利用者に関する必要な情報の提供を受けたうえで、特定施設サービス計画を作成し、サービス利用に関する調整を行った場合に、入居日から30日間に限って、算定可。
(1) 医療提供施設と特定施設との退院・退所時の連携については、面談によるほか、文書（FAXも含む）または電子メールにより当該利用者に関する必要な情報の提供を受けることでも可。
(2) 新規に医療提供施設から入居する利用者は、過去3カ月間の間に、当該特定施設に入居したことがない場合に限り算定可。現に入居中の利用者が入院し、退院後に施設へ戻る場合は、入院期間が30日を超えた場合に限って算定可。
(3) 当該特定施設の短期利用特定施設入居者生活介護を利用していた者が、日を空けることなく当該特定施設に入居した場合、退院・退所時連携加算は、入居直前の短期利用特定施設入居者生活介護の利用日数を30日から控除して得た日数に限り、算定可。

11. 看取り介護加算
(1) 退所日翌日から死亡日までは算定不可。
(2) 利用者が入退院または外泊した場合、入院または外泊期間が死亡日以前30日の範囲内であれば、入院または外泊期間を除いた期間算定可。
(3) 入院、外泊、退所日に加算を算定できるかどうかは、当該日に所定単位数を算定するかどうかによる。

(2) 指定居宅サービス

12. 認知症専門ケア加算

(1) 認知症専門ケア加算（Ⅰ）は、次のいずれにも適合すること。

　①入所者総数のうち、日常生活自立度のランクⅢ以上の占める割合が50％以上。

　②認知症介護に係る専門的研修修了者を、対象者の数が20人未満の場合は「1以上」、対象者の数が20人以上の場合は「1に、対象者の数が19を超えて10またはその端数を増すごとに1を加えて得た数以上」を配置し、チームとして専門的な認知症ケアを実施。

　③従業者に対して、認知症ケアに関する留意事項の伝達または技術的指導の会議を定期的に開催。

(2) 認知症専門ケア加算（Ⅱ）は、次のいずれにも適合すること。

　①上記（Ⅰ）の基準のいずれにも適合。

　②認知症介護の指導に係る専門的研修修了者を1名以上配置し、施設全体の認知症ケアの指導等を実施。

　③介護職員、看護職員等ごとの認知症ケアに関する研修計画を作成し、計画に従い、研修を実施または実施を予定している。

 ココに注目　減算等について

算定項目	算定	改定後	改定前	格差	要件	介護予防
看護・介護職員の員数が基準に満たない場合	1日	×70％	×70％	±0	イ、ハ	○
介護職員の員数が基準に満たない場合		×70％	×70％	±0	ロ	○
身体拘束廃止未実施減算		算定表（報酬早見表参照）		新設		○

1. 身体拘束廃止未実施減算（新設）

　身体的拘束等の適正化を図るため、以下の措置を講じなければならないと運営基準に規定され、これらの適合しない場合は「身体拘束廃止未実施減算」の対象となる。

(1) 身体的拘束等を行う場合には、その態様および時間、その際の利用者の心身の状況ならびに緊急やむを得ない理由を記録する。

(2) 身体的拘束等の適正化のための対策を検討する委員会（以下「身体的拘束適正化検討委員会」）を3カ月に1回以上開催するとともに、その結果について、介護職員その他従業者に周知徹底を図る。

(3) 身体的拘束適正化検討委員会とは、身体的拘束の適正化のための対策を検討する委員会であり、幅広い職種（例えば、施設長（管理者）、事務長、医師、看護職員、介護職員、生活相談員）により構成される。構成メンバーの責務および役割分担を明確にするとともに、専任の身体的拘束適正化対応策を担当する者を決めておく。

　なお、身体的拘束適正化検討委員会は、運営委員会など他の委員会とは独立して設置・運営することが必要であるが、事故防止委員会および感染対策委員会は、関係する職種等が身体的拘束適正化検討委員会と相互に関係が深いと認められることから、

これと一体的に設置・運営することも差し支えない。身体的拘束適正化検討委員会の責任者はケア全般の責任者であることが望ましい。また、身体的拘束適正化検討委員会には、第三者や専門家を活用することが望ましく、その方策として、精神科専門医等の専門医の活用等が考えられる。

　報告、改善のための方策を定め、周知徹底する目的は、身体的拘束適正化について、施設全体で情報共有し、今後の再発防止につなげるためのものであり、決して従業者の懲罰を目的としたものではないことに留意することが必要である。

(4) 身体的拘束適正化検討委員会の業務
　①身体的拘束について報告するための様式を整備する。
　②介護職員その他の従業者は、身体的拘束の発生ごとにその状況、背景等を記録し、①の様式に従い、身体的拘束について報告する。
　③身体的拘束適正化のための委員会において、②により報告された事例を集計し、分析する。
　④事例の分析に当たっては、身体的拘束の発生時の状況等を分析し、身体的拘束の発生原因、結果等をとりまとめ、当該事例の適正性と適正化策を検討する。
　⑤報告された事例および分析結果を従業者に周知徹底する。
　⑥適正化策を講じた後に、その効果について評価する。

(5) 身体的拘束適正化のための指針を整備する。
　指針には、次のような項目を盛り込む。
　①施設における身体的拘束適正化に関する基本的考え方。
　②身体的拘束適正化のための委員会その他施設内の組織に関する事項。
　③身体的拘束適正化のための職員研修に関する基本方針。
　④施設内で発生した身体的拘束の報告方法等のための方策に関する基本方針。
　⑤身体的拘束発生時の対応に関する基本方針。
　⑥入居所者等に対する当該指針の閲覧に関する基本方針。
　⑦その他身体的拘束適正化の推進のために必要な基本方針。

(6) 身体的拘束適正化のための従業者に対する研修の内容
　　身体的拘束適正化の基礎的内容等の適切な知識を普及・啓発するとともに、指針に基づき、適正化の徹底を行う。職員教育を組織的に徹底させていくため、施設が指針に基づいた研修プログラムを作成し、定期的な教育(年2回以上)を開催するとともに、新規採用時には必ず身体的拘束適正化の研修を実施する。また、研修の実施内容も記録する。研修の実施は、職員研修施設内での研修で差し支えない。

(2) 指定居宅サービス

プラスα　Q&Aなどから

(1) 短期利用の受入れにあたっては、空いている居室等を利用しなければならないが、入院中の入居者の居室については、当該入院中の入居者の同意があれば、家具等を別の場所に保管するなど、入居者のプライバシー等に配慮を行ったうえで利用することは、差し支えない。この場合、1つの居室において、入院中の入居者と短期利用特定施設入居者生活介護の利用者の双方から家賃相当額を徴収することは適切ではないため、入院中の入居者から家賃相当額を徴収するのではなく、短期利用の利用者から家賃相当額を徴収する旨、料金表等に明記しておく必要がある。

　　※介護保険最新情報vol.267(24.3.16)　平成24年度介護報酬改定に関するQ&Aについて　Q104

(2) 月途中に介護予防特定施設を退所し、その後、介護予防訪問介護等を利用する場合は、介護予防訪問介護等の報酬は、1カ月から介護予防特定施設入居者生活介護等の利用日数を減じて得た日数により、日割りで請求する。

　　※20.4.21事務連絡　介護療養型老人保健施設に係る介護報酬改定等に関するQ&A　Q20

(3) 退院・退所時連携加算について

　　医療提供施設を退院・退所して、体験利用を行った上で特定施設に入居する際、当該体験利用日数を30日から控除して得た日数に限り算定できることとする。

　　※介護保険最新情報vol.629(30.3.23)　平成30年度介護報酬改定に関するQ&A（Vol.1）　Q68

11 福祉用具貸与(介護予防)・特定福祉用具販売

改正点のポイント

- 福祉用具貸与商品は、2018(平成30)年10月から全国平均貸与価格の公表や貸与価格の上限設定が適用され、また2019(平成31)年度以降、新商品についても、3カ月に1度の頻度で同様の取扱いとなる。
- 公表された全国平均貸与価格や設定された貸与価格の上限は、2019年度以降も、概ね1年に1度の頻度で見直しされる。
- 全国平均貸与価格の公表や貸与価格の上限設定は、月平均100件以上の貸与件数がある商品について適用される。
- 運営基準が改正され、福祉用具専門相談員に対して、以下の事項が義務づけられた。
  ①貸与しようとする商品の特徴や貸与価格に加え、当該商品の全国平均貸与価格を利用者に説明する。
  ②機能や価格帯の異なる複数の商品を利用者に提示する。
  ③利用者に交付する福祉用具貸与計画書を介護支援専門員にも交付する。

報酬早見表

福祉用具貸与費	車いす	現に指定福祉用具貸与に要した費用の額を事業所の所在地に適用される1単位の単価で除して得た単位数(1単位未満は四捨五入)
	車いす付属品	
	特殊寝台	
	特殊寝台付属品	
	床ずれ防止用具	
	体位変換器	
	手すり	
	スロープ	
	歩行器	
	歩行補助つえ	
	認知症老人徘徊感知機器	
	移動用リフト	
	自動排泄処理装置	

※ 要介護1以下の者については、車いす、車いす付属品、特殊寝台、特殊寝台付属品、床ずれ防止用具、体位変換器、認知症老人徘徊感知機器、移動用リフトを算定しない。要介護3以下の者については、自動排泄処理装置を算定しない。(ただし、別に厚生労働大臣が定める状態にある者を除く)

(2) 指定居宅サービス

1．(参考)特定福祉用具販売対象項目(原則年間10万円限度)(※要支援、要介護区分にかかわらず定額)

※同一支給限度額管理期間内(4月1日～3月31日の1年間)は、用途及び機能が著しく異なる場合、並びに破損や要介護状態の変化等の特別の事情がある場合を除き、同一種目につき1回のみ支給。
◆腰掛便座
◆ポータブルトイレ「腰掛便座」(設置にかかる費用は自己負担)
◆自動排泄処理装置の交換可能部品
◆入浴補助用具
　(入浴用いす、浴槽用手すり、浴槽内いす、入浴台、浴室内すのこ、浴槽内すのこ、入浴用介助ベルト)
◆簡易浴槽
◆移動用リフトのつり具の部分

算定のポイント

1．特別地域等の加算
　離島や山村等の地域で実施する福祉用具貸与に対して以下のような加算がある。いずれも区分支給限度基準額管理の対象外。

(1)特別地域福祉用具貸与加算
①厚生労働大臣が定める「特別地域」に所在する福祉用具貸与事業所で、算定可。
②加算される単位数は、当該事業者の通常の事業の実施地域で福祉用具貸与を行う場合に要する交通費相当額(※)を、当該地域の1単位の単価で除して得た単位数。ただし、当該福祉用具貸与に係る福祉用具貸与費の100分の100に相当する額を限度とする。
　(※福祉用具の運搬経費＋専門相談員1名の交通費。(いずれも往復分))
③個々の福祉用具ごとに、当該指定福祉用具貸与の開始日の属する月に算定可。

(2)中山間地域等における小規模事業所加算
①厚生労働大臣が定める「中山間地域等」に所在する小規模事業所で、算定できる加算。
②加算される単位数は、当該事業者の通常の事業の実施地域で福祉用具貸与を行う場合に要する交通費相当額の3分の2に相当する額を、当該地域の1単位の単価で除して得た単位数。ただし、当該福祉用具貸与に係る福祉用具貸与費の3分の2に相当する額を限度とする。
③個々の福祉用具ごとに、当該指定福祉用具貸与の開始日の属する月に算定可。

(3)中山間地域等居住者サービス提供加算
①厚生労働大臣が定める「中山間地域等」に居住している利用者に対して、通常の事業の実施地域を越えて指定福祉用具貸与を行った場合に、算定できる加算。
②加算される単位数は、当該事業者の通常の事業の実施地域で福祉用具貸与を行う場合に要する交通費相当額の3分の1に相当する額を、当該地域の1単位の単価で除して得た単位数。ただし、当該福祉用具貸与に係る福祉用具貸与費の3分の1に相当する額を限度とする。

③個々の福祉用具ごとに、当該指定福祉用具貸与の開始日の属する月に算定可。

2. 付属品のみの貸与

すでに車いす、特殊寝台を使用している場合には、これらについて介護保険の給付を受けているか否かにかかわらず、車いす付属品、特殊寝台付属品のみの貸与について保険給付を受けることは可能。

ココに注目　減算等について

福祉用具貸与事業者が同一の利用者に2つ以上の福祉用具を貸与する場合、予め都道府県等に減額の規程を届出ることで、通常の貸与価格から減額して貸与することが認められている（複数貸与減額制度）。具体的には、以下のように取り扱うように通知が発出されている。

(1) 減額の対象となる福祉用具の範囲は、福祉用具貸与事業者が取り扱う福祉用具の一部または全てを対象とできる。

　例えば、主要な福祉用具である「車いす」および「特殊寝台」と同時に貸与される可能性が高い以下の種目を減額の対象となる福祉用具として設定することなどが考えられる。

　①車いす付属品、②特殊寝台付属品、③床ずれ防止用具、④手すり、⑤スロープ、⑥歩行器

(2) 複数貸与減額制度を行う福祉用具貸与事業者は、既に届け出ている福祉用具の利用料（単品利用料）に加えて、減額の対象とする場合の利用料（減額利用料）を設定する。1つの福祉用具につき、同時に貸与する福祉用具の数に応じて、減額利用料を複数設定することも可能である。

　ただし、特定の福祉用具を複数組み合わせたもの、いわゆるセット価格を定めることは認められていない。利用者の状態に応じて適切な福祉用具が選定できるよう、個々の福祉用具に減額利用料を設定する必要がある。

(3) 複数貸与減額制度を行う福祉用具貸与事業者は、減額利用料に関する規程を定め、事業者の指定に関する要領等に則った手続きが必要となる。運営規程等には、単品利用料と減額利用料の両方を記載する必要がある。

(4) 複数貸与減額が月の途中に適用される場合、または適用されなくなる場合は、日割り計算または半月単位の計算方法によって算定すること。日割り計算・半月単位のいずれの場合でも、その算定方法を運営規程に記載する必要がある。

(5) 複数貸与減額を適用する場合、あるいは適用されなくなる場合に変更契約等を行う際には、福祉用具貸与事業者は契約書等においてその旨を記載し、利用者に対して利用料の変更に関する説明を行い、理解を得る。

(6) 複数貸与減額に関する運用を含め、福祉用具貸与事業者が利用料を変更する際は、居

(2) 指定居宅サービス

宅介護支援事業所等で区分支給限度基準額管理を適正に行えるよう、その都度、関係事業所で必要な情報を共有する。

 コラム　住宅改修について

■**住宅改修とは**

1. 概要

　要介護者等が、自宅に手すりを取付ける等の住宅改修を行おうとするときは、必要な書類（住宅改修が必要な理由書等）を添えて、申請書を提出し、工事完成後、領収書等の費用発生の事実がわかる書類等を提出することにより、実際の住宅改修費の9割相当額が償還払いで支給される。

　なお、支給額は、1割負担の場合では支給限度基準額（20万円）の9割（18万円）が上限となる。

2. 種類

(1)手すりの取付け。
(2)段差の解消。
(3)滑りの防止および移動の円滑化等のための床または通路面の材料の変更。（※）
(4)引き戸等への扉の取替え。（扉の撤去、ドアノブの変更、戸車の設置等も含まれる）
(5)洋式便器等への便器の取替え。（既存の便器の位置や向きを変更する場合も想定される）
(6)その他前各号の住宅改修に付帯して必要となる住宅改修。
　（※）保険者の判断による。

3. 支給限度基準額

　20万円
(1)要支援、要介護区分にかかわらず定額。（利用者負担金あり）
(2)ひとり生涯20万円までの支給限度基準額だが、要介護状態区分が重くなったとき（3段階上昇時）、また、転居した場合は再度20万円までの支給限度基準額が設定される。

 プラスα　Q&Aなどから

(1)機能や価格帯の異なる複数の商品の提示が困難な場合

　例えば、他に流通している商品が確認できない場合、福祉用具本体の選択により適合する付属品が定まる場合等は、差し支えない。

　※介護保険最新情報vol. 629(30.3.23)　平成30年度介護報酬改定に関するQ＆A

（Vol.1）Q130

(2)月途中でサービス提供の開始および中止を行った場合の算定方法

　福祉用具貸与の開始月と中止月が異なり、かつ、当該月の貸与期間が1カ月に満たない場合、当該開始月および中止月の算定は日割り計算で行う。ただし、当分の間、半月単位の計算方法を行うことも差し支えない。いずれの場合においても、居宅介護支援事業者における給付計算が適切になされるよう、その算定方法を運営規程に記載する必要がある。

　※12.4.28事務連絡　介護報酬等に係るQ&A vol.2 Ⅰ(1)⑧1

(3)機能や価格帯の異なる複数の商品の提示が困難な場合

　例えば、他に流通している商品が確認できない場合、福祉用具本体の選択により適合する付属品が定まる場合等は1つの商品提示で差し支えない。

　※介護保険最新情報vol.629（30.3.23）　平成30年度介護報酬改定に関するQ&A（Vol.1）Q130

(4)福祉用具貸与に関する商品コードの付与・公表について

　厚生労働省が発出した「福祉用具貸与に関する商品コードの付与・公表について」の事務連絡によると、2018年度から貸与される新商品や、現在は暫定的なコードを使用している商品も、TAISコードまたは福祉用具届出コードの取得が必要とした。併せて、2018年度6月貸与分以降に暫定的な商品コードを記載して請求した場合、国民健康保険団体連合会の審査で返戻となることも注意喚起している。

(参考)平成30年度以降の福祉用具貸与に係る商品コードの付与・公表について

1　商品コードの付与について
　(1)TAISコードについて
　　福祉用具の製造事業者または輸入事業者において、TAISコードを取得する場合は、公益財団法人テクノエイド協会のホームページ等を確認の上、必要な手続を行う。
　(2)福祉用具届出コードについて
　　TAISコードを取得しない場合は、福祉用具届出コードの取得が必要となるため、「福祉用具貸与価格適正化推進事業「福祉用具届出システム」利用の手引き」(公益財団法人テクノエイド協会)を確認の上、必要な手続を行う。
　(3)暫定的な商品コードの取扱いについて
　　暫定的な商品コードとして、「99999-999999」の使用が可能であるが、介護給付費明細書に記載できる暫定的な商品コードは、平成30年5月貸与分まで。平成30年6月貸与分以降、暫定的な商品コードを記載した場合、各国民健康保険団体連合会の審査で返戻となる。
2　商品コードの公表について
　　いずれの商品コードも、原則、毎月10日までに受け付けた申請は、翌月1日に付与し、同日、公益財団法人テクノエイド協会のホームページで一覧が公表される。
　　また、平成30年4月2日時点の商品コード一覧は、公益財団法人テクノエイド協会のホームページで公表しており、5月1日以降も、毎月更新される。
3　商品コードの介護給付費明細書への記載について
　　福祉用具貸与事業者が介護給付費請求を行うには、公表された商品コードを確認の上、介護給付費明細書に該当する商品コードを記載する。なお、実際に貸与する月に付与・公表されている商品コードが介護給付費明細書に記載されていない場合、各国民健康保険団体連合会の審査において返戻となる。

(2) 指定居宅サービス

> (注)商品コードの変更が生じた商品について
>   当月(新たに商品コードが付与・公表された月)の介護給付費明細書には変更前の商品コードを記載し、新たに付与・公表された商品コードは翌月の介護給付費明細書から記載する。(例えば、従来届出コードが付与されていた商品について、11月1日にTAISコードが付与された場合は、11月(10月貸与分)の介護給付費明細書には届出コードを記載し、12月(11月貸与分)以降の介護給付費明細書にはTAISコードを記載する)
>   また、「月遅れ分」として請求する場合は、実際に貸与した月に付与・公表されていた商品コードを介護給付費明細書に記載する。
> 4 その他
>   本年7月を目途として、商品ごとの全国平均貸与価格及び貸与価格の上限が公表予定(貸与件数が月平均100件未満の商品を除く)。また、公表された貸与価格の上限は、平成30年10月貸与分から適用となる。
> ※平成30年度以降の福祉用具貸与に係る商品コードの付与・公表について(厚生労働省老健局高齢者支援課・平成30年4月17日付事務連絡)

(3) 指定施設サービス

共通 介護保険施設サービス（長期入所）共通項目

 改正点のポイント

- 身体拘束廃止未実施減算について、運営基準と減算幅が見直しされた。
- 外泊時に当該施設から在宅サービスを利用したときの費用の取り扱いが新設された。
- 排泄障害等のため、排泄に介護を要する入所者に対し、多職種が協働して支援計画を作成し、計画に基づき支援した場合の排せつ支援加算（100単位/月）が新設された。
- 入所者の褥瘡発生を予防するため、褥瘡の発生と関連の強い項目について、定期的な評価を実施し、その結果に基づき計画的に管理することを評価（褥瘡マネジメント加算・10単位/月）が新設された。介護療養型医療施設は特定診療費、介護医療院は特別診療費の褥瘡対策指導管理（1日につき）が5単位から6単位に引上げられた。
- 低栄養リスク改善加算（300単位/月）が新設された。
- 再入所時栄養連携加算（400単位/回）が新設された。
- 口腔衛生管理加算の要件が見直しされた。ただし加算報酬は引下げられた。
  ① 歯科衛生士が行う口腔ケアの実施回数が、現行の月4回以上から月2回以上に緩和された。
  ② 歯科衛生士が、当該入所者の口腔ケアについて介護職員へ具体的な技術的助言および指導を行い、当該入所者の口腔に関する相談等に必要に応じ対応することが新たな要件に加えられた。
- 栄養マネジメント加算の要件が緩和された。
  ◆ 常勤の管理栄養士1名以上の配置要件について、通知が改正され同一敷地内の他の介護保険施設（1施設に限る）との兼務の場合にも算定が可能となった。
- 療養食加算の算定が1日単位から1回単位に見直された。
- 入所者が外泊した場合に、当該施設より1カ月に6日を限度として所定単位数に代えて1日につき560単位を算定可。ただし、外泊の初日および最終日は算定不可。外泊時費用との併算定不可。
- ターミナルケア加算（看取り介護加算）の要件として、「人生の最終段階における医療・ケアの決定プロセスに関するガイドライン」の内容をふまえ、対応することが定められた。

(3) 指定施設サービス

 コラム　留意事項等について

1. 新設された加算の算定留意点等
(1) 排せつ支援加算(100単位/月、6カ月限度)

①排せつに介護を要する入所者(要介護認定調査の「排尿」または「排便」が「一部介助」または「全介助」である場合等)で、適切な対応を行うことにより、要介護状態の軽減が見込まれる(要介護認定調査の「排尿」または「排便」の項目が「全介助」から「一部介助」以上に、または「一部介助」から「見守り等」以上に改善することを目安)と医師または医師と連携した看護師が判断した者に対し、介護保険施設の医師、看護師、介護支援専門員その他の職種が共同して、入所者が排せつに介護を要する原因を分析し、それに基づいた支援計画を作成し、支援計画に基づく支援を継続して実施した場合に算定できる。

②支援計画に基づく支援を継続して実施した場合は、支援の開始月から起算して6カ月以内の期間に限り、1カ月につき算定。支援を継続するとは、排せつに関して必要な支援が日常的に行われていれば必ずしも毎日何らかの支援を行っていることを求めるものではない。

③また、6カ月の期間の経過より前に当初見込んだ改善を達成し、その後は支援なしでも維持できると判断された場合や、利用者の希望によって支援を中止した場合等で、日常的な支援が行われない月が発生した際は、当月以降、算定不可。

④加算が算定できる6カ月の期間を経過する等によって加算の算定を終了した場合は、支援を継続したり、新たに支援計画を立てたりしても加算算定不可。

⑤全ての入所者に、必要に応じ適切な介護が提供されていることを前提としつつ、さらに特別な支援を行って排せつの状態を改善することが評価される。したがって、例えば、入所者が尿意・便意を職員へ訴えることができるにもかかわらず、職員が適時に排せつを介助できるとは限らないことを主たる理由としておむつへの排せつとしていた場合、支援を行って排せつの状態を改善させたとしても対象外。

⑥「排せつに介護を要する入所者」とは、要介護認定調査の際に用いられる「認定調査員テキスト2009改訂版(平成27年4月改訂)」の方法を用いて、排尿または排便の状態が、「一部介助」または「全介助」と評価される者。

⑦「適切な対応を行うことにより、要介護状態の軽減が見込まれる」とは、特別な支援を行わなかった場合には、当該排尿または排便にかかる状態の評価が不変または悪化することが見込まれるが、特別な対応を行った場合には、当該評価が6カ月以内に「全介助」から「一部介助」以上、または「一部介助」から「見守り等」以上に改善すると見込まれることをいう。

⑧⑦の見込みの判断を医師と連携した看護師が行った場合は、その内容を支援の開始前に医師へ報告する。また、医師と連携した看護師が⑦の見込みの判断を行う際、利用

者の背景疾患の状況を勘案する必要がある場合等は、医師へ相談する。
⑨支援に先立って、失禁に対する各種ガイドライン（EBMに基づく尿失禁診療ガイドライン（平成16年泌尿器科領域の治療標準化に関する研究班）、男性下部尿路症状診療ガイドライン（平成25年日本排尿機能学会）、女性下部尿路症状診療ガイドライン（平成25年日本排尿機能学会）、便失禁診療ガイドライン（平成29年日本大腸肛門病学会））を参考にしながら、対象者が排せつに介護を要する要因を多職種が共同して分析し、それに基づいた支援計画を作成する。要因分析および支援計画の作成に関わる職種は、⑦の判断を行った医師または看護師、介護支援専門員、および支援対象の入所者の特性を把握している介護職員を含む。

　その他、疾患、使用している薬剤、食生活、生活機能の状態等に応じ薬剤師、管理栄養士、理学療法士、作業療法士等を適宜加える。なお、支援計画に相当する内容を施設サービス計画の中に記載する場合は、その記載をもって支援計画の作成に代えることができる。

⑩支援計画の作成には、要因分析の結果と整合性が取れた計画を、個々の入所者の特性に配慮しながら個別に作成し、画一的な支援計画とならないよう留意する。また、支援において入所者の尊厳が十分保持されるよう留意する。
⑪支援計画の実施にあたっては、計画の作成に関与した者が、入所者またはその家族に対し、現在の排せつにかかる状態の評価、⑦の見込みの内容、⑧の要因分析および支援計画の内容、当該支援は入所者またはその家族がこれらの説明を理解した上で支援の実施を希望する場合に行うものである、および支援開始後でもいつでも入所者又はその家族の希望に応じて支援計画を中断または中止できることを説明し、入所者およびその家族の理解と希望を確認した上で行う。
⑫本加算の算定を終了した際は、その時点の排せつ状態の評価を記録し、⑦における見込みとの差異があればその理由を含めて総括し、記録した上で、入所者またはその家族に説明する。

(2) 褥瘡マネジメント加算（介護医療院、介護療養型医療施設以外に新設）（10単位/3カ月に1回限度）

①以下の施設基準に適合しているものとして届出した施設において、継続的に入所者ごとの褥瘡管理をした場合、3カ月に1回を限度として、1回10単位を入所者全員に算定。
②施設基準は次のとおり。
　1）入所者ごとに褥瘡の発生と関連のあるリスクについて、施設入所時に評価するとともに、少なくとも3カ月に1回、評価を行い、その評価結果を厚生労働省に報告する。
　2）1）の評価の結果、褥瘡が発生するリスクがあるとされた入所者ごとに、医師、看護師、介護職員、介護支援専門員その他の職種が共同して、褥瘡管理に関する褥瘡ケア計画を作成している。

(3) 指定施設サービス

　　3) 入所者ごとの褥瘡ケア計画に従い褥瘡管理を実施するとともに、その管理の内容や入所者の状態について定期的に記録している。
　　4) 1)の評価に基づき、少なくとも3カ月に1回、入所者ごとに褥瘡ケア計画を見直している。
③原則として入所者全員を対象として入所者ごとに要件を満たした場合に、入所者全員に対して算定。
④評価は、褥瘡の発生と関連のあるリスクについて実施する。
⑤施設入所時の評価は、施設基準届出日に、既入所者は、届出月に評価を行う。
⑥厚生労働省への報告は、評価結果を、介護給付費請求書等の記載要領に従って、褥瘡マネジメント加算の介護給付費明細書の給付費明細欄の摘要欄に記載（※）する。報告する評価結果は、施設入所時には、施設入所後最初（既入所者については届出日に最も近い日）に評価した結果、それ以外の場合は、加算を算定月に評価した結果のうち最も末日に近い日に行う。
　※以下の項目について、連続した12桁の数値を入力する。（自分で行っている場合は0、自分で行っていない場合は1、対象外の場合は2）
　・入浴　・食事摂取　・更衣（上衣）　・更衣（下衣）　・寝返り　・坐位の保持　・坐位での乗り移り　・立位の保持
　　（なしの場合は0、ありの場合は1、対象外の場合は2）
　・尿失禁　・便失禁　・バルーンカテーテルの使用
　　（いいえの場合は0、はいの場合は1）
　・過去3カ月以内に褥瘡の既往があるか
　　例：入浴を自分で行っていない、更衣（下衣）を自分で行っていない、立位の保持を自分で行っていない、尿失禁あり、過去3カ月以内に褥瘡の既往がない場合（その他は自分で行っている、もしくはなし）
　　記載例＝「100100011000」
⑦褥瘡ケア計画は、褥瘡管理に対する各種ガイドライン（褥瘡予防・管理ガイドライン（平成27年日本褥瘡学会）、褥瘡診療ガイドライン（平成29年日本皮膚科学会）など）を参考にしながら、入所者ごとに、褥瘡管理に関する事項に対し関連職種が共同して取り組むべき事項や、入所者の状態を考慮した評価を行う間隔等を検討し、作成する。なお、介護福祉施設サービスは、褥瘡ケア計画に相当する内容を施設サービス計画の中に記載する場合、その記載をもって褥瘡ケア計画の作成に代えることができる。
⑧褥瘡ケア計画に基づいたケアを実施する際には、褥瘡ケア・マネジメントの対象となる入所者またはその家族に説明し、その同意を得る。
⑨褥瘡ケア計画の見直しは、褥瘡ケア計画に実施上の問題（褥瘡管理の変更の必要性、関連職種が共同して取り組むべき事項の見直しの必要性等）があれば直ちに実施する。
⑩マネジメントは、施設ごとにマネジメントの実施に必要な褥瘡管理マニュアルを整備

し、マニュアルに基づき実施することが望ましい。

(3) 低栄養リスク改善加算（300単位/月、6カ月限度）

①低栄養状態にある入所者または低栄養状態のおそれのある入所者に対して、医師、歯科医師、管理栄養士、看護師、介護支援専門員その他の職種の者が共同して、入所者の栄養管理をするための会議を行い、入所者ごとに低栄養状態の改善等を行うための栄養管理方法等を示した計画を作成し、当該計画に従って医師等の指示を受けた管理栄養士または栄養士が栄養管理を行った場合に、算定可。

②対象者は、原則として、施設入所時に行った栄養スクリーニングで「低栄養状態の高リスク者」に該当する者であって、低栄養状態の改善等のための栄養管理が必要であるとして、医師または歯科医師の指示を受けたものとする。

　ただし、歯科医師が指示を行う場合は、当該指示を受ける管理栄養士等が、対象となる入所者に対する療養のために必要な栄養の指導を行うに当たり、主治の医師の指導を受けている場合に限る。

③月1回以上、医師、歯科医師、管理栄養士、看護師、介護支援専門員その他の職種の者が共同して、入所者の栄養管理をするための会議を行い、低栄養状態の改善等を行うための栄養管理方法等を示した計画を作成する（栄養ケア計画と一体のものとして作成すること）。当該計画に相当する内容を施設サービス計画の中に記載する場合は、その記載をもって当該計画の作成に代えることができる。

④③の計画について、対象となる入所者またはその家族に説明し、同意を得る。

⑤計画に基づき、対象となる入所者に対し、管理栄養士等が食事の観察を週5回以上行い、栄養状態、嗜好等を踏まえた食事の調整等を行う。低栄養リスク改善加算の算定期間は、低栄養状態の高リスク者に該当しなくなるまでの期間とするが、その期間は入所者またはその家族の同意を得られた月から起算して6カ月以内の期間に限るものとし、それを超えた場合においては、原則として算定しない。

　6カ月を超えても低栄養状態リスクの改善が認められない場合であって、医師または歯科医師の指示に基づき、継続して低栄養状態の改善等のための栄養管理が必要とされる場合は、引き続き当該加算を算定できる。ただし、この場合において、医師または歯科医師の指示はおおむね2週間ごとに受けるものとする。

⑥栄養マネジメント加算を算定していない場合、または経口移行加算もしくは経口維持加算を算定している場合は、算定不可。褥瘡を有する場合であって、褥瘡マネジメント加算を算定している場合は、低栄養リスク改善加算は算定不可。

(4) 再入所時栄養連携加算（400単位/回）

①入所者が医療機関に入院し、施設入所時とは大きく異なる栄養管理が必要となった場合（経管栄養または嚥下調整食の新規導入）で、施設の管理栄養士が医療機関での栄養食事指導に同席し、再入所後の栄養管理について医療機関の管理栄養士と相談の上、栄養ケア計画の原案を作成し、当該施設へ再入所した場合に、1回に限り算定できる。ただし、栄養マネジメント加算を算定していない場合は、算定不可。

(3) 指定施設サービス

②施設入所時に経口により食事を摂取していた者が、医療機関に入院し、入院中に、経管栄養または嚥下調整食の新規導入となった場合で、退院後、直ちに再度当該施設に入所(二次入所)した場合が対象。嚥下調整食は、硬さ、付着性、凝集性などに配慮した食事(日本摂食嚥下リハビリテーション学会の分類に基づくもの)をいう。

③施設の管理栄養士が入所者が入院する医療機関を訪問の上、医療機関での栄養に関する指導またはカンファレンスに同席し、医療機関の管理栄養士と連携して、二次入所後の栄養ケア計画を作成する。

④当該栄養ケア計画について、二次入所後に入所者またはその家族の同意が得られた場合に算定。

2. 栄養管理や経口維持加算、低栄養リスク改善対応加算(新設)など算定上の留意点

(1) 栄養管理や経口維持加算(Ⅰ)(Ⅱ)、口腔衛生管理加算、療養食加算などの関連(要届出)

項 目	単 位	要 件	算定基準	備 考
①栄養マネジメント加算	14単位/日	管理栄養士が継続的入所者に栄養管理を実施。	1) 常勤の管理栄養士1名以上(兼務の取扱いについては、3(1)栄養マネジメント加算③および④を参照。) 2) 栄養状態を入院時に把握し、他職種共同で栄養計画を作成。 3) 計画に基づき栄養管理を実施し、栄養状態を定期的に記録。 4) 栄養ケア計画の進捗状況を定期的に評価し、必要に応じて見直し。 5) 人員欠如がない。	
②経口移行加算	28単位/日	1) 原則180日以内。180日超でも医師指示がおおむね2週間ごとにあり、管理および支援が必要な場合は算定可。 2) 経口食事摂取を進めるための経口移行計画を作成し、管理栄養士(栄養士)の栄養管理と言語聴覚士または看護職員による支援を実施。 3) 口腔状態によっては、歯科医療対応を要する場合も想定されるため、必要に応じて介護支援専門員を通じて主治の歯科医師への情報提供をするなどの適切な措置を講じる。		・栄養マネジメント加算の算定が前提。 ・経口維持加算と併算定不可。
③経口維持加算(Ⅰ)	400単位/月	経口維持計画策定日(月)から6カ月以内。6カ月超でも医師指示がおおむね1カ月ごとにあり誤嚥防止管理が必要な場合は継続算定可。	食事摂取者で、摂食機能障害や誤嚥を有する入所者に対し、医師または歯科医師の指示に基づき、医師、歯科医師、管理栄養士、看護師、介護支援専門員その他の職種の者が共同して、月1回以上食事の観察および会議等を行い、入所者ごとに経口維持計画を作成し、医師または歯科医師の指示(歯科医師が指示を行う場合、指示を受ける管理栄養士等が医師の指導を受けている場合に限る)に基づき管理栄養士等が栄養管理を行った場合。	・栄養マネジメント加算の算定が前提。 ・経口移行加算と併算定不可。

項　目	単　位	要　件	算定基準	備　考
④経口維持加算(Ⅱ)	100単位/月	経口維持計画策定日(月)から6カ月以内。6カ月超でも医師指示がおおむね1カ月ごとにあり誤嚥防止管理が必要な場合は継続算定可。	加算(Ⅰ)において行う食事の観察および会議等に、医師(当該施設の配置医師を除く)、歯科医師、歯科衛生士または言語聴覚士が加わった場合。	経口維持加算(Ⅰ)の算定が前提。
⑤口腔衛生管理体制加算	30単位/月	歯科医師または歯科医師の指示を受けた歯科衛生士が介護職員に対して口腔ケアの技術的助言および指導を実施。	1) 歯科医師または歯科医師の指示を受けた歯科衛生士の技術的助言および指導に基づき、口腔ケアマネジメントに係る計画作成 2) 定員超過利用・人員基準欠如がない。	
⑥口腔衛生管理加算(見直し)	90単位/月	1) 歯科医師の指示を受けた歯科衛生士が、入所者に対し、口腔ケアを月2回以上実施。 2) 歯科衛生士が、口腔ケアについて介護職員へ具体的な技術的助言および指導を行い、入所者の口腔に関する介護職員からの相談等に必要に応じて対応。	口腔衛生管理体制加算と同じ。	口腔衛生管理体制加算の算定が前提。
⑦低栄養リスク改善加算(新設)	300単位/月	低栄養リスクの高い入所者に対し、多職種が協働して低栄養状態を改善するための計画を作成し、計画に基づき、定期的に食事の観察を行い、入所者ごとの栄養状態、嗜好等を踏まえ栄養・食事調整等を行うなど、低栄養リスクの改善を実施。	対象となる入所者は、 1) 過去6カ月の間に3%以上、もしくは2、3kg以上の体重の減少が認められる者。 2) 食事摂取量が不良(75%以下)の者。 3) 血清アルブミン値が3.5g/dl以下の者。 4) BMIが18.5未満の者。 そのほか低栄養状態にある、またはそのおそれがあると認められた者。	・栄養マネジメント加算の算定が前提。 ・経口移行加算、経口維持加算と併算定不可。 ・褥瘡を有する場合で、褥瘡マネジメント加算を算定している場合は算定不可。
⑧療養食加算	6単位/回	該当する食事を提供した場合。	管理栄養士などの配置。	①〜⑦と併算定可。

(3) 指定施設サービス

3. 栄養マネジメント加算や経口移行加算、経口維持加算（Ⅰ）（Ⅱ）、口腔衛生管理体制加算、口腔衛生管理加算、療養食加算の算定要件など

(1) 栄養マネジメント加算

①栄養ケア・マネジメントは、入所者ごとに行われるケア・マネジメントの一環として行われることに留意すること。また、栄養ケア・マネジメントは、低栄養状態のリスクにかかわらず、原則として入所者全員に対して実施すべきものである。

②栄養ケア・マネジメントについては、以下の1)から7)までに掲げるとおり、実施する。

1) 入所者ごとの低栄養状態のリスクを、施設入所時に把握。（以下、栄養スクリーニング）

2) 栄養スクリーニングを踏まえ、入所者ごとの解決すべき課題を把握。（以下、栄養アセスメント）

3) 栄養アセスメントを踏まえ、施設長の管理のもと、医師、管理栄養士、歯科医師、看護職員、介護支援専門員その他の職種の者が共同して、入所者ごとに、栄養補給に関する事項（栄養補給量、補給方法等）、栄養食事相談に関する事項（食事に関する内容の説明等）、解決すべき事項に対し関連職種が共同して取り組むべき事項等を記載した栄養ケア計画を作成。また、作成した栄養ケア計画については、栄養ケア・マネジメントの対象入所者またはその家族に説明し、その同意を得る。なお、栄養ケア計画に相当する内容を施設サービス計画の中に記載する場合は、その記載をもって栄養ケア計画の作成に代えることができる。

4) 栄養ケア計画に基づき、入所者ごとに栄養ケア・マネジメントを実施するとともに、栄養ケア計画に実施上の問題（栄養補給方法の変更の必要性、関連職種が共同して取り組むべき事項の見直しの必要性等）があれば直ちに計画を修正する。

5) 入所者ごとの栄養状態に応じて、定期的に、入所者の生活機能の状況を検討し、栄養状態のモニタリングを行う。その際、栄養スクリーニング時に把握した入所者ごとの低栄養状態のリスクのレベルに応じ、それぞれのモニタリング間隔を設定し、入所者ごとの栄養ケア計画に記載する。モニタリング間隔の設定には、低栄養状態のリスクの高い者および栄養補給方法の変更の必要性がある者（経管栄養法から経口栄養法への変更等）については、おおむね2週間ごと、低栄養状態のリスクが低い者については、おおむね3カ月ごとに行う。なお、低栄養状態のリスクが低い者も含め、少なくとも月1回、体重を測定するなど、入所者の栄養状態の把握を行う。

6) 入所者ごとに、おおむね3カ月をめどとして、低栄養状態のリスクについて、栄養スクリーニングを実施し、栄養ケア計画の見直しを行う。

7) サービスの提供の記録において入所者ごとの栄養ケア計画に従い管理栄養士が、入所者の栄養状態を定期的に記録する場合は、当該記録とは別に栄養マネジメント加算の算定のために入所者の栄養状態を定期的に記録する必要はない。

③栄養ケア計画を作成し、入所者またはその家族に説明し、その同意を得られた日から栄養マネジメント加算の算定を開始する。
④栄養ケア・マネジメントを実施している場合には、個別の高齢者の栄養状態に着目した栄養管理が行われるため、検食簿、喫食調査結果、入所者の入退院簿および食料品消費日計等の食事関係書類(食事箋および献立表を除く)、入所者年齢構成表および給与栄養目標量に関する帳票は、作成する必要がない。

(2) 経口移行加算

現に経管により食事を摂取している入所者ごとに、経口による食事の摂取を進めるための経口移行計画を作成している場合であって、計画に従い、医師の指示を受けた管理栄養士または栄養士による栄養管理および言語聴覚士または看護職員による支援が行われた場合に、算定可。ただし、栄養マネジメント加算を算定していない場合は算定不可。

①経口移行計画は、医師、歯科医師、管理栄養士、看護師、言語聴覚士、介護支援専門員その他の職種の者が共同して作成する(栄養ケア計画と一体のものとして作成)。経口移行計画に相当する内容を施設サービス計画の中に記載する場合は、その記載をもって経口移行計画の作成に代えることができる。
②経口移行計画は、対象となる入所者またはその家族に説明し、その同意を得る。
③算定期間は、経口からの食事の摂取が可能となり、経管による食事の摂取を終了した日までの期間となるが、原則として、入所者またはその家族の同意を得た日から起算して180日以内の期間に限られる。

　ただし、180日を超えても、経口による食事の摂取が一部可能なものであって、医師の指示に基づき、継続して経口による食事の摂取を進めるための栄養管理および支援が必要とされる場合は、引き続き当該加算を算定可。この場合、医師の指示はおおむね2週間ごとに受けることが必要。
④経管栄養法から経口栄養法への移行は、場合によっては、誤嚥性肺炎の危険も生じうることから、次の1)から4)までについて確認した上で実施する。
　1) 全身状態が安定している。(血圧、呼吸、体温が安定しており、現疾患の病態が安定している)
　2) 刺激しなくても覚醒を保っていられる。
　3) 嚥下反射が見られる。(唾液嚥下や口腔、咽頭への刺激による喉頭挙上が認められる)
　4) 咽頭内容物を吸引した後は唾液を嚥下しても「むせ」がない。
⑤経口移行加算を180日間にわたり算定した後、経口摂取に移行できなかった場合に、期間を空けて再度経口摂取に移行するための栄養管理および支援を実施した場合は、当該加算は算定できないものとする。
⑥入所者の口腔の状態によっては、歯科医療における対応を要する場合も想定されることから、必要に応じて、介護支援専門員を通じて主治の歯科医師への情報提供を実施するなどの適切な措置を講じる。

(3) 経口維持加算

①現に経口により食事を摂取する者であって、摂食機能障害を有し、誤嚥が認められる入所者に対して、医師または歯科医師の指示に基づき、医師、歯科医師、管理栄養士、看護師、介護支援専門員その他の職種の者が共同して、入所者の栄養管理をするための食事の観察および会議等を行い、入所者ごとに経口による継続的な食事の摂取を進めるための経口維持計画を作成し、当該計画に従って医師等の指示を受けた管理栄養士または栄養士が、栄養管理を行った場合に、「経口維持加算（Ⅰ）」を算定可。ただし、栄養マネジメント加算を算定していない場合は算定不可。経口移行加算と併算定不可。

②協力歯科医療機関を定めている介護保険施設が、経口維持加算（Ⅰ）を算定している場合で、かつ、①の「食事の観察および会議等」に、医師（当該施設の配置医師を除く）、歯科医師、歯科衛生士または言語聴覚士が加わった場合、「経口維持加算（Ⅱ）」を算定可。経口維持加算（Ⅱ）を算定するには、（Ⅰ）を算定していることが前提となる。

③算定期間は、対象となる入所者に摂食機能障害及び誤嚥が認められなくなったと医師または歯科医師が判断した日までの期間であるが、原則として、入所者またはその家族の同意を得た日の属する月から起算して6カ月以内の期間に限られる。

　ただし、6カ月を超えた場合でも、摂食機能障害を有し、誤嚥が認められる入所者で、医師または歯科医師の指示（おおむね1月ごとに受けること）に基づき、継続して誤嚥防止のための食事の摂取を進めるための特別な管理が必要とされるものには、引き続き算定可。

④経口維持加算（Ⅰ）は、次に掲げる1）から4）までの通り、実施する。

1）現に経口により食事を摂取している者であって、摂食機能障害を有し、水飲みテスト、頸部聴診法、造影撮影、内視鏡検査等により誤嚥が認められることから、継続して経口による食事の摂取を進めるための特別な管理が必要であるものとして、医師または歯科医師の指示を受けたものを対象とする。ただし、歯科医師が指示を行う場合は、指示を受ける管理栄養士等が、対象となる入所者に対する療養のために必要な栄養の指導を行うに当たり、主治の医師の指導を受けている場合に限る。

2）月1回以上、医師、歯科医師、管理栄養士、看護職員、言語聴覚士、介護支援専門員その他の職種の者が共同して、入所者の栄養管理をするための食事の観察および会議等を行い、継続して経口による食事の摂取を進めるための特別な管理の方法等を示した経口維持計画を作成する。経口維持計画に相当する内容を施設サービス計画の中に記載する場合は、その記載をもって代えることができる。

3）経口維持計画を、対象となる入所者またはその家族に説明し、同意を得る。

4）経口維持計画に基づき、栄養管理を実施する。「特別な管理」とは、入所者の誤嚥を防止しつつ、継続して経口による食事の摂取を進めるための食物形態、摂食方法等における適切な配慮のことをいう。食事の中止、十分な排痰、医師または歯

科医師との緊密な連携等を迅速に行える体制を取っておく。

⑤経口維持加算（Ⅰ）および経口維持加算（Ⅱ）の算定に当たり実施する食事の観察および会議等は、関係職種が一堂に会して実施することが望ましいが、やむを得ない理由により、参加するべき者の参加が得られなかった場合は、その結果について終了後速やかに情報共有を行うことで、算定可。

(4) 口腔衛生管理体制加算

利用者の口腔ケア・マネジメント計画が作成されている介護保険施設で、「歯科医師」または「歯科医師の指示を受けた歯科衛生士」が、施設の介護職員に対して月1回以上、口腔ケアに係る技術的助言および指導を行った場合に、算定できる。

①「口腔ケアの技術的助言および指導」とは、施設における入所者の口腔内状態の評価方法、適切な口腔ケアの手技、口腔ケアに必要な物品整備の留意点、口腔ケアに伴うリスク管理、その他施設において日常的な口腔ケアの実施にあたり必要と思われる事項のうち、いずれかに係る技術的助言および指導をいう。

②「利用者の口腔ケア・マネジメントに係る計画」は、歯科医師または歯科医師の指示を受けた歯科衛生士の技術的助言および指導に基づいて作成するものとし、以下の事項を記載する。

 1) 施設において入所者の口腔ケアを推進するための課題
 2) 施設における目標
 3) 具体的方策
 4) 留意事項
 5) 施設と歯科医療機関との連携の状況
 6) 歯科医師からの指示内容の要点。（当該計画の作成にあたっての技術的助言・指導を歯科衛生士が行った場合に限る）
 7) その他必要と思われる事項

③医療保険において歯科訪問診療料または訪問歯科衛生指導料が算定された日の属する月であっても、口腔衛生管理体制加算を算定できるが、介護職員に対する口腔ケアの技術的助言および指導または入所者の口腔ケア・マネジメント計画に関する技術的助言および指導を行うにあたっては、歯科訪問診療または訪問歯科衛生指導の実施時間以外の時間帯に行う。

(5) 口腔衛生管理加算

利用者の口腔ケア・マネジメントに係る計画が作成されている介護保険施設で、歯科医師の指示を受けた歯科衛生士が、入所者に対して口腔ケアを月2回以上行うとともに、入所者への口腔ケアについて介護職員に対して具体的な技術的助言および指導を行い、かつ、入所者の口腔に関する介護職員からの相談等に対応した場合に算定可。

①口腔衛生管理加算を算定する場合、サービスを実施する同一月内に医療保険による訪問歯科衛生指導の実施の有無を、入所者またはその家族等に確認するとともに、サービスについて説明し、その提供に関する同意を得たうえで行う。また、入所者ごとに

口腔に関する問題点、歯科医師からの指示内容の要点、口腔ケアの方法およびその他必要と思われる事項に係る記録(以下、口腔衛生管理に関する実施記録)を作成し保管し、必要に応じその写しを入所者に対して提供する。

②歯科医師の指示を受けて施設の入所者に対して口腔ケアを行う歯科衛生士は、口腔に関する問題点、歯科医師からの指示内容の要点、口腔ケアの方法およびその他必要と思われる事項など口腔機能維持管理に関する記録を作成し、施設に提出する。

③歯科衛生士は、入所者の口腔の状態により医療保険における対応が必要となる場合は、適切な歯科医療サービスが提供されるよう歯科医師および施設の介護職員等への情報提供を行う。

④医療保険の歯科訪問診療料算定月でも、口腔衛生管理加算を算定できるが、訪問歯科衛生指導料を3回以上算定した月は、口腔衛生管理加算は算定不可。

> **(参考)過去の質疑応答より**
> ◆ 同一日の午前と午後それぞれ口腔ケアを行った場合は、1回分の実施となる。
> ◆ 1人の歯科衛生士が、同時に複数の入所者に対して口腔ケアを行った場合は算定不可。利用者ごとに行うことが算定要件。

(6) 療養食加算(1日から1回につきに見直し)

管理栄養士または栄養士が入所者に対する食事の提供について管理し、入所者の年齢、心身の状況によって適切な栄養量および内容の療養食の提供が行われている場合に、算定できる。なお、当該加算を行う場合は、療養食の献立表が作成されている必要がある。

①加算の対象となる療養食は、疾病治療の直接手段として医師の発行する食事箋に基づいて提供される食事であり、利用者の年齢、病状等に対応した栄養量および内容を有する食事(糖尿病食、腎臓病食、肝臓病食、胃潰瘍食(流動食は除く)、貧血食、膵臓病食、脂質異常症食、痛風食および特別な場合の検査食)をいう。療養食の摂取の方法については、経口または経管の別を問わない。

②減塩食療法等について

　心臓疾患等に対して減塩食療法を行う場合は、腎臓病食に準じて取り扱うことができるが、高血圧症に対して減塩食療法を行う場合は、加算の対象外。また、腎臓病食に準じて取り扱うことができる心臓疾患等の減塩食は、総量6.0g未満の減塩食をいう。

③肝臓病食について

　肝臓病食とは、肝庇護食、肝炎食、肝硬変食、閉鎖性黄疸食(胆石症および胆嚢炎による閉鎖性黄疸の場合を含む)等をいう。

④胃潰瘍食について

　十二指腸潰瘍の場合も胃潰瘍食として取り扱って差し支えない。手術前後に与える高カロリー食は加算の対象としないが、侵襲の大きな消化管手術の術後において胃潰瘍食に準ずる食事を提供する場合は、療養食の加算が認められる。また、クローン病、潰瘍性大腸炎等により、腸管の機能が低下している入院患者等に対する低残さ食

については、療養食として取り扱って差し支えない。
⑤貧血食の対象者となる入所者について
　療養食として提供される貧血食の対象となる入所者は、血中ヘモグロビン濃度が10g/dl以下であり、その原因が鉄分の欠乏に由来する者。
⑥高度肥満症に対する食事療法について
　高度肥満症(肥満度が＋70%以上またはBMIが35kg/m^2以上)に対して食事療法を行う場合は、脂質異常症食に準じて取り扱うことができる。
⑦特別な場合の検査食について
　特別な場合の検査食とは、潜血食をいう他、大腸X線検査・大腸内視鏡検査のために特に残さの少ない調理済み食品を使用した場合は、「特別な場合の検査食」として取り扱って差し支えない。
⑧脂質異常症食の対象となる入所者について
　療養食として提供される脂質異常症食の対象となる入所者は、空腹時定常状態におけるLDL-コレステロール値が140mg/dl以上である者またはHDL-コレステロール値が40mg/dl未満もしくは血清中性脂肪値が150mg/dl以上である者。

その他　介護保険施設共通のポイント

1. 入所日数の数え方
(1)原則として、入所日および退所日の両方を含む。
(2)ただし、同一敷地内における短期入所生活介護事業所、短期入所療養介護事業所、特定施設、介護保険施設(「介護保険施設等」)の間で、または隣接もしくは近接する敷地における介護保険施設等で相互に職員の兼務や施設の共用等が行われているものの間で、利用者等が一の介護保険施設等から退所をしたその日に他の介護保険施設等に入所等する場合は、入所等日は含み、退所日は含まない。
(3)介護保険施設等を退所したその日に介護保険施設等と同一敷地内にある病院もしくは診療所の病床で、医療保険が適用されるもの(以下、医療保険適用病床)または介護保険施設等と隣接もしくは近接する敷地における病院もしくは診療所の医療保険適用病床であって介護保険施設等との間で相互に職員の兼務や施設の共用等が行われているもの(以下、同一敷地内等の医療保険適用病床)に入院する場合(同一医療機関内の転棟の場合を含む)は、介護保険施設等においては退所の日は算定されず、また、同一敷地内等の医療保険適用病床を退院したその日に介護保険施設等に入所する場合(同一医療機関内の転棟の場合を含む)は、介護保険施設等では入所の日は算定不可。
(4)「定員超過に係る減算」および「人員欠如に係る減算」に定める平均利用者数等の算定においては、入所日を含み、退所(院)日は含まない。

(3) 指定施設サービス

2. 定員超過に係る減算

(1) 入所者数は、1カ月間(暦月)の入所者数の平均を用いる。この場合、1カ月間の入所者の数の平均は、当該月の全入所者の延べ数を当該月の日数で除して得た数。この平均入所者数の算定は、小数点以下を切り上げるものとする。

(2) 入所者の数が定員を超過した施設は、その翌月から定員超過利用が解消されるに至った月まで、入所者全員について所定単位数が減算され、定員超過利用が解消されるに至った月の翌月から通常の所定単位数を算定する。

(3) 災害、虐待の受け入れ等やむを得ない理由による定員超過利用には、定員超過利用が開始した月(災害等が生じた時期が月末で、定員超過利用が翌月まで継続することがやむを得ないと認められる場合は翌月も含む)の翌月から所定単位数の減算を行うことはせず、やむを得ない理由がないにもかかわらずその翌月まで定員を超過した状態が継続している場合に、災害が生じた月の翌々月から所定単位数を減算。

3. 人員基準欠如に係る減算

(1) 人員基準上満たすべき看護師等の員数を算定する際の入所者数は、当該年度の前年度の平均を用いる(ただし、新規開設または再開の場合は推定数による)。この場合、入所者数の平均は、前年度の全入所者の延べ数を当該前年度の日数で除して得た数とする。この平均入所者数の算定は、小数点第2位以下を切り上げる。

(2) 看護・介護職員の人員基準欠如は、以下のとおり。
  ①人員基準上必要とされる員数から1割を超えて減少した場合、その翌月から人員基準欠如が解消されるに至った月まで、入所者の全員について所定単位数を減算。
  ②1割の範囲内で減少した場合、その翌々月から人員基準欠如が解消されるに至った月まで、入所者の全員について所定単位数を減算。(ただし、翌月の末日に人員基準を満たすに至っている場合を除く)

(3) 看護・介護職員以外の人員基準欠如は、その翌々月から人員基準欠如が解消されるに至った月まで、入所者の全員について所定単位数を減算。(ただし、翌月の末日に人員基準を満たす場合を除く)

4. 夜勤体制減算

(1) 夜勤職員の員数が基準に満たない場合の減算、ある月(暦月)において以下のいずれかの事態が発生した場合、その翌月に入所者全員について所定単位数を算定する。
  ①夜勤時間帯(午後10時から翌日の午前5時までの時間を含めた連続する16時間をいい、施設ごとに設定するものとする)において夜勤職員数が夜勤職員基準に定める員数に満たない事態が2日以上連続して発生した場合。
  ②夜勤時間帯において夜勤職員数が夜勤職員基準に定める員数に満たない事態が4日以上発生した場合。

(2) 夜勤職員の員数の算定における入所者数は、当該年度の前年度の入所者の数の平均を

用いる。この平均入所者数の算定は、小数点以下を切り上げる。

5. ユニットケア減算とユニット型同士が併設する場合の取り扱い（見直し）

(1) 日中、ユニットごとに常時1人以上の介護職員または看護職員が配置されていなかったり、ユニットごとに、常勤のユニットリーダーが配置されていない等で、施設基準を満たさない場合に減算対象となる。

(2) 減算は、ある月（暦月）において基準に満たない状況が発生した場合、その翌々月から基準に満たない状況が解消されるに至った月まで、入所者全員について、所定単位数が減算される。ただし、翌月の末日において基準を満たすに至っている場合を除く。

(3) 例えば介護老人福祉施設（地域密着型介護老人福祉施設を含む）の併設事業所の場合は、介護老人福祉施設の入所者数と短期入所生活介護の利用者数を合算した上で、職員の配置数の算定および夜勤を行う介護職員または看護職員の配置数を算定する。したがって、前年度の平均入所者数70人の介護老人福祉施設に前年度の平均利用者数20人の短期入所生活介護事業所が併設されている場合は、併設型短期入所生活介護費（Ⅰ）（3：1人員配置）を算定するために必要な介護職員または看護職員は合計で30人であり、必要な夜勤を行う職員の数は4人となる。

(4) ユニット型同士が併設する場合は、介護老人福祉施設のユニット数と短期入所生活介護事業所のユニット数を合算した上で、夜勤職員の配置数を算定する。例えば、3ユニットの介護老人福祉施設に、1ユニットの短期入所生活介護事業所が併設されている場合は、2のユニットごとに夜勤職員を1人以上配置することが必要であるため、必要な夜勤職員数は2人となる。

(5) ユニット型とユニット型以外が併設されている場合は、利用者の処遇に支障がなく（災害が起こった際にも利用者の安全が確保できる等）、夜勤職員1人あたりの介護老人福祉施設の入所者数と短期入所生活介護事業所の利用者数の合計が20人以下である場合は、介護老人福祉施設と短期入所生活介護事業所の夜勤職員の兼務が認められる。例えば、3ユニットで入居者数29人のユニット型介護老人福祉施設に、利用者数3人の多床室の短期入所生活介護事業所が併設されている場合は、必要な夜勤職員数は2人となる。

6. 身体拘束廃止未実施減算（見直し）

身体的拘束等の適正化を図るため、以下の措置を講じなければならないものと定めている基準に適合しない場合に、減算の対象となる。

(1) 身体的拘束等を行う場合には、その態様および時間、その際の入所者の心身の状況ならびに緊急やむを得ない理由を記録する。

(2) 身体的拘束等の適正化のための対策を検討する委員会（以下、「身体的拘束適正化検討委員会」）を3カ月に1回以上開催するとともに、その結果について、介護職員その他従業者に周知徹底を図る。

(3) 指定施設サービス

(3) 施設において身体拘束等が行われていた場合ではなく、身体拘束等を行う場合の記録を行っていない、身体的拘束適正化検討委員会を3カ月に1回以上開催していない、指針を整備していない、定期研修を実施していない場合に、入所者全員について10％減算する。

(4) 記録を行っていない事実が生じた場合、速やかに改善計画を都道府県知事に提出した後、事実が生じた月から3カ月後に改善計画に基づく改善状況を都道府県知事に報告するとし、事実が生じた月の翌月から改善が認められた月までの間について、入所者全員について所定単位数から減算する。

(5) 身体的拘束適正化検討委員会とは、身体的拘束の適正化のための対策を検討する委員会であり、幅広い職種(例えば、施設長(管理者)、事務長、医師、看護職員、介護職員、生活相談員)により構成する。構成メンバーの責務および役割分担を明確にするとともに、専任の身体的拘束適正化対応策を担当する者を決めておく。

　なお、身体的拘束適正化検討委員会は、運営委員会など他の委員会とは独立して設置・運営することが必要であるが、事故防止委員会および感染対策委員会については、関係する職種等が身体的拘束適正化検討委員会と相互に関係が深いと認められることから、これと一体的に設置・運営することも差し支えない。身体的拘束適正化検討委員会の責任者はケア全般の責任者であることが望ましい。また、身体的拘束適正化検討委員会には、第三者や専門家を活用することが望ましく、その方策として、精神科専門医等の専門医の活用等が考えられる。

　報告、改善のための方策を定め、周知徹底する目的は、身体的拘束適正化について、施設全体で情報共有し、今後の再発防止につなげるためのものであり、決して従業者の懲罰を目的としたものではないことに留意することが必要である。

(6) 身体的拘束適正化検討委員会の業務
　①身体的拘束について報告するための様式を整備する。
　②介護職員その他の従業者は、身体的拘束の発生ごとにその状況、背景等を記録し、①の様式に従い、身体的拘束について報告する。
　③身体的拘束適正化のための委員会において、②により報告された事例を集計し、分析する。
　④事例の分析に当たっては、身体的拘束の発生時の状況等を分析し、身体的拘束の発生原因、結果等をとりまとめ、事例の適正性と適正化策を検討する。
　⑤報告された事例および分析結果を従業者に周知徹底する。
　⑥適正化策を講じた後に、その効果について評価する。

(7) 身体的拘束適正化のための指針を整備する
　　指針には、次のような項目を盛り込む。
　①施設における身体的拘束適正化に関する基本的考え方
　②身体的拘束適正化のための委員会その他施設内の組織に関する事項
　③身体的拘束適正化のための職員研修に関する基本方針

④施設内で発生した身体的拘束の報告方法等のための方策に関する基本方針

⑤身体的拘束発生時の対応に関する基本方針

⑥入所者等に対する当該指針の閲覧に関する基本方針

⑦その他身体的拘束適正化の推進のために必要な基本方針

(8)身体的拘束適正化のための従業者に対する研修の内容

　　身体的拘束適正化の基礎的内容等の適切な知識を普及・啓発するとともに、指針に基づき、適正化の徹底を行う。職員教育を組織的に徹底させていくため、施設が指針に基づいた研修プログラムを作成し、定期的な教育(年2回以上)を開催するとともに、新規採用時には必ず身体的拘束適正化の研修を実施する。また、研修の実施内容も記録する。研修の実施は、職員研修施設内での研修で差し支えない。

7. 外泊の場合の算定

(1)外泊の期間は初日および最終日は含まないので、連続して7泊の外泊を行う場合は、6日と計算。

(2)外泊の期間中にそのまま退所した場合は、退所日の外泊時の費用は算定可。また、外泊の期間中にそのまま併設医療機関に入院した場合は、入院日以降については外泊時の費用は算定不可。

(3)入所者の外泊の期間中で、かつ、外泊時の費用の算定期間中は、当該入所者が使用していたベッドを、他のサービスに利用することなく空けておくことが原則であるが、当該入所者の同意があれば、そのベッドを短期入所に活用することは可能。ただし、この場合に外泊時の費用は算定不可。

(4)その他外泊時の取扱い

①外泊時の費用の算定にあたって、1回の外泊で月をまたぐ場合は、最大で13泊(12日分)まで外泊時の費用の算定が可。

②「外泊」には、入所者の親戚の家における宿泊、子どもまたはその家族と旅行に行く場合の宿泊等も含む。

③外泊の期間中は、当該入所者について居宅介護サービス費は算定不可。

(5)外泊する入所者に居宅サービスを提供した場合の評価(新設)

　　介護老人福祉施設(地域密着型介護老人福祉施設入所者生活介護)と介護老人保健施設、介護療養型医療施設、介護医療院の入所者が外泊した場合に、当該施設からの在宅サービスを提供した場合、1カ月に6日を限度として所定単位数に代えて1日につき介護老人福祉施設は560単位、介護老人保健施設と介護療養型医療施設、介護医療院は800単位を算定。ただし、外泊の初日および最終日は算定不可。外泊時費用と併算定不可。

8. 外泊時在宅サービス利用の費用(新設)

(1)サービス提供を行う際は、病状および身体の状況に照らし、医師、看護・介護職員、

(3) 指定施設サービス

支援相談員、介護支援専門員等により、居宅において在宅サービス利用を行う必要性があるかどうか検討する。
(2) 入所者または家族に対し、加算の趣旨を十分説明し、同意を得た上で実施する。
(3) 施設の介護支援専門員が、外泊時利用サービスの在宅サービスの計画を作成し、従業者または居宅サービス事業者等との連絡調整を行い、利用者が可能な限りその居宅において、有する能力に応じ、自立した日常生活を営むことができるように配慮した計画を作成する。
(4) 家族等に対し次の指導を事前に行うことが望ましい。
　①食事、入浴、健康管理等在宅療養に関する指導
　②運動機能および日常生活動作能力の維持及び向上を目的として行う体位変換、起坐または離床訓練、起立訓練、食事訓練、排泄訓練の指導
　③家屋の改善の指導
　④介助方法の指導
(5) 算定期間中は、施設の従業者または居宅サービス事業者等により、計画に基づく適切な居宅サービスを提供し、居宅サービスの提供を行わない場合は加算の対象外。
(6) 算定期間は、1カ月につき6日以内。連続して7泊の場合も6日と計算する。外泊の初日、最終日は算定不可。外泊時費用と併算定不可。外泊していてもサービス提供がなければ、外泊時費用を算定。
(7) 1回の外泊が月をまたぐ場合は、最大で13泊(12日)まで算定可。
(8) 外泊時費用と外泊サービス利用時の費用を月に6日ずつ12日間算定することも可能。
(9) 利用者の外泊期間中、利用者の同意があれば、短期入所生活介護に活用可能。この場合、外泊時在宅サービス利用の費用は併算定不可。

9. 初期加算などのポイントと留意点

(1) 入所日から起算して30日以内の期間算定可。
(2) 当該入所者が過去3カ月間(ただし、日常生活自立度のランクⅢ、ⅣまたはMに該当する者の場合は過去1カ月間)の間に、当該施設に入所したことがない場合に限り算定可。なお、当該短期入所介護を利用者が日を空けることなく引き続き当該施設に入所した場合は、初期加算は入所直前の短期入所の利用日数を30日から控除して得た日数に限り算定可。
(3) 「入所日から30日間」中に外泊を行った場合、外泊を行っている間、初期加算算定不可。

10. サテライト型施設を有する介護保険施設の管理栄養士の取り扱い

(1) 本体施設に常勤の管理栄養士を1名配置している場合(本体施設の入所者数とサテライト型施設(1施設に限る)の入所者数の合計数に対して配置すべき栄養士の員数が1未満である場合に限る)で、管理栄養士がサテライト型施設に兼務し、適切に栄養ケア・

マネジメントを行っているときは、サテライト型施設でも算定可。
(2) 本体施設に常勤の管理栄養士を2名以上配置している場合で、管理栄養士がサテライト型施設に兼務し、適切に栄養ケア・マネジメントを行っているときは、サテライト施設（1施設に限る）でも算定可。
(3) (1)または(2)を満たす場合であり、同一敷地内に一の介護老人福祉施設、介護老人保健施設、介護療養型医療施設、介護医療院および地域密着型介護老人福祉施設を併設している場合で、双方の施設を兼務する常勤の管理栄養士による適切な栄養ケア・マネジメントが実施されているときは、双方の施設で算定可。

11. ターミナルケア加算、看取り介護加算の取り扱い

(1) 介護保険施設のターミナルケア加算や看取り介護加算の算定要件として、「人生の最終段階における医療・ケアの決定プロセスに関するガイドライン」等の内容を踏まえ、本人と話し合いを行い、本人の意思決定を基本に、他の医療および介護関係者などとの連携の上、対応する。（居住系施設、訪問看護、定期巡回・随時対応型訪問介護看護、看護小規模多機能型居宅介護も同様）
(2) 「人生の最終段階における医療・ケアの決定プロセスに関するガイドライン」の改定内容については厚生労働省のホームページで公表されている。

1 介護老人福祉施設

 改正点のポイント

- 個室、多床室とも基本報酬が引上げられた。
- 経過的小規模介護福祉施設および旧措置入所者の基本報酬が引下げられた。
  ① 2018（平成30）年度以降に新設される定員30名以下の施設は、通常の介護福祉施設と同様の報酬で算定する。
  ② 上記に合わせ、既存の小規模施設（定員30名以下）の基本報酬が引下げられた。
  ③ 旧措置入所者の基本報酬が、介護福祉施設等の基本報酬に統合された。
  ④ 既存の小規模介護福祉施設は、別に厚生労働大臣が定める期日以降、通常の介護福祉施設の基本報酬と統合することとなった。
- 早朝・夜間または深夜における配置医師の診療を評価する配置医師緊急時対応加算早朝・夜間650単位、深夜1,300単位が新設された。ただし、看護体制加算（Ⅱ）の届出を算定していることが必要となる。
- 夜勤職員配置加算について、夜勤時間帯を通じて看護職員を配置している場合などの加算要件が見直され、単位も引上げられた。
- 看取り介護加算の医療提供体制を整備し、施設内で看取った場合の加算（Ⅱ）が新設、引上げられた。
- 障害者を多く受け入れている小規模施設の障害者生活支援体制加算の要件が緩和された。また、入所障害者数が入所者総数の50％以上の場合の障害者生活支援体制加算（Ⅱ）が新設された。
- 同一建物内でユニット型施設と従来型施設が併設され、一体的に運営されている場合、常勤医師配置加算の要件が緩和された。
- 入所者の病状の急変等への対応方針の策定が義務づけられた。
- 機能訓練指導員に理学療法士等を配置した事業所で6カ月以上勤務し、機能訓練指導に従事した経験を有する「はり師、きゅう師」が追加された。
- ユニット型準個室の名称がユニット型個室的多床室に改称された。
- 夜勤業務について、業務の効率化等を図る観点から、介護老人福祉施設に限って見守り機器（介護ロボット）の導入により効果的に介護が提供できる場合について、夜勤職員配置加算が見直しされた。

報酬早見表

■1日につき

算定項目				改定後	改定前	格差	身体拘束廃止未実施減算
イ 介護福祉施設サービス費	(1)介護福祉施設サービス費	(一)介護福祉施設サービス費(Ⅰ)<従来型個室>	要介護1	557	547	10	−56
			要介護2	625	614	11	−63
			要介護3	695	682	13	−70
			要介護4	763	749	14	−76
			要介護5	829	814	15	−83
		(二)介護福祉施設サービス費(Ⅱ)<多床室>	要介護1	557	547	10	−56
			要介護2	625	614	11	−63
			要介護3	695	682	13	−70
			要介護4	763	749	14	−76
			要介護5	829	814	15	−83
	(2)経過的小規模介護福祉施設サービス費	(一)経過的小規模介護福祉施設サービス費(Ⅰ)<従来型個室>	要介護1	659	700	−41	−66
			要介護2	724	763	−39	−72
			要介護3	794	830	−36	−79
			要介護4	859	893	−34	−86
			要介護5	923	955	−32	−92
		(二)経過的小規模介護福祉施設サービス費(Ⅱ)<多床室>	要介護1	659	700	−41	−66
			要介護2	724	763	−39	−72
			要介護3	794	830	−36	−79
			要介護4	859	893	−34	−86
			要介護5	923	955	−32	−92
ロ ユニット型介護福祉施設サービス費	(1)ユニット型介護福祉施設サービス費	(一)ユニット型介護福祉施設サービス費(Ⅰ)<ユニット型個室>	要介護1	636	625	11	−64
			要介護2	703	691	12	−70
			要介護3	776	762	14	−78
			要介護4	843	828	15	−84
			要介護5	910	894	16	−91
		(二)ユニット型介護福祉施設サービス費(Ⅱ)<ユニット型個室的多床室>	要介護1	636	625	11	−64
			要介護2	703	691	12	−70
			要介護3	776	762	14	−78
			要介護4	843	828	15	−84
			要介護5	910	894	16	−91

(3) 指定施設サービス

算定項目				改定後	改定前	格差	身体拘束廃止未実施減算
ユニット型介護福祉施設サービス費	(2)ユニット型経過的小規模介護福祉施設サービス費	(一)ユニット型経過的小規模介護福祉施設サービス費(I)<ユニット型個室>	要介護1	730	766	−36	−73
			要介護2	795	829	−34	−80
			要介護3	866	897	−31	−87
			要介護4	931	960	−29	−93
			要介護5	995	1,022	−27	−100
		(二)ユニット型経過的小規模介護福祉施設サービス費(II)<ユニット型個室的多床室>	要介護1	730	766	−36	−73
			要介護2	795	829	−34	−80
			要介護3	866	897	−31	−87
			要介護4	931	960	−29	−93
			要介護5	995	1,022	−27	−100

加算算定のポイント

算定項目			算定	改定後	改定前	格差	要件
日常生活継続支援加算			1日	+36	+36	±0	イ
				+46	+46	±0	ロ
看護体制加算	看護体制加算(I)	入所定員30人以上50人以下	1日	+6	+6	±0	イ
		入所定員51人以上または経過的小規模		+4	+4	±0	ロ
	看護体制加算(II)	入所定員30人以上50人以下		+13	+13	±0	イ
		入所定員51人以上または経過的小規模		+8	+8	±0	ロ
夜勤職員配置加算	夜勤職員配置加算(I)・(II)	入所定員30人以上50人以下		+22	+22	±0	イ
				+27	+27	±0	ロ
		入所定員51人以上または経過的小規模		+13	+13	±0	イ
				+18	+18	±0	ロ
	夜勤職員配置加算(III)・(IV)	入所定員30人以上50人以下		+28	−	新設	イ
				+33	−	新設	ロ
		入所定員51人以上または経過的小規模		+16	−	新設	イ
				+21	−	新設	ロ
準ユニットケア加算				+5	+5	±0	イ
生活機能向上連携加算	個別機能訓練加算を算定していない場合		1月	+200	−	新設	
	個別機能訓練加算を算定している場合			+100	−	新設	
個別機能訓練加算			1日	+12	+12	±0	
若年性認知症入所者受入加算				+120	+120	±0	
常勤の医師を1名以上配置している場合				+25	+25	±0	
精神科医師による療養指導が月2回以上行われている場合				+5	+5	±0	
障害者生活支援体制加算	障害者生活支援体制加算(I)			+26	+26	±0	
	障害者生活支援体制加算(II)			+41	−	新設	

算定項目			算定	改定後	改定前	格差	要件
外泊時費用　病院または診療所への入院を要した場合および居宅における外泊を認めた場合			1日	+246	+246	±0	1月に6日を限度
外泊時在宅サービス利用費用　入所者に対して居宅における外泊を認め、当該入所者が介護老人福祉施設により提供される在宅サービスを利用した場合				+560	−	新設	所定単位数に代えて算定
ハ　初期加算（入所日から30日以内の期間。入院後の再入所も同様。）				+30	+30	±0	
ニ　再入所時栄養連携加算				+400	−	新設	栄養マネジメント加算を算定。1人1回限度
ホ　退所時等相談援助加算	(1)退所前訪問相談援助加算		1回	+460	+460	±0	入所中1回（または2回）限度
	(2)退所後訪問相談援助加算			+460	+460	±0	退所後1回限度
	(3)退所時相談援助加算			+400	+400	±0	1回限り
	(4)退所前連携加算			+500	+500	±0	
ヘ　栄養マネジメント加算			1日	+14	+14	±0	
ト　低栄養リスク改善加算			1月	+300	−	新設	栄養マネジメント加算を算定および経口移行加算・経口維持加算を不算定
チ　経口移行加算			1日	+28	+28	±0	栄養マネジメント加算を算定
リ　経口維持加算	(1)経口維持加算(Ⅰ)		1月	+400	+400	±0	栄養マネジメント加算を算定
	(2)経口維持加算(Ⅱ)			+100	+100	±0	経口維持加算(Ⅰ)を算定
ヌ　口腔衛生管理体制加算				+30	+30	±0	
ル　口腔衛生管理加算				+90	+110	−20	口腔衛生管理体制加算を算定
ヲ　療養食加算			1回	+6	−	要件変更	1日に3回限度
ワ　配置医師緊急時対応加算	(1)早朝・夜間の場合			+650	−	新設	
	(2)深夜の場合			+1,300	−	新設	
カ　看取り介護加算	(1)看取り介護加算(Ⅰ)	(1)死亡日以前4日以上30日以下	1日	+144	+144	±0	
		(2)死亡日以前2日または3日		+680	+680	±0	
		(3)死亡日		+1,280	+1,280	±0	
	(2)看取り介護加算(Ⅱ)	(1)死亡日以前4日以上30日以下		+144	−	新設	
		(2)死亡日以前2日または3日		+780	−	新設	
		(3)死亡日		+1,580	−	新設	
ヨ　在宅復帰支援機能加算				+10	+10	±0	
タ　在宅・入所相互利用加算				+40	+40	±0	

(3) 指定施設サービス

算定項目		算定	改定後	改定前	格差	要件
レ 認知症専門ケア加算	(1)認知症専門ケア加算(Ⅰ)	1日	+3	+3	±0	
	(2)認知症専門ケア加算(Ⅱ)		+4	+4	±0	
ソ 認知症行動・心理症状緊急対応加算			+200	+200	±0	入所後7日間限度
ツ 褥瘡マネジメント加算		1月	+10	−	新設	3月に1回限度
ネ 排せつ支援加算			+100	−	新設	
ナ サービス提供体制強化加算(全サービス共通事項ページ参照)	(1)サービス提供体制強化加算(Ⅰ) イ	1日	+18	+18	±0	
	(1)サービス提供体制強化加算(Ⅰ) ロ		+12	+12	±0	
	(2)サービス提供体制強化加算(Ⅱ)		+6	+6	±0	
	(3)サービス提供体制強化加算(Ⅲ)		+6	+6	±0	

1. 日常生活継続支援加算

　居宅での生活が困難で、介護老人福祉施設への入所の必要性が高いと認められる重度の者等を積極的に入所させ、介護福祉士資格を有する職員を手厚く配置して質の高い介護福祉施設サービスを提供することで、可能な限り個人の尊厳を保持しつつ日常生活を継続できるよう支援することを、評価する加算。算定要件は以下の通り。

　なお、サービス提供体制強化加算とは併算定不可。(ただし、併設型および空床利用型で短期入所生活介護を提供している場合、条件を満たせば、短期入所生活介護においてサービス提供体制強化加算を算定することは可能)

(1)次の①～③のいずれかに該当している。(短期入所生活介護を併設型または空床利用型で実施している場合は、本体施設の入所者のみに着目して算出する)

　①新規入所者総数のうち(算定月の前6カ月間または前12カ月間における新規入所者総数)、要介護4または5の者の占める割合が70%以上。

　②新規入所者総数のうち(算定月の前6カ月間または前12カ月間における新規入所者総数)、認知症高齢者日常生活自立度Ⅲ以上の者の占める割合が65%以上。

　③入所者総数のうち、口腔内の喀痰吸引、鼻腔内の喀痰吸引、気管カニューレ内部の喀痰吸引、胃ろうまたは腸ろうによる経管栄養、経鼻経管栄養を必要とする者(※)の占める割合が15%以上。(※実施にあたって必要な知識技能を修得した介護職員が、医師の指示の下に、対象者の日常生活を支える介護の一環として行う医行為(社会福祉士及び介護福祉士法施行規則第1条各号による)を要する者)

　　(※届出を行った月以降も前記基準に適合していることが必要であり、割合を毎月記録し、下回った場合は直ちに「加算等が算定されなくなる場合の届出」をしなければならない。(届出の当月から算定不可))

(2)常勤換算方法で介護福祉士を6対1以上配置していること。

　①併設型の短期入所生活介護と兼務している職員については、勤務実態、利用者数、

ベッド数等に基づき按分するなどの方法により、当該職員の常勤換算数を本体施設と短期入所生活介護にそれぞれに割り振ったうえで、本体施設での勤務に係る部分のみを加算算定のための計算の対象とする。
　②空床利用型の短期入所生活介護については、特に按分を行わず、本体施設に勤務する職員として計算する。
　　（※届出を行った月以降も、毎月直近3カ月間の介護福祉士の員数が必要な員数を満たしていることが必要であり、必要な人数を満たさなくなった場合は、直ちに「加算等が算定されなくなる場合の届出」をしなければならない。（届出の当月から算定不可））

2. 看護体制加算

(1) それぞれ、以下の要件をすべて満たす場合に算定可。
　①看護体制加算（Ⅰ）
　　1) 常勤の看護師を1名以上配置している。
　　2) 定員超過・人員欠如がない。
　②看護体制加算（Ⅱ）
　　1) 常勤換算で利用者の数が25またはその端数を増すごとに1以上、かつ、人員基準＋1以上配置している。
　　2) 当該施設の看護職員により、または病院、診療所、訪問看護ステーションの看護職員との連携により、24時間連絡できる体制を確保している。
　　3) 定員超過・人員欠如がない。
　　※それぞれ、「加算イ」は入所定員31人以上50人以下の施設、「加算ロ」は入所定員30人または51人以上の施設。
(2) 看護体制加算（Ⅰ）は、本体施設に常勤看護師を1名配置している場合、空床利用の短期入所生活介護についても、算定可。
(3) 看護体制加算（Ⅰ）イおよび看護体制加算（Ⅱ）イまたは看護体制加算（Ⅰ）ロおよび看護体制加算（Ⅱ）ロは、それぞれ同時に算定可能。この場合、看護体制加算（Ⅰ）イまたはロにおいて加算の対象となる常勤の看護師も、看護体制加算（Ⅱ）イまたはロにおける看護職員の配置数の計算に含めることができる。
(4) 「24時間連絡できる体制」とは、施設内で勤務を要するものではなく、夜間においても施設から連絡でき、必要な場合には施設からの緊急の呼び出しに応じて出勤する体制をいう。具体的には、以下の通り。
　①管理者を中心として、介護職員および看護職員による協議のうえ、夜間における連絡・対応体制（オンコール体制）に関する取り決め（指針やマニュアル等）の整備がなされている。
　②管理者を中心として、介護職員および看護職員による協議のうえ、看護職員不在時の介護職員による入所者の観察項目の標準化（どのようなことが観察されれば看護職員

に連絡するか)がなされている。

③施設内研修等を通じ、看護・介護職員に対して、①および②の内容が周知されている。

④施設の看護職員とオンコール対応の看護職員が異なる場合は、電話やFAX等により入所者の状態に関する引き継ぎを行うとともに、オンコール体制終了時にも同様の引き継ぎを行う。

3. 夜勤職員配置加算(見直し)

それぞれ、以下の要件をすべて満たす場合に算定可。

(1) 夜勤職員配置加算(Ⅰ)

①介護福祉施設サービス費を算定している。

②夜勤を行う介護職員または看護職員の数が、「厚生労働大臣が定める夜勤を行う職員の勤務条件に関する基準」に規定された人員数に、1を加えた数以上であること。

　ただし、次に掲げる要件のいずれにも適合している場合は、同基準に規定された数に0.9を加えた数以上である。

　1) 入所者の動向を検知できる見守り機器を、入所者の数の100分の15以上の数設置している。

　2) 見守り機器を安全かつ有効に活用するための委員会を設置し、必要な検討等が行われていること。委員会は3カ月に1回以上開催する。

(2) 夜勤職員配置加算(Ⅱ)

①ユニット型介護福祉施設サービス費を算定している。

②(1)②の要件を満たしていること。

(3) 夜勤職員配置加算(Ⅲ)新設

①(1)の要件のいずれにも該当している。

②夜勤時間帯を通じて、看護職員を配置している、または喀痰吸引等の実施が可能な介護職員を配置していること。(後者の場合、事業所単位で登録喀痰吸引等事業者または登録特定行為事業者として都道府県に登録していることが必要)

(4) 夜勤職員配置加算(Ⅳ)新設

①(2)の要件のいずれにも該当している。

②(3)②の要件を満たしている。

※それぞれ「加算イ」は入所定員31人以上50人以下の施設の場合、「加算ロ」は入所定員30人または51人以上の施設の場合。

4. 生活機能向上連携加算(新設)

(1)訪問リハビリテーションもしくは通所リハビリテーションを実施している事業所またはリハビリテーションを実施している医療提供施設(診療報酬における疾患別リハビリテーション料の届出を行っている200床未満の医療機関等)の理学療法士、作業療

法士、言語聴覚士、医師(理学療法士等)が、介護老人福祉施設を訪問し、介護老人福祉施設の機能訓練指導員、看護職員、介護職員、生活相談員その他の職種の者と共同で、アセスメントを行い、個別機能訓練計画を作成したうえで、当該個別機能訓練計画に基づき、利用者の身体機能または生活機能向上を目的とする機能訓練の項目を準備し、機能訓練指導員等が利用者の心身の状況に応じた機能訓練を適切に提供した場合に算定可。
(2) 機能訓練指導員等が外部の理学療法士等と連携し、個別機能訓練計画の進捗状況等を3カ月ごとに1回以上評価し、利用者またはその家族に対して機能訓練の内容と個別機能訓練計画の進捗状況等を説明し、必要に応じて訓練内容の見直し等を行っている。

5. 個別機能訓練加算
(1) 機能訓練指導員を1名以上配置しているものとして都道府県知事に届け出た介護老人福祉施設で、機能訓練指導員、看護職員、介護職員、生活相談員その他の職種の者が共同して、利用者ごとにその目標、実施方法等を内容とする個別機能訓練計画を作成し、これに基づいて行った個別機能訓練の効果、実施方法等について評価等を行った場合に算定可。
(2) 開始時およびその3カ月ごとに1回以上利用者に対して個別機能訓練計画の内容を説明し、記録する。
(3) 機能訓練指導員が不在の日でも算定可。

6. 精神科を担当する医師に係る加算
(1) 認知症である入所者が全入所者の3分の1以上を占める介護老人福祉施設で、精神科を担当する医師による定期的な療養指導が月に2回以上行われている場合に、算定可。
算定対象者は、
　①医師が認知症と診断した者。
　②旧措置入所者は、①にかかわらず、従来の認知症老人介護加算の対象者に該当する者。(医師の診断は不要)
(2) 常に認知症である入所者の数を的確に把握する必要がある。
(3) 「精神科担当医師」とは、精神科を標ぼうする医療機関の精神科担当医師が原則であるが、過去に相当期間、精神科を担当する医師であった場合や、精神保健指定医の指定を受けているなど、その専門性が担保されていると判断できる場合は算定可。
(4) 精神科担当医師について、常勤の医師の配置加算が算定されている場合は算定不可。
(5) 健康管理を担当する配置医師(嘱託医)が1名であり、当該医師が精神科を担当する医師も兼ねる場合は、配置医師として勤務する回数のうち月4回(1回あたりの勤務時間3〜4時間程度)までは、加算の算定の基礎とならない。(例えば、月6回配置医師として勤務している精神科を担当医師の場合は、6回−4回＝2回となるので、加算算定可)

7. 障害者生活支援体制加算

(1) 障害者生活支援体制加算（Ⅰ）

視覚、聴覚、言語機能に障害のある者、知的障害者、精神障害者（以下「視覚障害者等」）である入所者の数が「15人以上」、または視覚障害者等である入所者の占める割合が「30％以上」である介護老人福祉施設で、専従かつ常勤の「障害者生活支援員」（視覚障害者等に対する生活支援に関し専門性を有する者として別に厚生労働大臣が定める者）を1名以上配置（※）しているものとして届け出た場合に、算定できる。

(※視覚障害者等である入所者の数が50を超える施設では、専従かつ常勤の障害者生活支援員を1名以上配置し、かつ、障害者生活支援員を常勤換算方法で視覚障害者等である入所者の数を50で除した数以上配置していることが必要)

(2) 障害者生活支援体制加算（Ⅱ）

入所者のうち、視覚障害者等である入所者の占める割合が「50％以上」の介護老人福祉施設で、専従かつ常勤の障害者生活支援員を2名以上配置（※）しているものとして届け出た場合に、算定できる。ただし、障害者生活支援体制加算（Ⅰ）を算定している場合は、（Ⅱ）は算定しない。

(※視覚障害者等である入所者の数が50を超える施設では、専従かつ常勤の障害者生活支援員を2名以上配置し、かつ、障害者生活支援員を常勤換算方法で視覚障害者等である入所者の数を50で除した数以上配置していることが必要)

(3) 視覚障害者等とは

① 視覚障害者。（身体障害者手帳1級または2級もしくはこれに準ずる視覚障害の状態にあり、日常生活におけるコミュニケーションや移動等に支障があると認められる視覚障害者）

② 聴覚障害者。（身体障害者手帳2級またはこれに準ずる聴覚障害の状態にあり、日常生活におけるコミュニケーションに支障があると認められる聴覚障害者）

③ 言語機能障害者。（身体障害者手帳3級またはこれに準ずる言語機能障害等の状態にあり、日常生活におけるコミュニケーションに支障があると認められる言語機能障害者）

④ 知的障害者。（療育手帳A（重度）の障害を有する者または知的障害者更生相談所において、障害の程度が、重度の障害者）

⑤ 精神障害者。（精神障害者保健福祉手帳の1級または2級）

(4) 障害者生活支援員の配置

障害者生活支援員の配置は、それぞれの障害に対応できる専門性を有する者が配置されていることが望ましいが、例えば、視覚障害に対応できる常勤専従の障害者生活支援員に加えて、聴覚障害、言語機能障害知的障害および精神障害者に対応できる非常勤職員の配置または他の職種が兼務することにより、適切な生活の支援を行うことができれば、加算の要件を満たす。

8. 退所時等相談援助加算

(1) 退所前訪問相談援助加算
　入所期間が1カ月を超えると見込まれる入所者の退所に先立って介護支援専門員、生活相談員、看護職員、機能訓練指導員または医師のいずれかの職種の者が、入所者が退所後生活する居宅を訪問し、入所者およびその家族等に対して退所後の居宅サービスなどについて相談援助を行った場合に、入所中1回(入所後早期に退所前相談援助の必要があると認められる入所者については2回)を限度に退所日に算定可。

(2) 退所後訪問相談援助加算
　入所者の退所後30日以内に入所者の居宅を訪問し入所者およびその家族等に対して相談援助を行った場合に、退所後1回、訪問日に算定可。

(3) 退所時相談援助加算
　①入所期間が1カ月を超える入所者が退所し、その居宅において居宅サービスなどを利用する場合、入所者の退所時に入所者およびその家族等に対して退所後の居宅サービスなどについて相談援助を行い、退所日から2週間以内に入所者の退所後の居宅地を管轄する市町村および老人介護支援センターに対して、入居者の介護状況を示す文書を添えて入所者の居宅サービスなどに必要な情報を提供した場合、入所者1人に1回を限度として算定可。
　②退所時相談援助の内容は、
　　1) 食事、入浴、健康管理等在宅または社会福祉施設等における生活に関する相談援助。
　　2) 退所する者の運動機能および日常生活動作能力の維持および向上を目的として行う各種訓練等に関する相談援助。
　　3) 家屋の改善に関する相談援助。
　　4) 退所する者の介助方法に関する相談援助。

(4) 退所前連携加算
　①入所期間が1カ月を超える入所者が退所し、その居宅において居宅サービスなど利用する場合、入所者の退所に先立って入所者が利用を希望する居宅介護支援事業者に対して、入所者の介護状況を示す文書を添えて入所者に係る居宅サービスなどに必要な情報を提供し、かつ、居宅介護支援事業者と連携して退所後の居宅サービスなどの利用に関する調整を行った場合に、入所者1人につき1回を限度として算定可。
　②在宅・入所相互利用加算の対象となる入所者に退所前連携加算を算定する場合は、最初に在宅期間に移るときにのみ算定可。

(5) (1)〜(4)に共通の取扱い。
　①入所者、家族いずれも相談援助が必要となる。説明して同意を得ることが必要。
　②介護支援専門員、生活相談員、看護職員、機能訓練指導員または医師が協力して実施。
　③以下の場合は算定不可。

(3) 指定施設サービス

　　　1)退所して病院または診療所へ入院する場合。
　　　2)退所して他の介護保険施設へ入院または入所する場合。
　　　3)死亡退所の場合。
　④入所者が退所後にその居宅ではなく、他の社会福祉施設等(※)(病院、診療所および介護保険施設を除く)に入所する場合であって、入所者の同意を得て、当該社会福祉施設等を訪問し、連絡調整、情報提供等を行ったときも算定可。
　　(※他の社会福祉施設等とは、有料老人ホーム、養護老人ホーム、軽費老人ホーム、認知症高齢者グループホームをいう。)

9. 配置医師緊急時対応加算(新設)

　介護老人福祉施設の依頼を受け、診療の必要性を認めた配置医師が早朝、夜間または深夜に施設を訪問して入所者に対して診療を行い、かつ、診療を行った理由を記録した場合に、算定可。
(1)看護体制加算(Ⅱ)を算定していない施設は、算定できない。
(2)施設は、配置医師との間で、緊急時の注意事項、病状等についての情報共有の方法、曜日・時間帯ごとの配置医師または協力医療機関との連絡方法、診察を依頼するタイミング等に関する取り決めを事前に定め、その内容について届出しなければならない。
(3)施設は、複数名の配置医師を置いているか、もしくは配置医師と協力医療機関の医師が連携し、施設の求めに応じて24時間対応できる体制を確保し、その内容について届出しなければならない。
(4)定期的ないし計画的に施設に赴いて行う診療については算定対象とならないが、医師が、「死期が迫った状態である」と判断し、施設の職員と家族等に説明したうえで、当該入所者が死亡した場合について、早朝や日中の診療終了後の夜間に施設を訪問し、死亡診断を行うことを事前に決めている場合には、この限りでない。
(5)施設は、診療を依頼した時間、配置医師が診療を行った時間、内容について記録を行わなければならない。

10. 看取り介護加算((Ⅰ)と(Ⅱ)に区分。(Ⅱ)が新設)

(1)看取り介護加算は、医師が、一般に認められている医学的知見に基づき回復の見込みがないと診断した利用者について、その旨を入所者またはその家族等(以下「入所者等」)に対して説明し、その後の療養および介護に関する方針についての合意を得た場合において、医師、看護職員、介護職員、介護支援専門員等が共同して、随時、入所者等に対して十分な説明を行い、療養および介護に関する合意を得ながら、入所者がその人らしく生き、その人らしい最期が迎えられるよう支援することを主眼としている。
(2)施設基準は以下のとおり。

①看取り介護加算(Ⅰ)
　　1) 常勤看護師を1名以上配置し、施設の看護職員により、または病院、診療所、訪問看護ステーションの看護職員との連携などにより、24時間連絡できる体制を確保。
　　2) 看取りに関する指針を定め、入所の際に入所者またはその家族等に対して、指針内容を説明し、同意を得ている。
　　3) 医師、看護職員、介護職員、介護支援専門員その他の職種の者による協議のうえ、施設における看取りの実績等を踏まえ、適宜、看取りに関する指針の見直しを行う。
　　4) 看取りに関する職員研修実施。
　　5) 看取りを行う際に個室または静養室の利用が可能となるよう配慮。
②看取り介護加算(Ⅱ)
　　1) ①の1)～5)に該当。
　　2) 看護体制加算(Ⅱ)を算定。
　　3) 配置医師との間で、緊急時の注意事項、病状等についての情報共有の方法、曜日・時間帯ごとの配置医師または協力医療機関との連絡方法、診察を依頼するタイミング等に関する取り決めを事前に定め、その内容について届出している。
　　4) 複数名の配置医師を置いているか、もしくは配置医師と協力医療機関の医師が連携し、施設の求めに応じて24時間対応できる体制を確保し、その内容について届出している。
(3) 死亡前に在宅へ戻ったり、医療機関へ入院したりした後、在宅や入院先で死亡した場合でも算定可能であるが、その際には、施設において看取り介護を直接行っていない退所日の翌日から死亡日までの間は、算定不可。したがって、退所日の翌日から死亡日までの期間が30日以上あった場合は、看取り介護加算は算定不可。
(4) 施設を退所等した月と死亡月が異なる場合でも算定可能であるが、看取り介護加算は死亡月にまとめて算定することから、入所者側にとって、施設に入所していない月についても自己負担を請求されることになるため、入所者が退所等する際、退所等の翌月に亡くなった場合に、前月分の看取り介護加算の一部負担の請求を行う場合があることを説明し、文書にて同意を得ておくことが必要。
(5) 施設は、施設退所等の後も、継続して入所者の家族への指導や医療機関に対する情報提供等を行うことが必要であり、入所者の家族、入院先の医療機関等との継続的な関わりの中で、入所者の死亡を確認することが可能である。なお、情報の共有を円滑に行う観点から、施設が入院する医療機関等に入所者の状態を尋ねたときに、医療機関等が施設に対して本人の状態を伝えることについて、施設退所等の際、本人または家族に対して説明をし、文書にて同意を得ておくことが必要。
(6) 入所者が入退院または外泊した場合、入院または外泊期間が死亡日以前30日の範囲内であれば、入院または外泊期間を除いた期間、加算算定可能。
(7) 入院もしくは外泊または退所日について加算を算定できるかどうかは、当該日に所定

(3) 指定施設サービス

単位数を算定するかどうかによる。
(8) 多床室を有する施設は、看取りを行う際には個室または静養室の利用により、プライバシーおよび家族への配慮の確保が可能となるようにすることが必要。
(9) 看取り介護加算Ⅱは、入所者の死亡場所が当該施設内であった場合に限り、算定可。

11. 在宅復帰支援機能加算

退所後の在宅生活について本人・家族等の相談支援を行うとともに、居宅介護支援事業者や主治医との連絡調整を図るなど、在宅復帰支援を積極的に行い、かつ、一定割合以上の在宅復帰を実現している施設において、算定できる。
(1) 施設基準は以下のとおり。
  ① 算定日が属する月の前6カ月間において当該施設から退所した者(在宅・入所相互利用加算を算定しているものを除く。以下「退所者」)の総数のうち、当該期間内に退所し、在宅で介護を受けることとなった者(入所期間が1カ月間を超えていた退所者に限る)の占める割合が20%を超えていること。
  ② 退所者の退所後30日以内に、施設の従業者が退所者の居宅を訪問すること、または居宅介護支援事業者から情報提供を受けることにより、退所者の在宅での生活が1カ月以上継続する見込みであることを確認し、記録する。
(2) 退所前連携加算と併算定可。
(3) 本人家族に対する相談援助の内容は、「8. 退所時等相談援助加算」を参照。

12. 在宅・入所相互利用加算

利用者の在宅生活継続を主眼に、施設の介護支援専門員が、運動機能および日常生活動作能力など利用者の心身の状況についての情報を在宅の介護支援専門員に提供しながら、在宅での生活を継続できるように介護に関する目標及び方針を定めた場合に算定可。
(1) 算定要件は、以下のとおり。
  ① 在宅・入所相互利用を開始するにあたり、在宅期間と入所期間(入所期間については3カ月を限度とする)について、文書による同意を得る。
  ② 在宅期間と入所期間を通じて一貫した方針の下に介護を進める観点から、施設の介護支援専門員、施設の介護職員等、在宅の介護支援専門員、在宅期間に対象者が利用する居宅サービス事業者等による支援チームをつくる。
  ③ 支援チームは、必要に応じ随時(利用者が施設に入所する前および施設から退所して在宅に戻る前は必須とし、おおむね月1回)カンファレンスを開催。
  ④ ③のカンファレンスは、それまでの在宅期間または入所期間における対象者の心身の状況を報告し、目標および方針に照らした介護の評価を行うとともに、次期の在宅期間または入所期間における介護の目標および方針をまとめ、記録する。
  ⑤ 施設の介護支援専門員および在宅の介護支援専門員の機能および役割分担は、支援チームの中で協議して適切な形態を定める。

(2)加算対象者が、看取り介護加算の対象となるような状態になったときには、看取り介護加算も算定可。

13. 認知症専門ケア加算

(1)認知症専門ケア加算(Ⅰ)は、次のいずれにも適合する。
　①入所者総数のうち、日常生活自立度のランクⅢ以上の占める割合が50%以上。
　②認知症介護の専門的研修修了者を、対象者の数が20人未満の場合は「1以上」、対象者の数が20人以上の場合は「1に、対象者の数が19を超えて10またはその端数を増すごとに1を加えて得た数以上」を配置し、チームとして専門的な認知症ケアを実施。
　③従業者に対して、認知症ケアに関する留意事項の伝達または技術的指導の会議を定期的に開催。
(2)認知症専門ケア加算(Ⅱ)は、次のいずれにも適合する。
　①前記(Ⅰ)の基準のいずれにも適合。
　②認知症介護の指導の専門的研修修了者を1名以上配置し、施設全体の認知症ケアの指導等を実施。
　③介護職員、看護職員等ごとの認知症ケアの研修計画を作成し、計画に従い、研修を実施または実施を予定している。

14. 認知症行動・心理症状緊急対応加算

　医師が「認知症の行動・心理症状が認められるため、在宅での生活が困難であり、緊急に介護老人福祉施設への入所が必要である」と判断した者について、介護支援専門員と受け入れ施設の職員とで連携し、当該本人またはその家族の同意のうえ、当該施設に入所した場合に、算定可。(入居日から起算して7日を限度)
(1)「認知症の行動・心理症状」とは、認知症による認知機能の障害に伴う、妄想・幻覚・興奮・暴言等の症状をさす。
(2)医療機関における対応が必要であると判断される場合には、速やかに適切な医療機関の紹介、情報提供を行うことにより、適切な医療が受けられるように取り計らう必要がある。
(3)本加算は、当該利用者の在宅での療養が継続されることを評価するものであるため、入所後、速やかに退所に向けた施設サービス計画を策定し、「認知症の行動・心理症状」が安定した際には速やかに在宅復帰が可能となるようにする。
(4)次に掲げる者が、直接、当該施設へ入所した場合には、算定不可。
　①病院または診療所に入院中の者。
　②介護保険施設または地域密着型介護老人福祉施設に入院中または入所中の者。
　③短期入所生活介護、短期入所療養介護、特定施設入居者生活介護、短期利用特定施設入居者生活介護、認知症対応型共同生活介護、短期利用認知症対応型共同生活介護、地域密着型特定施設入居者生活介護及び短期利用地域密着型特定施設入居者生活介護

(3) 指定施設サービス

を利用中の者。
(5) 判断を行った医師は診療録等に症状、判断の内容等を記録しておくこと。また、施設も判断を行った医師名、日付および利用開始に当たっての留意事項等を介護サービス計画書に記録する。
(6) 個室等、認知症の行動・心理症状の増悪した者の療養に相応しい設備を整備する。
(7) 当該入所者が入所前1カ月の間に、当該介護老人福祉施設に入所したことがない場合および過去1カ月の間に当該加算(他サービスを含む)を算定したことがない場合に限り、算定可。

15. その他の再入所時栄養連携加算、栄養マネジメント加算、低栄養リスク改善加算、経口移行加算、経口維持加算、口腔衛生管理体制加算、口腔衛生管理加算、療養食加算、褥瘡マネジメント加算、排せつ支援加算は介護保険施設サービス(長期入所)共通項目ページ参照

 ココに注目 減算等について

算定項目	算定	改定後	改定前	格差	要件
夜勤職員基準に定める員数を満たさない場合	1日	×97%	×97%	±0	
定員超過の場合		×70%	×70%	±0	
介護・看護職員または介護支援専門員の員数が基準に満たない場合		×70%	×70%	±0	
ユニットケア体制未整備減算(ユニット型のみ)		×97%	×97%	±0	□
身体拘束廃止未実施減算	算定表(報酬早見表参照)		新設		

※ 介護保険施設サービス(長期入所)共通項目ページ参照。

1. やむを得ない措置等による定員超過の例外的取扱い

原則として入所者数(空床利用型の短期入所生活介護の利用者数を含む)が入所定員を超える場合は、定員超過利用による減算の対象となり、所定単位数の100分の70を乗じて得た単位数を算定するが、以下、(1)～(3)の場合について例外的に取扱われる。

なお、この取扱いは、あくまでも一時的かつ特例的なものであることから、速やかに定員超過利用を解消する必要がある。

(1) 老人福祉法による市町村が行った措置による入所(空床利用型の短期入所生活介護利用を含む)によりやむを得ず入所定員を超える場合。
　→入所定員に100分の105を乗じて得た数(入所定員が40人を超える場合は、利用定員に2を加えて得た数)まで減算されない。
(2) 医療機関に入院中の入所者が当該施設の入所者であったものが、当初の予定より早期に施設への再入所が可能になったものの、その時点で施設が満床だった場合(当初の

再入所予定日までの間に限る）。

→(1)と同様。

(3) 近い将来、指定介護老人福祉施設本体に入所することが見込まれる者がその家族が急遽入院したことにより在宅における生活を継続することが困難となった場合など、その事情を勘案して施設に入所をすることが適当と認められる者が、介護老人福祉施設（当該施設が満床である場合に限る）に入所し、併設される短期入所生活介護事業所の空床を利用して介護福祉施設サービスを受けることにより、介護老人福祉施設の入所定員を超過する場合。

→入所定員に100分の105を乗じて得た数まで減算されない。

 プラスα　Q&Aなどから

(1) 看取りのための個室が静養室の場合は、看取りのための個室に入る前の多床室の報酬を算定することとなる。また、看取りのための個室が従来型個室である場合は、「感染症等により従来型個室への入所の必要があると医師が判断した者であって、当該居室への入所期間が30日以内であるもの」に該当する場合には、多床室に係る介護報酬を適用する。この場合、居住費については、多床室扱いとなり、光熱水費のみが自己負担となる。

※介護制度改革information vol. 127（18.9.4）　介護老人福祉施設および地域密着型サービスに関するQ&Aについて　Q5

(2) 併設型および空床利用型で短期入所生活介護を提供している場合、条件を満たせば、本体施設側で「日常生活継続支援加算」を算定しつつ、あわせて短期入所生活介護において「サービス提供体制強化加算」を算定することは可能。

①併設型の場合

本体施設と兼務する職員について、勤務実態、利用者数、ベッド数等に基づき按分するなどの方法により当該職員の常勤換算数を本体施設と短期入所生活介護それぞれに割り振ったうえで、本体施設での勤務に係る部分で「日常生活継続支援加算」の基準を満たし、かつ、短期入所生活介護に係る部分で「サービス提供体制強化加算」の基準を満たす場合、それぞれ加算を算定できる。

②空床利用型の場合

短期入所生活介護については、特に按分を行わず、本体施設に勤務する職員として計算したうえで、それぞれ基準を満たしていれば算定できる。

なお、このような処理をすることにより、空床利用型のショートステイと併設型のショートステイで加算算定の有無や算定する加算の種類が異なる場合も生じうる。

さらに、本体施設と異なる加算を算定する場合は、空床利用型ショートステイでも、本体施設とは別途、体制の届出が必要となる。

※介護保険最新情報vol. 69（21.3.23）　平成21年4月改定関係Q&A(vol. 1)につい

(3) 指定施設サービス

て Q75

(3) 身体拘束廃止未実施減算

施行以後、最初の身体拘束廃止に係る委員会を開催するまでの3カ月の間に指針等を整備する必要があるため、それ以降の減算になる。なお、施設サービス、特定施設入居者生活介護、地域密着型介護老人福祉施設、地域密着型特定施設入居者生活介護および認知症対応型共同生活介護に適用される。

　　※介護保険最新情報vol. 629(30.3.23)　平成30年度介護報酬改定に関するQ＆A
　　　（Vol. 1)　Q87、介護保険最新情報vol. 662(30.7.4)　平成30年度介護報酬改定に関するQ＆A(Vol. 5)　Q3

(4) 外泊時在宅サービス利用の費用

介護老人福祉施設が提供する在宅サービスとは、介護老人福祉施設が他のサービス事業所に委託して行う場合や、併設事業所がサービス提供を行う場合等が考えられる。

連続する外泊で、サービスを提供していない日と提供した日がある場合、各日において外泊時の費用または外泊時在宅サービス利用の費用が算定可能であるが、それぞれの算定上限に従う。

外泊時費用と外泊サービス利用時の費用を月に6日ずつ12日間算定することは可能。

　　※介護保険最新情報vol. 629(30.3.23)　平成30年度介護報酬改定に関するQ＆A
　　　（Vol. 1)　Q94～96

(5) 特別養護老人ホームの職員に係る「専従要件」の緩和について。（介護福祉施設サービス、地域密着型介護老人福祉施設入所者生活介護共通）

　　一部ユニット型施設・事業所が、ユニット型部分とユニット型以外の部分それぞれ別施設・事業所として指定されることとなった場合は、

①常勤職員による専従が要件となっている加算については、従来、「一部ユニット型」として指定を受けていた施設が、指定更新により、ユニット型施設とユニット型以外の施設とで別の指定を受けている場合を含め、同一建物内にユニット型およびユニット型以外の介護老人福祉施設（または地域密着型介護老人福祉施設）が併設されている場合については、「個別機能訓練加算」や「常勤医師配置加算」など常勤職員の専従が要件となっている加算について、双方の施設を兼務する常勤職員の配置をもって双方の施設で当該加算を算定することは認められないものとされてきた。

　　しかし、個別機能訓練加算については、「専ら機能訓練指導員の職務に従事する」ことが理学療法士等に求められているものであり、一体的な運営が行われていると認められる当該併設施設において、双方の入所者に対する機能訓練が適切に実施されている場合で、常勤の理学療法士等が、双方の施設において、専ら機能訓練指導員としての職務に従事しているのであれば、今後、当該加算の算定要件を双方の施設で満たすものとして取り扱う。

　　常勤医師配置加算については、同一建物内でユニット型施設と従来型施設を併設し、一体的に運営されており、双方の施設で適切な健康管理および療養上の指導が実

施されている場合には、加算の算定要件を双方の施設で満たすものとする。

②入所者数に基づいた必要職員数が要件となっている加算については、入所者数に基づいた必要職員数を算定要件としている加算である「看護体制加算」と「夜勤職員配置加算」については、双方の入所者の合計数に基づいて職員数を算定するものである。この点、夜勤職員配置加算については、「平成21年4月改定関係Q＆A（Vol.1）」（平成21年3月23日）では、「一部ユニット型については、ユニット部分および多床室部分それぞれで要件を満たす必要がある」となっているが、指定更新の際に別指定を受けることとなった旧・一部ユニット型施設を含め、同一建物内にユニット型およびユニット型以外の施設（介護老人福祉施設、地域密着型介護老人福祉施設、介護老人保健施設）が併設されている場合については、双方の入所者およびユニット数の合計数に基づいて職員数を算出するものとして差し支えない。

なお、この際、ユニット型施設と従来型施設のそれぞれについて、1日平均夜勤職員数を算出するものとし、それらを足し合わせたものが、施設全体として、1以上上回っている場合に夜勤職員配置加算が算定できることとする。ただし、ユニット型施設と従来型施設の入所者のそれぞれの基本サービス費について加算が算定されることとなるため、双方の施設における夜勤職員の加配の状況が極端に偏りのあるものとならないよう配置する。

※短期入所生活介護事業所についても同様の取扱いとする。

(6) 再入所時栄養連携加算について（施設系サービス全般）

嚥下調整食の新規導入に伴い再入所時栄養連携加算を算定した入所者が、再度、医療機関に入院し、当該入院中に経管栄養が新規導入となり、その状態で二次入所となった場合は、加算を再度算定できる。

(7) 褥瘡マネジメント加算および排泄支援加算について（施設系サービス全般）

「褥瘡対策に関するケア計画書」と「排せつ支援計画書」に関して、「老企第40号平成12年3月8日厚生省老人保健福祉局企画課長通知」に記載の通り、厚生労働省が示した「褥瘡対策に関するケア計画書」、「排せつ支援計画書」はひな形であり、これまで施設で使用してきた施設サービス計画書等の様式にひな形同様の内容が判断できる項目が網羅されていれば、その様式を代用することができる。

※介護保険最新情報vol. 657（30.5.29） 平成30年度介護報酬改定に関するQ＆A（Vol. 4） Q12, 13, 14

(8) 夜勤職員配置加算について

①月ごとに（Ⅰ）～（Ⅳ）いずれかの加算を算定している場合、同一月においてはその他の加算は算定できないため、喀痰吸引等ができる職員を配置できる日とできない日がある場合に、要件を満たした日についてのみ夜勤職員配置加算（Ⅲ）（Ⅳ）を算定することは可能だが、配置できない日に（Ⅰ）（Ⅱ）の加算を算定することはできない。喀痰吸引等ができる職員を配置できない日がある場合は、当該月においては夜勤職員配置加算（Ⅲ）（Ⅳ）ではなく（Ⅰ）（Ⅱ）を算定することが望ましい。

(3) 指定施設サービス

②夜勤職員配置加算(Ⅰ)(Ⅱ)については、勤務時間の合計数に基づいて算定するが、夜勤職員配置加算(Ⅲ)(Ⅳ)については、延夜勤時間数による計算ではなく、夜勤時間帯を通じて職員を配置することにより要件を満たす。なお、夜勤時における休憩時間の考え方については、通常の休憩時間は勤務時間に含まれるものと扱う。

③同一建物内にユニット型およびユニット型以外の施設(介護老人福祉施設、地域密着型介護老人福祉施設)が併設されている場合には、両施設で合わせて要件を満たす職員を1人以上配置することで、双方の施設における加算の算定が可能であり、施設とショートステイの併設で一方がユニット型で他方が従来型であるような場合については、両施設の利用者数の合計で、20人につき1人の要件を満たす夜勤職員を配置することで、双方の施設における算定が可能である。

※介護保険最新情報vol.675(30.8.6) 平成30年度介護報酬改定に関するQ&A（Vol.6） Q4,5,6(地域密着型介護老人福祉施設、短期入所生活介護共通)

2-1 介護老人保健施設
(基本型・療養型・特別介護老人保健施設・在宅強化型)

 報酬早見表

■1日につき(基本型・療養型・特別介護保健施設)

		算定項目			改定後	改定前	格差	身体拘束廃止未実施減算
基本型	イ 介護保健施設サービス費	(1)介護保健施設サービス費(I)	(一)介護保健施設サービス費(i)<従来型個室>	要介護1	698	695	3	−70
				要介護2	743	740	3	−74
				要介護3	804	801	3	−80
				要介護4	856	853	3	−86
				要介護5	907	904	3	−91
			(三)介護保健施設サービス費(iii)<多床室>	要介護1	771	768	3	−77
				要介護2	819	816	3	−82
				要介護3	880	877	3	−88
				要介護4	931	928	3	−93
				要介護5	984	981	3	−98
	ロ ユニット型介護保健施設サービス費	(1)ユニット型介護保健施設サービス費(I)	(一)ユニット型介護保健施設サービス費(i)<ユニット型個室>	要介護1	777	774	3	−78
				要介護2	822	819	3	−82
				要介護3	884	881	3	−88
				要介護4	937	934	3	−94
				要介護5	988	985	3	−99
			(三)ユニット型介護保健施設サービス費(iii)<ユニット型個室的多床室>	要介護1	777	774	3	−78
				要介護2	822	819	3	−82
				要介護3	884	881	3	−88
				要介護4	937	934	3	−94
				要介護5	988	985	3	−99
療養型	イ 介護保健施設サービス費	(2)介護保健施設サービス費(II)<療養型老健:看護職員を配置>	(一)介護保健施設サービス費(i)<従来型個室>	要介護1	723	723	±0	−72
				要介護2	804	804	±0	−80
				要介護3	917	917	±0	−92
				要介護4	993	993	±0	−99
				要介護5	1,067	1,067	±0	−107
			(二)介護保健施設サービス費(ii)<多床室>	要介護1	800	800	±0	−80
				要介護2	882	882	±0	−88
				要介護3	996	996	±0	−100
				要介護4	1,071	1,071	±0	−107
				要介護5	1,145	1,145	±0	−115

(3) 指定施設サービス

		算定項目			改定後	改定前	格差	身体拘束廃止未実施減算
療養型	イ 介護保健施設サービス費	(3)介護保健施設サービス費(Ⅲ)<療養型老健:看護オンコール体制>	(一)介護保健施設サービス費(i)<従来型個室>	要介護1	723	723	±0	−72
				要介護2	798	798	±0	−80
				要介護3	891	891	±0	−89
				要介護4	966	966	±0	−97
				要介護5	1,040	1,040	±0	−104
			(二)介護保健施設サービス費(ii)<多床室>	要介護1	800	800	±0	−80
				要介護2	876	876	±0	−88
				要介護3	969	969	±0	−97
				要介護4	1,043	1,043	±0	−104
				要介護5	1,118	1,118	±0	−112
	ロ ユニット型介護保健施設サービス費	(2)ユニット型介護保健施設サービス費(Ⅱ)<療養型老健:看護職員を配置>	(一)ユニット型介護保健施設サービス費(i)<ユニット型個室>	要介護1	885	885	±0	−89
				要介護2	966	966	±0	−97
				要介護3	1,079	1,079	±0	−108
				要介護4	1,155	1,155	±0	−116
				要介護5	1,229	1,229	±0	−123
			(二)ユニット型介護保健施設サービス費(ii)<ユニット型個室的多床室>	要介護1	885	885	±0	−89
				要介護2	966	966	±0	−97
				要介護3	1,079	1,079	±0	−108
				要介護4	1,155	1,155	±0	−116
				要介護5	1,229	1,229	±0	−123
		(3)ユニット型介護保健施設サービス費(Ⅲ)<療養型老健:看護オンコール体制>	(一)ユニット型介護保健施設サービス費(i)<ユニット型個室>	要介護1	885	885	±0	−89
				要介護2	960	960	±0	−96
				要介護3	1,053	1,053	±0	−105
				要介護4	1,128	1,128	±0	−113
				要介護5	1,202	1,202	±0	−120
			(二)ユニット型介護保健施設サービス費(ii)<ユニット型個室的多床室>	要介護1	885	885	±0	−89
				要介護2	960	960	±0	−96
				要介護3	1,053	1,053	±0	−105
				要介護4	1,128	1,128	±0	−113
				要介護5	1,202	1,202	±0	−120
特別介護保健施設	イ 介護保健施設サービス費	(4)介護保健施設サービス費(Ⅳ)<特別介護保健施設サービス費>	(一)介護保健施設サービス費(i)<従来型個室>	要介護1	684	−	新設	−68
				要介護2	728	−	新設	−73
				要介護3	788	−	新設	−79
				要介護4	839	−	新設	−84
				要介護5	889	−	新設	−89
			(二)介護保健施設サービス費(ii)<多床室>	要介護1	756	−	新設	−76
				要介護2	803	−	新設	−80
				要介護3	862	−	新設	−86
				要介護4	912	−	新設	−91
				要介護5	964	−	新設	−96

		算定項目		改定後	改定前	格差	身体拘束廃止未実施減算
特別介護保健施設	ロユニット型介護保健施設サービス費	(4)ユニット型介護保健施設サービス費(Ⅳ)＜ユニット型特別介護保健施設サービス費＞	(一)ユニット型介護保健施設サービス費(i)＜ユニット型個室＞ 要介護1	761	—	新設	−76
			要介護2	806	—	新設	−81
			要介護3	866	—	新設	−87
			要介護4	918	—	新設	−92
			要介護5	968	—	新設	−97
			(二)ユニット型介護保健施設サービス費(ii)＜ユニット型個室的多床室＞ 要介護1	761	—	新設	−76
			要介護2	806	—	新設	−81
			要介護3	866	—	新設	−87
			要介護4	918	—	新設	−92
			要介護5	968	—	新設	−97

■1日につき（在宅強化型）

		算定項目		改定後	改定前	格差	身体拘束廃止未実施減算
在宅強化型	イ 介護保健施設サービス費	(1)介護保健施設サービス費(I)	(二)介護保健施設サービス費(ii)＜従来型個室＞ 要介護1	739	733	6	−74
			要介護2	810	804	6	−81
			要介護3	872	866	6	−87
			要介護4	928	922	6	−93
			要介護5	983	977	6	−98
			(四)介護保健施設サービス費(iv)＜多床室＞ 要介護1	818	812	6	−82
			要介護2	892	886	6	−89
			要介護3	954	948	6	−95
			要介護4	1,010	1,004	6	−101
			要介護5	1,065	1,059	6	−107
	ロユニット型介護保健施設サービス費	(1)ユニット型介護保健施設サービス費(I)	(二)ユニット型介護保健施設サービス費(ii)＜ユニット型個室＞ 要介護1	822	816	6	−82
			要介護2	896	890	6	−90
			要介護3	958	952	6	−96
			要介護4	1,014	1,008	6	−101
			要介護5	1,069	1,063	6	−107
			(四)ユニット型介護保健施設サービス費(iv)＜ユニット型個室的多床室＞ 要介護1	822	816	6	−82
			要介護2	896	890	6	−90
			要介護3	958	952	6	−96
			要介護4	1,014	1,008	6	−101
			要介護5	1,069	1,063	6	−107

2-2 介護老人保健施設・加算等

加算算定のポイント

算定項目			算定	改定後	改定前	格差	要件
夜勤職員配置加算			1日	+24	+24	±0	
短期集中リハビリテーション実施加算				+240	+240	±0	イ(4)ロ(4)除く
認知症短期集中リハビリテーション実施加算				+240	+240	±0	イ(4)ロ(4)除く 週3日限度
認知症ケア加算				+76	+76	±0	イ
若年性認知症入所者受入加算				+120	+120	±0	
在宅復帰・在宅療養支援機能加算(Ⅰ)				+34	+27	7	イ(1)(一)(三) ロ(1)(一)(三)
在宅復帰・在宅療養支援機能加算(Ⅱ)				+46	+27	19	イ(1)(二)(四) ロ(1)(二)(四)
特別療養費							別に厚生労働大臣が定める単位数
ターミナルケア加算	(1)死亡日以前4日以上30日以下	療養型老健以外	1日	+160	+160	±0	
		療養型老健		+160	+160	±0	
	(2)死亡日以前2日または3日	療養型老健以外		+820	+820	±0	
		療養型老健		+850	+850	±0	
	(3)死亡日	療養型老健以外		+1,650	+1,650	±0	
		療養型老健		+1,700	+1,700	±0	
療養体制維持特別加算	イ 療養体制維持特別加算(Ⅰ)			+27	+27	±0	
	ロ 療養体制維持特別加算(Ⅱ)			+57	−	新設	
外泊時費用 居宅における外泊を認めた場合				362	362	±0	1月に6日限度 所定単位数に代えて
外泊時費用 在宅サービスを利用する場合				800	−	新設	
ハ 初期加算(入所から30日以内)				+30	+30	±0	
ニ 再入所時栄養連携加算※				+400	−	新設	栄養マネジメント加算を算定1人1回限度
ホ 入所前後訪問指導加算Ⅰ※	在宅強化型の場合		1回	+450	+450	±0	
	在宅強化型以外の場合			+450	+450	±0	
ホ 入所前後訪問指導加算Ⅱ※	在宅強化型の場合			+480	+480	±0	
	在宅強化型以外の場合			+480	+480	±0	
ヘ 退所時等支援等加算※	(1)退所時等支援加算	(一)試行的退所時指導加算		+400	+400	±0	
		(二)退所時情報提供加算		+500	+500	±0	
		(三)退所前連携加算		+500	+500	±0	
	(2)訪問看護指示加算			+300	+300	±0	1人1回限度

算定項目			算定	改定後	改定前	格差	要件
ト 栄養マネジメント加算			1日	+14	+14	±0	
チ 低栄養リスク改善加算※			1月	+300	−	新設	栄養マネジメント加算を算定および経口移行加算・経口維持加算を不算定
リ 経口移行加算※			1日	+28	+28	±0	栄養マネジメント加算を算定
ヌ 経口維持加算※	(1)経口維持加算(Ⅰ)		1月	+400	+400	±0	栄養マネジメント加算を算定
	(2)経口維持加算(Ⅱ)			+100	+100	±0	経口維持加算(Ⅰ)を算定
ル 口腔衛生管理体制加算※				+30	+30	±0	
ヲ 口腔衛生管理加算※				+90	+110	−20	口腔衛生管理体制加算を算定
ワ 療養食加算			1回	+6	−	要件変更	1日3回限度
カ 在宅復帰支援機能加算(療養型老健に限り)			1日	+10	+5	5	
ヨ かかりつけ医連携薬剤調整加算※			1回	+125	−	新設	1人1回限度
タ 緊急時施設療養費	(1)緊急時治療管理	療養型老健以外	1日	+511	+511	±0	1月に1回3日限度
		療養型老健		+511	+511	±0	1月に1回3日限度
	(2)特定治療						医科診療報酬に定める点数
レ 所定疾患施設療養費※	(1)所定疾患施設療養費(Ⅰ)			+235	+305	−70	1月1回7日限度
	(2)所定疾患施設療養費(Ⅱ)		1日	+475	+305	170	
ソ 認知症専門ケア加算	(1)認知症専門ケア加算(Ⅰ)			+3	+3	±0	
	(2)認知症専門ケア加算(Ⅱ)			+4	+4	±0	
ツ 認知症行動・心理症状緊急対応加算(入所後7日に限り)	療養型老健以外			+200	+200	±0	
	療養型老健			+200	+200	±0	
ネ 認知症情報提供加算				+350	+350	±0	
ナ 地域連携診療計画情報提供加算※	在宅強化型		1回	+300	+300	±0	1人1回限度
	在宅強化型以外			+300	+300	±0	1人1回限度
ラ 褥瘡マネジメント加算※			1月	+10	−	新設	イ(1)、ロ(1)3月に1回限度
ム 排せつ支援加算※				+100	−	新設	
ウ サービス提供体制強化加算(全サービス共通事項ページ参照)	(1)サービス提供体制強化加算(Ⅰ) イ			+18	+18	±0	
	(2)サービス提供体制強化加算(Ⅰ) ロ		1日	+12	+12	±0	
	(3)サービス提供体制強化加算(Ⅱ)			+6	+6	±0	
	(4)サービス提供体制強化加算(Ⅲ)			+6	+6	±0	

※ (ユニット型)特別介護保健施設サービス費を適用する場合には、適用しない。

(3) 指定施設サービス

 ココに注目　減算等について

算定項目	算定	改定後	改定前	格差
夜勤職員基準に定める員数を満たさない場合	1日	×97/100	×97/100	±0
定員超過の場合		×70/100	×70/100	±0
医師、看護職員、介護職員、理学療法士、作業療法士、言語聴覚士または介護支援専門員の員数が基準に満たない場合		×70/100	×70/100	±0
ユニットケア体制未整備減算（ユニット型のみ）		×97/100	×97/100	±0
身体拘束廃止未実施減算		算定表（報酬早見表参照）		新設

3-イ 介護療養施設サービス
イ 療養病床を有する病院

 報酬早見表

1日につき

算定項目			改訂後	改訂前	格差	身体拘束廃止未実施減算
(1)療養型介護療養施設サービス費	(一)療養型介護療養施設サービス費(I)(看護6:1 介護4:1)	a.療養型介護療養施設サービス費(i)<従来型個室>				
		要介護1	641	641	±0	−64
		要介護2	744	744	±0	−74
		要介護3	967	967	±0	−97
		要介護4	1,062	1,062	±0	−106
		要介護5	1,147	1,147	±0	−115
		b.療養型介護療養施設サービス費(ii)<療養機能強化型A><従来型個室>				
		要介護1	669	669	±0	−67
		要介護2	777	777	±0	−78
		要介護3	1,010	1,010	±0	−101
		要介護4	1,109	1,109	±0	−111
		要介護5	1,198	1,198	±0	−120
		c.療養型介護療養施設サービス費(iii)<療養機能強化型B><従来型個室>				
		要介護1	659	659	±0	−66
		要介護2	765	765	±0	−77
		要介護3	995	995	±0	−100
		要介護4	1,092	1,092	±0	−109
		要介護5	1,180	1,180	±0	−118
		d.療養型介護療養施設サービス費(iv)<多床室>				
		要介護1	745	745	±0	−75
		要介護2	848	848	±0	−85
		要介護3	1,071	1,071	±0	−107
		要介護4	1166	1,166	±0	−117
		要介護5	1,251	1,251	±0	−125
		e.療養型介護療養施設サービス費(v)<療養機能強化型A><多床室>				
		要介護1	778	778	±0	−78
		要介護2	886	886	±0	−89
		要介護3	1,119	1,119	±0	−112
		要介護4	1,218	1,218	±0	−122
		要介護5	1,307	1,307	±0	−131
		f.療養型介護療養施設サービス費(vi)<療養機能強化型B><多床室>				
		要介護1	766	766	±0	−77
		要介護2	873	873	±0	−87
		要介護3	1,102	1,102	±0	−110
		要介護4	1,199	1,199	±0	−120
		要介護5	1,287	1,287	±0	−129

(3) 指定施設サービス

	算定項目			改訂後	改訂前	格　差	身体拘束廃止未実施減算
(1)療養型介護療養施設サービス費	(二)療養型介護療養施設サービス費(Ⅱ)(看護6:1 介護5:1)	a.療養型介護療養施設サービス費(ⅰ)＜従来型個室＞	要介護1	586	586	±0	−59
			要介護2	689	689	±0	−69
			要介護3	841	841	±0	−84
			要介護4	987	987	±0	−99
			要介護5	1,027	1,027	±0	−103
		b.療養型介護療養施設サービス費(ⅱ)＜療養機能強化型＞＜従来型個室＞	要介護1	601	601	±0	−60
			要介護2	707	707	±0	−71
			要介護3	862	862	±0	−86
			要介護4	1,012	1,012	±0	−101
			要介護5	1,053	1,053	±0	−105
		c.療養型介護療養施設サービス費(ⅲ)＜多床室＞	要介護1	691	691	±0	−69
			要介護2	794	794	±0	−79
			要介護3	945	945	±0	−95
			要介護4	1,092	1,092	±0	−109
			要介護5	1,131	1,131	±0	−113
		d.療養型介護療養施設サービス費(ⅳ)＜療養機能強化型＞＜多床室＞	要介護1	709	709	±0	−71
			要介護2	814	814	±0	−81
			要介護3	969	969	±0	−97
			要介護4	1,119	1,119	±0	−112
			要介護5	1,159	1,159	±0	−116
	(三)療養型介護療養施設サービス費(Ⅲ)(看護6:1 介護6:1)	a.療養型介護療養施設サービス費(ⅰ)＜従来型個室＞	要介護1	564	564	±0	−56
			要介護2	670	670	±0	−67
			要介護3	813	813	±0	−81
			要介護4	962	962	±0	−96
			要介護5	1,001	1,001	±0	−100
		b.療養型介護療養施設サービス費(ⅱ)＜多床室＞	要介護1	670	670	±0	−67
			要介護2	775	775	±0	−78
			要介護3	919	919	±0	−92
			要介護4	1,068	1,068	±0	−107
			要介護5	1,107	1,107	±0	−111
(2)療養型経過型介護療養施設サービス費	(一)療養型経過型介護療養施設サービス費(Ⅰ)(看護6:1 介護4:1)	a.療養型経過型介護療養施設サービス費(ⅰ)＜従来型個室＞	要介護1	650	650	±0	−65
			要介護2	754	754	±0	−75
			要介護3	897	897	±0	−90
			要介護4	983	983	±0	−98
			要介護5	1,070	1,070	±0	−107
		b.療養型経過型介護療養施設サービス費(ⅱ)＜多床室＞	要介護1	755	755	±0	−76
			要介護2	860	860	±0	−86
			要介護3	1,002	1,002	±0	−100
			要介護4	1,089	1,089	±0	−109
			要介護5	1,175	1,175	±0	−118

3-イ 介護療養施設サービス　イ　療養病床を有する病院

	算定項目			改訂後	改訂前	格差	身体拘束廃止未実施減算
(2)療養型経過型介護療養施設サービス費	(二)療養型経過型介護療養施設サービス費(Ⅱ)（看護 8:1 介護 4:1）	a.療養型経過型介護療養施設サービス費(i)<従来型個室>	要介護1	650	650	±0	−65
			要介護2	754	754	±0	−75
			要介護3	857	857	±0	−86
			要介護4	944	944	±0	−94
			要介護5	1,030	1,030	±0	−103
		b.療養型経過型介護療養施設サービス費(ii)<多床室>	要介護1	755	755	±0	−76
			要介護2	860	860	±0	−86
			要介護3	962	962	±0	−96
			要介護4	1,048	1,048	±0	−105
			要介護5	1,136	1,136	±0	−114
(3)ユニット型療養型介護療養施設サービス費	(一)ユニット型療養型介護療養施設サービス費(Ⅰ)<ユニット型個室>		要介護1	767	767	±0	−77
			要介護2	870	870	±0	−87
			要介護3	1,093	1,093	±0	−109
			要介護4	1,188	1,188	±0	−119
			要介護5	1,273	1,273	±0	−127
	(二)ユニット型療養型介護療養施設サービス費(Ⅱ)<療養機能強化型A><ユニット型個室>		要介護1	795	795	±0	−80
			要介護2	903	903	±0	−90
			要介護3	1,136	1,136	±0	−114
			要介護4	1,235	1,235	±0	−124
			要介護5	1,324	1,324	±0	−132
	(三)ユニット型療養型介護療養施設サービス費(Ⅲ)<療養機能強化型B><ユニット型個室>		要介護1	785	785	±0	−79
			要介護2	891	891	±0	−89
			要介護3	1,121	1,121	±0	−112
			要介護4	1,218	1,218	±0	−122
			要介護5	1,306	1,306	±0	−131
	(四)ユニット型療養型介護療養施設サービス費(Ⅳ)<ユニット型個室的多床室>		要介護1	767	767	±0	−77
			要介護2	870	870	±0	−87
			要介護3	1,093	1,093	±0	−109
			要介護4	1,188	1,188	±0	−119
			要介護5	1,273	1,273	±0	−127
	(五)ユニット型療養型介護療養施設サービス費(Ⅴ)<療養機能強化型A><ユニット型個室的多床室>		要介護1	795	795	±0	−80
			要介護2	903	903	±0	−90
			要介護3	1,136	1,136	±0	−114
			要介護4	1,235	1,235	±0	−124
			要介護5	1,324	1,324	±0	−132
	(六)ユニット型療養型介護療養施設サービス費(Ⅵ)<療養機能強化型B><ユニット型個室的多床室>		要介護1	785	785	±0	−79
			要介護2	891	891	±0	−89
			要介護3	1,121	1,121	±0	−112
			要介護4	1,218	1,218	±0	−122
			要介護5	1,306	1,306	±0	−131

(3) 指定施設サービス

算定項目			改訂後	改訂前	格差	身体拘束廃止未実施減算
(4) ユニット型療養型経過型介護療養施設サービス費	(一)ユニット型療養型経過型介護療養施設サービス費(I)<ユニット型個室>	要介護1	767	767	±0	−77
		要介護2	870	870	±0	−87
		要介護3	1,006	1,006	±0	−101
		要介護4	1,091	1,091	±0	−109
		要介護5	1,176	1,176	±0	−118
	(二)ユニット型療養型経過型介護療養施設サービス費(Ⅱ)<ユニット型個室的多床室>	要介護1	767	767	±0	−77
		要介護2	870	870	±0	−87
		要介護3	1,006	1,006	±0	−101
		要介護4	1,091	1,091	±0	−109
		要介護5	1,176	1,176	±0	−118

3-ロ 介護療養施設サービス
ロ 療養病床を有する診療所

 報酬早見表

1日につき

算定項目			改定後	改定前	格差	身体拘束廃止未実施減算
(1)診療所型介護療養施設サービス費	(一)診療所型介護療養施設サービス費(I)（看護6:1 介護6:1）	a.診療所型介護療養施設サービス費(ⅰ)＜従来型個室＞ 要介護1	623	623	±0	−62
		要介護2	672	672	±0	−67
		要介護3	720	720	±0	−72
		要介護4	768	768	±0	−77
		要介護5	817	817	±0	−82
		b.診療所型介護療養施設サービス費(ⅱ)＜療養機能強化型A＞＜従来型個室＞ 要介護1	650	650	±0	−65
		要介護2	702	702	±0	−70
		要介護3	752	752	±0	−75
		要介護4	802	802	±0	−80
		要介護5	853	853	±0	−85
		c.診療所型介護療養施設サービス費(ⅲ)＜療養機能強化型B＞＜従来型個室＞ 要介護1	641	641	±0	−64
		要介護2	691	691	±0	−69
		要介護3	741	741	±0	−74
		要介護4	790	790	±0	−79
		要介護5	840	840	±0	−84
		d.診療所型介護療養施設サービス費(ⅳ)＜多床室＞ 要介護1	727	727	±0	−73
		要介護2	775	775	±0	−78
		要介護3	825	825	±0	−83
		要介護4	872	872	±0	−87
		要介護5	921	921	±0	−92
		e.診療所型介護療養施設サービス費(ⅴ)＜療養機能強化型A＞＜多床室＞ 要介護1	759	759	±0	−76
		要介護2	810	810	±0	−81
		要介護3	861	861	±0	−86
		要介護4	911	911	±0	−91
		要介護5	962	962	±0	−96
		f.診療所型介護療養施設サービス費(ⅵ)＜療養機能強化型B＞＜多床室＞ 要介護1	748	748	±0	−75
		要介護2	798	798	±0	−80
		要介護3	848	848	±0	−85
		要介護4	897	897	±0	−90
		要介護5	948	948	±0	−95

(3) 指定施設サービス

	算定項目			改定後	改定前	格差	身体拘束廃止未実施減算
(1)診療所型介護療養施設サービス費	(二)診療所型介護療養施設サービス費(Ⅱ)(看護・介護3:1)	a.診療所型介護療養施設サービス費(i)＜従来型個室＞	要介護1	546	546	±0	−55
			要介護2	590	590	±0	−59
			要介護3	633	633	±0	−63
			要介護4	678	678	±0	−68
			要介護5	721	721	±0	−72
		b.診療所型介護療養施設サービス費(ii)＜多床室＞	要介護1	652	652	±0	−65
			要介護2	695	695	±0	−70
			要介護3	739	739	±0	−74
			要介護4	782	782	±0	−78
			要介護5	826	826	±0	−83
(2)ユニット型診療所型介護療養施設サービス費	(一)ユニット型診療所型介護療養施設サービス費(Ⅰ)＜ユニット型個室＞		要介護1	748	748	±0	−75
			要介護2	797	797	±0	−80
			要介護3	845	845	±0	−85
			要介護4	893	893	±0	−89
			要介護5	942	942	±0	−94
	(二)ユニット型診療所型介護療養施設サービス費(Ⅱ)＜療養機能強化型A＞＜ユニット型個室＞		要介護1	775	775	±0	−78
			要介護2	827	827	±0	−83
			要介護3	877	877	±0	−88
			要介護4	927	927	±0	−93
			要介護5	978	978	±0	−98
	(三)ユニット型診療所型介護療養施設サービス費(Ⅲ)＜療養機能強化型B＞＜ユニット型個室＞		要介護1	766	766	±0	−77
			要介護2	816	816	±0	−82
			要介護3	866	866	±0	−87
			要介護4	915	915	±0	−92
			要介護5	965	965	±0	−97
	(四)ユニット型診療所型介護療養施設サービス費(Ⅳ)＜ユニット型個室的多床室＞		要介護1	748	748	±0	−75
			要介護2	797	797	±0	−80
			要介護3	845	845	±0	−85
			要介護4	893	893	±0	−89
			要介護5	942	942	±0	−94
	(五)ユニット型診療所型介護療養施設サービス費(Ⅴ)＜療養機能強化型A＞＜ユニット型個室的多床室＞		要介護1	775	775	±0	−78
			要介護2	827	827	±0	−83
			要介護3	877	877	±0	−88
			要介護4	927	927	±0	−93
			要介護5	978	978	±0	−98
	(六)ユニット型診療所型介護療養施設サービス費(Ⅵ)＜療養機能強化型B＞＜ユニット型個室的多床室＞		要介護1	766	766	±0	−77
			要介護2	816	816	±0	−82
			要介護3	866	866	±0	−87
			要介護4	915	915	±0	−92
			要介護5	965	965	±0	−97

3-ハ 介護療養施設サービス ハ 老人性認知症疾患療養病棟を有する病院

報酬早見表

1日につき

算定項目					改定後	改定前	格差	身体拘束廃止未実施減算
(1)認知症疾患型介護療養施設サービス費	大学病院等	(一)認知症疾患型介護療養施設サービス費(Ⅰ) (看護3:1) (介護6:1)	a.認知症疾患型介護療養施設サービス費(i) <従来型個室>	要介護1	967	967	±0	−97
				要介護2	1,031	1,031	±0	−103
				要介護3	1,095	1,095	±0	−110
				要介護4	1,159	1,159	±0	−116
				要介護5	1,223	1,223	±0	−122
			b.認知症疾患型介護療養施設サービス費(ii) <多床室>	要介護1	1,072	1,072	±0	−107
				要介護2	1,137	1,137	±0	−114
				要介護3	1,200	1,200	±0	−120
				要介護4	1,265	1,265	±0	−127
				要介護5	1,328	1,328	±0	−133
	一般病院	(二)認知症疾患型介護療養施設サービス費(Ⅱ) (看護4:1) (介護4:1)	a.認知症疾患型介護療養施設サービス費(i) <従来型個室>	要介護1	912	912	±0	−91
				要介護2	979	979	±0	−98
				要介護3	1,047	1047	±0	−105
				要介護4	1,114	1,114	±0	−111
				要介護5	1,180	1,180	±0	−118
			b.認知症疾患型介護療養施設サービス費(ii) <多床室>	要介護1	1,018	1,018	±0	−102
				要介護2	1,085	1,085	±0	−109
				要介護3	1,151	1,151	±0	−115
				要介護4	1,220	1,220	±0	−122
				要介護5	1,286	1,286	±0	−129
		(三)認知症疾患型介護療養施設サービス費(Ⅲ) (看護4:1) (介護5:1)	a.認知症疾患型介護療養施設サービス費(i) <従来型個室>	要介護1	884	884	±0	−88
				要介護2	950	950	±0	−95
				要介護3	1,015	1,015	±0	−102
				要介護4	1,080	1,080	±0	−108
				要介護5	1,145	1,145	±0	−115
			b.認知症疾患型介護療養施設サービス費(ii) <多床室>	要介護1	990	990	±0	−99
				要介護2	1,055	1,055	±0	−106
				要介護3	1,121	1,121	±0	−112
				要介護4	1,186	1,186	±0	−119
				要介護5	1,250	1,250	±0	−125

(3) 指定施設サービス

算定項目					改定後	改定前	格差	身体拘束廃止未実施減算
(1)認知症疾患型介護療養施設サービス費	一般病院	(四)認知症疾患型介護療養施設サービス費(Ⅳ)(看護4:1)(介護6:1)	a.認知症疾患型介護療養施設サービス費(i)＜従来型個室＞	要介護1	869	869	±0	−87
				要介護2	933	933	±0	−93
				要介護3	997	997	±0	−100
				要介護4	1,061	1,061	±0	−106
				要介護5	1,125	1,125	±0	−113
			b.認知症疾患型介護療養施設サービス費(ii)＜多床室＞	要介護1	974	974	±0	−97
				要介護2	1,039	1,039	±0	−104
				要介護3	1,102	1,102	±0	−110
				要介護4	1,167	1,167	±0	−117
				要介護5	1,230	1,230	±0	−123
		(五)認知症疾患型介護療養施設サービス費(Ⅴ)(経過措置型)	a.認知症疾患型介護療養施設サービス費(i)＜従来型個室＞	要介護1	810	810	±0	−81
				要介護2	874	874	±0	−87
				要介護3	938	938	±0	−94
				要介護4	1,002	1,002	±0	−100
				要介護5	1,066	1,066	±0	−107
			b.認知症疾患型介護療養施設サービス費(ii)＜多床室＞	要介護1	916	916	±0	−92
				要介護2	979	979	±0	−98
				要介護3	1,044	1,044	±0	−104
				要介護4	1,108	1,108	±0	−111
				要介護5	1,171	1,171	±0	−117
(2)認知症疾患型経過型介護療養施設サービス費		(一)認知症疾患型経過型介護療養施設サービス費(Ⅰ)＜従来型個室＞		要介護1	717	717	±0	−72
				要介護2	780	780	±0	−78
				要介護3	845	845	±0	−85
				要介護4	909	909	±0	−91
				要介護5	973	973	±0	−97
		(二)認知症疾患型経過型介護療養施設サービス費(Ⅱ)＜多床室＞		要介護1	823	823	±0	−82
				要介護2	886	886	±0	−89
				要介護3	950	950	±0	−95
				要介護4	1,015	1,015	±0	−102
				要介護5	1,078	1,078	±0	−108
(3)ユニット型認知症疾患型介護療養施設サービス費	大学病院等	(一)ユニット型認知症疾患型介護療養施設サービス費(Ⅰ)	a.ユニット型認知症疾患型介護療養施設サービス費(i)＜ユニット型個室＞	要介護1	1,093	1,093	±0	−109
				要介護2	1,157	1,157	±0	−116
				要介護3	1,221	1,221	±0	−122
				要介護4	1,285	1,285	±0	−129
				要介護5	1,349	1,349	±0	−135
			b.ユニット型認知症疾患型介護療養施設サービス費(ii)＜ユニット型個室的多床室＞	要介護1	1,093	1,093	±0	−109
				要介護2	1,157	1,157	±0	−116
				要介護3	1,221	1,221	±0	−122
				要介護4	1,285	1,285	±0	−129
				要介護5	1,349	1,349	±0	−135

算定項目				改定後	改定前	格差	身体拘束廃止未実施減算
(3)ユニット型認知症疾患型介護療養施設サービス費	一般病院	(二)ユニット型認知症疾患型介護療養施設サービス費(Ⅱ)	a.ユニット型認知症疾患型介護療養施設サービス費(i)＜ユニット型個室＞ 要介護1	1,038	1,038	±0	−104
			要介護2	1,105	1,105	±0	−111
			要介護3	1,173	1,173	±0	−117
			要介護4	1,240	1,240	±0	−124
			要介護5	1,306	1,306	±0	−131
			b.ユニット型認知症疾患型介護療養施設サービス費(ii)＜ユニット型個室的多床室＞ 要介護1	1,038	1,038	±0	−104
			要介護2	1,105	1,105	±0	−111
			要介護3	1,173	1,173	±0	−117
			要介護4	1,240	1,240	±0	−124
			要介護5	1,306	1,306	±0	−131

加算算定のポイント

算定項目		算定	改定後	改定前	格差	要件	イ	ロ	ハ
夜勤を行う職員の勤務条件に関する基準の区分による加算	夜間勤務等看護(Ⅰ)	1日	+23	+23	±0		○		
	夜間勤務等看護(Ⅱ)		+14	+14	±0		○		
	夜間勤務等看護(Ⅲ)		+14	+14	±0		○		
	夜間勤務等看護(Ⅳ)		+7	+7	±0		○		
若年性認知症患者受入加算			+120	+120	±0		○	○	
外泊時費用 居宅における外泊を認めた場合			+362	+362	±0	1月に6日限度 所定単位数に代えて	○	○	○
試行的退院サービス費 居宅における試行的退院を認めた場合			+800	+800	±0	1月に6日限度(2)および(4)の基本単価に限る	○		
他科受診時費用 他医療機関において診療が行われた場合			+362	+362	±0	1月に4日限度所定単位数に代えて	○	○	○
(5)初期加算(入院日から30日以内の期間)			+30	+30	±0		○	(3)	(4)
(6)退院時指導等加算※	(一)退院時等指導加算 a 退院前訪問指導加算	1回	+460	+460	±0	入院中1回(または2回)限度	○	(4)	(5)
	b 退院後訪問指導加算		+460	+460	±0	退院後1回限度	○		
	c 退院時指導加算		+400	+400	±0	1人1回限度	○		
	d 退院時情報提供加算		+500	+500	±0		○		
	e 退院前連携加算		+500	+500	±0		○		
	(二)訪問看護指示加算		+300	+300	±0		○		

(3) 指定施設サービス

算定項目		算定	改定後	改定前	格差	要件	イ	ロ	ハ
(7) 栄養マネジメント加算		1日	+14	+14	±0		○	(5)	(6)
(8) 低栄養リスク改善加算※		1月	+300	−	新設	栄養マネジメント加算を算定および経口移行加算・経口維持加算を不算定	○	(6)	(7)
(9) 経口移行加算※		1日	+28	+28	±0	栄養マネジメント加算を算定	○	(7)	(8)
(10) 経口維持加算※	(一) 経口維持加算(Ⅰ)	1月	+400	+400	±0	栄養マネジメント加算を算定	○	(8)	(9)
	(二) 経口維持加算(Ⅱ)		+100	+100	±0	経口維持加算(Ⅰ)を算定	○		
(11) 口腔衛生管理体制加算※			+30	+30	±0		○	(9)	(10)
(12) 口腔衛生管理加算※			+90	+110	20	口腔衛生管理体制加算を算定	○	(10)	(11)
(13) 療養食加算		1回	+6	−	要件変更	1日3回限度	○	(11)	(12)
(14) 在宅復帰支援機能加算※		1日	+10	+10	±0		○	(12)	(13)
(15) 特定診療費※						別に厚生労働大臣が定める点数	○	(13)	(14)
(16) 認知症専門ケア加算	(一) 認知症専門ケア加算(Ⅰ)	1日	+3	+3	±0		○	(14)	
	(二) 認知症専門ケア加算(Ⅱ)		+4	+4	±0		○		
(17) 認知症行動・心理症状緊急対応加算			+200	+200	±0	入院後7日間限度	○	(15)	
(18) 排せつ支援加算※		1月	+100	−	新設		○	(16)	(15)
(19) サービス提供体制強化加算(全サービス共通事項ページ参照)	(1) サービス提供体制強化加算(Ⅰ)イ	1日	+18	+18	±0		○	(17)	(16)
	(2) サービス提供体制強化加算(Ⅰ)ロ		+12	+12	±0		○		
	(3) サービス提供体制強化加算(Ⅱ)		+6	+6	±0		○		
	(4) サービス提供体制強化加算(Ⅲ)		+6	+6	±0		○		

※ 一定の要件を満たす入院患者の数が規準に満たない場合には、適用しない。
イロハ欄：イ(療養病床を有する病院における加算)を元に表を作成。ロハにも適用されるものに○を記す。ロハに適用されて付番が変更されるものはその付番を記す。

ココに注目　減算等について

算定項目	算定	改定後	改定前	格差	要件	イ	ロ	ハ
夜勤職員基準に定める員数を満たさない場合	1日	−25	−25	±0		○		
定員超過の場合		X70%	X70%	±0		○	○	○
看護・介護職員の員数が基準に満たない場合		X70%	X70%	±0		(1)(三)、(2)(二)、(3)、(4)		(1)(一)、(四)、(2)、(3)
介護支援専門員の員数が基準に満たない場合		X70%	X70%	±0		○		○
看護師が基準に定められた看護職員の員数に20/100を乗じて得た数未満の場合		X90%	X90%	±0		(1)(三)、(2)(二)、(3)、(4)		(1)(一)、(四)、(2)、(3)
僻地の医師確保計画を届出たもの以外で、医師の数が基準に定められた医師の員数に60/100を乗じて得た数未満である場合		X90%	X90%	±0		(1)(三)、(2)(二)、(3)、(4)		(1)(一)、(四)、(2)、(3)
僻地の医師確保計画を届出たもので、医師の数が基準に定められた医師の員数に60/100を乗じて得た数未満である場合		−12	−12	±0		○		○
一定の要件を満たす入院患者の数が規準に満たない場合		X95%	−	新設		(1)(一)ad、(二)ac、(三)ab、(2)、(3)(一)(四)、(4)	(1)(一)ad、(二)ab、(2)(一)、(四)	○
ユニットケア体制未整備減算		X97%	X97%	±0	ユニット型のみ			
病院療養病床療養環境減算　廊下幅が設備基準を満たさない場合		−25	−25	±0		○	○（−60単位）	
医師の配置について医療法施行規則第49条の規定が適用されている場合		−12	−12	±0		○		
身体拘束廃止未実施減算		算定表（報酬早見表参照）				○	○	○

イロハ欄：イ（療養病床を有する病院における減算）を元に表を作成。ロハにも適用されるものに○を記す。ロハに適用されて付番が変更されるものはその付番を記す。

4 介護医療院

 報酬早見表

1日につき

算定項目			新設	身体拘束廃止未実施減算
イ Ⅰ型介護医療院サービス費	(1)Ⅰ型介護医療院サービス費(Ⅰ)	(一)Ⅰ型介護医療院サービス費(i)<従来型個室> 要介護1	694	−69
		要介護2	802	−80
		要介護3	1,035	−104
		要介護4	1,134	−113
		要介護5	1,223	−122
		(二)Ⅰ型介護医療院サービス費(ii)<多床室> 要介護1	803	−80
		要介護2	911	−91
		要介護3	1,144	−114
		要介護4	1,243	−124
		要介護5	1,332	−133
	(2)Ⅰ型介護医療院サービス費(Ⅱ)	(一)Ⅰ型介護医療院サービス費(i)<従来型個室> 要介護1	684	−68
		要介護2	790	−79
		要介護3	1,020	−102
		要介護4	1,117	−112
		要介護5	1,205	−121
		(二)Ⅰ型介護医療院サービス費(ii)<多床室> 要介護1	791	−79
		要介護2	898	−90
		要介護3	1,127	−113
		要介護4	1,224	−122
		要介護5	1,312	−131
	(3)Ⅰ型介護医療院サービス費(Ⅲ)	(一)Ⅰ型介護医療院サービス費(i)<従来型個室> 要介護1	668	−67
		要介護2	774	−77
		要介護3	1,004	−100
		要介護4	1,101	−110
		要介護5	1,189	−119
		(二)Ⅰ型介護医療院サービス費(ii)<多床室> 要介護1	775	−78
		要介護2	882	−88
		要介護3	1,111	−111
		要介護4	1,208	−121
		要介護5	1,296	−130

算定項目			新 設	身体拘束廃止未実施減算
ロ Ⅱ型介護医療院サービス費	(1)Ⅱ型介護医療院サービス費(Ⅰ)	(一)Ⅱ型介護医療院サービス費(i)<従来型個室> 要介護1	649	−65
		要介護2	743	−74
		要介護3	947	−95
		要介護4	1,034	−103
		要介護5	1,112	−111
		(二)Ⅱ型介護医療院サービス費(ii)<多床室> 要介護1	758	−76
		要介護2	852	−85
		要介護3	1,056	−106
		要介護4	1,143	−114
		要介護5	1,221	−122
	(2)Ⅱ型介護医療院サービス費(Ⅱ)	(一)Ⅱ型介護医療院サービス費(i)<従来型個室> 要介護1	633	−63
		要介護2	727	−73
		要介護3	931	−93
		要介護4	1,018	−102
		要介護5	1,096	−110
		(二)Ⅱ型介護医療院サービス費(ii)<多床室> 要介護1	742	−74
		要介護2	836	−84
		要介護3	1,040	−104
		要介護4	1,127	−113
		要介護5	1,205	−121
	(3)Ⅱ型介護医療院サービス費(Ⅲ)	(一)Ⅱ型介護医療院サービス費(i)<従来型個室> 要介護1	622	−62
		要介護2	716	−72
		要介護3	920	−92
		要介護4	1,007	−101
		要介護5	1,085	−109
		(二)Ⅱ型介護医療院サービス費(ii)<多床室> 要介護1	731	−73
		要介護2	825	−83
		要介護3	1,029	−103
		要介護4	1,116	−112
		要介護5	1,194	−119
ハ 特別介護医療院サービス費	(1)Ⅰ型特別介護医療院サービス費	(一)Ⅰ型特別介護医療院サービス費(i)<従来型個室> 要介護1	635	−64
		要介護2	735	−74
		要介護3	954	−95
		要介護4	1,046	−105
		要介護5	1,130	−113
		(二)Ⅰ型特別介護医療院サービス費(ii)<多床室> 要介護1	736	−74
		要介護2	838	−84
		要介護3	1,055	−106
		要介護4	1,148	−115
		要介護5	1,231	−123

(3) 指定施設サービス

算定項目				新　設	身体拘束廃止未実施減算
ハ 特別介護医療院サービス費	(2)Ⅱ型特別介護医療院サービス費	(一)Ⅱ型特別介護医療院サービス費(i)<従来型個室>	要介護1	590	−59
			要介護2	680	−68
			要介護3	874	−87
			要介護4	957	−96
			要介護5	1,031	−103
		(二)Ⅱ型特別介護医療院サービス費(ii)<多床室>	要介護1	694	−69
			要介護2	784	−78
			要介護3	978	−98
			要介護4	1,060	−106
			要介護5	1,134	−113
ニ ユニット型Ⅰ型介護医療院サービス費	(1)ユニット型Ⅰ型介護医療院サービス費(Ⅰ)	(一)ユニット型Ⅰ型介護医療院サービス費(i)<ユニット型個室>	要介護1	820	−82
			要介護2	928	−93
			要介護3	1,161	−116
			要介護4	1,260	−126
			要介護5	1,349	−135
		(二)ユニット型Ⅰ型介護医療院サービス費(ii)<ユニット型個室的多床室>	要介護1	820	−82
			要介護2	928	−93
			要介護3	1,161	−116
			要介護4	1,260	−126
			要介護5	1,349	−135
	(2)ユニット型Ⅰ型介護医療院サービス費(Ⅱ)	(一)ユニット型Ⅰ型介護医療院サービス費(i)<ユニット型個室>	要介護1	810	−81
			要介護2	916	−92
			要介護3	1,146	−115
			要介護4	1,243	−124
			要介護5	1,331	−133
		(二)ユニット型Ⅰ型介護医療院サービス費(ii)<ユニット型個室的多床室>	要介護1	810	−81
			要介護2	916	−92
			要介護3	1,146	−115
			要介護4	1,243	−124
			要介護5	1,331	−133
ホ ユニット型Ⅱ型介護医療院サービス費	(1)ユニット型Ⅱ型介護医療院サービス費(i)<ユニット型個室>		要介護1	819	−82
			要介護2	919	−92
			要介護3	1,135	−114
			要介護4	1,227	−123
			要介護5	1,310	−131
	(2)ユニット型Ⅱ型介護医療院サービス費(ii)<ユニット型個室的多床室>		要介護1	819	−82
			要介護2	919	−92
			要介護3	1,135	−114
			要介護4	1,227	−123
			要介護5	1,310	−131

算定項目			新設	身体拘束廃止未実施減算
ヘ ユニット型特別介護医療院サービス費	(1)ユニット型Ⅰ型特別介護医療院サービス費	(一)ユニット型Ⅰ型特別介護医療院サービス費(i)<ユニット型個室> 要介護1	770	−77
		要介護2	870	−87
		要介護3	1,089	−109
		要介護4	1,181	−118
		要介護5	1,264	−126
		(二)ユニット型Ⅰ型特別介護医療院サービス費(ii)<ユニット型個室的多床室> 要介護1	770	−77
		要介護2	870	−87
		要介護3	1,089	−109
		要介護4	1,181	−118
		要介護5	1,264	−126
	(2)ユニット型Ⅱ型特別介護医療院サービス費	(一)ユニット型Ⅱ型特別介護医療院サービス費(i)<ユニット型個室> 要介護1	778	−78
		要介護2	873	−87
		要介護3	1,078	−108
		要介護4	1,166	−117
		要介護5	1,244	−124
		(二)ユニット型Ⅱ型特別介護医療院サービス費(ii)<ユニット型個室的多床室> 要介護1	778	−78
		要介護2	873	−87
		要介護3	1,078	−108
		要介護4	1,166	−117
		要介護5	1,244	−124

加算算定のポイント

算定項目		算定	新設	要件
夜勤を行う職員の勤務条件に関する基準の区分による加算	夜間勤務等看護(Ⅰ)		+23	
	夜間勤務等看護(Ⅱ)		+14	
	夜間勤務等看護(Ⅲ)		+14	
	夜間勤務等看護(Ⅳ)		+7	
若年性認知症患者受入加算			+120	
外泊時費用		1日	+362	居宅における外泊を認めた場合 1カ月に6日限度 所定単位数に代えて
試行的退所サービス費			+800	居宅における試行的退所を認めた場合 1カ月につき6日限度
他科受診時費用			+362	他医療機関において診療が行われた場合 1カ月に4日限度 所定単位数に代えて
ト　初期加算(入所日から30日間)			+30	
チ　再入所時栄養連携加算※		1回	+400	1人1回限度 栄養マネジメント加算を算定

(3) 指定施設サービス

算定項目			算定	新設	要件
リ 退所時指導等加算※	(1)退所時等指導加算	a 退所前訪問指導加算	1回	+460	入所中1回(または2回)限度
		b 退所後訪問指導加算		+460	退所後1回限度
		c 退所時指導加算		+400	1人1回限度
		d 退所時情報提供加算		+500	1人1回限度
		e 退所前連携加算		+500	1人1回限度
	(2)訪問看護指示加算			+300	1人1回限度
ヌ 栄養マネジメント加算			1日	+14	
ル 低栄養リスク改善加算※			1月	+300	栄養マネジメント加算を算定および経口移行加算・経口維持加算を不算定
ヲ 経口移行加算※			1日	+28	栄養マネジメント加算を算定
ワ 経口維持加算	(1)経口維持加算(I)		1月	+400	栄養マネジメント加算を算定
	(2)経口維持加算(II)			+100	経口維持加算(I)を算定
カ 口腔衛生管理体制加算※			1月	+30	歯科医師または歯科医師の指示を受けた歯科衛生士が、介護職員に対する口腔ケアに係る技術的助言および指導を月1回以上行っている場合
ヨ 口腔衛生管理加算※			1月	+90	歯科医師の指示を受けた歯科衛生士が、入所者に対し、口腔ケアを月2回以上行い、当該入所者に係る口腔ケアについて、介護職員に対し、具体的な技術的助言および指導を行った場合 口腔衛生管理体制加算を算定
タ 療養食加算			1回	+6	1日3回限度
レ 在宅復帰支援機能加算※			1日	+10	
ソ 特別診療費※					別に厚生労働大臣が定める点数
ツ 緊急時施設診療費	ア 緊急時治療管理		1日	+511	1カ月に1回3日限度
	イ 特定治療				医科診療報酬に定める点数
ネ 認知症専門ケア加算	(1)認知症専門ケア加算(I)		1日	+3	
	(2)認知症専門ケア加算(II)			+4	
ナ 認知症行動・心理症状緊急対応加算				+200	入所後7日限り
ラ 重度認知症疾患療養体制加算	(1)重度認知症疾患療養体制加算(I)	要介護1・2	1日	+140	
		要介護3・4・5		+40	
	(2)重度認知症疾患療養体制加算(II)	要介護1・2		+200	
		要介護3・4・5		+100	
ム 移行定着支援加算※				+93	
ウ 排せつ支援加算※			1月	+100	

算定項目		算定	新設	要件
ヰ サービス提供体制強化加算（全サービス共通事項ページ参照）	(1)サービス提供体制強化加算(Ⅰ)イ	1日	+18	
	(2)サービス提供体制強化加算(Ⅰ)ロ		+12	
	(3)サービス提供体制強化加算(Ⅱ)		+6	
	(4)サービス提供体制強化加算(Ⅲ)		+6	

※ 特別介護医療院は算定不可。

ココに注目　減算等について

算定項目			算定	新設	要件
夜勤職員基準に定める員数を満たさない場合			1日	−25	
定員超過の場合				×70%	
医師、薬剤師、看護職員、介護職員、介護支援専門員の員数が基準に満たない場合				×70%	
看護師が基準に定められた看護職員の員数に20/100を乗じて得た数未満の場合				×90%	イ(3)、ハ(1)、ニ(2)、ヘ(1)
ユニットケア体制未整備減算				×97%	ユニット型のみ
療養環境減算	療養環境減算(Ⅰ)	療養環境の基準(廊下)を満たさない場合		−25	
	療養環境減算(Ⅱ)	療養環境の基準(療養室)を満たさない場合		−25	

プラスα　Q&Aなどから

(1)療養病床等から転換した場合の加算の取扱いについて

　介護療養型医療施設から介護医療院に転換する場合、初期加算、短期集中リハビリテーション実施加算等を算定する場合の起算日は、転換前の介護療養型医療施設に入院日が起算日とすることでよい。また、退所前訪問指導加算において「入所期間が1月を超える（と見込まれる）入所者」に対して算定できるとされているが、当該入所期間とは、転換前の介護療養型医療施設の入院日を起算日として考える。また、初期入所診療管理や理学療法等の特別診療費についても、転換前の介護療養型医療施設において、当該算定項目に相当する特定診療費が存在することから、同様に扱う。

　医療保険適用の療養病床および介護療養型老人保健施設から介護医療院に転換する場合についても同様。

　また、月途中に介護療養型医療施設または介護療養型老人保健施設から転換する場合、

(3) 指定施設サービス

当該月の加算等の算定回数については入院中および入所中に実施された回数の合計数を算定回数として扱うこととする。

※介護保険最新情報vol.633(30.3.28) 平成30年度介護報酬改定に関するQ&A(Vol.2) Q3

(2) 基本施設サービス費の届け出について

①介護医療院について、Ⅰ型療養床とⅡ型療養床の両方を有する場合、それぞれの療養床ごとに該当する基本施設サービス費を算定することでよい。また、例えば、Ⅰ型療養床に係る療養棟が複数ある場合、療養棟ごとに異なる基本施設サービス費を算定することはできない。

※介護保険最新情報vol.633(30.3.28) 平成30年度介護報酬改定に関するQ&A(Vol.2) Q8

②介護医療院の基本施設サービス費等にかかる「算定日が属する月の前3月間」とは、算定を開始する月の前月を含む前3カ月間のことをいうということになる。また、算定を開始する月の前月末の状況を届け出ることが困難である場合は、算定を開始する月の前々月末までの状況に基づき前月に届出を行う取扱いとしても差し支えない。

また、算定を開始する月の前月末の状況を届け出ることが困難である場合は、算定を開始する月の前々月末までの状況に基づき前月に届出を行う取扱いとしても差し支えない。

※介護保険最新情報vol.633(30.3.28) 平成30年度介護報酬改定に関するQ&A(Vol.2) Q9

③新規に開設される介護医療院について、介護医療院サービス費の算定要件における実績は、次のように取扱う。

介護医療院における医療処置の実施割合などの実績を丁寧に把握するために、算定要件における実績を算出するための期間を十分に設け判定することが重要である。そのため、新規に開設される介護医療院については、開設日が属する月を含む6カ月間に限り、Ⅰ型介護医療院サービス費(Ⅱ)または(Ⅲ)もしくはⅡ型介護医療院サービス費のうち人員配置区分に適合した基本施設サービス費を算定可能とする。

ただし、開設日が属する月を含む6カ月間に満たない場合において、算定要件における実績を算出するための期間を満たした上で、例えば、Ⅰ型介護医療院サービス費(Ⅰ)の算定要件を満たす場合については、届け出の規定に従い、当該基本施設サービス費の届出を行うことができる。また、当該6カ月間を超えて、引き続きⅠ型介護医療院サービス費(Ⅱ)または(Ⅲ)もしくはⅡ型介護医療院サービス費のうち人員配置区分に適合した基本施設サービス費を算定する場合にあっては、改めて体制を届け出る必要がある。

なお、ユニット型介護医療院サービス費についても同様の取扱いとする。また、療養病床等からの転換の場合については、転換前の実績を基に算定要件に適合するか否かを判断して差し支えない。

※介護保険最新情報vol. 633(30.3.28)　平成30年度介護報酬改定に関するQ&A
　（Vol. 2）　Q10

(4) 指定地域密着型サービス

共通 地域密着型サービス共通項目

 改正点のポイント

●介護・医療連携推進会議および運営推進会議について、会議の効率化や、事業所間のネットワーク形成の促進等の観点から開催方法、開催頻度が緩和された。(夜間対応型訪問介護を除く)

(1) 現在認められていない複数の事業所の合同開催について、以下の要件を満たす場合に認められた。
　①利用者および利用者家族については匿名とするなど、個人情報・プライバシーを保護する。
　②同一の日常生活圏域内に所在する事業所である。
　③合同して開催する回数が、1年度に開催すべき会議の開催回数の半数を超えない。(地域密着型通所介護、認知症対応型通所介護は除く)
　④外部評価を行う会議は、単独開催で行う。(定期巡回・随時対応型訪問介護看護、小規模多機能型居宅介護、看護小規模多機能型居宅介護のみ)

(2) 定期巡回・随時対応型訪問介護看護の介護・医療連携推進会議の開催頻度について、他の宿泊を伴わないサービス(地域密着型通所介護、認知症対応型通所介護)に合わせて、年4回から年2回となった。

●代表者交代時の開設者研修の取扱いが見直された(小規模多機能型居宅介護、看護小規模多機能型居宅介護、認知症対応型共同生活介護)。

　代表者(社長・理事長等)は、認知症対応型サービス事業開設者研修を修了している者であることが必要であるが、代表者交代時に研修が開催されておらず、研修を受講できずに代表者に就任できないケースがあることから、代表交代時においては、半年後又は次回研修日程のいずれか早い日までに修了すれば良いこととなった。

　一方で、新規に事業者が事業を開始する場合は、事前の準備期間があり、代表交代時のような支障があるわけではないため、代表者としての資質を確保する観点から、原則どおり、新規指定時において研修を修了していることが求められることになった。

1 定期巡回・随時対応型訪問介護看護

改正点のポイント

- 基本報酬が引上げられた。
- 生活機能向上連携加算（Ⅰ）100単位/月、（Ⅱ）200単位/月が新設された（全サービス共通事項ページ参照）。
- 緊急時訪問看護加算（290単位/月）が315単位/月に引上げられた。
- 同一建物等利用者減算方式が見直しされた。（訪問・通所系共通項目ページ参照）
- 正当な理由がある場合を除き、地域の利用者に対してもサービス提供を行わなければならないことが明確化された。
- 介護・医療連携推進会議の開催方法・頻度が緩和された。（地域密着型サービス共通項目ページ参照）
- オペレーター配置基準などの見直しがあった。

報酬早見表

1月につき

算定項目			改定後	改定前	格差
イ 定期巡回・随時対応型訪問介護看護費(Ⅰ)	(1)訪問看護サービスを行わない場合	要介護1	5,666	5,658	8
		要介護2	10,114	10,100	14
		要介護3	16,793	16,769	24
		要介護4	21,242	21,212	30
		要介護5	25,690	25,654	36
	(2)訪問看護サービスを行う場合	要介護1	8,267	8,255	12
		要介護2	12,915	12,897	18
		要介護3	19,714	19,686	28
		要介護4	24,302	24,268	34
		要介護5	29,441	29,399	42
ロ 定期巡回・随時対応型訪問介護看護費(Ⅱ)		要介護1	5,666	5,658	8
		要介護2	10,114	10,100	14
		要介護3	16,793	16,769	24
		要介護4	21,242	21,212	30
		要介護5	25,690	25,654	36

(4) 指定地域密着型サービス

1. 定期巡回サービス

　訪問介護員等（介護福祉士または介護職員初任者研修課程を修了した者）が定期的に利用者の居宅を巡回して行う日常生活上の世話。

　「定期的」とは、原則として1日複数回の訪問を行うことが想定されているところである。しかし、訪問回数および訪問時間等は、適切なアセスメントおよびマネジメントに基づき、利用者との合意の下で決定されるべきものであり、利用者の心身の状況等に応じて訪問しない日があってもよい。また、訪問時間については短時間に限らず、必要なケアの内容に応じ柔軟に設定することが求められる。

2. 随時対応サービス

　あらかじめ利用者の心身の状況、その置かれている環境等を把握したうえで、随時、利用者またはその家族等からの通報を受け、通報内容等をもとに相談援助を行うサービス。訪問介護員等の訪問もしくは看護師等（保健師、看護師、准看護師、理学療法士、作業療法士、言語聴覚士）による対応の要否等の判断も含む。

　利用者のみならず利用者の家族等からの在宅介護における相談等にも適切に対応する必要がある。また、随時の訪問の必要性が同一時間帯に頻回に生じる場合は、利用者の心身の状況を適切に把握し、定期巡回サービスに組み換える等の対応を行うよう努める。なお、通報の内容によっては、必要に応じて看護師等からの助言を得る等、利用者の生活に支障がないよう努める。

3. 随時訪問サービス

　随時対応サービスにおける訪問の要否等の判断に基づき、訪問介護員等が利用者の居宅を訪問して行う日常生活上の世話。

　随時通報があってから、おおむね30分以内の間に駆けつけられるような体制確保に努める。なお、同時に複数の利用者に対して、随時の訪問の必要性が生じた場合の対応方法についてあらかじめ定めておくとともに、適切なアセスメントの結果に基づき緊急性の高い利用者を優先して訪問する場合がありうること等、利用者に対する説明を行い、あらかじめサービス内容について理解を得ることが求められる。

4. 訪問看護サービス

　定期巡回・随時対応型訪問介護看護の一部として、看護師等が利用者の居宅を訪問して行う療養上の世話または必要な診療の補助。

　医師の指示に基づき実施されるものであり、すべての利用者が対象となるものではない。定期的に行う訪問看護もあれば、随時行う訪問看護もある。

5. その他

(1)短期入所生活介護、短期入所療養介護を受けている間は、算定不可。

(2) 施設入所者が外泊、介護保険施設の試行的退所を行っている場合は、算定不可。
(3) 利用者は同一時間帯に1つの訪問サービスを利用することが原則である。ただし、訪問看護なしの連携型定期巡回・随時対応型訪問介護看護と訪問看護の組み合わせにおいては、利用者の心身の状況や介護の内容に鑑みて、同一時間帯に提供する必要があると認められる場合に限り、同一時間帯に実施し、それぞれのサービスについてそれぞれの所定単位数を算定可。
(4) 月途中からの利用開始または月途中での利用終了の場合は、所定単位数を日割りして算定。なお、日割り算定している間は、利用者の他の訪問サービスのうち、訪問介護費(通院等乗降介助に係るものを除く)、訪問看護費(連携型定期巡回・随時対応型訪問介護看護を利用している場合を除く)および夜間対応型訪問介護費は併算定不可。この場合、定期巡回・随時対応型訪問介護看護の利用を開始した初日における利用開始時以前に提供されたサービスや、利用終了日における利用終了時以後に提供されたサービスは、その介護報酬を算定可。
(5) 介護保険の要介護被保険者等(要支援・要介護認定を受けた者)が訪問看護を利用する場合は、原則として介護保険において算定するものとされるが、末期の悪性腫瘍その他厚生労働大臣が定める疾病等(※)の患者については、医療保険の給付の対象となる。この場合は、定期巡回・随時対応型訪問介護看護費において「訪問看護サービスを行う場合」の単位を算定することはできない。
(※多発性硬化症、重症筋無力症、スモン、筋萎縮性側索硬化症、脊髄小脳変性症、ハンチントン病、進行性筋ジストロフィー症、パーキンソン病関連疾患(進行性核上性麻痺、大脳皮質基底核変性症およびパーキンソン病(ホーエン-ヤールの重症度分類がステージⅢ以上であって、生活機能障害度がⅡ度またはⅢ度のものに限る)をいう)、多系統萎縮症(線条体黒質変性症、オリーブ橋小脳萎縮症およびシャイ・ドレーガー症候群)、プリオン病、亜急性硬化性全脳炎、ライソゾーム病、副腎白質ジストロフィー、脊髄性筋萎縮症、球脊髄性筋萎縮症、慢性炎症性脱髄性多発神経炎、後天性免疫不全症候群、頸髄損傷および人工呼吸器を使用している状態。)

加算算定のポイント

算定項目		算定	改定後	改定前	格差	要件
特別地域定期巡回・随時対応型訪問介護看護加算		1月	+15%	+15%	±0	
中山間地域等における小規模事業所加算(訪問・通所系共通項目ページ参照)			+10%	+10%	±0	
中山間地域等に居住する者へのサービス提供加算(訪問・通所系共通項目ページ参照)			+5%	+5%	±0	
緊急時訪問看護加算			+315	+290	+25	イ(2)
特別管理加算	特別管理加算(Ⅰ)		+500	+500	±0	イ(2)
	特別管理加算(Ⅱ)		+250	+250	±0	

(4) 指定地域密着型サービス

算定項目			算定	改定後	改定前	格差	要件
ターミナルケア加算			1回	+2,000	+2,000	±0	イ(2)死亡日および死亡日前14日以内に2日以上ターミナルケアを行った場合。
ハ 初期加算			1日	+30	+30	±0	
ニ 退院時共同指導加算			1回	+600	+600	±0	一体型事業所であって訪問看護サービスが必要な者のみ。
ホ 総合マネジメント体制強化加算			1月	+1,000	+1,000	±0	
ヘ 生活機能向上連携加算	(1)生活機能向上連携加算(Ⅰ)			+100	−	新設	
	(2)生活機能向上連携加算(Ⅱ)			+200	−	新設	
ト サービス提供体制強化加算(全サービス共通事項ページ参照)	(1)サービス提供体制強化加算(Ⅰ)イ			+640	+640	±0	
	(2)サービス提供体制強化加算(Ⅰ)ロ			+500	+500	±0	
	(3)サービス提供体制強化加算(Ⅱ)			+350	+350	±0	
	(4)サービス提供体制強化加算(Ⅲ)			+350	+350	±0	

※ 特別地域加算、中山間地域等の小規模事業所加算、中山間地域等提供加算、緊急時訪問看護加算、特別管理加算、ターミナルケア加算、総合マネジメント体制強化加算、サービス提供体制強化加算は区分支給限度基準額管理対象外。

1. 特別地域定期巡回・随時対応型訪問介護看護加算など

離島、中山間地、過疎地などにおける「厚生労働大臣の定める地域」で事業を実施する事業者について、要件に該当すれば算定できる加算がある。

本体事業所が離島等以外に所在し、サテライト事業所が離島等に所在する場合、本体事業所を業務の本拠とする従業者による定期巡回・随時対応型訪問介護看護は加算対象外。

サテライト事業所を業務の本拠とする従業者による定期巡回・随時対応型訪問介護看護は加算の対象。

サテライト事業所のみが離島等に所在する場合は、サテライト事業所を本拠とする従業者を明確にするとともに、サテライト事業所から提供した具体的なサービスの内容等の記録を行い、管理する。

2. 緊急時訪問看護加算

利用者またはその家族等から電話等により看護に関する意見を求められた場合に、常時対応できる体制にあることを届け出た事業所が、利用者またはその家族等からの相談を24時間受け付ける体制を取り、かつ、計画的に訪問することになっていない緊急時訪問

を必要に応じて行う体制を取った場合に、利用者の同意を得て算定できる。
　同月に医療保険の24時間対応体制加算と併算定不可。

3. 特別管理加算（Ⅰ）（Ⅱ）
　訪問看護サービスに関し特別な管理を必要とする利用者（以下(1)または(2)）に対して、一体型指定定期巡回・随時対応型訪問介護看護事業所が、訪問看護サービスの実施に関する計画的な管理を行った場合に算定可。ただし、（Ⅰ）と（Ⅱ）は併算定不可。

(1)特別管理加算（Ⅰ）対象者
　　　医科診療報酬点数表の在宅悪性腫瘍患者指導管理、在宅気管切開患者指導管理を受けている状態、気管カニューレ、留置カテーテルを使用している状態。

(2)特別管理加算（Ⅱ）対象者
　①医科診療報酬点数表の在宅自己腹膜灌流指導管理、在宅血液透析指導管理、在宅酸素療法指導管理、在宅中心静脈栄養法指導管理、在宅成分栄養経管栄養法指導管理、在宅自己導尿指導管理、在宅持続陽圧呼吸療法指導管理、在宅自己疼痛管理指導管理、在宅肺高血圧症患者指導管理を受けている状態。
　②人工肛門または人工膀胱を設置している状態。
　③真皮を越える褥瘡の状態［NPUAP（National Pressure Ulcer of Advisory Panel）分類ステージⅢ度、Ⅳ度またはDESIGN®分類（日本褥瘡学会）D3、D4、D5に該当する状態］。算定の際は、定期的（週に1回以上）に褥瘡の状態の観察・アセスメント・評価（褥瘡の深さ、滲出液、大きさ、炎症・感染、肉芽組織、壊死組織、ポケット）を行い、褥瘡の発生部位および実施したケア（利用者の家族等に行う指導を含む）について訪問看護記録書に記録する。
　④点滴注射を週3日以上行う必要があると認められる状態。（主治医が点滴注射を週3日以上行うことが必要である旨の指示を訪問看護事業所に対して行った場合で、かつ、事業所の看護職員が週3日以上点滴注射を実施している状態）点滴注射が終了した場合その他必要が認められる場合に、主治医に対して速やかに状態報告するとともに、訪問看護記録書に点滴注射の実施内容を記録する。

4. ターミナルケア加算
(1)在宅で死亡した利用者に、厚生労働大臣が定める基準に適合しているとして届出た事業所が、その死亡日および死亡日前14日以内に2日以上ターミナルケアを行った場合（ターミナルケアを行った後、24時間以内に在宅以外で死亡した場合を含む）に算定。
(2)ターミナルケアを最後に行った日の属する月と、死亡月が異なる場合は、死亡月に算定。
(3)本加算を介護保険で請求した場合は、同月に訪問看護および看護小規模多機能型居宅介護を利用した場合の、各サービスにおけるターミナルケア加算ならびに同月に医療保険における訪問看護を利用した場合の訪問看護ターミナルケア療養費および訪問看

護・指導料における在宅ターミナルケア加算は併算定不可。
(4)「人生の最終段階における医療・ケアの決定プロセスに関するガイドライン」等の内容を踏まえ、利用者本人及び家族と話し合いを行い、利用者本人の意思決定を基本に、他の医療および介護関係者との連携の上対応する。
(5)ターミナルケアの実施には、他の医療および介護関係者と十分な連携を図るよう努める。

5. 初期加算
(1)新規利用者に対して、利用を開始した日から起算して30日以内の期間について算定。
(2)30日を超える病院または診療所への入院の後に定期巡回・随時対応型訪問介護看護の利用を再び開始した場合も、同様の取扱い。

6. 退院時共同指導加算
(1)病院、診療所または介護老人保健施設、介護医療院に入院(所)中の者が退院(所)するにあたり、一体型の定期巡回・随時対応型訪問介護看護事業所における保健師、看護師または理学療法士、作業療法士もしくは言語聴覚士が、退院時共同指導を行った後、退院(所)後に初回の訪問看護を行った場合に、退院(所)につき1回(特別な管理を必要とする利用者(前述参照)に対し複数日に退院時共同指導を行った場合には2回)に限り、算定できる。なお、加算算定月の前月に退院時共同指導を行っている場合も算定可。
(2)退院時共同指導を行い、退院した後の初回訪問看護実施日に算定。なお、加算算定月の前月に退院時共同指導を行っている場合も算定可。
(3)退院時共同指導加算を2回算定できる利用者((1)の特別な管理を必要とする利用者)に対しては、複数の訪問看護ステーション、定期巡回・随時対応型訪問介護看護事業所、看護小規模多機能型居宅介護事業所が退院時共同指導を行って、1回ずつ算定することも可能。
(4)退院時共同指導加算を介護保険で請求した場合は、同月に訪問看護および看護小規模多機能型居宅介護を利用した場合の各サービスにおける退院時共同指導加算ならびに同月に医療保険における訪問看護を利用した場合も併算定不可。((3)の場合を除く)
(5)複数の事業所等が退院時共同指導を行う場合は、主治の医師所属の医療機関、介護老人保健施設、介護医療院に対し、他の事業所等による退院時共同指導の実施の有無について確認する。

7. 総合マネジメント体制強化加算
定期巡回サービス、随時対応サービスおよび随時訪問サービス並びに訪問看護サービスを適宜適切に組み合わせて、利用者にとって必要なサービスを必要なタイミングで提供し、総合的に利用者の在宅生活の継続を支援するために、計画作成責任者、看護師、准看護師、介護職員その他の関係者が、日常的に共同して行う調整や情報共有等の取組みを評

価する加算。
(1) 算定には、定期巡回・随時対応型訪問介護看護計画について、利用者の心身の状況や家族を取り巻く環境の変化を踏まえ、計画作成責任者、看護師、准看護師、介護職員その他の関係者が共同し、随時適切に見直しを行っていることが必要。
(2) 地域に開かれたサービスとなるよう、地域との連携を図るとともに、地域の病院の退院支援部門、診療所、介護老人保健施設その他の関係施設に対し、事業所で提供することができる具体的なサービスの内容等について日常的に情報提供を行っていることが必要。

8. 生活機能向上連携加算（新設）

(1)「生活機能向上連携加算（Ⅱ）」は、①訪問リハビリテーション事業所、②通所リハビリテーション事業所、③リハビリテーションを実施している医療提供施設（診療報酬における疾患別リハビリテーション料の届出を行っている200床未満の医療機関等）の医師、理学療法士、作業療法士、言語聴覚士（以下「理学療法士等」）が、訪問リハビリテーションや通所リハビリテーション等の一環として当該利用者の居宅を訪問する際に計画作成責任者が同行したり、居宅訪問後に共同でカンファレンスを実施するなどによって、ADLやIADLの現状およびその改善可能性の評価（生活機能アセスメント）を共同して行い、かつ、生活機能の向上を目的とした定期巡回・随時対応型訪問介護看護計画を作成し、連携して当該計画に基づく定期巡回・随時対応型訪問介護看護を行ったときに算定可。

(2)「生活機能向上連携加算（Ⅰ）」は、理学療法士等が利用者宅を訪問せずにADLおよびIADLに関する利用者の状況について適切に把握したうえで計画作成責任者に助言を行い、それに基づいて計画作成責任者が定期巡回・随時対応型訪問介護看護計画を作成し、当該計画に基づく定期巡回・随時対応型訪問介護看護を行ったときに算定できる。理学療法士等は、通所リハビリテーション等のサービス提供の場において、またはICTを活用した動画等により利用者の状態を把握（ICTを活用した動画やテレビ電話を用いる場合は、理学療法士等がADLおよびIADLに関する利用者の状況について適切に把握することができるよう、理学療法士等と計画作成責任者で事前に方法等を調整する）した上で助言を行うことを定期的に行う。

(3)「生活機能向上連携加算（Ⅱ）」は計画に基づく初回の定期巡回・随時対応型訪問介護看護が行われた日の属する月以降3カ月間、算定可。その後は再度計画を見直し、加算（Ⅰ）を行えば再算定可。加算（Ⅰ）は計画作成の初回月に1回算定。なお、計画作成から3カ月経過後、手順および理学療法士等に目標達成度合いについて報告し、再度助言により計画を見直せば再算定可。

(4)「生活機能の向上を目的とした定期巡回・随時対応型訪問介護看護計画」とは、利用者の日常生活において介助等を必要とする行為について、単に訪問介護員等が介助等を行うのみならず、利用者本人が、日々の暮らしの中で当該行為を可能な限り自立して

(4) 指定地域密着型サービス

　　　行うことができるよう、能力および改善可能性に応じた具体的目標を定めたうえで、訪問介護員等が提供する内容を定めたもの。
(5) 定期巡回・随時対応型訪問介護看護計画には、生活機能アセスメントの結果のほか、以下のような他の日々の暮らしの中で必要な機能の向上に資する内容を記載する。
　①利用者が日々の暮らしの中で可能な限り自立して行おうとする行為の内容。
　②生活機能アセスメントの結果に基づき、①の内容について定めた3カ月を目途とする達成目標。
　③②の目標を達成するために経過的に達成すべき各月の目標。
　④②および③の目標を達成するために訪問介護員等が行う介助等の内容。
　　②および③の達成目標は、利用者の意向および利用者担当介護支援専門員の意見も踏まえ策定するとともに、利用者自身がその達成度合いを客観視でき、利用者の意欲の向上につながるよう、例えば目標に係る生活行為の回数や生活行為を行うために必要となる基本的な動作(立位または座位の保持等)の時間数といった数値を用いる等、可能な限り具体的かつ客観的な指標を用いて設定する。

ココに注目　減算等について

	算定項目			算定	改定後	改定前	格差
通所サービス利用時の調整	イ　定期巡回・随時対応型訪問介護看護費(Ⅰ)	(1)訪問看護サービスを行わない場合	要介護1	1日	−62	−62	±0
			要介護2		−111	−111	±0
			要介護3		−184	−184	±0
			要介護4		−233	−233	±0
			要介護5		−281	−281	±0
		(2)訪問看護サービスを行う場合	要介護1		−91	−91	±0
			要介護2		−141	−141	±0
			要介護3		−216	−216	±0
			要介護4		−266	−266	±0
			要介護5		−322	−322	±0
		准看護師の場合		1月	×98%	×98%	±0
	ロ　定期巡回・随時対応型訪問介護看護費(Ⅱ)		要介護1	1日	−62	−62	±0
			要介護2		−111	−111	±0
			要介護3		−184	−184	±0
			要介護4		−233	−233	±0
			要介護5		−281	−281	±0
事業所と同一建物利用者にサービスを行う場合	事業所と同一建物の利用者にサービスを行う場合			1月	−600	−600	±0
	事業所と同一建物の利用者50人以上にサービスを行う場合				−900	−	新設
日割計算の場合					÷30.4	÷30.4	±0

※ 同一建物等利用者減算は区分支給限度基準額管理対象外。事業者と建物の管理運営法人が別法人でも該当する。

(1) 通所介護等〔通所介護(地域密着型通所介護)、通所リハビリテーション、認知症対応型通所介護〕を受けている利用者に対して、サービスを行った場合は所定単位数から、当該月の通所系サービスの利用日数に上記単位数を乗じて減算。
(2) 月に1度でも准看護師が訪問看護サービスを提供した場合、所定単位数の98％で算定。
(3) 短期入所生活介護、短期入所療養介護、短期利用認知症対応型共同生活介護、短期利用特定施設入居者生活介護、地域密着型短期利用特定施設入居者生活介護、(看護)小規模多機能型居宅介護の短期入所サービス(短期入所系サービス)を利用した場合は、短期入所系サービスの利用日数に応じた日割り計算を行う。

   具体的には、当該月の日数から、当該月の短期入所系サービスの利用日数(退所日を除く)を減じて得た日数に、定期巡回・随時対応型訪問介護看護費(Ⅰ)または(Ⅱ)の日割り単価を乗じて得た単位数を、当該月の所定単位数とする。

コラム　留意事項通知など

1. オペレーターの基準

(1) オペレーターに関して夜間・早朝に限って認められていた「兼務」や「コールセンター活用」の取扱いが、日中(8時から18時)にも認められるように改められた。

　①利用者へのサービス提供に支障がないことを条件として、「随時訪問を行うヘルパー」もしくは「同一敷地内にある事業所(訪問介護・夜間対応型訪問介護以外)の職員」が、定期巡回型のオペレーターと兼務することが認められる。

　②市町村長が地域の実情を勘案して「適切」と認める範囲であること、随時対応サービスを行うために必要な情報が把握されているなど利用者の心身の状況に応じて必要な対応を行うことができる密接な連携が図られていることを条件に、コールセンターの設置・活用が認められる。

(2) 従前は、オペレーターの資格は、原則として看護師、介護福祉士等(医師、介護支援専門員等含む)とされていて、例外的に利用者の処遇に支障がない提供時間を通じて、看護師等または訪問看護を行う看護職員との連携を確保しているという条件を満たしていれば、「訪問介護のサービス提供責任者(サ責)として3年以上従事した者」であってもよいとされていた。2018年度改定では、この「サ責経験3年以上」という要件が、「1年以上」へと緩和された。

2. 地域へのサービス提供の推進

　一部の事業所において、利用者の全てが同一敷地内または隣接する敷地内に所在する建物に居住しているような実態があることを踏まえ、正当な理由がある場合を除き、地域の利用者に対しても、サービス提供を行わなければならないことが運営基準に明文化された。

(4) 指定地域密着型サービス

 プラスα　Q&Aなどから

(1) 利用者が、月途中で医療保険の適用となった場合または月途中から医療保険の給付の対象外となる場合および主治医の特別な指示があった場合、医療保険の適用期間は定期巡回・随時対応型訪問介護看護費（Ⅰ）の②（訪問看護サービスを行う場合）の算定はできず、①（訪問看護サービスを行わない場合）の算定となり、医師の指示の期間に応じた日割り計算を行う。

　　※介護保険最新情報vol. 454(27.4.1)　平成27年度介護報酬改定に関するQ&Aの送付について　Q159

(2) 利用者が1月を通じて入院し、自宅にいないような場合には、サービスを利用できるような状況にないため、算定不可。

　　※介護保険最新情報vol. 267(24.3.16)　平成24年度介護報酬改定に関するQ&Aについて　Q143

(3) 訪問看護事業所が、新たに定期巡回・随時対応型訪問介護看護事業所と連携して訪問看護を行う場合、都道府県に届出が受理された後（訪問看護事業所が届出の要件を満たしている場合に限る）に利用者が訪問看護の利用を開始した日から算定することが可能。

　　※介護保険最新情報vol. 284(24.4.25)　平成24年度介護報酬改定に関するQ&A(vol. 3)について　Q9

(4) 定期巡回・随時対応型訪問介護看護事業所と連携した場合の報酬を算定する場合、訪問看護で設定されている夜間または早朝、深夜に訪問看護を行う場合の加算、複数名訪問加算、1時間30分以上の訪問看護を行う場合の加算および看護体制強化加算は算定できない。

　　※介護保険最新情報vol. 629(30.3.23)　平成30年度介護報酬改定に関するQ&A(Vol. 1)　Q10

(5) 2018年度の改定で「地域包括ケア推進の観点から地域の要介護者にもサービス提供を行わなければならない」こととされているが、この規定の趣旨は、地域包括ケア推進の観点から地域の要介護者にもサービス提供を行わなければならないことを定めたものであり、地域の介護支援専門員や住民に対して、同一建物の居住者以外の要介護者も利用可能であることを十分に周知した上でも、なお、地域の要介護者からの利用申込みがない場合には、本規定に違反するものではない。

　　※介護保険最新情報vol. 629(30.3.23)　平成30年度介護報酬改定に関するQ&A(Vol. 1)　Q119

2 夜間対応型訪問介護

改正点のポイント

- 基本報酬が引上げられた。
- 同一建物等利用者減算方式が見直しされた(訪問・通所系サービス共通項目ページ参照)。
- オペレーター配置基準などの見直しがあった。

報酬早見表

算定項目		算定	改定後	改定前	格差
イ 夜間対応型訪問介護費(Ⅰ)	基本夜間対応型訪問介護費	1月	1,009	981	28
	定期巡回サービス費	1回	378	368	10
	随時訪問サービス費(Ⅰ)		576	560	16
	随時訪問サービス費(Ⅱ)		775	754	21
ロ 夜間対応型訪問介護費(Ⅱ)		1月	2,742	2,667	75

(1)夜間対応型訪問介護事業は、次の3つのサービスによって構成される。
　①定期巡回サービス
　　定期的に、利用者の居宅を訪問介護員等(介護福祉士または介護職員初任者研修課程を修了した者)が巡回して行うサービス。
　②オペレーションセンターサービス
　　あらかじめ利用者の心身の状況、その置かれている環境等を把握した上で、随時、利用者からの通報を受け、通報内容等をもとに訪問介護員等(介護福祉士または介護職員初任者研修課程を修了した者)の訪問の要否等を判断するサービス。
　③随時訪問サービス
　　オペレーションセンター等からの随時の連絡に対応して行うサービス。
(2)夜間対応型訪問介護事業所は、通常の事業の実施地域内に1か所以上、「オペレーションセンター」(オペレーションセンターサービスを行うためのオペレーターを配置している事務所)を設置しなければならない。ただし、定期巡回サービスを行う訪問介護員等が利用者から通報を受けることにより適切にオペレーションセンターサービスを実施することが可能であると認められる場合は、オペレーションセンターを設置しなくてもよい。
　　この「オペレーションセンターを設置しなくてもよい場合」とは、解釈通知には、「具体的には、利用者の人数が少なく、かつ、夜間対応型訪問介護事業所と利用者の間に

(4) 指定地域密着型サービス

密接な関係が築かれていることにより、定期巡回サービスを行う訪問介護員等が利用者から通報を受けた場合であっても、十分な対応を行うことが可能であることを想定している」と説示されている。

(3) 夜間対応型訪問介護事業所は、利用者が援助を必要とする状態となったときに適切にオペレーションセンターに通報できるよう、利用者に対し、通信のための端末機器を配布しなければならない。ただし、利用者が適切にオペレーションセンターに随時の通報を行うことができる場合は、この限りでない。

(4) 介護報酬の算定には、上掲の「イ　夜間対応型訪問介護費（Ⅰ）」または「ロ　夜間対応型訪問介護費（Ⅱ）」のいずれかを選択して算定可。ただし、オペレーションセンターを設置しない事業所は、「ロ　夜間対応型訪問介護費（Ⅱ）」しか選択できない。

(5) 「イ　夜間対応型訪問介護費（Ⅰ）」について

オペレーションセンターサービスに相当する部分を1か月当たり定額の「基本夜間対応型訪問介護費」として算定し、加えて、定期巡回サービスを「定期巡回サービス費」として、随時訪問サービスを「随時訪問サービス費」として、それぞれ出来高で算定可。

「基本夜間対応型訪問介護費」は、定期巡回サービスまたは随時訪問サービスの利用の有無を問わず、すべての夜間対応型訪問介護利用者に算定可。

定期巡回サービス費および随時訪問サービス費は、サービス提供の時間帯、1回あたりの時間の長短、具体的なサービスの内容等にかかわらず、1回の訪問ごとに所定の単位数を算定可。

随時訪問サービス費（Ⅰ）は、訪問介護員1名が訪問してサービス提供した場合に算定する。随時訪問サービス費（Ⅱ）は、訪問介護員が複数名で訪問してサービス提供した場合に算定可。ただし、以下のいずれかに該当して複数名でのサービスが必要だと判断され、利用者の家族等の同意を得て実施したものでなくてはならない。

① 利用者の身体的理由により1人の訪問介護員等による介護が困難と認められる場合。
　　（体重が重い利用者に排泄介助等の重介護を内容とする訪問介護を提供する場合等）
② 暴力行為、著しい迷惑行為、器物破損行為等が認められる場合。
③ 長期間にわたり定期巡回サービスまたは随時訪問サービスを提供していない利用者からの通報を受けて、随時訪問サービスを行う場合。
　　（一つの目安としては1カ月以上定期巡回サービスまたは随時訪問サービスを提供していない者）
④ その他利用者の状況等から判断して、①〜③までのいずれかに準ずると認められる場合。
　　※単に安全確保のために2人の訪問介護員等によるサービス提供を行った場合は、利用者側の希望により利用者や家族の同意を得て行った場合を除き、随時訪問サービス費（Ⅱ）は算定不可。

(6) 「ロ　夜間対応型訪問介護費（Ⅱ）」は、定期巡回サービス、オペレーションセンターサービス、随時訪問サービスをすべて包括して、1カ月当たり定額で算定する。

(7) 利用者は同一時間帯に1つの訪問サービスを利用することが原則である。ただし、夜間対応型訪問介護と訪問看護の組み合わせにおいては、利用者の心身の状況や介護の内容に鑑みて、同一時間帯に提供する必要があると認められる場合に限り、同一時間帯に実施し、それぞれのサービスについてそれぞれの所定単位数を算定できる。

加算算定のポイント

算定項目			算定	改定後	改定前	格差	要件
24時間通報対応加算			1月	+610	+610	±0	イ
ハ サービス提供体制強化加算	(1)サービス提供体制強化加算(Ⅰ)	イ	1回	+18	+18	±0	
	(2)サービス提供体制強化加算(Ⅰ)	ロ		+12	+12	±0	
	(3)サービス提供体制強化加算(Ⅱ)	イ	1月	+126	+126	±0	
	(4)サービス提供体制強化加算(Ⅲ)	ロ		+84	+84	±0	

※ サービス提供体制強化加算は区分支給限度基準額管理対象外。

1. 24時間通報対応加算

(1) 日中のオペレーションセンターサービスの利用

夜間対応型訪問介護の利用者のうち、日中もオペレーションセンターサービスの利用を望む者に対して、オペレーションセンターサービスを日中に実施した場合に算定可。

(2) 施設基準

①日中にオペレーションセンターサービスを行うために必要な人員を確保。
②通報を受け、緊急の対応が必要と認められる場合に連携する訪問介護事業所に速やかに連絡する体制を確保し、必要に応じて訪問介護を実施。
③日中における居宅サービスの利用状況等を把握。
④通報日時、通報内容、具体的対応の内容を記録。

(3) 算定要件

①オペレーションセンターサービスを日中(午前8時から午後6時までの時間帯を含む)営業時間以外の時間に行う場合に算定。
②日中もオペレーションセンターサービスの利用を希望する者について算定。
③オペレーターが利用者からの通報を受け、「訪問が必要である」と判断した場合は、連携先の訪問介護事業所に情報提供を行い、当該訪問介護事業所から「緊急時訪問介護」を行うことになる。したがって、あらかじめ利用者と当該訪問介護事業所との間で、サービスの利用に係る契約を締結しておく必要がある。連携体制をとっている訪問介護事業所が複数におよぶときは、すべての事業所と契約締結しておく必要がある。
④緊急の訪問が必要と判断される場合に、対応が可能となるように、訪問介護事業所の具体的な対応体制について定期的に把握しておく必要がある。この場合の訪問介護事業所は、複数でも、同一法人が経営する事業所でも差し支えない。
⑤対象利用者には、夜間の同居家族等の状況の把握に加え、日中の同居家族等の状況お

(4) 指定地域密着型サービス

および在宅サービスの利用状況等を把握しておく必要がある。
⑥オペレーションセンターは、利用者からの通報について、対応日時、通報内容、具体的対応について記録する。

ココに注目　減算等について

算定項目		算　定	改定後	改定前	格　差
事業所と同一建物の利用者またはこれ以外の同一建物の利用者20人以上にサービスを行う場合	事業所と同一建物の利用者またはこれ以外の同一建物の利用者20人以上にサービスを行う場合	1回	×90%	×90%	±0
	事業所と同一建物の利用者50人以上にサービスを行う場合		×85%	—	新設

※　同一建物等利用者減算は区分支給限度基準額管理対象外。事業者と建物の管理運営法人が別法人でも該当する。

コラム　留意事項等について

(1) 対象者は、独居高齢者または高齢者のみ世帯や中重度者が中心となるが、中重度者に限定されるものではない。(ただし、要支援者は対象外)

(2) オペレーションサービスの業務は、①利用者からの通報を受けて訪問の要否等を判断する、②利用者宅の訪問等によって、利用者の心身の状況や置かれている環境等のアセスメントを行いつつ、利用者や家族からの相談を受け付け、助言する、③夜間対応型訪問介護計画の作成・変更、計画内容の説明からなる。

(3) オペレーターは、看護師、介護福祉士その他厚生労働大臣が定める者をもって充てなければならない。ただし、利用者の処遇に支障がない場合であって、夜間対応型訪問介護を提供する時間帯を通じて、これらの者との連携を確保しているときは、1年以上(特に業務に従事した経験が必要な者として厚生労働大臣が定めるものにあっては、3年以上)サービス提供責任者の業務に従事した経験を有する者をもって充てることができる。

　なお、オペレーターに係る訪問介護のサービス提供責任者の「3年以上」の経験について、「1年以上」に変更された。ただし、初任者研修課程修了者および旧2級課程修了者のサービス提供責任者については、引き続き「3年以上」の経験が必要。

(4) 定期巡回サービスや随時訪問サービスは、訪問介護員等(介護福祉士または訪問介護員(介護職員初任者研修課程を修了した者))が実施することとされているが、看護師等の資格を有している者が従事することも認められている。ただし、看護師資格を有する者を「訪問介護員等」として雇用する場合は、保健師助産師看護師法に規定されている診療の補助および療養上の世話の業務(たん吸引等の特定行為業務を除く)を行うものではないことに留意が必要。

(5) 定期巡回サービスについて、最低限必要となる訪問介護員等の人員要件の定めはないが、各事業所において、交通事情、訪問頻度等を勘案し、利用者に適切に定期巡回サービスを提供するために必要な数の職員を確保しなければならない。

(6) 定期巡回サービスの提供回数にかかる要件の定めはない。これは、「事業者と利用者との間で取り決められるべきものである」とされている。

(7) 利用者に配布する端末機器(ケアコール端末)は、利用者が援助を必要とする状態となったときにボタンを押すなどにより、簡単にオペレーターに通報できるものでなければならない。ただし、利用者の心身の状況によって、一般の家庭用電話や携帯電話でも随時の通報を適切に行うことが可能と認められる場合は、利用者に対し携帯電話等を配布すること、またはケアコール端末を配布せず、利用者所有の家庭用電話や携帯電話により随時の通報を行わせることも差し支えない。(利用者が端末機器を持たず、定期巡回サービスのみを利用しているのであれば、「夜間対応型訪問介護」ではなく、「訪問介護」を利用していることとなる)

(8) 利用者に配布するケアコール端末等は、オペレーターに対する発信機能のみならず、オペレーターからの通報を受信する機能を有するものや、テレビ電話等の利用者とオペレーターが画面上でお互いの状況を確認し合いながら対話できるもの等を活用し、利用者が安心して在宅生活を送ることに資するものであることが望ましい。

(9) オペレーションセンターとヘルパーステーションは同一の場所に設置されることが望ましいが、両者の連携が確保され、業務に支障がない場合は、事業の実施地域内であれば別々の場所に設置しても差し支えない。また、隣接する複数の市町村で1つの事業所がそれぞれの市町村から指定を受ける場合、オペレーションセンターは所在地の市町村に、ヘルパーステーションは他の市町村に設置されることが考えられるが、こうした形態で事業を実施することは差し支えない。

(10) 同一の利用者に対して、「夜間対応型訪問介護」と、通常の「訪問看護」をあわせて提供することの可否に関しては、「夜間対応型訪問介護費(Ⅰ)」を算定する事業所については、定期巡回サービスと随時訪問が出来高算定であることから、ともに行うことが可能である。しかし、「夜間対応型訪問介護費(Ⅱ)」については、定期巡回サービスを含めて1月当たりの包括報酬であることから、併算定は不可。(当該夜間対応型訪問介護事業所の営業日および営業時間に他の訪問介護事業所のサービスを利用していた場合は、当該他の訪問介護事業所における訪問介護費を算定することはできない)

(11) 月途中からの利用開始や月途中で利用を終了した場合、「夜間対応型訪問介護費(Ⅰ)」には、基本夜間対応型訪問介護費に係る所定単位数を日割り計算して得た単位数を算定する。「夜間対応型訪問介護費(Ⅱ)」は、所定単位数を日割り計算して得た単位数を算定する。

(12) 夜間対応型訪問介護事業者は、事業所ごとに各事業所の訪問介護員等によって定期巡回サービスおよび随時訪問サービスを提供しなければならない。ただし、随時訪問サービスについては、夜間対応型訪問介護事業所の効果的な運営が期待でき、かつ、

(4) 指定地域密着型サービス

利用者の処遇に支障がないという条件のもとで、他の訪問介護事業所の訪問介護員等に行わせることができる。具体的には、「利用者が昼間に利用している訪問介護事業所の訪問介護員等に行わせる場合」などが想定される。この場合、オペレーションセンターサービスを行っている夜間対応型訪問介護事業所が、随時訪問サービスの出来高部分も含めて介護報酬を請求し、その介護報酬の中から他の訪問介護事業所に随時訪問サービスについての委託料を支払うことになる。

 プラスα　Q&Aなどから

(1) 夜間対応型訪問介護費(Ⅱ)は定期巡回、オペレーションセンターサービス、随時訪問を包括した1か月当たり定額で算定するものだが、仮に電話対応や随時訪問が一度もなかった月でも報酬を算定することは可能である。(利用者に対してケアコール端末を配布し、利用者から通報を受けることができる体制をとっていることから、夜間対応型訪問介護のうちの「オペレーションセンターサービス」を行っているとみなされる)

(2) 夜間対応型訪問介護費(Ⅰ)における「随時訪問サービス」を一晩に複数回行った場合は、その回数分の随時訪問サービス費を算定することが可能である。(随時訪問サービス費は、サービス提供の時間帯、1回当たりの時間の長短、具体的なサービス内容等にかかわらず、1回の訪問ごとに算定するものである)なお、訪問介護のように、訪問と訪問の間で空けなくてはならない「間隔」はない。(訪問介護では「概ね2時間以上」の間隔を空けなければならないものとされている)

※19.2.19全国介護保険・高齢者保健福祉担当課長会議資料介護老人福祉施設及び地域密着型サービスに関するQ&A　Q5, 9

3-イ　地域密着型通所介護
イ　小規模型通所介護

 改正点のポイント

- 基本報酬のサービス提供時間区分が2時間ごとから1時間ごとに見直しされた。見直しにより3時間以上4時間未満が引下げ、4時間以上5時間未満据置、5時間以上6時間未満据置、6時間以上7時間未満引上げ、7時間以上8時間未満据置、8時間以上9時間未満引上げとなった。
- 生活機能向上連携加算(200単位/月、個別機能訓練加算を算定している場合100単位/月)が新設された。(全サービス共通事項ページ参照)
- 自立支援・重度化防止の観点から、一定期間内に当該事業所を利用した者のうち、ADL(日常生活動作)の維持または改善の度合いが、一定の水準を超えた場合を評価する心身機能に係るアウトカム評価(ADL維持等加算(Ⅰ)3単位/月、ADL維持等加算(Ⅱ)6単位/月)が新設された。
- 介護職員等でも実施可能な栄養スクリーニングを行い、介護支援専門員に栄養状態に係る情報を文書で共有した場合を評価する栄養スクリーニング加算(5単位/回・6カ月に1回限度)が新設された。
- 栄養改善加算の管理栄養士の配置基準が見直しされ、外部との連携により管理栄養士を配置していることでも算定可能となった。
- 通所介護事業所と訪問介護事業所が併設されている場合に、利用者へのサービス提供に支障がない場合は、
  ①基準上両方のサービスに規定がある事務室については、共用が可能。
  ②基準上規定がない玄関、廊下、階段、送迎車両などの設備についても、共用が可能であることが通知改定により明確化された。
- 機能訓練指導員に理学療法士等を配置した事業所で6カ月以上勤務し、機能訓練指導に従事した経験を有する「はり師、きゅう師」が追加された。
- 共生型通所介護については、障害福祉制度の生活介護、自立訓練、児童発達支援、放課後等デイサービスの指定事業所であれば、基本的に共生型通所介護の指定を受けられるものとして、基準が設定された。併せて生活相談員配置時加算が新設された。
- 運営推進会議の開催方法が緩和された。(地域密着型サービス共通項目ページ参照)

(4) 指定地域密着型サービス

報酬早見表

1日につき

	算定項目		改定後	改定前	格差
イ 地域密着型通所介護	(1)3時間以上4時間未満	要介護1	407	426	−19
		要介護2	466	488	−22
		要介護3	527	552	−25
		要介護4	586	614	−28
		要介護5	647	678	−31
	(2)4時間以上5時間未満	要介護1	426	426	±0
		要介護2	488	488	±0
		要介護3	552	552	±0
		要介護4	614	614	±0
		要介護5	678	678	±0
	(3)5時間以上6時間未満	要介護1	641	641	±0
		要介護2	757	757	±0
		要介護3	874	874	±0
		要介護4	990	990	±0
		要介護5	1,107	1,107	±0
	(4)6時間以上7時間未満	要介護1	662	641	21
		要介護2	782	757	25
		要介護3	903	874	29
		要介護4	1,023	990	33
		要介護5	1,144	1,107	37
	(5)7時間以上8時間未満	要介護1	735	735	±0
		要介護2	868	868	±0
		要介護3	1,006	1,006	±0
		要介護4	1,144	1,144	±0
		要介護5	1,281	1,281	±0
	(6)8時間以上9時間未満	要介護1	764	735	29
		要介護2	903	868	35
		要介護3	1,046	1,006	40
		要介護4	1,190	1,144	46
		要介護5	1,332	1,281	51

※ 同一時間のサービス提供を行った場合、改定前に計算された単位で対比。

例
・7時間30分のサービス提供の場合
　改定前は7時間以上9時間未満の単位　　改定後は7時間以上8時間未満の単位
・8時間30分のサービス提供の場合
　改定前は7時間以上9時間未満の単位　　改定後は8時間以上9時間未満の単位

1. 所要時間による区分

現に要した時間ではなく、地域密着型通所介護計画に位置付けられた内容の通所介護を行うための標準的な時間。送迎に要する時間は、送迎時の居宅内介護(30分以内)を除き含まれない。

2. 所要時間の留意点

当初の通所介護計画に位置付けられた時間よりも大きく短縮した場合は、当初の通所介護計画を変更し、再作成されるべきであり、変更後の所要時間に応じた所定単位数を算定。

3. 送迎時における居宅内介助等

送迎時に実施した居宅内介助等(電気の消灯・点灯、着替え、ベッドへの移乗、窓の施錠等)は、次のいずれの要件も満たす場合、1日30分以内を限度として、地域密着型通所介護を行うのに要する時間に含めることができる。

(1) 居宅サービス計画および個別サービス計画に位置づけた上で実施する場合。
(2) 居宅内介助等を行う者が、介護福祉士、実務者研修修了者、旧介護職員基礎研修課程修了者、旧ホームヘルパー1級研修課程修了者、介護職員初任者研修修了者(旧ホームヘルパー2級研修課程修了者含む)、看護職員、機能訓練指導員、事業所における勤続年数と同一法人経営の他の介護事業所、医療機関、社会福祉施設等においてサービスを利用者に直接提供する職員としての勤続年数合計3年以上の介護職員である場合。

加算算定のポイント

算定項目		算定	改定後	改定前	格差	要件
8時間以上9時間未満の通所介護の前後に日常生活上の世話を行う場合	9時間以上10時間未満	1日	+50	+50	±0	
	10時間以上11時間未満		+100	+100	±0	
	11時間以上12時間未満		+150	+150	±0	
	12時間以上13時間未満		+200	+200	±0	
	13時間以上14時間未満		+250	+250	±0	
生活相談員配置等加算			+13	−	新設	
中山間地域等に居住する者へのサービス提供加算			+5%	+5%	±0	
入浴介助を行った場合			+50	+50	±0	
中重度者ケア体制加算			+45	+45	±0	
生活機能向上連携加算	個別機能訓練加算を算定していない場合	1月	+200	−	新設	
	個別機能訓練加算を算定している場合		+100	−	新設	
ADL維持等加算	ADL維持等加算(Ⅰ)		+3	−	新設	
	ADL維持等加算(Ⅱ)		+6	−	新設	

(4) 指定地域密着型サービス

算定項目		算定	改定後	改定前	格差	要件
個別機能訓練加算	個別機能訓練加算(Ⅰ)	1日	+46	+46	±0	
	個別機能訓練加算(Ⅱ)		+56	+56	±0	
若年性認知症利用者受入加算			+60	+60	±0	
認知症加算			+60	+60	±0	
栄養改善加算		1回	+150	+150	±0	月2回限度
口腔機能向上加算			+150	+150	±0	月2回限度
栄養スクリーニング加算			+5	—	新設	6月に1回限度
ヘ サービス提供体制強化加算(全サービス共通事項ページ参照)	(1)サービス提供体制強化加算(Ⅰ)イ		+18	+18	±0	
	(2)サービス提供体制強化加算(Ⅰ)ロ		+12	+12	±0	
	(3)サービス提供体制強化加算(Ⅱ)		+6	+6	±0	
	(4)サービス提供体制強化加算(Ⅲ)		+6	+6	±0	

※ 中山間地域等提供加算、サービス提供体制強化加算は区分支給限度基準額管理対象外。

1. 延長加算

8時間以上9時間未満の地域密着型通所介護の前後に連続して延長サービスを行う場合に5時間を限度に算定。お泊まりサービス該当者は対象外。

2. 若年性認知症利用者受入加算

(1) 受け入れた若年性認知症利用者ごとに個別に担当者を定め、その者を中心に、利用者の特性やニーズに応じたサービス提供を行う場合に算定可。

(2) 若年性認知症の判断は、精神科医師もしくは神経内科医師または認知症に対するリハビリテーションに関する専門的研修修了医師の判定結果を徴するか、「要介護認定等の実施について」の主治医意見書によることが望ましい。

(3) 65歳の誕生日の前々日まで算定可。

3. 認知症加算

(1) 指定基準に規定する介護職員または看護職員の員数に加え、介護職員または看護職員を常勤換算方法で2以上確保。(延長加算の職員勤務時間数は除外。小数点第2位以下切り捨て)

(2) 前年度(3カ月除く)または算定月前3カ月間の利用者の総数(利用者実人数または利用延人員数)のうち、認知症高齢者の日常生活自立度Ⅲ以上の利用者の占める割合が20%以上。

(3) 通所介護を行う時間帯を通じて、専ら通所介護の提供に当たる認知症介護指導者養成研修、認知症介護実践リーダー研修、認知症介護実践者研修等修了者を1名以上配置。

(4) 認知症高齢者の日常生活自立度Ⅲ以上利用者のみ算定対象。若年性認知症利用者受入加算と併算定不可。中重度ケア体制加算と併算定可。

(5) 認知症の症状の緩和に資するケアを計画的に実施するプログラムを作成する。

(6)届出後は直近3カ月間などの割合を継続し、その結果を記録する。

4. 中重度者ケア体制加算
(1)指定基準に規定する介護職員または看護職員の員数に加え、介護職員または看護職員を常勤換算方法で2以上確保。(延長加算の職員勤務時間数は除外。小数点第2位以下切り捨て)
(2)前年度(3月除く)または算定月前3カ月間の利用者の総数(利用者実人数または利用延人員数)のうち、要介護3以上利用者割合が30％以上。
(3)通所介護を行う時間帯を通じて、専ら通所介護の提供に当たる看護職員を1以上配置。
(4)利用者全員が算定可。認知症加算と併算定可。
(5)社会性の維持を図り在宅生活の継続に資するケアを計画的に実施するプログラムを作成する。
(6)届出後は直近3カ月間などの割合を継続しその結果を記録する。

5. 生活機能向上連携加算(Ⅰ)(Ⅱ)(新設)
(1)訪問リハビリテーションもしくは通所リハビリテーションを実施している事業所またはリハビリテーションを実施している医療提供施設(診療報酬の疾患別リハビリテーション料の届出を行っている200床未満の医療機関等)の理学療法士、作業療法士、言語聴覚士、医師(外部の理学療法士等)が、地域密着型通所介護事業所を訪問し、地域密着型通所介護事業所の機能訓練指導員、看護職員、介護職員、生活相談員その他の職種の者と共同でアセスメントを行い、個別機能訓練計画を作成したうえで、当該個別機能訓練計画に基づき、利用者の身体機能または生活機能向上を目的とする機能訓練の項目を準備し、機能訓練指導員等が利用者の心身の状況に応じた機能訓練を適切に提供した場合に算定可。
(2)機能訓練指導員等が外部の理学療法士等と連携し、個別機能訓練計画の進捗状況等を3カ月ごとに1回以上評価し、利用者またはその家族に対して機能訓練の内容と個別機能訓練計画の進捗状況等を説明し、必要に応じて訓練内容の見直し等を行う。

6. ADL維持等加算(Ⅰ)(Ⅱ)(新設)
(1)算定期間
　以下の要件を満たす事業所の利用者全員に、評価期間(前々年度の1月から12月までの1年間)終了後の4月から3月までの1年間算定可。
(2)算定要件
　評価期間に連続して6カ月以上利用(毎月1回以上利用)した期間(複数ある場合には最初の月が最も早いもの)(以下、評価対象利用期間)のある、以下の要介護者の集団について、①～⑤をすべて満たす。
　①利用者総数が20人以上。(5時間以上の通所介護費の算定回数が、5時間未満の通所

(4) 指定地域密着型サービス

介護費の算定回数を上回る者に限る)
②利用者総数のうち、評価対象利用期間の最初の月において要介護度が3、4、5の利用者が15%以上。
③利用者総数のうち、評価対象利用期間の最初の月の時点で、初回の要介護・要支援(初回の要支援認定後、評価対象利用開始月までの間に要介護認定を受ける場合)認定月から起算して12月以内の者が15%以下。
④利用者総数のうち、評価対象利用期間の最初の月と、最初の月から起算して6カ月目に、事業所の機能訓練指導員がBarthel Index(※1)を用いてADLを測定しており、その結果がそれぞれの月(初回月と6カ月目の月)に提出されている者が90%以上。
⑤④の要件を満たす者のうちADL利得(※2)が上位85%(端数切り上げ)の者について、各々のADL利得が0より大きければ「1」、0より小さければ「-1」、0ならば「0」として合計したものが、「0以上」。
(※1 ADLの評価にあたり、食事、車椅子からベッドへの移動、整容、トイレ動作、入浴、歩行、階段昇降、着替え、排便コントロール、排尿コントロールの計10項目を5点刻みで点数化し、その合計点を100点満点として評価する手法。)
(※2 最初の月のBarthel Indexを用いたADL評価を「事前ADL」、6カ月目のBarthel Indexを用いたADL評価を「事後ADL」、事後ADLから事前ADLを控除したものを「ADL利得」という。)

上記の要件などを満たした事業所において、評価期間の終了後もADL値(Barthel Index)を測定、厚生労働省へ報告(介護給付費明細書に記入。ADLを測定した最初の月と6カ月目に例えば「75」を記入する)した場合に算定できる。((Ⅰ)(Ⅱ)は各月でいずれか一方のみ算定可)

(事例)バーセルインデックス(Barthel Index)によるADL評価項目			
(評価日　年　月　日)(初回)(2回目)(評価者・機能訓練指導員　　　　　　)			
( )内は判定基準の解釈			
項目	点数	内容(判定)	得点
1 食事	10	自立、自助具などの装着可、標準的時間内に食べ終える(適当な時間内で自己にて食べ物をとって食べることが可能。自助具を用いる場合は自己にて装着可能)	
	5	部分介助(たとえば、おかずを切って細かくしてもらう)	
	0	全介助	
2 車椅子からベッドへの移動	15	以下の動作が全て自己にて可能(車椅子で安全にベッドに近づく、ブレーキをかける、フットレストを上げる、ベッドに安全に移動する、横になる、起き上がりベッドに腰かける、必要であれば車椅子の位置を変える、車椅子に移動する)	
	10	軽度の部分介助または監視を要する(上記の動作のいずれかにわずかな介助が必要)	

2 車椅子からベッドへの移動	5	座ることは可能であるがほぼ全介助(一人で起き上がり腰かけることは可能であるが、移動にはかなりの介助が必要)
	0	全介助または不可能
3 整容	5	手洗い、洗顔、整容、歯磨き、髭剃り(道具の準備も含む)、化粧が可能
	0	部分介助または不可能
4 トイレ動作	10	自立(トイレへの出入り、衣服の着脱、トイレットペーパーの使用が自己にて可能。必要であれば手すりを利用しても良い。ポータブルトイレや尿器を使用する場合は、その洗浄などもできる)
	5	部分介助、体を支える、衣服、後始末に介助を要する(バランスが悪いために介助が必要。衣服の着脱やトイレットペーパーの使用に介助が必要)
	0	全介助または不可能
5 入浴	5	自立(浴槽に入る、シャワーを使う、体を洗うといった動作が自己にて可能)
	0	部分介助または不可能
6 歩行	15	監視や介助なしで45m以上歩ける。義肢・装具や杖・松葉杖・歩行器(車輪付きは除く)を使用しても良いが、装具使用の場合は継手のロック操作が可能
	10	監視やわずかな介助があれば45m以上歩ける
	5	歩けないが車椅子駆動は自立し、角を曲がること、方向転換、テーブル・ベッド・トイレなどへ移動ができ、45m以上操作可能
	0	全介助
7 階段昇降	10	監視や介助なしで安全に昇段・降段ができる。手すり、松葉杖や杖を利用しても良い
	5	介助または監視を要する
	0	全介助や不能
8 着替え	10	全ての衣類や靴の着脱、さらに装具やコルセットを使用している場合はその着脱も行うことができる
	5	上記について介助を要するが、作業の半分以上は自分で行え、適当な時間内に終わることができる
	0	失禁状態
9 排便コントロール	10	失禁がなく排便コントロールが可能。脊髄損傷者などは坐薬や浣腸を使っても良い
	5	坐薬や浣腸の使用に介助が必要、または時に失禁がある
	0	上記以外

10 排尿コントロール	10	失禁がなく排尿コントロールが可能。脊髄損傷者などは収尿器の着脱や清掃管理ができていること	
	5	時に失禁がある。尿器を持ってきてもらうまで、またはトイレに行くまで間に合わない。収尿器の着脱や管理に介助が必要	
	0	全介助	
合計得点			〇〇/100

(3)届出と算定期間

①2018年度の算定要件

2018年度は、2017年1月から12月までの評価対象期間に、基準を満たすことを示す書類を保存している事業所で届出すれば算定可。

②2019年度以降に加算を算定する要件

加算要件を満たす事業所が、2019年度以降に加算算定を希望する場合は、加算を算定しようとする年度の初日の属する年の前年の12月15日までに、「介護給付費算定に係る体制等状況一覧表」の「ADL維持等加算(申出)の有無」の届出(届出を行った翌年度以降に再度算定を希望する場合は、「ADL維持等加算(申出)の有無」の届出は不要であり、届出を行った翌年度以降に算定を希望しなくなった場合は、「ADL維持等加算(申出)の有無」を「なし」として届出ることが必要となる。)を行うとともに、加算を算定しようとする年度の初日の属する年の3月15日までに、「介護給付費算定に係る体制等状況一覧表」の「ADL維持等加算」ならびに「ADL維持等加算に係る届出書」の1から4までおよび5(3)から5(5)までの届出が必要。

7. 栄養改善加算(管理栄養士の配置要件が緩和)

(1)低栄養状態にある利用者またはそのおそれのある利用者に低栄養状態の改善等を目的として、個別的に実施される栄養食事相談等の栄養管理で、利用者の心身の状態の維持または向上に資すると認められるもの(栄養改善サービス)を行った場合、3カ月以内に限り1カ月に2回を限度として1回につき算定可。管理栄養士による居宅療養管理指導と併算定不可。

(2)栄養改善サービスの開始から3カ月ごとの利用者の栄養状態の評価の結果、低栄養状態が改善せず、栄養改善サービスを引き続き行うことが必要と認められる場合は引き続き算定可。

(3)当該事業所の職員として、または外部(他の介護事業所、医療機関、栄養ケア・ステーション(公益社団法人日本栄養士会または都道府県栄養士会が設置・運営する「栄養士会栄養ケア・ステーション」に限る))との連携により管理栄養士を1名以上配置している。

(4)算定要件など留意点

①栄養改善サービスの提供は、利用者ごとに行われるケアマネジメントの一環として行

われることに留意する。
　②サービス利用開始時に、利用者の低栄養状態のリスクを把握する。
　③管理栄養士を中心に、担当する介護スタッフや看護職員らが共同で、利用者の摂食・嚥下機能および食形態に配慮しながら、栄養改善に向けて解決すべき課題と取り組むべき項目を記載した栄養ケア計画を作成する。計画内容は利用者またはその家族に説明し、同意を得る。
　　　なお、地域密着型通所介護計画の中に栄養ケア計画に相当する内容を記載する場合、その記載を以て栄養ケア計画の作成に代えることができる。
　④管理栄養士は、栄養ケア計画に基づいた栄養改善サービスを利用者ごとに提供する。実施経過中に問題があれば直ちに栄養ケア計画を修正する。
　⑤定期的に利用者の生活機能の状況を検討し、およそ3カ月ごとに行う体重測定等により利用者の栄養状態の評価を行い、その結果を利用者の担当である介護支援専門員や主治医に情報提供する。
　⑥サービス提供記録において、栄養ケア計画に従い管理栄養士が利用者の栄養状態を定期的に記録する場合、この記録とは別に栄養改善加算を算定するために利用者の栄養状態を定期的に記録する必要はない。
(5)算定対象者は、次の①から⑤のいずれかに該当する者。
　①BMIが18.5未満の者。
　②1～6カ月間で3％以上の体重の減少が認められる者または6カ月間で2～3kg以上の体重減少があった者。
　③血清アルブミン値が3.5g/dl以下の者。
　④食事摂取量が不良（75％以下）の者。
　⑤その他低栄養状態にあるまたはそのおそれがあると認められる者。

8. 栄養スクリーニング加算（新設）

(1)利用者に対し、利用開始時および利用中6カ月ごとに栄養状態について確認を行い、利用者の栄養状態に係る情報（医師・歯科医師・管理栄養士等への相談提言を含む）を介護支援専門員に文書で提供した場合に算定可。
(2)算定対象者は、「7. 栄養改善加算」の(5)①～⑤に該当者。
(3)当該利用者について、当該事業所以外で既に栄養スクリーニング加算を算定している場合は算定不可。複数の事業所で加算を算定しようとする場合は、サービス利用者が利用している各種サービスの栄養状態との関連性、実施時間の実績、栄養改善サービスの提供実績、栄養スクリーニングの実施可能性等を踏まえ、サービス担当者会議で検討し、介護支援専門員が判断・決定する。また利用者が栄養改善加算の栄養改善サービスを受けている間および栄養改善サービスが終了した日の属する月は、算定不可。
(4)スクリーニングの結果、必要があれば栄養改善加算も併算定可。

(4) 指定地域密着型サービス

9. 口腔機能向上加算

(1) 利用者の口腔機能を利用開始時に把握し、言語聴覚士、歯科衛生士、看護職員、介護職員、生活相談員その他の職種の者が共同して利用者ごとの口腔機能改善管理指導計画を作成し、当該計画に従って言語聴覚士、歯科衛生士または看護職員が、口腔機能向上サービス（口腔の清掃またはその指導、摂食・嚥下機能に関する訓練またはその指導）を個別に提供し、利用者の口腔機能を定期的に記録した場合に、算定可。

(2) 必要に応じて、介護支援専門員を通して主治医や主治の歯科医師への情報提供を行うこと、または受診勧奨などの適切な措置を講じる。

(3) 利用者ごとの口腔機能改善管理指導計画の進捗状況を定期的に評価する。

(4) 言語聴覚士、歯科衛生士または看護職員が1名以上配置され、人員欠如がない。

(5) 算定できる利用者は以下①～③のいずれかに該当する者。

　①認定調査票の「嚥下・食事摂取・口腔清潔」の3項目のいずれかの項目に「1」（できるまたは自立）以外の該当者。

　②基本チェックリストNo.13～15の3項目のうち2項目以上が「1」に該当する者等。
　　　13　半年前に比べて固いものが食べにくくなった
　　　14　お茶や汁物などでむせることがある
　　　15　口の渇きが気になる

　③その他口腔機能の低下している者またはそのおそれのある者。

　なお、利用者が歯科医療を受診していて、次のいずれかに該当する場合は算定不可。
　　1) 医療保険の「摂食機能療法」を算定している場合。
　　2) 医療保険の「摂食機能療法」を算定しておらず、かつ、介護保険の口腔機能向上サービスとして「摂食・嚥下機能に関する訓練の指導もしくは実施」を行っていない場合。

ココに注目　減算等について

算定項目		算定	改定後	改定前	格差
定員超過の場合			×70%	×70%	±0
看護・介護職員の員数が基準に満たない場合			×70%	×70%	±0
2時間以上3時間未満			(2)×70%	(1)×70%	±0
共生型地域密着型通所介護を行う場合	指定生活介護事業所が行う場合	1日	×93%	−	新設
	指定自立訓練事業所が行う場合		×95%	−	新設
	指定児童発達支援事業所が行う場合		×90%	−	新設
	指定放課後等デイサービス事業所が行う場合		×90%	−	新設
事業所と同一建物に居住する者または同一建物から利用する者に地域密着型通所介護を行う場合			−94	−94	±0
事業所が送迎を行わない場合		片道	−47	−47	±0

※ 定員超過などの減算は訪問・通所系サービス共通項目ページ参照。

コラム　個別機能訓練加算について

個別機能訓練加算（Ⅰ）と（Ⅱ）のポイント整理

項　目	個別機能訓練加算（Ⅰ）	個別機能訓練加算（Ⅱ）
報酬（1日につき）	46単位	56単位
共　通	○理学療法士等が個別機能訓練計画に基づき、計画的に行った機能訓練について算定。	
	○個別機能訓練計画の作成および実施において利用者の自立の支援と日常生活の充実に資するよう複数の種類の機能訓練の項目を準備し、その項目の選択にあたっては、利用者の生活意欲が増進されるよう利用者を援助し、心身の状況に応じた機能訓練を適切に実施。	○個別機能訓練計画に基づき、利用者の生活機能向上を目的とする機能訓練の項目を準備し、理学療法士等が、利用者の心身の状況に応じた機能訓練を適切に提供。
	○機能訓練指導員等が居宅を訪問して利用者の居宅での生活状況（起居動作、ADL、IADL等の状況）を確認し、多職種共同で個別機能訓練計画を作成したうえで実施。その後3カ月ごとに1回以上、利用者の居宅を訪問し、利用者の居宅での生活状況を確認して、利用者またはその家族に対して個別機能訓練計画の内容（評価を含む）や進捗状況等を説明し、記録するとともに、訓練内容の見直し等を行う。	
	○個別機能訓練に関する記録（実施時間、訓練内容、担当者等）は、利用者ごとに保管され、個別機能訓練従事者により閲覧が可能であるようにする。	
	※個別機能訓練加算（Ⅰ）と個別機能訓練加算（Ⅱ）で別途に機能訓練指導員が配置されていれば、同一日に同一の利用者に対して併算定可。	
機能訓練指導員	理学療法士、作業療法士、言語聴覚士、看護職員、柔道整復師またはあん摩マッサージ指圧師、はり師、きゅう師。（この表で理学療法士等） ※はり師、きゅう師については、理学療法士、作業療法士、言語聴覚士、看護職員、柔道整復師またはあん摩マッサージ指圧師の資格を有する機能訓練指導員を配置した事業所で、6カ月以上機能訓練指導に従事した経験を有する者に限る	
機能訓練指導員の配置	常勤・専従1名以上配置。 （時間帯を通じて配置）	専従1名以上配置。 （配置時間の定めはない）
配置例と留意点	1週間のうち、月曜日から金曜日は常勤の理学療法士等が配置され、それ以外の曜日に非常勤の理学療法士等だけが配置されている場合は、非常勤の理学療法士等だけが配置されている曜日は、加算対象とはならない。（加算（Ⅱ）の要件に該当している場合は、その算定対象となる）	1週間のうち特定の曜日だけ理学療法士等を配置している場合は、その曜日において理学療法士等から直接訓練の提供を受けた利用者のみが加算の算定対象となる。
	理学療法士等が配置される曜日はあらかじめ定められ、利用者や居宅介護支援事業者に周知されている必要がある。	
機能訓練項目	身体機能向上を目的とする複数種類の機能訓練項目。（座る・立つ、歩く等ができるようになるといった身体機能の向上に関する目標設定）	生活機能向上を目的とする機能訓練項目。（1人でお風呂に入る等といった生活機能の維持・向上に関する目標設定が必要）
訓練の対象者	人数制限なし。	5人程度以下の小集団または個別。
訓練の実施者	制限なし。（必ずしも機能訓練指導員が直接実施する必要はなく、機能訓練指導員の管理の下に別の従事者が実施した場合でも算定可）	機能訓練指導員が直接実施。
実施回数	実施回数の定めはない。	おおむね週1回以上実施。
実施時間	実施時間の定めはない。	個別機能訓練計画に定めた訓練内容の実施に必要な1回あたりの訓練時間を考慮し適切に設定する。

(4) 指定地域密着型サービス

 **プラスα　Q&Aなどから**

1. 共生型通所介護

　2018年度の改定で「共生型サービス」が新設された。これは、介護保険または障害福祉のいずれかの居宅サービス(デイサービス、ホームヘルプサービス、ショートステイ)の指定事業所が、もう一方の制度における居宅サービスの指定も受けやすくするために、「居宅サービスの指定の特例」として新設されたものである。従前通り「訪問介護」「通所介護」「短期入所生活介護」として、事業所の指定申請に基づき自治体が指定する。

2. 個別機能訓練加算

(1)通所介護の看護職員が機能訓練指導員を兼務した場合であっても、個別の機能訓練実施計画を策定すれば、個別機能訓練加算を算定できる。個別機能訓練加算(Ⅱ)を算定するには、専従で1名以上の機能訓練指導員を配置しなければならないが、通所介護事業所の看護職員については、サービス提供時間帯を通じて専従することまでは求められていないことから、当該看護師が本来業務に支障のない範囲で、看護業務とは別の時間帯に機能訓練指導員に専従し、要件を満たせば、個別機能訓練加算(Ⅱ)を算定することは可能である。また、当該看護職員が併せて介護予防通所介護の選択的サービスの算定に必要となる機能訓練指導員を兼務することも可能である。

　※介護保険最新情報vol.267(24.3.16)　平成24年度介護報酬改定に関するQ＆A (vol.1)　Q72

(2)個別機能訓練加算は、体制加算ではなく、個別の計画作成等のプロセスを評価するものであるため、原則として全ての利用者について計画作成してその同意を得るように努めることが望ましい。

　※介護制度改革information vol.78(18.3.22)　平成18年4月改定関係Q＆A(vol.1)について　Q49

(3)通所介護の個別機能訓練加算について、利用者の居宅を訪問し、利用者の在宅生活の状況を確認した上で、多職種共同で個別機能訓練計画を作成し機能訓練を実施することとなるが、利用者の居宅を訪問する要件については、利用者の居宅における生活状況を確認し、個別機能訓練計画に反映させることを目的としている。このため、利用者やその家族等との間の信頼関係、協働関係の構築が重要であり、通所介護事業所の従業者は、居宅訪問の趣旨を利用者およびその家族等に対して十分に説明し、趣旨を理解してもらう必要がある。

　※介護保険最新情報vol.454(27.4.1)　平成27年度介護報酬改定に関するQ＆A　Q42

3. その他

(1)サービスの提供時間帯における併設医療機関での受診は、緊急やむを得ない場合を除

いて認められない。また、サービス開始前または終了後の受診は可能であるが、一律に機械的に通所サービスの前後に組み入れることは適切でなく、当日の利用者の心身状況等により行われるべきものである。

※15.5.30事務連絡　介護報酬に係るQ&A　Q11

(2) 地域密着型通所介護事業所が、利用者の地域での暮らしを支えるため、医療機関、他の居宅サービス事業者、地域の住民活動等と連携し、地域密着型通所介護事業所を利用しない日でも当該利用者の地域生活を支える「地域連携の拠点」としての機能を展開できるように、生活相談員の確保すべき勤務延時間数には、

① サービス担当者会議や地域ケア会議に出席するための時間。

② 利用者宅を訪問し、在宅生活の状況を確認した上で、利用者の家族も含めた相談・援助のための時間。

③ 地域の町内会、自治会、ボランティア団体等と連携し、利用者に必要な生活支援を担ってもらうなどの社会資源の発掘・活用のための時間。

　　など、利用者の地域生活を支える取組のために必要な時間も含めることができる。

　　ただし、生活相談員は、利用者の生活の向上を図るため適切な相談・援助等を行う必要があり、これらに支障がない範囲で認められるものである。

※平成18年3月31日老計発第0331004号・老振発第0331004号・老老発第0331017号　指定地域密着型サービス及び指定地域密着型介護予防サービスに関する基準について　第三の二の二一(1)④

3-ロ 地域密着型通所介護
ロ　療養通所介護

 改正点のポイント

- 基本報酬は据え置かれた。
- 介護職員等でも実施可能な栄養スクリーニングを行い、介護支援専門員に栄養状態に係る情報を文書で共有した場合を評価する栄養スクリーニング加算(5単位/回・6カ月に1回限度)が新設された。
- 療養通所介護事業所において、障害福祉サービス等である重症心身障害児・者を通わせる児童発達支援等を実施している事業所が多いことを踏まえ、定員数が9名から18名に引上げられた。
- 運営推進会議の開催方法が緩和された。(地域密着型サービス共通項目ページ参照)

 報酬早見表

1日につき

	算定項目	改定後	改定前	格差
療養通所介護	(1)3時間以上6時間未満	1,007	1,007	±0
	(2)6時間以上8時間未満	1,511	1,511	±0

(1)療養通所介護の利用者として想定されているのは、通所介護に当たって常時看護師による観察を必要とする難病、認知症、脳血管疾患後遺症等を有する重度者またはがん末期の利用者である。

(2)療養通所介護の提供に当たっては、利用者の状態に即した適切な計画を作成することが必要である。また、利用者の在宅生活を支援する観点から、多職種協働により、主治医による医療保険のサービスや訪問看護サービス等の様々なサービスが提供されているなかで、主治医や訪問看護事業者等と密接な連携を図りつつ、計画的なサービス提供を行うことが求められる。

(3)療養通所介護の提供に当たる看護職員・介護職員(療養通所介護従業者)の員数は、利用者1.5人に対して、提供時間帯を通じて専ら当該サービス提供に当たる療養通所介護従業者が1人以上確保されるために必要と認められる数以上とする。療養通所介護従業者のうち1人以上は、常勤の看護師であって、専ら指定療養通所介護の職務に従事する者でなければならない。

(4)複数の看護師が交代で従事することにより必要数を確保することも認められるが、利

用者はサービスに当たって常時看護師による観察を必要とする状態であることに鑑み、従事する看護師が頻回に交代する体制は望ましくない。（同一の看護師ができるだけ長時間継続して利用者の状態を観察することが望ましい）

加算算定のポイント

算定項目		算定	改定後	改定前	格差	要件
中山間地域等に居住する者へのサービス提供加算		1日	+5%	+5%	±0	
個別送迎体制強化加算			+210	+210	±0	
入浴介助体制強化加算			+60	+60	±0	
栄養スクリーニング加算		1回	+5	−	新設	6月に1回限度
ハ　サービス提供体制強化加算（全サービス共通事項ページ参照）	(1)サービス提供体制強化加算(Ⅰ)イ		+18	+18	±0	
	(2)サービス提供体制強化加算(Ⅰ)ロ		+12	+12	±0	
	(3)サービス提供体制強化加算(Ⅱ)		+6	+6	±0	
	(4)サービス提供体制強化加算(Ⅲ)		+6	+6	±0	

※ 中山間地域等提供加算、サービス提供体制強化加算は区分支給限度基準額管理の対象外。

1. 個別送迎体制強化加算

2名以上の従事者（うち1名は、看護師または准看護師）によって、個別に利用者の送迎を行う場合に算定可。利用者側の都合により、個別送迎を実施しなかったときは、算定不可。

2. 入浴介助体制強化加算

2名以上の従事者（うち1名は、看護師または准看護師）によって、個別に入浴介助を行う場合に算定可。利用者側の都合により、入浴介助を実施しなかったときは、算定不可。

3. 栄養スクリーニング加算（新設）

(1)利用者に対し、利用開始時および利用中6カ月ごとに栄養状態について確認を行い、当該利用者の栄養状態に係る情報（医師・歯科医師・管理栄養士等への相談提言を含む）を介護支援専門員に文書で提供した場合に算定可。
(2)算定対象となる利用者は、「3－イ　地域密着型通所介護」の「7. 栄養改善加算」の(5)①～⑤に該当する者。
(3)当該利用者について、事業所以外で既に栄養スクリーニング加算を算定している場合は算定不可。複数の事業所で加算を算定しようとする場合は、サービス利用者が利用している各種サービスの栄養状態との関連性、実施時間の実績、栄養改善サービスの提供実績、栄養スクリーニングの実施可能性等を踏まえ、サービス担当者会議で検討

(4) 指定地域密着型サービス

し、介護支援専門員が判断・決定する。また利用者が栄養改善加算の栄養改善サービスを受けている間および栄養改善サービスの終了日の月は、算定不可。
(4) スクリーニングの結果、必要があれば栄養改善加算も併算定可。

 ココに注目　減算等について

算定項目	算　定	改定後	改定前	格　差
定員超過の場合	1日	×70%	×70%	±0
看護・介護職員の員数が基準に満たない場合	1日	×70%	×70%	±0
事業所と同一建物に居住する者または同一建物から利用する者に地域密着型通所介護を行う場合	1日	−94	−94	±0
事業所が送迎を行わない場合	片道	−47	−47	±0

※ 定員超過などの減算は訪問・通所系サービス共通項目ページ参照。

 プラスα　Q&Aなどから

1. 療養通所介護対象者

　療養通所介護の対象者は、「難病等を有する重度要介護者またはがん末期の者であって、サービス提供に当たり常時看護師による観察が必要なもの」とされているところであるが、利用者の疾患が「難病等」に当たるか否かについては、療養通所介護において提供しているサービスの内容等を踏まえ、利用者に対する療養通所介護の提供の適否の観点から主治医を含めたサービス担当者会議において検討の上、適切に判断されたい。(「難病等」について難病に限定するものではない)

　※介護保険最新情報vol.5 (19.2.9)　平成18年4月改定関係Q＆A　問58の改訂について

4 認知症対応型通所介護（介護予防）

改正点のポイント

- 基本報酬のサービス提供時間区分が2時間ごとから1時間ごとに見直しされた。見直しにより（Ⅰ）については、3時間以上4時間未満が引下げ、4時間以上5時間未満据置、5時間以上6時間未満引下げ、6時間以上7時間未満引上げ、7時間以上8時間未満据置、8時間以上9時間未満引上げとなった。（Ⅱ）については、3時間以上4時間未満が引下げ、他の時間区分は引上げとなった。
- 介護予防の基本報酬は、（Ⅰ）（Ⅱ）共に3時間以上4時間未満が引下げ、4時間以上5時間未満据置、5時間以上6時間未満引下げ、6時間以上7時間未満引上げ、7時間以上8時間未満据置、8時間以上9時間未満引上げとなった。
- 生活機能向上連携加算（200単位/月、個別機能訓練加算を算定している場合100単位/月）が新設された。（全サービス共通事項ページ参照）
- 介護職員等でも実施可能な栄養スクリーニングを行い、介護支援専門員に栄養状態にかかる情報を文書で共有した場合を評価する栄養スクリーニング加算（5単位/回・6カ月に1回限度）が新設された。
- 栄養改善加算の管理栄養士の配置基準が見直しされ、外部との連携により管理栄養士を配置していることでも算定可能となった。
- 認知症対応型通所介護事業所と訪問介護事業所が併設されている場合に、利用者へのサービス提供に支障がない場合は、
  ①基準上両方のサービスに規定がある事務室については、共用が可能。
  ②基準上規定がない玄関、廊下、階段などの設備についても、共用が可能。
  であることが明確化された。
- ユニットケアを行っている認知症対応型通所介護における利用定員数を、「1施設当たり3人以下」から「1ユニット当たりユニットの入居者と合わせて12人以下」に見直しされた。
- 機能訓練指導員に理学療法士等を配置した事業所で6カ月以上勤務し、機能訓練指導に従事した経験を有する「はり師、きゅう師」が追加された。
- 運営推進会議の開催方法が緩和された。（地域密着型サービス共通項目ページ参照）

(4) 指定地域密着型サービス

 報酬早見表

1. 介護　1日につき

算定項目				改定後	改定前	格差
イ 認知症対応型通所介護費（Ⅰ）	(1) 認知症対応型通所介護費（ⅰ）	(一) 3時間以上4時間未満	要介護1	538	564	−26
			要介護2	592	620	−28
			要介護3	647	678	−31
			要介護4	702	735	−33
			要介護5	756	792	−36
		(二) 4時間以上5時間未満	要介護1	564	564	±0
			要介護2	620	620	±0
			要介護3	678	678	±0
			要介護4	735	735	±0
			要介護5	792	792	±0
		(三) 5時間以上6時間未満	要介護1	849	865	−16
			要介護2	941	958	−17
			要介護3	1,031	1,050	−19
			要介護4	1,122	1,143	−21
			要介護5	1,214	1,236	−22
		(四) 6時間以上7時間未満	要介護1	871	865	6
			要介護2	965	958	7
			要介護3	1,057	1,050	7
			要介護4	1,151	1,143	8
			要介護5	1,245	1,236	9
		(五) 7時間以上8時間未満	要介護1	985	985	±0
			要介護2	1,092	1,092	±0
			要介護3	1,199	1,199	±0
			要介護4	1,307	1,307	±0
			要介護5	1,414	1,414	±0
		(六) 8時間以上9時間未満	要介護1	1,017	985	32
			要介護2	1,127	1,092	35
			要介護3	1,237	1,199	38
			要介護4	1,349	1,307	42
			要介護5	1,459	1,414	45
	(2) 認知症対応型通所介護費（ⅱ）	(一) 3時間以上4時間未満	要介護1	487	510	−23
			要介護2	536	561	−25
			要介護3	584	612	−28
			要介護4	633	663	−30
			要介護5	682	714	−32
		(二) 4時間以上5時間未満	要介護1	510	510	±0
			要介護2	561	561	±0
			要介護3	612	612	±0
			要介護4	663	663	±0
			要介護5	714	714	±0

算定項目			改定後	改定前	格差
イ 認知症対応型通所介護費（Ⅰ）	(2) 認知症対応型通所介護費（ⅱ）	(三) 5時間以上6時間未満 要介護1	764	778	−14
		要介護2	845	861	−16
		要介護3	927	944	−17
		要介護4	1,007	1,026	−19
		要介護5	1,089	1,109	−20
		(四) 6時間以上7時間未満 要介護1	783	778	5
		要介護2	867	861	6
		要介護3	951	944	7
		要介護4	1,033	1,026	7
		要介護5	1,117	1,109	8
		(五) 7時間以上8時間未満 要介護1	885	885	±0
		要介護2	980	980	±0
		要介護3	1,076	1,076	±0
		要介護4	1,172	1,172	±0
		要介護5	1,267	1,267	±0
		(六) 8時間以上9時間未満 要介護1	913	885	28
		要介護2	1,011	980	31
		要介護3	1,110	1,076	34
		要介護4	1,210	1,172	38
		要介護5	1,308	1,267	41
ロ 認知症対応型通所介護費（Ⅱ）	(1) 3時間以上4時間未満	要介護1	264	270	−6
		要介護2	274	280	−6
		要介護3	283	289	−6
		要介護4	292	299	−7
		要介護5	302	309	−7
	(2) 4時間以上5時間未満	要介護1	276	270	6
		要介護2	287	280	7
		要介護3	296	289	7
		要介護4	306	299	7
		要介護5	316	309	7
	(3) 5時間以上6時間未満	要介護1	441	439	2
		要介護2	456	454	2
		要介護3	473	470	3
		要介護4	489	486	3
		要介護5	505	502	3
	(4) 6時間以上7時間未満	要介護1	453	439	14
		要介護2	468	454	14
		要介護3	485	470	15
		要介護4	501	486	15
		要介護5	517	502	15

(4) 指定地域密着型サービス

		算定項目		改定後	改定前	格差
ロ 認知症対応型通所介護費（Ⅱ）		(5) 7時間以上8時間未満	要介護1	518	506	12
			要介護2	537	524	13
			要介護3	555	542	13
			要介護4	573	560	13
			要介護5	593	579	14
		(6) 8時間以上9時間未満	要介護1	535	506	29
			要介護2	554	524	30
			要介護3	573	542	31
			要介護4	592	560	32
			要介護5	612	579	33

2. 介護予防　1日につき

		算定項目		改定後	改定前	格差
イ 介護予防認知症対応型通所介護費（Ⅰ）	(1) 介護予防認知症対応型通所介護費（ⅰ）（旧単独型）	(一) 3時間以上4時間未満	要支援1	471	493	−22
			要支援2	521	546	−25
		(二) 4時間以上5時間未満	要支援1	493	493	±0
			要支援2	546	546	±0
		(三) 5時間以上6時間未満	要支援1	735	749	−14
			要支援2	821	836	−15
		(四) 6時間以上7時間未満	要支援1	754	749	5
			要支援2	842	836	6
		(五) 7時間以上8時間未満	要支援1	852	852	±0
			要支援2	952	952	±0
		(六) 8時間以上9時間未満	要支援1	879	852	27
			要支援2	982	952	30
	(2) 介護予防認知症対応型通所介護費（ⅱ）（旧併設型）	(一) 3時間以上4時間未満	要支援1	425	445	−20
			要支援2	472	494	−22
		(二) 4時間以上5時間未満	要支援1	445	445	±0
			要支援2	494	494	±0
		(三) 5時間以上6時間未満	要支援1	661	673	−12
			要支援2	737	751	−14
		(四) 6時間以上7時間未満	要支援1	678	673	5
			要支援2	756	751	5
		(五) 7時間以上8時間未満	要支援1	766	766	±0
			要支援2	855	855	±0
		(六) 8時間以上9時間未満	要支援1	791	766	25
			要支援2	882	855	27

	算定項目		改定後	改定前	格差
介護予防認知症対応型通所介護費（Ⅱ）	(1) 3時間以上4時間未満	要支援1	245	251	−6
		要支援2	259	265	−6
	(2) 4時間以上5時間未満	要支援1	257	251	6
		要支援2	271	265	6
	(3) 5時間以上6時間未満	要支援1	409	407	2
		要支援2	432	430	2
	(4) 6時間以上7時間未満	要支援1	420	407	13
		要支援2	443	430	13
	(5) 7時間以上8時間未満	要支援1	480	469	11
		要支援2	508	496	12
	(6) 8時間以上9時間未満	要支援1	496	469	27
		要支援2	524	496	28

※ 同一時間のサービス提供を行った場合、改定前に計算された単位で対比。

例
・7時間30分のサービス提供の場合
　改定前は7時間以上9時間未満の単位　　改定後は7時間以上8時間未満の単位
・8時間30分のサービス提供の場合
　改定前は7時間以上9時間未満の単位　　改定後は8時間以上9時間未満の単位

1. 所要時間による区分

現に要した時間ではなく、認知症対応型通所介護計画に位置づけられた内容のサービスを行うための標準的な時間。送迎に要する時間は、送迎時の居宅内介護（30分以内）を除き含まれない。

2. 所要時間の留意点

当初の通所介護計画に位置づけられた時間よりも大きく短縮した場合は、当初の通所介護計画を変更し、再作成されるべきであり、変更後の所要時間に応じた所定単位数を算定。

3. 送迎時における居宅内介助等

送迎時に実施した居宅内介助等（電気の消灯・点灯、着替え、ベッドへの移乗、窓の施錠等）は、次のいずれの要件も満たす場合、1日30分以内を限度として、認知症対応型通所介護を行うのに要する時間に含めることができる。
(1) 居宅サービス計画と個別サービス計画に位置づけた上で実施する場合。
(2) 居宅内介助等を行う者が、介護福祉士、実務者研修修了者、旧介護職員基礎研修課程修了者、旧ホームヘルパー1級研修課程修了者、介護職員初任者研修修了者（旧ホーム

(4) 指定地域密着型サービス

ヘルパー2級研修課程修了者を含む)、看護職員、機能訓練指導員、事業所における勤続年数と同一法人経営の他の介護事業所、医療機関、社会福祉施設等においてサービスを利用者に直接提供する職員としての勤続年数合計3年以上の介護職員である場合。

加算算定のポイント

算定項目		算定	改定後	改定前	格差	要件
8時間以上9時間未満の認知症対応型通所介護の前後に日常生活上の世話を行う場合	9時間以上10時間未満	1日	+50	+50	±0	
	10時間以上11時間未満		+100	+100	±0	
	11時間以上12時間未満		+150	+150	±0	
	12時間以上13時間未満		+200	+200	±0	
	13時間以上14時間未満		+250	+250	±0	
入浴介助を行った場合			+50	+50	±0	
生活機能向上連携加算	個別機能訓練加算を算定していない場合		+200	—	新設	
	個別機能訓練加算を算定している場合		+100	—	新設	
個別機能訓練加算			+27	+27	±0	
若年性認知症利用者受入加算			+60	+60	±0	
栄養改善加算		1回	+150	+150	±0	月2回限度(介護予防月1回限度)
栄養スクリーニング加算			+5	—	新設	6月に1回限度
口腔機能向上加算			+150	+150	±0	月2回限度(介護予防月1回限度)
ハ サービス提供体制強化加算(全サービス共通事項ページ参照)	(1)サービス提供体制強化加算(Ⅰ)イ		+18	+18	±0	
	(2)サービス提供体制強化加算(Ⅰ)ロ		+12	+12	±0	
	(3)サービス提供体制強化加算(Ⅱ)		+6	+6	±0	

※ サービス提供体制強化加算は区分支給限度基準額管理対象外。

1. 延長加算

8時間以上9時間未満の認知症対応型通所介護の前後に連続して延長サービスを行う場合に5時間を限度に算定。お泊まりサービス該当者は対象外。

2. 生活機能向上連携加算(Ⅰ)(Ⅱ)(新設)

(1)訪問リハビリテーションもしくは通所リハビリテーションを実施している事業所またはリハビリテーションを実施している医療提供施設(診療報酬の疾患別リハビリテーション料の届出を行っている200床未満の医療機関等)の理学療法士、作業療法士、

言語聴覚士、医師(外部の理学療法士等)が、認知症対応型通所介護事業所を訪問し、認知症対応型通所介護事業所の機能訓練指導員、看護職員、介護職員、生活相談員その他の職種の者と共同でアセスメントを行い、個別機能訓練計画を作成したうえで、当該個別機能訓練計画に基づき、利用者の身体機能または生活機能向上を目的とする機能訓練の項目を準備し、機能訓練指導員等が利用者の心身の状況に応じた機能訓練を適切に提供した場合に算定可。

(2)機能訓練指導員等が外部の理学療法士等と連携し、個別機能訓練計画の進捗状況等を3月ごとに1回以上評価し、利用者またはその家族に対して機能訓練の内容と個別機能訓練計画の進捗状況等を説明し、必要に応じて訓練内容の見直し等を行っている。

3. 個別機能訓練加算

(1)機能訓練指導員、看護職員、介護職員、生活相談員その他の職種の者が共同して、利用者ごとに個別機能訓練計画を作成し、当該計画に基づいて計画的に機能訓練を行い(1日120分以上)、訓練の効果や実施方法等について評価等を行っている場合に算定できる。

(2)個別機能訓練計画に相当する内容を認知症対応型通所介護計画の中に記載する場合は、その記載をもって個別機能訓練計画の作成に代えることができる。

(3)開始時およびその3カ月後に1回以上利用者に対して個別機能訓練計画の内容を説明し、記録する。

4. 若年性認知症利用者受入加算

(1)受け入れた若年性認知症利用者ごとに個別に担当者を定め、その者を中心に、利用者の特性やニーズに応じたサービス提供を行う場合に算定可。

(2)若年性認知症の判断は、精神科医師もしくは神経内科医師または認知症に対するリハビリテーションに関する専門的研修修了医師の判定結果を要するか、「要介護認定等の実施について」の主治医意見書によることが望ましい。

(3)65歳の誕生日の前々日まで算定可。

5. 栄養改善加算(管理栄養士の配置要件が緩和)

(1)低栄養状態にある利用者またはそのおそれのある利用者に低栄養状態の改善等を目的として、個別的に実施される栄養食事相談等の栄養管理で、利用者の心身の状態の維持または向上に資すると認められるもの(栄養改善サービス)を行った場合、3カ月以内に限り1カ月に2回を限度として1回につき算定可。管理栄養士による居宅療養管理指導と併算定不可。

(2)栄養改善サービスの開始から3月ごとの利用者の栄養状態の評価の結果、低栄養状態が改善せず、栄養改善サービスを引き続き行うことが必要と認められる場合は引き続き算定可。

(3) 当該事業所の職員として、または外部(他の介護事業所、医療機関、栄養ケア・ステーション(公益社団法人日本栄養士会または都道府県栄養士会が設置・運営する「栄養士会栄養ケア・ステーション」に限る))との連携により管理栄養士を1名以上配置している。

(4) 算定要件など留意点
　①栄養改善サービスの提供は、利用者ごとに行われるケアマネジメントの一環として行われることに留意する。
　②サービス利用開始時に、利用者の低栄養状態のリスクを把握する。
　③管理栄養士を中心に、担当する介護スタッフや看護職員らが共同で利用者の摂食・嚥下機能および食形態に配慮しながら、栄養改善に向けて解決すべき課題と取り組むべき項目を記載した栄養ケア計画を作成する。計画内容は利用者またはその家族に説明し、同意を得る。
　　なお、認知症対応型通所介護計画の中に栄養ケア計画に相当する内容を記載する場合、その記載を以て栄養ケア計画の作成に代えることができる。
　④管理栄養士は、栄養ケア計画に基づいた栄養改善サービスを利用者ごとに提供する。実施経過中に問題があれば直ちに栄養ケア計画を修正する。
　⑤定期的に利用者の生活機能の状況を検討し、およそ3カ月ごとに行う体重測定等により利用者の栄養状態の評価を行い、その結果を利用者の担当である介護支援専門員や主治医に情報提供する。
　⑥サービス提供記録において、栄養ケア計画に従い管理栄養士が利用者の栄養状態を定期的に記録する場合、この記録とは別に栄養改善加算を算定するために利用者の栄養状態を定期的に記録する必要はない。

(5) 算定対象者は、次の①から⑤のいずれかに該当する者。
　①BMIが18.5未満である者。
　②1～6カ月間で3%以上の体重の減少が認められる者または6カ月間で2～3kg以上の体重減少があった者。
　③血清アルブミン値が3.5g/dl以下の者。
　④食事摂取量が不良(75%以下)の者。
　⑤その他低栄養状態にあるまたはそのおそれがあると認められる者。

6. 栄養スクリーニング加算(新設)

(1) サービス利用者に対し、利用開始時および利用中6カ月ごとに栄養状態について確認を行い、当該利用者の栄養状態に係る情報(医師・歯科医師・管理栄養士等への相談提言を含む)を介護支援専門員に文書で提供した場合に算定可。

(2) 算定対象となる利用者は、「5. 栄養改善加算」の(5)①～⑤の該当者。

(3) 当該利用者について、事業所以外で既に栄養スクリーニング加算を算定している場合は算定不可。複数の事業所で加算を算定しようとする場合は、サービス利用者が利用

している各種サービスの栄養状態との関連性、実施時間の実績、栄養改善サービスの提供実績、栄養スクリーニングの実施可能性等を踏まえ、サービス担当者会議で検討し、介護支援専門員が判断・決定する。また利用者が栄養改善加算の栄養改善サービスを受けている間および栄養改善サービスが終了した日の属する月は、算定不可。
(4) スクリーニングの結果、必要があれば栄養改善加算を併算定可。

7. 口腔機能向上加算の基準と対象者など

(1) 利用者の口腔機能を利用開始時に把握し、言語聴覚士、歯科衛生士、看護職員、介護職員、生活相談員その他の職種の者が共同して利用者ごとの口腔機能改善管理指導計画を作成し、当該計画に従って言語聴覚士、歯科衛生士または看護職員が、口腔機能向上サービス(口腔の清掃またはその指導、摂食・嚥下機能に関する訓練またはその指導)を個別に提供し、利用者の口腔機能を定期的に記録した場合に、算定可。
(2) 必要に応じて、介護支援専門員を通して主治の医師や主治の歯科医師への情報提供を行うこと。または受診勧奨などの適切な措置を講じる。
(3) 利用者ごとの口腔機能改善管理指導計画の進捗状況を定期的に評価する。
(4) 言語聴覚士、歯科衛生士または看護職員が1名以上配置され、人員欠如がない。
(5) 算定できる利用者は以下の①〜③のいずれかに該当する者。

①認定調査票の「嚥下」「食事摂取」「口腔清潔」の3項目のいずれかの項目に「1」(できるや自立)以外に該当する者。

②基本チェックリストNo.13〜15の3項目のうち2項目以上が「1」に該当する者等。
　13　半年前に比べて固いものが食べにくくなった
　14　お茶や汁物などでむせることがある
　15　口の渇きが気になる

③その他口腔機能の低下している者またはそのおそれのある者。
　　なお、利用者が歯科医療を受診していて、次のいずれかに該当する場合は算定不可。
　1) 医療保険の「摂食機能療法」を算定している場合。
　2) 医療保険の「摂食機能療法」を算定しておらず、かつ、介護保険の口腔機能向上サービスとして「摂食・嚥下機能に関する訓練の指導もしくは実施」を行っていない場合。

(4) 指定地域密着型サービス

 ココに注目　減算等について

算定項目	算定	改定後	改定前	格差	介護予防
定員超過の場合	1日	×70%	×70%	±0	○
看護・介護職員の員数が基準に満たない場合		×70%	×70%	±0	○
2時間以上3時間未満		(一)、(1) ×63%	(二)、(2) ×63%	±0	○
事業所と同一建物に居住する者または同一建物から利用する者に認知症対応型通所介護を行う場合		−94	−94	±0	○
事業所が送迎を行わない場合	片道	−47	−47	±0	○

※ 定員超過などの減算は訪問・通所系サービス共通項目ページ参照。

 プラスα　Q&Aなどから

1. サービス提供時間

　2018年度改定で、認知症対応型通所介護の基本報酬のサービス提供時間区分について、2時間ごとから1時間ごとに見直されたことにより、時間区分を変更することとしたケースであっても、サービスの内容および提供時間に変更がなければ、居宅サービス計画の変更を行う必要はない。一方で、今回の時間区分の変更を契機に、利用者のニーズを踏まえた適切なアセスメントに基づき、これまで提供されてきた介護サービス等の内容をあらためて見直した結果、居宅サービス計画を変更する必要が生じた場合は、通常の変更と同様のプロセスが必要となる。

　　※介護保険最新情報vol. 629（30.3.23）　平成30年度介護報酬改定に関するQ＆A
　　　（Vol. 1）　Q111

2. その他

(1) 生活相談員としての勤務時間数に含めることができるものについては、「地域密着型通所介護　イ　小規模通所介護」の「プラスαQ&Aなどから」の「3 その他」を参照。

(2) 通所サービスの提供時間帯における併設医療機関での受診は、緊急やむを得ない場合を除いて認められない。また、サービス開始前または終了後の受診は可能であるが、一律に機械的に通所サービスの前後に組み入れることは適切でなく、当日の利用者の心身状況等により行われるべきものである。

　　※15.5.30事務連絡　介護報酬に係るQ&A　通所サービス（共通事務）Q 11

5 小規模多機能型居宅介護(介護予防)

改正点のポイント

- 基本報酬は据え置かれた。
- 生活機能向上連携加算(Ⅰ)100単位/月(Ⅱ)200単位/月が新設された。(全サービス共通事項ページ参照)
- 若年性認知症利用者受入加算(800単位/月、450単位/月(介護予防))が新設された。
- 介護職員等でも実施可能な栄養スクリーニングを行い、介護支援専門員に栄養状態に係る情報を文書で共有した場合を評価する栄養スクリーニング加算(5単位/回・6カ月に1回限度)が新設された。
- 運営推進会議の開催方法が緩和された。(地域密着型サービス共通項目ページ参照)

報酬早見表

1. 介護(1月につき)

算定項目			算定	改定後	改定前	格差
イ 小規模多機能型居宅介護費	(1)同一建物に居住する者以外の者に対して行う場合	要介護1	1月	10,320	10,320	±0
		要介護2		15,167	15,167	±0
		要介護3		22,062	22,062	±0
		要介護4		24,350	24,350	±0
		要介護5		26,849	26,849	±0
	(2)同一建物に居住する者に対して行う場合	要介護1		9,298	9,298	±0
		要介護2		13,665	13,665	±0
		要介護3		19,878	19,878	±0
		要介護4		21,939	21,939	±0
		要介護5		24,191	24,191	±0
ロ 短期利用居宅介護費		要介護1	1日	565	565	±0
		要介護2		632	632	±0
		要介護3		700	700	±0
		要介護4		767	767	±0
		要介護5		832	832	±0

(4) 指定地域密着型サービス

2. 介護予防（1月につき）

算定項目			算定	改定後	改定前	格差
イ 介護予防小規模多機能型居宅介護費	(1)同一建物に居住する者以外の者に対して行う場合	要支援1	1月	3,403	3,403	±0
		要支援2		6,877	6,877	±0
	(2)同一建物に居住する者に対して行う場合	要支援1		3,066	3,066	±0
		要支援2		6,196	6,196	±0
ロ 介護予防短期利用居宅介護費		要支援1	1日	419	419	±0
		要支援2		524	524	±0

(1) 小規模多機能型居宅介護は、利用者が可能な限り自立した日常生活を送ることができるよう、利用者の選択に応じて、施設への「通い」を中心として、短期間の「宿泊」や利用者の自宅への「訪問」を組合せ、家庭的な環境と地域住民との交流の下で日常生活上の支援や機能訓練を行うものである。

(2) 登録定員は29人（サテライト事業所は18人）以下としなければならない。小規模多機能型居宅介護は、利用者と従業者のなじみの関係を築きながらサービスを提供する観点から、利用者は一カ所の指定小規模多機能型居宅介護事業所に限って利用者登録を行うことができるものであり、複数の指定小規模多機能型居宅介護事業所の利用は認められない。

(3) 小規模多機能型居宅介護費は、登録した利用者について、居住する場所および要介護状態区分に応じて、登録している期間1カ月につき、それぞれ所定単位数を算定する。月の途中から登録したり、月の途中で登録終了したりした場合には、「登録していた期間」に応じて日割り計算で算定する。（月途中から登録した場合は、登録日から当該月の末日までの期間で日割り計算した単位数を算定する。月途中で登録を終了した場合には、当該月の初日から登録終了日までの期間で日割り計算した単位数を算定する）

(4) これらの算定の基礎となる「登録日」は、利用者が小規模多機能型居宅介護事業者と利用契約を結んだ日ではなく、通い、または宿泊のいずれかのサービスを実際に利用開始した日のことである。また、「登録終了日」は、利用者が小規模多機能型居宅介護事業者との間の利用契約を終了した日をさす。

(5) 「同一建物」とは、当該小規模多機能型居宅介護事業所と構造上または外形上、一体的な建築物（養護老人ホーム、軽費老人ホーム、有料老人ホーム、サービス付き高齢者向け住宅に限る）をさす。当該建築物を管理・運営する法人が、当該小規模多機能型居宅介護事業者と異なる場合であっても、「同一建物」に該当する。

（同一建物に該当するケース）
　①当該建物の一階部分に小規模多機能型居宅介護事業所がある場合。
　②当該建物と渡り廊下等で繋がっている場合。

（同一建物に該当しないケース）
　①同一敷地内にある別棟の建築物や道路を挟んで隣接する場合。

(6) 月途中で転居があって、1人の利用者について「同一建物に居住する者以外の者である期間」と、「同一建物に居住する者である期間」が混在する場合は、それぞれの期間に対応した単位数を算定する。(日割り計算)

加算算定のポイント

算定項目			算定	改定後	改定前	格差	要件	介護予防
中山間地域等に居住する者へのサービス提供加算			1月	+5%	+5%	±0	イ	○
ハ 初期加算			1日	+30	+30	±0	イ	○
ニ 認知症加算	認知症加算(Ⅰ)		1月	+800	+800	±0	イ	
	認知症加算(Ⅱ)			+500	+500	±0	イ	
ホ 若年性認知症利用者受入加算				+800	—	新設	イ	ニ、+450
ヘ 看護職員配置加算	看護職員配置加算(Ⅰ)			+900	+900	±0	イ	
	看護職員配置加算(Ⅱ)			+700	+700	±0	イ	
	看護職員配置加算(Ⅲ)			+480	+480	±0	イ	
ト 看取り連携体制加算			1日	+64	+64	±0	イ	
チ 訪問体制強化加算			1月	+1,000	+1,000	±0	イ	
リ 総合マネジメント体制強化加算				+1,000	+1,000	±0	イ	ホ
ヌ 生活機能向上連携加算	(1)生活機能向上連携加算(Ⅰ)			+100	—	新設		ヘ
	(2)生活機能向上連携加算(Ⅱ)			+200	—	新設		
ル 栄養スクリーニング加算			1回	+5	—	新設	イ 6月に1回限度	ト
ヲ サービス提供体制強化加算	(1)イを算定している場合	(1)サービス提供体制強化加算(Ⅰ)イ	1月	+640	+640	±0		チ
		(2)サービス提供体制強化加算(Ⅰ)ロ		+500	+500	±0		
		(3)サービス提供体制強化加算(Ⅱ)		+350	+350	±0		
		(4)サービス提供体制強化加算(Ⅲ)		+350	+350	±0		
	(2)ロを算定している場合	(1)サービス提供体制強化加算(Ⅰ)イ	1日	+21	+21	±0		
		(2)サービス提供体制強化加算(Ⅰ)ロ		+16	+16	±0		
		(3)サービス提供体制強化加算(Ⅱ)		+12	+12	±0		
		(4)サービス提供体制強化加算(Ⅲ)		+12	+12	±0		

※ 中山間地域等提供加算、訪問体制強化加算、総合マネジメント体制強化加算、サービス提供体制強化加算は区分支給限度基準額管理対象外。

(4) 指定地域密着型サービス

1. 中山間地域等に居住する者へのサービス提供加算
　離島、中山間地、過疎地などにおける「厚生労働大臣の定める地域」で事業を実施する事業者について、要件に該当すれば算定できる加算。詳細は訪問・通所系サービス共通項目ページ参照。

2. 初期加算
　小規模多機能型居宅介護事業所に登録した日から起算して30日以内の期間について、1日につき所定単位数を算定可。
　病院または診療所に30日を超えて入院し、その後に、再び小規模多機能型居宅介護の利用を開始した場合も、同様に算定可。

3. 認知症加算
　認知症高齢者の日常生活自立度のランクⅢ以上の者に対して居宅介護サービスを実施する場合に、(Ⅰ)を算定可。同じく、日常生活自立度のランクⅡに該当する者に対して居宅介護サービスを実施する場合に、(Ⅱ)を算定可。
　認知症加算は、介護予防小規模多機能型居宅介護は対象外。

4. 若年性認知症利用者受入加算（新設）
(1) 受け入れた若年性認知症利用者ごとに個別に担当者を定め、担当者を中心に、利用者の特性やニーズに応じたサービス提供を行う場合に算定可。
(2) 若年性認知症の判断は、精神科医師もしくは神経内科医師または認知症に対するリハビリテーションに関する専門的研修修了医師の判定結果を徴するか、「要介護認定等の実施について」の主治医意見書によることが望ましい。
(3) 65歳の誕生日の前々日まで算定可。

5. 看護職員配置加算
(1) 常勤の看護師を1名以上配置した場合に、(Ⅰ)を算定可。
(2) 常勤の准看護師を1名以上配置した場合に、(Ⅱ)を算定可。
(3) 看護職員を常勤換算方法で1名以上配置した場合に、(Ⅲ)を算定可。
(4) (Ⅰ)～(Ⅲ)は併算定不可。
(5) いずれも、定員超過利用の場合や人員基準欠如の場合には算定不可。

6. 看取り連携体制加算
　看取り期の利用者に対するサービス提供体制をPDCAサイクルを通じて構築・強化することを促す趣旨の加算。厚生労働大臣が定める施設基準に適合する小規模多機能型居宅介護事業所が、厚生労働大臣が定める基準に適合する利用者について看取り期におけるサービス提供を行った場合に、死亡日および死亡日以前30日以下について、1日単位で算

定できる。

なお、この加算は、看護職員配置加算（Ⅰ）を算定していない事業所は、算定できない。

(1) 施設基準

　①24時間看護師と連絡がつき、必要な場合に緊急の呼び出しに応じて出勤する体制が取れている。

　②看取り期における対応方針を定め、利用開始の際に、登録者またはその家族等に対して、その内容を説明し、同意を得ている。対応方針には、例えば、次に掲げる事項が含まれている。

　　1) 当該事業所における看取り期における対応方針に関する考え方。

　　2) 医師や医療機関との連携体制。（夜間および緊急時に対応を含む）

　　3) 登録者等との話し合いにおける同意、意思確認および情報提供の方法。

　　4) 登録者等への情報提供に供する資料および同意書等の様式。

　　5) その他職員の具体的対応等。

(2) 対象となる利用者

　①医師が一般に認められている医学的知見に基づき、回復の見込みがないと診断した者。

　②看取り期における対応方針に基いて行われるサービス内容について、介護職員、看護職員等から説明を受け、同意した上でサービスを受けている者。（利用者の家族等が説明を受け、同意した上でサービスを受けている場合も含む）

(3) 死亡前に医療機関へ入院した後、入院先で死亡した場合でも算定可能だが、その際には、当該小規模多機能型居宅介護事業所でサービスを直接提供していない「入院した日の翌日から死亡日まで」の間は、算定不可。

(4) 小規模多機能型居宅介護事業所は、入院の後も、継続して登録者の家族や入院先の医療機関等との継続的な関わりを持つことが必要である。情報の共有を円滑に行う観点から、入院の際に本人または家族に「入院後の状態を継続して把握するために、入院先医療機関等に照会し、情報共有する」旨を説明して、文書で同意を得ておくことが必要。

(5) 小規模多機能型居宅介護事業所から医療機関へ入院した月と死亡した月が異なる場合でも算定可能だが、看取り連携体制加算は死亡月にまとめて算定することから、登録者側にとっては小規模多機能型居宅介護の登録を終了した翌月も、自己負担が請求される。そこで、登録者が入院する際、入院した月の翌月に亡くなった場合に、前月分の看取り連携体制加算の一部負担請求を行う場合があることを説明し、文書にて同意を得ておくことが必要。

7. 訪問体制強化加算

(1) 訪問サービスを担当する常勤の従業者を2名以上配置。

(2) 事業所の全登録者に対する訪問サービスの提供回数が1カ月当たり延べ200回以上。

(見守りの意味で声かけ等を行った場合も、訪問サービスの回数として算入可。介護予防小規模多機能型居宅介護における訪問サービスは、回数として算入不可)
(3) 事業所と同一の建物に集合住宅(養護老人ホーム、軽費老人ホーム、有料老人ホーム、サービス付き高齢者向け住宅に限る)を併設する場合は、登録者総数のうち同一建物居住者以外の登録者に対して行う場合を算定する者の占める割合が50％以上である。
(4) 訪問サービスの内容を記録する。
(5) 「訪問サービス担当の常勤の従業者」は、訪問サービスのみを行う従業者として固定しなければならないわけではなく、訪問サービスを行っている常勤の従業者を2名以上配置した場合に算定可。

8. 総合マネジメント体制強化加算

登録者が住み慣れた地域での生活を継続できるよう、地域住民との交流や地域活動への参加を図りつつ、登録者の心身の状況、希望およびその置かれている環境を踏まえて、「通い・訪問・宿泊」を柔軟に組み合わせて提供するために、介護支援専門員、看護師、准看護師、介護職員その他の関係者が日常的に行う調整や情報共有、多様な関係機関や地域住民等との調整や地域住民等との交流等の取組を評価する趣旨の加算。次に掲げるいずれにも該当する場合に算定可。

(1) 小規模多機能型居宅介護計画について、登録者の心身の状況や家族を取り巻く環境の変化を踏まえ、介護職員や看護職員等の多職種協働により、随時適切に見直しを行っている。
(2) 日常的に地域住民等との交流を図り、地域の行事や活動等に積極的に参加する。
　　(地域の行事や活動の例)
　　　①登録者の家族や、登録者と関わる地域住民等からの利用者に関する相談への対応。
　　　②登録者が住み慣れた地域で生活を継続するために、地域における課題を掘り起こし、地域住民や市町村等とともに解決する取組。(行政や地域包括支援センターが開催する地域での会議への参加、町内会や自治会の活動への参加、認知症や介護に関する研修の実施等)
　　　③登録者が住み慣れた地域との絆を継続するための取組。(登録者となじみの関係がある地域住民や商店等との関わり、地域の行事への参加等)

9. 生活機能向上連携加算(Ⅰ)(Ⅱ)(新設)

(1) 生活機能向上連携加算(Ⅰ)

介護支援専門員が、訪問リハビリテーション事業所、通所リハビリテーション事業所またはリハビリテーションを実施している医療提供施設(診療報酬の疾患別リハビリテーション料の届出を行っている200床未満の医療機関等)の医師、理学療法士、作業療法士または言語聴覚士の助言に基づき、生活機能の向上を目的とした小規模多機能型居宅介護計画を作成し、計画に基づく小規模多機能型居宅介護を行った場合に算定可。

(2)生活機能向上連携加算(Ⅱ)

訪問リハビリテーション事業所、通所リハビリテーション事業所またはリハビリテーションを実施している医療提供施設(診療報酬の疾患別リハビリテーション料の届出を行っている200床未満の医療機関等)の医師、理学療法士、作業療法士または言語聴覚士が、訪問リハビリテーション、通所リハビリテーション等の一環として、利用者の居宅を訪問する際に、介護支援専門員が同行するなどして、利用者の身体の状況等の評価を共同して行い、かつ、生活機能の向上を目的とした小規模多機能型居宅介護計画を作成したうえで、計画に基づく小規模多機能型居宅介護を行った場合に算定可。

10. 栄養スクリーニング加算(新設)

(1)利用者に対し、利用開始時および利用中6カ月ごとに栄養状態について確認を行い、利用者の栄養状態に係る情報(医師・歯科医師・管理栄養士等への相談提言を含む)を介護支援専門員に文書で提供した場合に算定できる。

(2)算定対象となる利用者等の取扱いは、「3-イ 地域密着型通所介護」の「7. 栄養改善加算」の(5)①~⑤の該当者。

ココに注目 減算等について

算定項目	算定	改定後	改定前	格差	要件	介護予防
定員超過の場合	1月 ロの場合 1日	×70%	×70%	±0	イ、ロ	○
従事者の員数が基準に満たない場合		×70%	×70%	±0	イ、ロ	○
過少サービスに対する減算	1月	×70%	×70%	±0	イ	○
日割り計算の場合		÷30.4	÷30.4	±0	イ	○

※ 登録定員超過や人員欠如減算は、訪問・通所系サービス共通項目ページを参照。

1. サービス提供が過少である場合の減算について

小規模多機能型居宅介護事業所が提供する通いサービス、訪問サービスおよび宿泊サービスの提供回数が、登録者(短期利用居宅介護費を算定する者を除く)1人当たり平均週4回に満たない場合は、基本報酬が30%減算となる。

「利用者一人当たり平均回数(週)」は、暦月ごとに以下の方法で算定したサービス提供回数合計数を、「当月の日数×登録者数」で除したものに7を乗じて算定する。

(1)通いサービス

1人の登録者が1日に複数回通いサービスを利用する場合は、当該回数を算定可。

(2)訪問サービス

1回の訪問を1回のサービス提供として算定する。なお、小規模多機能型居宅介護の訪問サービスは身体介護に限られないため、登録者宅を訪問して見守りの意味で声かけ等を行った場合でも、訪問サービスの回数に含められる。

(3) 宿泊サービス

1泊を1回として算定する。ただし、通いサービスに引き続いて宿泊サービスを行う場合は、それぞれを1回とし、計2回として算定する。

なお、小規模多機能型居宅介護と介護予防小規模多機能型居宅介護が同一の事業所で一体的に運営されている場合は、両方のサービス提供回数を合算し、それぞれの登録者数を合算して計算する。

登録者が月の途中で利用を開始または終了した場合は、利用開始日の前日以前または利用終了日の翌日以降の日数については、(1)の日数の算定の際に控除する。登録者が入院した場合の入院日（入院初日および退院日を除く）についても同様。

サービス提供回数が過少である状態が継続する場合は、市町村長が事業所に対し、適切なサービスの提供を指導することとなる。

コラム　留意事項等について

1. 短期利用居宅介護費の算定要件

(1)次に掲げる基準のいずれにも適合する。
　①事業所の登録者数が、登録定員未満である。
　②当該利用者の状態や家族等の事情により、居宅介護支援事業所の介護支援専門員が「緊急に利用が必要」と認めた場合であって、小規模多機能型居宅介護事業所の介護支援専門員が「小規模多機能型居宅介護事業所の登録者に対するサービス提供に支障がない」と認めた場合。
　③利用の開始にあたって、あらかじめ7日以内（利用者の日常生活上の世話を行う家族等の疾病等やむを得ない事情がある場合は14日以内）の利用期間を定める。
　④指定基準に定められた従業者の員数が配置されている。
　⑤サービス提供回数が過少であることによる減算の適用となっていない。

(2)短期利用に活用可能な宿泊室の数は、以下の算式で算出した数である。

　　　事業所の宿泊室の数×（登録定員－登録者数）÷当該事業所の登録定員
　　（小数点第1位以下四捨五入）
　　　例）宿泊室数が9室、登録定員が25人、登録者の数が20人の場合
　　　　9×（25－20）÷25＝1.8となり、短期利用に活用できる宿泊室数は2室となる。
　　　　このため、宿泊室数が9室、登録定員が25人の事業所において短期利用居宅介護費を算定するには、少なくとも登録者の数が23人以下である必要がある。

プラスα　Q&Aなどから

1. 利用定員の考え方

通いサービスの利用定員は、同時にサービスの提供を受ける者の上限を指すものであり、実利用者数の上限を指すものではない。

例えば午前中に15人が通いサービスを利用し、別の10人の利用者が午後に通いサービスを利用することも差し支えない。

　※介護保険最新情報 vol. 273(24.3.30)　平成24年度介護報酬改定に関するQ&A（vol. 2)について　Q 25

2. サービス提供回数

登録者（短期利用居宅介護費を算定する者を除く）1人当たり平均利用回数が週4回未満であった場合に発動される30％減算措置に関し、利用者宅を訪問して見守りの意味で声かけ等を行うことでもサービス提供回数として算入することが認められているが、「電話による見守り」をサービス提供回数に含めることはできない。

　※介護保険最新情報 vol. 69(21.3.23)　平成21年4月改定関係Q&A(vol. 1)　Q 127

3. 居宅介護支援専門員の「変更」について

居宅介護支援事業所の居宅介護支援専門員を利用している利用者が小規模多機能型居宅介護の利用を開始した場合は、居宅介護支援専門員を小規模多機能型居宅介護事業所の居宅介護支援専門員に変更しなければならない。（小規模多機能型居宅介護は「通い」「訪問」「宿泊」をパッケージで提供するものであるため）

　※18.2全国介護保険担当課長ブロック会議資料 Q&A　Q57

4. 短期利用居宅介護費

短期利用可能な宿泊室数の計算を行う場合の事業所の登録者数は、短期利用を認める当該日の登録者の数を使用する。

　※介護保険最新情報vol. 454(27.4.1)　平成27年度介護報酬改定に関するQ＆A　Q67

5. 指定基準の緩和

個室以外の宿泊室について、プライバシーが確保されたものとは、パーティションや家具などにより利用者同士の視線の遮断が確保されるようなものである必要がある。アコーディオンカーテンにより仕切られている宿泊室については、パーティションや家具などと同様にプライバシーが確保されたものである場合には、宿泊室として取り扱って差し支えない。

　※介護保険最新情報vol. 629(30.3.23)　平成30年度介護報酬改定に関するQ&A

(4) 指定地域密着型サービス

(Vol.1) Q124

6 認知症対応型共同生活介護(介護予防)

改正点のポイント

- 基本報酬は据え置かれた。
- 医療連携体制加算が3つに区分され、常勤の看護職員を1名以上配置するなどの体制を評価した区分(Ⅱ)(Ⅲ)が新設され報酬が引上げられた。
- 利用者が入院した時の費用の算定について
  ① 入院後3カ月以内に退院が見込まれる入居者について、退院後の再入居の受け入れ体制を整えている場合には、1カ月に6日を限度として一定単位の基本報酬が算定可能となった。
  ② 医療機関に30日を超える入院後、退院して再入居する場合も初期加算が算定可能となった。
- 生活機能向上連携加算(200単位/月)が新設された。(全サービス共通事項ページ参照)
- 口腔衛生管理体制加算(1カ月30単位)が新設された。
- 介護職員等でも実施可能な栄養スクリーニングを行い、計画作成担当者に栄養状態に係る情報を文書で共有した場合を評価した栄養スクリーニング加算(5単位/回・6カ月に1回限度)が新設された。
- 身体的拘束等の適正化のため必要な措置が運営基準で定められた。併せて身体拘束廃止未実施減算が新設された。
- 短期利用認知症対応型共同生活介護の算定要件の見直しがあった。

報酬早見表

■介護　1日につき

算定項目			改定後	改定前	格差	身体拘束廃止未実施減算
イ　認知症対応型共同生活介護費	(1)認知症対応型共同生活介護費(Ⅰ)(1ユニット事業所)	要介護1	759	759	±0	-76
		要介護2	795	795	±0	-80
		要介護3	818	818	±0	-82
		要介護4	835	835	±0	-84
		要介護5	852	852	±0	-85
	(2)認知症対応型共同生活介護費(Ⅱ)(2ユニット事業所)	要介護1	747	747	±0	-75
		要介護2	782	782	±0	-78
		要介護3	806	806	±0	-81
		要介護4	822	822	±0	-82
		要介護5	838	838	±0	-84

(4) 指定地域密着型サービス

算定項目			改定後	改定前	格差	身体拘束廃止未実施減算
ロ 短期利用認知症対応型共同生活介護費	(1)短期利用認知症対応型共同生活介護費(I)	要介護1	787	787	±0	
		要介護2	823	823	±0	
		要介護3	847	847	±0	
		要介護4	863	863	±0	
		要介護5	880	880	±0	
	(2)短期利用認知症対応型共同生活介護費(II)	要介護1	775	775	±0	
		要介護2	811	811	±0	
		要介護3	835	835	±0	
		要介護4	851	851	±0	
		要介護5	867	867	±0	

■**介護予防** 1日につき

算定項目			改定後	改定前	格差	身体拘束廃止未実施減算
イ 介護予防認知症対応型共同生活介護費	介護予防認知症対応型共同生活介護費(I)	要支援2	755	755	±0	−76
	介護予防認知症対応型共同生活介護費(II)	要支援2	743	743	±0	−74
ロ 介護予防短期利用認知症対応型共同生活介護費	介護予防短期利用認知症対応型共同生活介護費(I)	要支援2	783	783	±0	
	介護予防短期利用認知症対応型共同生活介護費(II)	要支援2	771	771	±0	

1. 利用者が入院したときの費用の算定について

　入居者が病院・診療所に入院する必要が生じても、退院後に元の認知症対応型共同生活介護事業所へ円滑に再入居できるように、事業所における体制確保の取組みを評価する加算。入院後3カ月以内に退院が見込まれる入居者について、退院後の再入居の受け入れ体制を整えている場合に、1月に6日を限度として246単位を算定可。（ただし、入院の初日および最終日は算定不可）

　具体的には、「あらかじめ、利用者に対して、入院後3カ月以内の退院することが明らかに見込まれるとき（※1）は、その者およびその家族等の希望等を勘案し、必要に応じて適切な便宜を供与（※2）するとともに、やむを得ない事情がある場合（※3）を除き、退院後再び当該指定認知症対応型共同生活介護事業所に円滑に入居することができる体制を確保していることについて説明を行うこと」と、留意事項通知に示されている。

　（※1「退院することが明らかに見込まれるとき」に該当するか否かは、利用者の入院先の病院または診療所の当該主治医に確認するなどの方法により判断する。）

　（※2「必要に応じて適切な便宜を供与」とは、利用者およびその家族の同意の上での入

退院の手続きや、その他の個々の状況に応じた便宜を図ることを指すものである。）

（※3「やむを得ない事情がある場合」とは、単に当初予定の退院日に居室の空きがないことをもって該当するものではなく、例えば、利用者の退院が予定より早まるなどの理由により、居室の確保が間に合わない場合等を指すものである。事業所側の都合は、基本的には該当しないことに留意する。）

●入院日数の数え方

入院の期間には初日および最終日は含まないので、連続して7泊の入院を行う場合の入院期間は、6日と計算される。

（例）

入院期間：3月1日～3月8日（8日間）

3月1日入院の開始………所定単位数を算定

3月2日～3月7日（6日間）………1日につき246単位を算定可

3月8日入院の終了………所定単位数を算定

※利用者の入院の期間中にそのまま退居した場合は、退居した日の入院時の費用は算定できる。

なお、利用者の入院の期間中で、かつ、入院時の費用の算定期間中にあっては、当該利用者が使用していた居室を他のサービスに利用することなく空けておくことが原則であるが、当該利用者の同意があれば、その居室を短期利用認知症対応型共同生活介護等に活用することは可能である。ただし、この場合に、入院時の費用は算定できない。また、当該利用者が退院する際に円滑に再入居できるよう、短期利用への活用は計画的なものでなければならない。

2. 入所等の日数の数え方

(1) 入居または入所の日数には、原則として、入所日および退所日の両方入所または入居（入所等）した日および退所または退居（退所等）した日の両方が含まれる。

(2) ただし、同一敷地内における短期入所生活介護事業所、短期入所療養介護事業所、認知症対応型共同生活介護事業所、特定施設または介護保険施設（介護保険施設等）の間で、または隣接もしくは近接する敷地における介護保険施設等であって、相互に職員の兼務や施設の共用等が行われているものの間で、利用者等が一の介護保険施設等から退所等をしたその日に他の介護保険施設等に入所等する場合は、入所等日は含み、退所等日は含まない。

(3) 介護保険施設等を退所等したその日に介護保険施設等と同一敷地内にある病院もしくは診療所の病床で、医療保険が適用されるもの（医療保険適用病床）または介護保険施設等と隣接もしくは近接する敷地における病院もしくは診療所の医療保険適用病床であって、介護保険施設等との間で相互に職員の兼務や施設の共用等が行われているもの（「同一敷地内等の医療保険適用病床」）に入院する場合（同一医療機関内の転棟の場

(4) 指定地域密着型サービス

合を含む)は、介護保険施設等においては退所等の日は算定されず、また、同一敷地内等の医療保険適用病床を退院したその日に介護保険施設等に入所等する場合(同一医療機関内の転棟の場合を含む)は、介護保険施設等では入所等の日は算定不可。

(4)「定員超過に係る減算」の「人員欠如に係る減算」に定める入所者数の算定は、入所等日を含み、退所等日は含まない。

3. 短期利用認知症対応型共同生活介護

(1)次のいずれにも適合する場合に、短期入所を受け入れてサービスを提供して算定可。

①事業者が、介護サービス事業や施設の運営において、3年以上の経験を有する。

②定員の範囲内で、空いている居室等を利用する。ただし、一の共同生活住居において、短期利用認知症対応型共同生活介護を受ける利用者の数は1名。

③利用の開始に当たって、あらかじめ30日以内の利用期間を定めている。

④十分な知識を有する従業者が確保されている。

⑤人員基準が遵守されている。

ただし、③の定員要件に関しては、2018年度改定により条件付きで緩和が図られた。具体的には、利用者のケアマネジメントを担う介護支援専門員が利用者の状況や利用者の家族等の事情を鑑みて「緊急に短期利用が必要」と認めた場合(※)は、利用者および事業所に入居している他の利用者の処遇に支障がない限り、定員合計数を超えて短期利用を受け入れても、算定可。なお、この場合は、以下の点に留意する必要がある。

1)当該利用者の居室は個室。

2)緊急時の特例的な取扱いのため、短期利用認知症対応型共同生活介護を行った日から起算して「7日」が利用の限度。

3)入居期間中においても、職員の配置数が人員基準上満たすべき員数を上回っている。

4)利用定員を超えて受け入れることができる利用者数は、事業所ごとに1人まで。
(この場合は「定員超過利用減算」の対象とはならない)

(※この定員特例の対象となるのは、居宅サービス計画に位置づけられていない短期利用認知症対応型共同生活介護に限られる。)

加算算定のポイント

	算定項目	算定	改定後	改定前	格差	要件	介護予防
夜間支援体制加算	夜間支援体制加算(Ⅰ)	1日	+50	+50	±0	イ(1)、ロ(1)	○
	夜間支援体制加算(Ⅱ)		+25	+25	±0	イ(2)、ロ(2)	○

算定項目		算定	改定後	改定前	格差	要件	介護予防
認知症行動・心理症状緊急対応加算			+200	+200	±0	ロ 7日限度	○
若年性認知症利用者受入加算			+120	+120	±0		○
入院時費用　病院または診療所への入院を要した場合			+246	—	新設	1月に6日限度所定単位数に代えて	○
看取り介護加算	(1)死亡日以前4日以上30日以下	1日	+144	+144	±0	イ	
	(2)死亡日以前2日または3日		+680	+680	±0	イ	
	(3)死亡日		+1,280	+1,280	±0	イ	
ハ　初期加算			+30	+30	±0	イ	ハ
ニ　医療連携体制加算	(1)医療連携体制加算(Ⅰ)		+39	+39	±0		
	(2)医療連携体制加算(Ⅱ)		+49	—	新設		
	(3)医療連携体制加算(Ⅲ)		+59	—	新設		
ホ　退居時相談援助加算		1回	+400	+400	±0	1人1回限度	ニ
ヘ　認知症専門ケア加算	(1)認知症専門ケア加算(Ⅰ)	1日	+3	+3	±0	イ	ホ
	(2)認知症専門ケア加算(Ⅱ)		+4	+4	±0	イ	
ト　生活機能向上連携加算		1月	+200	—	新設		ヘ
チ　口腔衛生管理体制加算			+30	—	新設	イ	ト
リ　栄養スクリーニング加算		1回	+5	—	新設	イ 6月に1回限度	チ
ヌ　サービス提供体制強化加算（全サービス共通事項ページ参照）	(1)サービス提供体制強化加算(Ⅰ)イ	1日	+18	+18	±0		リ
	(2)サービス提供体制強化加算(Ⅰ)ロ		+12	+12	±0		
	(3)サービス提供体制強化加算(Ⅱ)		+6	+6	±0		
	(4)サービス提供体制強化加算(Ⅲ)		+6	+6	±0		

1. 夜間支援体制加算

夜間における入居者の安全確保等を目的とし、夜間および深夜帯に基準以上の介護従事者または宿直者の配置を進める事業所の取組みを評価する加算。1の共同生活住居につき、夜間および深夜の時間帯を通じて1の介護従業者を配置している場合に、それに加えて常勤換算方法で1以上の介護従業者または1以上の宿直勤務に当たる者を配置した場合に、算定できる。

共同生活住居の数が1事業所は「夜間支援体制加算（Ⅰ）」を、2以上の事業所については「夜間支援体制加算（Ⅱ）」を、算定する。

(4) 指定地域密着型サービス

2. 認知症行動・心理症状緊急対応加算

　医師が「認知症の行動・心理症状が認められるため、在宅での生活が困難であり、緊急に指定認知症対応型共同生活介護を利用することが適当である」と判断した者について、介護支援専門員と受け入れ事業所の職員とで連携し、当該本人またはその家族の同意のうえ、短期利用認知症対応型共同生活介護の利用を開始した場合に、算定可。(入居日から起算して7日を限度)

(1)「認知症の行動・心理症状」とは、認知症による認知機能の障害に伴う、妄想・幻覚・興奮・暴言等の症状をさす。

(2)医療機関における対応が必要であると判断される場合は、速やかに適当な医療機関の紹介、情報提供を行うことにより、適切な医療が受けられるように取り計らう必要がある。

(3)次の者が、直接、短期利用認知症対応型共同生活介護の利用を開始した場合には、算定不可。

①病院または診療所に入院中の者。

②介護保険施設または地域密着型介護老人福祉施設に入院中または入所中の者。

③認知症対応型共同生活介護、地域密着型特定施設入居者生活介護、特定施設入居者生活介護、短期入所生活介護、短期入所療養介護、短期利用認知症対応型共同生活介護、短期利用特定施設入居者生活介護および地域密着型短期利用特定施設入居者生活介護を利用中の者。

(4)判断を行った医師は、診療録等に症状、判断の内容等を記録しておく。事業所側も、判断を行った医師名、日付および利用開始に当たっての留意事項等を介護サービス計画書に記録しておく。

(5)「7日を限度として算定」とあるのは、本加算が「認知症の行動・心理症状」が認められる利用者を受け入れる際の初期の手間を評価したものであるためであり、利用開始後8日目以降の短期利用認知症対応型共同生活介護の利用の継続を妨げるものではないことに留意する。

(6)本加算は、予定外で緊急入所した場合の受入れの手間を評価するものであるため、「入所予定日当日に、予定していた事業所に認知症行動・心理症状で入所した」という場合には算定対象とはならない。

3. 若年性認知症利用者受入加算

(1)受け入れた若年性認知症利用者ごとに個別に担当者を定め、担当者を中心に、利用者の特性やニーズに応じたサービス提供を行う場合に算定可。

(2)若年性認知症の判断は、精神科医師もしくは神経内科医師または認知症に対するリハビリテーションに関する専門的研修修了医師の判定結果を徴するか、「要介護認定等の実施について」の主治医意見書によることが望ましい。

(3)65歳の誕生日の前々日まで算定可。

4. 看取り介護加算

　看取り介護加算は、医師が、一般に認められている医学的知見に基づき回復の見込みがないと診断した利用者について、その旨を利用者またはその家族等（利用者等）に対して説明し、その後の療養および介護に関する方針についての合意を得た場合において、医師、看護職員、介護職員、介護支援専門員等が共同して、随時、利用者等に対して十分な説明を行い、療養および介護に関する合意を得ながら、利用者がその人らしく生き、その人らしい最期が迎えられるよう支援することを主眼としている。

(1) 施設基準は以下のとおり。
　① 看取りに関する指針を定め、入居の際に、利用者またはその家族等に対して、指針の内容を説明し、同意を得ている。
　② 医師、看護職員（認知症対応型共同生活介護事業所の職員または事業所と密接な連携を確保できる範囲内の距離（同一市町村内に所在している、または自動車等により概ね20分以内で移動できる距離）にある病院もしくは診療所もしくは訪問看護ステーションの職員に限る）、介護職員、介護支援専門員その他の職種の者による協議のうえ、事業所における看取りの実績等を踏まえ、適宜、看取りに関する指針の見直しを行う。
　③ 看取りに関する職員研修を実施している。

(2) 死亡前に在宅へ戻った場合や、医療機関入院後、在宅や入院先で死亡した場合でも算定可能であるが、その際には、事業所において看取り介護を直接行っていない退居日翌日から死亡日までの間は、算定不可。（したがって、退居日翌日から死亡日までの期間が30日以上あった場合は、看取り介護加算を算定不可）

(3) 事業所を退居等した月と死亡月が異なる場合でも算定可能であるが、看取り介護加算は死亡月にまとめて算定することから、利用者側にとって、事業所に入居していない月についても自己負担を請求されることになるため、利用者が退居等する際、退居等の翌月に亡くなった場合に、前月分の看取り介護加算の一部負担の請求を行う場合があることを説明し、文書にて同意を得ておくことが必要。

(4) 事業所は、事業所退居等後も、継続して利用者の家族指導や医療機関に対する情報提供等を行うことが必要であり、利用者の家族、入院先の医療機関等との継続的な関わりの中で、利用者の死亡を確認する。

(5) 情報の共有を円滑に行う観点から、事業所が入院医療機関等に利用者の状態を尋ねたときに、医療機関等が事業所に対して本人の状態を伝えることについて、事業所退居等の際、本人または家族に対して説明をし、文書にて同意を得ておくことが必要。

(6) 利用者が入退院または外泊した場合、入院または外泊期間が死亡日以前30日の範囲内であれば、入院または外泊期間を除いた期間、加算を算定可能。

(7) 入院、外泊、退居日に加算を算定できるか否かは、当該日に所定単位数を算定するかどうかによる。

(4) 指定地域密着型サービス

5. 初期加算

認知症対応型共同生活介護事業所に入居した日から起算して30日以内の期間について、1日につき所定単位数を算定できる。ただし、以下の要件がある。

(1) 当該利用者が過去3カ月間(ただし、日常生活自立度のランクⅢ、ⅣまたはMに該当する者の場合は過去1カ月間)に、当該事業所に入居したことがない場合に限り、算定できる。

(2) 短期利用者が、日を空けることなく引き続き当該事業所に入居した場合(短期利用を終了した翌日に入居した場合を含む)に、初期加算は入居直前の短期利用認知症対応型共同生活介護の利用日数を30日から控除して得た日数に限り、算定可。

(3) 30日を超える病院または診療所への入院後に再入居した場合は、(1)にかかわらず、初期加算を算定可。

6. 医療連携体制加算((Ⅱ)(Ⅲ)新設)

環境の変化に影響を受けやすい認知症高齢者が、可能な限り継続して認知症対応型共同生活介護事業所で生活を継続できるように、日常的な健康管理を行ったり、医療ニーズが必要となった場合に適切な対応がとれる等の体制を整備している事業所を評価する加算。

(1) 医療連携体制加算(Ⅰ)の算定要件

①事業所の職員、または病院、診療所、訪問看護ステーションとの連携により、看護師を1名以上確保。

②看護師により24時間連絡できる体制(※)を確保。

③重度化した場合の対応に係る指針を定め、入居の際に、利用者またはその家族等に対して、指針の内容を説明し、同意を得ている。

(※同一法人の特別養護老人ホームの看護師を活用する場合、看護師が夜勤を行うときでも、グループホームからの連絡を受けて看護師が必要な対応をとることができる体制があれば24時間連絡体制確保に該当。)

④事業所が行うべき具体的なサービスは、次の業務を行うために必要な勤務時間を確保することが必要。

1) 利用者に対する日常的な健康管理。

2) 通常時および特に利用者の状態悪化時における医療機関(主治医)との連絡・調整。

3) 看取りに関する指針の整備。

(2) 医療連携体制加算(Ⅱ)の算定要件

①事業所の職員として看護職員を常勤換算で1名以上配置している。

②事業所の職員である看護職員または病院、診療所もしくは訪問看護ステーションの看護師との連携により、24時間連絡できる体制を確保していること。ただし、事業所の職員として配置している看護職員が准看護師のみである場合には、病院、診療所または訪問看護ステーションの看護師との連携体制を確保している。

③算定日が属する月の前12カ月間に、喀痰吸引や経鼻胃管や胃瘻等の経腸栄養などの

医療的ケアを提供している。
　　④重度化した場合の対応に係る指針を定め、入居の際に、利用者またはその家族等に対して、指針の内容を説明し、同意を得ている。
(3)医療連携体制加算(Ⅲ)の算定要件
　　①事業所の職員として看護師を常勤換算で1名以上配置している。
　　②事業所の職員である看護師または病院、診療所もしくは訪問看護ステーションの看護師との連携により、24時間連絡できる体制を確保している。
　　③算定日が属する月の前12月間に、喀痰吸引や経鼻胃管や胃瘻等の経腸栄養などの医療的ケアを提供している。
　　④重度化した場合の対応に係る指針を定め、入居の際に、利用者またはその家族等に対して、指針の内容を説明し、同意を得ている。
(4)医療連携体制をとっている事業所が行うべき具体的なサービスは、利用者に対する日常的な健康管理、通常時および特に状態悪化時における医療機関(主治医)との連絡・調整、看取りに関する指針の整備等が想定されており、これらの業務を行うために必要な勤務時間を確保することが必要となる。
　　　なお、算定要件である「重度化した場合における対応に係る指針」に盛り込むべき項目としては、例えば、下記などが考えられる。
　　①急性期における医師や医療機関との連携体制。
　　②入院期間中の認知症対応型共同生活介護における居住費や食費の取扱い。
　　③看取りに関する考え方、本人および家族との話し合いや意思確認の方法等の看取りに関する指針。
(5)加算(Ⅱ)(Ⅲ)の事業所は(1)の④のサービスに加えて、協力医療機関等との連携を確保しつつ、医療ニーズを有する利用者が、可能な限り事業所で療養生活を継続できるように必要な支援を行う。

7. 退居時相談援助加算

　利用期間が1カ月を超える利用者が退居し、その居宅において居宅サービスなどを利用する場合に、利用者およびその家族等に対して退居後の居宅サービス、地域密着型サービスその他の保健医療サービスまたは福祉サービスについて相談援助を行い、かつ、利用者の同意を得て、退居日から2週間以内に利用者の退居後の居宅地を管轄する市町村および老人介護支援センターまたは地域包括支援センターに対して利用者の介護状況を示す文書を添えて、居宅サービスなどに必要な情報を提供した場合に算定。
(1)相談援助の内容は、以下のとおり。
　　①食事、入浴、健康管理等在宅における生活に関する相談援助。
　　②退居者の運動機能および日常生活動作能力の維持および向上を目的として行う各種訓練等に関する相談援助。
　　③家屋の改善に関する相談援助。

(4) 指定地域密着型サービス

　　④退居する者の介助方法に関する相談援助。
　(2)以下の場合は、算定することができない。
　　①退居して医療機関へ入院する場合。
　　②他の介護保険施設への入院もしくは入居または認知症対応型共同生活介護、地域密着型介護福祉施設入所者生活介護、特定施設入居者生活介護、地域密着型特定施設入居者生活介護の利用を開始する場合。
　　③死亡退居の場合。
　(3)退居時相談援助は、介護支援専門員である計画作成担当者、介護職員等が協力して行う。

8. 認知症専門ケア加算

(1)認知症専門ケア加算(Ⅰ)を算定するには、次のいずれにも適合すること。
　①入所者総数のうち、認知症高齢者の日常生活自立度ランクⅢ以上を占める割合が50％以上である。
　②認知症介護に係る専門的研修修了者を、対象者の数が20人未満の場合は「1以上」、対象者の数が20人以上の場合は「1に、対象者の数が19を超えて10またはその端数を増すごとに1を加えて得た数以上」を配置し、チームとして専門的な認知症ケアを実施。
　③従業者に対して、認知症ケアに関する留意事項の伝達または技術的指導に係る会議を定期的に開催。
(2)認知症専門ケア加算(Ⅱ)を算定するには、次のいずれにも適合すること。
　①上記加算(Ⅰ)の基準のいずれにも適合すること。
　②認知症介護の指導に係る専門的研修修了者1名以上配置し、施設全体の認知症ケアの指導等を実施。
　③介護職員、看護職員等ごとの認知症ケアに関する研修計画を作成し、計画に従い、研修を実施または実施を予定している。

9. 生活機能向上連携加算(新設)

　訪問リハビリテーションもしくは通所リハビリテーションを実施している事業所またはリハビリテーションを実施している医療提供施設(診療報酬における疾患別リハビリテーション料の届出を行っている200床未満の医療機関等)の理学療法士・作業療法士・言語聴覚士、医師(以下「理学療法士等」)が認知症対応型共同生活介護事業所を訪問した際、当該利用者のADL(寝返り、起き上がり、移乗、歩行、着衣、入浴、排せつ等)およびIADL(調理、掃除、買物、金銭管理、服薬状況等)に関する利用者の状況につき、理学療法士等と計画作成担当者が共同して、現在の状況およびその改善可能性の評価(以下「生活機能アセスメント」)を行い、かつ、生活機能の向上を目的とした認知症対応型共同生活介護計画を作成し、連携して計画に基づく認知症対応型共同生活介護を実施した場合に、算定できる。

10. 口腔衛生管理体制加算（新設）

(1) 歯科医師または歯科医師の指示を受けた歯科衛生士が介護職員に対して口腔ケアの技術的助言および指導を月1回以上実施している場合に算定できる。算定要件として、事業所においては、歯科医師または歯科医師の指示を受けた歯科衛生士の技術的助言および指導に基づき、口腔ケア・マネジメントに係る計画を作成する必要がある。

(2)「口腔ケアの技術的助言および指導」とは、当該事業所における利用者の口腔内状態の評価方法、適切な口腔ケアの手技、口腔ケアに必要な物品整備の留意点、口腔ケアに伴うリスク管理、その他当該事業所において日常的な口腔ケアの実施にあたり必要と思われる事項のうち、いずれかに係る技術的助言および指導のことをいうものであって、個々の利用者の口腔ケア計画をいうものではない。

(3)「利用者の口腔ケア・マネジメントに係る計画」には、以下の事項を記載する。
　①事業所において利用者の口腔ケアを推進するための課題
　②事業所における目標
　③具体的方策
　④留意事項
　⑤事業所と歯科医療機関との連携の状況
　⑥歯科医師からの指示内容の要点（当該計画の作成にあたっての技術的助言・指導を歯科衛生士が行った場合に限る。）
　⑦その他必要と思われる事項

(4) 医療保険の歯科訪問診療料または訪問歯科衛生指導料算定月でも、口腔衛生管理体制加算を算定可。ただし、介護職員に対する口腔ケアの技術的助言および指導または利用者の口腔ケア・マネジメント計画に関する技術的助言および指導を行う場合は、歯科訪問診療または訪問歯科衛生指導の実施時間以外の時間帯に行う。

11. 栄養スクリーニング加算（新設）

(1) 利用者に対し、利用開始時および利用中6カ月ごとに栄養状態について確認を行い、当該利用者の栄養状態の情報（医師・歯科医師・管理栄養士等への相談提言を含む）を計画作成担当者に文書で報告した場合に算定可。

(2) 算定対象となる利用者は、「3-イ　地域密着型通所介護」の「7.栄養改善加算」の(5)①〜⑤に該当する者。

(3) 利用者について、事業所以外で既に栄養スクリーニング加算を算定している場合は算定不可。

(4) 指定地域密着型サービス

  ココに注目　減算等について

算定項目	算定	改定後	改定前	格差	要件	介護予防
夜勤職員基準に定める員数を満たさない場合	1日	×97%	×97%	±0		○
定員超過の場合		×70%	×70%	±0		○
介護従業者の員数が基準に満たない場合		×70%	×70%	±0		○
身体拘束廃止未実施減算		算定表(報酬早見表参照)		新設		○

※ 定員超過などの減算は訪問・通所系サービス共通項目ページ参照。

1. 身体拘束廃止未実施減算（新設）

身体的拘束等の適正化を図るため、以下の措置を講じなければならないと運営基準に規定され、これらに適合しない場合は「身体拘束廃止未実施減算」の対象となる。

(1) 身体的拘束等を行う場合には、その態様および時間、その際の利用者の心身の状況並びに緊急やむを得ない理由を記録する。

(2) 身体的拘束等の適正化のための対策を検討する委員会（以下「身体的拘束適正化検討委員会」）（運営推進会議を活用することができる）を3カ月に1回以上開催するとともに、その結果について、介護職員その他従業者に周知徹底を図る。

(3) 身体的拘束適正化検討委員会とは、身体的拘束の適正化のための対策を検討する委員会であり、幅広い職種（例えば、施設長（管理者）、事務長、医師、看護職員、介護職員、生活相談員）により構成する。構成メンバーの責務および役割分担を明確にするとともに、専任の身体的拘束適正化対応策を担当する者を決めておく。

なお、身体的拘束適正化検討委員会は、運営委員会など他の委員会とは独立して設置・運営することが必要であるが、事故防止委員会および感染対策委員会については、関係する職種等が身体的拘束適正化検討委員会と相互に関係が深いと認められることから、これと一体的に設置・運営することも差し支えない。身体的拘束適正化検討委員会の責任者はケア全般の責任者であることが望ましい。また、身体的拘束適正化検討委員会には、第三者や専門家を活用することが望ましく、その方策として、精神科専門医等の専門医の活用等が考えられる。

報告、改善のための方策を定め、周知徹底する目的は、身体的拘束適正化について、施設全体で情報共有し、今後の再発防止につなげるためのものであり、決して従業者の懲罰を目的としたものではないことに留意することが必要である。

(4) 身体的拘束適正化検討委員会の業務

① 身体的拘束について報告するための様式を整備する。

② 介護職員その他の従業者は、身体的拘束の発生ごとにその状況、背景等を記録し、①の様式に従い、身体的拘束について報告する。

③ 身体的拘束適正化のための委員会において、②により報告された事例を集計し、分析する。

④ 事例の分析に当たっては、身体的拘束の発生時の状況等を分析し、身体的拘束の発生

原因、結果等をとりまとめ、当該事例の適正性と適正化策を検討する。
⑤報告された事例および分析結果を従業者に周知徹底する。
⑥適正化策を講じた後に、その効果について評価する。
(5)身体的拘束適正化のための指針を整備する
　　指針には、次のような項目を盛り込む。
①施設における身体的拘束適正化に関する基本的考え方
②身体的拘束適正化のための委員会その他施設内の組織に関する事項
③身体的拘束適正化のための職員研修に関する基本方針
④施設内で発生した身体的拘束の報告方法等のための方策に関する基本方針
⑤身体的拘束発生時の対応に関する基本方針
⑥入居者等に対する当該指針の閲覧に関する基本方針
⑦その他身体的拘束適正化の推進のために必要な基本方針
(6)身体的拘束適正化のための従業者に対する研修の内容
　　身体的拘束適正化の基礎的内容等の適切な知識を普及・啓発するとともに、指針に基づき、適正化の徹底を行う。職員教育を組織的に徹底させていくため、施設が指針に基づいた研修プログラムを作成し、定期的な教育(年2回以上)を開催するとともに、新規採用時には必ず身体的拘束適正化の研修を実施する。また、研修の実施内容も記録する。研修の実施は、職員研修施設内での研修で差し支えない。

コラム　留意事項等について

　介護予防認知症対応型共同生活介護、介護予防地域密着型特定施設入居者生活介護を受けている者は、その他の介護予防サービスまたは地域密着型介護予防サービス(介護予防居宅療養管理指導費を除く)は算定不可。ただし、介護予防地域密着型特定施設入居者生活介護の提供に必要がある場合に、事業者の費用負担により、その利用者に対してその他の介護予防サービスまたは地域密着型介護予防サービスを利用させることは差し支えない。

プラスα　Q&Aなどから

1．入院時の費用の算定

　入院当初の期間が、最初の月から翌月へ連続して跨る場合は、都合12日まで算定可能であるが、毎月6日間の費用が算定できるものではない。
　　※介護保険最新情報vol.629(30.3.23)　平成30年度介護報酬改定に関するQ＆A
　　　(Vol.1)　Q112

(4) 指定地域密着型サービス

2. 口腔衛生管理体制加算の入院時の費用の算定

　口腔衛生管理体制加算について、月の途中で退所、入院または外泊した場合や月の途中から入所した場合、入院・外泊中の期間は除き、当該月において1日でも当該施設に在所した入所者について算定できる。

　　※介護保険最新情報vol.629(30.3.23)　平成30年度介護報酬改定に関するQ＆A（Vol.1）Q115

3. 身体拘束廃止未実施減算

　最初の身体拘束廃止に係る委員会を開催するまでの3カ月の間に指針等を整備する必要があるため、それ以降の減算になる。

　　※介護保険最新情報vol.629(30.3.23)　平成30年度介護報酬改定に関するQ＆A（Vol.1）Q117

4. 夜間支援体制加算

　夜間支援体制加算の算定要件である宿直勤務の職員は、事業所内での宿直が必要となる。なお、認知症対応型共同生活介護における夜間支援体制加算での宿直職員は、事業所内の利用者の安全確保を更に強化するために配置されているものである。一方で、小規模多機能型居宅介護における夜間の宿直職員は、主として登録者からの連絡を受けての訪問サービスに対応するための配置であることから、その配置の考え方は異なるものである。

　　※介護保険最新情報vol.454(27.4.1)　平成27年度介護報酬改定に関するQ＆A　Q173

7 地域密着型特定施設入居者生活介護

改正点のポイント

- 基本報酬は引上げられた。
- たんの吸引等が必要な入居者の占める割合が高い場合に算定できる入居継続支援加算（36単位/日）が新設された。
- 医療提供施設を退院・退所して特定施設に入居する利用者を受け入れた場合に算定できる退院・退所時連携加算（30単位/日）が新設された。
- 生活機能向上連携加算（200単位/月、個別機能訓練加算を算定している場合100単位/月）が新設された。（全サービス共通事項ページ参照）
- 口腔衛生管理体制加算（30単位/月）が新設された。
- 介護職員等でも実施可能な栄養スクリーニングを行い、介護支援専門員に栄養状態に係る情報を文書で共有した場合を評価する栄養スクリーニング加算（5単位/回・6カ月に1回限度）が新設された。
- 若年性認知症入居者受入加算（120単位/日）が新設された。
- 身体拘束等の適正化のため必要な措置が運営基準で定められた。併せて身体拘束廃止未実施減算が新設された。
- 機能訓練指導員に理学療法士等を配置した事業所で6カ月以上勤務し、機能訓練指導に従事した経験を有する「はり師、きゅう師」が追加された。
- 短期利用地域密着型特定施設入居者生活介護の利用者数の上限が、1又は定員の10％までに見直しされた。

報酬早見表

1日につき

算定項目		算定	改定後	改定前	格差	身体拘束廃止未実施減算
イ　地域密着型特定施設入居者生活介護費	要介護1	1日	534	533	1	−53
	要介護2		599	597	2	−60
	要介護3		668	666	2	−67
	要介護4		732	730	2	−73
	要介護5		800	798	2	−80
ロ　短期利用地域密着型特定施設入居者生活介護費	要介護1		534	533	1	
	要介護2		599	597	2	
	要介護3		668	666	2	
	要介護4		732	730	2	
	要介護5		800	798	2	

(4) 指定地域密着型サービス

1. 短期利用地域密着型特定施設入居者生活介護費

次のいずれにも適合する場合に、短期入所を受け入れてサービスを提供し、算定可。

(1) 当該事業者が、介護保険にかかる介護サービス事業や施設の運営において、3年以上の経験を有する。
(2) 定員の範囲内で、空いている居室等を利用するものである。ただし、短期利用できる利用者の数は1または当該施設の入居定員の1割以下である。
(3) 利用の開始に当たって、あらかじめ30日以内の利用期間を定めている。

加算算定のポイント

算定項目		算定	改定後	改定前	格差	要件
入居継続支援加算		1日	+36	−	新設	イ
生活機能向上連携加算	個別機能訓練加算を算定していない場合	1月	+200	−	新設	イ
	個別機能訓練加算を算定している場合		+100	−	新設	
個別機能訓練加算		1日	+12	+12	±0	
夜間看護体制加算			+10	+10	±0	イ、ロ
若年性認知症入居者受入加算			+120	−	新設	イ、ロ
医療機関連携加算		1月	+80	+80	±0	イ
口腔衛生管理体制加算			+30	−	新設	
栄養スクリーニング加算		1回	+5	−	新設	6月に1回を限度
ハ 退院・退所時連携加算		1日	+30	−	新設	イ
ニ 看取り介護加算	(1) 死亡日以前4日以上30日以下		+144	+144	±0	
	(2) 死亡日以前2日または3日		+680	+680	±0	
	(3) 死亡日		+1,280	+1,280	±0	
ホ 認知症専門ケア加算	(1) 認知症専門ケア加算(Ⅰ)		+3	+3	±0	
	(2) 認知症専門ケア加算(Ⅱ)		+4	+4	±0	
ヘ サービス提供体制強化加算(全サービス共通事項ページ参照)	(1) サービス提供体制強化加算(Ⅰ) イ		+18	+18	±0	
	(2) サービス提供体制強化加算(Ⅰ) ロ		+12	+12	±0	
	(3) サービス提供体制強化加算(Ⅱ)		+6	+6	±0	
	(4) サービス提供体制強化加算(Ⅲ)		+6	+6	±0	

1. 入居継続支援加算（新設）

(1) 介護福祉士数が、利用者の数が6またはその端数を増すごとに1以上。
(2) 喀痰吸引等を必要とする者の占める割合が利用者の15％以上。
(3) 喀痰吸引等を必要とする者の占める割合は、届出月前3カ月のそれぞれの末日時点の割合の平均について算出する。届出月以降も、毎月直近3カ月間の割合がそれぞれ所定の割合以上であることが必要。割合は、毎月記録し、所定割合を下回った場合は、直ちに取り下げの届出をする。
(4) 介護福祉士の員数は、届出月前3カ月間における員数の平均を、常勤換算方法を用い

て算出した値。届出月以降も、毎月直近3カ月間の割合がそれぞれ所定の割合以上であることが必要。割合は、毎月記録し、所定割合を下回った場合は、直ちに取り下げの届出を提出する。
(5)サービス提供体制強化加算は併算定不可。

2. 生活機能向上連携加算（新設）
(1)訪問リハビリテーションもしくは通所リハビリテーションを実施している事業所またはリハビリテーションを実施している医療提供施設（診療報酬における疾患別リハビリテーション料の届出を行っている200床未満の医療機関等）の理学療法士、作業療法士、言語聴覚士、医師（理学療法士等）が、地域密着型特定施設入居者生活介護事業所を訪問し、事業所の機能訓練指導員、看護職員、介護職員、生活相談員その他の職種の者と共同で、アセスメントを行い、個別機能訓練計画を作成したうえで、当該個別機能訓練計画に基づき、利用者の身体機能又は生活機能向上を目的とする機能訓練の項目を準備し、機能訓練指導員等が利用者の心身の状況に応じた機能訓練を適切に提供した場合に算定可。
(2)機能訓練指導員等が外部の理学療法士等と連携し、個別機能訓練計画の進捗状況等を3カ月ごとに1回以上評価し、利用者またはその家族に対して機能訓練の内容と個別機能訓練計画の進捗状況等を説明し、必要に応じて訓練内容の見直し等を行っている。

3. 個別機能訓練加算
(1)機能訓練指導員を1名以上配置しているとして市町村長に届出た地域密着型特定施設で、機能訓練指導員、看護職員、介護職員、生活相談員その他の職種の者が共同して、利用者ごとにその目標、実施方法等を内容とする個別機能訓練計画を作成し、これに基づいて行った個別機能訓練の効果、実施方法等について評価等を行った場合に算定可。
(2)開始時およびその3カ月ごとに1回以上利用者に対して個別機能訓練計画の内容を説明し、記録する。
(3)機能訓練指導員が不在の日でも算定可。

4. 夜間看護体制加算
24時間看護師等に連絡できる体制を確保していることを評価する加算。算定要件は以下の通り。
(1)常勤の看護師を1名以上配置し、看護に係る責任者を定めている。
(2)地域密着型特定施設の看護職員により、または病院もしくは診療所もしくは訪問看護ステーションとの連携により、利用者に対して、24時間連絡できる体制（※）を確保し、かつ、必要に応じて健康上の管理等を行う体制を確保している。
(3)重度化した場合における対応指針を定め、入居の際に、利用者またはその家族等に対

(4) 指定地域密着型サービス

して、指針の内容を説明し、同意を得ている。
(※「24時間連絡できる体制」とは、地域密着型特定施設内で勤務することを要するものではなく、夜間においても地域密着型特定施設から連絡でき、必要な場合には地域密着型特定施設からの緊急の呼び出しに応じて出勤する体制をいう。具体的には以下の体制を整備する。)
① 施設において、管理者を中心として、介護職員および看護職員による協議のうえ、夜間における連絡・対応体制（オンコール体制）に関する取り決め（指針やマニュアル等）の整備。
② 管理者を中心として、介護職員および看護職員による協議のうえ、看護職員不在時の介護職員による利用者の観察項目の標準化。（どのようなことが観察されれば看護職員に連絡するか）
③ 地域密着型特定施設内研修等を通じ、看護・介護職員に対して、上記の取り決めを周知。
(4) 施設の看護職員とオンコール対応の看護職員が異なる場合は、電話やFAX等により利用者の状態に関する引き継ぎを行うとともに、オンコール体制終了時にも同様の引き継ぎを行う。

5. 若年性認知症入居者受入加算
(1) 受け入れた65歳未満の若年性認知症の利用者ごとに個別に担当者を定め、その者を中心に、利用者の特性やニーズに応じたサービス提供を行う場合に算定可。
(2) 若年性認知症の判断は、精神科医師もしくは神経内科医師または認知症に対するリハビリテーションに関する専門的研修修了医師の判定結果を徴するか、「要介護認定等の実施について」の主治医意見書によることが望ましい。
(3) 65歳の誕生日の前々日まで算定可。

6. 医療機関連携加算
看護職員が、利用者ごとに健康の状況を継続的に記録し、利用者の同意を得たうえで、協力医療機関または利用者の主治医に対して1カ月に1回以上、利用者の健康の状況に関する情報を提供した場合に算定可。
(1) 協力医療機関または利用者の主治医（以下、協力医療機関等）に情報提供した日（以下、情報提供日）前30日以内において、算定日が14日未満である場合は、算定不可。
(2) 協力医療機関等には、歯科医師を含む。
(3) あらかじめ、地域密着型特定施設と協力医療機関等との間で、情報提供の期間および利用者の健康の状況の著しい変化の有無等の提供する情報の内容についても定めておく。ただし、これら事前に定めた以外の事項であっても、必要に応じて協力医療機関等に情報提供することが妨げられるものではない。
(4) 看護職員は、前回の情報提供日から次回の情報提供日までの間において、利用者ごと

に健康の状況について随時記録する。
(5) 協力医療機関等への情報提供は、面談によるほか、文書(FAXを含む)または電子メールにより行うことも可能であるが、協力医療機関等に情報を提供した場合は、協力医療機関の医師または利用者の主治医から、署名あるいはそれに代わる方法により受領の確認を得る。この場合、複数の利用者の情報を同時に提供した場合は、一括して受領の確認を得ても差し支えない。

7. 口腔衛生管理体制加算（新設）

利用者の口腔ケア・マネジメント計画が作成されている地域密着型特定施設で、「歯科医師」または「歯科医師の指示を受けた歯科衛生士」が、地域密着型特定施設の介護職員に対して月1回以上、口腔ケアに係る技術的助言および指導を行った場合に、算定できる。
(1)「口腔ケアに係る技術的助言及び指導」とは、当該施設における入所者の口腔内状態の評価方法、適切な口腔ケアの手技、口腔ケアに必要な物品整備の留意点、口腔ケアに伴うリスク管理、その他当該施設において日常的な口腔ケアの実施にあたり必要と思われる事項のうち、いずれかに係る技術的助言および指導のこと。
(2)「利用者の口腔ケア・マネジメントに係る計画」は、歯科医師または歯科医師の指示を受けた歯科衛生士の技術的助言および指導に基づいて作成するものとし、以下の事項を記載する。
　①当該施設において入所者の口腔ケアを推進するための課題。
　②当該施設における目標。
　③具体的方策。
　④留意事項。
　⑤当該施設と歯科医療機関との連携の状況。
　⑥歯科医師からの指示内容の要点。（当該計画の作成にあたっての技術的助言・指導を歯科衛生士が行った場合に限る）
　⑦その他必要と思われる事項。
(3) 医療保険において歯科訪問診療料または訪問歯科衛生指導料が算定された日の属する月でも口腔衛生管理体制加算を算定できるが、介護職員に対する口腔ケアに係る技術的助言および指導または利用者の口腔ケア・マネジメント計画に関する技術的助言および指導を行うにあたっては、歯科訪問診療または訪問歯科衛生指導の実施時間以外の時間帯に行う。

8. 栄養スクリーニング加算（新設）

(1) サービス利用者に対し、利用開始時および利用中6か月ごとに栄養状態について確認を行い、利用者の栄養状態に係る情報(医師・歯科医師・管理栄養士等への相談提言を含む)を介護支援専門員に文書で提供した場合に算定可。
(2) 算定対象となる利用者は、「3-イ　地域密着型通所介護」の「7. 栄養改善加算」の(5)①

(4) 指定地域密着型サービス

~⑤に該当する者。
(3) 利用者について、当該事業所以外で既に栄養スクリーニング加算を算定している場合は算定不可。

9. 退院・退所時連携加算（新設）

医療提供施設（病院、診療所、介護老人保健施設または介護医療院）を退院・退所して地域密着型特定施設に入居する利用者の受入れに際して、当該医療提供施設の職員と面談等を行い、当該利用者に関する必要な情報の提供を受けたうえで、地域密着型特定施設サービス計画を作成し、サービス利用に関する調整を行った場合に、入居日から30日間に限って、算定可。

(1) 医療提供施設と地域密着型特定施設との退院・退所時の連携については、面談によるほか、文書（FAXも含む）または電子メールにより当該利用者に関する必要な情報の提供を受けることでも可。
(2) 新規に医療提供施設から入居する利用者については、過去3カ月間の間に、当該地域密着型特定施設に入居したことがない場合に限り算定できる。現に入居中の利用者が入院し、退院後に施設へ戻る場合は、入院期間が30日を超えた場合に限って算定可。
(3) 当該地域密着型特定施設の短期利用特定施設入居者生活介護を利用していた者が、日を空けることなく当該地域密着型特定施設に入居した場合については、退院・退所時連携加算は、入居直前の短期利用地域密着型特定施設入居者生活介護の利用日数を30日から控除して得た日数に限り、算定可。

10. 看取り介護加算

(1) 退所日翌日から死亡日までは算定不可。
(2) 利用者が入退院または外泊した場合、入院または外泊期間が死亡日以前30日の範囲内であれば、入院または外泊期間を除いた期間、加算算定可能。
(3) 入院、外泊、退所日に加算を算定できるかどうかは、当該日に所定単位数を算定するかどうかによる。

11. 認知症専門ケア加算

(1) 認知症専門ケア加算（Ⅰ）は、次のいずれにも適合する。
　①入居者総数のうち、日常生活自立度のランクⅢ以上の占める割合が50％以上。
　②認知症介護の専門的研修修了者を、対象者の数が20人未満の場合は「1以上」、対象者の数が20人以上の場合は「1に、対象者の数が19を超えて10またはその端数を増すごとに1を加えて得た数以上」を配置し、チームとして専門的な認知症ケアを実施。
　③従業者に対して、認知症ケアの留意事項の伝達または技術的指導会議を定期的に開催。
(2) 認知症専門ケア加算（Ⅱ）は、次のいずれにも適合する。

①前記(Ⅰ)の基準のいずれにも適合。
②認知症介護の指導の専門的研修修了者を1名以上配置し、施設全体の認知症ケアの指導等を実施。
③介護職員、看護職員等ごとの認知症ケア研修計画を作成し、計画に従い、研修を実施または実施を予定している。

ココに注目　減算等について

算定項目	算　定	改定後	改定前	格　差
看護・介護職員の員数が基準に満たない場合	1日	×70%	×70%	±0
身体拘束廃止未実施減算	算定表（報酬早見表参照）			新設

1. 身体拘束廃止未実施減算（新設）

身体的拘束等の適正化を図るため、以下の措置を講じなければならないと運営基準に規定され、これらに適合しない場合は「身体拘束廃止未実施減算」の対象となる。

(1) 身体的拘束等を行う場合には、その態様および時間、その際の利用者の心身の状況並びに緊急やむを得ない理由を記録する。

(2) 身体的拘束等の適正化のための対策を検討する委員会（以下「身体的拘束適正化検討委員会」）（運営推進会議を活用することができる）を3カ月に1回以上開催するとともに、その結果について、介護職員その他従業者に周知徹底を図る。

(3) 身体的拘束適正化検討委員会とは、身体的拘束の適正化のための対策を検討する委員会であり、幅広い職種（例えば、施設長（管理者）、事務長、医師、看護職員、介護職員、生活相談員）により構成する。構成メンバーの責務および役割分担を明確にするとともに、専任の身体的拘束適正化対応策を担当する者を決めておく。

　なお、身体的拘束適正化検討委員会は、運営委員会など他の委員会とは独立して設置・運営することが必要であるが、事故防止委員会および感染対策委員会については、関係する職種等が身体的拘束適正化検討委員会と相互に関係が深いと認められることから、これと一体的に設置・運営することも差し支えない。身体的拘束適正化検討委員会の責任者はケア全般の責任者であることが望ましい。また、身体的拘束適正化検討委員会には、第三者や専門家を活用することが望ましく、その方策として、精神科専門医等の専門医の活用等が考えられる。

　報告、改善のための方策を定め、周知徹底する目的は、身体的拘束適正化について、施設全体で情報共有し、今後の再発防止につなげるためのものであり、決して従業者の懲罰を目的としたものではないことに留意することが必要である。

(4) 身体的拘束適正化検討委員会の業務
　①身体的拘束について報告するための様式を整備する。
　②介護職員その他の従業者は、身体的拘束の発生ごとにその状況、背景等を記録し、①

の様式に従い、身体的拘束について報告する。
　　③身体的拘束適正化のための委員会において、②により報告された事例を集計し、分析する。
　　④事例の分析に当たっては、身体的拘束の発生時の状況等を分析し、身体的拘束の発生原因、結果等をとりまとめ、当該事例の適正性と適正化策を検討する。
　　⑤報告された事例および分析結果を従業者に周知徹底する。
　　⑥適正化策を講じた後に、その効果について評価する。
(5)身体的拘束適正化のための指針を整備する。
　　指針には、次のような項目を盛り込む。
　　①施設における身体的拘束適正化に関する基本的考え方
　　②身体的拘束適正化のための委員会その他施設内の組織に関する事項
　　③身体的拘束適正化のための職員研修に関する基本方針
　　④施設内で発生した身体的拘束の報告方法等のための方策に関する基本方針
　　⑤身体的拘束発生時の対応に関する基本方針
　　⑥入居者等に対する当該指針の閲覧に関する基本方針
　　⑦その他身体的拘束適正化の推進のために必要な基本方針
(5)身体的拘束適正化のための従業者に対する研修の内容
　　　身体的拘束適正化の基礎的内容等の適切な知識を普及・啓発するとともに、指針に基づき、適正化の徹底を行う。職員教育を組織的に徹底させていくため、施設が指針に基づいた研修プログラムを作成し、定期的な教育(年2回以上)を開催するとともに、新規採用時には必ず身体的拘束適正化の研修を実施する。また、研修の実施内容も記録する。研修の実施は、職員研修施設内での研修で差し支えない。

プラスα　Q&Aなどから

1. 短期利用の受入れ

　短期利用の受入れは、空いている居室等を利用しなければならないが、入院中の入居者の居室については、当該入院中の入居者の同意があれば、家具等を別の場所に保管するなど、入居者のプライバシー等に配慮を行ったうえで利用することは、差し支えない。この場合、1つの居室において、入院中の入居者と短期利用地域密着型特定施設入居者生活介護の利用者の双方から家賃相当額を徴収することは適切ではないため、入院中の入居者から家賃相当額を徴収するのではなく、短期利用の利用者から家賃相当額を徴収する旨、料金表等に明記しておく必要がある。

　　※介護保険最新情報vol. 267(24.3.16)　平成24年度介護報酬改定に関するQ&Aについて　Q 104

8 地域密着型介護老人福祉施設入所者生活介護

 改正点のポイント

- 個室、多床室とも基本報酬が引上げられた。
- 経過的地域密着型介護老人福祉施設入所者生活介護(平成17年度以前に開設した定員26〜29名の施設)は、厚生労働大臣が定める期日以降、通常の介護福祉施設の基本報酬に統合される。2018年度以降の小規模介護老人福祉施設は、通常の介護老人福祉施設に統合される。
- 上記に合わせ、経過的地域密着型介護老人福祉施設入所者生活介護の基本報酬が引下げられた。
- 早朝・夜間または深夜における配置医師の診療を評価する配置医師緊急時対応加算早朝・夜間650単位、深夜1,300単位が新設された。ただし、看護体制加算(Ⅱ)の届出が必要となる。
- 夜勤職員配置加算について、夜勤時間帯を通じて看護職員を配置している場合などの加算要件が見直され、単位も引上げられた。
- 看取り介護加算の医療提供体制を整備し、施設内で看取った場合の加算(Ⅱ)が新設、引上げられた。
- 生活機能向上連携加算(200単位/月、個別機能訓練加算を算定している場合100単位/月)が新設された。(全サービス共通事項ページ参照)
- 排泄障害等のため、排泄に介護を要する入所者に対し、多職種が協働して支援計画を作成し、計画に基づき支援した場合の排せつ支援加算(100単位/月)が新設された。(介護保険施設サービス(長期入所)共通項目ページ参照)
- 入所者の褥瘡発生を予防するため、褥瘡の発生と関連の強い項目について、定期的な評価を実施し、その結果に基づき計画的に管理することを評価する褥瘡マネジメント加算(10単位/月)が新設された。(介護保険施設サービス(長期入所)共通項目ページ参照)
- 外泊時に当該施設からの在宅サービスを利用したときの費用の取り扱いが新設された。1カ月に6日を限度として所定単位数に代えて1日につき560単位を算定可。ただし、外泊の初日および最終日は算定不可。外泊時費用との併算定不可。
- 口腔衛生管理加算の要件が見直しされた。(介護保険施設サービス(長期入所)共通項目ページ参照)
- 栄養マネジメント加算の要件が緩和された。(介護保険施設サービス(長期入所)共通項目ページ参照)
- 再入所時栄養連携加算(400単位/回)が新設された。(介護保険施設サービス(長期入所)

共通項目ページ参照)
- 低栄養リスク改善加算が新設された。(介護保険施設サービス(長期入所)共通項目ページ参照)
- 入院先医療機関の管理栄養士との連携を評価する再入所時栄養連携加算が新設された。(介護保険施設サービス(長期入所)共通項目ページ参照)
- 障害者を多く受け入れている小規模施設の障害者生活支援体制加算の要件が緩和された。また、入所障害者数が入所者総数の50％以上の場合の障害者生活支援体制加算(Ⅱ)が新設された。
- 身体拘束廃止未実施減算について、運営基準と減算幅が見直しされた。(介護保険施設サービス(長期入所)共通項目ページ参照)
- 同一建物内でユニット型施設と従来型施設が併設され、一体的に運営されている場合、常勤医師配置加算の要件が緩和された。
- 入所者の病状の急変等への対応方針の策定が義務づけられた。
- 機能訓練指導員に理学療法士等を配置した事業所で6カ月以上勤務し、機能訓練指導に従事した経験を有する「はり師、きゅう師」が追加された。
- ユニット型準個室の名称がユニット型個室的多床室に改称された。

報酬早見表

1日につき

算定項目			改定後	改定前	格差	身体拘束廃止未実施減算
イ 地域密着型介護老人福祉施設入所者生活介護費	(1)地域密着型介護老人福祉施設入所者生活介護費(Ⅰ)<従来型個室>	要介護1	565	547	18	−57
		要介護2	634	614	20	−63
		要介護3	704	682	22	−70
		要介護4	774	749	25	−77
		要介護5	841	814	27	−84
	(2)地域密着型介護老人福祉施設入所者生活介護費(Ⅱ)<多床室>	要介護1	565	547	18	−57
		要介護2	634	614	20	−63
		要介護3	704	682	22	−70
		要介護4	774	749	25	−77
		要介護5	841	814	27	−84
ロ ユニット型地域密着型介護老人福祉施設入所者生活介護費	(1)ユニット型地域密着型介護老人福祉施設入所者生活介護費(Ⅰ)<ユニット型個室>	要介護1	644	625	19	−64
		要介護2	712	691	21	−71
		要介護3	785	762	23	−79
		要介護4	854	828	26	−85
		要介護5	922	894	28	−92
	(2)ユニット型地域密着型介護老人福祉施設入所者生活介護費(Ⅱ)<ユニット型個室的多床室>	要介護1	644	625	19	−64
		要介護2	712	691	21	−71
		要介護3	785	762	23	−79
		要介護4	854	828	26	−85
		要介護5	922	894	28	−92

(4) 指定地域密着型サービス

算定項目			改定後	改定前	格差	身体拘束廃止未実施減算
ハ 経過的地域密着型介護老人福祉施設入所者生活介護費	(1)経過的地域密着型介護老人福祉施設入所者生活介護費(I) ＜従来型個室＞	要介護1	659	700	−41	−66
		要介護2	724	763	−39	−72
		要介護3	794	830	−36	−79
		要介護4	859	893	−34	−86
		要介護5	923	955	−32	−92
	(2)経過的地域密着型介護老人福祉施設入所者生活介護費(Ⅱ) ＜多床室＞	要介護1	659	700	−41	−66
		要介護2	724	763	−39	−72
		要介護3	794	830	−36	−79
		要介護4	859	893	−34	−86
		要介護5	923	955	−32	−92
ニ ユニット型経過的地域密着型介護老人福祉施設入所者生活介護費	(1)ユニット型経過的地域密着型介護老人福祉施設入所者生活介護費(I) ＜ユニット型個室＞	要介護1	730	766	−36	−73
		要介護2	795	829	−34	−80
		要介護3	866	897	−31	−87
		要介護4	931	960	−29	−93
		要介護5	995	1,022	−27	−100
	(2)ユニット型経過的地域密着型介護老人福祉施設入所者生活介護費(Ⅱ) ＜ユニット型個室的多床室＞	要介護1	730	766	−36	−73
		要介護2	795	829	−34	−80
		要介護3	866	897	−31	−87
		要介護4	931	960	−29	−93
		要介護5	995	1,022	−27	−100

1. 外泊時に在宅サービスを利用したときの費用(介護保険施設サービス(長期入所)共通項目ページ参照)

入所者が外泊した場合に、1月に6日を限度として所定単位数に代えて1日につき560単位を算定可。ただし、外泊の初日および最終日は算定不可。外泊時費用と併算定不可。

加算算定のポイント

算定項目		算定	改定後	改定前	格差	要件
日常生活継続支援加算		1日	+36	+36	±0	イ
			+46	+46	±0	ロ
			+36	+36	±0	ハ
			+46	+46	±0	ニ
看護体制加算	看護体制加算(I) イ		+12	+12	±0	イまたはロ
	看護体制加算(I) ロ		+4	+4	±0	ハまたはニ
	看護体制加算(Ⅱ) イ		+23	+23	±0	イまたはロ
	看護体制加算(Ⅱ) ロ		+8	+8	±0	ハまたはニ
夜勤職員配置加算	夜勤職員配置加算(I) イ		+41	+41	±0	イ
	夜勤職員配置加算(Ⅱ) イ		+46	+46	±0	ロ
	夜勤職員配置加算(I) ロ		+13	+13	±0	ハ
	夜勤職員配置加算(Ⅱ) ロ		+18	+18	±0	ニ

算定項目			算定	改定後	改定前	格差	要件
夜勤職員配置加算	夜勤職員配置加算(Ⅲ) イ		1日	+56	−	新設	イ
	夜勤職員配置加算(Ⅳ) イ			+61	−	新設	ロ
	夜勤職員配置加算(Ⅲ) ロ			+16	−	新設	ハ
	夜勤職員配置加算(Ⅳ) ロ			+21	−	新設	ニ
準ユニットケア加算				+5	+5	±0	イ、ハ
生活機能向上連携加算	個別機能訓練加算を算定していない場合		1月	+200	−	新設	
	個別機能訓練加算を算定している場合			+100	−	新設	
個別機能訓練加算			1日	+12	+12	±0	
若年性認知症入所者受入加算				+120	+120	±0	
常勤医師配置加算				+25	+25	±0	
精神科医師による療養指導が月2回以上行われている場合				+5	+5	±0	
障害者生活支援体制加算	障害者生活支援体制加算(Ⅰ)			+26	+26	±0	
	障害者生活支援体制加算(Ⅱ)			+41	−	新設	
外泊時費用 病院または診療所への入院を要した場合および居宅における外泊を認めた場合				+246	+246	±0	1月に6日を限度
外泊時在宅サービス利用費用 入所者に対して居宅における外泊を認め、当該入所者が介護老人福祉施設により提供される在宅サービスを利用した場合				+560	−	新設	所定単位数に代えて算定
ホ 初期加算(入所日から30日以内の期間。入院後の再入所も同様。)				+30	+30	±0	
ヘ 再入所時栄養連携加算				+400	−	新設	栄養マネジメント加算を算定、1人1回限度
ト 退所時等相談援助加算	(1)退所前訪問相談援助加算		1回	+460	+460	±0	入所中1回(または2回)限度
	(2)退所後訪問相談援助加算			+460	+460	±0	退所後1回限度
	(3)退所時相談援助加算			+400	+400	±0	1回限り
	(4)退所前連携加算			+500	+500	±0	
チ 栄養マネジメント加算			1日	+14	+14	±0	
リ 低栄養リスク改善加算			1月	+300	−	新設	栄養マネジメント加算を算定および経口移行加算・経口維持加算を不算定
ヌ 経口移行加算			1日	+28	+28	±0	栄養マネジメント加算を算定
ル 経口維持加算	(1)経口維持加算(Ⅰ)		1月	+400	+400	±0	栄養マネジメント加算を算定
	(2)経口維持加算(Ⅱ)			+100	+100	±0	経口維持加算(Ⅰ)を算定

(4) 指定地域密着型サービス

算定項目			算定	改定後	改定前	格差	要件
ヲ 口腔衛生管理体制加算			1月	+30	+30	±0	
ワ 口腔衛生管理加算				+90	+110	−20	口腔衛生管理体制加算を算定
カ 療養食加算			1回	+6	−	要件変更	1日に3回限度
ヨ 配置医師緊急時対応加算	(1)早朝・夜間の場合			+650	−	新設	
	(2)深夜の場合			+1,300	−	新設	
タ 看取り介護加算	(1)看取り介護加算(Ⅰ)	(1)死亡日以前4日以上30日以下	1日	+144	+144	±0	
		(2)死亡日以前2日または3日		+680	+680	±0	
		(3)死亡日		+1,280	+1,280	±0	
	(2)看取り介護加算(Ⅱ)	(1)死亡日以前4日以上30日以下		+144	−	新設	
		(2)死亡日以前2日または3日		+780	−	新設	
		(3)死亡日		+1,580	−	新設	
レ 在宅復帰支援機能加算				+10	+10	±0	
ソ 在宅・入所相互利用加算				+40	+40	±0	
ツ 小規模拠点集合型施設加算				+50	+50	±0	
ネ 認知症専門ケア加算	(1)認知症専門ケア加算(Ⅰ)			+3	+3	±0	
	(2)認知症専門ケア加算(Ⅱ)			+4	+4	±0	
ナ 認知症行動・心理症状緊急対応加算				+200	+200	±0	入所後7日間限度
ラ 褥瘡マネジメント加算			1月	+10	−	新設	3月に1回限度
ム 排せつ支援加算				+100	−	新設	
ウ サービス提供体制強化加算(全サービス共通事項ページ参照)	(1)サービス提供体制強化加算(Ⅰ)イ		1日	+18	+18	±0	
	(2)サービス提供体制強化加算(Ⅰ)ロ			+12	+12	±0	
	(3)サービス提供体制強化加算(Ⅱ)			+6	+6	±0	
	(4)サービス提供体制強化加算(Ⅲ)			+6	+6	±0	

1. 日常生活継続支援加算

　居宅での生活が困難で、地域密着型介護老人福祉施設(介護老人福祉施設)への入所の必要性が高いと認められる重度の者等を積極的に入所させ、介護福祉士資格を有する職員を手厚く配置して質の高いサービスを提供することで、可能な限り個人の尊厳を保持しつつ日常生活を継続できるよう支援することを、評価する加算。算定要件は以下の通り。

　なお、サービス提供体制強化加算とは併算定不可。(ただし、併設型および空床利用型で短期入所生活介護を提供している場合、条件を満たせば、短期入所生活介護においてサービス提供体制強化加算を算定することは可能)

(1)次の①~③のいずれかに該当している。(短期入所生活介護を併設型または空床利用型で実施している場合は、本体施設の入所者のみに着目して算出する)
　①新規入所者総数のうち(算定月の前6カ月間または前12カ月間における新規入所者総数)、要介護4または5の者の占める割合が70%以上。

②新規入所者総数のうち(算定月の前6カ月間または前12カ月間における新規入所者総数)、認知症高齢者日常生活自立度Ⅲ以上の者の占める割合が65％以上。
　③入所者総数のうち、口腔内の喀痰吸引、鼻腔内の喀痰吸引、気管カニューレ内部の喀痰吸引、胃ろうまたは腸ろうによる経管栄養、経鼻経管栄養を必要とする者(※)の占める割合が15％以上。
　　(※実施にあたって必要な知識技能を修得した介護職員が、医師の指示の下に、対象者の日常生活を支える介護の一環として行う医行為(社会福祉士及び介護福祉士法施行規則第1条各号による)を要する者)
(2)届出を行った月以降も上記基準に適合していることが必要であり、割合を毎月記録し、下回った場合は直ちに「加算等が算定されなくなる場合の届出」をしなければならない。(届出の当月から算定不可)
(3)常勤換算方法で介護福祉士を6対1以上配置していること。
　①併設型の短期入所生活介護と兼務している職員については、勤務実態、利用者数、ベッド数等に基づき按分するなどの方法により、当該職員の常勤換算数を本体施設と短期入所生活介護にそれぞれに割り振ったうえで、本体施設での勤務に係る部分のみを加算算定のための計算の対象とする。
　②空床利用型の短期入所生活介護については、特に按分を行わず、本体施設に勤務する職員として計算する。

2．看護体制加算

(1)それぞれ、以下の要件をすべて満たす場合に算定可。
　①看護体制加算(Ⅰ)
　　1)常勤の看護師を1名以上配置している。
　　2)定員超過・人員欠如がない。
　②看護体制加算(Ⅱ)
　　1)看護職員を常勤換算方法で2名以上配置している。
　　2)当該施設の看護職員により、または病院、診療所、訪問看護ステーションの看護職員との連携により、24時間連絡できる体制を確保している。
　　3)定員超過・人員欠如がない。
　　※それぞれ、「加算ロ」は経過的地域密着型介護老人福祉施設、「加算イ」はそれ以外の地域密着型介護老人福祉施設で算定。
(2)看護体制加算(Ⅰ)は、本体施設に常勤看護師を1名配置している場合、空床利用の指定短期入所生活介護についても、算定可。
(3)看護体制加算(Ⅰ)イおよび看護体制加算(Ⅱ)イまたは看護体制加算(Ⅰ)ロおよび看護体制加算(Ⅱ)ロは、それぞれ同時に算定可能。この場合、看護体制加算(Ⅰ)イまたはロにおいて加算の対象となる常勤の看護師も、看護体制加算(Ⅱ)またはロにおける看護職員の配置数の計算に含めることができる。

(4)「24時間連絡できる体制」とは、施設内で勤務を要するものではなく、夜間においても施設から連絡でき、必要な場合には施設からの緊急の呼出に応じて出勤する体制をいう。具体的には、以下のとおり。

①管理者を中心として、介護職員および看護職員による協議の上、夜間における連絡・対応体制(オンコール体制)に関する取り決め(指針やマニュアル等)の整備がなされている。

②管理者を中心として、介護職員及び看護職員による協議の上、看護職員不在時の介護職員による入所者の観察項目の標準化(どのようなことが観察されれば看護職員に連絡するか)がなされている。

③施設内研修等を通じ、看護・介護職員に対して、①および②の内容が周知されている。

④施設の看護職員とオンコール対応の看護職員が異なる場合は、電話やFAX等により入所者の状態に関する引継を行うとともに、オンコール体制終了時にも同様の引継を行う。

3. 夜勤職員配置加算(見直し)

それぞれ、以下の要件をすべて満たす場合に算定可。

(1)夜勤職員配置加算(Ⅰ)

①(経過的)地域密着型介護福祉施設入所者生活介護費を算定している。

②夜勤を行う介護職員または看護職員の数が、「厚生労働大臣が定める夜勤を行う職員の勤務条件に関する基準」に規定された人員数に、1を加えた数以上である。

ただし、次に掲げる要件のいずれにも適合している場合は、同基準に規定された数に0.9を加えた数以上である。

1)利用者の動向を検知できる見守り機器を、利用者の数の100分の15以上の数設置している。

2)見守り機器を安全かつ有効に活用するための委員会を設置し、必要な検討等が行われている。委員会は3カ月に1回以上開催する。

(2)夜勤職員配置加算(Ⅱ)

①ユニット型(経過的)地域密着型介護福祉施設入所者生活介護費を算定している。

②(1)②の要件を満たしている。

(3)夜勤職員配置加算(Ⅲ)新設

①(1)の要件のいずれにも該当している。

②夜勤時間帯を通じて、看護職員を配置していること、または喀痰吸引等の実施が可能な介護職員を配置している。(後者の場合、事業所単位で登録喀痰吸引等事業者または登録特定行為事業者として都道府県に登録していることが必要)

(4)夜勤職員配置加算(Ⅳ)新設

①(2)の要件のいずれにも該当している。

②(3)②の要件を満たしている。
※それぞれ「加算イ」は入所定員31人以上50人以下の施設の場合、「加算ロ」は入所定員30人または51人以上の施設の場合。

4. 生活機能向上連携加算(新設)

(1) 訪問リハビリテーションもしくは通所リハビリテーションを実施している事業所またはリハビリテーションを実施している医療提供施設(診療報酬における疾患別リハビリテーション料の届出を行っている200床未満の医療機関等)の理学療法士、作業療法士、言語聴覚士、医師(理学療法士等)が、地域密着型介護老人福祉施設を訪問し、地域密着型介護老人福祉施設の機能訓練指導員、看護職員、介護職員、生活相談員その他の職種の者と共同でアセスメントを行い、個別機能訓練計画を作成したうえで、当該個別機能訓練計画に基づき、利用者の身体機能または生活機能向上を目的とする機能訓練の項目を準備し、機能訓練指導員等が利用者の心身の状況に応じた機能訓練を適切に提供した場合に算定可。
(2) 機能訓練指導員等が外部の理学療法士等と連携し、個別機能訓練計画の進捗状況等を3カ月ごとに1回以上評価し、利用者又はその家族に対して機能訓練の内容と個別機能訓練計画の進捗状況等を説明し、必要に応じて訓練内容の見直し等を行う。

5. 個別機能訓練加算

(1) 機能訓練指導員を1名以上配置しているとして市町村長に届け出た地域密着型介護老人福祉施設で、機能訓練指導員、看護職員、介護職員、生活相談員その他の職種の者が共同して、利用者ごとにその目標、実施方法等を内容とする個別機能訓練計画を作成し、これに基づいて行った個別機能訓練の効果、実施方法等について評価等を行った場合に算定可。
(2) 開始時およびその3カ月ごとに1回以上利用者に対して個別機能訓練計画の内容を説明し、記録する。
(3) 機能訓練指導員が不在の日でも算定可。

6. 若年性認知症入所者受入加算

(1) 受け入れた若年性認知症利用者ごとに個別に担当者を定め、その者を中心に、利用者の特性やニーズに応じたサービス提供を行う場合に算定可。
(2) 若年性認知症の判断は、精神科医師もしくは神経内科医師または認知症に対するリハビリテーションに関する専門的研修修了医師の判定結果を徴するか、「要介護認定等の実施について」の主治医意見書によることが望ましい。
(3) 65歳の誕生日の前々日まで算定可。

(4) 指定地域密着型サービス

7. 精神科を担当する医師に係る加算

(1) 認知症である入所者が全入所者の3分の1以上を占める地域密着型介護老人福祉施設で、精神科を担当する医師による定期的な療養指導が月に2回以上行われている場合に、算定できる。算定対象者は次のとおり。
　①医師が認知症と診断した者。
　②旧措置入所者は、①にかかわらず、従来の認知症老人介護加算対象者に該当する者。（医師の診断は不要）
(2) 常に認知症である入所者の数を的確に把握する必要がある。
(3) 「精神科担当医師」とは、精神科を標ぼうする医療機関の精神科担当医師が原則であるが、過去に相当期間、精神科を担当する医師であった場合や、精神保健指定医の指定を受けているなど、その専門性が担保されていると判断できる場合は算定可。
(4) 精神科担当医師について、常勤の医師の配置加算が算定されている場合は算定不可。
(5) 健康管理を担当する配置医師（嘱託医）が1名であり、当該医師が精神科を担当する医師も兼ねる場合は、配置医師として勤務する回数のうち月4回（1回あたりの勤務時間3～4時間程度）までは、加算の算定の基礎とならない。（例えば、月6回配置医師として勤務している精神科担当医師の場合は、6回－4回＝2回となるので、加算算定可）

8. 障害者生活支援体制加算

(1) 障害者生活支援体制加算（Ⅰ）
　視覚、聴覚、言語機能に障害のある者、知的障害者、精神障害者（以下「視覚障害者等」）である入所者の占める割合が「30％以上」である地域密着型介護老人福祉施設で、専従かつ常勤の「障害者生活支援員」（視覚障害者等に対する生活支援に関し専門性を有する者として別に厚生労働大臣が定める者）を1名以上配置しているものとして届出た場合に、算定できる。
(2) 障害者生活支援体制加算（Ⅱ）
　入所者のうち、視覚障害者等である入所者の占める割合が「50％以上」の地域密着型介護老人福祉施設で、専従かつ常勤の障害者生活支援員を2名以上配置しているものとして届出た場合に、算定可。ただし、障害者生活支援体制加算（Ⅰ）を算定している場合、（Ⅱ）は算定不可。
(3) 視覚障害者等とは、以下の者をいう。
　①視覚障害者。（身体障害者手帳1級または2級もしくはこれに準ずる視覚障害の状態にあり、日常生活におけるコミュニケーションや移動等に支障があると認められる視覚障害者）
　②聴覚障害者。（身体障害者手帳2級またはこれに準ずる聴覚障害の状態にあり、日常生活におけるコミュニケーションに支障があると認められる聴覚障害者）
　③言語機能障害者。（身体障害者手帳3級またはこれに準ずる言語機能障害等の状態にあり、日常生活におけるコミュニケーションに支障があると認められる言語機能障害

者)
　　④知的障害者。(療育手帳A(重度)の障害を有する者または知的障害者更生相談所において、障害の程度が、重度の障害者)
　　⑤精神障害者。(精神障害者保健福祉手帳の1級または2級)
(4)障害者生活支援員の配置は、それぞれの障害に対応できる専門性を有する者が配置されていることが望ましいが、例えば、視覚障害に対応できる常勤専従の障害者生活支援員に加えて、聴覚障害、言語機能障害、知的障害および精神障害者に対応できる非常勤職員の配置または他の職種が兼務することにより、適切な生活の支援を行うことができれば、加算の要件を満たす。

9. 退所時等相談援助加算

(1)退所前訪問相談援助加算

　　入所期間が1カ月を超えると見込まれる入所者の退所に先立って介護支援専門員、生活相談員、看護職員、機能訓練指導員または医師のいずれかの職種の者が、入所者が退所後生活する居宅を訪問し、入所者およびその家族等に対して退所後の居宅サービスなどについて相談援助を行った場合に、入所中1回(入所後早期に退所前相談援助の必要があると認められる入所者については2回)を限度に退所日に算定できる。

(2)退所後訪問相談援助加算

　　入所者の退所後30日以内に入所者の居宅を訪問し入所者およびその家族等に対して相談援助を行った場合に、退所後1回、訪問日に算定できる。

(3)退所時相談援助加算

　　①入所期間が1月を超える入所者が退所し、その居宅において居宅サービスなどを利用する場合、入所者の退所時に入所者およびその家族等に対して退所後の居宅サービスなどについて相談援助を行い、退所日から2週間以内に入所者の退所後の居宅地を管轄する市町村および老人介護支援センターに対して、入所者の介護状況を示す文書を添えて入所者の居宅サービスなどに必要な情報を提供した場合、入所者1人に1回を限度として算定可。

　　②退所時相談援助の内容は、

　　　1)食事、入浴、健康管理等在宅または社会福祉施設等における生活に関する相談援助。

　　　2)退所する者の運動機能および日常生活動作能力の維持および向上を目的として行う各種訓練等に関する相談援助。

　　　3)家屋の改善に関する相談援助。

　　　4)退所する者の介助方法に関する相談援助。

(4)退所前連携加算

　　①入所期間が1カ月を超える入所者が退所し、その居宅において居宅サービスなど利用する場合、入所者の退所に先立って入所者が利用を希望する居宅介護支援事業者に対

(4) 指定地域密着型サービス

して、入所者の介護状況を示す文書を添えて入所者に係る居宅サービスなどに必要な情報を提供し、かつ、居宅介護支援事業者と連携して退所後の居宅サービスなどの利用に関する調整を行った場合に、入所者1人につき1回を限度として算定可。

②在宅・入所相互利用加算の対象となる入所者に退所前連携加算を算定する場合は、最初に在宅期間に移るときにのみ算定可。

(5) (1)～(4)に共通の取扱い。

①入所者、家族いずれも相談援助が必要となる。説明して同意を得ることが必要。

②介護支援専門員、生活相談員、看護職員、機能訓練指導員または医師が協力して実施。

③下記の場合は算定不可。

　1) 退所して病院または診療所へ入院する場合

　2) 退所して他の介護保険施設へ入院または入所する場合

　3) 死亡退所の場合

④入所者が退所後にその居宅ではなく、他の社会福祉施設等(※)(病院、診療所および介護保険施設を除く)に入所する場合であって、入所者の同意を得て、当該社会福祉施設等を訪問し、連絡調整、情報提供等を行ったときも算定可。

(※「他の社会福祉施設等」とは、有料老人ホーム、養護老人ホーム、軽費老人ホーム、認知症高齢者グループホームをいう。)

10. 配置医師緊急時対応加算(新設)

地域密着型介護老人福祉施設の依頼を受け、診療の必要性を認めた配置医師が早朝、夜間または深夜に施設を訪問して入所者に対して診療を行い、かつ、診療を行った理由を記録した場合に、算定可。

(1) 看護体制加算(Ⅱ)を算定していない施設は、算定できない。

(2) 施設は、配置医師との間で、緊急時の注意事項、病状等についての情報共有の方法、曜日・時間帯ごとの配置医師または協力医療機関との連絡方法、診察を依頼するタイミング等に関する取り決めを事前に定め、その内容について届出しなければならない。

(3) 施設は、複数名の配置医師を置いているか、もしくは配置医師と協力医療機関の医師が連携し、施設の求めに応じて24時間対応できる体制を確保し、その内容について届出しなければならない。

(4) 定期的ないし計画的に施設に赴いて行う診療については算定対象とならないが、医師が、「死期が迫った状態である」と判断し、施設の職員と家族等に説明したうえで、当該入所者が死亡した場合について、早朝や日中の診療終了後の夜間に施設を訪問し、死亡診断を行うことを事前に決めている場合には、この限りでない。

(5) 施設は、診療を依頼した時間、配置医師が診療を行った時間、内容について記録を行わなければならない。

11. 看取り介護加算((Ⅰ)と(Ⅱ)に区分。(Ⅱ)が新設)

(1) 看取り介護加算は、医師が、一般に認められている医学的知見に基づき回復の見込みがないと診断した利用者について、その旨を入所者またはその家族等(以下「入所者等」)に対して説明し、その後の療養および介護に関する方針についての合意を得た場合において、医師、看護職員、介護職員、介護支援専門員等が共同して、随時、入所者等に対して十分な説明を行い、療養および介護に関する合意を得ながら、入所者がその人らしく生き、その人らしい最期が迎えられるよう支援することを主眼としている。

(2) 施設基準は以下のとおり。

　①看取り介護加算(Ⅰ)
　　1) 常勤看護師を1名以上配置し、施設の看護職員により、または病院、診療所、訪問看護ステーションの看護職員との連携などにより、24時間連絡できる体制を確保。
　　2) 看取りに関する指針を定め、入所の際に入所者またはその家族等に対して、指針内容を説明し、同意を得ている。
　　3) 医師、看護職員、介護職員、介護支援専門員その他の職種の者による協議のうえ、施設における看取りの実績等を踏まえ、適宜、看取りに関する指針の見直しを行う。
　　4) 看取りに関する職員研修実施。
　　5) 看取りを行う際に個室または静養室の利用が可能となるよう配慮。

　②看取り介護加算(Ⅱ)
　　1) ①の1)～5)に該当。
　　2) 看護体制加算(Ⅱ)を算定。
　　3) 配置医師との間で、緊急時の注意事項、病状等についての情報共有の方法、曜日・時間帯ごとの配置医師または協力医療機関との連絡方法、診察を依頼するタイミング等に関する取り決めを事前に定め、その内容について届出している。
　　4) 複数名の配置医師を置いているか、もしくは配置医師と協力医療機関の医師が連携し、施設の求めに応じて24時間対応できる体制を確保し、その内容について届出している。

(3) 死亡前に在宅へ戻ったり、医療機関へ入院したりした後、在宅や入院先で死亡した場合でも算定可能であるが、その際には、施設において看取り介護を直接行っていない退所日の翌日から死亡日までの間は、算定不可。したがって、退所日の翌日から死亡日までの期間が30日以上あった場合は、看取り介護加算は算定不可。

(4) 施設を退所等した月と死亡月が異なる場合でも算定可能であるが、看取り介護加算は死亡月にまとめて算定することから、入所者側にとって、施設に入所していない月についても自己負担を請求されることになるため、入所者が退所等する際、退所等の翌月に亡くなった場合に、前月分の看取り介護加算の一部負担の請求を行う場合があることを説明し、文書にて同意を得ておくことが必要。

(5) 施設は、施設退所等の後も、継続して入所者の家族への指導や医療機関に対する情報提供等を行うことが必要であり、入所者の家族、入院先の医療機関等との継続的な関わりの中で、入所者の死亡を確認することが可能である。なお、情報の共有を円滑に行う観点から、施設が入院する医療機関等に入所者の状態を尋ねたときに、医療機関等が施設に対して本人の状態を伝えることについて、施設退所等の際、本人または家族に対して説明をし、文書にて同意を得ておくことが必要。

(6) 入所者が入退院または外泊した場合、入院または外泊期間が死亡日以前30日の範囲内であれば、入院または外泊期間を除いた期間、加算算定可能。

(7) 入院もしくは外泊または退所日について加算を算定できるかどうかは、当該日に所定単位数を算定するかどうかによる。

(8) 多床室を有する施設は、看取りを行う際には個室または静養室の利用により、プライバシーおよび家族への配慮の確保が可能となるようにすることが必要。

(9) 看取り介護加算（Ⅱ）は、入所者の死亡場所が当該施設内であった場合に限り、算定可。

12. 在宅復帰支援機能加算

退所後の在宅生活について本人・家族等の相談支援を行うとともに、居宅介護支援事業者や主治医との連絡調整を図るなど、在宅復帰支援を積極的に行い、かつ、一定割合以上の在宅復帰を実現している施設において、算定できる。

(1) 施設基準は以下のとおり。

① 算定日が属する月の前6カ月間において当該施設から退所した者（在宅・入所相互利用加算を算定しているものを除く。以下「退所者」）の総数のうち、当該期間内に退所し、在宅で介護を受けることとなった者（入所期間が1カ月間を超えていた退所者に限る）の占める割合が20％を超えていること。

② 退所者の退所後30日以内に、当該施設の従業者が当該退所者の居宅を訪問すること、または居宅介護支援事業者から情報提供を受けることにより、当該退所者の在宅での生活が1月以上継続する見込みであることを確認し、記録していること。

(2) 退所前連携加算と併算定可。

(3) 本人・家族等に対する相談援助の内容は、「8. 退所時等相談援助加算」を参照。

13. 在宅・入所相互利用加算

利用者の在宅生活継続を主眼に、施設の介護支援専門員が、運動機能および日常生活動作能力など利用者の心身の状況についての情報を在宅の介護支援専門員に提供しながら、在宅での生活を継続できるように介護に関する目標及び方針を定めた場合に算定可。

(1) 算定要件は、以下のとおり。

① 在宅・入所相互利用を開始するにあたり、在宅期間と入所期間（入所期間については3カ月を限度とする）について、文書による同意を得る。

②在宅期間と入所期間を通じて一貫した方針の下に介護を進める観点から、施設の介護支援専門員、施設の介護職員等、在宅の介護支援専門員、在宅期間に対象者が利用する居宅サービス事業者等による支援チームをつくる。
③支援チームは、必要に応じ随時(利用者が施設に入所する前および施設から退所して在宅に戻る前は必須とし、おおむね月1回)カンファレンスを開催。
④③のカンファレンスは、それまでの在宅期間または入所期間における対象者の心身の状況を報告し、目標および方針に照らした介護の評価を行うとともに、次期の在宅期間または入所期間における介護の目標および方針をまとめ、記録。
⑤施設の介護支援専門員および在宅の介護支援専門員の機能および役割分担は、支援チームの中で協議して適切な形態を定める。
(2)加算対象者が、看取り介護加算の対象となるような状態になったときには、看取り介護加算も算定可。

14. 認知症専門ケア加算

(1)認知症専門ケア加算(Ⅰ)の算定には、次のいずれにも適合する。
　①入所者総数のうち、日常生活自立度のランクⅢ以上の占める割合が50%以上。
　②認知症介護に係る専門的研修修了者を、対象者の数が20人未満の場合は「1以上」、対象者の数が20人以上の場合は「1に、対象者の数が19を超えて10またはその端数を増すごとに1を加えて得た数以上」を配置し、チームとして専門的な認知症ケアを実施。
　③従業者に対して、認知症ケアに関する留意事項の伝達または技術的指導の会議を定期的に開催。
(2)認知症専門ケア加算(Ⅱ)の算定には、次のいずれにも適合する。
　①前記(Ⅰ)の基準のいずれにも適合。
　②認知症介護の指導の専門的研修修了者を1名以上配置し、施設全体の認知症ケアの指導等を実施。
　③介護職員、看護職員等ごとの認知症ケアに関する研修計画を作成し、計画に従い、研修を実施または実施を予定している。

15. 認知症行動・心理症状緊急対応加算

　医師が「認知症の行動・心理症状が認められるため、在宅での生活が困難であり、緊急に入所が必要である」と判断した者について、介護支援専門員と受け入れ施設の職員とで連携し、利用者またはその家族の同意のうえ、当該施設に入所した場合に、算定可。(入居日から起算して7日を限度)
(1)「認知症の行動・心理症状」とは、認知症による認知機能の障害に伴う、妄想・幻覚・興奮・暴言等の症状をさす。
(2)医療機関における対応が必要であると判断される場合には、速やかに適当な医療機関の紹介、情報提供を行うことにより、適切な医療が受けられるように取り計らう必要

(4) 指定地域密着型サービス

　　がある。
(3) 本加算は、当該利用者の在宅での療養が継続されることを評価するものであるため、入所後、速やかに退所に向けた地域密着型施設サービス計画を策定し、「認知症の行動・心理症状」が安定した際には速やかに在宅復帰が可能となるようにする。
(4) 次に掲げる者が、直接、当該施設へ入所した場合には、算定不可。
　① 病院または診療所に入院中の者。
　② 介護保険施設または地域密着型介護老人福祉施設に入院中または入所中の者。
　③ 短期入所生活介護、短期入所療養介護、特定施設入居者生活介護、短期利用特定施設入居者生活介護、認知症対応型共同生活介護、短期利用認知症対応型共同生活介護、地域密着型特定施設入居者生活介護及び短期利用地域密着型特定施設入居者生活介護を利用中の者。
(5) 判断を行った医師は診療録等に症状、判断の内容等を記録する。また、施設も判断を行った医師名、日付および利用開始に当たっての留意事項等を介護サービス計画書に記録する。
(6) 個室等、認知症の行動・心理症状の増悪した者の療養に相応しい設備を整備する。
(7) 当該入所者が入所前1カ月の間に、当該地域密着型介護老人福祉施設に入所したことがない場合および過去1カ月の間に当該加算(他サービスを含む)を算定したことがない場合に限り、算定可。

16. その他の再入所時栄養連携加算、栄養マネジメント加算、低栄養リスク改善加算、経口移行加算、経口維持加算、口腔衛生管理体制加算、口腔衛生管理加算、療養食加算、褥瘡マネジメント加算、排せつ支援加算は介護保険施設サービス(長期入所)共通項目ページ参照

ココに注目　減算等について

算定項目	算定	改定後	改定前	格差	要件
夜勤職員基準に定める員数を満たさない場合	1日	×97%	×97%	±0	
定員超過の場合		×70%	×70%	±0	
介護・看護職員または介護支援専門員の員数が基準に満たない場合		×70%	×70%	±0	
ユニットケア体制未整備減算		×97%	×97%	±0	ロ、ニ

※ 介護保険施設サービス（長期入所）共通項目ページ参照。

1. やむを得ない措置等による定員超過の例外的取扱い

　原則として入所者数（空床利用型の短期入所生活介護の利用者数を含む）が入所定員を超える場合は、定員超過利用による減算の対象となり、所定単位数の100分の70を乗じて得た単位数を算定するが、以下、(1)～(3)の場合について例外的に取扱われる。

　なお、この取扱いは、あくまでも一時的かつ特例的なものであることから、速やかに定員超過利用を解消する必要がある。

(1) 老人福祉法による市町村が行った措置による入所（空床利用型の短期入所生活介護利用を含む）によりやむを得ず入所定員を超える場合。

　→入所定員に100分の105を乗じて得た数まで減算されない。

(2) 医療機関に入院中の入所者が当該施設の入所者であったものが、当初の予定より早期に施設への再入所が可能になったものの、その時点で施設が満床だった場合。（当初の再入所予定日までの間に限る）

　→(1)と同様。

(3) 近い将来、地域密着型介護老人福祉施設本体に入所することが見込まれる者がその家族が急遽入院したことにより在宅における生活を継続することが困難となった場合など、その事情を勘案して施設に入所をすることが適当と認められる者が、地域密着型介護老人福祉施設（当該施設が満床である場合に限る）に入所し、併設される短期入所生活介護事業所の空床を利用してサービスを受けることにより、施設の入所定員を超過する場合。

　→入所定員に100分の105を乗じて得た数まで減算されない。

 プラスα　Q&Aなどから

　「(3)指定施設サービス」の「1. 介護老人福祉施設」の「プラスα　Q&Aなどから」を参照。

9 看護小規模多機能型居宅介護（複合型サービス）

 改正点のポイント

- 基本報酬は据え置かれた。
- 訪問看護体制強化加算から看護体制強化加算に改称され、区分が2区分となり、（Ⅰ）3000単位/月が新設された。
- 緊急時訪問看護加算(540単位/月)が574単位/月に引上げられた。
- 小規模多機能型居宅介護に準じ、訪問体制強化加算(1000単位/月)が新設された。
- 若年性認知症利用者受入加算(800単位/月)が新設された。
- 介護職員等でも実施可能な栄養スクリーニングを行い、介護支援専門員に栄養状態に係る情報を文書で共有した場合を評価する栄養スクリーニング加算(5単位/回・6カ月に1回限度)が新設された。
- 中山間地域等に居住する者へのサービス提供加算が新設された。
- 事業開始時支援加算は廃止された。
- サテライト型事業所が創設された。
  ①サービス供給量を増やす観点および効率化を図る観点から、サービス提供体制を維持できるように配慮しつつ、サテライト型看護小規模多機能型居宅介護事業所の基準が創設された。
  ②サテライト型の基準等は、サテライト型小規模多機能型居宅介護と本体事業所(小規模多機能型居宅介護および看護小規模多機能型居宅介護関係)に準じるものとされた。
  ③サテライト型看護小規模多機能型居宅介護事業所の本体事業所である看護小規模多機能型居宅介護事業所またはサテライト型看護小規模多機能型居宅介護事業所において、訪問看護体制減算の届出をしている場合に算定するサテライト体制未整備減算(所定単位数の100分の97)が新設された。
- 診療所からの参入を進めるよう以下のとおり基準が緩和された。
  ①宿泊室については、看護小規模多機能型居宅介護事業所の利用者が宿泊サービスを利用できない状況にならないよう、利用者専用の宿泊室として1病床は確保したうえで、診療所の病床を届出ることが可能となった。
  ②現行、看護小規模多機能型居宅介護の指定を受けるためには、法人であることが必要であるが、医療法の許可を受けて診療所を開設している者も認められた。
  また、以下の内容等が通知に記載された。

現行の宿泊室の基準のほか、看護小規模多機能型居宅介護事業所が診療所である場合は、診療所の病床を宿泊室とすることは差し支えないが、当該病床のうち1病床以上は利

用者の専用のものとして確保する。

報酬早見表

算定項目			算定	改定後	改定前	格差
イ 看護小規模多機能型居宅介護費	(1)同一建物に居住する者以外の者に対して行う場合	要介護1	1月	12,341	12,341	±0
		要介護2		17,268	17,268	±0
		要介護3		24,274	24,274	±0
		要介護4		27,531	27,531	±0
		要介護5		31,141	31,141	±0
	(2)同一建物に居住する者に対して行う場合	要介護1		11,119	11,119	±0
		要介護2		15,558	15,558	±0
		要介護3		21,871	21,871	±0
		要介護4		24,805	24,805	±0
		要介護5		28,058	28,058	±0
ロ 短期利用居宅介護費		要介護1	1日	565	565	±0
		要介護2		632	632	±0
		要介護3		700	700	±0
		要介護4		767	767	±0
		要介護5		832	832	±0

(1)看護小規模多機能型居宅介護は、利用者が可能な限り自立した日常生活を送ることができるよう、利用者の選択に応じて、施設への「通い」を中心として、短期間の「宿泊」や利用者の自宅への「訪問」を組合せ、家庭的な環境と地域住民との交流の下で日常生活上の支援や機能訓練を行うものである。

(2)登録定員は29人（サテライト事業所は18人）以下としなければならない。看護小規模多機能型居宅介護は、利用者と従業者のなじみの関係を築きながらサービスを提供する観点から、利用者は一カ所の看護小規模多機能型居宅介護事業所に限って利用者登録を行うことができるものであり、複数の看護小規模多機能型居宅介護事業所の利用は認められない。

(3)看護小規模多機能型居宅介護費は、登録した利用者について、居住する場所および要介護状態区分に応じて、登録している期間1カ月につき、それぞれ所定単位数を算定する。月の途中から登録したり、月の途中で登録終了したりした場合には、「登録していた期間」に応じて日割り計算で算定する。（月途中から登録した場合は、登録日から当該月の末日までの期間で日割り計算した単位数を算定する。月途中で登録を終了した場合には、当該月の初日から登録終了日までの期間で日割り計算した単位数を算定する）

(4)これらの算定の基礎となる「登録日」は、利用者が看護小規模多機能型居宅介護事業者と利用契約を結んだ日ではなく、通い、または宿泊のいずれかのサービスを実際に利用開始した日のことである。また、「登録終了日」は、利用者が看護小規模多機能型居

(4) 指定地域密着型サービス

宅介護事業者との間の利用契約を終了した日をさす。
(5)「同一建物」とは、当該看護小規模多機能型居宅介護事業所と構造上または外形上、一体的な建築物(養護老人ホーム、軽費老人ホーム、有料老人ホーム、サービス付き高齢者向け住宅に限る)をさす。当該建築物を管理・運営する法人が、当該看護小規模多機能型居宅介護事業者と異なる場合であっても、「同一建物」に該当する。
(同一建物に該当するケース)
　①当該建物の一階部分に看護小規模多機能型居宅介護事業所がある場合。
　②当該建物と渡り廊下等で繋がっている場合。
(同一建物に該当しないケース)
　③同一敷地内にある別棟の建築物や道路を挟んで隣接する場合。
(6)月途中で転居があって、1人の利用者について「同一建物に居住する者以外の者である期間」と、「同一建物に居住する者である期間」が混在する場合は、それぞれの期間に対応した単位数を算定する。(日割り計算)

算定のポイント

算定項目		算定	改定後	改定前	格差	要件
中山間地域等に居住する者へのサービス提供加算		1月	+5%	−	新設	イ
ハ 初期加算		1日	+30	+30	±0	イ
ニ 認知症加算	(1)認知症加算(Ⅰ)	1月	+800	+800	±0	イ
	(2)認知症加算(Ⅱ)		+500	+500	±0	イ
ホ 若年性認知症利用者受入加算			+800	−	新設	イ
ヘ 栄養スクリーニング加算		1回	+5	−	新設	イ 6月に1回限度
ト 退院時共同指導加算			+600	+600	±0	イ
チ 緊急時訪問看護加算		1月	+574	+540	34	イ
リ 特別管理加算	(1)特別管理加算(Ⅰ)		+500	+500	±0	イ
	(2)特別管理加算(Ⅱ)		+250	+250	±0	イ
ヌ ターミナルケア加算			+2,000	+2,000	±0	イ 死亡月
ル 看護体制強化加算	(1)看護体制強化加算(Ⅰ)		+3,000	−	新設	イ
	(2)看護体制強化加算(Ⅱ)		+2,500	+2,500	±0	イ
ヲ 訪問体制強化加算			+1,000	−	新設	イ
ワ 総合マネジメント体制強化加算			+1,000	+1,000	±0	イ

算定項目		算定	改定後	改定前	格差	要件
カ サービス提供体制強化加算（全サービス共通事項ページ参照）	(1)サービス提供体制強化加算(Ⅰ)イ	1月	+640	+640	±0	イ
	(2)サービス提供体制強化加算(Ⅰ)ロ		+500	+500	±0	
	(3)サービス提供体制強化加算(Ⅱ)		+350	+350	±0	
	(4)サービス提供体制強化加算(Ⅲ)		+350	+350	±0	
	(1)サービス提供体制強化加算(Ⅰ)イ	1日	+21	+21	±0	ロ
	(2)サービス提供体制強化加算(Ⅰ)ロ		+16	+16	±0	
	(3)サービス提供体制強化加算(Ⅱ)		+12	+12	±0	
	(4)サービス提供体制強化加算(Ⅲ)		+12	+12	±0	

※ 中山間地域等提供加算、緊急時訪問看護加算、特別管理加算、ターミナルケア加算、看護体制強化加算、総合マネジメント体制強化加算、訪問体制強化加算、サービス提供体制強化加算は区分支給限度基準額管理対象外。

1. 中山間地域等に居住する者へのサービス提供加算

離島、中山間地、過疎地などにおける「厚生労働大臣の定める地域」で事業を実施する事業者について、要件に該当すれば算定できる加算。詳細は訪問・通所系サービス共通項目参照。

2. 初期加算

看護小規模多機能型居宅介護事業所に登録した日から起算して30日以内の期間について、1日につき所定単位数を算定可。

病院または診療所に30日を超えて入院し、その後に、再び看護小規模多機能型居宅介護の利用を開始した場合も、同様に算定可。

3. 認知症加算

認知症高齢者の日常生活自立度のランクⅢ以上の者に対して居宅介護サービスを実施する場合に、（Ⅰ）を算定可。同じく、日常生活自立度のランクⅡに該当する者に対して居宅介護サービスを実施する場合に、（Ⅱ）を算定可。

4. 若年性認知症利用者受入加算（新設）

(1) 受け入れた若年性認知症利用者ごとに個別に担当者を定め、担当者を中心に、利用者の特性やニーズに応じたサービス提供を行う場合に算定可。
(2) 若年性認知症の判断は、精神科医師もしくは神経内科医師または認知症に対するリハビリテーションに関する専門的研修修了医師の判定結果を徴するか、「要介護認定等の実施について」の主治医意見書によることが望ましい。
(3) 65歳の誕生日の前々日まで算定可。

5. 栄養スクリーニング加算（新設）

(1) サービス利用者に対し、利用開始時および利用中6カ月ごとに栄養状態について確認を行い、当該利用者の栄養状態に係る情報（医師・歯科医師・管理栄養士等への相談

(4) 指定地域密着型サービス

提言を含む)を介護支援専門員に文書で提供した場合に算定可。
(2)算定対象となる利用者等の取扱いは、「3-イ　地域密着型通所介護」の「7. 栄養改善加算」の(5)①～⑤に該当する者。

6. 退院時共同指導加算

(1)病院、診療所または介護老人保健施設、介護医療院に入院中または入所中の者が退院または退所にあたり、事業所の保健師、看護師、理学療法士、作業療法士もしくは言語聴覚士が退院時共同指導を行った後、退院または退所後、初回の訪問看護サービスを行った場合に、退院または退所につき1回(特別な管理を必要とする利用者は2回)に限り、算定可。なお加算算定月の前月に退院時共同指導を行っている場合も算定可。

【特別な管理を必要とする利用者】
次に掲げる状態のいずれかに該当する者
①医科診療報酬点数表の在宅悪性腫瘍患者指導管理、在宅気管切開患者指導管理、気管カニューレ、留置カテーテルを使用している状態。
②医科診療報酬点数表の在宅自己腹膜灌流指導管理、在宅血液透析指導管理、在宅酸素療法指導管理、在宅中心静脈栄養法指導管理、在宅成分栄養経管栄養法指導管理、在宅自己導尿指導管理、在宅持続陽圧呼吸療法指導管理、在宅自己疼痛管理指導管理、在宅肺高血圧症患者指導管理を受けている状態。
③人工肛門または人工膀胱を設置している状態。
④真皮を越える褥瘡の状態。
⑤点滴注射を週3日以上行う必要があると認められる状態。

(2)退院時共同指導を行い、退院した後の初回訪問看護実施日に算定。なお、加算算定月の前月に退院時共同指導を行っている場合も算定可。
(3)退院時共同指導加算を2回算定できる利用者((1)の特別な管理を必要とする利用者)に対しては、複数の訪問看護ステーション、定期巡回・随時対応型訪問介護看護事業所、看護小規模多機能型居宅介護事業所が退院時共同指導を行って、1回ずつ算定することも可能。
(4)退院時共同指導加算を介護保険で請求した場合は、同月に訪問看護および定期巡回・随時対応型訪問介護看護を利用した場合の各サービスにおける退院時共同指導加算ならびに同月に医療保険における訪問看護を利用した場合、併算定不可。((3)の場合を除く)

7. 緊急時訪問看護加算

利用者またはその家族等から電話等により看護に関する意見を求められた場合に、常時対応できる体制にあることを届け出た事業所が、利用者またはその家族等からの相談を24時間受け付ける体制を取り、かつ、計画的に訪問するとなっていない緊急時訪問を必要に応じて行う体制を取った場合に、利用者の同意を得て算定可。(同月に医療保険の24時間対応加算と併算定不可)

8. 特別管理加算（Ⅰ）（Ⅱ）

訪問看護サービスに関し特別な管理を必要とする利用者（以下(1)または(2)）に対して、看護小規模多機能型居宅介護事業所が、訪問看護サービスの実施に関する計画的な管理を行った場合に算定できる。ただし、（Ⅰ）と（Ⅱ）は併算定不可。

(1)特別管理加算（Ⅰ）対象者

医科診療報酬点数表の在宅悪性腫瘍患者指導管理、在宅気管切開患者指導管理を受けている状態、気管カニューレ、留置カテーテルを使用している状態。

(2)特別管理加算（Ⅱ）対象者

①医科診療報酬点数表の在宅自己腹膜灌流指導管理、在宅血液透析指導管理、在宅酸素療法指導管理、在宅中心静脈栄養法指導管理、在宅成分栄養経管栄養法指導管理、在宅自己導尿指導管理、在宅持続陽圧呼吸療法指導管理、在宅自己疼痛管理指導管理、在宅肺高血圧症患者指導管理を受けている状態。

②人工肛門または人工膀胱を設置している状態。

③真皮を越える褥瘡の状態［NPUAP（National Pressure Ulcer of Advisory Panel）分類ステージⅢ度、Ⅳ度またはDESIGN®分類（日本褥瘡学会）D3、D4、D5に該当する状態］。算定の際は、定期的（週に1回以上）に褥瘡の状態の観察・アセスメント・評価（褥瘡の深さ、滲出液、大きさ、炎症・感染、肉芽組織、壊死組織、ポケット）を行い、褥瘡の発生部位および実施したケア（利用者の家族等に行う指導を含む）について訪問看護記録書に記録する。

④点滴注射を週3日以上行う必要があると認められる状態。（主治医が点滴注射を週3日以上行うことが必要である旨の指示を訪問看護事業所に対して行った場合で、かつ、事業所の看護職員が週3日以上点滴注射を実施している状態）算定する場合は、点滴注射が終了した場合その他必要が認められる場合に、主治医に対して速やかに状態報告するとともに、訪問看護記録書に点滴注射の実施内容を記録する。

9. ターミナルケア加算

(1)在宅で死亡した利用者に、厚生労働大臣が定める基準に適合しているとして届け出た事業所が、その死亡日および死亡日前14日以内に2日以上ターミナルケアを行った場合（ターミナルケアを行った後、24時間以内に在宅以外で死亡した場合を含む）に算定可。

(2)ターミナルケアを最後に行った日の属する月と死亡月が異なる場合は、死亡月に算定可。

(3)加算を介護保険で請求した場合は、同月に定期巡回・随時対応型訪問介護看護および訪問看護を利用した場合の各サービスにおけるターミナルケア加算ならびに同月に医療保険における訪問看護を利用した場合の、訪問看護ターミナルケア療養費および訪問看護・指導料における在宅ターミナルケア加算は、併算定不可。

(4)ターミナルケアの提供には、看取りを含めたターミナルケアの各プロセスにおいて、

(4) 指定地域密着型サービス

利用者および家族の意向を把握し、それに基づくアセスメントおよび対応を実施し、経過を記録する。その際、厚生労働省の「人生の最終段階における医療・ケアの決定プロセスにおけるガイドライン」等の内容を踏まえ、利用者本人および家族と話し合いを行い、利用者本人の意思決定を基本に、他の医療および介護関係者との連携の上、対応する。

(5)ターミナルケアの実施にあたっては、他の医療および介護関係者等と十分な連携を図るよう努める。

10. 看護体制強化加算

看護体制強化加算(1カ月ごとに算定)は、医療ニーズの高い利用者の居宅での療養生活を支援するためサービス提供体制の強化を図った事業所を、評価する加算である。算定にあたっては、以下の厚生労働大臣が定める基準を満たして届け出る必要がある。

なお、利用者によって任意に(Ⅰ)か(Ⅱ)かを選択して算定できない。(事業所として、いずれか一方のみを届出ることになる)

2018年度改定で名称が「訪問看護体制強化加算」から「看護体制強化加算」へと変わり、評価が細分化されて(Ⅰ)が新たに加わっている。

(1)看護体制強化加算(Ⅰ)

以下①～⑤のすべてに適合する。

①事業所の利用者(※1)のうち「主治医の指示に基づいて看護サービスを提供した利用者」の占める割合が80％以上である。

②事業所の利用者(※1)のうち「緊急時訪問看護加算を算定した利用者」の占める割合が50％以上である。

③事業所の利用者(※1)のうち「特別管理加算を算定した利用者」の占める割合が20％以上である。

④事業所の利用者(※2)のうち「ターミナルケア加算を算定した利用者」が1名以上である。

⑤登録特定行為事業者または登録喀痰吸引等事業者として届出している。

(※1 算定日が属する月の前3カ月間)

(※2 算定日が属する月の前12カ月間)

(2)看護体制強化加算(Ⅱ)

(1)の①～③について、すべて適合する。

①算定日が属する月の前3カ月間において、看護小規模多機能型居宅介護事業所における利用者総数のうち、主治医の指示に基づく看護サービスを提供した利用者の占める割合が80％以上である。

②算定日が属する月の前3カ月間において、看護小規模多機能型居宅介護事業所における利用者総数のうち、緊急時訪問看護加算を算定した利用者の占める割合が50％以上である。

③算定日が属する月の前3カ月間において、看護小規模多機能型居宅介護事業所における利用者総数のうち、特別管理加算を算定した利用者の占める割合が20％以上である。

④算定日が属する月の前12カ月間において、看護小規模多機能型居宅介護事業所におけるターミナルケア加算を算定した利用者が1名以上である。

⑤登録特定行為事業者または登録喀痰吸引等事業者として届出している。

11. 訪問体制強化加算（新設）

(1)訪問サービス（※1）の提供に当たる常勤の従業者（※2）を2名以上配置

(2)事業所の全登録者に対する訪問サービスの提供回数が1か月当たり延べ200回以上。（訪問看護サービスも含まれる。また、見守りの意味で声かけ等を行った場合も、訪問サービスの回数として算入可）

(3)事業所と同一の建物に集合住宅（養護老人ホーム、軽費老人ホーム、有料老人ホーム、サービス付き高齢者向け住宅に限る）を併設する場合は、(1)〜(2)に加えて、登録者総数のうち同一建物居住者以外の登録者に対して行う場合を算定する者の占める割合が50％以上である。

（※1 保健師、看護師、准看護師、理学療法士、作業療法士または言語聴覚士（以下、「看護師等」）が、主治医の指示に基づき提供する看護サービスとしての訪問サービスを除く。）

（※2 看護師等を除く。）

(4)加算算定の場合は、訪問サービスの内容を記録する。

(5)「訪問サービス担当の常勤の従業者」は、訪問サービスのみを行う従業者として固定しなければならないわけではなく、訪問サービスも行っている常勤の従業者を2名以上配置した場合に算定可。

12. 総合マネジメント体制強化加算

登録者が住み慣れた地域での生活を継続できるよう、地域住民との交流や地域活動への参加を図りつつ、登録者の心身の状況、希望およびびその置かれている環境を踏まえて、「通い・訪問・宿泊」を柔軟に組み合わせて提供するために、介護支援専門員、看護師、准看護師、介護職員その他の関係者が日常的に行う調整や情報共有、多様な関係機関や地域住民等との調整や地域住民等との交流等の取組を評価する趣旨の加算。次に掲げるいずれにも該当する場合に算定可。

(1)看護小規模多機能型居宅介護計画について、登録者の心身の状況や家族を取り巻く環境の変化を踏まえ、介護職員や看護職員等の多職種協働により、随時適切に見直しを行っている。

(2)地域との連携を図るとともに、地域の病院の退院支援部門、診療所、介護老人保健施設その他の関係施設に対し、事業所で提供することができる具体的なサービスの内容

(4) 指定地域密着型サービス

等について日常的に情報提供を行っている。
(3) 日常的に地域住民等との交流を図り、地域の行事や活動等に積極的に参加する。
（地域の行事や活動の例）
　①登録者の家族や登録者と関わる地域住民等からの利用者に関する相談への対応。
　②登録者が住み慣れた地域で生活を継続するために、地域における課題を掘り起こし、地域住民や市町村等とともに解決する取組。（行政や地域包括支援センターが開催する地域での会議への参加、町内会や自治会の活動への参加、認知症や介護に関する研修の実施等）
　③登録者が住み慣れた地域との絆を継続するための取組。（登録者となじみの関係がある地域住民や商店等との関わり、地域の行事への参加等）

ココに注目　減算等について

算定項目			算定	改定後	改定前	格差	要件
定員超過の場合			1月 ロの場合1日	×70%	×70%	±0	イ、ロ
従業者の員数が基準に満たない場合				×70%	×70%	±0	イ、ロ
過少サービスに対する減算			1月	×70%	×70%	±0	
サテライト体制未整備減算				×97%	−	新規	
日割計算の場合				÷30.4	÷30.4	±0	
訪問看護体制減算	(1)同一建物に居住する者以外の者に対して行う場合	要介護1	1月	−925	−925	±0	イ
		要介護2		−925	−925	±0	
		要介護3		−925	−925	±0	
		要介護4		−1,850	−1,850	±0	
		要介護5		−2,914	−2,914	±0	
	(2)同一建物に居住する者に対して行う場合	要介護1		−925	−925	±0	
		要介護2		−925	−925	±0	
		要介護3		−925	−925	±0	
		要介護4		−1,850	−1,850	±0	
		要介護5		−2,914	−2,914	±0	
末期の悪性腫瘍等により医療保険の訪問看護が行われる場合の減算	(1)同一建物に居住する者以外の者に対して行う場合	要介護1	1月	−925	−925	±0	イ
		要介護2		−925	−925	±0	
		要介護3		−925	−925	±0	
		要介護4		−1,850	−1,850	±0	
		要介護5		−2,914	−2,914	±0	
	(2)同一建物に居住する者に対して行う場合	要介護1		−925	−925	±0	
		要介護2		−925	−925	±0	
		要介護3		−925	−925	±0	
		要介護4		−1,850	−1,850	±0	
		要介護5		−2,914	−2,914	±0	

算定項目		算定	改定後	改定前	格差	要件
特別の指示により頻回に医療保険の訪問看護が行われる場合の減算	(1)同一建物に居住する者以外の者に対して行う場合 要介護1	1日	−30	−30	±0	イ
	要介護2		−30	−30	±0	
	要介護3		−30	−30	±0	
	要介護4		−60	−60	±0	
	要介護5		−95	−95	±0	
	(2)同一建物に居住する者に対して行う場合 要介護1		−30	−30	±0	
	要介護2		−30	−30	±0	
	要介護3		−30	−30	±0	
	要介護4		−60	−60	±0	
	要介護5		−95	−95	±0	

※ 定員超過と人員欠如減算は、訪問・通所系サービス共通項目ページ参照。

1. 医療保険の訪問看護を行う場合の減算

(1)末期の悪性腫瘍等により医療保険の訪問看護が行われる場合の減算

末期の悪性腫瘍その他厚生労働大臣が定める疾病等（※）の患者について、医療保険の給付対象となる訪問看護を行う場合は、所定単位数から減算。

月途中から医療保険の給付の対象となる場合、または月途中から医療保険の給付の対象外となる場合には、医療保険の給付の対象となる期間に応じて減算。医療保険の給付の対象となる期間は、主治医による指示に基づく。

（※末期の悪性腫瘍、その他厚生労働大臣が定める疾病等）

末期の悪性腫瘍、多発性硬化症、重症筋無力症、スモン、筋萎縮性側索硬化症、脊髄小脳変性症、ハンチントン病、進行性筋ジストロフィー症、パーキンソン病関連疾患（進行性核上性麻痺、大脳皮質基底核変性症およびパーキンソン病（ホーエン-ヤールの重症度分類がステージⅢ以上であって生活機能障害度がⅡ度またはⅢ度のものに限る）をいう）、多系統萎縮症（線条体黒質変性症、オリーブ橋小脳萎縮症およびシャイ-ドレーガー症候群をいう）、プリオン病、亜急性硬化性全脳炎、ライソゾーム病、副腎白質ジストロフィー、脊髄性筋萎縮症、球脊髄性筋萎縮症、慢性炎症性脱髄性多発神経炎、後天性免疫不全症候群、頸髄損傷および人工呼吸器を使用している状態。

(2)特別の指示により頻回に医療保険の訪問看護が行われる場合の減算

急性増悪等により一時的に頻回の訪問看護を行う必要がある旨の特別指示または特別指示書の交付があった場合、交付日から14日間を限度として医療保険による訪問看護の給付対象となり、当該月は当該特別指示の日数に応じて減算。

（例）要介護3の利用者が、特別指示により医療保険の訪問看護の対象者となり、当該特別指示の期間が14日間であった場合
→30単位×14日＝420単位を減算
なお、医療機関における特別指示には、頻回の訪問看護が必要な理由、その期間等を診療録に記載されなければならない。

2. サービス提供が過少である場合の減算について

看護小規模多機能型居宅介護事業所が提供する通いサービス、訪問サービスおよび宿泊サービスの提供回数が、登録者(短期利用居宅介護費を算定する者を除く)1人当たり平均週4回に満たない場合は、基本報酬が30%減算となる。

「利用者1人当たり平均回数(週)」は、暦月ごとに以下の方法で算定したサービス提供回数合計数を、「当月の日数×登録者数」で除したものに7を乗じて算定する。

(1) 通いサービス

1人の登録者が1日に複数回通いサービスを利用する場合は、当該回数を算定可。

(2) 訪問サービス

1回の訪問を1回のサービス提供として算定する。なお、看護小規模多機能型居宅介護の訪問サービスは身体介護に限られないため、登録者宅を訪問して見守りの意味で声かけ等を行った場合でも、訪問サービスの回数に含められる。

(3) 宿泊サービス

1泊を1回として算定する。ただし、通いサービスに引き続いて宿泊サービスを行う場合は、それぞれを1回とし、計2回として算定する。

登録者が月の途中で利用を開始または終了した場合は、利用開始日の前日以前または利用終了日の翌日以降の日数については、(1)の日数の算定の際に控除する。登録者が入院した場合の入院日(入院初日および退院日を除く)についても同様。

サービス提供回数が過少である状態が継続する場合は、市町村長が事業所に対し、適切なサービスの提供を指導することとなる。

3. 訪問看護体制減算

以下の基準のいずれにも該当する場合、訪問看護体制減算対象となる。

(1) 事業所の利用者(※)のうち「主治医の指示に基づいて看護サービスを提供した利用者」の占める割合が30%未満。
(2) 事業所の利用者(※)のうち「緊急時訪問看護加算を算定した利用者」の占める割合が30%未満。
(3) 事業所の利用者(※)のうち「特別管理加算を算定した利用者」の占める割合が5%未満。
(※算定日が属する月の前3カ月間)

4. サテライト体制未整備減算(新設)

看護小規模多機能型の「サテライト型事業所」は、サービス供給量拡大と事業効率化の両面を促す観点で2018年度改定で導入されたものだが、看護小規模多機能型である以上、たとえサテライト型であっても、「適切な看護サービスを提供する体制にある」ことが前提となっている。そのため、本体事業所もしくはサテライト型事業所のいずれかもしくは両方が「訪問看護体制減算」の届出をしている場合は、その両方に「サテライト体制未整備減算」が適用される。

コラム　留意事項等について

1. 短期利用居宅介護費の算定要件
(1)次に掲げる基準のいずれにも適合する。
　①事業所の登録者数が、登録定員未満である。
　②当該利用者の状態や家族等の事情により、居宅介護支援事業所の介護支援専門員が「緊急に利用が必要」と認めた場合であって、看護小規模多機能型居宅介護事業所の介護支援専門員が「看護小規模多機能型居宅介護事業所の登録者に対するサービス提供に支障がない」と認めた場合である。
　③利用の開始にあたって、あらかじめ7日以内（利用者の日常生活上の世話を行う家族等の疾病等やむを得ない事情がある場合は14日以内）の利用期間を定める。
　④指定基準に定められた従業者の員数が配置されている。
　⑤サービス提供回数が過少であることによる減算の適用となっていない。
(2)短期利用に活用可能な宿泊室の数は、以下の算式で算出した数である。
　　事業所の宿泊室の数×（登録定員－登録者数）÷当該事業所の登録定員
　　（小数点第1位以下四捨五入）
　　（例）宿泊室数が9室、登録定員が25人、登録者の数が20人の場合
　　　9×（25－20）÷25＝1.8となり、短期利用に活用できる宿泊室数は2室となる。
　　　このため、宿泊室数が9室、登録定員が25人の事業所において短期利用居宅介護費を算定するには、少なくとも登録者の数が23人以下である必要がある。

 プラスα　Q&Aなどから

(1)総合マネジメント体制強化加算の算定要件における「多職種協働」について

　総合マネジメント体制強化加算の算定にあたっては、利用者の心身の状況等に応じて随時、関係者（介護支援専門員、看護師、准看護師、介護職員、保健師、理学療法士、作業療法士または言語聴覚士）が共同して個別サービス計画の見直しを行うこととされているが、個別サービス計画の見直しに全ての職種がかかわらなければならないということではない。見直しの内容に応じて、適切に関係者がかかわることで足りるものである。
　また、個別サービス計画の見直しに係る多職種協働は、必ずしもカンファレンスなどの会議の場により行われなければならないものでもない。通常の業務の中で、主治医や看護師、介護職員等の意見を把握し、これに基づき個別サービス計画の見直しが行われていれば、本加算の算定要件を満たすものである。
　なお、加算の要件を満たすことのみを目的として、新たに多職種協働の会議を設けたり書類を作成する必要はない。
　　※介護保険最新情報vol. 454（27.4.1）　平成27年度介護報酬改定に関するQ&A　Q155

(2) 訪問体制強化加算について

　訪問体制強化加算は、看護師等(保健師、看護師、准看護師、理学療法士、作業療法士または言語聴覚士をいう)が訪問サービス(医療保険による訪問看護を含む)を提供した場合には、当該加算の要件となる訪問回数として計上できない。サービスの提供内容に関わらず、看護師等が訪問した場合については、当該加算の算定要件である訪問サービスの訪問回数として計上できない。

　　※介護保険最新情報vol. 663(30.3.28)　平成30年度介護報酬改定に関するQ&A
　　　(Vol. 1)　Q120

(3) 管理者について

　看護小規模多機能型居宅介護の管理者は、事業所ごとに専らその職務に従事する常勤の管理者を置くこととされており、看護小規模多機能型居宅介護事業所の管理上支障がない場合、同一敷地内にある他の事業所、施設等もしくは事業所に併設する介護療養型医療施設(療養病床を有する診療所に限る)、介護医療院等の職務に従事することができるとされている。看護小規模多機能型居宅介護事業所が診療所であって、当該診療所が有する病床を当該看護小規模多機能型居宅介護事業所の宿泊室として兼用する場合は、当該事業所の管理業務に支障がない場合、当該事業所に併設する地域密着型介護老人福祉施設、介護療養型医療施設(療養病床を有する診療所に限る)および介護医療院に配置された医師が管理者として従事することは差し支えない。

(4) 管理者および代表者について

　看護小規模多機能型居宅介護事業所の管理者および代表者について、保健師および看護師については、医療機関における看護、訪問看護または訪問指導の業務に従事した経験のある者である必要があり、さらに管理者としての資質を確保するための関連機関が提供する研修等を受講していることが望ましいとされている。看護小規模多機能型居宅介護事業所が診療所である場合で、当該看護小規模多機能型居宅介護の利用者へのサービスの提供に支障がない場合は、当該診療所が有する病床には、宿泊室を兼用することができることとされたことから、当該看護小規模多機能型居宅介護の管理者および代表者について、保健師および看護師ではなく医師が従事することは差し支えない。この場合、厚生労働大臣が定める研修の修了は求めないものとするが、かかりつけ医認知症対応力向上研修等を受講していることが望ましい。

　　※介護保険最新情報vol. 657(30.5.29)　平成30年度介護報酬改定に関するQ&A
　　　(Vol. 4)　Q10、11

(5) 指定居宅介護支援

1 居宅介護支援（介護予防支援）

 改正点のポイント

- 居宅介護支援費の基本報酬は引上げられたが、介護予防支援の基本報酬は据え置きとなった。
- 入院時情報連携加算が、入院後3日以内の情報提供と入院後7日以内の情報提供の2区分となり、情報提供の方法（訪問または訪問以外）による報酬の格差は解消された。（介護予防支援は除く）
- 退院・退所加算が以下のとおり見直され、3区分に評価された。（介護予防支援は除く）
  ①退院・退所時におけるケアプランの初回作成の手間を評価
  ②医療機関等との連携回数に応じた評価
  ③医療機関等におけるカンファレンスに参加した場合を上乗せで評価
- 特定事業所集中減算の対象サービスが見直しされ、訪問介護、通所介護、地域密着型通所介護、福祉用具貸与が対象サービスとなった。（介護予防支援は除く）
- 訪問により把握した末期の悪性腫瘍の利用者の心身の状況等の情報を記録し、主治の医師等や居宅サービス事業者へ提供した場合に評価するターミナルケアマネジメント加算（400単位/月）が新設された。（介護予防支援は除く）
- 特定事業所加算の算定要件として、「他法人が運営する居宅介護支援事業所と共同の事例検討会や研修会等の実施」が新設された。

  また、特定事業所加算（Ⅰ）のみの算定要件であった「地域包括支援センター等が実施する事例検討会等への参加」が（Ⅱ）（Ⅲ）の要件にも追加された。更に医療機関等と総合的に連携する事業所を評価する（Ⅳ）が新設された（2019（平成31）年4月1日施行）。（介護予防支援は除く）
- 運営基準の改正があり、以下の項目が義務づけられた。
  ①居宅介護支援の提供の開始に当たり、利用者、家族等に対して、入院時に担当介護支援専門員の氏名等を入院先医療機関に提供するよう依頼する。
  ②利用者が医療系サービスの利用を希望している場合等は、利用者の同意を得て主治の医師等の意見を求めることとされているが、この意見を求めた主治の医師等に対してケアプランを交付する。
  ③訪問介護事業所等から伝達された利用者の口腔に関する問題や服薬状況、モニタリング等の際に介護支援専門員自身が把握した利用者の状態等について、介護支援専門員から主治の医師等に必要な情報伝達を行う。
  ④利用者との契約にあたり、利用者やその家族に対して、利用者はケアプランに位置付ける居宅サービス事業所について、複数の事業所の紹介を求めることが可能であるこ

(5) 指定居宅介護支援

と等を説明する。(未実施の場合は減算)

⑤訪問回数の多いケアプランについては、利用者の自立支援・重度化防止や地域資源の有効活用等の観点から、市町村が確認・是正を促していくことが適当であり、介護支援専門員が、通常のケアプランよりかけ離れた回数(※)の訪問介護(生活援助中心型)を位置付ける場合には、市町村にケアプランを届け出る。(介護予防支援は除く)

(※「全国平均利用回数＋2標準偏差」を基準として2018(平成30)年5月厚生労働省告示第218号「厚生労働大臣が定める回数及び訪問介護」が公布され、6カ月の周知期間を設けて2018年10月から施行。)

●障害福祉サービスを利用してきた障害者が介護保険サービスを利用する場合等における、介護支援専門員と障害福祉制度の相談支援専門員との密接な連携を促進するため、居宅介護支援事業者が特定相談支援事業者との連携に努める必要があると運営基準に明記された。

●主任介護支援専門員であることが管理者要件(経過措置期間(2021(平成33)年3月末)となった。(介護予防支援を除く)

 報酬早見表

1. 居宅介護支援

算定項目			算定	改定後	改定前	格差
イ 居宅介護支援費(Ⅱ)、(Ⅲ)は取扱件数が40件および60件を超過した場合、40件および60件を超えた部分について算定(逓減制)	(1)居宅介護支援費(Ⅰ) 取扱件数 40件未満	要介護1・2	1月	1,053	1,042	11
		要介護3・4・5		1,368	1,353	15
	(2)居宅介護支援費(Ⅱ) 取扱件数 40件～60件未満	要介護1・2		527	521	6
		要介護3・4・5		684	677	7
	(3)居宅介護支援費(Ⅲ) 取扱件数 60件以上	要介護1・2		316	313	3
		要介護3・4・5		410	406	4

(1)居宅介護支援費(Ⅰ)～(Ⅲ)の利用者ごとの割り当ては、利用者の契約日が古いものから順に、1～39件目(常勤換算方法で1を超える数の介護支援専門員がいる場合は、40にその数を乗じた数から1を減じた件数まで)は、居宅介護支援費(Ⅰ)を算定し、40件目(常勤換算方法で1を超える数の介護支援専門員がいる場合は、40にその数を乗じた件数)以降は、取扱い件数に応じ、それぞれ居宅介護支援費(Ⅱ)または(Ⅲ)を算定。

(2)取扱い件数の算定方法

(居宅介護支援事業所全体の利用者総数＋介護予防支援事業者から委託を受けた介護予防支援に係る利用者×1/2)÷事業所の常勤換算方法により算定した介護支援専門員の員数。

2. 介護予防支援

算定項目	算定	改定後	改定前	格差
イ 介護予防支援費	1月	430	430	±0

加算算定のポイント

1. 居宅介護支援

算定項目		算定	改定後	改定前	格差	要件
特別地域居宅介護支援加算			×15%	×15%	±0	
中山間地域等における小規模事業所加算			×10%	×10%	±0	
中山間地域等に居住する者へのサービス提供加算			×5%	×5%	±0	
ロ 初回加算			+300	+300	±0	
ハ 特定事業所加算	特定事業所加算(Ⅰ)		+500	+500	±0	
	特定事業所加算(Ⅱ)		+400	+400	±0	
	特定事業所加算(Ⅲ)		+300	+300	±0	
	特定事業所加算(Ⅳ)		+125	—	新設	2019(平成31)年4月1日から算定可
ニ 入院時情報連携加算	入院時情報連携加算(Ⅰ)	1月	+200	+200	要件変更	入院後3日以内 1月1回限度
	入院時情報連携加算(Ⅱ)		+100	+100		入院後4日以上7日以内 1月1回限度
ホ 退院・退所加算	(1)退院・退所加算(Ⅰ)イ		+450	+300	150	入院または入院期間中1回限度
	(2)退院・退所加算(Ⅰ)ロ		+600	+300	300	
	(3)退院・退所加算(Ⅱ)イ		+600	+300	300	
	(4)退院・退所加算(Ⅱ)ロ		+750	+300	450	
	(5)退院・退所加算(Ⅲ)		+900	+300	600	
ヘ 小規模多機能型居宅介護事業所連携加算			+300	+300	±0	
ト 看護小規模多機能型居宅介護事業所連携加算			+300	+300	±0	
チ 緊急時等居宅カンファレンス加算		1回	+200	+200	±0	1月2回限度
リ ターミナルケアマネジメント加算		1月	+400	—	新設	死亡日および死亡前14日以内に2日以上在宅の訪問等を行った場合

2. 介護予防支援

算定項目	算定	改定後	改定前	格差
ロ　初回加算	1月	300	300	±0
ハ　介護予防小規模多機能型居宅介護事業所連携加算		300	300	±0

3. 特別地域居宅介護支援加算

　離島、中山間地、過疎地などにおける「厚生労働大臣の定める地域」で事業を実施する事業者について、要件に該当すれば算定できる加算がある。

4. 初回加算

(1)以下の場合に算定可。
　①新規に居宅サービスを作成する場合。新規とは、契約の有無にかかわらず、利用者について、過去2カ月以上、当該事業所においてサービスを提供しておらず、居宅介護支援費が算定されていない場合に、居宅サービス計画を作成した場合を指す。
　②要支援者が要介護認定を受けた場合の居宅サービス計画を作成する場合。
　③要介護状態区分が2区分以上変更された場合に居宅サービス計画を作成する場合。
(2)運営基準違反により居宅介護支援費が減算になっている利用者には算定不可。
(3)退院・退所加算と併算定不可。

5. 入院時情報連携加算（見直し）

　利用者が医療機関に入院するに当たって、医療機関の職員に対して、利用者の心身の状況や生活環境等の利用者に必要な情報（利用者の入院日、心身の状況（例えば疾患・病歴、認知症の有無や徘徊等の行動の有無など）、生活環境（例えば、家族構成、生活歴、介護者の介護方法や家族介護者の状況など）およびサービスの利用状況）を提供（訪問、文書を問わない）した場合に以下の区分により算定可。
　①入院時情報連携加算（Ⅰ）　必要な情報を入院後3日以内に提供した場合。
　②入院時情報連携加算（Ⅱ）　必要な情報を入院後4日以上7日以内に提供した場合。

6. 退院・退所加算（Ⅰ）（Ⅱ）（Ⅲ）（見直し）

(1)病院・診療所や介護保険施設、地域密着型介護老人福祉施設（以下（病院・施設等）に入院・入所していた者が退院または退所し、居宅で居宅サービス等（地域密着型サービス含む）を受けることとする場合に、退院または退所に当たって、当該病院・施設等の職員と面談し、利用者に関する必要情報を得たうえで、居宅サービス計画を作成し、居宅サービスまたは地域密着型サービスの利用調整を行った場合に、以下の①から③の算定区分により算定可。（入院または入所期間中1回のみ）
　①退院・退所加算（Ⅰ）
　　イ　病院・施設等の職員から利用者の必要な情報提供をカンファレンス以外の方法に

　　　　より1回受けている。
　　ロ　病院・施設等の職員から利用者の必要な情報提供をカンファレンスにより1回受
　　　　けている。
②退院・退所加算（Ⅱ）
　　イ　病院・施設等の職員から利用者の必要な情報提供をカンファレンス以外の方法に
　　　　より2回以上受けている。
　　ロ　病院・施設等の職員から利用者の必要な情報提供を2回受けており、うち1回以
　　　　上はカンファレンスによる。
③退院・退所加算（Ⅲ）
　　　病院・施設等の職員から利用者の必要な情報提供を3回以上受けており、うち1回
　　以上はカンファレンスによる。

退院・退所加算とカンファレンス参加の有無

回数／カンファレンス参加	カンファレンス参加無	カンファレンス参加有
連携1回	（Ⅰ）イ・450単位	（Ⅰ）ロ・600単位
連携2回	（Ⅱ）イ・600単位	（Ⅱ）ロ・750単位
連携3回	×	（Ⅲ）・900単位

※ 初回加算と併算定不可。

(2) カンファレンスは以下のものが該当する。
　①病院または診療所
　　　　医科診療報酬点数の「退院時共同指導料2の注3（多機関共同指導加算）」の要件を満
　　　たすもの。
　　　　「退院時共同指導料2の多機関共同指導加算」とは、入院中の医療機関の医師など、
　　　患者の退院後の在宅療養を担う医療機関の医師、看護師等、歯科医師、その指示を受
　　　けた歯科衛生士、薬局の薬剤師、訪問看護ステーションの看護師等（准看護師を除
　　　く）、理学療法士、作業療法士、言語聴覚士、居宅介護支援事業者の介護支援専門員、
　　　相談支援専門員のうちいずれか3者以上と共同して指導を行った場合の退院時カン
　　　ファレンス。
　②（地域密着型）介護老人福祉施設
　　　　入所者への援助および居宅介護支援事業者への情報提供等を行うにあたり実施され
　　　た場合の会議。ただし、（地域密着型）介護老人福祉施設に置くべき従業者および入所
　　　者またはその家族が参加する会議。
　③介護老人保健施設
　　　　入所者への指導および居宅介護支援事業者に対する情報提供等を行うにあたり実施
　　　された場合の会議。ただし、介護老人保健施設に置くべき従業者および入所者または
　　　その家族が参加する会議。
　④介護医療院
　　　　入所者への指導及び居宅介護支援事業者に対する情報提供等を行うにあたり実施さ

れた場合の会議。ただし、介護医療院に置くべき従業者および入所者またはその家族が参加するもの。

⑤介護療養型医療施設（2023年度末までに限る）

患者に対する指導および居宅介護支援事業者に対する情報提供等を行うにあたり実施された会議。ただし、介護療養型医療施設に置くべき従業者および患者またはその家族が参加する会議。

⑥退所施設からの参加者は、施設に配置される介護支援専門員や生活相談員、支援相談員等、利用者の心身の状況や置かれている環境等について把握した上で、居宅介護支援事業所の介護支援専門員に必要な情報提供等を行うことができる者。

(3) 同一日に必要な情報の提供を複数回受けた場合またはカンファレンスに参加した場合でも、1回として算定。

(4) 原則、退院・退所前に利用者に関する必要な情報を得ることが望ましいが、退院後7日以内に情報を得た場合は算定可。

(5) カンファレンスに参加した場合は、別途定める様式（退院・退所時ヒアリングシート）ではなく、カンファレンスの日時、開催場所、出席者、内容の要点等について居宅サービス計画等に記録し、利用者または家族に提供した文書の写しを添付する。

(6) 初回加算と併算定不可。

7. (看護)小規模多機能型居宅介護事業所連携加算

(1) 利用者が(看護)小規模多機能型居宅介護の利用を開始する際に、利用者の必要な情報を(看護)小規模多機能型居宅介護事業所に提供し、事業所における居宅サービス計画の作成等に協力した場合に算定可。

(2) 利用開始日前6カ月以内に、加算をすでに算定した場合は、算定不可。

8. 緊急時等居宅カンファレンス加算

(1) 医療機関の求めにより、医療機関の医師または看護師等とともに利用者の居宅を訪問し、カンファレンスを行い、必要に応じて利用者に必要な居宅サービス、地域密着型サービスの利用に関する調整を行った場合に算定できる（1カ月に2回を限度）。

(2) 算定にあたっては、カンファレンスの実施日（指導日が異なる場合は指導日もあわせて）、カンファレンスに参加した医療関係職種等の氏名およびそのカンファレンスの要点を居宅サービス計画等に記載。

(3) カンファレンスは、利用者の病状が急変した場合や、医療機関における診療方針の大幅な変更等の必要が生じた場合に実施されるものであり、利用者の状態像等が大きく変化していることが十分想定されるため、必要に応じて、速やかに居宅サービス計画を変更し、居宅サービス、地域密着型サービスの調整を行うなど適切に対応することが必要。

9. ターミナルケアマネジメント加算（新設）

(1) 24時間連絡できる体制を確保し、かつ、必要に応じて居宅介護支援を行うことができる体制を整備しているものとして届け出た居宅介護支援事業所が、在宅で暮らす末期の悪性腫瘍患者である利用者に対して、その死亡日および死亡日前14日以内に2日以上、利用者またはその家族の同意を得て居宅を訪問し、心身の状況等を記録し、その内容を主治医および居宅サービス計画に位置づけた居宅サービス事業者に提供した場合に、算定可。

(2) 算定対象となる利用者は、在宅で死亡した利用者であり、末期の悪性腫瘍患者に限る。なお、死亡診断を目的として医療機関へ搬送され、24時間以内に死亡が確認された場合も算定可。

(3) 算定時期は、利用者の死亡月であるが、利用者の居宅を最後に訪問した日の属する月と、利用者の死亡月が異なる場合には、死亡月に算定する。

(4) 1人の利用者に対し、1カ所の居宅介護支援事業所に限り算定可。なお、算定要件を満たす事業所が複数ある場合は、当該利用者が死亡日またはそれに最も近い日に利用した居宅サービスを位置づけた居宅サービス計画を作成した事業所が算定する。

10. 特定事業所加算

　質の高いケアマネジメントを提供する事業所として、常勤かつ専従の主任介護支援専門員の一定以上配置、24時間連絡体制の確保、サービス担当者会議の開催、研修の計画的実施、困難事例への対応、介護支援専門員実務研修における実習等への協力などの施設基準を満たした事業所が算定できる加算。従前は特定事業所加算（Ⅰ）（Ⅱ）（Ⅲ）と3区分だったが、2018年度改定で、医療機関と平時から連携を取ってターミナルケアマネジメント実施の実績が、一定以上ある事業所を評価する「特定事業所加算（Ⅳ）」が追加された。具体的には、次に掲げる基準のいずれにも適合する場合に、算定可。（※（Ⅰ）（Ⅱ）（Ⅲ）の算定要件は表の通り）

(1) 前々年度の3月から前年度の2月までの間において退院・退所加算（Ⅰ）イ、（Ⅰ）ロ、（Ⅱ）イ、（Ⅱ）ロまたは（Ⅲ）の算定に係る病院、診療所、地域密着型介護老人福祉施設または介護保険施設との連携の回数（「6. 退院・退所加算（Ⅰ）（Ⅱ）（Ⅲ）」参照）の合計カンファレンスが35回以上である。

(2) 前々年度の3月から前年度の2月までの間においてターミナルケアマネジメント加算を5回以上算定している。

(3) 特定事業所加算（Ⅰ）、（Ⅱ）または（Ⅲ）を算定している。

(5) 指定居宅介護支援

特定事業所加算の施設基準について

施設基準・人員基準など	加算Ⅰ	加算Ⅱ	加算Ⅲ
①主任介護支援専門員(※3)配置数。 　1名は管理者。Ⅲは同一敷地内併設事業所と兼務可	2名以上	1名以上	1名以上
②常勤、専従の介護支援専門員配置。	3名以上	3名以上	2名以上
③利用者に関する情報提供またはサービス提供にあたっての留意事項にかかる伝達等を目的とした定例会議を開催。	○		
④24時間連絡体制を確保し、かつ必要に応じて利用者等の相談に対応する体制を確保。	○		
⑤届出前3カ月間で要介護3以上利用者の占める割合が40％以上。	○	—	
⑥介護支援専門員に対して計画的に研修を実施。〔(計画的に研修を実施していることに関して)「毎年度少なくとも年度が始まるまでに次年度の計画を定めなければならない」については、「年度が始まる3カ月前まで」から「次年度が始まるまで」に改正された〕	○		
⑦地域包括支援センターから支援困難事例を紹介された場合も、居宅介護支援を提供。	○		
⑧地域包括支援センター等が実施する事例検討会等に参加。((Ⅱ)(Ⅲ)の要件に追加)	○		
⑨運営基準減算または特定事業所集中減算の適用を受けていない。	○		
⑩介護支援専門員1人あたりの利用者の平均件数が40件以上ではない。	○		
⑪法定研修実習受け入れ「ケアマネジメントの基礎技術に関する実習」等に協力または協力体制を確保。	○		
⑫他法人が運営する居宅介護支援事業所と共同の事例検討会・研修会等の実施。(新設)	○		

※1 研修協力体制の整備とは、現に研修における実習などの受け入れが行われていることに限らず、受け入れ可能な体制が整っていること。そのため研修の実施主体との間で実習等の受け入れを行うことを書面などで提示できるようにする。

※2 主任介護支援専門員更新制があり、主任介護支援専門員更新研修を受講しなければ主任介護支援専門員の更新ができない。更新研修受講に関しては受講資格に一定の要件が盛り込まれている。
　(参考　老発0704第2号:平成26年7月4日「介護支援専門員資質向上事業の実施について」)
　研修対象者は、次の①～⑤までのいずれかに該当するもので、主任介護支援専門員研修修了証明書の有効期間がおおむね2年以内に満了する者。なお、特に質の高い研修を実施する観点から、上記の要件以外に、都道府県において実情に応じた受講要件を設定することは差し支えない。
①介護支援専門員に係る研修の企画、講師やファシリテーターの経験がある者。
②地域包括支援センターや職能団体等が開催する法定外の研修等に年4回以上参加した者。
③日本ケアマネジメント学会等が開催する研究大会等において、演題発表等の経験がある者。
④日本ケアマネジメント学会等が認定する認定ケアマネジャー。
⑤主任介護支援専門員の業務に十分な知識と経験を有する者であり、都道府県が適当と認める者。

※3 主任介護支援専門員の受講資格
①専任の介護支援専門員として従事した期間が、通算して5年(60カ月)以上
②ケアマネジメントリーダー活動等支援事業の実施及び推進について(平成14年4月24日老発第0424003号厚生労働省老健局長通知)に基づくケアマネジメントリーダー養成研修を修了した方で専任の介護支援専門員として従事した期間が通算して3年(36カ月)以上
③日本ケアマネジメント学会が認定する認定ケアマネジャーで、専任の介護支援専門員として従事した期間が3年(36カ月)以上
④介護保険法施行規則に規定する主任介護支援専門員に準ずる者として、現に地域包括支援センターに配置されている方
(注)受講資格については各都道府県により異なるケースがある。

ココに注目　減算等について

算定項目	算　定	改定後	改定前	格　差	要　件
運営基準減算	1月	×50%	×50%	±0	
上記の状態が2カ月継続する場合		−100%	−100%	±0	
特定事業所集中減算		−200	−200	±0	対象サービス変更

1. 運営基準減算

「指定居宅介護支援等の事業の人員及び運営に関する基準」(運営基準)に定める規定に適合しない場合に、「居宅介護支援の業務が適切に行われない」として適用される減算。以下の場合が該当する。

(1) 正当な理由(利用者が入院した等利用者側の都合)なく月1回居宅を訪問し面接していない。
(2) 居宅サービス計画新規作成、要介護更新認定、要介護状態区分の変更認定の場合、正当な理由なくサービス担当者会議の開催または担当者への照会をしていない。
(3) 居宅サービス計画の原案を利用者、家族に説明し、文書で同意を得て、居宅サービス計画書を利用者、担当者に交付していない。
(4) 居宅サービス計画の実施状況の把握後、その結果を記載していない状態が1カ月間以上継続している。
(5) 利用者やその家族に対して、利用者はケアプランに位置付ける居宅サービス事業所について、次の①、②の説明を行わなかった場合。
　①複数の事業所の紹介を求めることが可能であること
　②当該事業所をケアプランに位置付けた理由を求めることが可能であること
　①②につき文書を交付し説明を行っていない場合、契約月から状態が解消された月の前月まで減算。
　※2018年度改定で新たに追加された項目。「公正中立なケアマネジメント」が担保されるように、契約時の説明義務の履行に「運営基準減算」という強制力がかけられた。

2. 特定事業所集中減算

(1) 正当な理由なく、当該事業所において前6カ月間に作成されたケアプランに位置づけられた居宅サービスのうち、訪問介護サービス等について、特定の事業所の割合が80%以上である場合に適用される減算。
(2) 次年度からの判定期間と減算適用期間
　前期　3月1日から8月31日(判定期間)　10月1日から3月31日(適用期間)
　後期　9月1日から2月末日(判定期間)　4月1日から9月30日(適用期間)
　2018年度は4月1日から8月31日が判定期間となる。同年10月1日より適用。
(3) 対象サービスは、訪問介護、通所介護、地域密着型通所介護、福祉用具貸与。

(※2018年度改定で、医療系サービスや請求事業所数の少ないサービスが特定事業所集中減算の対象から除外された)

(4)特定事業所集中減算における適用除外(正当な理由)の範囲は以下のとおり。

① 居宅介護支援事業者の通常の事業の実施地域に訪問介護サービス等が各サービスごとでみた場合に5事業所未満である場合などサービス事業所が少数である場合。

(例)訪問介護事業所として4事業所、通所介護事業所として10事業所が所在する地域の場合でいえば、訪問介護に関しては紹介率が80%を超える事業所があっても減算が適用されることはないが、通所介護で紹介率80%を超える事業所があれば適用対象となる。

② 特別地域居宅介護支援加算を受けている事業者である場合。

③ 判定期間の1カ月当たりの平均居宅サービス計画件数が20件以下であるなど事業所が小規模である場合。

④ 判定期間の1カ月当たりの居宅サービス計画のうち、それぞれのサービスが位置付けられた計画件数が1月当たり平均10件以下であるなど、サービスの利用が少数である場合。

(例)訪問介護が位置付けられた計画件数が1カ月当たり平均5件、通所介護が位置付けられた計画件数が1カ月あたり平均20件の場合でいえば、訪問介護に関しては紹介率が80%を超える事業所があっても減算が適用されることはないが、通所介護で紹介率80%を超える事業所があれば適用対象となる。

⑤ サービスの質が高いことによる利用者の希望を勘案した場合などにより特定の事業者に集中していると認められる場合。

(例)利用者から質が高いことを理由に当該サービスを利用したい旨の理由書の提出を受けている場合で、地域ケア会議等に当該利用者の居宅サービス計画を提出し、支援内容についての意見・助言を受けているもの。

⑥ その他正当な理由と市町村長(特別区長)が認めた場合。

コラム　留意事項等について（2018年度改定で見直された事項）

1. 医療と介護の連携の強化（運営基準に規定）
(1) 入院時における医療機関との連携促進
　居宅介護支援の提供の開始に当たり、利用者等に対して、入院時に担当介護支援専門員の氏名等を入院先医療機関に提供するよう依頼することが義務づけられた。（介護予防支援を含む）

(2) 平時からの医療機関との連携促進
　①利用者が医療系サービスの利用を希望している場合等は、利用者の同意を得て主治の医師等の意見を求め、意見を求めた主治の医師等に対してケアプランを交付することが義務づけられた。（介護予防支援を含む）

　②訪問介護事業所等から伝達された利用者の口腔に関する問題や服薬状況、モニタリング等の際に介護支援専門員自身が把握した利用者の状態等について、介護支援専門員から主治の医師や歯科医師、薬剤師に必要な情報伝達を行うことが義務づけられた。（介護予防支援を含む）

　③主治の医師とは、利用者の最新の心身の状態、受診中の医療機関、投薬内容等を一元的に把握している医師であり、要介護認定の申請のために主治医意見書を記載した医師に限定されないことから、利用者またはその家族等に確認する方法等により、適切に対応する。

2. 末期の悪性腫瘍の利用者に対するケアマネジメント
(1) ケアマネジメントプロセスの簡素化
　著しい状態の変化を伴う末期の悪性腫瘍の利用者については、あらかじめ予後を予測したケアプランを医師の助言のもとで作っておくことで、その後はサービス担当者会議を経なくてもケアプラン変更が行えるように、プロセスが簡素化された。具体的には、「末期がんと診断され、かつ、日常生活上の障害が1カ月以内に出現すると主治医等が判断した場合」について、①あらかじめ状態変化に関して主治医等から意見を得たうえでサービス担当者会議を開き、予測される状態変化と支援の方向性を加味したケアプランを作成しておく→②その後に発生した状態変化に対し、主治医の助言を得たうえで、サービス担当者と利用者または家族の了解を得て、ケアプランを変更する──という流れで対応できるようになった。

(2) 頻回な利用者の状態変化等の把握等に対する評価の新設
　「9. ターミナルケアマネジメント加算（新設）」参照

(5) 指定居宅介護支援

3. 質の高いケアマネジメントの推進
(1) 管理者要件の見直し
　居宅介護支援事業所における人材育成の取組を促進するため、主任介護支援専門員であることが管理者の要件とされた。(3年間の経過措置あり)

4. 公正中立なケアマネジメントの確保(契約時の説明等)
(1) 契約時の説明等(一部を除き介護予防支援を含む)
　介護支援専門員は、かねてから「特定の指定居宅サービス事業者に不当に偏した情報を提供するようなことや、利用者の選択を求めることなく同一の事業主体のサービスのみによる居宅サービス計画原案を最初から提示するようなことがあってはならない」(運営基準解釈通知第2-3(7)⑤より抜粋)とされてきたところであるが、ケアマネジメントの公正中立を担保するため、本人からの求めがあれば、どのサービス事業者とするかについて複数の選択肢を提示したり、「なぜその事業所にするのか」理由を開示する旨を、ケアプラン作成に先立って本人・家族に文書で説明し、内容を理解したことについて署名を得なければならないものとされた(運営基準第4条第2項、運営基準解釈通知第2-3(1))。これは、違反すると「運営基準減算」(▲50％)が適用される。

(2) 運営基準の解釈通知には、不適切事例として、次のような例が示された。
　例えば集合住宅等において、特定の居宅サービス事業者のサービスを利用することを、選択の機会を与えることなく入居条件とするようなことはあってはならないが、居宅サービス計画についても、利用者の意思に反して、集合住宅と同一敷地内等の居宅サービス事業者のみを居宅サービス計画に位置付けるようなことはあってはならない。(運営基準解釈通知第2-3(7)⑤)

5. 訪問回数の多い利用者への対応
(1) 回数の多い訪問介護を含むケアプランの届出義務化
　介護支援専門員は、居宅サービス計画に厚生労働大臣が定める回数以上の訪問介護を位置付ける場合、その利用の妥当性を検討し、訪問介護が必要な理由を記載するとともに、当該居宅サービス計画を市町村に届け出なければならないものとされた。提出したケアプランは、地域ケア会議で検証にかけられ、必要と認められれば市町村によって「自立支援・重度化防止や地域資源の有効活用」等の観点からサービス内容の是正が促されることとなる。

　「厚生労働大臣の定める回数」は、直近の1年間の給付実績(全国)を基に、各月における要介護度別の「全国平均利用回数＋2標準偏差(2SD)」の回数を算出した上で、要介護度別に最大値となる月の回数を用いることとされ、具体的には次のように告示された。(2018年10月1日から適用)

- 要介護1　27回
- 要介護2　34回

・要介護3　43回
・要介護4　38回
・要介護5　31回

6. 障害福祉制度の相談支援専門員との密接な連携

　障害福祉サービスを利用してきた障害者が介護保険サービスを利用する場合等における、介護支援専門員と障害福祉制度の相談支援専門員との密接な連携を促進するため、居宅介護支援事業者が特定相談支援事業者との連携に努めるとされている。

 プラスα　Q&Aなどから

1. 主治の医師について

　末期の悪性腫瘍の利用者に関するケアマネジメントプロセスの簡素化における「主治の医師」は、「利用者の最新の心身の状態、受診中の医療機関、投薬内容等を一元的に把握している医師」とされた。訪問診療を受けている末期の悪性腫瘍の利用者は、診療報酬における在宅時医学総合管理料または在宅がん医療総合診療料を算定する医療機関の医師を「主治の医師」とすることが考えられる。これらの医師は、介護支援専門員に対し、病状の変化等について適時情報提供を行うとされていることから、連絡を受けた場合には十分な連携を図る。また、在宅時医学総合管理料等を算定していない末期の悪性腫瘍の利用者の場合でも、家族等からの聞き取りにより、かかりつけ医として定期的な診療と総合的な医学管理を行っている医師を把握し、当該医師を主治の医師とすることが望ましい。

　※介護保険最新情報vol. 629(30.3.23)　平成30年度介護報酬改定に関するQ＆A（Vol. 1）　Q132

2. 居宅介護支援費の区分にかかる「取扱い件数」の計算について

(1) 基本単位の居宅介護支援費(Ⅰ)、居宅介護支援費(Ⅱ)、居宅介護支援費(Ⅲ)を区分するための「取扱件数」は、実際にサービスが利用され、給付管理を行い、報酬請求を行った件数をいう。（単に契約をしているだけであれば、取扱件数にカウントできない）

(2) 管理者が介護支援専門員である場合、管理者がケアマネジメント業務を兼ねている場合であれば、管理者を「常勤換算1」の介護支援専門員として取り扱って差し支えない。ただし、管理者としての業務に専念しており、ケアマネジメント業務にまったく従事していない場合については、介護支援専門員の人数として算定できない。

(3) 取扱件数は、事業所に所属する介護支援専門員1人（常勤換算）当たりの平均で計算することとし、事業所の組織内の適正な役割分担によって、事業所内の介護支援専門員ごとに多少の取扱件数の差異が発生し、結果的に一部介護支援専門員が当該事業所の

(5) 指定居宅介護支援

算定区分に係る件数を超える件数を取り扱うことが発生することも差し支えない。ただし、一部の介護支援専門員に取扱件数が著しく偏るなど、質の確保の観点で支障があるような場合については、是正する必要がある。

※介護制度改革information vol. 80(18.3.27) 平成18年4月改定関係Q&A(vol. 2)について Q30～32

3. 特定事業所集中減算

(1) 減算対象となる「特定事業所」の範囲は、同一法人格を有する法人単位で判断するものであり、系列法人まで含めるものではない。

※介護制度改革information vol. 80(18.3.27) 平成18年4月改定関係Q&A(vol. 2)について Q34

(2) 平成28年5月30日事務連絡「居宅介護支援における特定事業所集中減算(通所介護・地域密着型通所介護)の取扱いについて」(介護保険最新情報vol.553)で示された、特定事業所集中減算における通所介護および地域密着型通所介護の紹介率の計算方法は、平成30年度以降もこの取扱いは同様となる。

※介護保険最新情報vol. 629(30.3.23) 平成30年度介護報酬改定に関するQ&A(vol. 1) Q135

4. 月途中で「変更」があった場合の居宅介護支援費の取扱い

(1) 居宅支援事業者⇔地域包括支援センター

月の途中に利用者の要支援・要介護区分において「要支援」から「要介護」へと変更があると、介護支援業務を行う主体が「地域包括支援センターたる介護予防支援事業者」から「居宅介護支援事業者」に移ることになる。逆に、「要介護」から「要支援」へと変更があると、介護支援業務を行う主体が「地域包括支援センターたる介護予防支援事業者」から「居宅介護支援事業者」に移ることになる。

いずれも、月末に担当した事業所((看護)小規模多機能型居宅介護事業所および介護予防小規模多機能型居宅介護事業所を除く。)が給付管理票を作成・提出して居宅介護支援費を併せて請求する。

※介護制度改革information vol. 80(18.3.27) 平成18年4月改定関係Q&A(vol. 2)について Q 37, 38

(2) 居宅支援事業者⇔小規模多機能型居宅介護

利用者が月を通じて小規模多機能型居宅介護(または看護小規模多機能型居宅介護もしくは介護予防小規模多機能型居宅介護。以下略)を受けている場合は、小規模多機能型居宅介護事業所の介護支援専門員が「給付管理票」の作成・国保連への提出を担う。(当該月は居宅介護支援事業所に居宅介護支援費は支払われない)

一方、月の途中で小規模多機能型居宅介護の利用を開始または終了した場合は、居宅介護支援事業所の介護支援専門員が、小規模多機能型居宅介護を含めて、「給付管理

票」の作成・国保連への提出を担う。居宅介護支援費の請求もあわせて行う。

　※介護制度改革information vol. 80(18.3.27)　平成18年4月改定関係Q&A(vol. 2)について　Q 37, 38

(3) 複数の居宅介護支援事業所が担当するケース

　同月内で複数の居宅介護支援事業所が担当する場合は、月末時点(または最後)の居宅介護支援事業所の介護支援専門員が「給付管理票」の作成と提出を行い、居宅介護費を提出する。

　※介護制度改革information vol. 80(18.3.27)　平成18年4月改定関係Q&A(vol. 2)について　Q 37, 38

(4) 月途中で他の市町村に転出する場合は、転出前後のそれぞれの支給限度額はそれぞれの市町村で別々に管理することになるから、転入日の前日までの給付管理票と転入日以降の給付管理票を別々に作成し、転入日前の事業所と転入日後の事業所のそれぞれが、居宅介護支援費を請求する。もし、それぞれの給付管理票を同一の居宅介護支援事業所が作成した場合でも、それぞれについて居宅介護支援費が算定可。

　※12.3.1老企第36号、指定居宅サービスに要する費用の額の算定に関する基準(訪問通所サービス、居宅療養管理指導及び福祉用具貸与に係る部分)及び指定居宅介護支援に要する費用の額の算定に関する基準の制定に伴う実施上の留意事項について第3-2、3-4.

(5) 居宅サービス計画の変更

　2018年改定で、通所介護・地域密着型通所介護の基本報酬のサービス提供時間区分について、2時間ごとから1時間ごとに見直されたことにより、時間区分を変更することとしたケースについては、サービスの内容および提供時間に変更がなければ、居宅サービス計画の変更を行う必要はない。

　一方で、今回の時間区分の変更を契機に、利用者のニーズを踏まえた適切なアセスメントに基づき、これまで提供されてきた介護サービス等の内容をあらためて見直した結果、居宅サービス計画を変更する必要が生じた場合は、通常の変更と同様のプロセスが必要となる。

　※介護保険最新情報vol. 629(30.3.23)　平成30年度介護報酬改定に関するQ&A(vol. 1)　Q141

5. 逓減制における「並べ方」の例外

(1) 居宅介護支援費（Ⅰ）、（Ⅱ）または（Ⅲ）の利用者ごとの割り当てに当たっては「契約日順」に並べる取扱いとなっているが、居宅介護支援費区分の異なる利用者が39件目と40件目で並んだ場合、または59件目と60件目で並んだ場合は、「報酬単価が高い利用者」から並べる。

(2) 介護予防支援費の算定において、逓減制は適用されないため、居宅介護支援と介護予防支援との合計取扱件数が40件以上となる場合は、介護予防支援の利用者を冒頭にし、次に居宅介護支援の利用者を契約日が古いものから順に並べることにより、40件以上となる居宅介護支援のみ逓減制を適用する。

　　※介護保険最新情報vol.69（21.3.23）　平成21年4月改定関係Q＆A（vol.1）について　Q59、60

6. 初回加算

(1) 初回加算は、①新規に居宅サービス計画を作成する場合、②要支援者が要介護認定を受けた場合に居宅サービス計画を作成する場合、③要介護状態区分が2区分以上変更された場合に居宅サービス計画を作成する場合に、算定できる。
　ここで、①でいうところの「新規」とは、契約の有無にかかわらず、初めて給付管理を行い、報酬請求を行う月について適用するものとして取り扱われる。したがって、従前より、契約関係は存在していた利用者についても、初めて報酬請求に至った月において、初回加算を算定することが可能である。

(2) 介護予防支援業務を居宅介護支援事業所に委託している地域包括支援センターで、委託先を別の居宅介護支援事業所に変更した場合、継続中の利用者について改めて初回加算を算定することは「できない」。当該地域包括支援センターは、介護予防支援事業所としては初めて当該利用者を担当するわけではないからである。

　　※12.3.1老企等36号「指定居宅サービスに要する費用の額の算定に関する基準（訪問通所サービス、居宅療養管理指導及び福祉用具貸与に係る部分）及び指定居宅介護支援に要する費用の額の算定に関する基準の制定に伴う実施上の留意事項について」　第3-9

　　※介護制度改革information vol.80（18.3.27）　平成18年4月改定関係Q＆A（vol.2）について　Q9～11

7. 入院時情報連携加算

　先方と口頭でのやりとりがない方法（FAXやメール、郵送等）により情報提供を行った場合には、先方が受け取ったことを確認するとともに、確認したことについて居宅サービス計画等に記録しておかなければならない。

　　※介護保険最新情報vol.629（30.3.23）　平成30年度介護報酬改定に関するQ＆A（vol.1）　Q139

8. 退院・退所加算

(1) 入院先の医療機関等の職員と面談等を行い、必要な情報の提供を得たうえで居宅サービス計画作成やサービス利用に関する調整を進めているなかで、利用者の事情等により退院が延長した場合は、利用者の状態の変化が考えられるため、必要に応じて再度医療機関等の職員と面談等を行い、直近の情報を得る。なお、利用者の状態に変化がないことを電話等で確認した場合は、医療機関等の職員と面談等を行う必要はない。

(2) 利用者が当該病院等を退院・退所後、一定期間サービスが提供されなかった場合は、その間に利用者の状態像が変化することが想定されるため、行われた情報提供等を評価することはできない。このため、退院・退所日が属する日の翌月末までにサービスが提供されなかった場合は、退院・退所加算は算定できない。

(3) 退院・退所加算は、利用者の退院・退所後の円滑な在宅生活への移行と、早期からの医療機関等との関係を構築していくため、入院等期間にかかわらず、情報共有を行った場合に訪問した回数を評価するものである（ただし3回を限度）。また、同一月内・同一機関内の入退院（所）であっても、それぞれの入院・入所期間において訪問した回数を算定できる。（3回を限度）

(4) 3回加算を算定することができるのは、3回のうち1回について、入院中の担当医等との会議（カンファレンス）に参加した場合に限られる。なお、会議（カンファレンス）への参加は、3回算定できる場合の要件として規定しているが、面談の順番として3回目である必要はなく、また、面談1回、当該会議（カンファレンス）1回の計2回、あるいは会議1回のみでも算定可。

(5) 退院・退所加算は、利用者が退院・退所後、居宅サービスまたは地域密着型サービスの利用を開始した月に算定する。当該月にサービスの利用実績がないと、給付管理票が作成できないため、当該加算のみを算定できない。

　　例えば、6月末に退院した利用者に、7月から居宅サービス計画に基づいたサービスを提供しており、入院期間中に2回情報の提供を受けた場合は、7月分を請求する際に、2回分の加算を算定することが可能である。ただし、退院・退所後の円滑なサービス利用につなげていることが必要である。

　※介護保険最新情報 vol.69（21.3.23）　平成21年4月改定関係Q＆A（vol. 1）について　Q65, 66

　※介護保険最新情報vol.267（24.3.16）　平成24年度介護報酬改定に関するQ＆A（vol. 1）の送付について　Q110

　※介護保険最新情報vol.273（24.3.30）　平成24年度介護報酬改定に関するQ＆A（vol. 2）の送付について　Q19

　※介護保険最新情報vol.284（24.4.25）　平成24年度介護報酬改定に関するQ＆A（vol. 3）の送付について　Q8

　をもとに作成。

9. 運営基準

(1) 契約時の説明について

　2018年度の改正により、利用者やその家族に対して、利用者はケアプランに位置付ける居宅サービス事業所について、複数の事業所の紹介を求めることが可能であること等を説明することを義務づけ、それに違反した場合は報酬が減額されるが、平成30年4月以前に居宅介護支援事業者と契約を結んでいる利用者に対しては、次のケアプランの見直し時に説明を行うことが望ましい。

　　※介護保険最新情報vol.629(30.3.23)　平成30年度介護報酬改定に関するQ&A
　　　(vol.1)　Q131

(2) 主治の医師もしくは歯科医師または薬剤師への情報提供について

　基準第13条第13号の2に規定する「利用者の服薬状況、口腔機能その他の利用者の心身または生活の状況に係る情報」について、解釈通知に記載のある、

　①薬が大量に余っている又は複数回分の薬を一度に服用している。
　②薬の服用を拒絶している。
　③使いきらないうちに新たに薬が処方されている。
　④口臭や口腔内出血がある。
　⑤体重の増減が推測される見た目の変化がある。
　⑥食事量や食事回数に変化がある。
　⑦下痢や便秘が続いている。
　⑧皮膚が乾燥していたり湿疹等がある。
　⑨リハビリテーションの提供が必要と思われる状態にあるにも関わらず提供されていない。

　これら事項のほか、主治の医師もしくは歯科医師または薬剤師への情報提供が必要な情報については、主治の医師もしくは歯科医師または薬剤師の助言が必要かどうかをもとに介護支援専門員が判断する。

　なお、基準第13条第13号の2は、日頃の居宅介護支援の業務において介護支援専門員が把握したことを情報提供するものであり、当該規定の追加により利用者に係る情報収集について新たに業務負担を求めるものではない。

　　※介護保険最新情報vol.629(30.3.23)　平成30年度介護報酬改定に関するQ&A
　　　(vol.1)　Q133

(3) 訪問介護が必要な理由について

　基準第13条第18号の2に基づき、市町村に居宅サービス計画を提出するにあたっては、訪問介護(生活援助中心型)の必要性について記載することとなっている。

　当該利用者について、家族の支援を受けられない状況や認知症等の症状があることその他の事情により、訪問介護(生活援助中心型)の利用が必要である理由が居宅サービス計画

の記載内容から分かる場合には、当該居宅サービス計画のみを提出すれば足り、別途理由書の提出を求めるものではない。

※介護保険最新情報vol.629(30.3.23) 平成30年度介護報酬改定に関するQ&A(vol.1) Q134

編集・執筆者

【編集】
公益社団法人 京都府介護支援専門員会
〒604-0874 京都市中京区竹屋町通烏丸東入清水町375
　　　　　京都府立総合社会福祉会館（ハートピア京都）7F
Tel：075-254-3970
Fax：075-254-3971
Mail：info@kyotocm.jp
HomePage：http://kyotocm.jp/

【執筆者一覧】
宮坂　佳紀	メディカル・テン代表、公益社団法人 京都府介護支援専門員会　顧問	
松本　善則	亀岡市　篠地域包括支援センター長、公益社団法人 京都府介護支援専門員会　副会長	
北野　太朗	公益社団法人 京都府介護支援専門員会　理事	
村上　晶之	公益社団法人 京都府介護支援専門員会　理事	

　2000（平成12）年11月に京都府ほか関係27団体の支援協力のもと任意団体「京都府介護支援専門員協議会」として発足した当会は、2007（平成19）年10月に「社団法人　京都府介護支援専門員会」として法人化を果たし、さらに2013（平成25）年11月には「公益社団法人 京都府介護支援専門員会」へと移行しました。一部の介護支援専門員だけではなく、京都のすべての介護支援専門員のための団体として、また、すべての京都府民のための団体として活動をしています。

　介護保険法（平成9年法律第123号）第7条第5項に規定する介護支援専門員、又は第69条の2第1項に規定する介護支援専門員の登録を受けている者のいずれかであって、京都府内に住居又は勤務先を有し、この法人の目的に賛同した方が入会可能。

　2017（平成29）年10月23日現在　会員数　1,659名

　一般社団法人　京都府医師会とともに、京都府における介護報酬改定説明会に深く関わり、2015年度からは、説明会資料として本書のベースとなる介護報酬クイックマスター（暫定版）を作成しています。

介護報酬クイックマスター2018（2018（平成30年）3月暫定版）作成
介護報酬研修委員（公益社団法人 京都府介護支援専門員会　介護報酬改定対応委員会）

宮坂　佳紀	公益社団法人 京都府介護支援専門員会	顧問
小林　啓治	公益社団法人 京都府介護支援専門員会	副会長
松本　善則	公益社団法人 京都府介護支援専門員会	副会長
柴田　崇晴	公益社団法人 京都府介護支援専門員会	常任理事
髙木　はるみ	公益社団法人 京都府介護支援専門員会	常任理事
堀田　裕	公益社団法人 京都府介護支援専門員会	常任理事
瀧川　広治	公益社団法人 京都府介護支援専門員会	理事

公益社団法人 京都府介護支援専門員会
オリジナルマスコットキャラクター
介都（かいと）くん

介護報酬クイックマスター 2018
―入退院支援の推進と医療・介護の連携強化―

2018年12月20日　発行

編　集	公益社団法人 京都府介護支援専門員会
発行者	荘村明彦
発行所	中央法規出版株式会社 〒110-0016　東京都台東区台東3-29-1　中央法規ビル 営　　業　TEL 03-3834-5817　FAX 03-3837-8037 書店窓口　TEL 03-3834-5815　FAX 03-3837-8035 編　　集　TEL 03-3834-5812　FAX 03-3837-8032 https://www.chuohoki.co.jp/
本文デザイン・装幀	KIS
印刷・製本	永和印刷株式会社

ISBN978-4-8058-5822-6
定価はカバーに表示してあります

本書のコピー、スキャン、デジタル化等の無断複製は、著作権法上での例外を除き禁じられています。また、本書を代行業者等の第三者に依頼してコピー、スキャン、デジタル化することは、たとえ個人や家庭内での利用であっても著作権法違反です。
落丁本・乱丁本はお取り替えいたします。